기후변화 대처와 미국 패권의 딜레마
—국제적 공공재 창출에 대한 국내적 저항

손병권

1963년 경상북도 안동에서 태어나 서울에서 성장하면서 서울대학교 외교학과에서 학사와 석사학위를, 그리고 미국 미시간 대학교에서 미국정치 전공으로 정치학 박사학위를 취득하였다. 2000년에 중앙대학교 국제관계학과 교수로 부임하였고, 현재 중앙대학교 정치국제학과 교수로 재직 중이다. 미국정치연구회 회장을 역임한 바 있고, 2011~2012년에는 풀브라이트 방문학자로 미국 아이오와 대학교 정치학과에서 1년간 연구하였다. 「2002년 미국하원 중간선거와 공화당의 승리: 공화당 승리에 대한 선거구 재조정의 영향을 중심으로」, 「직접 예비선거의 기원: 위스컨신주의 사례를 중심으로」, 「전쟁과 미국 국가건설: 전시산업위원회의 사례를 중심으로」 등의 논문이 있다.

서강학술총서
046

기후변화 대처와 미국 패권의 딜레마

국제적 공공재 창출에 대한 국내적 저항

손병권 지음

서강대학교 출판부

서강학술총서 046

기후변화 대처와 미국 패권의 딜레마

—국제적 공공재 창출에 대한 국내적 저항

초판발행 | 2012년 12월 18일
지 은 이 | 손병권
발 행 인 | 이종욱
편 집 인 | 우찬제
발 행 처 | 서강대학교 출판부
등록번호 | 1978년 9월 28일 제313-2002-170호

주 소 | 서울특별시 마포구 백범로 35번지
전 화 | (02) 705-8212
팩 스 | (02) 705-8612

ISBN 978-89-7273-217-4 93340
ISBN 978-89-7273-139-9(세트)

값 30,000원

* 잘못된 책은 구입하신 곳에서 바꿔드립니다.

* '서강학술총서'는 SK SUPEX 기금의 후원으로 제작됩니다.

머리말

기후변화 문제에 대한 오바마 행정부의 대응에 관한 필자의 이 연구는 미국 국내 정치 및 외교 정책이 교차하고 중첩되는 정책 영역에 대한 설명이 될 수밖에 없다. 또한 이 연구는 2007~2008년 미국발 금융위기 이후 패권적 지위가 상대적으로 쇠퇴해가는 과정에서 미국이 어떠한 방식으로 자신의 국제적 리더십을 유지할 것이며, 이를 위한 국내적 조건을 어떻게 만들어나가는가에 대한 연구이기도 하다. 필자가 미국 오바마 행정부 등장 이후 미국의 기후변화 문제에 대해서 관심을 가지고 연구를 하기 시작한 것은 바로 기후변화 문제가 이러한 미국 국내, 대외 정책 영역의 중첩성과 상호작용을 잘 드러내주고 있고, 미국의 변화하는 국제적 위상이 국제사회와 다자적, 혹은 양자적으로 상호작용하는 과정을 잘 포착해주는 영역이기 때문이다.

미국의 국내외 정책과 관련된 많은 이슈들이 미국의 국내 정치나 외교 정책 가운데 어느 하나의 연구 영역으로 규정되기가 점점 어려워지고 있는 것이 현실이다. 대통령이 주관하는 영역이라고 전통적으로, 그리고 암묵적으로 인정되어온 안보정책 영역에 대해서도 점점 강도를 더해가는 미국 의회정치의 이념성과 정치적 양극화 경향이 영향력을 발휘하는 현상도 적지 않게 목격된다. 이와 같이 미국 정치와 관련하여 기후변화·무역·인권 등의 이슈뿐만 아니라 기타 안보 영역을 포함하는 보다 광범위한 이슈들이 대내외 정책의 영향력이 상호 침투하는 정책 영역으로 이미 변모했거나 변모하고 있다. 따라서 이러한 현실과 현상에 대한 인식과 인정이 필요하다. 한편 미국의 패권적 지위가 크게 흔들림에도 불구하고 새로운 패권국가가 명백히 부상하지 않고 있는, 규정하기 애매한 현재의 국제 정치의 권력 배분 현실도 단순히 미국 패권이 쇠퇴한다거나 혹은 쇠퇴하지 않는다는 이분법적 '예언'을 넘어서서 좀 더 이슈 영역별로 분류하여 조건적이며 경험적으로 설명될 필요가 있다. 연구의 대상이 되는 현실이 복잡다기해지고, 다양한 영역에 대한 관찰을 통해서 설명되어야 하는 것이며, 또한 규정하기 애매한 것이라면 이에 대해서 접근하는 방법 역시 포괄적이며 다층적이어야 하며, 애매한 어떤 것을 나름대로 규정해내려는 노력이 동반되어야 한다고 본다.

이러한 문제의식과 아울러 필자가 기후변화 정책에 대해서 관심을 가지게 된 또 다른 이유는, 국내외적으로 상당히 빠르게 변화하는 현실 속에서 미국의 국제적 리더십을 재(再)정의하고 이러한 재정의에 필요한 국내적 지지를 동원해내려고 외줄타기와 같은 아슬아슬한 곡예를 벌여온 오바마 행정부의 노력에 대한 평가를 통해서 과연 21세기 전반기의 미국이 국내외적으로 어떠한 변화를 겪으면서 어디로 향해 갈 것인가에 대한 나름의 답변을 모색하기 위해서였다. '나머지 국가의 부상'이라는 부정할 수 없는 현실 속에서 다자적 제도 내의 '선(先)모범－후(後)촉구'(first－lead－then－ask) 전술을 구사해온 오바마 행정부의 기후변화 대처 접근 방식은 나름대로 미국이 새로운 방식으로 자신의 국제적 리더십을 유지하려는 노력의 하나라고 보인다. 즉 다자적 제도 내에서 실행된

'선모범-후촉구'라는 오바마 대통령의 기후변화 문제 대처 접근 방식은 미국 패권의 상대적 약화라는 현실 속에서도 미국이 결코 국제적 리더십을 포기해서는 안 된다는 국내적 요구가 절충되어 나타난 것이라고 생각된다. 이와 아울러 미국의 글로벌 기후변화 리더십 확보를 위한 국내적 조건의 하나로서 오바마 대통령이 적극적으로 추진한 포괄적인 기후변화 법률제정이 궁극적으로 실패한 것은, 경제위기 속에서 더욱 이념적으로 양극화되어온 미국 의회의 정당 간 갈등 문제가 해결되지 않고서는 미국의 새로운 리더십 창출은 상당히 어려울 수밖에 없다는 현실을 잘 보여주고 있다. 미국의 미래를 논의한다면 '중국의 부상' 등 '나머지 국가의 부상'만큼 국내 정치의 '정파적 교착상태'를 반드시 검토하고 넘어가야 하는 이유가 여기에 있다.

이 연구는 서강학술총서 기획위원회의 지원에 의해서 가능했다. 필자의 연구 제안을 검토하고 연구 및 출판을 지원해준 기획위원회에게 먼저 감사의 말씀을 전하고 싶다. 그리고 중간 원고와 최종 원고를 심사해준 익명의 두 분 심사자께도 깊은 감사의 말씀을 드린다. 두 분 심사자가 제시한 문제와 요구하는 수정 내용에 대해서 필자는 나름대로 충실히 답변하고 충분히 수정하였다고 생각하지만, 시간제한과 필자의 능력 탓에 심사자의 눈에는 부족한 것으로 보일 수 있겠다. 그러나 두 심사자의 고견은 이 글의 사각지대와 맹점을 보완하고 제2자 혹은 제3자의 관점에서 필자가 이 글의 맥락을 잡아나가는 데 매우 큰 도움이 되었다. 옛 말씀에 구슬이 서 말이라도 꿰어야 보배라고 했는데, 마지막으로 더위가 미처 가시지도 않은 여름날부터 필자의 졸고를 책으로 꾸미기 위해서 노력하신 서강대학교 출판부의 수고에 대해서도 심심한 감사의 말씀을 전하고 싶다.

2012년 8월 15일 손병권

차례

제1장
서론

오바마(Barack Obama) 행정부 등장 이후 지구온난화 문제에 대한 미국의 대처와 미국이 안게 된 딜레마를 국내 정치적 요인을 중심으로 설명하기 위해서 집필된 이 책은 다음과 같은 질문에 대답하고자 한다. 전통적 패권국가인 미국은 기후변화 문제를 어떻게 파악하고 있으며 어떠한 조치를 취해왔는가? 오바마 행정부 등장 이후 온실가스 배출로 인한 지구온난화 등 기후변화 문제에 대한 미국의 입장은 무엇인가? 그리고 오바마 행정부는 온실가스 배출 억제를 위해서 국내외적으로 어떠한 노력을 기울였는가? 기후변화와 관련된 오바마 행정부의 구상과 정책 노력에 대한 미국 국내의 다양한 정치적 행위자의 반응은 어떠했는가? 오바마 행정부의 노력에 대한 국내적 저항 속에서 2008년 미국발(發) 글로벌 금융위기 이후 미국의 기후변화 대처를 위한 대외적 리더십은 지속될 수 있을 것인가? 이 책은 대체로 이러한 질문들에 대한 답변을 미국 국내정치를 중심으로 모색하기 위해서 저술되었다.

이러한 답변에 대한 모색에 앞서 이 장은 다음의 몇 개의 인용문을 제시하면서 논의를 시작하고자 한다. 우선 먼저 소개되는 세 개의 인용문은 첫째 인용문부터 순서대로 1997년에 채택된 교토의정서(the Kyoto Protocol) 비준을 거부하는 2001년 3월 미국 백악관 대변인의 기자회견 내용, 이러한 비준 거부에 대한 유럽의 격앙된 반응을 보도하는 미국 국내 신문기사, 세계—특히 유럽—의 비난에 대한 부시(George W. Bush) 대통령 자신의 교토의정서 비준 거부 이유에 관한 것이다.

[인용문 1]

백악관 출입기자: 교토의정서에 대한 우리의 입장은 무엇입니까?

플라이셔(Ari Fleisher) 백악관 대변인: 우리가 알고 있는바 그 조약(treaty)은 서명되기는 했지만 상원에서 비준되지는 않았습니다. 사실 상원은 95대 0으로 비준처리에 반대하는 투표를 한 바 있습니다. [……] 대통령[부시 대통령: 필자]의 입장은 명확합니다. 대통령은 교토조약(the Kyoto treaty)을 지지하지 않습니다. 그 조약은 개도국의 책임을 면제해주고 있습니다. 그리고 미국의 경제적 이해에도 부합하지 않습니다.

(2001년 3월 28일 부시 대통령의 교토의정서 비준 거부를 공식적으로 밝히는 플라이셔 백악관 대변인 기자회견 답변의 일부; Ari Fleischer, "Press Briefing by Ari Fleisher", March 28, 2001. http://georgewbush-whitehouse.archives.gov/news/briefings/20010328.html)

[인용문 2]

'무책임하다', '오만하다', 심지어 '고의방해다'(sabotage)라는 말들이 교토의정서 거부 성명을 발표한 후 부시에게 쏟아진 유럽인들의 비난 가운데 몇 가지 단어들이다. [……] 이러한 반응은 부분적으로는 부시의 결정이 유럽인들의 신경을 수년간 건드려온 미국에 대한 유감의 응어리를 악화시켰기 때문에 그토록 격앙된 것이었다. 유럽 대부분 지역에 광범위하게 퍼져 있는 환경에 대한 우려에 대해서 미국이 망각하고 있는 것처럼 보였기 때문에 유럽인들은 더욱 분노하였다. 이들은 미국이 그 규모로 인해서 100여 개국 이상이 교섭해서 만들어놓은 이 조약을 약화시킬 것이기 때문에 좌절감을 느끼고 있는 것이다. [……] 이러한 종류의 미국 우선주의 정서(the American－first sentiment)는 유럽연합(EU)위원회 위원장인 로마노 프로디(Romano Prodi)의 날카로운 비판을 불러왔는데, 그는 "만약 미국이 세계의 지도자가 되고 싶다면 미국 산업뿐만 아니라 전체 지구를 돌아볼 줄 알아야 한다"고 쏘아붙였다.

(부시 대통령의 교토의정서 비준 거부가 공식화된 이후 유럽의 반응을 담은 2001년 4월 1일 『뉴욕타임스』[*The New York Times*] 기사의 일부; Edmund L. Andrews, "Bush Angers Europe by Eroding Pact on Warming", *The New York Times*, April 1, 2001. http://www.nytimes.com/2001/04/01/world/bush－angers－europe－by－eroding－pact－on－warming.html?pagewanted＝all&src＝pm)

[인용문 3]

교토의정서는 근본적인 측면에서 치명적인 오류가 있습니다. 그러나 기후변화에 대한 우리의 공동 대응을 논의하기 위해서 국가가 회합(會合)한 과정은 중요한 것입니다. [……] 우리나라 미국은 세계 최대의 인위적(man－made) 온실가스 배출국입니다. 우리는 인위적 온실가스 배출량의 거의 20%를 차지하고 있습니다. [……] 우리는 우리의 배출량을 감축해야 할 의무를 인정하고 있습니다. 우리는 또한 다른 한편의 이야기, 즉 미국 이외의 기타 국가들이 세계 전체 온실가스의 80%를 배출한다는 점도 알고 있습니다. 그리고 이러한 배출량 가운데 많은 부분은 개도국에서 나오고 있습니다. 이는 100%의 노력이 필요한 도전입니다. 우리의 노력과 미국 이외 기타 세계 각국의 노력 말입니다. 세계 제2위의 온실가스 배출국은 중국입니다. 그러나 중국은 교토의정서의 의무규정에서 전적으로 면제되어 있습니다. [……] 우리는 이들 국가들이 온실가스 배출량을 감축하고 경제성장을 유지하기 위해서 노력하는 모습을 보이는 가운데에서 함께 협력하고 싶습니다. [……] 교토의정서는 또한 많은 측면에서 비현실적입니다. [……] 교토의정서의 온실가스 배출 감축량 설정치는 자의적이며 과학에 근거해 있지 않습니다. 미국의 입장에서 보면 이러한 강제적 배출 감축량에 동의할 경우 근로자 해고와 소비자 물가상승 등 부정적인 경제적 충격에 직면할 것입니다.

(2001년 6월 11일 취임 후 첫 유럽 순방에 앞서 미국의 교토의정서 비준 거부에 대한 유럽의 여론이 격앙된 가운데 백악관에서 가진 미국의 기후변화 및 에너지 정책 관련 부시 대통령 연설 내용의 일부; George W. Bush, "President Bush Discusses Global Climate Change", June 11, 2011. http://georgewbush-whitehouse.archives.gov/news/releases/2001/06/20010611−2.html)

앞에 제시된 세 개의 인용문은 모두 부시 대통령 재임 기간에 보도된 내용들을 발췌하여 간추린 것이다. 위의 세 가지 인용문에서 알 수 있듯이 부시 행정부 재임 기간까지만 해도 미국은 기후변화 문제의 중요성과 지구온난화의 심각성에도 불구하고, 온실가스 배출량을 인위적으로 감축할 경우 미국의 경제적 이익이 침해 받는다는 점과, 미국과 함께 최대 온실가스 배출 국가인 중국 등 개도국이 교토의정서의 배출량 감축의무에서 면제되어 있다는 점을 반복적으로 강조하면서 교토의정서 비준을 거부하였다. 미국 상원은 이러한 부시 행정부의 입장을 반영하여 95대 0으로 교토의정서의 비준표결 자체에 반대하는 결의안을 채택한 바 있다.

이러한 미국의 단호한 교토의정서 비준 거부에 대한 유럽의 반응은—위의 인용문 가운데 나타난 프로디 전 유럽연합위원회 위원장의 발언에서 알 수 있듯이— 미국이 전통적 패권국가로서의 의무를 다하지 않고 자신의 이익만을 추구하는 데 대한 분노의 폭발이었다. 익히 알려져 있는 바와 마찬가지로 독일과 덴마크 등을 중심으로 한 유럽 국가들은 일찍이 서유럽을 중심으로 온실가스 배출권 거래제도를 시행하는 등 지구온난화를 방지하기 위한 기후변화 문제 관련 대응에 매우 적극적이었다. 또한 기후변화 문제를 포함한 환경문제 전반에 관한 유럽인들의 관심과 인식은 매우 높았다. 이러한 배경에서 볼 때 당시 미국이 세계 최대의 온실가스 배출 국가임에도 불구하고 미래의 인류 전체에 재앙을 몰고 올 수 있는 기후변화 문제에 대해서 미국 스스로 적극적인 리더십을 행사하지 않고 있다는 점에 대해서 유럽은 격앙된 반응을 보이고 있었던 것이다.

이에 반해서 다음에 제시될 또 다른 세 개의 인용문은 오바마 행정부 등장 이후 나타난 일련의 조치에 대한 것들이다. 아래의 인용문은 인용 순서대로 2009년 오바마 행정부 등장과 함께 적극 추진된 온실가스 배출 감축을 규정한 하원 법안의 통과를 촉구하는 오바마 대통령의 연설문, 그리고 이러한 법안에 반대하는 보수적인 루카스(Frank Lucas) 공화당 의원의 격정적인 발언, 하원 법안의 통과 이후 코펜하겐(Copenhagen)에서 포스트 교토(Post-Kyoto) 체제의 새로운 레짐 창출을 호소하는 오바마의 연설문의 순서로 제시되어 있다.

[인용문 4]

그리고 가장 중요한 것은 이 법안이 수백만 개의 일자리 창출을 가능하게 한다는 것입니다. [……] 자, 확실히 해두지요. 이 법안은 일자리 법안입니다. [……] 이 법안은 과거에 많은 사람들이 우려를 표명한 사항들을 다루기 위해서 만들어졌습니다. 이 법안은 적자를 증가시키는 대신 현재 위험한 탄소를 배출하는 오염 주체들이 비용을 지불하도록 되어 있습니다. 이 법안은 기업이나 가정이 청정에너지 기술의 사용으로 점차 이전해 갈 경우 지원을 제공하고 있습니다. 이 법안은 농촌사회나 농부들에게 기후 문제의 해법에 참여하여 새로운 소득을 생산해낼 수 있는 기회를 제공하고 있습니다. 그리고 무엇보다도 이 법안은 [청정에너지 경제로의: 필자] 이전 비용으로부터 소비자를 보호하여 십 년 정도면 미국인에게 평균적으로 하루에 우표 한 장 정도의 비용만 부과하게 될 것입니다. 이 법안은 균형이 잡혀 있고 적당한 것이기 때문에 이미 소비 및 환경단체, 노동 및 기업 지도자, 민주당원과 공화당원을 망라하는 주목할 만한 연합을 이미 끌어들였습니다. 이제 나는 민주당과 공화당의 의원들에게 모두 함께 이 법안을 지지해줄 것을 촉구합니다.

(2009년 6월 25일 백악관에서 하원 미국 청정에너지 및 안보법[the American Clean Energy and Security Act] 최종 표결을 하루 앞두고 의회에 대해서 양당 협조를 통해 이 법안의 통과를 호소하는 오바마 대통령의 연설문 가운데 일부; Barack Obama, "Remarks by the President on the Importance of Passing a Historic Energy Bill", June 25, 2009. http://www.whitehouse.gov/the-press-office/remarks-president-importance-passing-a-historic-energy-bill)

[인용문 5]

그런데도 왜 이 법안을 만들고 있는 것입니까? 그래서 미국이 세계의 기후변화를 주도한다는 것입니까? 중국과 인도가 참여를 거부하고 있는데 우리가 주도할 수 있습니까? 유럽이 이 법안의 반(半) 정도 노력에 그치고 있는데 우리가 주도할 수 있습니까? 개도국이 기후변화에 대해서 아무것도 할 수 없는데 우리가 주도할 수 있습니까? 어떤 이상주의적 동료 의원은 우리 미국이 세계의 모범적 표준이 되어야만 한다고 말하겠지요. 그렇지만 나는 우리 지역구민을 가난하게—더욱 가난하게— 만들어서 우리의 희생을 토대로 다른 나라 사람들이 더 부자가 되게 하지는 않겠다고 말하고 싶습니다. 동료 의원 여러분, 이 법안은 잘못된 이유로, 잘못된 시기에 나온, 잘못된 법안일 뿐입니다.

(2009년 6월 26일 미국 청정에너지 및 안보법 최종 표결을 앞두고 하원 토론에서 반대 의견 개진을 위해서 나온 공화당 소속 오클라호마[Oklahoma]주의 루카스 하원의원의 본회의 발언 가운데 일부; *Congressional Record*, "American Clean Energy and Security Act of 2009", June 26, 2009: H7621-7623. http://thomas.loc.gov/cgi-bin/query/F?r111:1:./temp/~r111VfAJiD:e1724304:)

[인용문 6]

만약 지금 조치가 취해지지 않는다면 기후변화는 우리의 안전, 우리의 경제, 우리의 지구에 용인할 수 없는 위험을 불러올 것입니다. [……] 자, 우리 앞에 놓인 문제는 더 이상 이러한 도전의 성격에 관한 것이 아닙니다. 문제는 이를 대처할 수 있는 우리의 능력입니다. [……] 우리는 이제 공동의 위기를 맞이하여 대담하고 결단력 있게 행동할 수 있다고 나는 믿습니다. 자, 이제 세계 최대의 경제대국으로서, 그리고 세계 제2위의 온실가스 배출 국가로서 미국은 기후변화에 대처해야 한다는 책임감을 느끼고 있고, 이러한 책임감에 부응하는 행동을 할 것입니다. 이것이 우리가 국제 기후변화 협상에서 리더십을 재개한 이유입니다. [……] 이것이 우리가 국내에서 대범한 행동을 취한 이유입니다. [……] 그래서 여기 코펜하겐에서 어떠한 일이 발생하든지 간에 미국은 온실가스 배출량을 줄이고 청정에너지 경제로 나아간다는 행동경로를 지속적으로 취할 것이라는 점을 이 총회가 알아주기를 바랍니다. 우리는 이것이 세계뿐만 아니라 우리에게도 좋은 것이라고 생각하고 있습니다. [……] 나는 미국이 2020년까지 17% 정도의 배출량을 감축하고, 최종적인 법률제정에 의해서 2050년까지 80%의 배출량을 줄일 것이라는 우리의 공약을 수행할 것이라고 확신합니다.

(2009년 12월 18일 코펜하겐 유엔기후변화협약[the United Nations Framework Convention on Climate Change: UNFCCC] 당사국 총회[the Conference of the Parties: COP] 석상에서 오바마 대통령의 발언 내용 가운데 일부; Barack Obama, “Remarks by the President at the Morning PlenarySession of the United Nations Climate Change Conference”, December 18, 2009. http://www.whitehouse.gov/the-press-office/remarks-president-morning-plenary-session-united-nations-climate-change-conference)

앞의 인용문에서 알 수 있듯이 기후변화 문제의 대처에 미온적이어서 국제적 비난의 대상이 되었던 부시 대통령과 달리 오바마 대통령은 기후변화 관련 국내법의 제정을 통해서 기후변화에 적극적으로 대처하고자 노력했으며, 이를 토대로 국제사회에 대한 미국의 리더십을 회복하고자 하였다. 또한 기후변화에 대처하기 위한 국내법 제정이 경제성장에 지장을 초래할 것이라는 국내적 반발을 고려하여 오바마 대통령은 기후변화 관련 법률 제정에 관한 민주당 행정부와 민주당 의회의 노력을 새로운 청정일자리 창출과 저탄소경제의 신성장 동력 추진이라는 관점에서 미국 국민들에게 제시하고 있었다. 그러나 공화당의 루카스 의원의 반대 논리 전개에서 알 수 있는 바와 같이 미국 내부의 국내적 저항 역시 만만치 않게 전개되고 있었다. 중국이나 인도 등과 같은 미국 이외의 최대 온실가스 배출국이 구속적인 배출량 감축에 동의하지 않는 상황에서, 미국이 먼저 온실가스 감축을 위한 국내법을 제정하는 것은 매우 이상주의적이며 어리석은 조치라는 비난이 미국 내부에서 여전히 강한 것이 사실이었다.

앞의 여섯 개 인용문은 부시 행정부 당시 국제적인 기후변화 대처 노력에 대한 미국의 소극적인 입장과 그 근거를 제시하고, 이어서 오바마 행정부 등장 이후 백악관 및 민주당 의회를 중심으로 한 적극적인 국내외적 노력의 변화상을 보여주기 위해서 제시되었다. 또한 양대 행정부 기간 동안 국내적인 저항의 논거가 일관되게 존재했음도 이러한 인용문에서 발견될 수 있었다는 점에 주목할 필요가 있다. 부시 행정부, 더 나아가 그 이전의 클린턴(Bill Clinton) 행정부는 양면 게임(two-level game)의 논리를 이용하여 교토의정서로 대표되는 구속적인 온실가스 감축에 반대 의견을 표명해왔으며, 이러한 미온적인 태도는 유럽 등 기후변화 문제의 대처에 적극적인 국가들로부터 비난의 대상이 되었다.

2009년 이후 등장한 오바마 민주당 행정부는 2008년 미국발 금융위기 이후 등장한 미국 쇠퇴(the decline of America)론의 재등장 추세 가운데 국내적으로는 재정 적자 감축, 세제 개혁, 수혜자 혜택 프로그램(entitlement program)의 개혁, 교육 및 과학기술 등의 인프라 투자, 이민법 개정 등을 추진하고, 국제적으로는 미국의 리더십이 발휘되는 가운데 다자적 제도의 틀 내에서 국제사회와 공조함으로써 미국 패권의 쇠퇴를 최대한 늦추고자 하고 있다. 국제적인 측면에서 볼 때 오바마 행정부의 미국 패권의 회복 노력은 부시 당시의 일방주의(unilateralism)를 벗어버리고 다자적 제도를 통한 국제사회와의 협력이 그 핵심 주제가 되고 있다. 기후변화에 대한 오바마 행정부의 국제적 협조 노력은 이러한 노력의 하나라고 평가될 수 있다.

1. 기후변화 대처 문제와 미국의 딜레마

1) 패권 회복 노력과 미국의 딜레마

이 책의 논의가 전개되면서 본문의 각 장에서 자세히 설명되겠지만 2009년에 등장한 오바마 행정부는 기후변화 대처라는 국제적 공공재(public good)의 제공에 대해서 미국의 역대 어느 정부보다도 적극적이었다. 민주당 대통령 후보 시절부터 오바마는 기후변화에 적극적으로 대처하겠다는 의지와 신념을 지니고 있었으며, 이러한 문제에 대한 미국의 인식 변화가 필요하다는 점을 인지하고 있었다. 특히 부시 행정부 당시 유엔의 지지를 얻지 못한 이라크 침략, 아부 그라이브(Abu Ghraib)와 관타나모(Guantanamo) 포로수용소에서의 고문 및 학대, 대탄도탄 미사일 조약(the Anti-ballistic Missile[ABM] Treaty)으로부터의 일방적인 탈퇴, 국제형사재

판소(the International Criminal Court) 가입 거부, 교토의정서 비준 거부 등으로 인해 미국에 대한 국제적인 여론이 급전직하(急轉直下)로 추락하면서 미국의 국제적 위신이 최저점에 달한 상황에서, 오바마 대통령은 미국의 이미지와 리더십을 다시 제고할 필요성을 강하게 느끼게 되었다. 이러한 상황 판단의 연장선상에서 오바마 대통령은 기후변화 대처에서 선도적인 모범을 보이면서 온실가스 최대 배출국이 된 중국의 협조를 촉구하고 미국에 협력의 압력을 가해온 유럽 동맹국가와의 공조를 통해서 기후변화에 대처해야 한다는 점을 깊이 인식하고 있었다. 이러한 국제적 협력을 통해서 오바마 대통령은 미국의 리더십을 다시 한 번 고양하고 미국에 대한 국제적 이미지를 개선하고자 했던 것이다.

온실가스 배출을 규제하는 교토의정서 이후의 새로운 레짐의 창출에 미국이 적극적인 공헌을 할 수 있다면, 이는 미국의 리더십을 재확인하고 추락하는 미국의 패권적 지위를 회복하며 유럽의 비난을 잠재우면서 전통적인 대서양 동맹관계를 복원시킬 수 있는 적절한 계기가 될 것이다. 그러나 미국의 패권적 지위가 상당히 약화되어 이제 'G2'라는 용어가 회자되는 상황에서(Bergstein, 2008) 미국은 온실가스 최대 배출국인 중국과 인도의 협력을 얻어서 기후변화 문제를 해결할 수밖에 없는 상황에 처해 있었다. 포스트 교토 체제의 수립을 위해서는 온실가스 배출 문제와 관련하여 이들 국가와의 협력이 절실한데, 중국과 인도는 미국 스스로 국내법의 제정을 통해 온실가스 배출을 규제하지 않으면서 바야흐로 경제발전의 궤도에 오른 자신들에게 온실가스 배출을 강제적으로 줄이는 국제적 레짐 창출에 기여하라고 강권(强勸)하는 것은 부당한 처사라고 보고 있었다. 미국이 먼저 국내법의 제정을 통해서 강제적으로 온실가스의 배출량을 줄인 이후에도 중국으로서는 강제적 온실가스 배출량 감축을 규정한 국제적 협약에 가입하는 것이 주저되는 상황에서, 미국이 선행적인 조치가 없이 자신들에게 배출량 감축을 강요하는 것은 그 자체로서 무리한 요구라는 것이 중국의 입장이라고 할 수 있다.[1]

그러나 미국 내부에서는 오바마 대통령의 강한 정책적 의지에도 불구하고 국내 경제가 매우 악화된 상황에서 경제성장을 둔화시킬 수 있는 기후변화 입법에 반대하는 목소리가 매우 강했으며, 이는 공화당 지지 세력뿐만 아니라 민주당 내 보수적인 세력의 일부를 포함하고 있는 실정이었다. 그럼에도 불구하고 중국이나 인도의 강한 입장과 미국의 협조를 촉구하는 유럽 국가의 압력, 그리고 기후변화 대처라는 공공재의 창출에 대한 오바마 대통령의 공약이 존재하는 상황에서, 국내적 저항을 핑계로 부시 행정부 당시와 마찬가지로 양면 게임적 논리를 동원하여 미국이 기후변화 관련 국내적 조치를 거부하는 것 역시 매우 어려운 선택인 것도 사실이었다. 부시 행정부 이후 미국의 리더십에 대한 국제적 여론이 나빠진 상황에서 기후변화 문제와 관련하여 미국은 더 이상 자국만의 이익을 생각하면서 국제적 리더십을 발휘할 의무를 방기할 수는 없는 상황에 몰려 있었다. 그러나 동시에 국내적 반대는 여전히 강하게 전개되고 있었고, 이러한 반대는 특히 2008년 금융위기 이후 더욱 강화된 것이 사실이었다. 바로 이러한 안과 밖의 상호 대립적인 요구가 개진되는 상황이 기후변화 대처와 관련하여 미국이 처해 있는 딜레마 상황이었다고 할 수 있다.

오바마 대통령이 추구한 기후변화 문제에 대한 미국의 적극적인 국제적 리더십 발휘 동기와 이러한 과정에서 미국이 직면한 딜레마 상황에 대한 이러한 배경 설명에도 불구하고, 적어도 기후변화 문제와 관련해서 볼 때 "쇠퇴하는 미국의 패권이 특히 왜 오바마 행정부에 이르러 다시

1 이러한 중국의 입장에 관해서는 이 책 제5장의 제2절 제2항을 참조하기 바란다.

문제가 되었는가"라는 질문이 제기될 수 있다. 이미 부시 행정부 말기부터 이라크전쟁에 의한 일방주의의 후유증과 2007~2008년에 이르는 미국발 금융위기 등으로 인해서 미국의 패권 쇠퇴 현상이 서서히 진행되기 시작했고, 또한 다수의 학자에 의해서—만만치 않은 반론에도 불구하고[2]— 이러한 쇠퇴론이 받아들여지기 시작했는데, 이러한 패권 쇠퇴 현상이 특히 기후변화 문제와 관련하여 오바마 행정부 하에서 미국에 대해서 다시 딜레마로 나타난 이유는 무엇인가라는 질문이 제기될 수 있다. 이러한 질문에 대한 대답이 사실은 이 저술 전체에 걸쳐서 제시되어 있다고 보이지만, 보다 명확하게 미리 이에 대한 답변을 정리하자면 다음과 같다.

미국의 패권 쇠퇴가 기후변화 문제와 관련하여 오바마 행정부 하의 미국에 대해서 딜레마 현상으로 부각된 것은 바로 오바마 대통령이 이 문제의 해결을 위한 국제적 리더십 발휘의 필요조건으로서 국내적인 기후변화 관련 법률제정을 시도했기 때문이다. 기후변화 문제의 해결의 위한 국제적 리더십의 회복은 기후변화 관련 국내 온실가스 규제 정책의 입법과 재정비를 요구했는데, 중국과 인도 등 거대 온실가스 배출 신흥경제국의 적극적인 동참이 없는 상황에서 미국이 자신의 경제적 손실을—적

2 미국의 패권 쇠퇴에 대한 대표적인 반론으로는—비록 학술적으로 정교한 주장을 전개하는 것은 아니지만— 케이건(Robert Kagan)이 2012년에 시사저널 『뉴리퍼블릭』(*The New Republic*)에 기고한 「아직 사라지지 않았다: 미국 쇠퇴의 신화」(Not Fade Away: The Myth of American Decline)라는 글(Kagan, 2012a)과 같은 해에 출판된 저서 『우리가 만든 세계』(*The World We Made*)가 있다(Kagan, 2012b). 미국 패권 쇠퇴에 관해서 회의적인 의견을 보이는 다른 글로는 드레즈너(Daniel W. Drezner)의 「미국 패권의 종말에 대한 예측은 매우 과장되었을지도 모른다」(Predictions about the Death of American Hegemony May Have Been Greatly Exaggerated)라는 『외교』(*Foreign Policy*)지(紙) 웹사이트의 블로그도 있다(http://drezner.foreignpolicy.com/posts/2012/01/22/predictions_about_the_death_of_american_hegemony_may_have_been_greatly_exaggerated).

어도 단기적으로— 상당히 감수해야 할 것으로 우려되는 온실가스 규제 국내법의 제정은 국내적으로 상당한 반발을 야기했다. 즉 오바마 대통령이 기후변화 문제와 관련하여 미국의 국제적 리더십을 다시 제고하려는 노력, 즉 패권 회복의 노력을 경주하면서 국내적인 반발을 불러와 딜레마 상황이 야기된 것이다.

만약 오바마 행정부 하의 미국이 국제적 위상의 쇠퇴 과정에서 이에 순응하여 고립주의 외교노선으로 선회했다든지, 아니면 부시 행정부에서와 마찬가지로 일방주의적 노선을 견지하고 국제적 리더십의 회복을 미국 외교정책의 중요한 과제로 삼지 않았다면, 이러한 딜레마 현상은 아예 존재하지 않았을지도 모른다. 예컨대 미국이 국제적 리더십의 회복에 관심을 두지 않고 기후변화 문제와 관련하여 여전히 교토의정서 체제를 거부하거나, 혹은 포스트 교토 체제에도 온실가스의 구속적 감축이 있는 한 참여할 수 없다는 입장을 견지했다면, 기후변화 문제와 관련된 국내적 저항이 그다지 크지 않았을 것이며 패권 회복을 위한 딜레마 현상도 없었을 것이다. 이러한 의미에서 패권 쇠퇴가 오바마 행정부에 이르러 문제가 된 것은, 적어도 기후변화 영역에서 이와 같이 패권을 회복하려는 미국의 노력이 집중적으로 경주되었기 때문이다.

그렇다면 다시 제기될 수 있는 질문은 과연 중국 등 '나머지 국가의 부상'이라는 현상이 명확히 목격되고 있으며 국제적 세력 배분이 분명히 변화하고 있음에도 불구하고, 기후변화 영역에서 오바마 행정부의 패권 회복 노력이 과연 의미 있는 것인가라는 것이다. 즉 국제적 권력 배분의 측면에서 미국 중심의 단극체제가 이미 돌이킬 수 없는 지점을 통과하여 국제적 권력 분산이 빠르게 진행되는 등 구조적 변화를 겪는 상황에 이르렀는데, 미국의 '패권 회복'이라는 개념이 가능한가라는 질문이 제기될 수 있다. 이에 대한 답변은 현재의 국제적 세력 배분에 대해서 어떠한 해석을 내릴 것인가와, 오바마 대통령이 추구한 패권회복 노력이 어떠한 성격의 것이었는가에 대한 정의와 관점에 달려 있다.

현재의 국제정치의 세력 배분은 패권 쇠퇴를 경험하고 있는 미국의 리더십이 상당히 도전받고 있음에도 불구하고, 여전히 미국을 대치할 새로운 패권국가의 명확한 부상은 가시화되지 않은 상황이라고 할 수 있다. 중국은 급속한 경제적 성장을 바탕으로 군사력을 신장시키면서 국제사회에서 자신의 위상을 강화하고 있지만, 적어도 현시점에서 아직 중국을 새로운 패권국가로 부르는 사람은 많지 않은 상황이다. 또한 미국의 패권 쇠퇴가 진행되고 있다고는 하지만, 이러한 쇠퇴가 실제적이지 않다고 주장하는 사람도 있고, 향후 미국과 중국의 경쟁관계가 어떠한 방식으로 전개될지 예측하는 것도 쉽지 않다.[3] 또한 패권의 행사는 단순히 경제적 · 군사적인 물리적 우위(primacy)만을 바탕으로 하는 것이 아니라 국제사회 구성원의 자발적인 동의를 바탕으로 하는 국제적인 정당성을 요구한다고 할 때(Finnemore, 2009), 제2차 세계대전 이후 미국의 주도가 되어 만들어진 자유주의적 다자주의 제도가 수명을 다했다고 보기도 어렵다. 이러한 현재의 국제적 세력 배분은 명백히 단극적 패권 체제가 아닌 것은 분명하지만, 여전히 미국이 전후 창설한 제도가 유용하고 이러한 제도를 통해서 미국이 리더십을 발휘할 여지가 있는 체제라고 보인다(Ikenberry, 2011).

또한 기후변화 영역에 국한해서 볼 때 여전히 미국의 역할은 포스트 교토 체제의 등장과 안정적 유지에 매우 긴요하다. 미국은 중국과 함께

3 예컨대 2025년까지의 국제정치의 변화를 예측하면서 브레진스키(Zbigniew Brzezinsky)는 이 시기에 이르러 형성될 국제정치의 세력 배분은 비록 미국이 주도하는 것은 아닐지라도 결코 중국이 지배하는 양상은 아닐 것이며, 2025년의 국제정치는 혼돈(chaos)의 모습을 보이게 될 것으로 전망하고 있다(Brzezinsky, 2012: 75~119).

세계 최대의 온실가스 배출 국가임과 동시에, 중국의 온실가스 감축의무를 적극적으로 요구할 수 있는 거의 유일한 국가라고 할 수 있다. 유엔 기후변화협약이 교토의정서 체제를 만들어내면서 선진국에게 감축의무를 부과하는 등 나름대로 온실가스 감축을 위한 구속적 규정을 만들어내는 데 성공하기는 했지만, 미국의 불참으로 인해 그 실효성이 상당히 손상된 것이 사실이다. 그리고 2012년 이후 포스트 교토 체제가 탄생하는 과정에서 미국이 필요한 역할을 적절히 수행하지 않을 경우, 중국이나 인도의 동참, 그리고 개도국의 기후변화 대응을 지원하기 위한 재정 지원 등은 물거품이 될 가능성이 크다. 이렇게 볼 때 현재의 국제정치는 세력 배분의 견지에서 미국의 우위가 상당히 약화되었음에도 불구하고 기후변화 영역에서도 미국의 리더십이 여전히 긴요한 상황이라고 할 수 있다. 이러한 조건 하에서 오바마 행정부 하의 미국은 적어도 기후변화 영역에서 적극적인 리더십을 발휘하여 미국의 패권 쇠퇴를 늦추고 국제적 위상을 회복하려고 노력했다.

그렇다면 기후변화 대처에 국한해서 볼 때 오바마 대통령이 회복을 시도한 미국의 패권은 어떠한 성격의 것인가? 패권 회복의 노력은 과연 제2차 세계대전 이후 냉전 당시 미국이 압도적인 군사력과 경제력을 바탕으로 자유주의 진영을 주도하여 다양한 양자, 다자적 동맹을 구성하고, 자유주의적이며 다자적인 경제, 금융제도를 만들어내는 것과 동일한 양상을 지향하는 것인가? 중동에서의 두 개의 전쟁과 2007~2008년 미국발 금융위기로 인해서 미국의 군사적 · 경제적 능력이 현저하게 제한된 상황을 고려할 때, 오바마 대통령이 기후변화 영역과 관련하여 추구한 패권 회복의 시도는 제2차 세계대전 이후 미국이 추구했던 힘의 우위를 바탕으로 한 패권 체제의 수립을 시도했던 것과는 성격이 완연히 다를 수밖에 없다. 그렇다면 반드시 물질적 우위에만 기반하지는 않은 오바마 행정부의 미국이 기후변화 대처 과정에서 추구한 리더십 회복을 어떤 의미에서 패권 회복의 노력으로 볼 수 있을 것인가?

형식과 표현에서는 차이가 있을지 모르지만 전후 역대 미국의 다른 어떤 대통령과 마찬가지로 오바마 대통령은 적어도 수사(rhetoric)의 차원에서 결코 미국의 국제적 리더십을 포기한 바 없다. 이러한 사실은 오바마 대통령이 대통령 후보 시절부터 저술한 글이나 연설, 그리고 오바마 대통령 취임 이후 그가 국내외적으로 행한 다양한 연설에서 반복적으로 나타나고 있다. 실제적인 군사적 · 경제적 능력에 관계없이 국제적 리더십과 이를 수행할 수 있는 미국의 능력에 대해서 유권자에게 확신을 주지 못하는 후보가 결코 미국에서 대통령선거에서 당선된 적은 없다. 일방주의는 수긍할 수 있으나 고립주의는 용인할 수 없는 제2차 세계대전 이후 미국 유권자가 대통령선거 과정에서 걸러내는 대통령은, 미국이 국제적 리더십을 발휘할 수 있어야 하며 이를 추진할 능력—그것이 환상이든 현실이든—이 있다는 확신을 줄 수 있어야 한다. 그리고 오바마 대통령 역시 예외는 아니었다.4

4 예컨대 오바마 대통령은 미국 쇠퇴론이 미국 국내외에서 이미 왕성하게 회자되는 상황에서 2012년 1월 24일 의회에서 행한 국정연설(State of Union address)을 통해서 이러한 미국의 국제적 리더십(renewal of American leadership)의 부활을 다시 한 번 강조한 바 있다. 이 연설에서 오바마 대통령은 "미국 리더십의 부활이 글로벌하게 감지되고 있습니다. 유럽과 아시아의 우리의 오랜 동맹은 이전 어느 때보다도 훨씬 강해졌습니다. 미주에 대한 우리의 유대도 더 깊어졌습니다. [……] 그렇지 않다고 말하는 사람, 미국이 쇠퇴하고 있다거나 우리의 영향력이 약화되었다고 말하는 사람은 우리가 지금 말하는 것을 알지 못할 것입니다. [……] 그렇습니다, 세계는 변하고 있습니다. 그렇습니다, 우리가 모든 사건을 통제할 수는 없습니다. 그러나 미국은 세계에서 필요불가결한 하나의 나라(the one indispensible nation)로 여전히 남아 있습니다. 그리고 적어도 내가 대통령인 한, 나는 계속해서 이러한 방향을 고수할 생각입니다"라고 힘주어 말했다. "Remarks by the President in State of the Union Address", Jan. 24(http://www.whitehouse.gov/the−press−office/2012/01/24/remarks−president−state−union−address).

그러나 오바마의 대통령이 구상하는 미국의 패권 회복은 전임 부시 행정부와는 달리 일방적인 힘의 우위에 대한 맹목적인 신앙에 의해서 추진된 것은 아니다. 오바마 대통령은 중국 · EU 등 다른 주요 국가와의 다양한 형태의 파트너십을 강조하면서 인류 공동의 문제를 대처하기 위해서 협력적이며 제도화된 리더십을 추구하였다. 이러한 과정에서 오바마 대통령은 국제 금융위기 대처, 핵 비확산, 그리고 이 저술의 논의의 대상인 기후변화 문제 등 '인류가 공통적으로 직면한 과제'에 대해서 '국제사회가 공동으로 대처'할 것을 강조하였다. 이러한 협력적이고 제도화된 리더십을 통해서 추진된 오바마 대통령의 미국 패권 회복 노력은 한편으로는 중국을 포함한 다른 국가의 부상과, 다른 한편으로는 국내의 정치경제적 문제로 인해 미국의 능력이 현저히 제약된 상황을 충분히 인지한 이후 선택된 것이었다. 즉 물리적 우위를 통한 패권의 추구는 현실적으로 명백히 불가능해진 상황에서, 그러나 여전히 미국의 국제적 지도력이 어느 때보다도 요청되는 시점에서, 미국은 선모범-후촉구의 양식으로 자신의 리더십을 발휘함으로써 다른 국가의 동의와 협력을 얻어내고자 하였다. 즉 오바마 행정부의 미국은 다양한 형태의 국제적 제도를 구축하고, 이러한 제도적 틀 내에서 협력적 리더십을 통해 패권 회복을 추구하였다.

위에서도 언급했듯이 오바마 대통령은 전임 부시 대통령과 달리 상대방의 동의를 통한 정당성의 확보가 미국의 패권 회복에 매우 중요하며, 따라서 국제정치 권력 행사의 사회적이며 관계적 성격을 누구보다도 숙지하고 있었다. 이러한 인식에 기반하여 적어도 기후변화 영역에서 미국은 단일 패권(singular hegemony)의 제도화보다는, 미국이 리더십을 발휘하되 이러한 리더십이 정당성을 부여받는 제도화 · 사회화된 패권을 추구했다고 보인다.[5] 기후변화 대처와 관련하여 오바마 대통령이 추구한 노력은 바로 다양한 형태의 다자적 제도를 창출하고, 이러한 제도 속에서 합의된 가치를 도출하는 과정에서 미국이 리더십을 발휘하여 패권 회복을 시도한 것이었다. 그리고 이러한 제도적 틀 속에서 만들어지게 될 미국의 패권은—패권의 사회적 · 제도적 성격을 강조하는 클라크(Ian Clark)의 표현을 빌리면— 보완(supplemented)되는 것이지 결코 교체(displaced)되는 성격의 것은 아니었다(Clark, 2011: 62).

2) 기후변화와 공공재

오바마 대통령이 추구한 기후변화 관련 미국의 패권 회복 노력은 새로운 기후변화 레짐에 대한 미국의 적극적인 참여를 필요로 했는데, 이는 이러한 레짐의 창출이 공공재적인 성격을 띠고 있기 때문이다. 다시 말해서 온실가스 감축을 통해서 기후변화 문제에 대처하기 위한 레짐의 창출은 집합행동(collective action)의 문제를 야기시키는 것으로서, 특정한 국가의 적극적인 국제적 리더십이 발휘되지 않고서는 성사되기 어려운 것이었다. 다음에는 이러한 레짐의 창출을 위한 미국의 리더십 행사 필요성과 관련하여, 온실가스 감축을 통한 기후변화 대처의 공공재적인 성격에 대해서 간단히 검토해보고자 한다.

우선 온실가스 감축을 통한 기후변화 문제의 대처, 그리고 이를 위한 레짐의 창출이 어떠한 의미에서 공공재(public good)인가라는 질문에 대한 답변부터 모색해보고자 한다. 이러한 문제에 대한 답변이 필요한 이유 중의 하나는 기후변화 대처 노력의 결과 온실가스가 실제적으로 감축되면, 그 혜택이 특정 국가에 '더' 귀속되거나 국가 간에 '차별적으로' 배분될 수 있는데, 이런 경우에도 이를 공공재라고 부를 수 있는가라는

5 제도화 · 사회화된 패권의 개념에 관해서는 Clark, 2011을 참조하기 바란다.

의문에서 나온다고 보인다. 이에 대한 답변을 위해서는 우선 공공재의 정의를 살펴볼 필요가 있다. 그리고 이러한 정의가 혜택의 차별성을 그 정의의 요건에 포함하고 있는지를 살펴볼 필요가 있다.

어떤 재화(혹은 서비스)가 공급의 결합성(jointness of supply)과 비배제성(non−excludibility)의 조건을 충족시키면 이 재화는 공공재로 정의된다. 즉 특정인에 의한 특정 재화의 소비가 다른 사람이 소비할 재화의 양을 감소시키지 않으면 그 재화는 공급의 결합성을 지닌 재화이고, 한번 공급되면 재화의 공급에 기여하지 않은 사람의 소비를 막을 수 없을 경우 그 재화는 비배제성을 지닌다고 할 수 있다.[6] 공공재가 지니는 공급의 결합성과 비배제성이라는 속성으로 인해서 공공재의 공급에는 무임승차(free−riding)의 문제 혹은 집합행동의 문제(collective action problem)가 발생하는 것이다.

이러한 공공재의 정의에서 볼 때 온실가스 감축을 통한 기후변화 대처 역시 공공재로서의 속성을 지니고 있으며, 그 효과가 지구상의 전체 인구와 현재와 미래의 세대에 영향을 미치는 글로벌 공공재(global public good)라고 할 수 있다. 즉 기후변화 노력의 결과 온실가스 감축이 이루어지면 지구온난화 현상이 둔화되면서 생태계가 더욱 안정화되고 그 결과 각종 재해와 재난을 막을 수 있게 된다. 이러한 글로벌한 혜택을 특정 국가가 누린다고 해서 다른 국가가 누릴 수 있는 혜택이 줄어드는 것은 아니다. 따라서 기후변화 대처와 이로 인한 온실가스 감축은 공급의

6 예컨대 정부가 제공하는 국방의 서비스는 국방으로 인해 향유되는 특정인의 안전보장이 같은 사회에 사는 다른 사람의 안전보장에 불이익을 주지 않기 때문에 공급의 결합성이라는 속성을 지니고 있고, 국방을 위해 세금(방위세 등)을 내지 않은 사람도 그 사회에 거주하는 이상 정부가 제공하는 국방의 서비스를 누릴 수 있다는 의미에서 비배제성의 속성을 지니고 있다.

결합성이라는 요건을 충족시키고 있다. 또한 온실가스 감축에 기여하지 않은 국가라도 일단 국제적 기후변화 레짐이 창출되어 온실가스를 감축하기 시작하면 생태계의 개선과 이로 인한 재난의 방지 등의 혜택을 누릴 수 있게 된다. 따라서 온실가스 감축을 통한 기후변화 대처는 비배제성의 속성도 지니고 있다. 따라서 기후변화 대처 노력은 글로벌 공공재를 공급하려는 노력이며, 이러한 정의에는 온실가스의 감축으로 인한 혜택이 개별 국가에 차별적으로 귀속되는지의 여부는 고려되지 않는다. 즉 차별적인 혜택의 여부가 공공재 정의의 조건에 포함되지는 않는다.

실제로 기후변화 대처 및 이를 위한 국제적인 온실가스 감축 노력을 공공재로 보는 관점은 학계에서는 상당히 일반적으로 받아들여지고 있다. 예컨대 배틱(Michèle B. Bättig)과 버나우어(Thomas Bernauer)와 같은 학자는—비록 개별 국가의 온실가스 감축 기여도에 차이가 있기는 하지만—기후변화 대처와 관련된 온실가스 감축이 글로벌 공공재의 표준적 정의에 가장 근접하게 일치하는 정책 영역이라고 보고 있으며(Bättig and Bernauer, 2009: 283), 따라서 집합행동의 문제로 인해서 레짐의 형성이 어렵다고 보고 있다. 한편 해리스(Paul G. Harris)와 같은 학자도 대기의 오염과 그 유해한 결과를 '집합적 악재(惡財)'(collective bads)로, 안정적인 기후체계의 유지를 '집합적 재화'(collective goods)로 보고 있다(Harris, 2007: 200~201). 또한 저명한 미국 외교정책과 국제정치 연구자이며 외교정책에서 소프트 파워(soft power)의 역할을 강조하고 있는 나이(Joseph Nye) 역시 2002년 자신의 논문에서 미국이 공공재의 공급을 위해서 리더십을 발휘해야 한다고 주장하면서, '국제적 공공자산'(international commons)을 보호해야 한다고 보고 이러한 국제적 공공자산 가운데 하나로 '글로벌 기후'(global climate)를 언급하고 있다(Nye, 2002: 241~242). 마지막으로 기후변화 협상과 관련된 국가전략의 연구자인 배럿(Scott Barrett) 역시 오존 파괴와 기후변화를 '글로벌 공공 악재(惡財)'(global public bads)로, 오존 파괴 화학물질의 감소와 온실가스 감축을 '글로벌 공공재'(global public goods)로 보고 있다(Barrett, 1999: 192~193). 이외에 기후변화와 온실가스 감축을 연구하는 경제학자들은 온실가스 감축을 통한 기후변화 대처를 전반적으로 공공재로 보고 자신들의 연구 프로젝트를 진행하고 있다(Nordhaus, 1999; Hasson, Löfgren, and Visser, 2009).

또한 실제로 기후변화 관련 협상을 위한 국제적 다자회의 등의 회담 진행 과정이나 회담 결과 채택되는 선언서나 공동성명서를 보면—비록 위에 제시된 공공재의 정의와 명확히 부합하는 것은 아니지만— 기후변화 대처가 인류가 당면한 문제로서 그 해결의 책임과 정책적 선택 결과의 혜택이 모든 국가와 모든 인류에게 귀속된다고 강조하고 있는데, 이는 기후변화 대처의 공공재적 성격을 간접적으로 시사해주는 것이다. 온실가스의 배출 규제를 위한 최초의 국가 간 조약인 1992년의 유엔 기후변화협약의 전문이 '지구의 기후변화와 그 부정적 효과가 인류 공동의 관심사'라고 선언한 것이나, 2009년의 제15차 유엔 기후변화협약 당사국 총회에서 채택된 코펜하겐 합의가 '기후변화가 우리 시대의 가장 큰 도전 중의 하나임'을 강조한 것 등은 기후변화에 대처하는 문제가 인류 공동의 도전이며 과제임을 입증하는 것이다. 이러한 문헌들이 직접적으로 온실가스 감축이 학문적으로 정의된 공공재임을 지적하는 것은 아니지만, 온실가스 감축에 대한 합의가 모든 국가와 인류 전체가 생태적 재앙을 피해가고 공동으로 혜택을 누릴 수 있는 정책 방향으로의 첫발임을 시사하고 있다.

앞에서 지적한 대로 공공재의 차별적 혜택이 기후변화 대처의 공공재적 성격의 규정과 관련되어 있지는 않지만, 기후변화 대처라는 글로벌 공공재의 공급에 따른 혜택이 모든 국가에 골고루 돌아가는 것은 아니다. 특정 국가는 기후변화 대처 관련 국제 레짐의 형성으로 인해서 더 큰 혜택을 맛볼 수도 있고, 다른 국가는 상대적으로 그 혜택이 적을 수 있다. 예컨대 기후변화에 대한 극단적 취약 국가—몰디브(Maldives) 등—의 경우 기후변화 레짐의 창출로 인해 온실가스에 대한 지속적인 감축이 실행되면 해수면 상승으로 인한 국가적 생존의 위협에서 벗어날 수 있고, 기후변화로 인한 충격의 완화를 위한 국제적인 기술적 · 재정적 지원을 받을 수 있기 때문에 기여도에 비해서 상당한 혜택을 누릴 수 있을 것으로 보인다. 한편 '공동의, 그러나 차별화된 책임'을 지속적으로 강조하는 중국이나 인도의 경우도 온실가스 감축이 본격적으로 시작되면 장기적으로 보다 안정적인 생태계를 향유할 수 있고, 기후변화의 완화조치를 위한 선진국의 투자와 기술이전 등의 혜택을 누릴 수는 있다. 다만 주지하다시피 이들 국가는 온실가스 감축으로 인한 경제성장을 우려하여 자신의 의무적 감축의무는 지속적으로 반대하고 있다. 전체적으로 온실가스 감축을 통한 기후변화 대처는 공급의 결합성과 비배제성을 특징으로 하는 글로벌 공공재이지만, 공공재의 공급으로 인한 혜택은 모든 국가에 균등하게 나타나는 것은 아니다.[7]

---

7 기후변화 대처와 관련된 새로운 레짐이 창출되어 국제적으로 온실가스의 감축이 구속력을 지니고 본격화된다면, 거대한 석유 의존 에너지 소비 국가로서 미국은 석유 수입 필요성의 감소로 인해 에너지의 대외 의존도를 줄여 에너지 안보를 제고하고, 에너지 관련 기술 개발에 대한 투자를 통해서 국제사회에서 청정 기술의 선두주자 국가군으로 진입하여 큰 혜택을 누릴 수도 있을 것이다. 또한 청정에너지 일자리의 창출을 통해서 높은 실업률에 신음하는 자국의 경제 문제를 해소하는 데에도 도움을 받을 수 있을 것이다. 그러나 기후변화 레짐이라는 공공재 창출 과정에서 기여도 대비(對比) 혜택의 수준이 다른 국가에 비해서 미국이라는 특정 국가에 대해서 현저히 높을 것인지는 아직 단언하기 힘든 경험적 질문이다. 만약 미국이 EU의 일원인 독일처럼 이미 화석연료를 대체하는 새로운 에너지의 사용과 에너지 효율성의 현저한 제고를 통해서 청정에너지 경제로 상당히 진입하는 방식으로

지금까지 앞에서 설명되고 정의된 오바마 행정부의 기후변화 관련 패권 회복 노력과 온실가스 감축을 통한 기후변화 대처의 글로벌 공공재로서의 성격에 대한 논의를 사전적 배경으로 해서, 이 책은 기후변화 대처 문제와 관련된 이러한 미국의 딜레마 상황을 오바마 행정부 출범 이후 국내적인 저항을 중심으로 논의하고자 한다. 이와 관련하여 이 책은 오바마 행정부가 어떠한 방식으로 기후변화 문제에 대처하고자 했으며, 이에 대한 국내적 저항은 어떠한 방식으로 실행되었는가를 살펴보고자 한다. 또한 이러한 저항에 직면해서 오바마 대통령이 우회적인 정책 혹은 차선의 정책으로 취한 방식은 어떠한 것이었는지를 검토해보고자 한다. 이를 통해서 과연 오바마 행정부의 기후변화 관련 국내 정책이 성공을 거두었는지의 여부와, 그리고 더 나아가 과연 향후 미국 행정부의 정책이 성공을 거둘 수 있을 것인지에 대해서 진단해보고자 한다. 이 책의 이러한 연구 방향을 토대로 다음 절에서는 이 저술의 목적과 필요성을 소개해보기로 한다.

경제구조를 본격적으로 전환시켰거나, 혹은 생태적 근대화 담론에 대해서 기업-정부-시민사회 간에 상당한 합의가 있다고 할 경우, 구속력 있는 온실가스 감축을 골자로 하는 새로운 레짐의 창출에 적극적일 수 있는 인센티브는 더 클 것이고, 이에 따른 혜택 역시 화석연료에 의존하는 현재의 경제구조에서 보다는 훨씬 더 클 것으로 보인다. 그러나 실제로 오바마 행정부가 추진한 기후변화 대처 노력 및 이를 위한 국내법 제정 노력, 그리고 청정에너지 경제로의 전환 노력에도 불구하고, 공화당, 보수적 유권자, 기업 부문 등을 중심으로 온실가스 감축과 관련된 국내법의 제정에 대한 강력한 저항이 있었고, 따라서 최종적인 국내적 합의 도출은 실패하고 말았다. 따라서 오바마 행정부 하에서 추진된 새로운 기후변화 레짐의 창출을 위한 노력이 이러한 레짐의 형성을 통해서 미국이 현재의 경제구조에서 배타적인 이익을 얻을 것을 예상하였기 때문에 추진된 것이라고 단정하기는 어렵다. 그렇게 보기에는 국내적 합의의 토대가 약했고 따라서 반대세력의 국내적 저항이 컸기 때문이다.

2. 연구의 목적, 주장, 필요성

1) 연구의 목적과 주장

2007년에 시작되어 2008년에 걷잡을 수 없이 진행된 서브프라임 모기지 사태로 불거진 미국발 글로벌 경제위기는 지구상 어떤 나라 못지않게 미국 자신에게 심각한 정치적 · 경제적 영향을 미쳤다. 이라크전쟁의 전후 처리 문제로 인한 부시 공화당 행정부의 지지도 하락과 이를 더욱 악화시킨 경제위기는 급기야 오바마 민주당 후보의 당선으로 이어졌고, 이후 미국은 실추된 미국의 국제적 리더십을 회복하기 위해서 노력하였다. 오바마 행정부는 'G2'와 중국의 도전으로 표현되는 소위 '나머지 국가의 부상'(the rise of the rest)[8]이라는 현상에 직면하여 미국 패권의 급속한 하락을 막아야 했고, 이를 위해서 국내 경제의 회복 및 정치적 양극화의 극복과 동시에 국제적인 리더십을 지속적으로 발휘해야 하는 이중의 과제를 안게 되었다. 그러나 미국 패권의 지속적 유지 혹은 패권의 회복이라는 국제적 과제는 국내적인 지원이 없이는 달성하기가 지극히 어려운 문제였다. 따라서 미국이 당면한 가장 큰 어려움 가운데 하나는 미국의 국제적 리더십 유지의 필요조건으로서 국내적 지원과 공약이 필요한데, 이러한 필요조건의 충족이 현실적으로 매우 어렵다는 점에 있었다. 이러한 딜레마의 극명(克明)한 사례가 바로 기후변화 문제를 대처하기 위한 새로운 국제적 레짐 창출 요구와 이를 위한 미국의 국내적 법제도의 완비라는 난제라고 할 수 있다.

2009년 1월에 오바마 행정부는 국내적으로는 경제 회복, 이민법 개정,

---

8 '나머지 국가의 부상'이라는 개념에 관해서는 Zakaria, 2008을 참조하기 바란다.

의료보험 개혁 등과, 대외적으로 국제금융질서 회복, 핵 비확산의 추진, 이라크전쟁의 성공적인 종식 등의 과제를 해결해야 하는 책임을 부여받고 출범하였다. 이와 같은 다양한 국내외적 과제를 안고 출발한 오바마 행정부에 대해서 주목해야 할 점 가운데 하나는 오바마 대통령이 누구보다도 지구온난화를 포함한 기후변화 문제에 대해서 남다른 관심과 열정을 지니고 있다는 점이다. 실제로 오바마 대통령은 2008년 대통령선거 운동 당시 기후변화 및 에너지 독립의 문제와 관련하여 매우 적극적으로 자신의 의견을 개진하였을 뿐만 아니라, 취임 후인 2009년 9월 23일에 행한 유엔총회 연설에서 '핵 없는 세상', '평화의 유지', '글로벌 경제의 활성화'와 함께 '기후변화에 대한 대처'를 '지구의 미래를 위한 가장 중요한 네 가지 기둥'(four pillars for the future of the earth) 가운데 하나로 지적한 바 있다.[9] 식량과 물 부족 및 이로 인한 인구 이동과 그 결과 나타날 수 있는 국가 간 전쟁 가능성 등 다양한 재앙적 요소를 내포한 기후변화의 문제는 이제 개별 국가의 주요 안보 문제 가운데 하나로 다루어지고 있는 형편이며(Podesta and Ogden, 2008; Fuerth, 2008), 오바마 대통령은 역대 미국 대통령 가운데 기후변화가 가져올 수 있는 다양한 위험요소를 누구보다도 강하게 인지하고 이에 대한 정책 추진을 공약해왔다.

이러한 사실을 배경으로 하여 이 연구는 오바마 행정부가 적극적으로 추진해온 교토의정서 이후의 새로운 기후변화 레짐 창출 과정에서 미국이 국내외적으로 경험하게 된 딜레마를 '국제적 공공재 창출에 대한 국내적 저항'의 문제로 파악하고, 이러한 인식에 근거하여 오바마 행정부의

9 Barack Obama, "Remarks by the President to the United Nations General Assembly"(http://www.whitehouse.gov/the-press-office/remarks-president-united-nations-general-assembly).

기후변화 정책을 설명하는 것을 목적으로 진행될 것이다. 이러한 목적을 염두에 두고 주진될 이 연구는 2009년에 새로 출범한 오바마 행정부기 기후변화 정책의 추진 과정에서 겪게 된 패권국가로서의 딜레마와 관련하여 다음과 같은 주장을 개진하고자 한다.

① 1997년에 체결되어 2012년에 효력이 종료되는 교토의정서 이후의 새로운 국제적 기후변화 레짐의 창출은 미국 패권의 회복 노력과 관련하여 볼 때 '국제적 공공재의 제공'이라는 성격을 띠고 있기 때문에 '선택적 유인'(selective incentive)이나 소수 주요 강대국의 '자발적인 기여'(즉, 초기 비용 부담)가 없이는 그 실현이 매우 어렵다. 이렇게 볼 때 지구온난화 방지를 위해서 새로운 기후변화 레짐의 창출을 주창해온 오바마 행정부 하의 미국의 역할이 매우 중요하다. 새로운 국제적 협약의 창출을 위해서 오바마 행정부는 자신의 공약에 대한 전세계적 신뢰를 높일 수 있는 선행적 조치를 취하고자 노력했다.

② 새로운 기후변화 레짐의 수립에 대한 미국의 공약을 입증하고 레짐 창출 과정에서 자신의 협상력을 높이기 위해서 미국은 선행적 조치의 하나로 이산화탄소를 포함한 온실가스 배출을 규제하는 국내법을 제정할 필요가 있었다. 이러한 국내법의 제정을 통해서 미국은 중국 · 인도 등 주요 온실가스 배출 국가에 대해서 적극적인 협력을 요구하고 새로운 기후변화 레짐의 창출에 대한 압박을 가하고자 하였다.

③ 유럽 국가나 캐나다 등 의회제 권력구조를 지닌 국가와는 달리

미국은 권력의 분립 및 견제와 균형의 원칙을 표방하는 대통령제 국가이기 때문에 대통령과 의회가 기후변화 관련 국내법 제정의 가장 중요한 행위자로 대두된다. 국내법의 제정 여부에 결정적인 역할을 하는 행위자는 대통령이며, 대통령의 정책 의지와 정치적 역량이 기후변화 관련 국내법 통과의 핵심적 조건이다. 또한 의원들은 재선(re-election)이라는 선거 인센티브에 의해서 기후변화 법률 제정에 대한 자신의 태도를 결정하게 된다. 기후변화 관련 법안의 통과가 개별 의원의 선거 인센티브에 어떠한 영향을 미치는지의 여부가 대통령의 정책 의지와 함께 법안의 통과에 매우 중요하다.

④ 선행적인 온실가스의 배출 감축을 위해서 '온실가스 배출 상한치 설정 및 시장교환 제도'(cap and trade)라는[10] 시장 메커니즘을 구현하는 국내법 제정의 필요성을 강조하는 오바마 행정부의 노력에도

10 '온실가스 배출 상한치 설정 및 시장교환' 방식은 기업이나 지역별로 온실가스 배출량을 할당해주고 할당된 배출량을 초과하는 곳에 대해서는 온실가스 배출시장(emission market)에서 할당량(allowance)을 사도록 하는 온실가스 배출량 할당제도를 골자로 하고 있다. 기존에 온실가스 배출이 많았던 산업지대는 배출량 상한치를 쉽사리 초과하게 되어 할당량을 추가적으로 사는 부담이 있어서 온실가스 배출을 줄여나갈 것으로 기대된다. 그러나 이들 산업지대의 화석연료 사용 기업, 전력발전 회사, 정유공장 등은 온실가스 배출 감축을 위한 신규 시설투자 비용의 증가를 이유로 이러한 제도의 도입에 반대하였고, 일반 주민들은 전기료 상승 등으로 인해 또한 이러한 제도의 도입에 반대하였다. 그러나 할당제도의 옹호자들은 이러한 부담이 장기적으로 석유 등 화석연료의 사용을 줄이게 될 것이라고 보고 이 제도의 도입에 찬성하였다. 통상 이산화탄소가 온실가스의 대표적인 구성요소이기 때문에 '온실가스 배출 상한치 설정 및 시장교환'은 '이산화탄소 배출 상한치 설정 및 시장교환'과 거의 같은 의미로 사용된다. 따라서 이 책에서 이 두 개념은 사실상 같은 의미로 사용될 것이며, 이 책에 인용된 정치인의 연설문이나 학자의 글에서 특별히 '이산화탄소'를 언급하지 않은 경우 일반적으로 '온실가스'라는 용어가 사용될 것이다. 그리고 '온실가스 배출 상한치 설정 및 시장교환'은 필요한 경우 이 개념의 영어 원어인 'cap and trade'의 의미를 살려서 간단히 '상한치 설정 및 교환'으로 표기될 것이다.

불구하고, 국내 정치의 주요 당사자인 미국 의회는 공화당 혹은 이산화탄소 배출이 많은 지역에서 당선된 의원을 중심으로 이러한 국내법의 제정에 반대하는 입장을 취했다. 특히 2008년 글로벌 금융위기 이후 실업률이 증가하고 경제 상황이 악화되며, 기후변화 대처에 대한 국내적 지지 여론이 약화되는 상황에서 단기적으로 에너지 비용을 높일 수 있는 '상한치 설정 및 교환' 방식에 대해서 공화당 의원 및 보수적인 민주당 의원의 반대가 매우 강하였다. 또한 미국 의회는 중국·인도 등 주요 온실가스 배출 국가에 대해서도 구속력 있는 감축을 강제하는 기후변화 레짐이 제정되지 않은 상태에서 미국이 먼저 자신을 스스로 속박하는 온실가스 배출 규제 목적의 국내법을 제정하는 것에 반대해왔다.

⑤ 온실가스 배출 규제를 목적으로 하는 국내법의 제정이 없이는 패권 회복을 위한 미국의 대외 협상력과 국제적 공약의 강도가 낮아져서 새로운 기후변화 레짐의 창출에 지장이 초래될 수 있다는 오바마 행정부의 현실 인식과, 이와는 달리 미국 국민과 여론이 납득할 수 있도록 개도국의 온실가스 감축도 강제하는 수 있는 국제적 합의가 도출되기 전에 미국이 먼저 온실가스 배출 규제를 위한 국내법을 제정하는 것은 스스로를 구속하는 행위이므로 이에 반대한다는 의회의 입장은 오바마 행정부 하의 미국이 취해야 할 기후변화 정책에 대해서 딜레마 상황을 불러왔다.

⑥ 2009년 취임 이후 이러한 국내적인 저항과 경제적 불황 속에서 오바마 행정부는 2009년 코펜하겐 유엔 기후변화협약 당사국 총회에서 2012년 포스트 교토 체제의 수립을 위한 적절한 어젠다의

창출과 새로운 레짐의 형식에 관해서 고민하는 한편, 국내적으로는 미국의 에너지 독립과 청정경제로의 이행 및 청정에너지 관련 일자리 창출이라는 방식으로 온실가스 감축 노력을 유권자들에게 제시하고자 노력해왔다. 에너지 효율 제고를 통한 미국의 에너지 독립, 그리고 재생 및 청정에너지 일자리 창출과 결부되어 제시된 오바마 행정부의 온실가스 감축 구상과 입법 제안은 연방정부의 규제를 우려하는 기업, 공화당, 그리고 경제 침체와 실업률 증가로 고통을 받는 유권자를 설득하기 위한 것이었다.

⑦ 이러한 오바마 행정부의 입법 노력에도 불구하고 2009년 6월에 하원을 어렵게 통과한 기후변화 관련 법안인 미국 청정에너지 및 안보법(the American Clean Energy and Security Act)만으로 2009년 12월에 코펜하겐 회의에서 중국과 인도 등 주요 온실가스 배출 개도국에 대해서 온실가스 감축에 대한 구체적인 공약을 압박하는 것은 매우 어려운 작업이었다. 이들 개도국은 2012년 이후 포스트 교토 체제에서도 '공동의, 그러나 차별화된 책임'이라는 원칙에 따라서 선진국이 지속적으로 구속력 있는 감축 공약을 내놓을 것을 요구했고, 미국과 EU 등 선진국은 중국과 인도 등의 구속력 있는 감축 공약을 내놓지 않는 상황에서 이러한 요구를 받아들이지 않았다. 결국 코펜하겐 회의는 포스트 교토 체제에 대한 해답을 얻지 못한 채 막을 내리게 되었다.

⑧ 절반의 성공으로 끝난 코펜하겐 회의 이후 여러 가지 국내적인 장애물을 넘지 못하고 미국의 기후변화 관련 법안은 2010년 7월에 마침내 상원에서 좌절되었다. 경기 침체, 의회의 양극화, 의료보험

개혁의 후유증, 의회 및 선거정치에 관한 미국 정치제도의 특징이 결부되어 상한치 설정 및 교환 방식은 당분간 미국 정가에서 온실가스 배출규제의 해법으로 재론되기 어려운 상황에 처하게 되었다. 국내적으로 온실가스 감축량을 강제하는 상한치 설정 및 교환 방식이나, 국제적으로 보편적으로 모든 국가를 대상으로 기한 내에 일정 수준의 온실가스 감축을 강제하는 방식은 모두 상당히 호소력을 잃게 되었다. 적어도 기후변화 문제와 관련하여 미국의 패권 회복 노력은 국내외적으로 좌절되었다.

⑨ 이러한 딜레마 상황 속에서도, 그리고 포괄적인 국내법 제정 노력과 병행하여 오바마 행정부는 의회의 동의가 필요 없는 연방 환경보호국(the Environmental Protection Agency: EPA)의 온실가스 규제권한 강화, 1970년에 제정된 청정대기법(the Clean Energy Act)의 활용, 환경 관련 법률에 대한 연방대법원 판결의 적극적인 해석과 활용, 의회의 동의가 필요 없는 대통령과 행정부의 명령 등 정책 조치 활용, 기후변화 관련 법안의 청정일자리 창출과의 연계 등 다양한 방식을 활용하여 온실가스 규제 노력을 실행해왔다. 오바마 행정부는 미국 청정에너지 및 안보법이 통과된 이후 상원에서의 추가적 조치가 지지부진한 상황에서 환경보호국의 규제를 통해서 온실가스의 감축을 위한 국내적 조치를 강화하였고, 특히 최종적으로 상한치 설정 및 교환 방식을 표방하는 입법이 의회에서 좌절된 이후 환경보호국을 더욱 적극적으로 활용하는 추세에 있다. 그러나 2010년 중간선거 이후 하원 다수당이 된 공화당은 환경보호국의 역할 확대에 강하게 반대하고 있다.

2) 연구의 필요성과 이론적 함의

앞에서 제기된 주장을 중심으로 이 책이 저술되는 과정에서 이 연구는 기존의 미국 국내 정치 과정이나 외교정책에 대한 이론을 보완하거나, 미국의 기후변화 대처 관련 논의에서 간과된 부분을 발견해낼 수 있었다. 한편 이 연구는 또한 국내외 정치의 연계 과정과 관련하여 기존의 이론이 그대로 현실 상황에 적용될 수 없는 사례도 있음을 발견하였다. 이 연구를 통한 기존 논의의 보완, 간과된 사례에 대한 추가적 연구 수행, 기존 논의의 문제점에 대한 지적 등이 이 연구의 필요성이자 이론적 함의라고 할 수 있다.[11] 이와 관련하여 위에서 밝힌 주장과 함께 이 책은 다음과 같이 이 연구의 필요성과 이론적 함의를 제시하고자 한다.

① 이 연구는 일차적으로 국내 정책과 외교 정책이 사안에 따라서는 상호 밀접한 관련을 지닐 수밖에 없다는 점을 환기시키고 있다는 점에서 우선 그 필요성이 발견된다. 이 연구가 논의의 대상으로 삼고 있는 미국의 기후변화 정책의 국내외적 추진 과정은 국내외 정책이 이와 같은 밀접한 관계 속에서 작동하고 있다는 점을 상기시켜줄 뿐만 아니라, 미국의 국제적 패권 유지 및 회복과 관련하여 국내 정책과 외교 정책이 서로 상호성을 지니고 있어서 하나의 정책 결과가 다른 하나의 정책 결과에 지대한 영향을 미치는 상호 기대 게임(mutual anticipation game)의 성격을 지니고 있음을 보여주고 있다. 흔히 국내 정치적 영역에서는 대통령과 함께 의회 · 이익집단 · 여론 등 다양한 이해 당사자가 경합하는 양상이 있어서 대통령의 일방적인 정책 추진이 어렵고 의회와의 정책적 협의가 필요한

11 기존 연구에 대한 검토는 이 장의 제4절 '선행 연구 개관'을 참조하기 바란다.

반면, 국제정치, 특히 안보 영역에 있어서는 대통령의 정책 우위가 확립된다는 논의는 윌다브스키(Aaron Wildavsky)의 '두 대통령직'(two presidencies)론에서 제기된 바 있다(Wildavsky, 1966). 그러나 기후변화 대처와 같은 성격의 정책은 이와 같이 국내 · 외교 정책의 경계가 불명확한 '중간연계적'(intermestic) 성격을 띠고 있어서 대통령과 의회, 그리고 이익집단 등의 상호작용이 미국과 다른 국가와의 협력 가능성에 영향을 주고 있으며 또한 이들의 상호작용은 이러한 협력 가능성에 의해서 영향을 받기도 한다(Manning, 1977). 이 연구는 이러한 관계를 규명할 수 있는 적절한 사례를 분석하고 있어서 이론적인 수준에서 연구의 필요성이 높다고 하겠다.

② 기후변화 문제와 관련해서 미국의 국내법 제정 실패 및 코펜하겐 회의의 좌절 과정 등을 볼 때 특정한 외교정책의 영역에 있어서 미국의 패권 상실 혹은 패권 유지나 회복의 실패는 반드시 그 원인이 미국 밖의 원인, 즉 '나머지 국가의 부상'에 의해서 이루어지는 것만은 아니라는 점을 밝힌다는 측면에서도 이 연구의 필요성이 존재한다. 미국의 패권적 지위의 하락과 이의 회복에 대한 어려움은 국제적인 측면에서 미국의 상대적인 쇠퇴만큼, 정치적 양극화, 경제 침체, 이념적 대결의 증폭, 의회제도의 결함, 에너지 기업 부문의 정치적 영향력 증가 등 국내적인 요인에 의해서도 추동되고 있다.[12] 따라서 미국 쇠퇴론에 대한 균형 있는 논의를 위해서는 중국 등의

12 미국 패권 쇠퇴의 국내적 요인에 주목하는 저작으로는 다음을 참조하기 바란다. Hormats, 1991; Brzezinsky, 2004(Chapter 5 "The Dilemmas of Hegemonic Democracy"), Zakaria, 2008; Fallows, 2010; Packer, 2011.

부상에 초점을 맞추는 상대적 쇠퇴뿐만 아니라, 미국 국내 정치적 요인을 동시에 분석하는 포괄적인 시각이 필요하다.

③ 앞에서 지적된 문제의식과 관련하여 미국 패권 쇠퇴의 국내적 요인을 분석할 경우 정치적 양극화와 의회 내에서의 정파적·이념적 대립을 논의하지 않을 수 없을 것으로 보인다. 더욱 좁혀서 패권 유지의 국내적 저항을 논의할 경우 저항의 핵심을 찾아내고 이를 분석해야 할 필요가 있다. 이 연구는 지구온난화라는 인류 공동의 문제에 대한 대처를 위해서 공공재 제공에 선도적인 역할을 함으로써 미국 패권의 쇠퇴를 늦추고 이를 회복하려는 오바마 행정부의 노력에 대한 국내적 저항의 핵심적 행위자를 미국 의회로 파악하고, 미국 의회가 어떠한 방식으로 저항했는지를 추적함으로써 패권 쇠퇴의 국내적 요인에 대해서 좀 더 구체적인 분석을 시도하고자 한다.

국내적 저항의 요인에 대한 분석은 무엇보다도 기후변화 관련 법률의 제정 과정에서 표결에 임하는 의원들의 투표에 관한 분석을 통해서 가능할 것으로 보인다. 이러한 경험적인 분석을 통해서 각 지역구 출신 의원의 이념, 그의 소속 정당, 지역구의 경제 수준과 화석연료 의존도, 지역구의 교육 수준 등의 영향력을 검토해볼 필요가 있다. 실제로 이러한 지역구별 특징에 대한 경험적인 연구가 미국의 국내적 저항을 파악하는 데 매우 중요한 것임에도 불구하고, 미국의 기후변화 정책에 대한 기존의 연구는 의회 내 표결 분석보다는 단순히 정치제도가 미국의 기후변화 정책을 제한하는 방식에 대해서만 개괄적으로 연구하는 경향이 강했다. 이 저술은 이러한 연구 경향의 한계를 극복하고 보다 구체적인 법안의 표결 분석을 통해서 각 지역구별로 미국의 국내적 저항에 영향을 미친 요인을 분석하고자 한다.

④ 국제적 기후변화 노력에 대한 미국의 국내적 저항을 다루는 이 연구는 비교환경정치론(comparative environmental politics)의 각도에서도 필요하다. 즉, 기후변화 대책을 포함한 환경문제에 있어서 매우 선도적이며 적극적인 태도를 취하고 있는 캐나다와 일본, 그리고 유럽 국가들에 비해서, 왜 미국은 역사적으로 기후변화 문제에 대해서 소극적이고 다소 방관적인 태도를 취했는지에 대한 비교정치론적 분석이 필요하다. 이 책은 미국 국내 정치제도와 관련된 원인들을 구체적인 법률 제정 과정을 중심으로 파악하여 검토함으로써 이러한 요구를 충족시키는 데 기여할 것이다.

미국은 캐나다나 일본, 그리고 독일 · 영국 · 덴마크와 같은 유럽의 의회제 국가들과는 달리 권력의 분립과 견제와 균형의 원리에 충실한 대통령제 국가이며, 따라서 국내 정책 결정 과정에 의회의 영향력이 상당히 강하다. 따라서 의회의 동의가 없는 상황에서 대통령이 제안하는 기후변화 관련 법안의 통과도 어려울 뿐만 아니라, 온실가스의 구속적 감축을 규정한—1997년 교토의정서와 같은— 국제적 조약도 비준되기가 어렵다. 또한 미국 의회선거는 또한 독일이나 덴마크 등 온실가스 감축 노력에 적극적인 유럽대륙의 비례제 선거제도(proportional electoral system)와 달리 단순다수제(simply majority 혹은 plurality system)와 소선거구제(single district system) 하에서 진행되고 있다. 즉, 지역구 유권자들의 영향력이 양원의 각 선거구별로 재선에 임하는 의원의 선거 당락에 매우 중요하다. 이와 같이 정당을 중심으로 투표하는 유럽의 의회제 국가와는 달리 지역구 유권자의 이익을 적극적으로 대변할 수밖에 없는 의회선거를 통해서 당선된 미국의 의원은 당선 이후 기후변화 관련 법안에 투표할 경우 단순히 정당의 공식적인 입장보다는 지역구의 이익을 보다 더 고려하면서 표결에 임할 수밖에 없다. 이는 기후변화 관련 국내법이 의원이 소속된 각 지역구의 경제적 이익과 밀접한 관련이 있기 때문이다. 그리고 이러한 지역구 중심의 의원 표결 행태는 대통령이 자신과 동일한 정당에 소속되어 있을 경우에도 마찬가지이다. 이 저술은 오바마 행정부 임기 초반 2년을 중심으로 이러한 미국의 예외적인 정치구조를 부각시킴으로써 국제적 기후변화 노력에 관한 미국의 대응을 비교환경정치론의 각도에서 심도 있게 조망할 계기를 마련한다는 점에서도 의의가 있다.

⑤ 이 연구는 국내외 정책의 연계 과정을 설명한 기존의 '양면 게임'의 논리가 경우에 따라서는 제한적인 설명력밖에 지닐 수 없음을 밝힌다는 점에서 또한 그 필요성이 발견된다. 널리 알려져 있듯이 '양면 게임'이라는 개념은 1988년에 『국제기구』(*International Organization*)에 게재된 퍼트남(Robert Putnam)의 「외교와 국내정치: 양면 게임의 논리」(Diplomacy and Domestic Politics: The Logic of Two−level Games)에서 소개된 후 국가 간 협상 과정의 분석에 널리 원용된 개념이다. 특히 이 연구가 비판의 대상으로 삼는 내용은 양면 게임의 다양한 주장 가운데 "특정 국가의 '윈셋'(win−set)이 다른 국가의 윈셋에 비해서 상대적으로 작으면 윈셋이 작은 그 국가의 협상력이 높아질 수 있다"라는 주장이다(Putnam, 1988, 440).[13] 퍼트남의 윈셋 개념은

13 퍼트남의 정의에 따르면 윈셋은 국가 간 교섭의 결과 가운데 국내 유권자 다수의 지지를

두 국가 간 협상 과정에서 특정 국가가 자국 의회의 협상 결과 거부 가능성을 꾸준히 제기함으로써—즉 자국의 윈셋이 매우 좁다는 점을 강조함으로써— 자신에게 유리한 결과가 협상 과정에서 도출될 수 있도록 노력할 전략적 인센티브가 있다는 점을 강조하고 있다.

그러나 필자의 연구가 주목하는 다자간 기후변화 레짐의 창출은 양면 게임이 일반적으로 적용되는 양자 간 협상 과정이 아닐 뿐만 아니라, 기후변화 레짐 창출의 성격이 공공재적인 성격을 띠고 있어서 윈셋의 규모에 상관없이 미국과 같은 대규모 온실가스 배출 선진국의 자발적인 초기 비용 부담과 선택적 유인의 제공을 요구하고 있다. 이러한 다자간 협상의 상황과 협상의 결과가 공공재적인 성격을 띠고 있는 사실로 인해, 기후변화 레짐의 창출에 대한 미국 국내의 의회 및 여론의 반발이 강해도—즉 윈셋이 작아도— 결코 이러한 국내적 상황이 새로운 레짐의 창출을 위한 다자간 협정에 임하는 미국 행정부의 협상력 제고에 큰 도움을 주지 못하고 있다. 오히려 미국은 작은 윈셋에도 불구하고 새로운 기후변화 레짐의 창출을 위해서 다른 국가보다 더욱 적극적으로 기여해야 할 형편에 처해있다. 이 연구는 양면 게임의 '작은 윈셋 하에서의 협상력 제고(提高)' 주장에 대한 재고(再考)를 요구함으로써, 공공재 창출과 관련된 다자간 협상과정에서는 작은 윈셋이 높은 협상력과 연관될 수 없는 경우도 있음을 밝힌다는 점에서도 이론적 가치가 있다고 판단된다.[14]

얻을 수 있는 모든 가능한 협상 결과를 의미한다(Putnam, 1988: 437). 즉 윈셋은 국내 유권자 혹은 이들의 위임을 받은 의회가 용인할 수 있는 모든 협상 결과를 의미한다.

14 참고로 부시(George W. Bush) 대통령의 교토의정서 비준 거부를 양면게임의 논리로 설명한 저작으로는 Lisowski, 2002를 참조하기 바란다.

⑥ 이 연구는 비록 미국의 사례에 국한된 것이지만 온실가스 감축을 위한 포괄적인 국내법 제정이 실패한 경우 기후변화 정책을 추진하고자 하는 행정부가 어떠한 방식으로 의회를 우회(迂廻)하여 온실가스 규제를 위한 다양한 정책을 집행하는지를 파악하는 데에도 유용한 시사점을 제공할 것으로 보인다. 미국의 경우 오바마 행정부는 2009년에 행정부 출범 이후 꾸준히, 그리고 2010년 7월에 최종적으로 상원에서 기후변화 관련 법률의 제정이 실패한 이후에도, 기존의 청정대기법과 이에 대한 법원의 판결 등에 의지하여 온실가스 규제를 추진하는 한편, 대통령의 각종 행정명령 발표와 행정부 산하의 환경보호국을 이용하여 주어진 여건 내에서 적극적으로 온실가스 감축과 에너지의 효율적 이용을 위한 정책을 실행해올 수 있었다. 미국의 경우 연방대법원이라는 독립적인 사법기관이 청정대기법에 따라서 온실가스를 인체에 유해한 오염물질로 판단하면서 2009년 이후 환경보호국을 통한 온실가스 규제가 활성화된 것이 사실이었다. 미국의 사례에 대한 이러한 분석은 의회의 저항이 강력할 경우 과연 개별 국가들이 어떠한 방식으로 입법 절차 없이 온실가스를 규제해나가는가에 대한 시사점을 제공해줄 수 있을 것으로 보인다.

3. 연구의 방법

1) 미국의 기후변화 정책을 보는 분석틀

기후변화 대처와 관련된 국제적 협력과 이를 위한 미국의 선도적 리더십의 필요성이 점증하는 가운데 미국 패권 회복 노력의 딜레마적 상황을 초래한 미국 국내의 저항을 분석하기 위한 이론적 틀은 무엇보다도 기후변화와 관련된 이슈가 국내적으로 어떠한 성격을 지니는 이슈인가 하는 점과, 둘째로는 미국의 기후변화 대처 노력에 대해 중요한 역할을 수행하는 국내 행위자를 파악하는 데에서부터 출발해야 할 것이다. 기후변화에 대한 국내적 대처라는 이슈의 성격과, 이 문제에 관여한 주요 행위자에 대해서 다음에서 간단히 논의해보고자 한다.

(1) 정책의 성격: 이익과 손실의 분포

[표 1] 기후변화 관련 정책이 실시될 경우 경제적 손익의 집중도와 정책 저항의 다양한 양상: 이념형

구분		경제적 이익의 분포	
		집중	분산
경제적 손실의 분포	집중	정책을 둘러싼 찬반 세력의 극단적 대립이 존재함; 반대 세력의 저항을 극복하고 정책을 통과시키기 위해 찬성 세력의 강력한 리더십과 높은 응집력이 필요함; 실제로 정책화 가능성은 일반적으로 낮으며 정책 통과 이후에도 후유증이 큼	반대 세력의 강력한 저항이 존재함; 다수의 포괄적인 지지 성향이 존재하지만 이슈에 대한 주목의 정도도 낮음; 정책 이익은 분산되어 있고 정책 손실은 집중되어 있어서 정책화 가능성이 상대적으로 낮음; 반대 세력을 무마하기 위한 찬성 세력의 강력한 리더십이 필요함
	분산	찬성 세력의 강력한 지지가 존재함; 반대 세력의 저항은 미온적이거나 소극적이며 무관심할 경우도 있음; 이익은 집중되어 있고 손실 부담이 광범위하게 확산되어 있어서 정책화 가능성이 상대적으로 높음	정책적 무관심이 지배하고 정책 이슈화 경향이 낮음

[표 1]은 어떤 이슈가 의회 내 논의 과정을 거쳐서 법률로서 제정되어 정책화될 경우 정책 실시에 따른 경제적 이익과 손실의 이념형을 제시한 것이다. 네 가지 경우의 각각의 사례는 이러한 경제적 손익에 따라 정책에 대한 찬성과 반대가 어떠한 양상을 띠게 될 것인가와, 이에 따른 정책 현실화 가능성을 필자가 나름대로 분류해서 작성한 것이다. 정책 실시에 따른 경제적 손익의 분산도과 집중도에 따른 [표 1]은 정책 손익의 집중-집중, 집중-분산, 분산-집중, 분산-분산의 네 가지 경우를 가정하고 작성된 것이지만, 실제로 현실정치에서는 다양한 형태의 중간지대가 존재할 것으로 보인다.

[표 1]에서 경제적 이익이나 손실이 집중되어 있는 경우는 어떤 정책이 실제로 입법 과정을 거쳐 행정부에 의해서 집행될 경우, 이로 인한 정책적 이익과 손실이 특정 지역이나 특정 유권자 집단 혹은 특정한 이익집단에게 배타적으로 귀속되는 경우를 말한다. 미국 정치의 경우 배타적이며 집중된 이익의 사례는 의원들의 지역구 사업(pork-barreling)이 실시될 경우 많이 등장한다고 볼 수 있다. 의원의 재선 인센티브와 결부된 지역구 사업은 특정 지역구에 집중적인 혜택을 주는 사업으로서 이익집중-손실 분산의 전형적인 사례가 된다. 한편 특정한 정책이 실시되어 정책적 손실이 특정 지역이나 집단이 배타적으로 귀속되는 사례도 있다. 예컨대 냉전 종식 이후인 클린턴 행정부 시절 미국 내 군사기지의 재편으로 인해 일부 군사시설이 폐쇄되고 이에 따른 군 지원 산업의 이전 혹은 폐쇄가 있었을 때 이들 특정 지역이 배타적인 손실을 입었던 사례나, 북미자유무역협정(NAFTA)의 체결로 멕시코로부터 수입되는 저가 농산물의 유입으로 인해 미국의 남부지방이 상당한 손실을 입게 된 경우 등이 이에 해당된다고 할 수 있다.

이와는 달리 경제적 손익이 분산적으로 배치되는 경우도 적지 않다. 예컨대 일반적으로 규제 정책이 실시될 경우 규제의 대상이 되는 집단은 집중적이고 배타적인 손실을 입게 되지만, 규제로 인해서 혜택을 보는 대중은 비록 사소할지 모르지만 매우 광범위하고 분산된 혜택을 입게 된다. 예컨대 2008년 서브프라임 모기지 부실로 인한 글로벌 금융위기 이후 미국 정부가 금융기관에 대한 파생상품 규제 등 여신규제를 실시하고 은행으로 하여금 자기 자본비율을 확충하도록 감시하고 감독하였을 때, 금융기관은 집중적이고 배타적인 불이익을 감내해야 했지만 일반 대중은 이로 인해 보다 안전하게 금융상품을 구입하는 등 금융에 대한 신뢰도를 높일 수 있게 된다. 대체로 공공재적인 성격을 띠는 정부의 규제 정책이 소규모의 분산된 이익을 광범위하게 확산시키는 사례에 해당한다고 할 수 있다. 한편 손실이 다수 대중에게 분산되는 경우도 적지 않게 목격된다. 위에서 지적했듯이 예산 관련 법률을 통해서 특정 의원에 대해서 혜택을 부여하는 지역구 사업이 실시될 경우, 그 혜택은 특정 지역에 집중적으로 귀속되지만 그 손실은 미국 납세자 전체에 대해서 매우 확대된 형태로 분산되어 거의 피부로 느끼지 못하는 수준에 이르게 된다. 특정 지역의 지역구 사업을 위해서 사용된 국민의 세금을 미국 국민 모두가 부담으로 공유하는 경우 손실이 매우 광범위하게 분산되고, 이러한 현상이 호혜적인 방식으로 반복적으로 발생할 경우 이에 대한 국민의 불만도 거의 없어진다.

이 책이 다루고자 하는 오바마 행정부 하에서의 미국의 기후변화 대처 방식은 위의 네 가지 경우 가운데 정책 이익이 분산적으로 적용되고 정책 손실이 집중적으로 나타나는 규제 정책의 대표적인 사례라고 할 수 있다. 기후변화에 대처하기 위한 국내법이 제정되어 온실가스 배출량의 상한치를 설정하고 이를 준수하지 못할 경우 탄소배출권 시장에서 탄소배출권을 사야 하는 등 이에 대한 대가를 지불해야 하는 등의 조치는 전력발전 회사나 정유 회사처럼 이산화탄소 등 온실가스를 배출할 수밖에 없는 기업에 대해서 집중적인 비용을 부담하게 만든다. 반면에 이러한 상한치를 설정하고 이를 강제하는 규제조치는 광범위한 다수의 미국인들에 대해서 대기오염을 방지하고 수질을 향상시키며 지구온난화를 완화하는 등 다양한 종류의 공공재적 성격의 혜택을 제공하게 된다. 따라서 이러한 경우 집중된 손실을 감당해야 하는 전력발전 회사 등 온실가스를 대량으로 방출하는 기업 등은 기후변화와 관련된 법률의 제정에 적극적으로 반대할 것이 분명하다. 이러한 반대에 비해서 기후변화 문제에 특별히 관심이 큰 환경단체를 제외한 일반 유권자들은 이러한 기업 부문의 맹렬한 반대와는 대조적으로 일반적인 수준에서 법률의 필요성을 인정하는 것 이상의 특기할 만한 조치를 취할 인센티브가 약하다.

또한 기후변화 대처 문제는 미래 세대의 이익을 위해서 현재 세대의 손실을 요구하는 이슈이며, 과학적인 지식이 필요하고 전문적인 용어가 등장하여 일반적으로 보통의 유권자들이 이해하기 어렵고, 또한 언제, 어떠한 방식으로 기후변화 관련 위기가 나타날지가 불분명한 이슈로서 국민의 집중적인 관심과 주목을 끌기에는 결함이 있는 이슈이다. 종합적으로 볼 때, 온실가스 감축과 관련된 규제 정책이 실시될 경우 손실이 집중되어 있는 기업 부문의 저항은 강하지만, 지구온난화 방지와 청정대기 등의 공공재를 공급받는 일반 국민의 이슈에 대한 주목의 정도는 상대적으로 낮다.

미국과 같이 분산되고 파편화된 정책 결정 체계를 염두에 두고 볼 때, 기후변화 정책의 입법에 반대하는 적대적 기업집단이 존재하는 상황에서 광범위하고 포괄적인 온실가스 배출량 감축을 포함하는 기후변화 정책을 만들어낸다는 것은 매우 어려운 과제인 것이다. 이 경우 대통령을 중심으로 하는 특정한 핵심적 행위자의 강력한 정치적 · 정책적 의지, 대통령과 행정부의 집중적이며 반복적 의회 및 대국민 설득 노력,[15] 그리고 이러한 노력에 동조하는 의회 내 다수 세력의 확보가 필요한데, 매 2년마다의 의회선거 실시와 이로 인한 빈번한 분점 정부 도래, 유럽식 기율 정당의 부재, 무당파 유권자의 증가, 권력의 분립 및 견제와 균형의 원리, 양원제도로 인한 법안 조율 과정의 복잡성, 필리버스터 권한을 인정하는 상원의 존재, 위헌 판결을 통해서 입법을 무력화시키는 법원의 존재 등의 특징을 지닌 미국 정치체계는 이러한 필요성을 충족시키는 데 방해 요인이 되고 있다. 그렇다면 이와 같이 복잡한 미국 정치제도에서 기후변화 관련 국내법의 제정과 관련한 중요한 행위자는 누구이며, 이들은 어떠한 방식으로 상호작용하는지가 중요한 논의의 대상이 될 수밖에 없다. 다음에서는 이러한 문제에 관해서 간단히 검토해보고자 한다.

(2) 주요 행위자

① 대통령과 행정부

[그림 1]은 미국 대통령과 행정부를 중심으로 미국의 기후변화 문제 대처와 관련된 주요 국내외 행위자를 도표화하여 나타낸 것이다.[16] 국제적 기후변화 문제 대처라는 공공재의 공급과 관련된 국내적 저항의 문제를

15 오바마 대통령과 민주당 의회는 의회 내의 공화당 의원과 보수적인 민주당 의원, 화석연료를 많이 사용하는 산업 부문의 기업, 지구온난화에 회의적인 소비자, 보수적 여론 등의 우려를 덜어주고 이들의 저항을 완화시키기 위해서, 이러한 온실가스 배출 규제정책을 에너지 효율의 제고 및 청정일자리 창출을 위한 정책으로 포장하여 제시하려고 노력하였다. 이에 관해서는 이 책의 제5장과 제6장을 참조하기 바란다.

16 이 책은 오바마 행정부를 중심으로 주로 국내적 행위자에 집중하여 저술될 것이지만, 미국 기후변화 정책의 '안과 밖'의 요인이 갖는 중요성을 고려하여 본문의 도표에서는 '밖'의 행위자들도 열거해놓았다.

[그림 1] 미국 기후변화 정책과 관련된 주요 국내외 행위자 및 이들의 상호작용

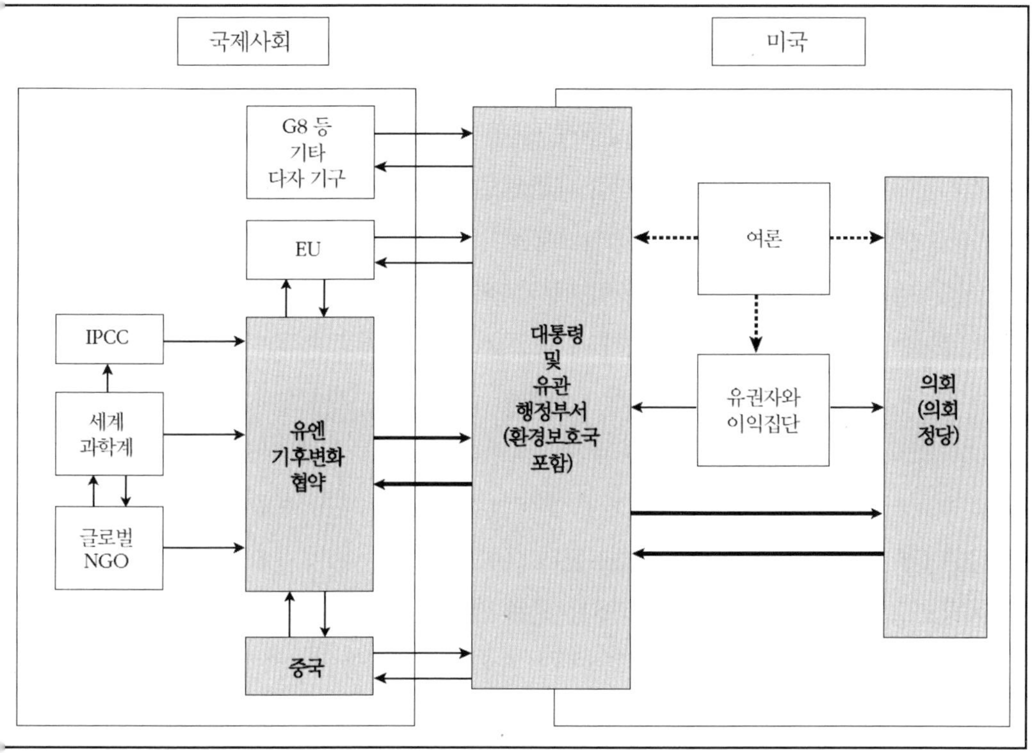

* 굵은 화살표는 상대적으로 중요한 상호작용을 표시하기 위한 것임.

다루는 이 책에서, 미국의 '안과 밖'에 모두 핵심적으로 관련되어 있으면서 중요한 역할을 하는 행위자는 그림에도 잘 나타나 있듯이 다름 아닌 대통령과 유관 행정부서이다. 대통령은 국내 정치적 측면에서 의회 혹은 의회 내 공화당 및 민주당 소속 지도부 및 의원들과 상호작용하면서 온실가스 감축과 관련된 국내 기후변화 정책의 입안과 입법에 가장 핵심적인 역할을 한다. 무엇보다도 대통령 스스로가 온실가스 감축을 통한 지구온난화 방지 문제를 심각하게 생각하고 있는지의 여부와, 그럴

경우 이에 대처할 수 있는 현실적인 대안을 가지고 있으며, 또한 이를 추진할 정책적 · 정치적 의지가 있는지의 여부가 온실가스 규제와 관련된 국내 법률 제정의 추진에 일차적 관건이다.

또한 대통령은 의회에서 제정된 법률을 추진하는 과정에서 연방 환경보호국 · 내무부 · 에너지부 · 운송부 등 유권부서의 책임자를 임명하거나, 이들에 대해서 필요한 명령을 내림으로써 정책 추진의 방향을 정하고 이를 촉진할 수 있다. 만약 의회가 온실가스 배출을 규제하는 법안 작성에 미온적인 경우, 혹은 대통령 반대당의 저항에 의해서 법안 작성이 좌절되는 경우, 대통령은 행정명령(executive order) 등을 통해서 이들 연방 행정부서로 하여금 의회의 동의가 필요하지 않은 범위 내에서 규제 정책을 실시할 수 있다. 또한 대통령의 명령을 직접 받는 이들 유관 연방 행정부서는 각종 규제조치를 통해서 온실가스 감축 및 에너지 효율의 증대를 촉구하는 정책을 추진할 수 있다.

이와 아울러 대통령은 대외적으로 자신이 미국을 직접 대표하거나 혹은 미국을 대표하는 인물을 선정하여 유엔 기후변화협약 하에서 추진되는 온실가스 감축 노력에 참여하게 함으로써, 국제적 기후변화 대처 노력과 관련하여서도 국내 행위자 중 가장 중요한 행위자의 역할을 한다. 대통령은 유엔 기후변화협약이나 기타 기후변화 대처 문제와 직접 혹은 간접적으로 관련되어 있는 다양한 국제적 다자기구에 자신이 직접 참석하거나 국무부 장관 혹은 기타 관련 인사를 참여케 함으로써 대외적인 노력에 있어서도 가장 중요한 행위자가 되고 있다. 예컨대 오바마 대통령은 2009년 12월에 덴마크 코펜하겐에서 개최된 유엔 기후변화협약 제15차 당사국 총회에 직접 참여하여 포스트 교토 체제의 수립을 위해서 진력을 다한 바 있으며, 이를 전후해서도 지속적으로 G8이나 기타 다자 기구의 정상회의에 참가하거나 혹은 중국이나 인도 혹은 EU 국가들과의 양자 혹은 다자적 정상회의 과정에서 인류 공동의 문제인 지구온난화 문제에 대한 글로벌한 대응을 촉구하기도 하였다. 이와 함께 미국은 또한 2008년 이후 중국과의 지속적인 대화 과정에서 에너지 협력에 관한 프로그램을 추가시켜 양국 간 기후변화 문제 대처 및 이를 위한 에너지의 효율적 사용과 기술 이전 등에 관한 협력 문제를 지속적으로 논의해오고 있다. 2009년 오바마 행정부 등장 이후 전략 및 경제대화로 격상된 미중 간의 고위급 2+2 회담은 전략 트랙에서 미국의 국무부장관과 중국의 외교 담당 국무위원은 다른 어떤 문제보다도 재생 가능한 에너지의 개발 및 에너지의 효율적 이용과 이를 통한 협력 문제에 집중함으로써 양대 세계 최대 온실가스 배출 국가 간의 협력의 틀을 유지해오고 있다.

② 의회

한편 대통령과 함께 기후변화 관련 정책의 국내적 입법 과정에 결정적 역할을 하는 중요한 행위자는 의회라고 할 수 있다. 이미 설명한 바 있듯이 의회제 국가의 의회와 달리 권력 분립의 원칙 하에서 대통령과 함께 국정의 동반자로서 정부를 운영하는 미국 의회는 주요 규제 정책의 입법화 과정을 직접 담당하고 있는 국민의 대표 기관이다. 권력 융합을 특징으로 하여 원내 다수당 혹은 연립 다수 세력이 수상과 수상이 이끄는 내각을 지원하는 의회제 국가와는 달리, 미국과 같은 권력분립형 대통령제 국가의 의회는 견제와 균형의 원칙에 따라서 때로는 대통령을 견제하고 때로는 협조하면서 법률 제정 및 예산 작성 권한을 적절히 활용하여 대통령과 행정부에 대해서 자신의 정책적 입장을 강요하기도 하고, 필요할 경우 만족할 만한 수준에서 타협하기도 한다.

무엇보다도 헌법상 법률을 제정할 수 있는 유일한 국민 대표 기구로서 미국 의회는 지역구 유권자의 민의를 직접적으로 대변함으로써 이들의 이익이 입법 과정에서 침해받지 않도록 노력하고 있다. 특히 비례제 선거제도가 아닌 단순다수제의 선거제도와 소선거구의 선거구제도 하에서 미국의 각 지역구에서 당선된 상원 및 하원의원은 재선이라는 최대의 목표로 인해 지역구 유권자들이 강한 거부감을 표출하는 법안에 대해서 비록 대통령이 원하는 법안이라도 적극적 찬성 의견을 개진할 수 없다. 이러한 선거 인센티브로 인해서 사안에 따라서 대통령과 같은 정당에 소속되어 있는 의원들조차 일부는 대통령의 정책적 입장에 반하는 방식으로 투표하는 경우가 적지 않다.

법률 제정의 담당자이며 대통령의 국정 운영을 견제하고 감시하는 미국 의회는 유럽의 의회제 국가와는 달리 전문성을 갖춘 상임위원회와 다양한 의회 보좌기구 및 상임위원회와 의원 개인 소속 보좌관을 구비하고 있어서 행정부 못지않은 독자적인 정책 작성 능력을 발휘하고 있다. 따라서 미국 의회는 이러한 전문성을 바탕으로 법률을 제정하며 대통령의 정책을 비판하고 자신의 대안을 새로운 법률안으로 제시할 능력을 갖추고 있어서, 기후변화 정책과 관련된 대통령의 일방적인 강변(强辯)은 통할 수 없다. 또한 의회는 예산 관련 법률의 작성 권한을 지니고 있어서 정책 집행에 필요한 재정의 운영을 통제함으로써 자신들이 원치 않는 정책에 대해서 제한을 가할 수 있다. 이에 더하여 미국 상원은 국제적 조약의 비준 권한을 지니고 있어서 대통령이나 대통령의 위임을 받은 미국 대표가 국제무대에서 체결한 조약을 승인하거나 거부할 권한을 지니고 있다. 바로 이러한 권한을 통해서 미국 상원은 2001년에 부시 행정부가 교토의정서 비준상정을 거부한다는 의사를 공식적으로 밝히기 전에 이미, 교토의정서의 비준을 받아들일 수 없다는 결의안을 채택한 바 있다. 이와 같이 미국 의회는 국내외적으로 다양한 방식으로 대통령의 정책 제안을 지지하거나 지연 혹은 좌절시킬 수 있어서 대통령과 함께 기후변화 정책의 국내적 입법화 과정에 가장 중요한 행위자 역할을 수행하고 있다.

③ 여론과 이익집단

미국 정치 과정에서 여론과 이익집단의 역할은 일반적으로 중요한 것으로 알려져 있지만 그 영향력은 간접적인 경우가 많다. 여론과 이익집단은 대통령이나 의회처럼 정책 결정 과정에 직접적인 당사자가 되기보다는 이들에 대해서 영향력을 간접적으로 행사하는 환경적 변수로 작동할 경우가 더 많고, 특히 여론의 경우가 그러하다. 그러나 정책 이슈의 성격(issue nature)이나 이슈의 현저성(issue salience)에 따라서 여론의 영향력이나 이익집단의 동원 정도가 모두 다르기 때문에, 이들의 영향력에 대해서는 일괄적인 진술보다는 조건에 따른 경험적인 분석이 필요할 것으로 보인다.

우선 여론은 특정 이슈에 대해서 국민 정서의 추상적이며 일반적인 분위기를 정치권에 전달하는 경우가 많다. 그리고 여론은 구체적인 정책의 내용에 대해서 영향력을 행사한다기보다는, 이러한 정책이 더 이상 침해해서는 안 되는 미국적인 가치나 이념 등 정책에 대한 일정한 경계선을 설정하는 역할을 한다. 즉 정책이 지향해야 할 대강의 방향을 설정하는 데 여론이 전반적으로 환경적인 변수를 설정한다고 할 수 있다. 이러한 성격을 지닌 환경적 변수로서 여론은 대통령이나 의회의 정책 제안 등에 대해서 이익집단보다는 수동적으로 반응하는 것이 일반적이다.

반면에 특정 이슈에 대해서 구체적인 이해관계를 지닌 이익집단이 여론보다는 훨씬 더 자신들에 대한 정책적 손익에 따라서 정책 결정 과정에 반응하는 정도가 더 크다. 특정한 행위주체(agency)가 없는 여론과는 달리 선거자금과 로비 등을 통해서 자신의 입장을 적극적으로 정치권에 개진하는 이익집단은 이슈의 성격에 따라서 상당히 강하게 동원되는 경우가 일반적이다. 특히 공익을 추구하는 시민단체(citizen group)와 달리 기업이나 노동조합 등 사적 이익집단(private interest group)은 자신들의 재정적인 능력을 동원하여 지속적으로 선거정치에 개입하거나 워싱턴 정가에 로비 활동을 벌임으로써 배타적인 접근성을 확보하는 '특별 이익'(special interest)로 군림하는 경우가 많다. 이처럼 이익집단은 여론과는 달리 정책의 제안 초기부터 능동적으로 개입하여 자신의 입장을 관철하고자 노력하는 경향이 있다.

구체적으로 유럽과 비교해볼 때 1990년대 이후 미국의 여론은 일반적으로 지구온난화의 심각성이나 온실가스 감축의 절박한 필요성에 공감하는 정도가 낮고, 이를 대처하기 위한 정책에 대한 공약 수준이 낮다. 따라서 지구온난화의 문제의 심각성에 공감하고 이의 대책 마련을 위해서 적극적인 지지 의사를 표명하는 독일 등 유럽 국가의 여론과 달리, 미국의 여론이 기후변화 관련 법률의 제정에 적극적인 영향력을 행사하고 있지는 않다. 오히려 지구온난화의 과학성과 인간행위 기원론을 신뢰하는 정도가 낮고 따라서 온실가스 규제의 필요성에 대한 인식 수준이 낮은 미국의 여론은 간접적으로 기후변화 관련 입법에 부정적인 요인이 되고 있다고 판단된다. 이 책에서 설명되겠지만 온실가스 감축의 필요성에 관한 부정적인 여론은 2008년에 미국이 상당한 경제침체기에 접어들면서 더욱 나빠지고 있는 것이 현실이어서, 여론은 전반적으로 오바마 행정부의 온실가스 감축 노력에 간접적이지만 부정적인 영향력을 행사하는 환경적 요인이 되고 있다.

한편 온실가스 감축과 관련하여 이익집단의 중요성은 이들이 선거정치 과정에 미치는 영향력으로 인해서 좀 더 심도 있게 분석될 필요가 있다. 이들 이익집단이 비록 정책 결정의 직접적인 담당자가 되어 정책을 결정하거나 법률을 제정하는 것은 아니지만, 정책 결정 과정에서 제3자로 참여하여 자신의 의견을 적극적으로 개진할 수는 있다. 또한 이들은 선거정치의 메커니즘을 이용하여 각 지역구 수준에서 혹은 전국적인 수준에서 자신들에게 유리한 선거방송을 내보내고 선거운동에 참여하기도 하고, 의원들에 대한 로비 및 선거 재정의 지원을 통해서 간접적으로 영향력을 행사할 수 있다.

특히 1990년대 이후 공화당 대통령 및 의회와의 공조를 통해 친환경적 정책이나 온실가스 배출 규제 정책의 제정에 강력하게 반대해온 기업 부문 이익집단의 역할은 부각되어야 한다. 이들 기업 부문 이익집단은 환경보호 정책과 온실가스 감축 정책이 미국의 경제성장을 둔화시키고 중국 등 외국에서 수입되는 물건의 국내 시장 가격 경쟁률을 높여서 미국 내 실업 증가에 기여할 것이라고 주장하면서, 엄청난 규모의 선거자금 지출과 로비 활동 지출을 통해서 자신들의 이익을 보호하고자 노력해왔다. 특히 부시(George W. Bush) 행정부 이후 미국의 경제가 악화되고 중국 등 신흥 시장경제의 성장에 따른 미국의 무역수지 적자폭이 기하급수적으로 늘어나면서 이들 기업 부문 이익집단의 목소리와 설득력이 커지고 있다.

한편 이들 기업 부문 등 특별이익화된 사적 이익집단에 맞서서 환경보호와 온실가스 감축을 위해서 노력하는 환경단체의 역할과 활동도 눈여겨볼 필요가 있다. 이들 환경단체는 거대한 자금력을 바탕으로 정치권에 상당한 영향력을 행사하는 기업 부문과는 달리, 상대적으로 열악한 재정능력으로 인해서 1980년대 이후 영향력이 상당히 약화된 것이 사실이다. 1970년대 미국 정치권에서 다양한 친환경 법률의 제정에 기여한 이들 환경단체는 1980년대 레이건 행정부의 등장과 1990년대 중반 공화당이 의회를 장악하면서 자신들의 목소리를 전달할 창구를 상실하면서 상당히 위축되었다. 따라서 환경정책 및 기후변화 정책을 둘러싼 기업 부문과 환경단체의 대립 구도를 분석할 필요가 있으며, 이들의 활동과 능력의 격차는 선거활동 및 로비 활동에 대한 이들의 지출의 현저한 차이에서 발견되기 때문에 이에 대한 분석이 수행되어야 한다.

④ 주요 행위자를 통해서 본 개관

이 책에서는 기후변화 정책이라는 국내외적 함의를 지니는 규제 정책을 둘러싸고 오바마 행정부 등장 이후에 초점을 맞추어 대통령 · 의회 · 이익집단 · 여론 등 다양한 행위자의 상호작용을 분석함으로써 기후변화에 대한 대처라는 국제적 공공재 제공에 대한 미국의 국내적 저항을 살펴보게 될 것이다. 이러한 상호작용 과정에서 핵심적인 역할을 수행한 당사자는 대통령과 의회였다. 오바마 대통령은 기후변화와 관련하여 미국의 국제적 리더십을 회복하기 위해서 필요한 국내법 제정을 위해서 노력하였고, 의회 내 공화당 의원과 보수적 성향의 민주당 의원은 이에 반대하면서 미국의 국제적 패권 회복 노력에 대한 국내적 저항의 핵심이 되었다. 한편 여론은 2007~2008년에 즈음한 국내 경제 침체로 인해서 전반적으로 지구온난화 현상의 과학성과 인간행위 기원론에 대해서 부정적인 입장을 취하는 방향으로 선회했고, 따라서 기후변화 대처 정책의 필요성에 대한 지지도도 약화되어 오바마 행정부의 정책 추진에 어려움을 주는 환경적 요인이 되었다. 한편 월등한 자금력을 통해서 선거 개입 및 로비 활동을 지속적으로 추진해온 기업 부문은 공화당과 밀접한 관계를 유지하면서 자신들에게 유리한 정책이 만들어지도록 노력하여 오바마 행정부의 기후변화 정책에 대한 저항 요인 가운데 하나가 되었다.

2) 연구의 분석 대상 자료

앞에서 언급한 내용을 중심으로 진행될 이 연구는 필요에 따라서 1차 기초 문헌 분석, 2차 연구 문헌 분석, 통계적 분석, 여론조사 분석 등 다양한 연구 방법을 동원할 것이다. 연구의 분석 대상이 되는 자료에 대한 보다 자세한 내용은 다음과 같다.

(1) 1차 기초 문헌 분석

이 연구는 우선 기후변화 대처에 대한 국제적 노력의 역사적 전개 과정을 파악하기 위해서 1988년에 세계기상기구(the World Meteorological Organization: WMO)와 유엔 환경프로그램(the United Nations Environmental Program: UNEP)에 의해서 기후변화에 관한 정부 간 위원회(the Intergovern-mental Panel on Climate Change: IPCC)가 창설된 데 이어서, 1992년에 유엔 기후변화협약이 채택되고 1997년에 교토의정서가 채택된 이후 2009년에 코펜하겐 합의가 등장하는 시기까지의 국가 간 협상의 과정과 결과물을 분석하고자 한다. 이러한 협정 결과물로서 나타난 텍스트의 분석을 통해서 이 연구는 기후변화에 대한 대처가 전지구적인 차원의 환경보호 문제로 인식되었다는 사실을 확인하고, 국제적 협약의 체결과 보완 과정에서 개도국과 선진국 간의 갈등 양상 및 미국의 입장과 역할을 검토하고자 한다.

이와 아울러 이 연구는 오바마 행정부가 기후변화 문제에 대한 자신의 공약을 국내외적으로 실행해나가는 과정과 의회의 견제를 피하기 위한 방법으로 채택한 다양한 조치들을 검토하기 위해서 대통령의 성명서나 연설문(remarks and speeches), 대통령 각서(presidential memoranda), 행정명령(executive order) 등을 검토할 것이다. 이와 아울러 미국 국내에서 온실가스 규제의 핵심적 역할을 수행한 미국 연방 환경보호국이 시기별로 발표한 다양한 규제조치—일반적으로 '규칙'(rules)이라는 명칭으로 발표됨— 등도 함께 분석될 것이다. 이러한 규제조치는 대체로 대통령의 행정명령이나 각서 발표 혹은 정책적 함의가 담긴 연설 이후에 대통령의 지시에 따라 만들어지거나, 환경보호국이 대통령 및 백악관과 협의하여 발표하거나, 아니면 환경보호국장이 필요한 경우 자신의 권한에 의거하여 발표하는 것이 일반적이다.

(2) 2차 연구 문헌 분석

다양한 기후변화 관련 국제적 합의의 내용 및 행정부의 조치와 관련된 문서의 분석과 아울러 이 연구는 기후변화 문제의 국제적 공론화 및 제도화 과정, 미래의 기후변화 문제 대처 레짐의 창출에 관한 논의, 국내 정치, 외교, 그리고 중간 연계적 영역에서 의회와 대통령의 관계, 미국 환경정책의 특징과 변화, 미국 기후변화 정책의 미래 대안 등에 관한 논문이나 저서를 중심으로 이 연구에 필요한 자료를 분석하고 정리해나갈 것이다. 이러한 2차 연구 문헌의 분석은 1차 문헌의 분석 내용에 대한 이론적 맥락을 구성하거나, 이들 1차 문헌의 국내외 정치적 환경을 파악하는 데 도움을 줄 것이다.

(3) 언론의 보도 내용

이 연구는 기후변화 대처와 관련된 미국 국내외의 동향을 파악하기 위해서 주요한 국제적 회의나 혹은 국내적 사건과 관련된 언론의 보도 내용도 분석할 것이다. 이러한 언론의 분석은 대통령 등 주요한 행위자의 조치와 정책 혹은 성명에 대한 여론의 분위기를 파악하는 데에 도움이 될 것으로 보인다.

(4) 기후변화 관련 국내법 제정의 입법 경과와 표결 분석

이 연구는 오바마 대통령과 의회 민주당이 추진했던 기후변화 관련 국내법의 제정 과정과 이에 대한 의회의 저항을 이해하기 위해서 관련 법률의 제정 과정과 경위, 그리고 표결 결과를 분석할 것이다. 이러한 목적에 따라서 연구는 먼저 어떠한 내용의 법률이 어떠한 표결 과정을 거쳐서 통과 혹은 좌절되었는지를 알아볼 것이다. 이 연구는 먼저 미국 의회도서관 홈페이지(http://www.loc.gov/index.html)에 링크되어 있는 토마스 입법 자료 홈페이지(http://thomas.loc.gov/)에 의거하여 2009년 6월 26일에 찬성 219대 반대 212로 통과된 하원 법안 H.R. 2454(미국 청정에너지 및 안보법)의 입법 과정과 표결 결과를 분석할 것이다. 이 연구는 이 법안에 찬성과 반대의 의사를 표명한 의원의 이념 성향이나 지역구 데이터의 분석을 통해서 그 찬성과 반대의 이유를 분석하게 될 것이다. 한편 2009년 9월 이후 상원에서 논의되었다가 2010년 7월에 마침내 좌초된 상원의 기후변화 관련 법안도 아울러 분석될 것이다.

(5) 여론조사 결과

지구온난화를 포함한 기후변화 대처 정책의 필요성에 대해서 매우 앞선 시민의식을 지닌 서유럽 국가들 내에서 온실가스 감축 문제에 대한 여론의 동향과 미국 내의 상응하는 여론의 동향을 비교하며 분석하는 것은 기후변화 문제를 바라보는 미국 여론의 상대적 입장을 파악하는 데 유효하다. 뿐만 아니라 미국 내부의 여론을 분석함에 있어서도 미국 유권자 층의 다양한 집단별 비교가 필요하다. 예컨대 기후변화 문제에 대한 민주당 지지자와 공화당 지지자 간의 태도 차이, 보수적 유권자와 진보적 유권자 간의 입장 차이 등을 통해서 기후변화에 대한 미국 내 여론의 동향을 다양한 각도에서 추적해볼 수 있기 때문이다. 이와 아울러

2008년 미국 경제위기의 발생을 전후하여 온실가스 감축과 기후변화 문제에 대한 미국 내 여론 동향을 비교해보거나, 오바마 행정부 등장 이전과 직후, 그리고 오바마 대통령의 임기가 2년을 마쳐가는 시점 간의 여론 동향을 비교해봄으로써 경제위기 혹은 오바마 대통령의 임기가 기후변화와 지구온난화 문제를 바라보는 미국 내부 여론의 동향에 어떠한 영향을 미쳤는지를 파악해볼 수 있다.

이러한 여론조사 자료는 미국 내 갤럽(Gallup)이나 퓨(Pew Research) 등 저명한 여론조사 기관이 국내외에서 수십 차례에 걸쳐서 시계열 여론조사를 통해서 축적해놓은 결과물을 통해서 취합할 수 있었다. 이들 미국 내 저명한 여론조사 기관은 자신의 웹사이트에 기후변화, 지구온난화 혹은 환경 문제와 관련한 사이트를 링크하게 둠으로써 지속적으로 축적한 자료를 일반인들이 사용할 수 있게 공개하고 있다. 이 연구는 이러한 다양한 여론조사 결과를 다각적으로 분석함으로써 기후변화 문제와 관련하여 다양한 미국 유권자 층의 서로 다른 입장을 분석할 뿐만 아니라, 미국의 여론이 시기적으로 어떻게 변화되어 왔으며 유럽의 여론과는 어떠한 차이를 보이는지를 분석할 것이다.

(6) 이익집단의 선거 및 로비 활동 지출 분석과 하원 법안에 대한 찬반 입장 분석

이 연구는 미국의 기후변화 대처 문제와 관련하여 국내 주요 행위자 가운데 하나인 이익집단의 활동을 분석하기 위해서, 온실가스 배출 규제에 대한 직접적 이해 당사자인 에너지 관련 기업 부문과 환경단체의 다양한 재정적 지출을 조사하게 될 것이다. 특히 온실가스 감축 규제와 관련되어 대립된 입장을 취해온 에너지 부문 기업 및 이익집단과 환경단체의 선거자금 및 로비 활동 지출을 분석함으로써, 이들의 활동을 다양한 각도에서 분석해보고 양대 이익집단의 재정적 현황과 우열 관계를 살펴볼 것이다. 이러한 지출 분석의 대상이 되는 자료는 미국 책임정치센터(Center for Responsive Politics)의 홈페이지(http://www.opensecrets.org/)에 나타나 있는 다양한 통계 자료가 될 것이다. 책임정치센터는 홈페이지에 각 연도별 선거자금 및 로비자금 지출에 관한 다양한 통계적 자료를 타 기관으로부터 취합하여 종합적으로 제시하고 있으며, 필자는 이러한 자료 가운데 이 연구의 수행에 적합하다고 생각하는 자료를 선별하여 특정한 시기별로 혹은 통시적으로 분석하였다. 분석의 핵심은 선거 및 로비 활동과 관련된 에너지 부문 기업 및 이익집단과 환경단체의 지출 비교가 될 것이다.

또한 이 연구는 2009년에 하원에서 통과된 미국 청정에너지 및 안보법의 제정 과정에서 다양한 이익집단이 어떠한 입장을 보였는지를 알아보기 위해서 기업이나 이익집단이 선거 기간에 후보에게 기부하는 정치자금이 미국 정치에 미치는 영향력을 조사하는 기관인 맵라이트(MapLight)가 제시한 자료를 사용하였다. 2009년에 기후변화 관련 하원 법안의 제정 당시 기업, 에너지 회사, 공공설비 회사 그리고 다양한 환경단체가 특정한 관점에 입각해서 찬성과 반대의 입장을 표명하였는데, 맵라이트의 웹사이트(http://maplight.org/about)는 이러한 다양한 이익집단의 정치자금 기부 내역과 함께, 하원 법안에 대한 이들 단체들의 찬반 입장 및 이러한 찬반 입장을 공개적으로 밝힌 언론보도문 혹은 의원에 대한 공개서한 등의 자료를 제시하고 있다. 필자는 이러한 다양한 자료를 토대로 하원의 미국 청정에너지 및 안보법에 대한 찬반 이익집단의 구성과 찬반의 논리를 파악할 수 있었다.

4. 선행 연구 개관

이 저술의 주요 논지와 관련하여 이 절에서는 미국의 기후변화 정책에 대해서 설명 혹은 서술하는 다양한 문헌을 소개하고자 한다. 이 절에 소개될 문헌은 주로 미국의 기후변화 정책의 국내외적 결정 요인에 관한 것이지만, 경우에 따라서 기후변화 정책뿐만 아니라 이를 포함한 보다 상위의 미국 대외 환경 정책 전반에 관한 연구도 포함되어 있다. 한편 이 저술이 다루는 미국의 기후변화 정책은 국내적 차원과 대외적 차원이 중첩되어 있는 영역이기 때문에 다음에 소개될 문헌들 역시 대체로 글로벌한 차원에서 기후변화 레짐이 전개되는 과정에서 나타난 미국의 대응을 다루고 있으며, 이 과정에서 어떠한 국내적 혹은 국제체계적인 요인들이 미국의 대응을 결정하였는가 하는 점을 규명하려 하고 있다. 또한 필자는 미국의 기후변화 정책과 다른 국가의 기후변화 정책을 비교하기 위해서 미국이 아닌 캐나다 · 일본 · 독일 · 중국 등의 기후변화 정책에 관한 문헌도 간단히 함께 소개하였다.

이미 이 장의 제1절과 제2절에서 설명한 대로 이 저술은 패권 쇠퇴를 경험하고 있는 미국이 부시 행정부 당시 일방주의에서 벗어나 다시 국제적으로 관여와 협력을 통해서 패권을 회복하려는 과정에서 나타난 미국의 딜레마를 기후변화 문제를 통해 국내적 저항의 차원에서 설명하려 하고 있다. 이미 제1, 2, 3절에서 개괄적으로 설명되었으며 이 저술이 진행되면서 각 장별로 좀 더 상세히 설명되겠지만, 이 저술은 미국 정치제도라는 구체적 환경 속에서 활동하는 행위자를 중심으로 오바마 행정부 이후 전개된 정치적 상황 속에서 미국의 기후변화 정책이 실제로 어떠한 방식으로 전개되었으며, 어떠한 국내적 저항에 직면하게 되었고, 이러한 국내적 저항이 어떠한 방식으로 미국의 패권 회복 노력에 딜레마를 초래했으며, 그 결과 미국의 글로벌 리더십 회복 노력에 나타난 부정적 결과는 무엇인지를 분석하고 향후의 미국 기후변화 정책이 어떻게 전개될 것인지를 전망하기 위해 집필되었다. 따라서 이 연구는 무엇보다도 대통령, 의회—그리고 부분적으로는 이익집단 등— 정치적 행위자를 중심으로 논의를 전개하면서, 이들이 어떠한 방식으로 상호작용했는지를 연구하고자 한다. 이 과정에서 견제와 균형 및 권력 분립을 특징으로 하는 미국의 대통령제, 기후변화 관련 국내법의 제정을 담당한 의회 등의 역할이 부각될 것이기 때문에 미국의 정치제도적 변수에도 상당히 주목하고 있다. 동시에 이 저술은 오바마 행정부 출범 이후 미국이 기후변화 문제와 관련하여 국제무대에서 적극적인 역할을 수행하는 과정에서 직면한 다자적 · 양자적 관계와, 이러한 관계 속에서 미국의 역할이 어떻게 제한되어 있는지도 다루고 있다.

이러한 이 저술의 관점 및 연구 영역과 관련하여 이 장에서 수행될 선행 연구에 대한 개관은 '미국의 국내적 요소를 강조하는 연구', '미국의 국제적 위상에 주목하는 연구', 그리고 '비교환경정치론적 각도에서 개별 국가의 기후변화 정책을 소개한 연구' 등 세 가지 영역을 중심으로 진행될 것이다. 미국의 국내적 요소를 강조하는 연구는 저자에 따라서 여론이나 이익집단 등 사회적 요소를 강조하는 연구도 있고, 정치제도와 정치행위자에 주목하는 연구도 있으며, 이를 구별하지 않고 보다 포괄적으로 국내적 요소 일반에 주목하는 연구도 있다. 한편 비교환경정치론에서 미국의 기후변화 정책을 연구하는 학자들이 부각시키는 관점은 다른 나라와 차별되는 미국의 독특한 정치제도적 특징인데, 이는 비교의 관점에서 미국이 교토의정서 비준을 거부하고—오바마 행정부 등장 이전까지— 기후변화 정책이 소극적이었던 사실을 설명하는 데 견제와 균형 및 권력분립 제도, 의회의 강한 권한 및 상원의 조약비준권 등 제도적 변수가 유용하기 때문이다.

전반적으로 볼 때 미국의 기후변화 정책 혹은 보다 넓게 미국의 환경정책은 대체로 국내 정치행위자나 국내의 정치제도 등의 요인으로 설명하는 입장이 우세하고 다수이며, 단극적인 국제 세력 배분 등 미국의 패권적 지위를 통해서 설명하려는 노력은 많지 않을 뿐만 아니라 미국의 기후변화 정책에 관한 설명에 있어서 인과론적 일관성을 보이고 있지도 않다. 이것이 패권안정이론(hegemonic stability theory) 등을 통해서 국제정치경제 레짐의 창출을 설명하려는 연구와, 이 저술이 다루는 미국 기후변화 정책을 설명하려는 연구 간의 중요한 차이라고 보인다.[17]

1) 국내 요인 중심의 연구

국내 요인을 중심으로 미국의 기후변화 및 환경 정책을 분석하는 연구는 대체로 정치행위자, 정치제도, 정당 간 대립 및 양극화 현상, 싱크탱크, 기업, 환경단체를 포함한 이익집단, 규제를 위한 정치권과 기업 등의 연합과 합의 여부 등에 주목하고 있다. 이와 같이 미국의 국내 요인을 중요시하는 연구들은 기후변화 문제에 대한 미국의 미온적이

17 이 절에서 미국의 기후변화정책과 관련하여 소개될 문헌들은 미국에 국한된 경우 대체로 오바마 행정부 출범 이전에 관한 것들이 대부분이다. 이들 저작은 주로 미국이 왜 기후변화 문제에 대해서 전통적으로 미온적인 태도를 취했으며, 특히 부시 행정부에 이르러 2001년에 최종적으로 교토의정서의 비준 거부 선언이 나오게 되었는가 하는 점에 주목하는 작업이 많다. 이 저술이 채택하는 관점과 마찬가지로 미국의 소극적인 태도 혹은 일방주의의 원인을 국내적 요소로 파악하는 작업이 있는가 하면, 부시 행정부 당시의 일방주의, 그리고 더 나아가 미국의 환경정책 일반이 국제적 세력 배분의 견지—패권적 세력 배분을 포함하여—에서 설명이 가능한 것인지를 파악하려는 노력도 있다. 그러나 이미 밝혔듯이 다수의 설득력 있는 의견은 대체로 국내적 요소에 주목하고 있는 형편이다.

며 소극적인 태도를 1990년대 중반 이후 공화당의 의회 장악, 부시 대통령의 친기업적인 정책 성향, 상이한 정당에 속한 대통령과 의회 간의 대립, 보수적 싱크탱크의 프레이밍(framing) 노력 및 공화당과의 연합 등에서 찾고 있다. 한편 보다 넓게 미국의 대외적 환경정책이 성공한 사례를 분석한 연구는 국내적 규제 합의가 존재하는 영역에 국한해서 미국이 국제적 리더십을 발휘하거나 국제 환경 레짐의 창출 및 이의 강제적 실행에 적극적으로 동참하는 경향이 있다고 적고 있다. 즉 이러한 국내적 합의가 없었던 기후변화 정책은 실패할 수밖에 없었다는 것이다.

다양한 이익집단 가운데 싱크탱크의 역할에 주목하는 맥크라이트(Aaron M. McCright)와 던럽(Riley E. Dunlop)의 2003년 논문인 「교토의정서의 패퇴: 미국 기후변화 정책에 대한 보수적 운동의 영향력」(Defeating Kyoto: The Conservative Movement's Impact on U.S. Climate Change Policy)은 1997년 7월에 미국 상원에 의한 교토의정서 비준 반대 결의안 채택과, 이후 2001년 3월에 부시 대통령의 교토의정서 비준에 대한 공식적인 거부를 국내 사회적 요인, 특히 지구온난화의 과학성을 의심하는 싱크탱크 등의 사회적 담론 장악 노력의 결과로 파악하고 있다. 미국의 국내외적 기후변화 정책에 대해서 사회 중심적 시각을 채택하고 있는 맥크라이트와 던럽은 지구온난화 현상이라는 '사회적 공론화 대상'(social problemacity)이 1990년부터 1997년까지 보수적인 사회운동, 특히 미국기업연구소(American Enterprise Institute)나 헤리티지 재단(Heritage Foundation) 등 보수적인 싱크탱크의 반(反)지구온난화 담론 확산 노력으로 인해서 어떻게 "문제가 없는 이슈로 사회적으로 구성되어 갔는지"(social construction of nonproblemacity)에 주목하면서 글을 전개하고 있다(McCright and Dunlop, 2003: 348).

이와 관련하여 맥크라이트와 던랩은 이들 싱크탱크가 자체적인 출판 역량을 통해서 다양한 정책 연구 브리핑, 언론보도문, 의견서 등을 출판하고, 텔레비전과 라디오 등을 통해서 의견을 확산했으며, 지속적인 정책 포럼, 대중 연설, 그리고 기자회견 등을 개최하여 자신의 입장을 적극적으로 홍보하였음을 강조하고 있다. 이와 동시에 저자들은 보수적 싱크탱크들이 대중적인 지명도가 있으면서도 보수적 정치 성향을 노골적으로 드러내는 기후변화 반대 성향의 학자들을 자신의 객원연구원(fellow)으로 임용하여 이들을 적극적으로 후원함으로써 반지구온난화 담론을 확산시켰다고 주장하고 있다.

또한 두 저자는 클린턴 행정부 당시인 1994년 중간선거를 통해서 공화당이 양원의 다수당으로 등장하면서 제104대 의회 당시 반지구온난화 담론을 정치권과 대중에게 더욱 확산시킬 수 있는 '정치적 기회구조'(political opportunity structure)가 만들어진 것도 이들 싱크탱크의 입장이 더욱 강하게 대중에게 호소력을 발휘할 수 있는 기회가 되었다고 주장하고 있다.[18] 특히 1995년 제104대 의회 이후 기후변화와 관련된 공화당 주최의 의회청문회는 점증적으로 객관적인 논문을 통해서 학자적 능력을 검증받은 과학자(peer-reviewed climate scientist)가 아닌, 보수적이며 정치적 성향이 강한 유사(類似) 과학자의 증언을 늘여왔고, 이와 동시에 환경단체의 증언 횟수를 줄여왔다(ibid.: 363). 이러한 보수적인 분위기에 편승하여 1994년 이후 언론보도에 있어서도 전문적인 엘리트 기후변화 과학자와

---

18 예컨대 저자들에 의하면 공화당이 다수당이었던 제104대 하원의 과학위원회(the Committee on Science)는 환경과 관련된 연방정부의 규제정책을 폐기하려고 적극적으로 노력하였고, 특히 지구온난화의 연구에 있어서 비과학적이며 비윤리적 외압이 있었는지 등에 대한 에너지 및 환경 소위원회(the Energy and Environmental Subcommittee)의 조사는 이들의 입장을 강화시키는 계기가 되었다.

같은 수준으로 보수적이며 정치적인 성향의 비전문적인 기후변화 회의론자 학자의 의견도 보도되기 시작하였다는 것이 저자들의 주장이다.

싱크탱크의 프레이밍 전략과 공화당 의회의 등장으로 인한 정치적 기회구조에 주목한 이 연구는 1990년대 중반 이후 기후변화 이슈의 정치화(politicization) 과정에서 보수적 싱크탱크의 다양한 역할을 적절히 강조했으며, 이들이 궁극적으로 교토의정서의 비준 실패에 기여한 공헌을 잘 부각시키고 있다. 그러나 부시 행정부 퇴진 이후 새로이 오바마 행정부가 등장하여 정치적인 기회의 창이 다시 열렸음에도 불구하고 기후변화 국내 입법이 실패한 과정을 면밀히 분석해보면, 기후변화 입법의 실패는 단순히 보수적 싱크탱크나 보수적 시민단체 등의 프레이밍 노력만으로 설명될 것만은 아니라고 보인다. 실제로 오바마 행정부 당시 국내 기후변화 입법의 실패 과정을 보면, 실업률 증가 등 경제 상황이 극도로 악화되어가는 상황 속에서 법률 제정에 반대하는 의원 등 이해관계, 양극화된 정치적 분위기 등이 좀 더 부각되어야 할 것으로 보인다. 2010년 미국 기후변화 관련 국내법 제정의 실패의 원인으로는 악화된 경제 상황과 높은 실업률, 양극화된 정치적 환경, 정당 간 극단적 대립, 이념적 경직성의 강화에 더해서 2010년 중간선거라는 시점과 관련되어 각 의원들이 당선된 지역구의 구체적인 이념적 성향과 경제적 이익이 더욱 중요했기 때문이다.

글렌 서스먼(Glen Sussman)의 2004년 논문인 「미국과 글로벌 환경정책: 효과적인 리더십에 대한 국내적 제한요인」(The USA and Global Environmental Policy: Domestic Constraints on Effective Leadership)은 맥크라이트 및 던랍의 논의와 마찬가지로 미국의 글로벌 환경정책에 영향을 미치는 국내 변수에 주목하고 있다. 그리고 서스먼 또한 사회적 변수로서 이익집단의 영향력을 강조하고 있지만, 대통령 · 의회 등 정치적 행위자의 변수를 포함하여 미국의 국내적 요소를 포괄적으로 강조하고 있다. 이러한 정치적 행위자 변수와 이익집단이라는 변수를 통해서 서스먼은 미국이 왜 교토의정서 비준을 포함한 국제적 환경정책에 대해서 효과적인 리더십을 발휘할 수 없었는지를 분석하고 있다.

서스먼의 논문은 기후변화 정책뿐만 아니라 몬트리올 의정서(the Montreal Protocol)와 생물다양성 협약(the Convention on Biodiversity) 등 세 가지 영역에서 국내적 변수가 어떻게 미국의 글로벌 환경정책에의 기여에 대해서 영향을 미쳤는가 하는 질문을 사례 연구를 통해서 답변하고 있다. 서스먼은 다양한 국내적 변수 가운데에서도 대통령과 의회의 상이한 정당 소속으로 인한 정파적 갈등과 정당 간 대립으로 인해서 대통령의 행동이 제약받는 상황 등이 기후변화 문제에 대한 미국의 국제적 리더십 발휘에 지장을 초래했다고 보고 있다. 특히 서스먼은 1997년 교토의정서가 채택된 이후에도 당시 클린턴 대통령이 의회 다수당인 공화당의 반대와 견제로 인해서 당파적 갈등이 심해지면서 환경문제에 대해서 구체적인 대외적 리더십을 발휘하지 못한 상황을 설명하고 있고(Sussman, 2004: 358), 동시에 이익집단 역시 환경정책에 있어서 기업과 환경단체의 양극화 현상으로 인해서 각각 공화당과 민주당을 지지함으로써 분열적인 양상을 보여 대통령의 행동반경을 좁히고 있었다는 점을 지적하고 있다.

이 논문은 환경 영역에서 미국의 국제적 리더십에 대한 국내적 제약요인을 대통령이나 의회와 같은 정치적 행위자 간의 대립이나 이들이 속한 정당의 당파적 양극화 현상, 그리고 이익집단의 정파적, 양극화된 관여로 파악하여 설명하고 있다. 이 논문의 목적이 기후변화 협약, 생물다양성 협약, 몬트리올 의정서 세 가지 국제조약에 있어서 이러한 요인들이 작용해서 성공의 정도를 결정하고 있다는 것을 보여주는 것이기는 하지만, 이들 세 영역에서 정치적 행위자와 이익집단 간의 구체적인 상호작용이 어떻게 전개되었는지, 또한 이들 간에 누가 더 결정적인 역할을 했는지에 대한 분석은 제시되어 있지 않아서 아쉽다. 아마 이러한 요청에 대한 답변은 이 연구의 목적이나 영역에서 벗어나 있는 것으로 보인다.

뒤에서 국제체계 및 미국의 패권적 지위와 미국의 국제 환경정책과의 관련성에 대해서 논의할 때 다시 언급될 것이지만, 포크너(Robert Falkner)의 2005년 논문 「미국 패권과 글로벌 환경」(American Hegemony and the Global Environment)은 국제적 세력 배분의 한 유형으로서 미국의 패권적 지위보다는, 미국의 국내 정치 · 경제, 사회적인 요소가 기후변화 정책을 포함한 미국의 국제 환경정책을 결정하는 데 더욱 중요하다는 점을 강조하고 있다. 즉 설명 변수로서 국제적 구조 및 국내적 요인과 관련하여, 포크너는 미국의 패권적 지위 그 자체와 미국의 국제 환경 레짐에의 공헌 여부는 어떠한 구체적인 상관관계를 보이지 않고 있으며, 미국 내에 국내적 합의가 존재할 경우 미국이 대외적 환경정책을 통해서—국제 환경 레짐 형성에 주도적인 역할을 한다기보다는— 필요한 리더십을 발휘할 가능성이 크다고 보고 있다.

포크너는 미국이 환경 분야에서 자신의 우월한 경제적 지위를 이용하여 국제적 리더십을 발휘하기 위해서는 국내적 합의가 존재해야 함을 강조하고 있는데, 이는 미국의 국내적 규제 정책의 존재 여부가 미국의 대외적 환경정책에의 참여를 결정한다는 디솜버(DeSombre 2011)의 주장과 유사하다.[19] 즉 국내 정치 행위자와 기업, 그리고 환경단체 간에 합의가 존재할

19 포크너는 자신의 논문에서 디솜버(Elizabeth R. DeSombre)의 2000년 저작인 『국제적 환경정책의 국내적 연원: 산업, 환경론자, 그리고 미국의 권력』(*Domestic Sources of International*

경우 미국이 대외적 환경정책을 적극적으로 추진하는 등 국제적 리더십을 발휘할 가능성이 크다는 것이다. 이러한 논의를 전개하면서 포크너는 국내적 합의가 중요한 이유 가운데 하나로 미국의 복잡한 정치구조와 이익집단 정치의 다양성을 언급하고 있다(Falkner, 2005: 593~595). 즉 미국 정치체계의 복잡한 구조와 이익집단 정치의 다양성으로 인해서 국제 환경정책에 대한 미국의 국내적 합의가 어렵기 때문에, 이러한 합의가 존재할 경우에만 미국의 국제적 환경정책의 리더십이 발휘된다는 것이다.

구체적으로 포크너는 미국 정치의 상식으로 통하는 분권화된 정책 결정체계와 권력 분립으로 인해서 국내적인 정책 연합을 수립하는 것이 어렵다고 진단하고 있다. 대통령과 의회 간의 견제와 균형, 양원 제도와 상원에 고유한 필리버스터 제도, 대통령이 체결한 조약에 대한 상원의 비준권, 의회가 지닌 예산권 등으로 인한 대통령 권한행사의 제약 등으로 인해서 미국의 정책 결정 과정은 과감한 혁신이 힘들며, 따라서 이들 다양한 정치적 행위자 간의 합의가 정책 혁신을 위해서 필요하다는 것이다. 이와 아울러 미국의 대외 환경정책 추진을 더욱 복잡하게 만드는 것은 로비의 가능성이 항상 열려져 있기 때문에 이익집단이 상시적으로 정책 결정 과정에 영향력을 발휘한다는 사실이다. 특히 기업 부문과 환경단체의 로비가 주요한데, 이들 정치 행위자 간에 국내적인 합의가 존재하지 않으면 미국의 국제 환경정책의 형성과 추진을 기대하기 어렵다고 포크너는 보고 있다.[20]

Environmental Policy: Industry, Environmentalists, and US Power)을 인용하고 있다(Falkner, 2005: 595). 디솜버의 2000년 저작의 논지는 그녀의 2011년 저작에도 연속적으로 나타나고 있다.

20 이와 같이 미국의 국내 정치, 경제, 사회적 요소로 인한 정책 결정의 어려움과, 규제정책의 성사를 위한 다양한 이해 당사자 간의 합의의 필요성을 강조한 후, 포크너는 냉전 종식

앞으로 소개될 디솜버의 주장과 아울러 포크너의 논문은 기후변화 정책을 포함한 미국의 국제 환경정책의 형성과 추진에 있어서 국내 정치적 행위자 및 이익집단 간의 합의를 강조함으로써, 이러한 합의를 바탕으로 미국이 자신의 우월한 경제적 지위를 통해서 국제 환경 거버넌스에 있어서 리더십을 발휘할 수 있다는 점을 강조하고 있다. 이러한 포크너의 주장은 오바마 행정부의 적극적인 기후변화 관련 노력에도 불구하고 국내적 합의가 미흡했기 때문에 코펜하겐 및 이후의 다자적 기후변화 협상 과정에서 미국이 미래의 기후변화 레짐 창출에 있어서 다른 국가들을 설득해내지 못했던 과정을 설명하는 데 유용하다.

브라이너(Gary Bryner)의 2008년 논문 「실패와 기회: 미국 기후변화 정책에 있어서 환경단체」(Failure and Opportunity: Environmental Groups in US Climate Change Policy)는 왜 1960년대 후반 이후 1970년대에 풍미한 환경운동이 1990년대 이후 주요한 미국의 기후변화 정책을 만들어내는 데 실패했는가에 대해서 질문을 제기하면서, 이에 대한 다양한 원인에 관한 설명하고 있다. 저자에 의하면 미국 환경단체의 문제는 정치적 환경의 변화라는 구조적인 변화에 대해서 전략적으로 신속하게 대응하지 못했다는 사실에 있었다. 즉, 레이건 행정부 등장 이후, 그리고 1995년 공화당이 다수당을 장악한 제104대 의회 이후, 공화당과 보수적인 단체들이 기후변화 문제를 정파적인 이슈로 포장하여 반성장 및 규제 지향적인 정책으로 몰아붙이는 상황에 대해서 환경단체가 효과적으로 대응하지

이후 미국 패권의 부활이 곧바로 미국의 일방주의와 그 지속을 의미하는 것은 아니며, 정부와 이익집단 간에 어떤 합의가 있을 경우 미국은 자신의 패권적 지위를 활용하여 협력적 다자주의를 위한 리더십을 발휘할 수 있다고 주장하고 있다.

못한 것이 환경단체 기후변화 정책 추진 실패의 주요한 요인이라는 것이다.

이와 같은 브라이너의 주장은 레이건 대통령과 공화당 의회가 추진한 환경 이슈의 반기업, 반성장적 이슈로의 정치화 노력이라는 '정치적 환경의 변화'라는 한 요인과, 이에 대한 '환경단체의 대응 전략 부재'라는 두 가지 원인을 동시에 강조하는 것으로 보인다. 레이건 행정부 등장과 1994년 선거 이후 공화당을 중심으로 환경 이슈를 정파적인 이슈로 만들려고 노력한 데 대해서, 환경단체는 기후변화 대처 등 환경 이슈가 인류 공동의 대처가 필요한 매우 절박한 이슈라는 점을 충분히 미국 국민들에게 인지시키는 데 실패했다는 것이다. 이러한 대국민 홍보 부족과 함께 환경단체 간의 적절한 내부 조율을 통해서 기업이나 공화당의 홍보에 대항할 수 있는 범(汎)환경단체 연대의 창출에도 실패한 것이 미국 기후변화 정책의 추진이 부진할 수밖에 없었던 또 하나의 원인이라고 브라이너는 지적하고 있다. 더 나아가 저자는 환경단체들은 기후변화 문제에 대한 해법의 모색이 단순한 환경문제가 아니라, 미국의 일자리, 국제 교역, 국제 개발 등의 영역에서 미국의 국제적 경쟁력 제고와 관련하여 장기적으로 대처해야 할 과제임을 설득하는 데에도 실패했다고 지적하고 있다.[21]

이 논문은 1970년대 환경운동을 통해서 미국의 환경 입법 과정에

21 이러한 논의의 전개 이후 브라이너는 최종적으로 환경단체가 주요한 정책 변화를 만들어내지 못한 것은 이들의 전략적 실패가 원인이라기보다는 주요한 정책 변화를 만들어내는 데 있어서 환경단체가 처한 구조적 한계 때문이라고 보고 있다(Bryner, 2008: 334). 즉 저자는 정파적 갈등이 매우 커서 환경단체의 활동이 어려웠으며, 기업의 로비활동이 매우 공격적으로 수행되고 있는 상황에서 환경단체가 영향력을 발휘할 수 있는 여지가 매우 적었다는 다소 비관적인 결론을 내리고 있다.

결정적인 영향력을 행사했던 환경단체들이 1980년대와 1990년대를 거치면서 급속히 영향력을 상실해간 과정을 정치구조의 변화와 환경단체 자체의 전략 부재를 통해서 설명하고, 있으면 본질적으로 공화당의 환경이슈 정치화와 양극화의 심화 및 정당의 대립 등 정치구조의 변화에 무게를 두고 있다. 실제로 1980년대 이후 환경단체의 영향력은 상당히 약화된 것이 사실이며, 특히 기업 부문의 로비와 선거자금 지출의 증가로 인해서 사실상 환경단체가 기업 부문과 필적할 수 있을 만한 연합을 형성하거나 전략적인 돌파구를 마련하는 것은 큰 정치적 변화가 없는 한 앞으로도 어려울 것으로 보인다. 기후변화와 관련한 새로운 정책적 돌파구가 마련된다면 이는 환경단체의 대응이나 전략의 변화에서 나타날 것이라기보다는 정치적 행위자 간의 타협과 합의 혹은 이들과 산업세력 간의 합의에 의해서 도출될 가능성이 크다. 그리고 이러한 점은 다음에 소개되는 디솜버의 논문에도 잘 제시되어 있다.

『글로벌 환경: 제도, 법률, 그리고 정책』(*The Global Environment: Institutions, Law, and Policy*)의 2011년 제2판에 수록된 「미국과 국제 환경정치: 미국 일방주의의 국내적 연원」이라는 논문에서 디솜버(Elizabeth R. DeSombre)는 기후변화를 포함한 포괄적인 국제 환경정책에 있어서 미국의 적극적인 리더십 혹은 참여를 조장하는 변수가 과연 무엇인지를 규명하고자 하고 있다. 디솜버는 미국이 부시 행정부에 이르러 기후변화를 포함한 국제 환경정책에 대해서 일방주의적인 정책을 취한 것은 아니라고 보고 있으며, 미국은 자신의 필요에 따라서 이미 지난 수십 년 간 일방주의와 국제적 협력을 번갈아가면서 행사해왔다고 보고 있다. 이를 입증하기 위해서 디솜버는 위기종 보호, 오존파괴, 기후변화, 생물다양성, 유독폐기물, 해양법 등에 있어서 미국의 대외 환경정책을 검토하고 있다.

디솜버에 의하면 미국의 다자적 국제 환경 협상에 대한 참여 혹은 이에 대한 리더십 발휘 여부를 결정하는 것은 무엇보다도 국내적 요소이다. 그녀에 의하면 국내적으로 규제가 허용 가능한 정책 영역에 있어서만 미국은 적극적으로 국제적 지도력을 발휘하게 되는데, 위기종 보호나 오존층 파괴 방지 등에 대한 미국의 노력이 그 좋은 예가 될 수 있다. 즉 국내적으로 이미 규제 정책이 만들어져 있는 영역에 국한해서, 미국은 국제적 환경 협상과 다자적 협력에 적극적으로 참여한다는 것이 디솜버의 주장이다. 과거와 현재에 기후변화나 생물다양성 등의 영역에서 미국이 적극적으로 참여하지 않는 것은 이와 관련된 국내적 규제 정책이 존재하지 않기 때문이라는 것이다. 요컨대 이미 만들어진 국내적 규제 정책이 존재하는 영역에 국한해서 미국은 국제 환경정책에 적극적으로 기여한다는 것이 디솜버의 주장이며, 이러한 각도에서 그녀는 국내 규제 정책의 존재 유무라는 요인을 미국의 대외적 환경정책을 결정하는 가장 중요한 요소로 파악하고 있다.

디솜버의 논문은 미국의 기후변화 정책뿐만 아니라 보다 포괄적으로 국제 환경 분야 협상에 대한 미국의 참여 여부를 결정하는 국내적 제약요건을 설명하고 있어서 기후변화에 국한된 국내적 제약 요인만을 논의하는 것은 아니라는 한계를 지니고 있다. 그러나 1970년대 이후 지난 수십 년 간 국제 환경문제에 대한 미국의 기여 여부를 결정하는 일관적인 요소가 무엇인가를 규명했다는 점에서 그 의의가 발견된다고 할 수 있다. 디솜버의 논문이 주장하는 것처럼 국내적 규제 정책이 존재할 경우 미국의 국제적 환경정책에 대한 기여와 참여가 가능하다는 주장은 국제적 기후변화 레짐의 창출과 관련한 오바마 행정부의 노력을 분석해볼 때 시사하는 바가 크다고 할 수 있다. 적어도 코펜하겐 회의에서 구체적인 강제적 감축량 합의에 실패했다는 관점에서 미국의 기후변화 협력이 미진했다고 할 경우, 이는 아직도 기후변화 관련 미국 국내법이 제정되지 않은 상황과 관련하여 설명될 수 있을 것으로 보인다.[22]

2) 국제 체계 및 패권 중심의 연구

앞에서 살펴본 기존의 연구문헌 등에서 잘 나타나 있듯이 미국의 기후변화 정책의 다양한 양상에 대한 설명은 미국의 정치제도, 그리고 이러한 정치제도의 제약 속에서 행동하는 대통령과 의회, 다양한 접근 통로를 통해서 행정부와 의회에 적극적으로 로비 활동을 펼치는 이익집단, 그리고 정치적 당파성과 대통령과 의회 간의 대립 등을 중심으로 이루어져왔다. 이러한 연구는 미국 정치제도의 특수성 등을 강조하면서 미국이 왜 기후변화 문제에 적극적으로 참여하지 않았는지, 그리고 보다 더 넓게는 미국은 왜 환경정책의 다양한 영역에서 이슈별로 차별화된 국제적 역할만을 수행해야 하는지를 중심으로 논의를 전개하고 있다.

이와 같은 국내적 요인을 중심으로 미국의 기후변화 혹은 환경정책의 인과관계를 설명하는 주류 견해에 비해서, 국제정치의 세력 배분, 그리고 이와 관련하여 미국의 패권적 지위와 그 하락 등을 중심으로 글로벌 기후변화 레짐의 창설과 유지에 대한 미국의 기여 여부나 미국의 기후변화 정책 전반을 설명하는 논의는 상대적으로 소수에 불과하다. 그리고 이러한 연구들이 제시하는 패권과 미국 기후변화 정책 혹은 글로벌 기후변화

22 이외에도 미국 환경정책의 정치와 정책에 관한 교과서적인 개괄서로서는 로젠범(Walter Rosenbaum)의 2011년 저작인 『환경정치와 정책』(*Environmental Politics and Policy*)이 있다. 이 책은 특별히 미국 환경정책에 대해서 어떠한 특정한 변수—이익집단, 정치적 행위자, 정당 대립, 혹은 정치제도 등—를 핵심 설명변수로 주목하여 집필되었다기보다는 미국 환경정책에 관한 포괄적인 해설서로서, 미국의 환경정책의 정책결정 과정과 정치에 대해서 설명하고 주요한 행위자를 열거 · 분석하고 있다.

레짐의 촉진 간의 인과론적 방향도 학자마다 상이하다. 패권과 미국의 기후변화 정책에 주목하면서 단선적으로 부시 행정부 당시 미국의 패권이 일방주의를 불러왔다는 주장이 있고, 미국의 패권 쇠퇴가 기후변화 레짐의 무질서를 창조한다는 주장도 제기되고 있는가 하면, 미국의 패권과 일방주의를 연결시키는 것은 지나친 단견이며 미국은 국제 환경정책과 관련하여 일방주의와 다자주의, 거부권 행사와 필요한 리더십을 모두 실천해왔다는 주장도 제기되고 있다. 다음에는 이러한 다양한 의견을 검토해보고자 한다.

포크너(Robert Falkner)의 2005년 논문 「미국패권과 글로벌 환경」(American Hegemony and the Global Environment)은 패권과 미국의 국제적 환경정책 간의 상관관계에 대해서 논의를 전개한 몇 안 되는 논문 가운데 하나이다. 이 논문은 미국의 '패권적 지위'와 '미국의 국제 환경 레짐에 대한 기여 여부' 사이에 어떠한 상관관계가 존재하는지를 규명하기 위해 작성된 것으로서, 우선 이 질문에 대한 그의 논문의 답변은 부정적이다. 즉 미국의 패권적 지위의 유무가 글로벌 환경 레짐의 창출 및 이를 위한 미국의 기여 여부와 직접적으로 관련되어 있는 것은 아니라는 것이 포크너의 주장이다. 기후변화, 위기종 보호, 생물다양성 보호 등과 관련된 국제 환경 레짐은 종종 강대국 혹은 패권국가의 이해관계 여부에 관계없이, 혹은 이들의 이익에 반해서 만들어져왔다는 것이 포크너의 주장이다(Falkner, 2005: 587). 결론적으로 포크너는 국제적 세력 배분 가운데 일국에 권력이 집중되어 있는 패권적 체계가 국제 환경 레짐의 형성과 이를 위한 미국의 기여 촉진을 위한 필요조건이라는 주장은 받아들일 수 없다고 보고 있다.[23]

이와 같이 미국 패권과 미국의 국제 환경정책 간에 어떤 단일 방향적인 상관관계가 없다는 주장을 전개한 후, 포크너는 미국의 패권적 지위가 비록 국제 환경 레짐의 형성에 기여하는 것은 아니지만, 미국이 선호하는 정책에 있어서 필요한 '리더십'을 발휘하고, 자신이 좋아하지 않는 정책에 대해서는 '거부권'을 행사하는 데에는 기여할 수 있다고 보고 있고, 이러한 두 가지 역할 가운데 특히 리더십의 역할은 국내적으로 기업, 환경단체 등 다양한 사회세력 간에 합의가 있을 경우에 가능하다고 주장하고 있다. 예컨대 비록 레짐의 형성을 주도하지는 않았지만 미국은 자신의 우월한 경제적 지위를 이용하여 오존층 파괴 방지나 위기종 보호 등에 있어서 적극적인 리더십을 발휘한 바 있으며, 이는 국내적 합의를 바탕으로 가능했던 것이다. 미국은 또한 교토의정서에 등에 대한 비준 거부를 통해서 거부권 행사자로서의 역할을 수행하기도 했는데,

23 포크너는 미국의 대외적 환경정책의 추진이 미국의 패권적 지위로 인해서 촉진된다는 주장이 현실성이 없다는 점을 부각시키기 위해서 다음과 같은 점을 지적하고 있다(Falkner, 2005: 586). 첫째, 탈냉전 이후 특히 부시 행정부에 이르러 미국의 국제 환경정책이 일방주의로 갑자기 '선회'하였다는 주장은 사실과 다르며, 미국은 전통적으로 환경정책에 있어서 다자주의와 일방주의를 병용해왔다. 즉, 미국의 패권적 지위가 미국의 대외 환경정책에서 일방주의를 가져오는 것은 아니며, 미국은 부시 행정부 이전 미국이 패권적 지위를 누리고 있을 당시에도 환경문제에 대한 다자주의적인 접근을 시도한 바 있다. 둘째, 미국은 국제정치경제 분야와는 달리 국제환경 분야에서 자신의 패권적 지위를 이용해서 다자적 환경 레짐의 창출을 위해서 적극적으로 노력한 바가 없었다. 제2차 세계대전 이후 미국이 전후 패권국가로 부상하면서 국제통화기금(IMF)나 관세 및 무역에 관한 일반협정(GATT) 등 국제금융과 국제무역 레짐의 창출을 적극적으로 주도한 것과는 달리, 국제 환경 레짐의 경우 미국은 이를 위해 적극적으로 개입하지도 않았으며, 국제 환경정책을 미국 대외정책의 우선순위에 둔 바가 없었다는 것이다. 따라서 미국의 패권적 지위 그 자체가 국제 환경 레짐의 형성과 관련하여 어떤 구체적인 인과관계를 보이는 것은 아니다. 셋째, 미국의 패권적 지위가 한편으로는 미국의 국제 환경정책의 일방주의적 경향이나 혹은 다른 한편으로는 미국의 국제 환경 레짐 창출 주도를 설명해주지 못하는 반면, 미국의 국제 환경정책은 오히려 국내적 요인에 의해서 더욱 잘 포착된다. 포크너는 미국의 국제 환경정책은 일방주의 혹은 다자적 협력을 모두 포함할 수 있는데, 이 가운데 어떠한 정책을 미국이 추진할 것인지는 결국 미국 국내의 정치적 행위자와 사회세력에 의해서 결정된다고 보고 있다.

이는 온실가스 감축과 관련하여 기존에 국내적 합의가 없었다는 점에서 설명 가능하다. 따라서 국내적 요인이 미국의 국제 환경정책을 결정하는 데 더욱 중요하다는 것이다(Falkner, 2005: 596).

포크너의 논문은 국제 정치경제 영역과 달리 국제 기후변화 영역에서는 미국의 패권이라는 개념이 레짐의 형성과 관련하여 매우 제한적으로만 사용될 수 있다는 점을 다양한 사례를 통해서 보여주고 있다는 점에서 유용하다. 또한 부시 행정부 이전으로 거슬러 올라가서 기후변화 정책을 포함한 미국의 대외적 환경정책을 역사적으로 조망해볼 때 미국의 대외적 환경정책의 전반적인 기조는 미국의 필요에 따라서 다자적 협력과 일방주의가 번갈아 사용되어왔다는 지적 역시 미국이 기후변화 정책을 살펴볼 때 염두에 두어야 할 사실이라고 보인다.

패터슨(Matthew Paterson)의 2009년 논문 「탈패권 기후정치」(Post-Hegemonic Climate Politics)는 글로벌 기후변화 레짐의 창출 및 유지를 둘러싼 미국과 EU 간의 갈등을 중심으로 논의를 전개하면서, 미국의 패권적 지위의 회복 여부가 기후변화 레짐의 창출과 어떠한 관련이 있을 것인지를 검토하고 있다. 패터슨의 논의는 주로 EU와 미국의 기후변화 레짐의 창출과 유지를 둘러싼 갈등을 다루고 있으며, 미국의 패권적 지위가 기후변화 레짐의 형성에 기여할 것인지의 여부를 그 주요 논의 대상으로 하고 있지는 않다. 그러나 글의 후반부에서 미국과 EU가 기후변화와 관련된 경제발전 전략에 있어서 근본적인 차이를 보이기 때문에 갈등할 수밖에 없다는 점을 부각시키면서 미국을 패권 문제에 관해서 언급하고 있다.

패터슨은 유럽의 발전 전략이 기후변화 문제의 대처에 있어서 더 친생태적이기 때문에 유럽의 리더십이 계속 유지될 것이라고 보면서도, 미국의 패권이 회복될 경우 미국은 기존에 EU가 주도하여 만들어놓은 강력한 규제 중심의 기후변화 레짐을 변화시켜 자신이 원하는 방식, 자신의 선호에 더 유리한 방식으로 새로운 기후변화 레짐을 만들어갈 것이라고 보고 있다. 패터슨은 EU의 경제발전 전략을 '생태적 근대화'(ecological moderni-zation) 전략으로, 미국의 경제발전 전략을 '탄소포식적 자본주의'(carbon-iferous capitalism)로 고정되어 있는 것으로 보고(Patterson, 2009: 148) 양자 간의 갈등은 피할 수 없는 것이며, 미국의 패권이 다시 부상한다면 미국은 유럽의 생태적 근대화 전략이 기축 이념이 된 기존의 기후변화 레짐을 변화시키고 자신의 경제발전 전략에 유리한, 탄소 소비를 강력하게 제한하지 않은—예컨대 구속적 감축보다는 자발적 감축을 추구하고, 규제보다는 시장 중심적인 정책을 추구하는 것 등— 방식의 기후변화 레짐을 추구할 것으로 보고 있다. 다만 패터슨은 미국의 패권 회복의 가능성이 적은 상황에서 이러한 미국 주도의 레짐이 형성될 가능성은 적다고 보고 있고, 미국의 동의가 없는 상황에서 만들어진 교토의정서 체제와 마찬가지로 강제적 감축을 지향하는 EU 주도의 체제가 새로 만들어지거나 유지될 것으로 보고 있다.

패터슨의 논문은 2009년 오바마 행정부의 등장 시기와 맞추어 작성되었는데, 저자가 예측하는 미국 신행정부의 기후변화 정책과 실제로 오바마 대통령이 집권 이후 2010년 전반기까지 국내외적으로 주창하고 실행한 정책 간에는 상당한 차이가 있어서 비판의 여지가 있다. 패터슨이 EU와 미국이 추구하는 서로 다른 경제발전 전략으로 인해서 이 두 세력 간에는 상당한 갈등이 있을 수밖에 없고, EU의 경제발전 전략이 온실가스 감축에 보다 적극적인 입장을 보이는 것이기 때문에 미국에 아무리 새로운 행정부가 들어선다고 해도 글로벌한 기후변화 대처와 관련하여 새로운 정책이 나올 수는 없을 것이라고 보고 있는데, 이는 어디까지나 오바마 행정부 등장 이전의 정책에서 추론된 선험적인 가정이다.

적어도 2010년 전반기까지 오바마 대통령이 추구한 정책을 보면 국내외적으로 적극적으로 온실가스 배출을 규제하는 다양한 노력을 기울인 것이 사실이다. 이러한 노력이 비록 EU가 온실가스 배출 규제와 관련하여 지난 수십 년 간 꾸준히 추진해온 강제적 규제와 과감한 배출량 목표치 설정에는 미치지 못하고 있고, 또한 조합주의적 경향의 EU 국가에 비해서 보다 미국이 시장 지향적인 정책을 추구한 것은 사실이지만, 오바마 대통령 하에서 2009년 말 코펜하겐 회의에 이르기까지 미국이 국내외적으로 추구한 정책이 결코 부시 행정부 하에서 추진된 것과 같이 탄소포식형 전략에 머물렀다고 보기는 어렵다. 오바마 대통령은 탄소의 배출을 억제하는 청정에너지 경제로의 전환을 위해 상당한 노력을 기울였으며, 이를 위해서 국내적 입법에도 적극적으로 노력하였다. 따라서 미국의 경제발전 전략이 탄소포식형이기 때문에 미국의 기후변화 전략에는 변화가 없을 것이며, 미국이—비록 그 가능성은 적지만— 패권적 지위를 회복하더라도 석유소비 중심적인 자신의 선호에 일치하는 기후변화 레짐을 추구하여 유럽과 갈등할 것이라는 주장은 오바마 행정부의 경험에 비추어보면 상당히 수정이 필요할 것으로 보인다.

대체로 패권적 권력 배분 양상과 국제 기후변화 레짐에 대한 미국의 공헌 혹은 국제 기후변화 레짐의 형성 간에는 특별한 상관관계가 없고, 다만 미국 국내 정치의 다양한 행위자 간의 합의나 합종연횡의 양상에 따라서 미국이 기후변화를 포함한 국제 환경정책 일반에 협력적인 리더십을 발휘하는 경우가 있다는 것이 기존 연구의 일반적인 합의이다. 그러나 이와 같은 직접적인 인과론적 설명과는 달리 세계 자본주의 체제의 변화와 이 안에서 미국의 위상에 대해서 연구하는 넓은 의미의 마르크시즘 계열 학자 가운데에는, 세계 자본주의 체제 안에서 미국의 패권 쇠퇴를 논의하면서 이것이 기후변화 레짐의 형성 혹은 불안정성에 어떠한 영향을 주는가에 대해서 연구하는 인사들도 있다. 물론 결과적으로 이러한 논의가 미국 패권의 쇠퇴와 기후변화 레짐의 안정성 여부 간의 관계에 대한 검토로 발전되기는 하지만, 이들 마르크시즘 계열 학자들의 논의는 '미국 패권과 기후변화 레짐'의 양자 관계보다는 '세계 자본주의 체제의 변화와 미국의 경제 패권의 위상 변화'라는 양자 관계에 주목하고, 그 결과 기후변화 레짐이 어떠한 영향을 받는가 하는 점을 논의하고 있다. 일반적으로 마르크시즘 계열의 논의가 그러하듯이, 이러한 논의들은 대체로 변화하는 세계 자본주의 체제 내에서 미국이 겪게 되는 경제적 상황의 부산물로서 미국의 외교정책을 검토하고 있다고 보인다.

한 예로 「다극체제와 새로운 세계의 (무)질서: 미국 패권 쇠퇴와 국제기후 레짐의 파편화」(Multipolarity and the New World (Dis)Order: US Hegemonic Decline and the Fragmentation of the Global Climate Regime)의 저자인 로버츠(J. Timmons Roberts)와 같은 학자는 미국의 패권적 지위와 국제 기후변화 레짐의 형성 혹은 이러한 레짐에 대한 미국의 적극적인 리더십 발휘라는 구체적인 인과관계에 주목하고 있지는 않다. 그는 이러한 인과론적 설명보다는 전체적으로 세계 자본주의 체제 내에서 미국의 국내 경제의 불안정성—실업률 증가와 중국과 인도 등에 대한 미국의 상대적 경쟁력 하락—의 증가라는 미국의 전반적인 패권적 위상의 하락 현상이 나타나면서, 미국이 국제 기후변화 문제의 대처에 있어서 매우 소극적인 역할을 하게 되었다고 주장하고 있다. 다시 말해서 세계 자본주의 체제 내에서 국내 경제의 위기로 인해서 미국이 패권적 지위를 상실해감에 따라서, 기후변화에 대한 미국의 적극적인 협력이 약화되었는데, 이는 국내의 실업률 증가와 중국이나 인도로의 일자리의 이전을 초래할 것에 대한 우려 때문이라는 것이 로버츠의 진단이다.

로버츠는 미국의 패권적 지위가 약화되면서 글로벌 자본주의 체제가 혼돈을 겪게 되었다는 아리기(Giovanni Arrighi)와 실버(Beverly Silver)의 2001년 논문 「글로벌 경제와 남북 분열의 지속」(Global Capitalism and the Persistence of the North−South Divide)의 논지에 의거하여, 미국의 국내 경제가 불안해지고 부상하는 신흥경제국인 중국의 감축 공약이 없는 상태에서 미국이 자신의 경제위기를 가속화시킬 수 있는 온실가스 감축 공약을 제시하고 있지 않다는 주장을 제시하고 있다(Roberts, 2011: 777). 또한 이와 같은 미국과 중국의 소극적인 태도와 함께, EU의 리더십도 약화되며, 또한 개도국 내부에 분열이 생기면서 국제적인 기후변화 협력에 상당한 균열과 무질서가 초래되었다는 것이 로버츠의 주장이다. 결국 로버츠의 논지는 현재 국제 기후변화 레짐이 새로운 타개책을 마련하지 못하고 교착상태에 처해 있는 것은 단순히 개별 국가 간의 자국 이익 추구를 위한 경쟁에서 기인하기보다는 글로벌 경제구조(global economic structure)의 변화 문제와 관련되어 있다는 점이다(ibid.: 781).

이와 같이 세계 자본주의 체제의 변화와 관련하여 미국의 경제위기로 인한 패권 쇠퇴를 주목하고, 그 결과 글로벌 기후변화 레짐이 위기를 겪게 되었다는 로버츠의 주장은 나름대로 참신한 시각인 것은 분명하다. 즉 특정 국가의 경제구조가 세계화 등 국제적 경제구조의 변화에 신속히 대응하지 못할 경우 그 국가가 경제적 위기를 겪게 되고, 이로 인해 대외정책에 변화가 초래된다는 주장은 보다 넓은 구조적 시각에서 특정 국가의 외교정책을 살펴본다는 면에서 경청할 만하다. 그러나 이 글은 글로벌 구조와 미국의 기후변화 정책 사이에 미국의 국내 경제적 위기를 매개변수로 설정했을 뿐, 구체적인 정치제도, 정치적 행위자, 정당 간 갈등 등 미국의 기후변화 정책을 설명하는 중요한 변수들이 간과되고 있다. 소위 '구조'를 중심으로 논의하는 시각이 공통적으로 지니는 이러한 한계에서 로버츠의 논문 역시 자유로울 수는 없는 것으로 보인다.

지금까지 다양한 문헌에 대한 검토 과정에서 지적한 대로 미국의 패권적 지위와 글로벌 기후변화 레짐의 형성이나 안정적 유지의 상관관계에 관한 논의는, 미국의 국내적 요인을 통해서 미국의 기후변화 정책을 설명하는 것에 비해서 인과론적 관계가 선명하지 않다. 즉 미국의 패권적 지위로 인해서 기후변화 레짐이 형성 혹은 유지된다고 단정할 수도 없으며, 미국의 패권이 반드시 미국의 기후변화 및 국제 환경정책에서 일방주의를 귀결하거나 혹은 다자적 협력을 유도하는 것도 아니다. 따라서 글로벌 기후변화 레짐의 형성에 대해서 패권 혹은 미국의 패권적 지위라는 개념이 독립적으로 가지고 있는 설명력은 제한되어 있다고 보인다.

그러나 이러한 주장에 대해서 반기를 들면서 국제정치의 사회적이며 제도적 요소를 강조하는 영국학파(English School)의 전통을 따르는 클라크(Ian Clark)는 기후변화 레짐의 형성과 유지에 패권, 특히 미국의 패권이라는 개념이 여전히 유효하다는 점을 강조하고 있다. 이러한 주장은 2011에 출간된 그의 저서 『국제사회에서의 패권』(*Hegemony in International Society*)의 제9장인 「국제 정책에 있어서 패권: 기후변화 레짐」(Hegemony in International Policy: The Climate Change Regime)에 제시되어 있다.[24] 그러나 패권 개념의 지속적인 유용성에 관한 클라크의 주장은 패권을 단순히

24 이 책의 제1부인 제1, 2, 3장은 패권이라는 개념을 국제사회 구성국가의 '동의'와 이에 따른 '정당성'의 개념을 중심으로 재정립하려는 클라크의 이론적 노력이 담겨 있고, 기후변화 레짐의 형성과 유지를 미국을 포함한 국가들의 '집단적 패권'(collective hegemony) 개념으로 설명하려는 작업은 이 책 제3부의 제9장 "국제정책에 있어서 패권: 기후변화 레짐"에 나타나 있다.

군사력이나 경제력을 중심으로 하는 물질력과 이에 기반한 '제일의 지위' 혹은 '힘의 우위'(primacy)로 보는 시각을 벗어날 경우에 의미가 있다. 즉 클라크는 패권을 단순히 물질적 힘의 우위에 기반해 있는 것으로 보는 것이 아니라, 상대방의 자발적 '동의'와 이를 통한 '정당성' 확보의 제도화로 보고 있다.[25]

이와 같이 패권을 단순한 물질적 우위가 아니라 상대 국가의 동의와 협력을 유도할 수 있는 정당성의 확보로 파악한 클라크에 의하면, 오바마 행정부 등장 이후 미국의 기후변화 대처 노력은 비록 미국이 '단일 패권'(singular hegemony)을 추구한 것은 아닐지라도 미국의 리더십을 중심으로 한 '집단적 패권'(collective hegemony)의 제도화를 시도한 사례로 파악된다.[26] 즉 미국의 물질적 힘이 쇠퇴한 상황에서 미국은 단일 패권의 행사가 불가능하다고 보고, 자신이 먼저 리더십을 발휘하면서도 동시에 중국·인도·EU 등 주요 온실가스 배출국가의 적극적인 동의와 협력을 유도하는 방식의 집단적 패권의 제도화를 추구하였다는 것이 클라크의 주장이다.

실제로 오바마 행정부 등장 이후 미국은 전임 부시 행정부와는 달리 기후변화 문제에 있어서 적극적으로 국제사회와 협력했고, 이를 위해서 국내적 법제도를 정비하기 위해 노력했으며, 이를 통해서 국제적 리더십

25 이와 같이 제도적이며 사회적인 맥락 속에서 다른 국가의 동의를 바탕으로 한 정당성의 확보를 패권으로 보는 클라크는, 국제정치의 무정부적인 성격 혹은 사회적 요소가 패권과 양립할 수 없다는 불(Hadley Bull) 등 전통적인 영국학파의 견해를 반박하면서, 영국학파 내에서 '제도화된 패권'(institutionalized hegemony) 혹은 '사회화된 패권'(socialized hegemony)이라는 개념을 수용해야 한다는 주장을 펼치는 것이다.

26 역사적으로 존재해온 국제제도로서 다양한 패권의 형태에 관해서는 클라크의 2011년 저서의 제3장 "정당성과 패권의 제도적 형태"("Legitimacy and the Institutional Forms of Hegemony")를 참조하기 바란다. 이 장에서 클라크는 패권의 구성(composition)과 패권이 그 대상으로 다루어야 할 구성국가(constituency)라는 두 개의 기준에 따라서 단일 연합적, 단일 포괄적, 집단 연합적, 집단 포괄적 패권이 존재할 수 있음을 지적하고 있다.

을 다시 확보하고자 했다(Clark, 2011: 216~217). 이러한 노력을 통해서 미국은 기후변화 문제에 있어서 미국이 중추적인 역할을 해야 한다는 점을 국내외적으로 천명했고, 이라크전쟁과 일방주의 외교노선으로 인해 부시 행정부 기간 동안 추락된 미국의 국제적 위신과 리더십을 회복하고자 노력했다. 또한 중국과 함께 제2의 온실가스 배출 국가이며, 중국의 협력을 적극적으로 요청할 수 있는 유일한 나라로서 미국의 지위는 폄하될 수 없다는 것이 클라크의 주장이다(ibid.: 233). 즉 '잠정적인 패권국가'(putative hegemon)로서 미국은 단일 패권국가로서의 역할이 상당히 제한된 상황에서 자신을 리더십을 바탕으로 다른 주요 경제국의 적극적인 온실가스 배출 감축을 촉구하는 방식으로 집단적 패권을 제도화하려고 했으며, 이러한 노력이 오바마 행정부에서 다양한 방식으로 경주되었다는 것이다.

클라크의 저서와 이 가운데 기후변화에 관한 그의 생각은 패권을 단순히 힘의 우위로 파악하지 않고 관계 국가의 동의에 기초한 정당성의 문제와 관련하여 파악하고 있다는 점에서 주목할 만하다. 그리고 이와 같이 새롭게 정의될 경우 패권 개념이 여전히 기후변화 레짐의 형성과 유지에 여전히 유용하다는 주장도 경청할 만하다. 제도화된 패권, 사회화된 패권의 개념을 통해서 패권을 다른 관련 국가가 부여하는 동의 및 이를 토대로 한 정당성과 관련하여 보는 것은 기후변화 정책을 포함하여 오바마와 부시 대통령의 외교정책 전반을 차별화하는 데 도움이 된다. 소위 일방주의 외교정책을 구사한 것으로 평가되는 부시 대통령과 달리, 오바마 대통령은 미국의 국제적 위상이 상대적으로 약화되었다는 점을 암묵적으로 인정하면서도 다자적 제도의 틀 안에서 협력적이며 선도적인 리더십의 발휘를 통해서 정당성을 확보하면서 패권의 회복을 추구하는 것으로 보인다. 즉 미국의 힘이 약화된 상태에서 제도를 통한 정당성의 확보 그리고 이를 위한 선도적 노력을 설명하는 데 클라크가 제시하는 패권 개념은 도움이 될 것으로 보인다.[27]

그러나 클라크의 패권에 관한 새로운 설명을 분석하면서 여전히 혼돈스러운 것은 패권을 국가의 속성으로 보지 않고 국제제도의 한 형태로 본다는 그의 주장에도 불구하고, 실제로 기후변화 정책과 관련된 논의에서는 패권 개념이 두 가지의 경우에 모두 적용되는 것처럼 보인다는 점이다. 즉 기후변화 정책과 관련하여 미국을 포함한 주요 온실가스 배출 국가의 집단적 패권 개념이 유용하다고 할 경우, 집단적 패권이 국제사회의 하나의 제도적 형태로 묘사되기도 하지만, 실제 그의 논의를 보면 다자적 포럼에서 미국이 리더십을 행사하는 하나의 양태, 즉 특정 국가의 외교정책의 양식으로도 서술되고 있다. 그리고 클라크의 저서를 우호적으로 읽지 않은 독자의 경우, 패권과 관련하여 '정당성'의 개념을 특히 강조한 클라크의 의견에 얼마나 동의할 것인지도 의문이다. 또한 전통적인 패권 개념 역시 단순히 힘의 우위뿐만 아니라 이미 정당성의 개념 역시 포함하고 있는 것이 사실이어서, 클라크가 '힘의 우위'와 '정당성' 개념을 지나치게 대립시킨 것은 아닌가 하는 비판도 가능하다.

3) 개별 국가의 기후변화 정책에 관한 연구

미국의 기후변화 및 환경정책 이외에 다른 국가들의 기후변화 정책에

27 군사·경제적 영역에서 미국의 패권은 상대적으로 쇠퇴하고 있으나 새로운 패권국가는 등장하지 않는 현재 상황, 그럼에도 불구하고 여전히 미국의 리더십은 무시될 수 없으며 중국의 외교정책과 국제적 지도력에 대한 국제적 동의 및 그 결과로 나타나는 정당성은 여전히 약한 현재 상황에서, 새로운 기후변화 레짐의 도출을 위한 국제적 노력을 미국의 리더십이 무시되지 않는 '집단적 패권'의 제도화로 살펴보려는 노력은 규정하기 어려운 현재의 국제정치 구조와 이 속에서 미국의 위상을 나름대로 이론화해보려는 클라크의 노력의 소산으로 보인다.

관한 연구 역시 다양하게 전개되고 있다. 소위 비교환경정치론의 각도에서 공통의 변수를 추출하여 이를 토대로 진행된 연구가 있는가 하면, 연구자 나름대로 개별 국가의 기후변화 정책의 특성을 제시해놓은 논문도 있다. 이러한 개별 국가의 기후변화 정책에 관한 연구들은 대통령제와 의회제라는 정치제도의 차이에 따른 기후변화 정책의 상이성을 강조하기도 하고(Harrison, 2007), 기후변화 정책을 정치인의 이념 및 그 국가의 국제적 이미지 제고를 위한 노력의 하나로 보기도 한다(Tiberghien and Schreurs, 2007). 또한 환경 정당의 정계 진출을 가능하게 한 통합적인 선거제도와 시민단체의 적극적인 정책 참여, 경로 의존성 및 국민 의식 속에 자리 잡기 시작한 생태적 근대화가 강조되기도 하고(Weidner and Mez, 2008; 강혜자, 2009), 지속적 경제성장의 필요성으로 인해 이를 저해할 수 있는 국제적 감축 의무를 완강하게 반대하면서 경제적 '이익'과 자국의 국제적 위상에 대한 '인지'를 통해서 기후변화 정책이 전개된다고 설명되기도 한다(원동욱, 2011).

국제정치 분야를 중심으로 기후변화 레짐의 창출이나 개별 국가의 기후변화 정책을 분석하기보다는 이들 국가의 국내적 요소를 중심으로 비교환경정치론 분야의 이론화를 꾸준히 추구해온 해리슨(Kathryn Harrison)의 논문 「가지 않는 길: 미국과 캐나다의 기후변화 정책」(The Road Not Taken: Climate Change Policy in Canada and the United States)은 미국과 캐나다를 대상으로 두 국가의 기후변화 정책의 차이점을 분석하고 있다. 두 국가의 기후변화 정책을 분석하는 과정에서 해리슨이 던지는 기본적 질문은 왜 캐나다는 교토의정서의 비준에 성공했으나 미국은 이의 비준에 실패했는가라는 것이다.28

이 글에서 해리슨은 정치인의 선거 인센티브, 정치인의 이념 혹은 공약, 그리고 정책이 결정되는 정치적 토대인 정치제도 등을 중심으로 미국과 캐나다의 교토의정서 비준의 성공과 실패를 분석하면서, 특히 이들 세 가지 변수 가운데 가장 중요한 변수는 정치제도라고 보고 있다. 즉 해리슨에 의하면 양국의 유권자들은 대체로 교토의정서 비준을 찬성하는 편이었기 때문에 선거 인센티브를 중심으로 양국의 차이점을 설명하는 것은 무리라고 보고 있고, 또한 당시 캐나다 수상인 크레티앙(Jean Cretien)이나 미국의 대통령인 클린턴(Bill Clinton) 두 사람 모두 기후변화 문제에 대해서는 어느 정도 그 필요성에 공감하고 있었기 때문에 정치가의 이념을 중심으로 양국의 차이점을 규명하는 것도 어렵다고 보고 있다. 결국 저자에 의하면 미국이 교토의정서 비준을 거부하고 캐나다가 교토의정서의 비준에 성공한 것은 양국의 정치제도의 차이에서 설명되어야 한다.

요컨대 해리슨의 주장은 캐나다의 정치제도가 미국의 정치제도보다

---

28 이 논문은 『글로벌 환경정치』(*Global Environmental Politics*)의 2007년 11월 특집호(special issue)인 제7권, 제4호에 게재된 논문 가운데 하나이다. 이 특집호의 기조논문은 해리슨과 선드스트럼(Lisa McIntosh Sundstrom)이 작성한 「서문: 기후변화의 비교정치」(Introduction: The Comparative Politics of Climate Change)이며, 이 특집호에는 미국 · 캐나다 · 호주 · EU · 일본 등 주요 국가의 기후변화정책을 국내적 요소를 중심으로 설명한 논문들이 수록되어 있다. 기조논문에서 두 저자는 국제관계 분야뿐만 아니라 비교정치 분야에서 각국의 기후변화 대처에 관한 정책을 살펴보아야 한다고 주장한 후, 선거 인센티브, 정책결정자 혹은 정치가의 이념, 정치제도, 국제정치의 영향력 등을 중심으로 개별 국가의 기후변화정책을 비교할 것을 제안하고 있다. 실제로 이 특집호에 실린 논문들은 대체로 이 기조논문의 이론적 틀에 의거하여 이러한 국내 정치적 요인 가운데 어떠한 요인들이 개별 국가별로 더 부각되어야 하며, 그 이유는 무엇인지를 설명하고 있다. 참고로 이 특집호에 실린 논문들은 수정 · 보완을 거쳐서 해리슨과 선드스트럼이 편집하여 2010년에 『글로벌 공공재와 국내 결정: 기후변화의 비교정치』(*Global Commons, Domestic Decisions: The Comparative Politics of Climate Change*)라는 제목으로 MIT대학교 출판사에서 다시 출판되었다. 새로 편집된 이 책에서는 캐나다와 미국의 기후변화정책이 별개의 장으로 나뉘어서 수록되었으며, 그 저자는 모두 해리슨이다.

교토의정서의 비준에 유리하다는 것인데, 이러한 양국 간의 차이는 두 가지 요소로 다시 분리해서 설명될 수 있다. 첫째, 미국이 견제와 균형 및 권력 분립을 구현하는 대통령제를 채택하고 있어서, 아무리 대통령이 미국의 국제적 리더십 고양이나 자신의 정치적 이념을 바탕으로 기후변화 정책을 추진하려고 해도 분산된 권력구조 내에서 자신의 정책을 온전히 실현할 수가 없는 반면, 캐나다의 경우 의회제라는 권력구조를 채택하고 있어서 수상과 내각의 정책이 의회에서 다수당의 의사로 통과되기에 유리하다. 둘째, 캐나다와 같은 의회제 국가의 경우 소위 집권당의 정당 기율이 강해서 수상의 의사가 집권당의 의사로 일사분란하게 추진되기가 용이한 반면, 미국의 경우 의회 내 개별 의원의 자율성이 보장되기 때문에 대통령의 의사에도 불구하고 대통령 소속 정당의 의원이 모두 대통령의 의사를 따라준다는 보장도 없을 뿐만 아니라, 대통령 소속정당이 의회의 다수당이 되지 못하는 분점정부가 빈번하게 나타나기 때문에 정책의 실현이 어렵다. 실제로 1994년 제104대 중간선거 이후 양원을 장악한 공화당은 클린턴 대통령의 국내 정책뿐만 아니라 대외 정책에 대해서도 상당한 정도의 견제 권한을 행사하여 결국 교토의정서 비준을 좌절시킨 바 있다. 이와 같이 양국 간의 정치제도의 차이로 인해서 캐나다는 교토의정서 비준에 성공할 수 있었으며, 미국은 그 반대로 교토의정서를 비준하지 못했다는 것이 해리슨 주장의 골자이다.[29]

29 한편 해리슨은 비록 캐나다가 교토의정서의 비준에는 성공했을지 모르지만 주(province)정부에 비해서 중앙정부의 권한이 약한 연방제도로 인해서 교토의정서에 규정된 온실가스 배출량 감축의 실행에는 매우 성과가 부진했다고 적고 있다. 즉 캐나다의 경우 천연자원에 대한 통제권이 사실상 각 주정부에 있으며, 전통적으로 연방정부의 권한이 취약하기 때문에 온실가스 감축의 '공약'에 비해서 그 '실행'이 미진했다는 것이다. 참고로 2011년 12월에 캐나다의 보수당 정부는 크레티앙 자유당 정부 당시 비준된 교토의정서 체제에서 공식적으로 탈퇴하겠다고 선언했으며, 그 결과 캐나다는 교토의정서에서 탈퇴한 최초의 국가가

이러한 해리슨의 주장은 우선 정치제도를 강조하면서 의회제 국가인 캐나다와 대통령제 국가인 미국의 기후변화 정책의 차이를 설명했다는 점에서는 이론적 공헌이 있다고 보인다. 선드스트럼과 함께 작성한 기조논문(Harrison and Sundstrom, 2007)을 볼 때, 여러 국가의 기후변화 사례에 적용될 수 있는 다양한 정치적 변수를 설정한 후 미국과 캐나다의 경우 이러한 변수 가운데 어떠한 변수의 영향력이 중요했는지를 알아내기 위한 해리슨의 작업은 미국과 캐나다 기후변화 정책의 인과론적 설명을 시도했을 뿐만 아니라, 지속적으로 권력구조나 이 안에서 행위하는 정치인을 중심으로 각국의 기후변화 정책을 논의할 수 있는 토대를 마련한 것으로 보인다.

2007년 『글로벌 환경정치』의 특집호에 일본의 교토의정서 비준 과정을 설명한 티버기언(Yves Tiberghien)과 슈로이어스(Miranda Alice Schreurs)는 자신들의 논문 「일본의 결정 순간: 착근(着根)된 상징과 2001년 이후의 교토의정서 정치」(High Noon in Japan: Embedded Symbolism and Post-2001 Kyoto Protocol Politics)에서 일본이 코이즈미(小泉純一郎) 수상 집권 시절인 2002년에 이르러 교토의정서를 최종적으로 비준할 수 있게 된 원인을 설명하고 있다. 저자들은 2001년 미국 부시 대통령의 교토의정서 비준 거부 발표, 일본 통산성 및 경단련(經團連)의 반대, 그리고 취약한 환경 NGO의 역할에도 불구하고 일본이 2002년에 이르러 교토의정서를 비준할 수 있게 된 계기를 설명하고 있다. 일본이 교토의정서를 최종적으로 비준하는 과정에서 일본 이외의 관계자 특히 EU 여러 국가들이 가장 염려한 것은, 제2차 세계대전 이후 미국과 긴밀한 동맹관계를 맺고 있으며,

---

되었다.

다양한 차원에서 미국과 정책 조율을 일상화하고 있었던 일본이 과연 미국이 탈퇴를 선언한 교토의정서에 비준할 수 있을 것인가 하는 점이었다. 특히 2001년에 취임한 코이즈미 수상이 이전의 하시모토(橋本龍太郎) 수상 등과 달리 기후변화 문제에 있어서 일관된 입장을 취하지 않은 상황에서, 과연 일본이 교토의정서에 비준하게 된 배경은 무엇인가라는 질문은 상당히 흥미로운 질문이다.

이러한 질문에 대한 대답과 관련하여 저자들은 일본의 기업 부문, 일본의 환경 NGO와 미디어의 역할, 선거제도의 변화와 이와 관련된 1980년대 후반 이후 일본의 정치적 환경의 변화 등만으로 일본의 교토의정서 비준을 설명하는 것은 어렵다고 보고 있다. 기업 부문은 석유 의존도 및 미국에 대한 입장에 따라서 분열되어 있었으며, 비록 NGO 등의 역할이 커졌다고는 하지만 여전히 이들의 정치 접근성은 낮았고, 선거제도가 혼합 선거제도로 변화하면서 도시 유권자의 친환경적인 선호를 반영해야 할 인센티브를 증가시켰다고는 하지만, 여전히 집권 자민당에는 재계와 보다 긴밀한 관계를 맺고 있는 의원들이 월등히 많았다는 점 등에서 이러한 변수에 의존하여 일본의 교토의정서 비준 과정을 설명하는 것은 무리라고 저자들은 보고 있다.

저자들에 의하면 일본이 교토의정서에 비준할 수 있게 된 배경에는 무엇보다도 1980년대 이후부터 외교정책을 통해서 일본의 국제적 위상을 제고하기 위한 전임 수상들의 이니셔티브가 주효했다. 이들 전임 수상들은 기존의 축적된 경제력을 바탕으로 일본이 국제적인 기여를 통해서 자신의 위상을 드높일 수 있는 방식에 대해서 고민했으며, 그 결과 1990년대에 이르러 리우환경회의 등에 적극적으로 임하면서 공적개발원조(Official Development Assistance: ODA) 등을 통해서 기여 외교를 추진한 것의 연장선상에서 일본의 교토의정서 비준 과정을 설명하고 있다.30

이에 더하여 교토의정서의 국제적 수용을 적극적으로 추진함으로써 일본이 기후변화 외교에 있어서 리더십을 발휘하여 국가 이미지를 제고한다는 이념에 대해서 일반 여론이 상당 수준 부응하여 2002년에 이르러 교토의정서가 마침내 비준되었다는 것이다. 즉 저자들에 의하면 교토의정서는 일본이 국제사회에 적극적으로 기여해야 한다는 정치인과 여론의 합의 속에서, 기후변화 정책에 대한 일본의 국제적 리더십의 '상징'으로 받아들여지게 되었고, 이후 이러한 상징이 후속 정치인의 선택을 제한하여 궁극적으로 교토의정서의 비준을 가능하게 만들었다.

이 논문은 일본의 경우 미국과의 긴밀한 협력관계로 인해, 그리고 재계의 반발로 인해 기후변화에 대한 일본의 공약이 약할 수 있었음에도 불구하고, 일본이 궁극적으로 교토의정서 비준을 위한 국제적 노력에서 EU와 함께 적극적인 노력을 경주하고 궁극적으로 비준에 성공할 수 있었던 요인을 역대 수상 등 일본 자민당 지도자들의 노력과 이들이 제시한 이념의 상징화 과정에 주목하여 설명하고 있다. 이 논문은 일본의 국제적 위상 제고를 추구한 정치인의 이념, 이를 지원한 여론과 미디어, 그리고 환경 NGO의 지지 등의 변수를 통해서 교토의정서 체제의 수립이 일본의 국제적 환경 리더십의 상징으로 변화하게 되는 과정과, 이러한 상징이 어떻게 차기 정치인의 교토의정서 비준 결정에 영향을 미쳤는지를 분석하고 있다.

바이드너(Helmut Weidner)와 메츠(Lutz Mez)의 「독일의 기후변화 정책:

30 또한 저자들은 일본의 위상 제고를 위한 이들 자민당 출신 수상들의 노력의 결과와 함께, 1997년에 일본에서 개최된 기후변화협약 당사국 회의가 일본 내 도시의 이름을 딴 교토의정서를 채택된 것도 의정서의 비준에 일조했다고 보고 있다.

약간의 결함은 있지만 성공한 이야기」(German Climate Change Policy: A Success Story with Some Flaws)라는 2008년 논문은 특정한 변수를 채택하거나 특별한 시각을 가지고 독일의 기후변화 정책을 인과론적으로 설명한 분석적 글이라기보다는, 1980년대 이후 독일의 환경 및 기후변화 정책이 어떻게 전개되어왔는지를 개괄적으로 설명하고 서술한 글이다. 그럼에도 불구하고 이 글은 저자들이 결론 부분에서 밝히고 있듯이 독일이 EU 내에서도 온실가스 감축의 선도 국가일 뿐만 아니라, 글로벌 기후변화 레짐의 창출과 교토의정서의 채택 과정, 그리고 이후 포스트 교토 체제의 구상 과정에서 주도적 역할을 할 수 있었던 몇 가지 요인을 파악하는 데 유용한 정보를 제공하고 있다.

필자가 결론에서 지적하고 있는 사항이기도 하지만 독일의 온실가스 감축 노력과 기후변화 정책이 성공할 수 있었던 데에는 무엇보다도 1980년대 이래의 국내 정치적 유산의 영향력이 컸다. 저자들이 '경로 의존성'(path dependency)이라는 표현을 빌려서 지적하고 있듯이(Weidner and Mez, 2008: 374), 1990년대 콜(Helmut Kohl) 수상 하의 기민당-기사당의 보수 정권에서 본격적으로 추진된 독일 기후변화 정책의 역사적 뿌리는 바로 1980년대에 전개된 대기오염 방지정책에 있었다. 또한 1980년대에 본격적으로 시작된 대기오염 방지정책의 구체적인 구상과 정책 도구의 등장은, 환경 정당인 녹색당의 출현을 가능하게 했고 적록(赤綠)동맹을 창출하여 정치권이 환경정책을 적극적으로 추진할 수 있게 지원해준, 선거제도를 포함한 독일의 유연하고 포용적인 정치제도에 기인한다(ibid.: 359). 이러한 정치제도 속에서 탄생한 녹색당과, 사민당과 녹색당의 적록동맹 연립정부는 1980년대 대기오염 통제 정책을 실시하여 다양한 방식으로 강력한 오염 규제 정책을 실시했으며, 기업 부문과 여론의 반대에도 불구하고 환경세(eco-tax)를 도입하여 적극적인 환경운동을 전개해나갔다.

그 후 이러한 환경정책은 1990년대 이후 콜 수상이 이끄는 기민당-기사당 보수 정부나 이후 메르켈(Angela Merkel) 수상의 좌우 대연정 체제 하에서도 꾸준히 유지되어, 마침내 독일이 EU 내에서 그리고 글로벌한 차원에서 기후변화 정책의 선도적 주자가 되는 데 공헌하였다. 즉 정치권이 이전 정부의 정책을 적극적으로 전승하여 지속적으로 대기오염 통제 정책을 추진해왔고, 1980년대 후반부터 국민들 사이에는 자연스럽게 기후변화 문제가 독일의 가장 중요한 해결 과제 중의 하나라는 일종의 합의—'생태적 근대화' 담론—가 만들어졌으며, 이를 바탕으로 독일이 지속적으로 강한 규제 중심의 온실가스 감축 정책을 선도적으로 추진할 수 있었다는 것이 저자들의 주장이다.

이와 아울러 저자들의 이러한 정부의 정책에 대한 여론의 폭넓은 수용도 언급하고 있다. 즉 독일의 국민 여론은 정부가 추진해온 대기오염 방지정책과 기후변화 정책에 적극적으로 공감을 표명하였다. 독일 국민은 다른 어느 국가의 국민보다도 대기오염과 온실가스 배출이 가져오는 해악에 민감하게 반응했으며, 이의 해결을 위해서 적극적으로 협력해야 한다는 태도를 갖기에 이르렀다. 또한 저자들은 이와 같은 강한 국민적 공감대와 함께 독일 정부가 강력한 규제 중심의 기후변화 정책을 꾸준히 추구할 수 있었던 데에는 이러한 정책을 통해서 나타나는 경제적 손실을 최소화하고, 오히려 이러한 정책에서 경제적 이익을 구가할 수 있도록 독일의 산업구조가 친환경적으로 변화해간 점에도 주목해야 한다고 주장하고 있다. 즉 기후변화 정책의 전개와 함께 독일 내에서는 친기후변화 산업이 꾸준히 성장하였고, 또한 이들 기업의 등장으로 인해서 상당히 많은 일자리가 창출되면서 소위 환경보호와 경제성장이 동시에 추진되는 지속가능한 성장이 이루어지게 되었다. 이에 따라서 독일 국민과 정부는 기후변화 정책을 일자리를 창출하고 경제를 발전시킬 수 있는 방식으로 파악하게 되었다는 것이다. 이 과정에서 독일 정부는 기후변화 정책이 독일의 전지역과 전인구에 대해서 상당히 광범위한 혜택을 가져다주는 정책임을 적극적으로 홍보한 반면, 특정한 지역에 대한 배타적 이익이나 손실의 측면은 최소화함으로써 이익의 측면을 극대화하고 형평의 문제가 제기되지 않도록 적극적으로 노력해왔다.

바이드너와 메츠의 논문은 독일의 성공적인 기후변화 정책의 역사적 유산을 1980년대 이후 녹색당의 등장과 적록동맹이 추진한 대기오염 방지정책과 관련지어 논의하면서, 이 당시에 정치권에 의해서 만들어진 정책에 지속적으로 다음 정부에 의해서 추진되어올 수 있었던 점을 부각시키고 있어서 주목할 만하다. 미국의 경우 공화당과 민주당 간에는 기후변화 대처와 관련하여 온실가스 배출 규제의 공과(功過)를 둘러싸고 상당히 많은 정파적 갈등이 있으면, 백악관의 주인이나 의회 다수당이 변화할 경우 연방 환경보호국의 예산과 인력에 상당한 변화가 있는 것에 비교해볼 때, 그리고 미국의 경우 기후변화 문제를 파악하는 여론 역시 합의보다는 당파적 분열의 모습이 상당히 강하다는 점을 염두에 둘 때, 독일의 사례를 분석한 이 글은 왜 독일이 온실가스 배출 억제에 선도적인 국가가 될 수 있었는가라는 질문에 대해 적절한 답변을 제시해 주는 논문이라고 판단된다.

독일과 일본의 기후변화 레짐 수용의 차이점을 설명한 강혜자의 2009년 논문 「기후변화레짐 수용의 국가 간 차이 비교연구: 독일과 일본의 기후변화 정책을 중심으로」는 위에 소개된 일본의 교토의정서 비준 과정에 관한 논문과는 달리, 주로 교토의정서 비준 이후 구체적인 온실가스 감축 과정에 있어서 왜 독일과 일본의 감축 성과가 다른가에 대한 연구이다. 즉 이 논문은 교토의정서의 '비준 과정'보다는 교토의정서의 '실행 과정'에서 양국이 왜 이와 같이 감축 성과에서 차이를 보이는지를 설명하기 위해 작성된 논문이다. 이러한 질문이 중요한 것은 실제로 감축에 대한 '공약'과 감축의 '실행' 간에는 국가별로 상당한 차이가 있기 때문이다. 예컨대 최근 교토의정서에서 탈퇴한 캐나다의 경우 크레티앙 자유당 정부 당시 교토의정서에 서명한 바 있지만, 그 후 온실가스 감축이 가져오는 경제적 비용에 대한 저항으로 인해 감축의 성과가 미진하였으며, 2011년 12월에 보수당 정부 하에서 마침내 교토의정서 탈퇴를 결정하기에 이르렀다.

강혜자의 분석에 의하면 독일과 일본의 경우 교토의정서의 비준 과정에서는 양국이 모두 적극적으로 임하였던 것이 사실이지만, 온실가스 감축의 성과라는 측면에서는 상당한 차이를 보이고 있다. 독일은 EU의 일원으로서 온실가스 감축에 적극적으로 임하고 있으며 매우 강력하고 구속력 있는 온실가스 감축 목표치 설정을 주장해온 바 있고, 일본은 재계의 반발 및 교토의정서 비준을 거부한 미국과의 동맹관계에도 불구하고 일본에서 개최된 유엔 기후변화협약 당사국 회의에서 채택된 교토의정서의 비준 과정에서 일본의 국제 환경 리더십을 제고하려는 국내 정치적인 강한 의지로 인해서 궁극적으로 이를 비준시킬 수 있었다. 그럼에도 불구하고 구체적인 감축 성과에서 양국이 차이를 보이는 원인은 어디에 있는 것일까?

이와 관련하여 강혜자는 정치제도, 기후변화에 대한 관점, 그리고 시민사회의 역할이라는 관점에서 양국 간 감축 성과의 차이를 설명하고 있다. 저자에 따르면 독일의 경우 비례제라는 선거제도로 인해 다양한 사회적 목소리의 수렴이 가능하고 정당 간의 연립을 통해서 정책 타협이 가능하다는 점이 이러한 성과를 만들어 내는 데 기여했다. 즉 환경운동에서 성장한 녹색당의 등장, 기후변화와 관련하여 생태적 근대화, 지속가능한 성장을 추구한 사민당과 녹색당의 적록연정, 그리고 이후의 기민당–사민당의 대연정 등이 모두 기후변화에 적극적인 규제 정책을 실시할 수 있었던 것이 중요한 요인으로 지적되고 있다. 또한 생태적 근대화라는 담론의 확산과 이에 대한 일반 시민의 수용과 생활화, 그리고 정부의 파트너로서 환경정책에 적극적인 영향력을 행사한 시민사회와 민간 연구소 등의 역할이 있었기에 독일이 실질적이고 구체적인 성과를 낼 수 있었다는 것이 강혜자의 주장이다.

이에 비해서 일본은 교토의정서의 비준에는 성공했으나 이후 여전히 강력한 영향력을 발휘하는 재계로부터 자유로울 수 없는 자민당의 성격으로 인해서 엄격한 규제 정책을 실시하기가 어려웠다. 이로 인해 일본은 독일과 달리 강력한 규제 정책보다는 시장의 자율성에 의존하는 정책을 실시하여 구체적인 감축 성과가 상대적으로 부족하였다. 한편 기후변화 문제를 파악하는 기본 관점 역시 일본과 독일 간에는 차이가 있었는데, 독일의 기후변화 정책이 인간의 생존과 복지 그리고 이와 관련된 생태계의 미래상에 대한 비전에 기반해 있다고 한다면, 다분히 일본의 그것은 국제적 위상 제고라는 목적과 결부되어 있어서 독일보다 정책 추동력이 떨어지게 하는 원인이 되었다. 마지막으로 시민사회, 특히 환경 NGO의 역할이 여전히 제한적인 것도 일본의 감축 성과가 크지 않은 데 일조하는 원인이 되었다.

2008년을 전후해서 미국을 추월하여 세계 최대의 온실가스 배출국으로 등장한 중국은 'G2'라는 용어가 등장한 점에서도 알 수 있듯이 미국과 함께 국제정치의 각 영역에서 매우 중요한 역할을 수행하는 국가의 하나로 성장하였다. 1970년대 말의 개혁 · 개방 이후 경제성장에 박차를 가해온 중국은 축적된 경제력을 토대로 전통적인 패권국가였던 미국의 위상을 위협하면서 글로벌한 차원에서 안보 · 경제 · 금융 · 에너지 분야에 걸쳐 강력한 발언권을 행사하는 중요한 이해 당사자 가운데 한 국가로 성장하였다. 따라서 서방 자유민주주의 국가는 아니지만 온실가스 감축과 기후변화 문제에 관한 중국의 대내외 정책과 기후변화 정책 결정 과정의 내부 동향을 살펴보는 연구에 대한 검토가 필요하다.

중국의 기후변화 정책을 연구하는 노르웨이의 학자인 헤겔룬(Gørild Heggelund)은 「중국의 기후변화 정책: 국내 및 국제적 발전」(China's Climate Change Policy: Domestic and International Developments)이라는 글을 통해서 미국의 기후변화 정책이 대내외적으로 어떠한 요인에 의해서 결정되는가에 관심을 보이고 있다. 이러한 결정요인을 소개함과 동시에 헤겔룬은 중국 기후변화 정책의 결정 당사자를 제시한 후, 결론적으로 중국이 현재와 가까운 미래에 온실가스 감축에 적극적으로 나설 생각은 없을 것으로 전망하고 있다. 그러나 저자는 중국이 교토의정서에 규정된 유연성 메커니즘의 하나인 청정 개발 메커니즘에 대해서는 점차적으로 적극적인 태도를 보이고 있으며, 인도와 더불어 청정 개발 프로젝트의 최대 수용 국가임과 동시에, 이를 통해서 최대 온실가스 배출권(certified emission reductions: CERs—공인된 온실가스 배출 감축량)을 생산해내는 국가가 되었음을 강조하고 있다.

우선 헤겔룬에 의하면 중국의 기후변화 정책은 국내적으로 경제발전, 에너지, 기후변화의 충격에 대한 취약성 등의 요인에 의해서, 대외적으로는 주권, 형평성, 국제적 이미지 제고 등의 요소에 의해서 추진하고 있다. 이 가운데 가장 중요한 요인은 역시 국내적인 경제발전의 필요성과 이와 밀접하게 관련된 에너지 수요 문제이며, 점차적으로 기후변화로 인한 생태계의 취약성도 중요한 요인으로 인식되고 있다. 경제발전의 목표에서 볼 때 헤겔룬은 중국이 현재 혹은 가까운 장래에 의무적 온실가스 배출에 적극 나설 이유가 없다고 보고 있다. 환경 파괴의 염려는 있지만 내부적으로 빈부 격차가 커지면서 이를 해소하여 사회적 안정을 도모해야 하는 중국 정부의 입장에서 볼 때, 경제성장이라는 지상의 과제를 저해하는 정책적 변화를 시도할 수 없고, 따라서 화석연료, 특히 온실가스 배출의 주범으로 지목되는 석탄에 크게 의존하는 산업구조를 단기간에 바꿀 수 없기 때문이다. 저자가 결론에서 지적하듯이 중국 정부는 대체에너지 개발에 대해서 강조하고 있기는 하지만, 이러한 대체에너지의 개발은 재원 확보와 아울러 정책 실행의 메커니즘을 만들어가야 하는 문제가 있어서, 실질적인 성과를 거두기에는 시간이 상당히 걸리기 때문이다(Heggelund, 2007: 188).

한편 온실가스 배출과 밀접하게 관련되어 있는 에너지 소비 수요 문제 역시 중국이 빠른 시간 내에 의무적 온실가스 배출에 참여하는 것을 어렵게 만들고 있다. 즉 중국은 급속한 산업화 및 경제성장에 더하여 국민들의 소득 증가에 따른 에너지 수요가 늘어나고 있어서 온실가스의 배출이 가파르게 증가하는 추세에 있기 때문이다. 물론 중국 정부가 청정에너지의 개발과 사용, 그리고 에너지 효율성의 제고 방안에 관심을 가지고 있는 것은 사실이지만, 여전히 화석연료에 대한 의존도는 매우 높은 실정이다. 따라서 이러한 에너지 소비의 증가 역시 중국이 온실가스 배출에 대해 적극적인 태도를 보일 수 없다는 비관적 전망을 하게 하는 중요한 요인 가운데 하나이다(ibid.: 187).

마지막으로 중국은 점차적으로 지구온난화 문제가 가져오는 생태적인 재해, 즉 기후변화에 대한 취약성의 문제에 대해서도 관심을 보이기 시작하고 있다. 예컨대 북부 중국의 가뭄, 전국적인 하천 유량의 감소, 남부 중국의 수해 문제, 동부 연안지역의 해수면 상승 우려, 서부 중국의 산악 빙하 유실 등의 문제가 벌어지고 있으며, 생태계의 불안정성으로 농업이 심각한 타격을 받을 것이 우려되고 있다. 특히 중국 산업의 핵심 지역 가운데 하나인 상하이 · 톈진 · 광저우 등 동부 연안지대의 해수면 상승 역시 이러한 기후변화와 관련된 것이어서 우려되고 있다.

이와 같이 기후변화 정책에 영향을 미치는 국내적 요소를 설명한 후 저자는 중국의 대외 정책에 영향을 미치는 요소를 고려하면서, 중국의 개도국으로서의 지위 고수, 선진국의 역사적 책임에 대한 추궁, 미국과의 관계, G77 국가와의 유대감, 그리고 중국의 책임 있는 강대국으로의 부상 등을 거론하고 있다. 헤겔룬에 의하면 중국은 급속한 경제성장과 경제대국으로서의 지위에도 불구하고 여전히 낮은 일인당 배출량을 부각시키고 자신을 개도국의 하나로 보면서 G77과의 일체감을 강조하고 있다. 즉 자신들의 온실가스 배출은 '생존을 위한 배출'(survival emissions)이며, 선진국의 그것은 '사치의 배출'(luxury emissions)이라고 보고 있다는 것이다(ibid.: 176). 또한 중국은 여전히 선진국의 역사적 책임을 강조하며, 온실가스의 감축 의무는 선진국이 지난 과거에 배출한 온실가스에 대한 배상의 차원에서 당연한 것이라고 주장하고 있다. 이와 관련하여 미국의 교토의정서 탈퇴를 주목하면서, 개도국의 감축 거부를 빌미로 미국은 선진국으로서의 의무를 다하지 않고 탈퇴의 명문만을 찾았다고 비난하고 있다. 또한 중국은 국제사회에서 책임 있는 강대국으로 인식되기를 바라면서, 자신의 국제적 이미지를 고려하여 외교적 차원에서 온실가스 배출의 토론에 적극적으로 참여하고 있다. 그러나 저자에 의하면 중국은 유엔 기후변화협약 체제를 중국의 입장을 개진하고 개도국의 입장을 대변하며 중국의 국제적 위상을 과시하는 장소로 파악하고 있고, 대신 '청정 개발 및 기후변화 아시아-태평양 파트너십'(the Asia-Pacific Partnership for Clean Development and Climate: APP)과 같은 보다 소규모의 지역적 에너지 포럼을 통해서 대체에너지 개발이나 에너지 효율 제고 기술 등에 관해서 본격적으로 논의하고자 하는 모습을 보이고 있다(ibid.: 189).

이 글은 비록 저자 스스로 밝히듯이 장기적 연구의 잠정적인 결론이라고는 하지만(ibid.: 187) 중국이 경제성장 필요성과 에너지 소비의 증가로 인해서 단기간 안에 온실가스 감축에 적극 동참할 가능성이 없다는 점을 적절히 제시하고 있는 논문으로 보인다. 또한 기후변화 문제가 경제성장 및 에너지 문제와 관련된 정책으로서 중국의 국가발전개혁위원회에서 다루어지고는 있지만, 여전히 중국 지도부가 추진하는 정책의 우선순위에는 들지 못하고 있다는 지적도 주목할 만하다. 즉 기후변화 정책이 경제 및 에너지와 관련되지 않은 이상 독립적인 정책 고려의 우선순위에는 들지 못한다는 것인데, 이는 경제발전을 지상의 과제로 하는 중국의 현실적 필요에 따른 것이라고 판단된다. 아울러 중국의 기후변화 정책이 경제발전의 하위 요소로 간주되어 국가발전개혁위원회에서 다루어지고 있고, 대외 협상은 외교부에서 관리하고 있으며, 이에 대한 기술적 자문은 과학기술부에서 제공한다는 점, 그리고 점차 싱크탱크의 과학자뿐만 아니라 사회과학자 역시 기후변화 관련 정책 결정 과정에 직접 혹은 간접적으로 참여한다는 사실 등에 관한 이 글의 지적은 기후변화 문제에 점점 더 광범위한 참여자 집단이 형성되고 있고 문제의 성격 역시 복잡해지고 있음을 시사하고 있다.31

마지막으로 주목할 만한 점은 중국이 비록 직접적인 온실가스 감축에는 관심이 없지만 교토의정서에서의 청정 개발 메커니즘을 통해서 청정에너

31 또한 국가발전개혁위원회와 외교부 양대 행위자 모두 온실가스 감축에 대한 공약의 거부라는 공통의 동기를 가지고 있으나, 그 동기에 있어서 전자는 경제성장과 에너지 문제에 초점을 맞추고 있고, 후자는 선진국의 차별적 책임을 강조하고 있다는 헤겔룬의 지적은 경청할 만하다.

지 개발이나 에너지의 효율적 사용, 혹은 온실가스 감축을 위한 기술 이전 등에 있어서는 섬섬 더 관심이 높아지고 있다는 저자의 지석이다. 유엔 기후변화협약 체제에 청정 개발 메커니즘이 도입된 이후 중국이 2004년에 이와 관련된 프로젝트의 수용을 위해서 국가승인기구(Designated National Authority)를 지정하는 등 잠정적인 제도적 장치를 마련하고, 이후 적극적으로 청정 개발 메커니즘 관련 프로젝트를 수용하고 이를 통해서 온실배출권을 창출하고 있다는 사실은 향후 중국이 국제무대에서 어떠한 방식으로 온실가스 감축 요구에 대응할 것인지를 미리 보여주는 것이라고 할 수 있다. 즉 중국은 의무적인 온실가스 감축보다는 자신의 경제성장을 저해하지 않으면서도, 동시에 생태적 위험을 줄여나가는 청정에너지 기술개발이나 에너지 사용의 효율성 제고, 그리고 온실가스 감축과 관련된 기술이전 프로젝트에 지속적으로 관심을 보일 것으로 전망된다.

원동욱의 2011년도 논문 「기후변화와 중국의 대응: 포스트 교토체제를 둘러싼 국제담판을 중심으로」는 기후변화 문제가 국제 관계의 중요한 이슈로 등장하고, 중국이 이러한 글로벌한 도전을 외면할 수 없는 신흥 강대국으로 부상하면서 중국이 기후변화 문제에 어떻게 대처해왔는지를 다루고 있다. 원동욱은 중국이 경제발전이라는 지상(至上)의 국가적 과제를 일관되게 수행해가면서도 동시에 책임 있는 강대국으로 중국의 이미지를 구축하는 이중 과제에 직면해 있다는 점을 강조하고 있다. 익히 알려져 있듯이 중국 공산당의 정당성은 지속적인 경제발전에 있으며, 따라서 중국은 이러한 경제의 지속성장에 저해가 되는 구속력 있는 온실가스 감축 의무 부담을 줄기차게 거부해왔고, 이 글의 저자 역시 짧은 시간 안에 중국이 구속력 있는 온실가스 감축 의무를 받아들일 것으로 보지는 않는다. 이러한 경제성장의 필요성에 근거하여 중국은 유엔 기후변화협약의 중대한 원칙 가운데 하나인 '공동의, 그러나 차별화된 책임'을 강조하면서 코펜하겐 회의 이후에도 미국 · 일본 · EU 등 선진국에 대해서는 구속력 있는 감축 의무가 있음을 강조하고 있다.

그러나 저자에 의하면 중국은 1990년대에 들어와서 경제발전에 따른 생태계의 파괴 문제를 경험하기에 이르렀고, 따라서 비록 구속력 있는 온실가스의 감축에는 거부감을 보일지라도 에너지 사용 효율의 증대, 대체에너지의 개발 그리고 기술 혁신 등을 통해서 온실가스를 감축하는 데에는 크게 거부감을 느끼지 않게 되었다. 이러한 상황의 변화를 염두에 두고서 저자는 중국의 국제기후담판 과정을 크게 1990년부터 1994년에 이르는 '수동적이지만 적극적인 참여 단계', 1995년에서 2005년에 이르는 '신중하고 보수적인 참여 단계', 그리고 2005년에서 현재까지 이르는 '적극적이고 개방적인 참여 단계'로 구분하여 설명하고 있다. 그리고 저자는 이러한 진화하는 참여의 과정에서 중국이 국가기후변화대책소조를 창설하거나 국가발전개혁위원회를 통해서 국가 기후변화 대응방안을 발표하는 등의 대응조치를 차근차근 진행해왔음을 지적하고 있다.

이러한 역사적 과정을 주목하면서 저자는 기후변화 문제에 대한 중국의 대응에 있어서 변화를 이끈 동인으로 '중국의 경제적 손익/환경 생태적 취약성'과 '중국의 국제적 위상'이라는 두 관점, 즉 경제적 '이익의 관점'과 책임 있는 강대국으로 적극적인 역할을 수행해야 한다는 국제적 이미지 제고의 '인지적 관점'을 지적한 후, 이러한 두 관점의 조합을 통해서 국제 기후변화 협상에 참여하는 중국의 행태에 대한 몇 개의 가설을 제시하고 있다. 즉 감축으로 인한 경제적 손실이 커지면 중국은 감축 의무 이행 가능성이 낮아지고 국제적 담판에 대해서 소극적인 태도를 취할 것이지만, 생태적 취약성이 커지면 반대로 이에 대한 가능성이 커지면서 보다 적극적인 태도를 취할 것이며, 기후변화와 관련한 국제적 이미지가 나빠질수록 감축 의무 이행 가능성이 높아지고 국제기후담판에서 적극적인 역할을 수행할 것이라고 주장하고 있다.

저자는 중국의 기후변화 대응에 관한 이익과 인지의 관점의 조합을 통해서 매우 간명하고 시사적인 가설을 설정하고 있어서 중국의 역사적인 기후변화 대응을 조망할 틀을 제시하고 있다. 특히 저자는 '국제적 이미지'라는 인지의 관점에도 주목함으로써 기후변화에 대한 중국의 적극적 혹은 소극적인 태도가 단순히 중국의 경제적 혹은 생태적 이익만으로 결정될 것은 아니라고 보고 있어, 포스트 교토체제의 수립 과정에서 중국의 태도와 정책 변화 가능성을 열어놓고 있다.

5. 연구의 내용 개관

지금까지 앞에서는 기후변화 문제와 관련하여 미국이 국내외적으로 당면한 딜레마, 이러한 딜레마 상황에 대한 설명을 시도하는 이 책의 목적과 필요성, 그리고 이 책의 연구를 위해서 필요한 분석 대상 자료, 마지막으로 기존의 연구와 경향에 대해서 개괄적으로 설명하였다. 이러한 목적과 취지에 따라서 저술된 이 책의 핵심적 내용은 기후변화 대처라는 국제적 공공재의 공급을 위한 오바마 대통령의 노력, 이에 대한 의회를 중심으로 한 국내적 저항, 그리고 환경보호국을 통한 오바마 행정부의 온실가스 배출 규제 노력 등이 될 것이다.

이 책은 전체적으로 서론, 기후변화 문제에 대한 국제적 대응 노력에 대한 개관, 오바마 행정부 등장 이전까지 기후변화 문제에 대한 미국의 전반적인 입장 및 대응 검토, 2009년 오바마 행정부 등장을 전후한 기후변화 관련 미국 여론의 추세와 이익집단 정치의 동향, 오바마 행정부 등장 이후 미국의 기후변화 문제에 대한 대처 노력과 이에 대한 의회의 저항과 오바마 행정부 하에서의 환경보호국의 활성화, 마지막으로 결론 등 6개의 영역에 걸쳐서 전체 8개의 장으로 구성될 것이다. 이 책이 분석할 연구 내용을 개괄적으로 설명하면 대체로 다음과 같다.

이 책은 우선 제2장에서 주로 1988년 기후변화에 관한 정부 간 위원회의 출범 이후 2009년 12월의 코펜하겐 유엔 기후변화협약 당사국 총회에 이르기까지 기후변화 문제에 대처하기 위한 국제적 노력에 대해서 설명할 것이다. 이를 위해서 먼저 기후변화 문제가 학계의 논의를 시작으로 해서 국제적으로 공론화되기까지의 과정을 설명하고, 이후 1992년에 채택된 유엔 기후변화협약을 중심으로 한 당사국 회의의 전개 과정을 설명할 것이다. 1997년에 채택된 교토의정서의 내용과 특징, 2007년 발리 당사국 총회 이후 2009년 12월에 개최된 코펜하겐 총회까지의 합의와 내용을 중심으로 논의가 전개될 것이다. 마지막으로 이러한 기후변화 레짐의 창출과 유지 노력이 공공재적 성격을 띠고 있어서 강대국 간의 자발적인 협력과 초기 비용 분담이 필요하며, 이로 인해서 2012년 포스트 교토 체제의 등장이 쉬운 것만은 아니라는 점이 강조될 것이다.

제3장에서는 먼저 1970년대 이후 1992년까지 미국의 환경보호정책의 전개 과정을 설명할 것이다. 이러한 설명은 1993년 이후 등장한 클린턴 행정부와 부시 행정부 당시 기후변화 문제에 대한 미국의 입장과 대응을 이해하기 위한 배경 지식으로서 제공될 것이다. 이러한 배경 설명에 이어서 기후변화 문제와 관련된 클린턴 행정부와 부시 행정부의 정책—혹은 무(無)정책—을 설명하면서, 왜 미국의 경우 국내외적으로 기후변화 문제에 대한 대책이 지연되었는지에 대해서 설명할 것이다. 1993년 클린턴 행정부 출범 당시 상당한 기대에도 불구하고 클린턴 대통령은 1997년에

채택된 교토의정서의 상원비준을 위한 의회 제출을 지연하여 기후변화 문제에 대해 여전히 미온적인 태도를 보인 바 있고, 그 후 부시 행정부 역시 교토의정서에 대한 비준을 거부하면서 기후변화 문제에 대한 미국의 적극적인 기여를 기대한 EU 등 기타 서유럽 국가를 실망시키기도 하였다. 기후변화 문제의 점증하는 중요성에도 불구하고 교토의정서가 비준될 경우 우려되는 국내 에너지 가격의 상승과 이로 인해 국내 경제성장의 둔화, 그리고 교토의정서 체제 하에서 중국 · 인도 등이 불공정할 정도의 혜택을 누리고 있다는 인식 등이 이들 두 대통령의 의회비준 시도 거부의 원인으로 작용했다는 점 등이 설명될 것이다.

1970년대 이후 역대 행정부에 관한 이러한 설명 이후 제4장은 오바마 행정부의 출범을 전후하여 오바마 대통령의 기후변화 정책 추진에 상당히 불리한 여건으로 작용한 미국 국내 여론의 동향 및 이익집단 정치의 추세 등을 검토할 것이다. 제4장에서는 여론과 관련하여 먼저 미국의 여론이 유럽과 비교해볼 때 온실가스 감축을 포함한 기후변화 관련 정책의 필요성과 시급성에 대해서 그다지 적극적이지 않다는 점이 지적될 것이고, 이어서 지구온난화 관련 미국 국내 여론의 특징을 다양한 각도에서 분석하게 될 것이다. 퓨 리서치 센터(Pew Research Center)가 조사한 바에 의하면 "지구온난화를 매우 심각한 문제(very serious problem)로 보는가"라는 2009년의 퓨 글로벌 태도 조사(Pew Global Attitudes Survey 2009)의 질문에 대해서 프랑스 · 독일 · 브라질 · 한국 등은 각각 68%, 60%, 90%, 68%의 응답자가 그렇다고 대답한 반면, 미국은 응답자의 44%만이 그렇다고 대답하여 미국인들이 기후변화의 심각성에 대해서 그다지 큰 관심을 보이지 않고 있음을 알 수 있다(Pew Research Center, 2009b: 87). 또한 미국인들은 '세계적인 기후변화 문제에 대처하기 위해서 높은 비용을 지불할 의사가 있는가'라는 질문에 대해서도 41%만이 그럴 의사가 있다고 대답하고 55%는 그럴 의사가 없다고 대답하여, 각각 동일한 질문에 대해서 51%대 49%, 54%대 43%, 48%대 41%, 69%대 26%로 '그럴 의사가 있다/없다'의 응답을 보인 프랑스 · 독일 · 브라질 · 한국과는 현저한 차이를 보이고 있다(Pew Research Center, 2009b: 89). 한편 본문에서 자세히 설명되겠지만 갤럽(Gallup) 등이 조사한 국내 여론의 분석을 보면 미국의 여론은 2007년과 2008년의 경제위기를 겪으면서 지구온난화 문제의 위험성과 시급성에 대한 인식이 상당히 부정적으로 선회했음을 알 수 있다. 이와 같은 경기침체의 와중에서 미국의 여론은 오바마 행정부의 기후변화 관련 입법 추진에 상당히 불리한 환경적 여건을 조성하였다는 점이 지적될 것이다.

여론에 대한 분석에 이어서 제4장은 선거 및 로비 활동의 지출을 중심으로 이익집단의 활동을 분석하게 될 것이다. 이와 관련하여 제4장에서 필자는 에너지산업 부문 기업 및 이익집단과 환경단체의 활동을 특정한 시기에 국한해서, 혹은 통시적으로 비교 · 분석함으로써, 에너지 관련 기업 부문의 영향력이 환경단체의 영향력을 전반적으로 압도해왔음을 지적할 것이다. 에너지산업 부문 기업 및 이익집단은 엄청난 규모의 선거자금 지출을 통해서 자신들의 정책에 동조하는 후보나 의원들이 워싱턴 정가에 입성하도록 노력하는 한편, 선거 기간 사이에도 지속적이고 적극적인 로비 활동을 통해서 자신들이 원하는 정책이 제안되고 자신들에게 불리한 정책이 만들어지지 않도록 노력하고 있다는 점이 지적될 것이다. 선거 및 로비 활동에 있어서 에너지 부문 기업 및 이익집단의 활동이 환경단체를 압도하고 있다는 사실은 미국 국내 여론의 경우와 마찬가지로 오바마 행정부의 기후변화 정책에 상당히 불리한 여건이 되고 있었음이 또한 강조될 것이다.

이 연구의 핵심적 내용을 차지하는 제5장, 제6장, 제7장에서는 각각 오바마 행정부의 기후변화 정책을 '오바마 대통령의 국내외적 노력', '민주당 의회의 기후변화 관련 법률제정 시도', 그리고 '연방 환경보호국의 활성화와 규제조치'를 중심으로 설명할 것이다. 먼저 제5장에서는 미국 패권쇠퇴론의 재등장 시점과 겹쳐지는 오바마 행정부 등장을 전후해서 오바마 대통령이 기후변화 대처와 관련하여 채택한 다양한 국내외 전략이 설명될 것이다. 대통령 출마를 선언한 이후 2007년 『외교』(*Foreign Affairs*)의 여름호에 기고한 글에서 지구온난화 현상의 방지를 위한 국내적 조치로서 '탄소배출량 상한치 설정 및 탄소배출권의 시장교환'을 제시하면서 기후변화 문제에 대해서 적극적으로 대처하는 모습을 보여온 이후(Obama, 2007-1), 오바마 후보는 선거 과정 기간 및 대통령 당선 이후 꾸준히 온실가스 규제를 위한 국내외적 노력에 주력하게 된다. 제5장은 이러한 내용을 중심으로 오바마 행정부의 기후변화 정책을 국내외적인 차원에서 검토할 것이다.

이어서 제6장에서는 이러한 오바마 행정부의 노력이 미국 의회 내에서 어떻게 수용되었는지에 대한 개괄적인 설명이 제시될 것이다. 이미 지적한 대로 오바마 행정부의 국내외 기후변화 정책이 중간 연계적 성격을 띠고 있는 것과 관련해서 볼 때, 국내적 요소의 투입 요인이 강한 미국의 기후변화 정책 영역에서는 의회 구성원인 의원의 이해관계가 매우 첨예하게 걸려 있는 것이 사실이다. 미국 의회는 하원에서 2009년 6월에 상한치 설정 및 교환을 기조로 하는 에너지 및 통상위원회의 법안을 219대 212의 근소한 표차로 통과시켰지만, 이 법안이 통과되어 탄소 배출이 제한될 경우 경제적으로 타격을 입는 중서부 산업지대 출신 상원의원 및 공화당의 상원의원들의 반대 등 복잡하고 다양한 이유로 인해 2010년 7월에 이 법안의 상원 통과는 좌절되었다. 이와 관련하여 제6장은 오바마 대통령의 지원으로 제111대 의회 민주당 지도부가 추진했던 기후변화 대책의 입법화 과정에 대해서 총체적으로 분석하고자 한다. 제6장에서는 양원에서 제출된 기후변화 관련 법안의 내용 및 논점, 그리고 하원의 표결 분석 등을 통해서 기후변화 관련 법률제정에 대한 찬반양론을 분석함으로써 미국 국내적 저항의 주된 논거를 살펴보고자 한다. 이와 아울러 하원 법안의 제정 과정에서 어떠한 이익집단들이 주로 활동했으며, 이들의 입장이 무엇이었는지를 살펴보고자 한다. 이를 통해서 하원 법안에 대한 찬성과 반대의 입장을 표명한 이익집단의 구성과 그 찬반의 논거를 살펴봄으로써, 하원 법안이 비록 정파적 환경 속에서 최종적으로는 실패했지만, 온실가스 상한치 설정 및 교환제도를 도입한 상태에서 상당수의 기업 부문과 대다수의 환경단체에 의해서 지지된 법안 가운데 하나였음이 지적될 것이다.

이어서 제7장에서는 2009년 오바마 행정부 등장 이후 활성화된 환경보호국의 강화된 위상과 규제조치를 살펴보게 될 것이다. 오바마 대통령은 임기가 시작함과 동시에 자동차에서 배출되는 온실가스의 규제를 위해서 부시 행정부 당시 제정된 환경정책을 재검토하고 새로운 온실가스 규제정책을 만들기 위해서 환경보호국을 적극적으로 지원하였다. 2010년 중간선거 패배 이후 기후변화 관련 국내법의 제정이 사실상 불가능해지자 환경보호국은 공화당의 공세에도 불구하고 정유시설이나 전력발전 설비 등에 대한 온실가스 규제조치를 강화해왔다. 제7장은 이와 같이 환경보호국이 활성화될 수 있었던 원인을 분석하고, 환경보호국이 제정한 다양한 규제조치의 내용을 검토하면서 오마바 행정부의 지구온난화 방지를 위한 노력을 검토할 것이다.

마지막으로 이 책의 결론에 해당하는 제8장은 지금까지의 논의를 정리하고, 이 저술의 설명과 주장이 대외-국내 정책의 연계에 던져주는 함의를 검토한 후, 기후변화 대처와 관련된 미국 국내외 정책 대안 혹은 미래상을 살펴보게 될 것이다. 2009년 말 코펜하겐 회의에서 포스트 교토 체제에 대한 국제적 합의 도달에 실패하고, 이어서 2010년 미국 의회에서 상한치 설정 및 교환을 특징으로 하는 포괄적인 국내법이 최종적으로 좌절된 이후, 과연 미국은 국내외적으로 어떠한 기후변화 정책을 추진해야 할 것인지에 대한 필자의 의견이 개진될 것이다. 과연 국내외적으로 온실가스 배출의 억제를 강제하는 상한치 설정 및 교환이 여전히 유일한 대안으로 지속적으로 추진되어야 할 것인지와, 국제적인 기후변화 레짐이 여전히 유엔 기후변화협약 체제와 같은 보편적인 성격의 레짐으로 유지해야 할 것인지에 대한 필자의 소견을 개진하는 것으로 이 책의 내용이 마무리될 것이다.

제2장
기후변화 문제에 대한 국제적 노력의 전개

국내적 행위자를 중심으로 지구온난화 문제 등 기후변화 문제에 대한 미국의 대응을 분석하기에 앞서서 이 장은 1992년에 탄생한 유엔 기후변화 협약 체제의 전개 과정을 중심으로 기후변화 문제에 대한 국제적 대응과 이러한 과정에서 나타난 여러 가지 쟁점을 개괄적으로 기술하고자 한다. 다음 장부터 설명될 기후변화 문제에 대한 미국의 대응은 이러한 국제적 노력과 직접 혹은 간접적으로 관련되어 나타난 것이며, 기후변화 정치의 국제적 전개 과정에 대한 미국의 다양한 국내적 행위자의 반응이자 또한 상호작용의 결과라고 볼 수 있다. 따라서 이러한 미국 국내 정치의 동학을 이해하기 위해서는 우선 그 대외적인 환경으로서 기후변화 문제에 대한 국제적 대처 노력의 전개 과정을 역사적으로 개관해볼 필요가 있다.

이러한 목적에 따라서 이 장에서는 기후변화 문제의 국제적 공론화 과정과 이러한 공론화 과정의 결과 탄생한 유엔 기후변화협약 체제의 전개 과정,[1] 그리고 기후변화 문제에 대한 국제적 대응 노력이 내포하고 있는 집합행동의 문제 등을 개괄적으로 검토해보고자 한다. 특히 이

장의 주요한 내용인 유엔 기후변화협약 체제의 전개 과정은 1992년 이후 2009년까지 기후변화 문제를 대처하기 위한 국제적 노력 가운데 이정표(里程標)적 합의라고 할 수 있는 1992년의 유엔 기후변화협약, 1997년의 교토의정서, 2007년의 발리 행동계획, 2009년의 코펜하겐 합의 등을 중심으로 논의될 것이다. 이러한 주요한 합의의 쟁점과 내용을 논의하는 과정에서 이들 합의의 도출 사이에 채택되었던 기후변화협약 당사국 총회나 기타 부속회의의 주요한 내용도 소개될 것이다.

기후변화 문제의 국제적 공론화 과정과 유엔 기후변화협약 체제의 전개 과정을 분석하기에 앞서 [표 2−1]을 보면 지구온난화에 대처하는 문제는 이제 개도국과 선진국 간의 합의가 무엇보다도 필수적인 선행적 조치가 되었음을 알 수 있다.

[표 2−1], [그림 2−1], [그림 2−2], [그림 2−3]을 보면 이산화탄소 배출량 상위 20위 국가 가운데 배출량 1위 국가인 중국을 비롯해서 4위 국가인 인도 등이 모두 개도국에 속하는 국가들이며, 이들 두 국가의 이산화탄소 배출량은 전세계 이산화탄소 배출량의 4분의 1이 넘는 27.4%를 차지하고 있다. 이외에 서방 선진국 중심인 G8 국가 및 중국과 인도 등과 함께 G8+5를 구성하고 있는 남아프리카 · 멕시코 · 브라질 등이 모두 배출량 20위 안에 포함되어 있는 국가들이다. 따라서 이들 중국 · 인도 · 브라질

1 유엔 기후변화협약 체제의 전개 과정과 관련하여 이 장에서는 1992년 협약의 탄생 이후 2009년 코펜하겐에서 개최된 제15차 기후변화협약 당사자 총회까지의 내용을 검토하고자 한다. 2009년 12월의 코펜하겐 회의 이후 2010년 11월에 멕시코의 칸쿤(Cancun)에서 제16차 당사국 총회가 개최되었으며, 2011년 11월에 남아프리카 더반(Durban)에서 제17차 당사국 총회가 개최되었다. 현재 유엔 기후변화협약의 당사국 총회나 유엔 주도 하의 기타 부속회의의 노력은 선진국의 의무적인 배출 감축량을 규정한 교토의정서 체제가 2012년에 만료된 이후 선진국과 개도국을 포함한 다양한 국가의 온실가스 추가 감축량 설정 및 기후변화 완화 노력 촉구를 위한 포스트 교토 체제의 수립과 제도화에 집중되어 있다고 할 수 있다.

등 개도국 혹은 신흥경제국을 제외하고서 온실가스 감축을 논의한다는 것이 사실상 무의미하게 되었다는 것이 부정할 수 없는 현실이 되었다.

[표 2-1] 2008년 에너지 소비용 이산화탄소 배출량 상위 20위 국가

이산화탄소 배출량 순위	국가	총배출량 (백만 미터톤)	일인당 배출량 (미터톤)
1	중국	6,800(22.4%)	5.16
2	미국	5,833(19.3%)	19.16
3	러시아	1,671(5.5%)	11.88
4	인도	1,463(5.0%)	1.28
5	일본	1,215(4.0%)	9.55
6	독일	823(2.7%)	9.99
7	캐나다	598(2.0%)	18.19
8	영국	563(1.9%)	9.11
9	한국	522(1.7%)	10.79
10	이란	512(1.7%)	6.83
11	남아프리카	483(1.6%)	9.91
12	멕시코	452(1.5%)	4.11
13	이탈리아	450(1.5%)	7.73
14	프랑스	429(1.4%)	6.84
15	브라질	427(1.4%)	2.14
16	사우디아라비아	426(1.4%)	17.08
17	호주	425(1.4%)	20.24
18	인도네시아	405(1.3%)	1.71
19	스페인	360(1.2%)	7.84
20	우크라이나	353(1.2%)	7.67
계	**세계**	**30,400(100%)**	**4.54**

[그림 2-1] 2008년 에너지 소비용 이산화탄소 배출량 상위 20위 국가
(단위: 백만 미터톤)

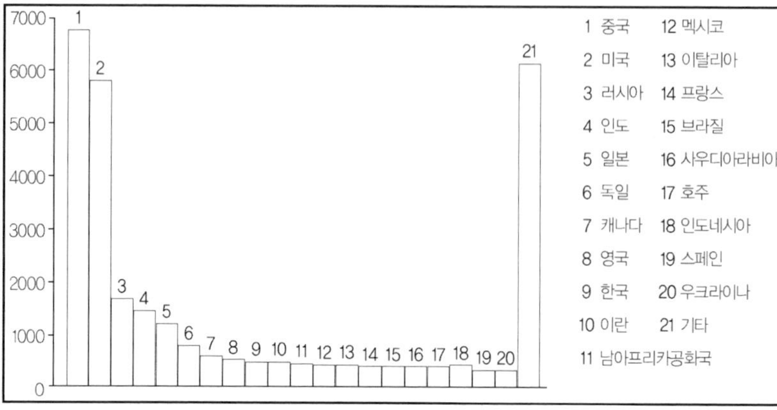

[그림 2-2] 2008년 에너지 소비용 이산화탄소 배출량 상위 20위 국가의 1인당 이산화탄소 배출량(단위: 미터톤)

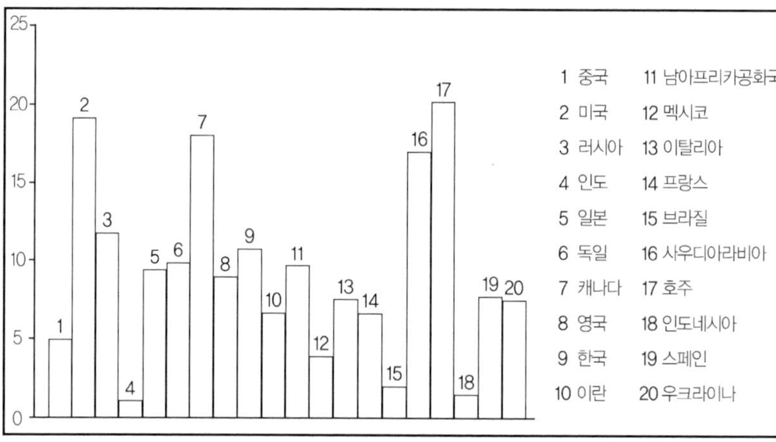

이와 아울러 이들 개도국 혹은 신흥경제국은 서방 선진국과는 달리 이산화탄소를 포함한 온실가스 배출 총량은 높지만, 선진국에 비해서 1인당 배출량은 현저히 낮은 국가들이다. 따라서 이러한 문제를 고려하지

[그림 2-3] 2008년 에너지 소비용 이산화탄소 배출량 상위 20개국의 전세계 대비 배출량 비율

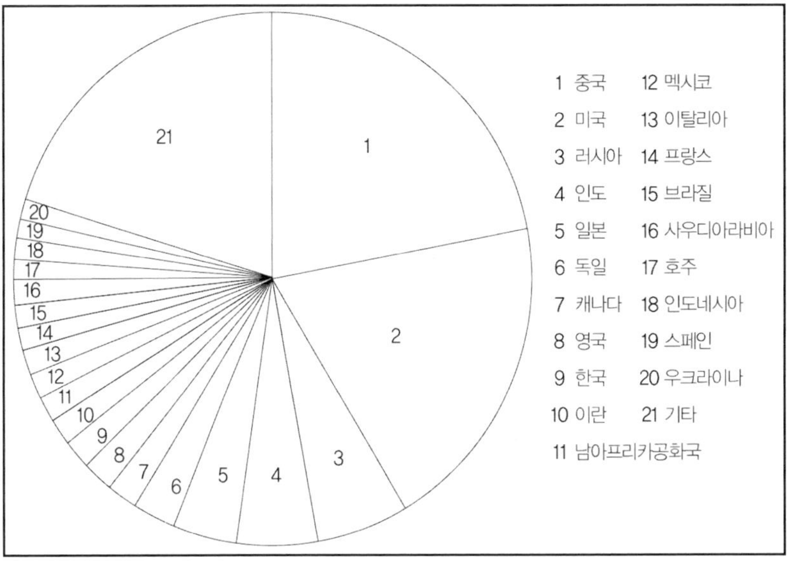

* [표 2-1], [그림 2-1], [그림 2-2], [그림 2-3]의 출처: US Energy Information Administration: International Energy Statistics. http://www.eia.gov/cfapps/ipdbproject/iedindex3.cfm?tid=90&pid=44&aid=8&cid=regions,&syid=1992&eyid=2004&unit=MMTCD

않은 채 아무런 재정적 · 기술적 인센티브의 제공 없이 배출 총량만을 기준으로 온실가스를 인위적으로 감축하라는 서방 국가의 논리를 이들 국가들이 받아들일 리가 없었다. 따라서 지구온난화에 대처하기 위한 2012년 이후의 새로운 기후변화 레짐을 창출하기 위해서는 이러한 개도국의 입장을 충분히 고려하여 '공동의, 그러나 차별화된 책임'이라는 원칙에 입각한 새로운 감축 방식이 만들어져야 한다는 점이 이들 국가의 주장이었다.

반면 미국이나 유럽 선진국은 중국 · 인도 등 개도국이지만 거대 온실가스 배출국에 속하는 이들 국가 역시 선진국과 마찬가지로 구속력 있는

구체적인 감축 공약을 제시할 경우에만 자신들 역시 감축 공약을 제시할 수 있다고 주장하고 있었기 때문에 포스트 교토 체제 수립을 위한 일련의 2009년의 국제적 협상 과정이 난항을 거듭할 수밖에 없었다.[2] 이러한 개도국과 선진국의 대립과 갈등은 결국 2009년 포스트 교토 체제를 논의하기 위한 코펜하겐 회의가 결국 절반의 성공만으로 끝나게 된 주요한 요인이 되었다.

1. 기후변화 문제의 국제적 공론화 과정

1970년대 후반과 1980년 이후 유럽과 북미를 포함한 세계 각지에서 개별 국가별로, 혹은 보다 포괄적인 지역적 수준에서 다양한 형태의 지구온난화 관련 국제회의가 지속적으로 개최되어왔기 때문에, 인간 활동이 원인이 되어 지구온난화를 포함하는 기후변화 현상이 나타난다는 주장이 국제적으로 공론화된 시점을 정확히 제시하는 것은 쉽지 않다. 그러나 현재 가장 포괄적인 국제적 기후변화 대처 노력의 제도적 결과물이라고 할 수 있는 유엔 기후변화협약을 탄생시키는 데 공헌한 주요 국제조직이 기후변화에 관한 정부 간 위원회이고, 유엔 환경프로그램과 함께

2 중국이나 인도 등이 코펜하겐 회의를 전후하여 감축 공약을 내놓은 것은 사실이다. 실제로 중국은 코펜하겐 회의가 다가옴에 따라서 미국이 2020년까지 2005년 대비 17%의 온실가스를 감축하겠다고 발표한 2009년 11월 25일 하루 뒤인 26일에 2020년까지 2005년 대비 GDP 한 단위당 40~45%의 온실가스를 감축하겠다고 발표하였다(Wong and Bradsher, 2009). 그러나 EU나 미국의 입장에서 볼 때 이러한 감축 공약은 구속력이 없다는 점, 구체적인 감축의 '양'을 제시한 것이 아니라 감축의 '강도'(intensity)를 제시한 것이라는 점, 그리고 이들이 제시한 감축 목표는 특별한 추가적 조치 없이 현재 이들 국가가 취하고 있는 조치로도 감축 가능한 목표라는 점에서 실질적인 감축 효과에 문제가 있는 것으로 인식되었다.

이 조직의 등장을 가능하게 한 또 다른 선행적 국제적 조직이 유엔 특별기구인 세계기상기구였다는 점을 감안할 때, 세계기상기구가 주도가 되어 만들어낸 국제회의나 조직을 추적하여 공론화 과정을 찾아가는 것도 적절한 방법 가운데 하나일 것으로 보인다.[3]

이렇게 볼 때 세계기상기구가 중심이 되어 기후변화 문제에 대한 국제적 공감대를 마련한 최초의 회의 가운데 하나는 1979년 2월에 스위스 제네바(Geneva)에서 개최된 제1차 세계기후회의(the First World Climate Conference)였다고 볼 수 있다. 세계기상기구가 조직하고 후원한 제1차 세계기후회의는 다양한 분야의 연구에 종사하는 전문 과학자들이 참석한 회의로서, 총회뿐만 아니라 기후 관련 데이터의 수집과 정리, 기후 관련 주제의 설정, 기후변화의 충격에 대한 통합적인 연구, 기후의 다양성과 변화에 관한 연구 등과 관련된 4개의 실무 작업반을 통해서 회의를 진행하였다. 제1차 세계기후회의는 이후 세계 기후프로그램(the World Climate Program)과 세계 기후 연구 프로그램(the World Climate Research Program)을 발족시키는 데 기여했으며, 1988년의 세계기상기구와 유엔

---

3 세계기상기구는 지구 대기의 상태, 대기와 해양의 상호작용, 그리고 기후변화와 그 결과 나타나는 수자원의 분포 등과 관련된 문제를 연구하고 이에 대한 정보를 제공하는 유엔의 특별 기구이다. 1873년에 창설된 국제기상기구(the International Meteorological Organization)가 모체이며, 이후 1950년에 세계기상기구로 재탄생한 이후 1951년에는 유엔의 특별 기구로 편입되었다. 주로 기상 분야를 연구하는 기상과학자나 각국 정부에서 기상 관련 정책기관에서 깊은 경험을 쌓은 기상 정책 전문가를 중심으로 구성된 세계기상기구는 유엔 산하 정부간 기구임에도 불구하고 전체적으로 기상과학 및 정책 전문가 중심의 기구라고 할 수 있다. 세계기상기구는 다양한 프로그램 운영과 회원국 국가별 기상 및 수자원 정보와 관련된 서비스의 제공을 통해서 자연재해 방지와 환경보호 등에 기여하고 있다. 또한 개별 국가의 기상 담당 부서와의 협력을 통해서 기상 · 기후 · 물 · 지구물리 관련 관찰 정보를 상호 교환하는 네트워크를 구성하여, 기상 정보의 교환 및 표준화, 기상 문제 관련 기술 이전의 원조, 기상 분야의 연구 및 훈련 등에도 기여하고 있다. "WMO In Brief"(http://www.wmo.int/pages/about/index_en.html).

환경 프로그램에 의해서 기후변화에 관한 정부 간 위원회가 창립되는 데에도 기여하였다.

1979년에 제네바의 제1차 세계기후회의 이후 정부관리 · 과학자 · 환경운동가 등이 개별적으로 혹은 합동으로 참석한 유엔 주도 혹은 기타 정부 간 회의나 과학자를 중심으로 한 회의는 1980년대와 1990년대에 이르러 꾸준히 개최되었다. 이들 회의는 지구온난화를 포함한 기후변화의 증거들에 대한 정보 공유와 지구온난화 대처 문제에 대한 인식의 확산, 그리고 이에 대한 대처 방안을 중심으로 진행되었다. 이 당시에 개최된 주요 회의로는 1985년 10월의 빌라흐 회의(the Villach Conference), 1988년 10월의 토론토 회의(the Toronto Conference), 1989년 2월의 오타와 회의(the Ottawa Conference), 1989년 2월의 테이타 회의(the Tata Conference), 1989년 3월의 헤이그 회의(the Hague Conference), 1989년 11월의 노르드윅 장관급 회의(the Noordwijk Ministerial Conference), 1989년 12월의 카이로 협약(the Cairo Compact), 1990년 5월과 11월의 베르겐 회의(the Bergen Conference)와 제2차 세계기후회의(the Second World Climate Conference) 등이 있다.

1990년에 이르기까지 개최된 이러한 국제회의 가운데 주목할 만한 회의는 후일 기후변화에 관한 정부 간 위원회 창설에 중요한 역할을 한 1988년 10월의 토론토 회의였다. '변화하는 대기에 관한 토론토 회의'(the Toronto Conference on the Changing Atmosphere)라는 명칭으로 개최된 토론토 회의는 기후변화에 대한 대응 행동을 논의하기 위해서 정부관리와 과학자를 모두 소집한 최초의 주요한 국제회의로 기록된다. 캐나다 정부의 초청으로 세계 46개국으로부터 300여 명이 넘는 전문가와 고위급 정부관리가 참석한 이 회의에서 선진국은 1988년도 기준으로 2005년까지 이산화탄소 배출량을 20%까지 자발적으로 감축한다고 공약하는 비구속적인 '토론토 목표'(the Toronto Target)를 설정하였고, 이러한 노력은 후일 기후변화에 관한 정부 간 위원회의 형성에 중요한 역할을 하게 된다.

토론토 회의가 비록 비구속적이지만 선진국의 이산화탄소 배출량 감축을 언급한 이후, 현재 기후변화에 관한 가장 중요한 국제적 노력의 상징인 유엔 기후변화협약 체제의 등장에 결정적인 역할을 수행하게 되는 기후변화에 관한 정부 간 위원회는 1988년에 창설되었다. 이 위원회는 유엔 산하 특별기구인 세계기상기구와 유엔 환경 프로그램의 공동 노력으로 창설된 조직으로, 세계 각국에 대해서 지구의 기후에 어떠한 변화가 일어나는가에 대해서 '명확한 과학적 견해'(clear scientific view)를 제공하는 것을 목적으로 하고 있다. 1988년 12월 6일의 유엔 총회 결의안 43/53에 개괄적으로 소개되어 있는 바와 같이 기후변화에 관한 정부 간 위원회의 임무는 '기후와 기후변화의 과학에 관한 지식의 상태', '지구 온난화를 포함한 기후변화의 사회적 경제적 충격에 관한 프로그램과 연구', '기후변화의 부정적 충격을 지연, 제한 혹은 완화하기 위한 대응 전략', '기후와 관련된 기존의 법적 제도의 확인과 강화 방안', 그리고 '미래의 가능한 국제적 협약에 포함될 요소'와 관련하여 포괄적인 검토 의견과 제안을 마련하는 것이었다(제70차 유엔총회 결의안 43/53).[4]

1988년에 유엔에 의해서 설립된 이후 기후변화에 관한 정부 간 위원회는 기후변화에 대한 과학적 정보 제공을 담당하는 유엔 산하기구로서의

4 이후 1998년의 제14차 기후변화에 관한 정부 간 위원회 회의에서 승인된 '정부 간 위원회 업무의 총괄 원칙'(Principles Governing IPCC Work)에 정의된 바대로 오늘날의 정부 간 위원회의 역할 역시 '포괄적이며, 객관적이고, 개방적이며 투명한 토대에 기초하여 인간이 초래한 기후변화의 위험에 관한 과학적 기초의 이해에 유용한 정보, 그 잠재적 충격 및 적응 및 완화를 위한 선택적 대안을 평가하는 것'이었다. 또한 정부 간 위원회가 발행하는 보고서는 비록 특정 정책의 적용에 관련 있는 과학적 · 기술적 · 사회경제적 요소를 객관적으로 다루어야 할 필요가 있으나 정책에 관련해서는 중립적이어야 한다(기후변화에 관한 정부 간 위원회 업무의 총괄원칙, 제2조).

역할을 수행하면서 지속적으로 평가보고서(the Assessment Report)를 발간하여 지구온난화를 포함한 기후변화의 현재적 상황과 이에 대한 세계적인 대처의 필요성에 관해서 꾸준히 의견을 개진해왔다. 1990년에 제1차 평가보고서가 발간된 이후 2007년의 제4차 보고서 발간에 이르기까지 기후변화에 관한 정부 간 위원회는 기후변화에 관한 과학적 증거의 제시를 통해서 지구온난화 문제에 대한 대처가 시급함을 일깨워왔다. 특히 1990년 정부 간 위원회의 제1차 평가보고서가 제시한 과학적 증거는 1992년 유엔 기후변화협약의 체결에 결정적인 역할을 했으며, 1995년에 발간된 제2차 평가보고서는 1997년 교토의정서의 채택에 주요한 역할을 했다. 기후변화에 관한 정부 간 위원회는 기후변화 문제 대처에 관한 이러한 노력을 인정받아 2007년에 앨 고어(Al Gore) 전 미국 부통령과 함께 노벨평화상을 공동으로 수상하기도 하였다.

2. 유엔 기후변화협약 체제의 등장과 전개

1970년대 후반 이후 처음에는 과학자들의 노력을 중심으로 시작된 지구온난화 문제의 공론화는 이후 과학자들과 함께 각국 정부의 고위관리가 함께 참여하는 형태의 국제적 회의를 개최하기에 이르렀고, 1988년에 이르러 마침내 유엔 주도 하에 기후변화에 관한 정부 간 위원회를 탄생시키게 되었다. 1990년대 초반까지 이러한 과학계와 각국 정부의 노력의 결과, 1992년에 마침내 유엔 기후변화협약이 체결됨으로써 온실가스 배출 감축과 이를 위한 개도국 지원 등의 문제가 본격적으로 논의되기 시작하였다. 현재는 1997년 교토의정서 체제의 종료 시기인 2012년 이후의 기후변화 대처 문제를 논의하기 위한 포스트 교토 체제의 수립을 위해서 전세계가 노력하고 있는 상황이다. 이 절에서는 이산화탄소를 포함하는 온실가스 배출량 감축을 위한 유엔 기후변화협약 체제의 전개 과정을 개괄적으로 살펴보고자 한다.

[표 2−2], [표 2−3]은 각각 1992년 유엔 기후변화협약이 채택된 이후 2000년까지의 시기와, 2001년 이후부터 현재까지 협약 당사국 총회의 전개 과정을 중심으로 세계적인 기후변화 대처 노력을 연대기적으로 정리해놓은 것이다. 1992년에 유엔 기후변화협약이 제정된 이후 현재 포스트 교토 체제가 논의되는 시점에 이르기까지 가장 중요한 기후변화 대처 노력은 무엇보다도 유엔이 중심이 되어 1992년에 제정한 기후변화협약을 중심으로 이루어져왔다. 1997년 교토의정서의 채택, 2007년 발리 행동계획 수립, 2009년 코펜하겐 합의 도달 등은 모두 1992년에 제정되어 1994년에 발효된 유엔 기후변화협약 당사국 총회에서 결정된 국제적 합의들이다. 그리고 이들 주요한 합의 내용들은 각각 기후변화 문제의 대처에 대한 국제적 노력의 이정표가 될 만한 규정들을 담고 있다.

익히 알려져 있듯이 현재 포스트 교토 체제에 대한 다양한 논의들이 제기되면서 그 초점은 기후변화협약과 같이 유엔을 중심으로 모든 국가의 광범위한 참여를 보장하는 보편적이고 다자적인 제도가 과연 기후변화 문제의 대처에 효과적일 것인지에 집중되고 있다. 이러한 논란이 제기되고 있는 점에서도 알 수 있듯이 1992년 이후 기후변화에 대한 인류의 세계적 대처 노력은 유엔 기후변화협약 체제를 언급하지 않고서는 논의될 수 없을 것으로 보인다.

[표 2-2] 유엔 기후변화협약 체제의 등장과 전개 과정 1: 1990년대

시기		내용
1992년	6월	리우 데 자네이로 유엔 환경개발회의 개최; 유엔 기후변화협약 채택
1994년	3월	유엔 기후변화협약 발효
1995년	3월	제1차 유엔 기후변화협약 당사국 총회 개최(독일 베를린) → 실무회의 설치 및 1997년까지 의정서 채택 합의
1996년	7월	제2차 당사국 총회(스위스 제네바) 개최 → 2000년 이후 온실가스 감축방안 논의 시작
1997년	12월	제3차 당사국 총회(일본 교토) 개최 → 교토의정서 채택
1998년	11월	제4차 당사국 총회(아르헨티나 부에노스아이레스) 개최 → 일부 개도국의 의무적 부담 참여 선언
1999년	11월	제5차 당사국 총회(독일 본) 개최 → 개도국의 온실가스 감축 의무 부담 문제 부각
2000년	11월	제6차 당사국 총회(네덜란드 헤이그) 개최 → 미국 · 일본 · 호주 등과 EU 간의 입장 차이로 회담 결렬

* 출처: 『기후변화협약: 한눈에 보기』, 국회도서관, 한눈에 보기 시리즈, 2010년 7월호, 10~11쪽에서 필요한 내용을 일부 수정하여 발췌하고 유엔 기후변화협약 웹사이트에 있는 http://unfccc.int/meetings/archive/items/2749.php의 내용을 참조하여 보완함.

1) 1992년 유엔 기후변화협약

이산화탄소로 대표되는 대기오염원 등 온실가스의 감축에 대한 최초의 정부 간 국제적 협약인 유엔 기후변화협약은 1992년 6월에 브라질 리우 데 자네이로(Rio de Janeiro)에서 개최된 유엔 환경개발회의—일명 지구정상회의(the Earth Summit)—의 결과 체결된 협약이다. 1992년 4월 30일부터 5월 9일까지 뉴욕에서 열린 국가 간 교섭위원회(the Intergovernmental Negotiating Committee)가 기후변화 협약문을 작성한 이후, 동년 6월 12일에 유엔 환경개발회의에서 세계 154개국이 서명함으로써 유엔 기후변화협약이 성립되었다. 이후 유엔 기후변화협약은 각국의 비준과 함께 개별

[표 2-3] 유엔 기후변화협약 체제의 등장과 전개 과정 2: 2000년대 이후

시기		내용
2001년	3월	미국의 교토의정서 비준 거부의사 표명
	7월	제6차 당사국 총회 속개회의(독일 본) 개최 → 교토의정서 이행 골격 합의 및 본 합의(the Bonn Agreement) 채택
	11월	제7차 당사국 총회(모르코 마라케시) 개최 → 교토의정서의 이행 방안과 관련하여 마라케시 합의(the Marrakesh Accord) 채택
2002년	10월	제8차 당사국 총회(인도 뉴델리) 개최 → 지속가능 발전 및 온실가스 감축 노력 촉구 등을 담은 뉴델리 각료 선언 채택
2003년	12월	제9차 당사국 총회(이탈리아 밀라노) 개최 → 교토의정서 이행체제 보완에 대한 논의
2004년	12월	제10차 당사국 총회(아르헨티나 부에노스아이레스) 개최 → 교토의정서 체제 이후에 대한 논의 준비
2005년	2월	교토의정서 발효 → 1994년 12월 러시아 비준으로 교토의정서 발표 요건이 구비됨; 141개국 비준
	7월	청정개발 및 기후에 관한 아시아-태평양 파트너십(the Asia-Pacific Partnership on Clean Development and Climate) 구상 발표
	11월	제11차 당사국 총회(캐나다 몬트리올) 개최 → 포스트 교토 체제 협상 시작
2006	1월	청정개발 및 기후에 관한 아시아-태평양 파트너십 출범
	11월	제12차 당사국 총회(케냐 나이로비) 개최 → 포스트 교토 체제 본격 논의
2007	1월	다보스 세계경제포럼이 핵심 의제로서 기후변화 문제를 논의
	6월	G8 정상회의에서 기후변화 대응에 대한 시급성이 인정되고 통합적 대응이 강조됨
	9월	부시 대통령 초청으로 에너지 안보와 기후변화에 관한 주요국 회의(the Major Economies Meeting on Energy Security and Climate Change)가 워싱턴에서 개최됨
	10월	앨 고어 전 미국 부통령과 기후변화에 관한 정부 간 위원회가 노벨평화상 공동 수상자로 선정됨
	12월	제13차 당사국 총회(인도네시아 발리) 개최 → 발리 행동계획(the Bali Action Plan) 채택
2008년	12월	제14차 당사국 총회(폴란드 포즈난) 개최 → 포스트 교토 체제 협상에 대한 중간점검 및 2009년 작업일정과 방향 합의
2009년	12월	제15차 당사국 총회(네덜란드 코펜하겐) 개최 → 코펜하겐 합의(the Copenhagen Accord) 채택

* 출처: 『기후변화협약: 한눈에 보기』, 국회도서관, 한눈에 보기 시리즈, 2010년 7월호, 10~11쪽에서 필요한 내용을 수정하여 발췌하고, 유엔 기후변화협약 웹사이트에 있는 http://unfccc.int/meetings/archive/items/2749.php을 참조하여 보완함.

국가별로 온실가스 감축에 합의하는 자발적이고 비구속적인 국제적 합의의 토대가 되었다. 이 협약은 1994년 3월 21일자로 효력을 발휘하기 시작했으며, 현재 190개국이 넘는 국가가 조약 당사국으로 되어 있다. 유엔 기후변화협약의 내용을 요약하면 [표 2-4]와 같이 제시될 수 있다.

[표 2-4] 1992년 유엔 기후변화협약의 주요 내용

<table>
<tr><th colspan="2">항목</th><th>내용</th></tr>
<tr><td colspan="2">목적</td><td>지구온난화를 방지할 수 있도록 온실가스의 집중 방지</td></tr>
<tr><td colspan="2" rowspan="3">원칙</td><td>공동의 차별화된 책임, 국가별 특수 사정 고려, 취약한 개도국의 사정 고려</td></tr>
<tr><td>예방조치의 중요성, 조치의 효율성 제고, 상이한 사회적 · 경제적 맥락을 고려한 정책 실시, 대처 방법의 포괄성, 국가 간 협력의 중요성</td></tr>
<tr><td>지속가능한 발전 및 경제발전의 중요성</td></tr>
<tr><td rowspan="3">의무사항</td><td>공통 의무사항</td><td>기후변화 대처를 위해서 온실가스 배출통계 작성 발표, 정책 및 조치의 이행, 연구 및 체계적 관측, 교육훈련 및 공공 인식 제고, 정보 교환</td></tr>
<tr><td>부속서 I 국가의 의무사항</td><td>배출원 감소와 감축원 및 저장원 확대를 통해 기후변화의 완화를 위한 국가 정책 실시, 온실가스 배출량을 1990년 수준으로 감축, 개도국 지원</td></tr>
<tr><td>부속서 II 국가의 의무사항</td><td>개도국의 온실가스 배출 및 감축에 관한 정보 제공 비용 관련 재정 지원, 기후변화에 취약한 개도국에 대한 적응 비용 지원, 개도국에 대한 기술 및 노하우의 이전과 접근 용이성 증진, 이를 위한 재정 지원, 개도국의 내생적 능력과 기술 개발 증진 지원</td></tr>
<tr><td rowspan="2">기구 및 제도</td><td>기구</td><td>당사국 총회, 사무국, 과학기술 자문 부속기구, 이행 자문기구, 재정 기구</td></tr>
<tr><td>제도</td><td>서약 및 검토 제도(국가보고서 제출 및 당사국 총회의 검토), 이행과 관련된 의문점 해소를 위한 다자 간 협의 과정, 분쟁조정 제도</td></tr>
</table>

* 출처: 『기후변화협약: 한눈에 보기』, 국회도서관, 한눈에 보기 시리즈, 2010년 7월호, 13쪽에서 필요한 내용을 수정하여 발췌한 후, 유엔 기후변화협약 텍스트를 토대로 필요한 부분을 보완함.

이산화탄소를 포함하는 온실가스의 배출 규제를 위한 최초의 국가 간 조약으로서 유엔 기후변화협약은 전문(前文)에서 '지구의 기후변화와 그 부정적 효과가 인류 공동의 관심사(common concern of mankind)'임을 인정하고 '인간의 행위'(human activities)가 온실가스의 대기 집중을 증가시켜왔음을 우려한다는 내용으로 시작하고 있다. 이어서 협약은 '역사적이며 현재적인 지구 온실가스의 배출의 최대 부분이 선진국에서 기원했고, 개도국의 일인당 배출량은 여전히 상대적으로 낮으며, 개도국에서 기원하는 배출량 부분은 이들 국가의 사회적이며 개발에 따른 필요를 충족시키기 위해서 증가할 것'이라는 점에 주목한다고 함으로써, 기후변화의 대처에 있어서도 국가의 '공동의, 그러나 차별화된 책임'과 '개별 국가의 능력 및 사회 · 경제적 조건'을 고려하여 국가 간 협력이 이루어져야 함을 인정하고 있다. 또한 이 협약은 이러한 공동의, 그러나 차별화된 책임의 원칙에 입각해서 선진국의 즉각적인 온실가스 감축 조치 시행과 개도국의 취약성과 지속적 경제성장의 필요성을 강조하고 있다(유엔 기후변화협약, 전문).

기후변화 문제에 해결에 대한 이러한 인식에 기초하여 유엔 기후변화협약은 '지구 대기의 구성을 변화시키는 인간행위에 직접 혹은 간접적으로 귀속되며, 또한 비교 가능한 기간 동안 관찰된 자연적인 기후변화에 추가되어 나타나는 기후의 변화 현상'으로 기후변화를 정의한 후(유엔 기후변화협약, 제1조), 이 협약의 궁극적인 목적은 '인간행위에서 기인한(anthropogenic) 기후 체계(climate system)에의 위험한 개입을 방지할 수 있는 수준으로 대기의 온실가스 집중 현상을 안정화하는 것'이라고 밝히고 있다(유엔 기후변화협약, 제2조). 즉 1992년의 유엔 기후변화협약은, 기후변화란 인간에 의해서 만들어지는 측면이 분명히 존재한다는 점을 강조하고 있고, 기후변화를 대처하기 위한 협약의 목적은 온실가스의 배출을 억제함으로써 대기 내 온실가스의 집중을 일정한 수준 이하, 즉 안정화할 수 있는 수준으로 유지하는 것임을 밝히고 있다.

이러한 일반적인 인식과 목적 하에서 유엔 기후변화협약은 제3조 '원칙'(Principles)에 관한 조문에서 공동의, 그러나 차별화된 책임과 개별 국가의 능력에 따른 대처, 그리고 선진국의 주도적 역할을 강조함으로써 개도국의 책임보다는 선진국의 역사적 책임을 부각시켜 지구온난화 문제의 해결에 대한 형평성의 원칙을 강조하고 있다(유엔 기후변화협약, 제4조 제1항). 이어서 개별 국가가 기후변화에 대처함에 있어서 기후변화의 원인을 예상 · 방지 · 최소화하고, 또한 완화하기 위해서 '예방적인 조치'(precautionary measure)가 필요함과, 비용의 측면에서 효율적인 조치가 강구되어야 함을 강조하고 있다. 이와 아울러 기후변화에 대처하는 노력은 모든 분야를 포괄하는 것이어야 하며, 또한 모든 국가의 협력 하에 실시되어야 함을 선언하고 있다(유엔 기후변화협약, 제4조 제3항). 마지막으로 기후변화 문제에 대한 대처의 원칙과 관련하여 협약은 개별 국가가 지속가능한 발전을 추구할 권리가 있고 기후변화와 관련된 조치를 취할 경우 경제발전을 고려해야 한다는 점과, 이러한 대처 조치가 개방적인 국제경제협력을 저해해서는 안 된다고 선언하고 있다(유엔 기후변화협약, 제4조 제4항과 제5항). 즉 유엔 기후변화협약은 기후변화 문제에 대한 대처 노력이 개도국을 포함한 모든 국가의 경제성장을 저해해서는 안 되며, 나아가 국제 경제협력의 개방성에 지장이 되어서는 안 된다는 점을 강조하고 있다.

유엔 기후변화협약이 향후 세계적인 지구온난화 방지 노력에서 결정적으로 중요한 의미를 지니는 것은 무엇보다도 이 협약이 선진국에 대한 온실가스 감축을 규정하고 있다는 점에 있다. 유엔 기후변화협약의 존재

의미라고도 할 수 있는 선진국에 대한 비구속적 감축 의무 규정은 협약 제4조 제2항 b의 내용에서 발견된다. 즉, 유엔 기후변화협약은 선진국에 대해서 2000년까지 온실가스 배출량을 1990년 수준으로 감축하도록 규정하고 있다(유엔 기후변화협약, 제4조 제2항 b). 비록 비구속적이고 선진국만을 대상으로 하고 있지만, 국가 간 체결된 협약을 통해서 2000년이라는 시한을 두고 1990년 수준으로 온실가스 배출량을 줄여야 한다는 점을 최초로 명문화함으로써 온실가스 배출량 감축을 향한 국제적 노력이 경주되도록 했다는 점에서 1992년 유엔 기후변화협약 제정의 역사적 의의가 있다고 할 수 있다.

유엔 기후변화협약 체결 이후 대체로 선진국을 포함하고 있는 부속서 I 국가(Annex I countries) 혹은 부속서 II 국가(Annex II countries)와 그 외 비부속서 I 국가(Non−Annex I countries)인 개도국 간의 갈등과 의견 불일치는 2012년 이후 포스트 교토 체제의 창출과 관련하여 현재에도 중요한 문제로 등장하고 있다. 따라서 유엔 기후변화협약 제정 당시 이들 두 국가군이 어떠한 방식으로 구성되어 있는 것인지를 살펴보는 것이 필요하다. [표 2−5]는 유엔 기후변화협약 당사국들의 지위를 세 가지 국가군으로 구분하여 제시한 것이다.

[표 2−5]에 나타나 있듯이 온실가스 배출의 감축을 위해서 유엔 기후변화협약은 '부속서 I 국가', '부속서 II 국가', 그리고 '비부속서 I 국가' 등으로 국가를 구분하고, 이들 국가군별로 소속 국가에 대해서 공동의 의무와 동시에 서로 차별화된 의무를 부가하고 있다. 이들 세 국가 집단별 구성과 의무사항 등의 특징을 살펴보면 다음과 같다.

부속서 I 국가는 한국 · 멕시코 · 칠레를 제외한 OECD 국가들과 EU, 그리고 동구권 국가들로서 선진국 및 시장경제 전환국가(Economies in

[표 2-5] 유엔 기후변화협약 당사국의 분류

부속서 I 국가	부속서 II 국가	비부속서 I 국가
호주 · 오스트리아 · 벨라루스 · 벨기에 · 불가리아 · 캐나다 · 크로아티아 · 체크공화국 · 덴마크 · 에스토니아 · 핀랜드 · 프랑스 · 독일 · 그리스 · 헝가리 · 아이슬랜드 · 아일랜드 · 이탈리아 · 일본 · 라트비아 · 리히텐슈타인 · 리투아니아 · 룩셈부르크 · 모나코 · 네덜란드 · 뉴질랜드 · 노르웨이 · 폴란드 · 포르투갈 · 루마니아 · 러시아 · 슬로바키아 · 슬로베니아 · 스페인 · 스웨덴 · 스위스 · 터키 · 우크라이나 · 영국 · 미국 · EU	호주 · 오스트리아 · 캐나다 · 덴마크 · 핀랜드 · 프랑스 · 독일 · 그리스 · 아이슬랜드 · 아일랜드 · 이탈리아 · 일본 · 룩셈부르크 · 네덜란드 · 뉴질랜드 · 노르웨이 · 포르투갈 · 스페인 · 스웨덴 · 스위스 · 영국 · 미국 · EU	부속서 I 국가를 제외한 유엔 기후변화협약 서명 당사국
EU 포함 41개국	24개국	

* 출처: 『기후변화협약: 한눈에 보기』, 국회도서관, 한눈에 보기 시리즈, 2010년 7월, 14쪽. 터키는 원래 부속서 II 국가였으나 터키의 요청으로 시장경제 전환 국가로 인정되어 2001년 제7차 당사회 총회부터 부속서 II 국가에서 제외되었음.

Transition) 등을 포함한 41개 국가로 구성되어 있으며, 이들 국가들이 바로 '온실가스를 2000년까지 1990년 수준으로 감축한다'는 비구속적 규정의 적용을 받게 되었다. 한편 부속서 II 국가들은 비부속서 I 국가인 개도국에 대해서 지구온난화 문제와 관련하여 기술적 · 재정적 지원을 해야 할 의무가 있는 국가들이며(유엔 기후변화협약, 제4조 제3-5항), 이들은 부속서 I 국가들 가운데 EU를 포함하고 있고 시장경제 전환 국가를 제외한 24개의 선진국들로 구성되어 있다. 마지막으로 비부속서 I 국가들은 선진국의 재정 및 기술 지원 없이는 온실가스 배출량 감축의 의무가 없는 개도국들로서, 유엔 기후변화협약에 서명한 국가들 가운데 부속서

I에 포함되지 않은 국가들을 모두 포함하고 있다.

이와 같이 부속서 I, II 국가 및 비부속서 I 국가를 구분한 후 선진국에 대해서 온실가스 배출에 대한 비구속적 감축 의무를 부과하며 개도국의 특수한 상황과 이에 대한 선진국의 원조를 언명한 유엔 기후변화협약은 협약의 최고 의사결정기구로서 당사국 총회(the Conference of the Parties to the Convention: COP)를 설립하여 개별 당사국의 협약 이행 내용을 검토하기로 결정하였다(유엔 기후변화협약, 제7조 제1항과 제2항). 또한 유엔 기후변화협약은 협약이 효력을 발휘한 후 1년 이내에 제1회 당사국 총회를 열기로 함과 동시에, 당사국 총회를 연례적으로 개최하여 당사국 총회를 중심으로 선진국의 온실가스 배출 감축을 보다 구체적으로 실행하기 위한 방안을 마련하고자 노력하기로 결의하였다(유엔 기후변화협약, 제7조 제4항). 이러한 노력의 결과 1994년 3월에 유엔 기후변화협약이 개별국의 비준을 얻어서 효력을 발휘하기에 이르렀고, 이어서 1995년 이후 연례적으로 당사국 총회를 개최하게 되었다.

2) 1997년 교토의정서

1992년에 역사적인 유엔 기후변화협약의 제정에 따라서 연례적으로 개최된 당사국 총회는 1995년 독일 베를린(Berlin)에서 개최된 제1차 총회에서 베를린 위임사항(the Berlin Mandate)의 채택을 통해서 1997년까지 온실가스 배출 감축량 분담과 관련된 의정서를 채택하기고 결정하였다. 이어서 1996년에 스위스 제네바에서 개최된 유엔 기후변화협약 제2차 당사국 총회는 부속서 I 국가의 온실가스 배출량 감축 시한인 2000년 이후의 감축 방안을 논의하기 시작하였고, 마침내 1997년 일본 교토(Kyoto)에서 개최된 유엔 기후변화협약 제3차 당사국 총회는 2005년부터 효력을 발휘하게 되는 교토의정서를 채택함으로써 선진국에 대한 구속적인 온실가스 배출 감축량과 구체적인 시한을 규정하기에 이르렀다.

1995년 제1차 당사국 총회에서 채택된 베를린 위임사항은 1992년 유엔 기후변화협약에 규정된 선진국의 온실가스 배출량 감축 의무가 매우 부족하다고 보고, 좀 더 강화된 형태로서 2000년 이후 선진국의 온실가스 배출 감축량을 규정하는 의정서를 1997년까지 만들어낼 것을 결의한 바 있었다. 이러한 강화조치 촉구의 연장선상에서 1997년 유엔 기후변화협약 제3차 당사국 총회에서 채택된 교토의정서는 2012년까지 선진국의 구속적인 온실가스 배출 감축량을 결정하고 이의 실행을 촉구하였다. 이를 통해서 선진국, 즉 부속서 I 국가가 '2000년까지 1990년 수준으로 온실가스를 감축한다'라고 추상적으로만 언급한 1992년 유엔 기후변화협약의 내용에서 훨씬 더 나아가, 보다 구속력 있는 온실가스 배출 감축량과 일정을 제시하는 성과를 올리게 되었다. 이러한 교토의정서의 주요 내용은 [표 2−6]에 나타난 바와 같다.

교토의정서는 전문에서 이 의정서의 당사국은 모두 1992년에 제정된 유엔기후변화 협약의 당사국으로서의 자격을 지니며, 유엔 기후변화협약의 규정, 특히 협약 제2조의 '목적'과 제3조의 '원칙' 및 1995년 베를린 위임사항의 결정을 준수할 것을 언명하고 있다(교토의정서, 전문). 이어서 교토의정서는 유엔 기후변화협약 상의 부속서 I 국가 각각에 대해서 '지속가능한 발전을 촉진하기 위한 목적으로 배출량 제한 및 감축 공약을 달성함에 있어서 자국의 국가적 환경에 부합하는 방식으로 정책과 조치를 실행하고 보다 구체화할 것'을 요구하고 있다(교토의정서, 제2조 제1항 a). 이를 위해서 교토의정서는 부속서 I 국가들이 에너지 효율을 증대시키고, 감축원과 저장원 보호와 증대를 위해서 노력하며, 재생 가능한 에너지의 개발에 대한 연구 · 촉진 · 개발 · 사용에 힘쓸 것을 촉구하고 있다.

[표 2-6] 1997년 교토의정서의 주요 내용

<table>
<tr><th>항목</th><th colspan="2">내용</th></tr>
<tr><td>의정서 당사국 간 양해된 합의사항</td><td colspan="2">의정서 채택 국가는 유엔 기후변화협약의 당사국임, 협약의 제2조에 나타난 궁극적 목적을 추구함, 협약의 내용을 상기함, 협약 제3조의 내용을 준수함, 제1차 당사국 총회에서 채택된 베를린 위임사항을 준수함</td></tr>
<tr><td rowspan="2">감축 의무</td><td colspan="2">유엔 기후변화협약 부속서 I 국가는 교토의정서 부속서 A에 명기되어 있는 온실가스(이산화탄소 · 메탄 · 아산화질소 · 수소불화탄소 · 과불화탄소 · 육불화황 등 6가지 대기오염원)의 배출량을 1990년을 기준 연도로 하여 교토의정서 부속서 B에 명기되어 있는 수준으로 2008년에서 2012년에 걸쳐서 감축하고, 이러한 배출량 감축을 통해서 적어도 전체적으로 1990년 온실가스 배출량의 평균 5% 이하의 감축을 2008년과 2012년 사이의 기간에 달성함</td></tr>
<tr><td colspan="2">교토의정서 부속서 B에 명기된 부속서 I 국가(EU 포함 39개국)의 배출량 제한 및 감축 공약: 1990년 온실가스 배출량 대비 2008~2012년 배출량 유지 수준은 다음과 같음:
92% 수준 유지(8% 감축): EU · 오스트리아 · 벨기에 · 불가리아 · 체크공화국 · 덴마크 · 에스토니아 · 핀랜드 · 프랑스 · 독일 · 그리스 · 아일랜드 · 이탈리아 · 라트비아 · 리히텐슈타인 · 리투아니아 · 룩셈부르크 · 모나코 · 네덜란드 · 포르투갈 · 루마니아 · 슬로바키아 · 슬로베니아 · 스페인 · 스웨덴 · 스위스 · 영국
93% 수준 유지(7% 감축): 미국
94% 수준 유지(6% 감축): 일본 · 캐나다 · 헝가리 · 폴란드
95% 수준 유지(5% 감축): 크로아티아
100% 수준 유지(0% 감축): 러시아 · 뉴질랜드 · 우크라이나
101% 유지(1% 증가): 노르웨이
108% 유지(8% 증가): 호주
110% 유지(10%) 증가: 아이슬랜드</td></tr>
<tr><td rowspan="3">교토 유연성 메커니즘</td><td>공동이행제도 (Joint Implementation: JI)</td><td>선진국이 다른 선진국에 투자하여 감축한 온실가스의 일정량을 자국의 감축 실적으로 인정하는 제도</td></tr>
<tr><td>청정개발체제 (Clean Development Mechanism: CDM)</td><td>선진국이 개도국에 투자하여 감축한 온실가스의 일정량을 자국의 감축 실적으로 인정하는 제도</td></tr>
<tr><td>배출권 거래제도 (Emission Trading: ET)</td><td>온실가스 감축 의무가 있는 국가에 배출 쿼터를 부여한 후 이들 국가 간 배출 쿼터의 거래를 허용하는 제도</td></tr>
</table>

* 출처: 『기후변화협약: 한눈에 보기』, 국회도서관, 한눈에 보기 시리즈, 2010년 7월, 16쪽에서 필요한 내용을 일부 발췌하고, 교토의정서 텍스트를 토대로 수정 · 첨가 · 보완함.

* 유엔 기후변화협약 부속서 I 국가 중 터키와 벨라루스는 배출량 감축을 공약하지 않음.

1997년 교토의정서는 무엇보다도 유엔 기후변화협약의 부속서 I 국가들로 하여금 교토의정서의 부속서 A(Annex A)에 적시된 이산화탄소 등 여섯 가지 온실가스를 동(同) 의정서의 부속서 B(Annex B)에 명기되어 있는 '배출량 제한 및 감축 공약'(quantified emission limitation or reduction commitment)에 준하여 개별적으로 혹은 공동으로 감축해나가도록 규정하고 있다(교토의정서, 제3조 제1항). [표 2-6]에 적혀 있는 대로 EU를 포함한 39개 국가는 1990년을 기준 연도로 하여 의정서의 부속서 B에 적혀 있는 배출량을 2008년부터 2012년에 이르는 기간 동안 감축해야 할 의무를 지게 되었다. 이와 같은 교토의정서의 채택은 선진국에 부과된 유엔 기후변화협약의 미비한 배출량 감축 의무를 강화하여, 2000년 이후보다 본격적이고 구속적인 감축 이행을 시도하자는 베를린 위임사항이 실현된 결과이다.

이와 같이 선진국에 대한 구속적인 감축조치의 부과와 함께 교토의정서는 또한 이들 선진국의 감축조치가 지나치게 경직되게 적용될 것을 우려하여 일종의 유연성 메커니즘(flexibility mechanism)이라고 불리는 일종의 감축 충격 완충장치를 도입하였다. 이러한 완충장치는 간단히 말해서 특정 국가가—자국의 국경 내에서 행하는 감축 활동이 아닌— 자국 국경 밖에서 행한 온실가스 대처 프로젝트 및 활동을 감축 실적으로 인정해주는 조치이다. 이러한 유연성 메커니즘의 도입을 통해서 교토의정서는 선진국의 감축 활동을 촉진하고, 선진국 간 혹은 선진국과 개도국 간 온실가스 감축과 관련한 공동 프로젝트나 기술 이전 등을 용이하게 하고자 하였다. 이러한 유연성 메커니즘의 요소들을 간단히 설명하면 다음과 같다.[5]

5 이러한 유연성 메커니즘이 결국 '기후 시장의 형성을 통한 자연의 자본화 전략'의 일환이라는

우선 교토의정서 제3조의 제10, 11, 12항은 모두 공동이행제도, 청정개발 체제, 배출권 거래제도 등을 인정하는 근거가 되고 있다. 이 세 항은 특정 국가가 자국의 국경 밖에서 동 의정서의 제6조, 12조, 17조에 해당하는 활동에 참여할 경우 이를 온실가스 감축 실적으로 인정해준다는 점을 명기하고 있다. 예컨대 공동이행과 배출권 거래에 각각 해당하는 제6조 및 제17조를 언급하고 있는 의정서 제3조 제10항은 '특정 당사국이 제6조와 제17조의 내용과 부합하는 방식으로 다른 당사국으로부터 획득한 배출량 감축 단위(any emission reduction units), 즉 할당된 감축량의 일부(any part of an assigned amount)라도 획득 당사국의 배출 감축 할당량으로 추가될 수 있다'라고 규정하여 유연성 메커니즘을 제공하고 있다(교토의정서, 제3조 제10항).

이러한 교토의정서 상 유연성 메커니즘 가운데 우선 공동이행제도(joint implementation)는 '부속서 I에 속하는 어떠한 당사국이라도 오염원에 의한 [……] [온실가스: 필자] 배출을 감소시키거나 [……] 온실가스 감축원에 의한 [……] [온실가스: 필자] 제거를 증대할 것을 목적으로 수행된 프로젝트의 결과로 나타난 배출 감축 단위를 다른 그러한 당사국[즉 부속서 I 당사국: 필자]에게 이전하거나 그로부터 획득할 수 있도록' 하는 제도를 말한다(교토의정서, 제6조 제1항). 즉 이러한 공동이행제도는 부속서 I 국가 간의 공동 프로젝트의 결과 나타나는 온실가스 감축분의 획득과 이전을 가능하게 하여, 특정 국가가 주어진 기간 내에 의무적으로 감축하도록 부과된 온실가스 배출량을 채울 수 있게 해주는 제도이다.

한편 청정개발 메커니즘(clean development mechanism)은 '비부속서 I 당사국에 대해서는 지속가능한 발전을 달성하고 [기후변화: 필자] 협약의

비판적 주장에 관해서는 윤순진, 2002를 참조하기 바란다.

궁극적 목적에 기여하는 것을 지원하고, 부속서 I 당사국에 대해서는 [교토의정서: 필자] 제3조에 규정된 배출량 제한 및 감축 공약의 달성을 지원하는 것을 목적'으로 하고 있다(교토의정서, 제12조 제2항). 즉 부속서 I 국가가 비부속서 I 국가에서 프로젝트 활동을 통해서 온실가스 감축에 기여했을 경우, 이 국가는 이러한 활동에서 기인하는 온실가스 감축량을 자신의 감축 실적으로 인정받게 되는 것이다(교토의정서, 제12조 제3항 a과 b).

마지막으로 배출권 거래제도(emission trading)는 교토의정서 제17조에 규정되어 있는 내용으로서, 동 의정서의 부속서 B에 포함되어 있는 부속서 I 국가의 경우 할당 감축량을 충족시킬 목적으로 동 의정서의 부속서 B에 속한 다른 부속서 I 국가와 감축량을 거래할 수 있게 해주는 제도이다(교토의정서, 제17조). 이러한 거래는 배출권에 대한 매매를 인정하는 것으로 보이며, 이미 EU 내에서 실시되고 있는 제도가 다시 교토의정서 체제에 확대된 것으로 판단된다.

1997년의 교토의정서 채택은 1992년 유엔 기후변화협약의 선진국 온실가스 감축 규정을 보다 구체적으로 강화하여 지구온난화 방지를 위한 구속적인 국제적 레짐의 창출에 기여한 측면은 있다. 그러나 2001년 부시 행정부 당시 미국이 자국의 경제성장 저해 및 개도국의 감축 의무 면제 등을 들어 교토의정서의 비준을 거부함으로써 유엔 기후변화 체제의 앞날을 상당히 어둡게 만든 것도 사실이다. 이러한 미국의 비준 거부 이후 선진국과 개도국 간에, 그리고 서로 다른 입장에 처한 개도국 간에, 그리고 EU와 미국 간에, 그리고 또한 쇠퇴론에 휩싸인 전통적 패권국가 미국과 신흥 도전국가인 중국 간에 선진국의 추가적이고 구속력 있는 온실가스 감축 문제와 개도국 기후변화 완화 노력에 대한 선진국의 지원 문제 등을 놓고 지속적인 대립과 갈등의 국면이 전개되기 시작하였다.[6] 특히 중국의 국제적 지위가 부상하고 인도나 브라질 등이 신흥경제국으로 성장하면서 이러한 갈등이 보다 심화되고 복잡한 양상을 띠게 되었다.

미국의 경우 온실가스 감축 문제는 화석연료 사용 제한과 관련된 국내적 경제 손실의 지역적 배분 문제와 관련되어 있어서, 기후변화 대처 문제는 국내 정치와 국제 정치가 연관된 상호 연계적 이슈로 그 복잡성을 더하게 되었다. 개도국이 온실가스 배출에 대한 고통 분담에 참여하지 않고 국제적 감시나 의무에서 면제되는 한, 미국은 어떠한 형태의 국제적인 구속적 감축 요구에 동의할 수 없다는 입장이 국내적으로 지지를 얻고 국제적으로 표방되면서, 유엔 기후변화협약 체제는 선진국의 추가적인 감축과 개도국의 실질적인 기후변화 완화 조치를 동시에 추구해야 하는 상황에 놓일 수밖에 없게 되었다.

3) 2005년 몬트리올 협약 당사국 총회 및 의정서 당사국 회의의 결정

1997년 유엔 기후협약 제3차 당사국 총회에서 채택되어 선진국의 온실가스 배출 감축량에 대한 구속적 규정을 담고 있는 교토의정서는 2005년 2월에 효력을 발휘하기 시작하였다. 이와 같이 교토의정서가 효력을 발휘함과 동시에 유엔 기후변화협약 체제는 2012년 이후 시작될 포스트 교토 체제에 대한 협상을 시작하였는데, 2005년 11월에 캐나다

6 옴스테드(Sheila M. Olmstead)와 스태빈스(Robert N. Stavins)는 이러한 미국의 탈퇴와 중국의 감축 공약 면제가 청정 개발 메커니즘의 추가성(additionality: 청정 개발 메커니즘 실행 원칙의 하나로서 이러한 메커니즘의 실행에 따른 온실가스의 감축량은 청정 개발 메커니즘에 따라서 수행되는 프로젝트가 없어도 감축될 수 있는 온실가스의 감축량보다는 많아야 한다는 원칙) 문제와 함께 교토의정서 체제의 중요한 결함 가운데 하나였다고 지적하고 있다(Olmstead and Stavins, 2009).

몬트리올에서 개최된 유엔 기후변화협약 제11차 당사국 총회는 '유엔 기후변화협약 제11차 당사국 총회 결정: 협약의 실행 촉진을 통해 기후변화 대처 문제를 다루기 위한 장기적 협력행동에 관한 대화'(Decision−/CP. 11: Dialogue on Long−Term Cooperative Action to Address Climate Change by Enhancing Implementation of the Convention)를 채택하여 "지속가능한 방식에 의한 발전의 촉진, 적응을 위한 행동개발, 기술의 완전한 잠재력 실현, 시장에 기초한 기회의 완전한 잠재력 실현 등의 영역을 포함하는, 기후변화 대처를 위한 장기적인 협력행동을 목적으로 한 경험 교환과 전략적 접근 분석을 위한 대화를 시작한다"고 결정하였다(몬트리올 당사국 총회 결정, 제1항). 이와 동시에 몬트리올 당사국 총회는 "이 대화는 개도국에 의해서 자발적으로 제안된 바 지속가능한 발전을 촉진하고 기후변화를 완화하는 행동을 지원하기 위한 접근 방식을 확인해야 한다"고 합의함으로써, 개도국의 기후변화 완화 노력과 이에 대한 지원을 언급하였다(몬트리올 당사국 총회 결정, 제5항).

한편 몬트리올 당사국 총회와 병행하여 개최된 제1차 교토의정서 당사국 회의(the Conference of the Parties Serving as the Meeting of the Parties to the Protocol: CMP)는 '교토의정서 제3조 9항에 따른 협약의 부속서 I 당사국에 대한 향후 기간의 공약에 대한 고려'라는 '결정'(Decision)을 채택하여 '교토의정서 당사국 임시 실무반'(Ad Hoc Working Group of Parties to the Kyoto Protocol: AWG−KP)을 구성하였다. 이 실무반은 교토의정서 제3조 제9항에 의거하여 2012년 이후 유엔 기후변화협약 부속서 I 국가의 추가적인 감축 공약 프로세스에 관한 논의를 시작할 목적으로 창설되었다(몬트리올 교토의정서 당사국 회의 결정, 제1, 2항). 즉 2005년 제11차 협약 당사국 총회 및 제1차 의정서 당사국 회의를 통해서 2012년 이후 선진국의 추가 감축 공약에 대한 논의가 시작된 것이다.

이와 같이 몬트리올에서 개최된 유엔 기후변화협약 제11차 당사국 총회는 제1차 교토의정서 당사국 회의와 함께 개최되면서 장기적으로 선진국과 개도국을 포함한 모든 국가의 기후변화 대처 노력을 촉구하는 대화를 시작하기로 결정함과 동시에, 2012년 이후 협약 부속서 I 국가의 추가적인 감축에 관한 논의를 또한 시작하였다. 즉 유엔 기후변화협약 제11차 당사국 총회는 두 가지 서로 다른 경로를 통해서 기후변화 문제에 대처하는 '투 트랙'(Two Track)의 접근 방식을 취하기 시작하였다. 그러나 2005년까지의 논의는 주로 선진국의 감축 및 2012년 이후의 추가적 감축에 대한 논의가 주종을 이루어왔을 뿐, 선진국 이외의 개도국, 즉 유엔 기후변화협약 비부속서 I 국가의 감축 노력이 집중해야 할 항목과 이에 대한 지원에 관한 구체적인 언급은 부족했다. 그러나 이러한 개도국의 미온적인 감축 노력은 미국의 교토의정서 비준 거부의 이유의 제시에서도 알 수 있듯이, 2012년 이후의 온실가스 배출 감축에 대한 세계적인 노력에 결코 도움이 될 수는 없는 것이었다.

4) 2007년 발리 행동계획

이러한 문제의식과 관련하여 2007년 인도네시아의 발리에서 개최된 제13차 유엔 기후변화협약 당사국 총회는 이제 선진국뿐만 아니라 개도국에 대한 감축 노력에의 동참을 호소하기 시작하면서 이를 위해서 장기적인 안목에서 개도국의 감축 노력과 관련된 적응 · 기술 · 재원 등의 문제를 논의하기 시작하였고, 이를 통해서 '유엔 기후변화협약 제13차 당사국 총회 결정 1: 발리 행동계획'(Decision 1/CP. 13: Bali Action Plan)을 채택하기에 이르렀다. 먼저 2007년 당사국 회의에서 채택된 발리 행동계획의 내용의 대강은 [표 2-7]과 같다.

[표 2-7] 2007년 발리 행동계획의 주요 내용

쟁점		내용
당사국 총회 결정 1 당사국 간 양해된 합의사항		유엔 기후변화협약의 궁극적 목적 달성을 위해 그 실행을 촉진함, 경제·사회적 발전과 빈곤 근절이 글로벌한 정책 우선순위임을 확인함, 기후 체계의 온난화 현상은 확실한 것이며 이에 대한 조치를 신속히 취해야 한다는 기후변화에 관한 정부 간 위원회의 제4차 보고서에 대응함, 협약의 궁극적 목적 달성을 위해서 온실가스 배출량의 대폭 감축이 요구됨을 인정함
공유 비전		범지구적 장기 감축 목표 설정을 포함한 공동의 비전 공유
감축	선진국의 기후변화 완화 노력	측정 · 보고 · 검증 가능한 적정한 국내적 감축 공약 및 행동: 배출량 제한 및 감축 포함; 자국의 실정을 고려한 선진국 간 상응하는 노력
	개도국의 기후변화 완화 노력	기술 · 재정 및 능력 형성에 대한 지원을 통해 지속가능한 발전의 맥락에서 측정 · 보고 · 검증 가능한, 국내적으로 적절한 감축 행동
적응		최저발전국과 군소도서국 등 기후변화에 특히 취약한 개도국의 적응 활동 지원을 위한 국제적인 협력; 기후변화로 인한 위험의 분배와 보험 등을 포함하는 위험 관리 및 감소 전략
기술		개도국으로의 기술 이전을 위한 장벽 해소 방안; 환경친화적 기술의 보급 및 이전 방안, 기술혁신을 위한 연구 개발 협력
재원		개도국의 감축 및 적응 행동을 위한 공적 자금을 포함하는 재정 지원과 인센티브 제공; 공공 및 민간 재원과 투자의 유동성

* 출처: 김용건 · 김이진 · 박시원, 2009, 9쪽에서 발췌(일부 용어는 이 저술의 통일성을 위해서 변경하였음)하고 발리 행동계획의 텍스트에 근거하여 내용을 추가하고 보완함.

발리 행동계획 전문에 나타나 있고 [표 2-7]에 요약된 대로 발리 행동계획은 대기 중 온실가스의 집중을 일정 수준 이하로 낮추어 유지한다는 유엔 기후변화협약의 궁극적 목적과, 기후변화에 관한 정부 간 위원회의 제4차 보고서에 나타난 바 기후변화 대처 노력의 시급성을 반영하여 전세계적인 대응 조치를 촉구할 목적으로 만들어졌다(발리 행동계획, 전문). 이러한 일반적인 인식 하에 발리 행동계획은 2009년에 개최될 제15차 유엔 기후변화협약 당사국 총회 개최 시기까지 '장기적인 협력행동'(long-term cooperative action)을 통해서 기후변화 문제에 대처해야 한다고 언명하고 있다(발리 행동계획, 제1항). 발리 행동계획은 또한 2012년 이후 지구온난화에 대처할 목적으로 온실가스 배출량 감축을 포함한 유엔 기후변화협약의 궁극적인 목적을 달성하기 위한 장기적인 협력행동의 비전을 공유한다고 언명하면서, 특히 '공동의, 그러나 차별화된 책임'과 '개별적인 국가의 능력에 따른 대처'라는 협약의 기본 원칙을 재확인하고 있다(발리 행동계획, 제1조 a). 이어서 발리 행동계획은 [표 2-7]에 제시된 기후변화 완화(발리 행동계획, 제1조 b), 적응(발리 행동계획, 제1조 c) 기술 개발(발리 행동계획, 제1조 d), 재원(발리 행동계획, 제1조 f) 등의 분야에서 세계적인 노력이 필요함을 촉구하고 있다. 이러한 다양한 분야에서의 노력은 개도국의 자발적인 기후변화 완화 조치를 완곡하게 요구하고 있으며, 동시에 이를 위한 선진국의 지원이 필요함을 곳곳에서 강조하고 있다.

구체적으로 발리 행동계획은 무엇보다도 선진국에 대해서는 배출량 제한 및 감축과 함께 측정, 보고, 검증 가능한 국내적 기후변화 완화에 관한 공약 및 행동을 보여줄 것을 촉구하고 있다. 또한 개도국에 대해서는 기술, 재정 및 능력형성에 대한 지원을 받아 지속가능한 발전의 맥락에서 측정 · 보고 · 검증 가능한, 국내적으로 적절한 기후변화 완화 행동을 또한 촉구하고 있다(발리 행동계획, 제1조 a [i][ii]). 이러한 요구사항에서 알 수 있듯이 2005년 몬트리올에서 개최된 제11차 당사국 총회 결정에서 언급된 바 개도국에 대한 일반적인 기후변화 완화 노력의 내용이 보다 구체적으로 제시된 것에 주목할 필요가 있다.

또한 주목할 만한 내용은 2005년 제11차 몬트리올 당사국 총회에서 등장한 투 트랙 접근 방식의 연장선상에서 '장기적 협력행동에 관한 임시 실무반'(Ad Hoc Working Group on Long-term Cooperative Action: AWG-LCA)이 발리 행동계획에 의해서 만들어졌다는 점이다(발리 행동계획, 제2조). 이 실무반은 2005년 몬트리올의 제1회 교토의정서 당사국 회의의 결과 창설된 교토의정서 당사국 임시 실무반이 2012년 이후 선진국의 배출 감축과 관련된 작업을 수행하는 것과는 별도로, 완화 · 적응 · 기술 · 재원의 각도에서 선진국과 개도국을 망라하여 국가 간 협력을 위한 장기적인 계획을 작성하여 2009년 제15차 당사국 총회 시기까지 그 작업의 성과를 발표하는 임무를 부여받게 되었다.

이와 같이 발리 행동계획을 채택한 제13차 당사국 총회는 선진국의 감축 의무와 함께 장기적인 각도에서 모든 국가가 구체적으로 기후변화에 대처할 수 있는 방식에 대해서 본격적으로 논의하기 시작함으로써, 2012년 이후의 기후변화 문제에 대한 대처 노력에 더욱 박차를 가하는 계기가 되었다. 2012년 이후 미국을 포함하는 주요 국가들을 온실가스 감축을 포함한 기후변화 대처 노력에 참가시키기 위해서 유엔 기후변화협약 체제는 이들 국가의 추가적인 감축에 대한 논의와 함께 서서히, 그러나 보다 명확히 개도국의 기후변화 완화 노력을 촉구하게 되었다.[7]

5) 2009년 코펜하겐 회의

2009년 12월에 코펜하겐에서 개최된 유엔 기후변화협약 제15차 당사국 총회는 오바마 미국 대통령과 원자바오 중국 총리 등 G2 국가의 지도자를

---

7 발리 회의에서 개도국의 감축 공약을 요구하는 미국 측의 완강한 입장과 이로 인한 미국의 고립, 그리고 발리 회의의 결과가 실질적이라기보다는 관료적이며 형식적이라는 비판적 주장에 대해서는 Christoff, 2008을 참조하기 바란다.

포함하여, 싱(Manmohan Singh) 인도 수상, 브라운(Gordon Brown) 영국 수상 등 선진국과 개도국을 포함한 세계 주요 국가의 국가 정상급 지도자가 참석한 회의였다는 점에서 우선 그 의의가 컸다고 할 수 있다. 2008년 서브 프라임 모기지 사태로 인해서 촉발된 국내 금융위기의 와중에서 부시 행정부의 경제적 실정과 이라크전쟁 전후 처리 문제를 공격하면서 대통령에 당선된 오바마 미국 대통령은 기존의 역대 미국 대통령과는 달리 누구보다도 기후변화 문제의 대처 및 화석연료의 사용 감소에 큰 관심을 표방한 대통령이었다. 그는 또한 2008년 글로벌 경제위기 이후 중국의 상대적 부상과 미국의 패권적 지위의 쇠퇴라는 현실 속에서 미국이 부시 행정부 당시와는 달리 기후변화 문제에 대해서 보다 적극적으로 대처하여 새로운 국제적 레짐 창출에 주도적인 역할을 수행함으로써 미국의 리더십을 다시 한 번 확인하고자 하였다. 이를 위해서 오바마 대통령은 2009년 6월에 하원을 통과한 미국 청정에너지 및 안보법을 토대로 미국이 기후변화 문제를 다루기 위해서 국내적 노력을 강력하게 전개하고 있다는 점을 국제사회에 홍보하면서,[8] 2012년 이후 미국을 포함하여 선진국과 개도국을 망라하는 추가적인 온실가스 배출량 감축을 위한 구속력 있는 합의에 도달하고자 노력하였다. 이를 위해서 그는 2009년 초 중국 방문 당시에도 연말의 기후변화에 중국이 적극적으로 협력해줄 것을 촉구한 바도 있었다.

그러나 이러한 오바마 행정부의 노력에도 불구하고 자국의 경제성장이 구속력 있는 국제적 레짐에 의해서 제한되기를 완강히 거부하면서 기후변

8 오바마 행정부 등장 이후 미국의 기후변화 문제 대처를 위한 국내적 노력에 관해서는 이 책의 제5장, 제6장, 제7장을 참조하기 바란다. 특히 기후변화 문제를 다루기 위해서 온실가스의 구속력 있는 감축을 규정한 미국 청정에너지 및 안보법에 관해서는 제6장을 참조하기 바란다.

화 영역에서의 국가적 주권을 지속적으로 강조한 중국의 협조 부재, 중국과 입장을 같이한 신흥경제국 인도 및 브라질의 비협조적 태도, 그리고 유럽 국가와 미국 간의 조율 실패와 불협화음, 그리고 다양한 개도국 국가군 간의 갈등과 개도국의 지속적인 요구사항 개진 등으로 인해서 2009년 말의 코펜하겐 당사국 총회는 2012년 이후에 효력을 발휘할 구속력 있는 추가적 감축 규정을 만들어내는 데에는 실패하고 말았다. 한편 비록 미국이 미국 청정에너지 및 안보법을 하원에서 통과시켜 구속적인 온실가스 감축을 가능하게 하는 국내법안 제정의 토대를 마련했다고는 하지만, 여전히 상원에서 이에 관한 실질적인 논의가 진전되지 않고 있는 현실 역시 국제사회가 기후변화 문제의 대처에 관한 미국 정치권의 국내적 공약에 의문을 제기하게 만드는 계기가 되었다.[9]

또한 코펜하겐 회의는 190개 국가가 넘는 매우 많은 국가의 광범위하고 무차별적인 참여를 통해서는 기후변화와 관련된 의미 있는 합의의 도출이 사실상 매우 어렵다는 것을 웅변적으로 보여주는 계기가 되었다. 따라서 코펜하겐 당사국 총회는 역설적이지만 유엔 주도의 기후변화 대처 노력보다는 주요 온실가스 배출국을 중심으로 하여 더욱 실질적이며 효과적으로 지구온난화 문제를 다룰 수 있는 기후변화 레짐의 창출이 필요하다는 인식이 광범위하게 확산되는 계기가 된 것도 사실이었다.

이러한 결함과 중국과 인도 등의 미온적인 태도에도 불구하고 코펜하겐 당사국 총회는 오바마 대통령의 노력으로 인해 진통과 산고 끝에 코펜하겐

9 2009년 6월에 하원에서 미국 청정에너지 및 안보법이 통과된 이후 상원에서 지속적인 기후변화 관련 법률 제정 논의가 있었으나, 동년 12월의 코펜하겐 회의 시기까지는 아무런 성과가 나타나지 않았다. 코펜하겐 회의가 특기할 만한 성과를 내지 못하고 종료된 이후, 2010년 7월에 상원에서 기후변화 관련 법률 제정 노력은 최종적으로 좌절되고 만다. 미국 의회의 기후변화 관련 법률 제정 노력과 좌절에 관해서는 이 책의 제6장을 참조하기 바란다.

합의라는 협정문의 작성에는 성공함으로써, 향후 지속적인 온실가스 감축에 대한 국제적 노력이 경주될 수 있는 토대를 마련하기도 하였다. 아래에서는 코펜하겐 내용의 주요 쟁점과 내용을 개관하고자 한다.

[표 2-8] 2009년 코펜하겐 합의의 주요 내용

쟁점	내용
합의 당사국 간 양해사항	유엔 기후변화협약의 궁극적 목적 달성을 위해 그 실행을 촉진함, 협약의 원칙과 규정을 준수함, 두 임시 실무반의 작업 결과에 주목함, 장기적 협력행동 임시 실무반에 관한 제15차 당사국 총회 결정 1과 교토의정서 임시 실무반의 지속적 작업을 요청한 제5차 교토의정서 당사국 회의 결정을 인정함, 즉각적으로 작동하는 코펜하겐 합의에 동의함
구속력 없는 국가별 감축 목표	선진국은 2010년 1월 31일까지 각국의 기준 연도를 설정하여 2020년의 감축량 목표 제출; 개도국은 2010년 1월 31일까지 감축계획 보고서 제출(기준 연도 없음)
개도국 지원 기금 규모	2010년에서 2012년까지 300억 달러 규모의 개도국 기후변화 완화행동 자금 지원; 최저발전국, 소규모 도서국, 아프리카 등에 대한 우선 지원; 개도국 산림보호를 위해 35억 달러 자금 지원; 2020년까지 매년 1,000억 달러의 기금을 조성하고 그 중 많은 기금을 코펜하겐 녹색기후자금을 통해서 지출하도록 함
감축 검증의 투명성 제고	선진국: 협약 당사국 총회의 현재 및 미래의 가이드라인에 의해서 측정 · 보고 · 검증됨; 개도국: 매 2년마다 감축 노력을 유엔에 보고함; 개도국의 주권을 최대한 존중한다는 단서 아래 국제적 검사를 받음; 선진국의 지원을 받는 개도국은 감축행동 등록부에 등록하고 국제적 측정 보고 및 검증에 임함

* 출처: 『기후변화협약: 한눈에 보기』, 국회도서관, 한눈에 보기 시리즈, 2010년 7월, 21쪽에서 필요한 내용을 수정하여 발췌하고, 코펜하겐 합의 텍스트를 토대로 수정 · 첨가 · 보완함.

2009년 제15차 유엔 기후변화협약 당사국 총회에서 채택된 코펜하겐 합의는 '기후변화가 우리 시대의 가장 큰 도전 중의 하나임'을 강조하면서 '공동의, 그러나 차별화된 책임'과 '국가 간 개별적인 능력'의 원칙에 따라 '기후변화에 긴급하게 대처할 강력한 정치적 의지'를 언명하고 있다. 이러한 의지에 따라서 코펜하겐 합의는 '지구 대기온도의 증가 수치가 섭씨 2도보다 적어야 한다는 과학적인 견해를 인정'하면서 '형평과 지속가능한 발전의 토대' 위에 기후변화에 대처할 장기적인 협력행동을 증진해나간다고 선언하고 있다(코펜하겐 합의, 제1조). 이와 관련하여 코펜하겐 합의는 대기온도의 증가를 섭씨 2도 밑으로 유지하기 위해서 온실가스의 상당한 감축이 있어야 한다는 점과, 이를 위해서 최대한 신속히 온실가스 배출이 더 이상 증가할 수 없는 '정점'(peaking)에 도달하기 위해서 노력할 것을 선언하고 있다. 단 합의는 개도국의 경우 이러한 정점에 도달하는 데에 시간이 더 걸릴 것이라는 점과, 사회적 · 경제적 발전이 개도국의 경우 최우선 정책 순위인 점을 인정하고 있다(코펜하겐 합의, 제2조).

이어서 코펜하겐 합의는 기후변화의 부정적 효과와 대응조치의 잠재적 충격에 대한 적응 문제가 모든 국가가 당면하고 있는 도전이라고 보고, 개도국, 특히 최저발전국, 소규모 도서국 그리고 아프리카 국가 등, 기후변화에 무방비로 노출된 국가의 취약성을 감소시키고 회복 능력을 조성하기 위한 적응행동 실행을 지원하는 국제적 협력이 절실히 요구된다는 점을 강조하고 있다. 또한 이를 위해서 선진국이 재정적 지원, 기술, 그리고 능력 조성 행위 등을 제공할 필요가 있다고 언명하고 있다(코펜하겐 합의, 제3조).

이어서 코펜하겐 합의는—비록 서로 다른 내용이며 구속력은 없지만—선진국과 개도국의 감축 노력을 모두 언급하고 있다. 우선 코펜하겐 합의 제4조는 선진국, 즉 유엔 기후변화협약의 부속서 I 국가에 대해서 코펜하겐 합의의 부록 I(Appendix I)에 제시된 형식에 따라서 2020년까지의 온실가스 감축량을 2010년 1월 31일까지 유엔 기후변화협약 사무국에 제출하도록 규정하고 있다(코펜하겐 합의, 제4조). 코펜하겐 합의의 부록 I은 기후변화협약 부속서 I 국가의 2020년까지의 감축 목표치를 제출할 때 필요한 양식인데, 교토의정서와는 달리 개별 국가가 '스스로' 기준 연도를 설정하고 이에 따라 2020년까지의 감축량을 적게 되어 있다. 이러한 방식은 코펜하겐 합의가 구속적이지 않으며 개별 국가의 자율성을 상당히 보장하고 있는 방식임을 잘 나타내주는 증거 가운데 하나라고 할 수 있다. 또한 합의 제4조는 이어서 선진국의 감축은 기후변화협약 당사국 총회에서 채택된 현재와 미래의 가이드라인에 따라서 측정 · 보고 · 검증될 것이라고 적고 있다.

한편 코펜하겐 합의 제5조는 개도국을 포함하여 기후변화협약의 비부속서 I 국가의 기후변화 완화행동에 대한 규정도 포함하고 있다. 제5조에 의하면 비부속서 I 국가는 코펜하겐 합의의 부록 II(Appendix II)의 형식에 따라서 2010년 1월 31일까지 유엔 기후변화협약 사무국에 제출하는 조치를 포함하여 기후변화 완화행동을 실행해야 한다. 코펜하겐 합의에 첨부된 부록 II는 부속서 I 국가가 제출할 부록 I의 내용과는 달리, 기준 연도나 감축 목표치의 명기 없이 '국가적으로 적절한 완화행동'(nationally appropriate mitigation actions)을 적게 되어 있어서, 이들 국가에 대해서는 감축을 포함한 완화행동을 요구하면서도 선진국의 경우와는 달리 상당한 유연성을 부여하고 있음을 알 수 있다(코펜하겐 합의, 제5조).

이러한 유연성과 관련하여 코펜하겐 합의는 또한 최저발전국과 소규모 도서국의 경우 자발적으로, 그리고 지원에 근거해서 기후변화 완화행동을 취할 수 있다고 규정하여 이들 국가의 특수한 사정을 고려하고 있다.

이어서 코펜하겐 합의 제5조 또한 이들 비부속서 I 국가의 완화행동은 기후변화협약 당사국 총회가 채택할 가이드라인에 따라서 매 2년마다 자국의 커뮤니케이션 매체를 통해서 사무국에 알려질 것이며—국제적이 아닌— 국내적인 측정 · 보고 · 검증의 방식을 받게 될 것이라고 규정하고 있다. 이러한 방식을 통해서 이들 국가의 기후변화 완화행동은 또한 국가 주권을 보장하는 방식으로 명확히 규정된 가이드라인에 따라서 국제적인 협의와 분석을 거치게 된다. 한편 코펜하겐 합의 제5조는 또한 이와는 달리 국제적 지원을 받으면서 수행된 완화행동은 국제적인 측정 · 보고 · 검증의 의무를 지며, 그 가이드라인은 당사국 총회에서 채택될 것이라고 규정하고 있다(코펜하겐 합의, 제5조).

이와 같이 개도국의 기후변화 완화행동이 행동의 국제적 지원 여부에 따라서 국가적 혹은 국제적 측정 · 보고 · 검증의 의무를 지게 된다는 제5조의 규정과 함께, 코펜하겐 합의는 제6조에서 개도국에 대해서 완화, 적응, 기술 개발 및 이전, 그리고 능력 조성을 위해서 재정적인 지원을 보다 구체적으로 규정하고 있다. 이를 위해서 선진국은 300억 달러에 달하는 추가적인 재원을 2010~2012년 사이에 제공하고, 이를 적응과 완화 조치를 위해서 균형 있게 배분하게 될 것이며, 이러한 재정적 지원은 우선적으로. 최저개발국, 소규모도서국, 아프리카 국가에 배분된다고 적고 있다. 이어서 코펜하겐 합의 제6조는 선진국은 적응 및 완화 등의 분야에서 개도국의 필요를 충족시키기 위해서 2020년까지 1,000억 달러의 자금을 마련하기로 공약하고, 이 가운데 상당한 양의 자금을 코펜하겐 녹색기후자금(the Copenhagen Green Climate Fund)을 통해서 운영한다는 점을 밝히고 있다(코펜하겐 합의, 제6조).

이와 같이 코펜하겐 합의는 선진국 혹은 선진국 및 개도국의 2012년 이후의 추가적인 감축량에 대한 구속적인 합의를 도출하는 데에는 실패했다. 그러나 선진국 및 개도국 모두에게—비록 서로 다른 방식이기는 하지만— 기후변화 대처를 위한 구체적인 완화 조치를 2010년 1월 31일까지 제출하라고 규정함으로써 지속적으로 온실가스 배출 감축 및 완화 조치의 국제적 노력에 대한 공약은 유지할 수 있었다.[10] 이와 함께 2009년 코펜하겐 합의의 중요성은 개도국에 대한 선진국의 구체적인 재정적인 지원 금액과 시한을 밝힘과 동시에, 이러한 지원을 받는 개도국의 경우 국제적인 감독에 따라서 측정 · 보고 · 검증의 의무를 져야 한다고 규정함으로써, 지원을 받은 개도국에 대한 최소한의 국제적 감시 체계를 마련했다는 데에 있다고 하겠다.

3. 정리와 논점: 기후변화에 대한 국제적 대처와 집합행동의 문제

인간의 행위에 의한 지구온난화 문제가 국제적 관심사로 떠오르는 과정을 살펴보면 기후변화에 대처하기 위한 세계적인 노력은 세계기상기구나 세계기후회의 등 주로 기상과학자나 기상정책전문가를 중심으로 한 연구자 집단에서 먼저 논의되기 시작되었다. 이들 전문적인 연구자 집단은 지구를 둘러싼 대기의 변화에 대한 오랜 연구를 토대로 지구온난화

10 실제로 미국과 중국은 코펜하겐 회의 개최 이전이 2009년 11월 25일과 26일에 각각 자발적인 감축 공약을 발표한 바 있다. 미국은 2020년까지 2005년 대비 17%의 온실가스를 감축하겠다고 밝혔고, 중국은 감축량을 발표하는 대신 2020년까지 2005년 대비 GDP 한 단위당 40~50%의 온실가스를 감축하겠다고 밝혀 감축의 강도를 제시하였다. 양국은 모두 자발적 감축 공약안 제출 기한인 2010년 1월 31일 이전에 모두 자신들의 감축안을 유엔 기후변화협약의 관계기관에 제출하였다.

문제가 인간의 행동에 기인했다는 점을 강조하고 이러한 인식의 확산을 위해서 노력하였다. 이러한 과학자들의 노력은 이후 세계 각국의 정부에 의해서 인정되기 시작하면서 기후변화에 관한 정부 간 위원회라는 협의체를 발족시키기에 이르렀고, 마침내 1992년에 이르러 유엔을 중심으로 한 기후변화협약 체제를 탄생시키기에 이르렀다.

1992년 탄생한 유엔 기후변화협약은 지구온난화를 포함한 기후변화의 문제가 인간의 행위에 기인한 것이라는 공감대를 토대로 모든 국가가 이러한 문제의 심각성을 인식하고 '공동의, 그러나 차별화된 책임' 및 '개별 국가의 능력에 따른 대처'라는 원칙 하에서 이 문제의 해결을 위해서 노력해야 한다는 점을 강조하였다. 그리고 동 협약은 선진국의 차별화된 책임을 강조하면서 이들 국가의 온실가스 배출의 감축량을 최초로 규정하였으며, 이후 기후변화협약 당사국 총회는 주로 선진국의 온실가스 배출 제한 및 감축 논의와 개도국이 기후변화에 대처하는 노력을 선진국이 지원해야 한다는 점 등을 중심으로 진행되었다.

이후 이러한 유엔 기후변화협약 체제의 노력이 진전되어 1997년에 이르러서는 보다 구체적이고 강화된 형태로 선진국의 온실가스 배출 감축량 및 그 시한을 규정한 교토의정서가 채택되기에 이르렀다. 교토의정서는 유엔 기후변화협약 부속서 I 국가, 즉 선진국에 대해서 2008년에서 2012년에 이르는 기간 동안 1990년 대비 적어도 5% 이상의 온실가스 배출 감축량을 달성하라고 의무적으로 규정함으로써 구속력 있는 온실가스 감축을 시도했다는 점에서 중요한 의의가 있다. 이후 2005년 교토의정서가 효력을 발휘하기 시작하면서 유엔 기후변화협약 체제는 2012년 이후의 지속적인 온실가스 감축 노력과, 선진국 및 개도국을 포함하여 보다 포괄적이고 장기적인 기후변화 대처 문제에 대한 논의를 시작하였다. 이러한 노력은 2012년 이후 선진국의 추가적인 구속적 감축에 대한 논의와 함께 장기적인 안목에서 기후변화에 대처하는 전세계적인 협력에 대한 논의의 두 가지 방향으로 진행되었다. 그 결과 이러한 두 가지 방향의 노력은 2005년에 캐나다 몬트리올에서 개최된 유엔 기후변화협약 제11차 당사국 총회에서의 교토의정서 당사국 임시 실무반의 구성과, 2007년 인도네시아 발리에서 개최된 제13차 협약 당사국 총회에서 장기적 협력행동에 관한 임시 실무반의 구성을 통해서 구체화되었다.

이와 같이 2012년 교토의정서 체제의 종결 이후 기후변화 문제를 다루기 위한 지속적인 노력을 경주하는 가운데 세계적인 경제대국으로 성장한 중국 · 인도 등 개도국과, 2001년 교토의정서의 비준을 공식적으로 거부한 미국 간에 지속적인 갈등이 벌어지면서 2012년 이후 선진국의 추가적인 온실가스 감축 문제 및 개도국에 대한 지원 등과 관련하여 여러 가지 갈등의 난맥상이 드러나기 시작하였다. 한편으로는 중국이라는 최대 온실가스 배출 국가의 감축 의무를 면제한 교토의정서 체제를 받아들일 수 없고, 따라서 이들 개도국 역시 일정 수준 감축 의무를 받아들이지 않으면 자국 역시 감축 노력에 동참할 수 없다는 미국과, 다른 한편으로는 '차별화된 책임'을 강조하면서 경제성장을 저해하는 구속적인 감축 공약 요구를 수용할 수 없다는 중국을 포함하여, 선진국의 기술 및 재정 지원을 강조하는 개도국 간의 갈등이 지속되면서 2012년 이후의 추가적 감축이 어떠한 방식으로 이루어질 것인가가 최대의 관심사로 떠오르게 되었다.

이러한 상황 하에서 2007년 발리 당사국 총회에서 채택된 발리 행동계획은 개도국에 대한 선진국의 지원을 지속적으로 강조하는 가운데, 개도국 역시 어느 정도 자발적으로 자신의 형편에 맞추어 기후변화 문제에 대처하기 위한 노력을 경주해야 할 필요성이 있음을 상기시켰고, 이어서 2009년 네덜란드의 코펜하겐에서 개최된 제15차 당사국 총회는 2012년 이후의 의무적인 추가적 감축 목표 도출에는 실패하였지만, 개별 국가의 '자발적인' 감축량 및 감축 행동계획의 제출을 요구하는 데 합의하기에 이르렀다. 또한 중요한 것은 선진국의 개도국에 대한 기술 및 재정 지원에 대한 대가로서, 개도국 역시 선진국이 납득할 만한 수준에서 기후변화 문제에 대처하고 있다는 점을 입증하기 위해서 국제적인 측정 · 보고 · 검증의 의무를 수행하게 되었다.

2009년의 코펜하겐 당사국 회의가 2012년 이후의 구속력 있는 추가적인 감축 계획의 합의 도출의 달성에 실패하면서, 온실가스의 감축 및 제한 노력과 관련된 국제적 합의의 도출이 결코 쉽지 않은 과제라는 점이 더욱 부각되고 있는 실정이다. 이와 아울러 유엔을 중심으로 회원국의 보편적인 참여를 보장하는 기후변화 논의 방식이 과연 기후변화 대처를 위한 효과적인 제도적 대안인가에 관한 의문이 지속적으로 제기되고 있다. 이러한 상황에서 온실가스의 감축을 골자로 하는 국제적 합의의 도출이나 이를 위한 조정 메커니즘의 제도화가 본원적으로 상당히 어려운 과제라는 점이 더욱 부각되고 있다.

2005년에 발효된 교토의정서와 마찬가지로 어떠한 형태이든지 기후변화 문제를 다루기 위한 향후 새로운 기후변화 레짐의 창출은 무엇보다도 국제적 공공재의 제공이라는 성격을 지니고 있다. 비배제성과 공급의 결합성을 특징으로 하는 공공재는 일단 공급이 되면 공급에 기여하지 않은 개인이나 집단의 공공재 향유를 막을 수 없고, 또한 이들의 공공재 소비가 공공재 전체의 소비에 커다란 영향을 미치지 못한다는 특수한 성격을 지니고 있다. 지구온난화를 특징으로 하는 기후변화에 대처하기 위해서 전지구적인 차원에서 온실가스 배출량을 감축하는 일은, 온실가스 배출이 감축된 이후의 더욱 안정된 대기환경과 여기에서 파생되는 긍정적인 외부경제효과(positive externality)가—특정 국가의 온실가스 배출량 감축에의 기여와 상관없이— 지구에 사는 모든 국가 및 개인들에게 제공된다는 의미에서 공공재의 성격을 띠고 있다. 따라서 새로운 기후변화 레짐의 창출은 올슨(Mancur Olson)이 지적한 바 '무임승차'의 문제를 불러올 수 있다(Olson, 1965). 즉 개별 국가는 지속적으로 석유 등 화석연료를 사용하여 경제발전을 추구하면서 그 결과로 환경을 오염시키지만 이러한 자신의 이기적 경제행위에 상관없이 새로운 기후변화 레짐이 만들어지면 다른 국가들과 마찬가지로 더욱 안정된 대기환경을 향유하거나 대기온도의 적정선 유지에 따른 혜택을 누릴 수 있게 된다. 따라서 개별 국가는 새로운 기후변화 레짐의 창출에 적극적으로 기여할 인센티브가 없으며 무임승차의 기회를 노리게 된다. 특히 개도국의 경우 선진국의 선택적 유인의 제공이나 적극적인 초기 비용 부담 등에 대한 공약이 없으면, 기후변화의 책임을 서구 선진국으로 돌리면서 새로운 제도화의 달성에 미온적인 입장을 보이게 된다. 이러한 상황에서 주요 선진국, 특히 미국과 같은 대규모 온실가스 배출 선진국의 자발적인 기여가 필수적이다.

그러나 이 책이 그 연구의 핵심 대상으로 하는 미국의 경우 포스트 교토 체제의 수립과 관련하여 중국이나 인도를 포함한 주요 개도국의 '구속력 있는' 의무적 감축 공약이 없는 상황에서 자신이 먼저 온실가스 감축에 대한 구속력 있는 공약을 내걸거나, 개도국에 대한 대규모 경제 지원을 한다는 것은 지나친 희생이라고 보고 있다. 첫째, 2008년 이후 미국의 경제적 상황이 악화되면서 이러한 재원을 공급할 여력이 없었을 뿐만 아니라, 둘째, 당사국 모두에게 구속력 있는 감축을 강제하는 레짐의 창출과 이에 대한 중국 · 인도 등 거대 탄소 배출국의 동의가 없는 상태에서 미국이 구속적인 감축 공약을 내어놓고 대규모 비용을 부담한다는 것은 국내 정치적으로 거의 받아들여질 수 없었다. 바로 기후변화 대처의 국제 공공재적인 성격과 이러한 공공재의 공급과 관련된 미국의 국내적 상황의 불비(不備)한 여건이 2012년 이후 새로운 레짐의 창출을 어렵게 하는 주요한 요인이 되었다고 보인다.

한편 기후변화와 관련하여 리더십 발휘를 위한 미국의 국제적 공약은 국내 온실가스 배출의 규제를 통해서 대외적으로 입증될 수밖에 없었다. 오바마 대통령이 직접 참석한 2009년 12월의 코펜하겐 기후변화협약 당사국 총회 이후 미국은 2020년까지 2005년도 기준 17% 정도의 온실가스 배출량을 줄이기로 공약한 바 있는데, 이러한 감축량은 자동차 · 발전소 및 국내 산업시설 등에서 배출되는 국내 온실가스 배출을 국내법의 제정을 통해서 규제하지 않는 이상 실현이 거의 불가능한 것이다.[11] 오바마 대통령은 의회 양원의 다수당인 민주당의 협력을 통해서 2009년 12월의 코펜하겐 유엔기후변화 회의 이전까지 온실가스 관련 국내법의 제정을 완수하고, 이를 기반으로 국제사회에서 EU의 협력을 통해서 중국과 인도 등에 압력을 가함으로써 새로운 기후변화 레짐을 창출하고자 노력해왔다.

그러나 오바마 행정부의 온실가스 배출 규제를 위한 국내법의 제정은

11 2009년 11월 25일, 오는 12월의 코펜하겐 회의에 오바마 대통령이 직접 미국 대표단을 이끌고 참석할 것과 미국의 자발적인 온실가스 감축안을 발표하면서, 백악관은 다음과 같은 성명을 낸 바 있다. "[오바마: 필자] 대통령은 2020년까지 2005년 수준 이하로 온실가스 배출량을 17% 정도 줄이며, 궁극적으로 최종적인 미국의 에너지 및 기후 법률과 일치하는 목표를 제시할 준비가 되어 있다. 2050년까지 온실가스를 83% 감축한다는 대통령의 목표에 비추어볼 때, 다가올 이 법률의 예상 경로는 2025년에는 2005년 수준 이하로 30%의 온실가스를 감축하고, 2030년에는 2005년 수준 이하로 42%를 줄이는 것이다. 이러한 임시 목표치는 현재 양원에 계류 중인 법안과 일치하는 것이고, 미국이 너무 오랜 기간 동안 무시해왔던 문제에 주요하게 공헌하게 됨을 보여주는 것이다"(The White House, "President to Attend Copenhagen Climate Talks", http://www.whitehouse.gov/the-press-office/president-attend-copenhagen-climate-talks). 이러한 백악관 공보처의 발표에서 알 수 있듯이 미국의 대외적 감축 공약은 국내 입법과 밀접하게 연동(聯動)되어 있어서, 국내법이 제정되지 않은 상황에서 실현성이 상당히 떨어질 수밖에 없는 것이었다.

결국 2010년 7월에 좌절되기에 이른다. 국내의 정당 간 양극화 현상이 가속화되는 가운데 2009년 6월에 하원을 통과한 미국 청정에너지 및 안보법이 현재 공화당과 일부 중서부 출신 민주당 의원의 반대 속에서 상원에서 장기적으로 표류하면서 결국 상원의 장벽을 뛰어넘지 못하고 좌초하고 말았다. 공화당이 하원을 장악하고 상원의 의석수를 늘린 2010년 중간선거 이후 온실가스 규제 관련 국내법의 제정을 위한 정치적 환경은 더욱 악화되었다.

이러한 열악한 상황은 오바마 대통령의 국제적 기후변화 대처 노력에 대해서 심각한 지장을 초래하는 국내적 장애물이 되고 있으며 향후 오바마 행정부의 국내외 기후변화 정책이 어떻게 전개될 것인가에 대해서 다양한 시나리오를 가능하게 하는 상황이다. 이와 관련하여 이 책의 제5장에서 제7장에 걸쳐 오바마 행정부가 취한 기후변화 관련 정책이 다양한 영역별로 구체적으로 논의될 것이다. 이에 앞서서 다음 장에서는 오바마 행정부 등장 이전 미국 역대 행정부의 환경정책 및 기후변화 관련 정책의 흐름을 먼저 개괄적으로 살펴보고자 한다.

제3장
오바마 행정부 이전 역대 행정부의 기후변화 관련 입장과 대응

제1장과 제2장의 내용을 배경으로 해서 이 장에서는 2009년 오바마 행정부가 등장하기 이전까지 미국 역대 행정부의 환경정책과 온실가스 감축 관련 정책을 살펴보고자 한다. 이 장에서는 먼저 미국 내에서 환경운동이 절정에 이르렀던 1970년대 이후 클린턴 행정부 이전까지 제정된 다양한 환경정책과 법률의 내용을 개괄적으로 살펴봄으로써, 적어도 1970년대의 미국은 결코 환경문제를 등한시한 국가가 아니었음을 기술할 것이다. 이어서 1988년에 기후변화에 관한 정부 간 위원회의 창설 이후 1992년 유엔 기후변화협약의 제정과 이의 후속 조치로서 온실가스의 구속적인 감축을 요구한 1997년 교토의정서가 채택되어 기후변화 문제에 대한 국제적 협조의 압력이 점증하는 상황에서, 클린턴 및 부시 행정부가 어떠한 방식으로 이러한 압력에 대처했으며 그 대처의 논리는 무엇이었는지를 검토하게 될 것이다.

1. 1970년대 이후 1992년까지 미국 환경보호정책의 전개

1992년에 브라질 리우 데 자네이로에서 개최된 유엔 환경개발회의 이후 지구온난화를 포함한 기후변화 문제가 본격적인 이슈로 등장하기 이전인 1970년대까지만 해도 미국은 대통령과 의회가 모두 환경문제에 대해서 깊은 관심을 가지고 다양한 입법조치를 통해서 대처하고 있었다. 비록 1997년 교토의정서 체제 등장 이후 오바마 행정부가 탄생할 때까지 미국은 구속력 있는 온실가스 배출량 감축과 관련된 국제적 협약의 비준을 거부하고 포스트 교토 체제의 창출에 소극적인 움직임을 보인 것은 사실이지만, 적어도 1970년대 이후 레이건 행정부 등장 시기까지의 미국은 청정 대기 및 청정 수질의 보존 등 환경문제와 관련된 다양한 영역에 있어서 지속적으로 국내적인 규제조치를 취해왔다.

문제는 1980년대 초반에 레이건(Ronald Reagan) 행정부의 탈규제 중심의 '작은 정부론'이 제기되고, 1994년에 공화당의 중간선거 승리 이후 '레이건 혁명'을 계승한다는 '공화당 혁명'이 등장하면서, 환경보호와 관련된 이슈가 공화당 행정부와 의회에 의해서 반기업적이고 반성장적인 정파적 이슈로 포장되면서 환경문제와 관련된 지속적인 입법화 노력이 어려움을 겪게 되었다는 점에 있다. 1992년에 유엔 환경개발회의가 개최되고 이어서 유엔 기후변화협약 체제가 등장한 이후 교토의정서의 비준 거부와 관련된 클린턴 및 공화당 행정부의 지극히 소극적인 태도와 국제적 리더십 발휘 거부는, 바로 이러한 환경문제에 대한 정파적 관점의 등장과 환경론자 대 기업 부문의 양극화된 대립에서 찾아볼 수 있다(Sussman, 2004; Bryner, 2008; Harder, 2011). 이와 같이 1980년대와 1990년대를 거치면서 환경보호 이슈가 정파적인 이슈로 프레이밍되면서 기후변화에 대처하기 위한 온실가스 배출량의 감축 문제 역시 반기업적이고 반성장적인 이슈로 치부되어 기후변화 문제를 해결하기 위한 미국 국내법의 제정이 매우 어려워지게 되었다. 이는 더 나아가 패권국가로서 기후변화 문제와 관련하여 미국의 국제적 협력과 리더십을 제한하는 국내적 요소로 작용했다.

[표 3-1] 환경 관련 법률: 제정 연도 및 제정 당시 대통령

법률 제정 연도	법률명	제정 당시 대통령
1970	청정대기법(the Clean Air Act)	닉슨
1970	국가환경정책법(the National Environmental Policy Act)	닉슨
1972	청정수법(the Clean Water Act)	닉슨
1973	위기종 보호법(the Endangered Species Act)	닉슨
1974	식수안전법(the Safe Drinking Water Act)	닉슨
1975	자동차 연료효율 제고(Corporate Average Fuel Economy: 에너지 정책 및 보존법의 일부로 제5장(Title V of the Energy Policy and Conservation Act)에 포함되어 있음)	포드
1976	국유림 관리법(the National Forest Management Act)	포드
1976	연방 토지정책 및 관리법(the Federal Land Policy and Management Act)	포드
1976	독성물질 통제법(the Toxic Substances Control Act)	포드
1977	노천 채광 통제 및 매립법(the Surface Mining Control and Reclamation Act)	카터
1980	포괄적 환경 대응, 보상 및 책임법(the Comprehensive Environmental Response, Compensation and Liability Act)	카터
1990	석유 오염법(the Oil Pollution Act)	레이건

* 출처: *National Journal*, 2011. 4. 16: 26~29의 내용을 필자가 발췌 요약함.

[표 3-2] 환경보호 관련 법률의 제정 연도, 법률 명칭 및 법률 내용

법률 제정 연도	법률명 및 법률 내용
1970	청정대기법(the Clean Air Act)
	국민보건을 위해서 대기의 질에 대한 기준을 설정한 최초의 법률; 1990년도 개정안은 산성비의 원인인 이산화황을 줄이기 위해 상한치 설정 및 교환제도를 도입함; 1990년도 개정안은 환경보호단체와 기업 부문으로부터 모두 경제성장을 저해하지 않으면서 대기오염을 성공적으로 줄인 것으로 평가 받음; 현재 기후변화 관련 법률이 제정되지 못하는 상황에서 오바마 행정부는 환경보호국으로 하여금 청정대기법에 근거하여 전력 발전시설, 정유시설, 제조업 관련 공장 등에서 배출되는 온실가스의 배출을 규제하고자 함; 이러한 조치에 대한 공화당의 반발이 심한 상태임
1970	국가환경정책법(the National Environmental Policy Act)
	연방정부가 추진하는 사업에 대해서 사전적으로 환경효과에 대한 평가를 실시하도록 규정함; 대통령 산하 환경평가위원회(the Environmental Quality Council)를 창설함; 최근 환경보호단체는 이 법에 기후변화에 대한 사전평가도 포함시키도록 요구하고 있으나 공화당은 반대함
1972	청정수법(the Clean Water Act)
	하천에 유입되는 폐수의 청정도를 높이기 위해서 제정됨; 1987년과 1990년 독성오염물을 통제하고 석유 유출을 효과적으로 처리하기 위해서 대폭 개정됨
1973	위기종 보호법(the Endangered Species Act)
	멸종 위기에 처한 동물과 식물 및 이들의 서식지를 보호하기 위해서 제정됨
1974	식수안전법(the Safe Drinking Water Act)
	하천수에 대한 정수시설의 건설을 통해서 식수의 안전한 공급을 도모하기 위해서 제정됨
1975	자동차 평균 연료효율 제고(Corporate Average Fuel Economy: 1975년 에너지 정책 및 보존법[the Energy Policy and Conservation Act]에 의해서 최초로 도입됨)
	석유수출국기구(the Organization of Petroleum Exporting Countries: OECD)가 석유 금수(禁輸)조치를 취하면서 에너지 절약 및 자동차용 석유의 효율적 이용을 위해서 제정됨; 1975년에 처음 도입된 이후 지속적으로 자동차 연료효율의 기준이 높아져왔으며, 2010년에 오바마 행정부는 2016년 이후의 연료효율을 대폭 높이기로 발표했고 또한 처음으로 자동차에 대한 이산화탄소 배출량 기준을 설정했음; 2010년 현재 공화당은 환경보호국이 이러한 연료효율 규제 및 자동차 이산화탄소 배출량 규제에 직접적으로 개입하는 것을 반대하고 있음
1976	국유림 관리법(the National Forest Management Act)
	미국 산림청(the U.S. Forest Service)으로 하여금 벌목 회사의 벌목 관행을 규제하고 벌목 지역에 대한 조속한 재조림 사업을 강제하도록 함

1976	연방 토지정책 및 관리법(the Federal Land Policy and Management Act)
	내무부 산하 토지관리국(the Bureau of Land Management)이 정부 자산인 공공 토지를 적절히 관리하는 방식에 관한 법률; 정부 소유 토지의 공공적 가치를 인정하면서 현재와 미래의 미국 국민의 적절한 필요에 따라서 토지를 사용할 것을 규정하고 있음; 토지관리국이 특정 공공 토지를 '개발 금지 지구'('wilderness' 혹은 'wild land')로 지정하면 이 지역에서 에너지 개발 등의 행위를 할 수 없게 됨
1976	독성물질 통제법(the Toxic Substances Control Act)
	기업이 독성 화학물질을 배출할 경우 이를 규제하기 위해서 제정됨; 환경보호국으로 하여금 제조 · 배분 · 수입 · 수출 전 과정에 걸쳐서 독성물질을 규제할 수 있도록 함
1977	노천 채광 통제 및 매립법(the Surface Mining Control and Reclamation Act)
	노천 및 산악 정상 채광이 미치는 환경문제를 규제하기 위해서 제정됨; 채광 회사가 채광 지역을 재사용할 수 있도록 조치를 취해야 한다고 규정함; 오바마 행정부 등장 이후 석탄 채굴을 위해서 산 정상을 제거하는 방식의 채광법을 사용하는 애팔래치아 지역 채탄 회사에 대한 규제가 예상됨
1980	포괄적 환경 대응, 보상 및 책임법(the Comprehensive Environmental Response, Compensation and Liability Act)
	미국 국민의 보건 · 복지 · 환경을 침해할 수 있는 독성물질의 방출이나 방출 위협에 대해서 환경보호국이 조치를 취할 수 있게 하며, 이미 방출된 경우 이의 처리를 위해서 소요된 비용을 방출 회사에 청구할 수 있도록 하기 위해서 제정됨; '수퍼펀드'(Superfund)는 이러한 청구 비용을 말함
1990	석유 오염법(the Oil Pollution Act)
	1989년 3월에 엑선 발데즈(Exxon Valdez) 유조선이 알래스카에서 석유를 대량 방출한 사고가 일어난 후 연방정부가 신속히 조치할 수 있도록 하고, 석유 회사의 책임 배상액을 증가시키며 유사한 유조선 석유 유출사고가 발생하지 않도록 조치를 위하기 위해서 제정됨; BP 해저 유정사고 이후 개정이 논의 중임

* 출처: *National Journal*, 2011. 4. 16: 26~29의 내용을 필자가 발췌 요약함.

[표 3-1]과 [표 3-2]에서 볼 수 있는 것처럼 1970년대는 미국 환경정책이 최대의 결실을 맺은 시기였다고 볼 수 있다. 이 당시 제정된 법들이 이후 1990년대를 거치면서 지속적으로 미비한 점을 보완하면서 개정 및 재개정의 과정을 거치지만, 1980년대와 1990년대를 비교해보면 1970년대에 새롭게 제정된 법률은 다른 어떤 시기를 압도할 만큼 수적(數的)으

로 많고 그 범위도 다양하다. 실제로 1990년대 이후 오바마 행정부 4년째에 다다른 2012년에 이르기까지 완전히 새로 제정된 법은 극히 일부 법률을 제외하고 거의 전무(全無)하다고 보아도 과언이 아니다. 이러한 최근의 미미한 입법 실적을 염두에 두고 볼 때, 1970년대에 다양한 분야에서 환경보호 관련 법률이 제정되었다는 사실은, 당시까지만 해도 이러한 환경 관련 법률이 결코 정파적인 이슈로 고려되지 않았으며, 오히려 대통령과 의회, 환경단체와 기업 부문 그리고 보수적 유권자와 진보적 유권자를 망라하여 폭넓은 국민의 지지를 받고 있는 이슈였음을 입증하는 것이다.

1970년대 이후 제정된 환경보호 관련 법률들은 인간이 호흡하는 공기와 마시는 물의 질을 관리하기 위한 청정대기법과 청정수법 및 식수안전법, 미국의 수림과 토지를 보호하고 무분별한 채광으로부터 천연자원과 환경을 보호하기 위한 국유림 관리법, 연방 토지정책 및 관리법, 노천 채광 통제 및 복구법, 대기에 배출되는 공기오염 물질을 줄이고 석유의 효율적 이용을 위한 자동차 연료효율 제고 관련 법률규정, 그리고 독성물질의 방출을 규제하고 이에 대한 보상을 방출 회사에 부과하는 독성물질 통제법 및 포괄적 환경 대응, 보상 및 책임법 등 광범위한 분야를 망라하고 있다. 그리고 이 당시 제정된 법률들은 1990년대를 거치면서 개정을 통해서 그 규제 내용이 점점 더 강화되고 규제 범위가 확대되는 추세를 보여왔다. 비록 이슈가 정파적인 것으로 조망됨에 따라서 새로운 환경보호 관련 법률의 제정은 매우 어려워진 것이 사실이지만, 최근에 이르기까지 이러한 법률의 규정을 축소하거나 폐기하려는 노력은 번번이 좌절되어 왔다.[1]

1 2009년에 출범한 오바마 행정부의 다소 무리한 의료보험 관련 법률제정과 지나친 연방정부의

1970년대에 그 근간이 마련된 미국 환경보호정책을 오늘날의 관점에서 볼 때 더욱 놀라운 사실은 이러한 환경보호 관련 주요 법률과 규제 정책이 주로 공화당 행정부 당시 양당 협조적인 차원에서 제정되었다는 점이다. 앞의 표를 보면 1980년 포괄적 환경 대응, 보상 및 책임법이 제정될 때까지 민주당 행정부 당시에 제정된 법률은 1977년의 노천 채광 통제 및 복구법 하나뿐이며, 나머지 법률은 모두 닉슨(Richard Nixon) 및 포드(Gerald Ford) 행정부에 이어서 레이건 행정부 당시에 제정된 것들이었다. 특히 이 당시 대부분의 법률은 닉슨 대통령과 그의 사임 이후 포드 대통령 당시에 제정되었는데, 이들 두 대통령은 환경문제에 관한 관심을 가지고 양당 공조적인 차원에서 환경보호 관련 법률제정에 노력함으로써 미국 환경보호 정책의 근간을 마련했다고 할 수 있다. 실제로 닉슨 대통령은 1970년의 행정명령을 통해서 환경문제를 담당할 포괄적인 연방 규제기구인 환경보호국을 창설한 장본인이며, 매년 4월 22일로 지켜지는 지구의 날(the Earth Day)도 1970년 닉슨 행정부 당시에 제정되었다. 이러한 사실은 결국 정파를 막론하고 환경정책 일반에 있어서 대통령의 이니셔티브가 매우 중요하다는 점을 다시 한 번 상기시켜주는 것이라고 할 수 있다.

이 당시 주로 민주당이 장악하였던 의회 내에서도 공화당 의원들이 적극적으로 활동하면서 닉슨 및 포드 행정부와 함께 미국의 환경보호

확대로 인한 유권자들의 불만에 편승하고 티파티 운동의 위력에 힘입어 2010년 중간선거에서 승리한 공화당은 자신들이 다수당의 지위를 탈환한 하원을 중심으로 기존의 규제 중심적인 환경보호 관련 법률들의 내용을 완화하거나 폐기하고자 하고 있다. 그러나 여전히 상원에서—비록 2010년 중간선거에서 의석을 다소 상실하기는 하였지만— 민주당이 다수당을 차지하고 있고 오바마 대통령의 비토권 행사 위협으로 인해 이러한 폐기 시도는 사실상 불가능할 것으로 예견된다.

관련 법률의 제정에 노력하였다. 특히 공화당 출신 상원의원인 로드 아일랜드(Rhode Island)주의 체이피(John Chafee), 오레건(Oregon)주의 하트필드(Mark Hartfield), 버먼트(Vermont)주의 스태포드(Robert Stafford) 등은 환경단체 및 공화당 대통령과 협력하면서 민주당 의원들과의 협의를 거쳐서 다수의 환경보호 관련 법률제정에 기여함으로써 당시 이러한 법률 등이 비정파적인 정책으로 등장하는 데 기여하였다.

그러나 이와 같이 1970년대에 정점에 달했던 환경보호운동과 이에 부응한 초당적인 행정부와 의회의 노력은 1980년대 레이건 행정부의 등장과 함께 좌절되기 시작했다. 레이건 행정부는 베트남전 이후 위축된 미국의 자존심을 회복시키기 위해서 대외적으로는 서유럽 동맹국에 대한 퍼싱 II 미사일 배치 등 소련을 대상으로 하는 신냉전적인 상황을 적극적으로 전개해나감과 동시에, 국내적으로는 조세 감면, 탈규제 등을 표방하는 작은 정부론을 내걸면서 1970년대까지 민주당 행정부가 이룩해 놓은 연방정부 중심의 각종 정책을 변경시켜나가기 시작했다. '정부는 해결책이 아니라 바로 문제'(Government is not a solution but a problem)라는 레이건 대통령의 철학에서 알 수 있듯이, 1981년에 출범한 공화당 행정부는 환경보호 차원에서 제정된 각종 법률이 지나치게 규제 중심적이고 사유재산권을 침해할 소지가 있다고 보고 더 이상 환경보호와 관련된 적극적 조치를 취하지 않기에 이르렀다.

이후 레이건 대통령을 이어서 대통령으로 당선된 부시(George H. W. Bush) 대통령은 환경문제와 관련하여 레이건 대통령과 차별화된 입장을 견지하면서 1990년에 청정대기법을 개정하여 산성비를 초래하는 이산화황의 배출을 규제하도록 하였고, 이를 위해서 최초로 아산화황 배출에 대한 상한치 설정 및 시장교환 제도를 도입하기도 하였다. 이 법률은 1970년대 이래 최근에 이르기까지 환경보호와 관련된 몇 안 되는 주요한 법안 가운데 하나로 평가받고 있다. 또한 부시 대통령은 1992년 6월 12일에 유엔 기후변화협약에 서명함으로써 미국이 새로 탄생하는 국제적 레짐의 형성에 기여하는 초석을 마련하기도 하였다.[2]

2. 클린턴과 부시 행정부의 기후변화 문제에 대한 입장

1970년대 환경보호운동의 절정기가 지난 후 레이건 행정부의 등장은 환경보호 문제가 정파적 이슈로 제시되기 시작한 계기가 되었으며, 이러한 현상은 1994년 중간선거에서 승리한 공화당이 의회를 장악하면서 더욱 강화되기 시작하였다. 1992년에 유엔 기후변화협약 체제가 시작되고 이어서 1997년에 교토의정서가 채택되면서 바야흐로 글로벌한 차원에서 선진국을 중심으로 의무적인 온실가스 배출량 감축 노력이 시작되었음에도 불구하고, 미국 국내의 전반적인 분위기는 기후변화 문제에 대처하기 위한 온실가스의 강제적 감축을 포함한 환경정책 전반을 반기업적이고 규제적인 이슈로 몰고 가려는 공화당의 정파적 전략으로 인해서 오히려 퇴행하고 있었다. 이러한 상황에서 부시 행정부에 이어서 등장한 클린턴 행정부 역시 세계적으로 인류가 해결해야 할 과제로 등장한 기후변화 대처 문제 등 환경정책 전반에 대해서 소극적인 정책을 구사할 수밖에 없었다. 그리고 클린턴 행정부 자신이 기후변화 문제에 대해 적극적으로 대처할 의사도 별로 없었다.

우선 클린턴 행정부의 등장을 전후한 1980년대 말과 1990년대 초반의

---

2 부시 대통령이 서명한 유엔 기후변화협약은 이후 의회에서 1992년 10월 15일에 비준되었다.

국제정세는 미국 행정부가 다시 한 번 기후변화를 포함한 환경문제 전반에 대해서 보다 적극적인 노력을 경주할 수 있는 우호적인 환경을 제공해주었다. 1980년대 말과 1990년대 초에 소련과 동유럽 등 공산권이 붕괴되기 시작하면서 미국이 단일 패권국가로 등장하자 미국 국내에서는 국가 간 무력 충돌을 포함한 분쟁에 대한 관심 이외에 다양한 형태의 새로운 안보문제에 대해서 관심을 가져야 한다는 주장이 다수 제기되기 시작하였다. 예컨대 전통적인 안보 영역인 국가 간 무력 분쟁뿐만 아니라 환경 파괴, 자원 고갈, 대기오염 등 환경 관련 이슈가 새로이 안보문제의 논의 영역으로 들어와야 한다는 의견이 미국 정계와 여론 주도층 사이에서 반복적으로 제기되기 시작하였다(Campbell and Parthemore, 2008).

이와 관련하여 1989년 후일 클린턴 행정부 하에서 부통령에 취임하게 된 고어(Al Gore) 상원의원은 환경문제가 인류에 미치는 재앙을 강조하면서 이 문제가 새로운 국가안보의 이슈로 다루어져야 한다고 강조하였고, 이를 위해 미국 정부가 적극적으로 나서야 한다고 주장하기도 하였다. 그리고 1992년에 브라질의 리우 데 자네이로에서 개최된 유엔 환경개발회의는 마침내 기후변화협약을 채택하기에 이르렀고, 또한 1990년과 1995년 사이에 기후변화에 관한 정부 간 위원회의 제1차, 제2차 보고서가 발표되면서 지구온난화가 몰고 온 엄청난 재앙에 대한 경고가 지속적으로 들려오고 있었다.

이러한 국내외적 배경 하에서 1993년에 출범한 클린턴 행정부 시기에 이르러서는 기후변화 문제에 대한 미국의 전향적인 정책이 나타날 것으로 예상했던 것도 사실이다. 실제로 클린턴 대통령 임기 초반 탈냉전과 군비 삭감의 추세 속에서 환경문제 및 기후변화 문제에 대한 적극적인 공론화를 위한 우호적인 분위기가 조성되었고, 이러한 분위기 속에서 미국 내 환경론자들은 탈냉전의 결과로 사용이 가능하게 된 재원, 즉

'평화용 기금'(peace dividend)을 기후변화 문제를 해결하는 데 사용해야 한다고 주장하기도 하였다. 이에 화답하기라도 하듯이 고어 부통령은 행정부 내에서 환경문제의 해결에 큰 관심을 기울이고 있었으며, 또한 최초로 국무부 내에서 '지구업무 담당 차관'(the undersecretary of global affairs)직이 신설되어 이를 맡게 된 워스(Timothy Wirth)는 기후변화 문제에 대처하기 위한 새로운 정부조직의 구성이 필요함을 역설하기도 하였다. 이러한 맥락에서 1993년에 클린턴 대통령은 2000년까지 온실가스 배출량을 1990년 수준으로 줄이고자 하는 프로그램인 '기후변화 행동계획'(the Climate Change Action Plan)을 발표하여, 기업 부문의 자발적인 감축 노력을 촉구하고 정부와 기업 간에 온실가스 감축을 위한 협력이 가능하도록 다양한 조치도 발표하였다. 이와 같이 역대 대통령에 비해서 클린턴 대통령이 상대적으로 기후변화 문제에 더 많은 관심을 가지고 있었던 것은 사실이었다.

[표 3-3]에서 알 수 있듯이 이전의 다른 대통령과 비교해볼 때, 클린턴 대통령은 연례 국정연설(the State of the Union)에서 글로벌한 환경문제에 대해서 자주 언급한 것으로 나타나 있다. 상대적으로 많은 이러한 언급 횟수는 국정연설에 국한된 것이지만, 클린턴 대통령이 이전의 다른 대통령에 비해서 이 문제에 상대적으로 더 관심이 있었음을 보여주는 증거 중의 하나라고 할 수 있다.

클린턴 민주당 행정부 출범 이후 기후변화 문제 대처에 대한 이와 같은 기대감의 상승에도 불구하고 클린턴 대통령은 여전히 기후변화 대처를 그 자체로서 미국이 주도적으로 해결해야 할 가장 핵심적인 문제 가운데 하나로 파악하지는 않고 있었다. 냉전 이후 비록 군사적인 안보문제의 중요성이 상대적으로 줄어들기는 했지만, 이러한 현상이

[표 3-3] 국정연설에서 역대 대통령의 글로벌 환경문제 관련 언급 횟수 비교

구분	언급 횟수	평균과의 차이
클린턴 대통령	15	+7.2
부시 대통령(제41대)	5	−2.8
레이건 대통령	2	−5.8
카터 대통령	9	+1.2
사례수=31; 평균=7.8		

* 출처: Sussman, 2004, p. 354 [table 1]에서 재인용.

결코 미국 행정부의 관심을 환경안보로 집중시키지는 못했다. 여전히 미국은 기후변화 문제와 관련하여 구속력 있는 국제적 협약 가입에 대해서 거부감을 지니고 있었으며, 이러한 구속력 있는 협약에 근거한 강제적 규정이 미국의 온실가스 배출량에 대한 제한을 통해서 미국 경제의 성장을 제한할 것을 우려하였다. 미국은 기후변화 대처 문제의 중요성을 인정한다고 해도 어디까지나 개별 국가의 자발적인 노력에 근거해서 이러한 노력이 경주되어야 하며, 국제적 협약이 개별 국가에 대해서 강제적으로 온실가스 배출 감축량을 부과할 수는 없다고 보았다. 클린턴 행정부는 오히려 이슈의 성격상 개별 국가가 수행해야 할 역할이 보다 명확하고 또한 미국에 보다 직접적인 위협이 될 수 있는 경제 문제 및 인구 문제, 혹은 인종 간 분쟁 문제 등에 더욱 집중하는 경향을 보였다(Campbell and Parthemore, 2008: 7~8).

이러한 와중에서 1994년 중간선거 승리를 통해서 미국 의회의 양원을 모두 장악한 공화당은 다수당으로서의 자신의 지위를 적극적으로 활용하여 추가적인 환경 관련 법안의 입법화를 방지하고, 특히 기후변화와 관련된 국내법 제정 노력을 반기업적이고 규제 일변도의 불필요한 정책으

로 몰아붙였다. 1994년 클린턴 제1기 행정부 임기 중간에 실시된 의회선거에서 '미국과의 계약'(Contract with America)이라는 보수적인 선거공약을 통해서 작은 정부를 구현하고 각종 규제를 철폐하며 복지 개혁을 주도하겠다고 약속한 깅그리치(Newt Gingrich) 공화당 의원은 1995년 제104대 하원에서 하원의장으로 선출된 후 적극적으로 보수적인 입법 어젠다를 추진하면서 기후변화 문제 등 환경보호와 관련된 이슈를 지식인들의 정신적 유희(遊戱)의 산물로 폄하하기에 이르렀다. 그는 기후변화 문제 등을 불확실한 미래의 위협을 과장하고, 미국의 경제적 현실을 무시하며, 보통의 미국 유권자들의 정서를 망각한 동부와 서부 해안지역의 진보적 지식인과 엘리트가 주도하는 공허한 이슈라고 몰아붙이면서, 이러한 기후변화 대처 관련 법률이 등장할 경우 미국의 경제성장에 상당한 장애가 될 것이라고 주장하였다.

이러한 입장에 따라서 제104대 하원에서 깅그리치 하원의장은 하원 천연자원 위원회(the Natural Resources Committee)에 반환경론자이자 개발주의자이며 동시에 시장 지상주의자인 서부지역 출신 폼보(Ricard Pombo: 캘리포니아주), 영(Don Young: 알래스카주), 체노위스(Helen Chenowith: 아이다오주) 의원을 배치하여 서부지역 일대에서 자원 개발이 환경론자의 논리에 의해서 저지되지 않도록 조치하였다. 한편 하원 다수당인 공화당은 환경보호국의 예산 삭감, 대기 및 수질 오염 규제 약화 노력, 위기종 보호 규제 완화, 국유지 석유 시추 추진 등을 통해서 기존의 환경정책을 상당히 무용지물로 만들려고 했으며, 제104대 하원의 신임 원내총무(the House Majority Whip)인 들레이(Tom Delay)는 환경보호국을 히틀러 지배 당시 독일 나치의 게슈타포에 비유하기도 했다(Davenport, 2012: 39).[3]

3 들레이는 또한 예산 지출 법안에 환경보호국의 규제조치를 막는 17개의 추가 조항을 삽입하려

이와 같이 1990년대 초반의 기후변화 대처를 향해서 진일보한 국제사회의 분위기와는 달리, 미국은 1980년대에 이어 1990년대에도 지속적으로 환경보호 문제 및 기후변화 대처 관련 정책을 반성장적이며 반기업적 그리고 엘리트 중심의 이슈라고 주장하는 공화당의 공세로 인해서 효과적인 국내법의 제정에 실패하고 말았다. 이러한 상황에서 1997년에 채택된 교토의정서에 미국이 서명 당사국이었음에도 불구하고 클린턴 대통령은 1998년에 의정서의 비준을 위한 상원 제출을 거부하기에 이르렀다.

클린턴 행정부 이후 2000년 대선에서 승리하여 공화당 단점정부(unified government)의 구축에 성공한 부시 대통령은 기후변화 대처와 관련하여 보수적이고 강력한 친기업적 성향을 보였으며, 마침내 2001년 3월에 교토의정서의 비준을 거부할 것임을 공식적으로 밝혔다. 2000년에 치열했던 대통령 선거운동 당시 부시 공화당 후보는 환경문제에 있어서 레이건 대통령과는 달리 다소 전향적인 태도를 보였던 자신의 아버지와 마찬가지로 석탄에 의존하는 전력 회사의 확산을 억제하고 이산화황·이산화질소·수은·이산화탄소 등 4대 대기오염원을 감축하겠다고 공약한 바 있었다(Bryner, 2008: 325). 그러나 취임 후 부시 대통령은 친기업적인 입장을 지속적으로 고수하면서—환경론자의 반대로 실패하였지만—1970년에 제정되고 1990년에 개정된 청정대기법의 규정을 완화하고자 하였다. 1995년 이후 공화당이 의회 양원을 모두 장악하고 2001년 이후 백악관마저 공화당 대통령이 지배한 상황에서, 그리고 온실가스 배출량 감축 및 이와 관련된 환경보호정책의 규제적 성향과 반성장적 요소가

고 했으나 클린턴의 비토권 위협으로 실패하고 만다. 이러한 사례에서 볼 수 있듯이 의회 공화당은 기후변화와 관련된 민주당 행정부의 노력을 저지하려는 한편, 환경보호국이 환경문제와 관련하여 적극적인 규제 정책을 펴려는 것을 예산 관련 권한을 통해서 좌절시키려고 하였다.

부각되어 이러한 문제가 정파적인 이슈로 변질되어 환경운동의 영향력이 최소화된 상황에서, 세계적인 기후변화 대처의 조류에 부응하여 미국이 이와 관련된 국내법을 추가적으로 제정하는 것은 사실상 어려운 일이었다.

이와 아울러 2001년 9 · 11 테러 이후 시작된 아프간전쟁과 2003년에 시작된 이라크전쟁 등 두 개의 전쟁을 수행하면서 엄청난 국가적 재정이 소요되는 상황에서 경제성장을 저해할 수 있는 온실가스 감축 정책을 실시한다는 것은 경제적으로도 어려운 실정이었다. 또한 지구온난화 주장의 과학성에 대한 미국 국민의 불신으로 인해서 여론의 적극적인 지지를 기대할 수 없는 상황에서 온실가스 배출량 감축과 관련된 국제적 협정을 지지하거나 이를 위한 새로운 국내법을 제정하는 것은 작은 정부론을 지향하는 부시 대통령의 주요 정책 입안 리스트에 속할 수 없는 것이었다.[4] 특히 1990년대 이후 급속도의 경제성장을 통해서 새로운 지역 강대국으로 성장한 중국이 교토의정서 상 온실가스 배출 감축 의무에서 면제되어 있다는 점 또한 부시 대통령으로 하여금 교토의정서 합의 내용의 공정성을 근거로 이의 비준을 거부하는 중요한 근거가 되었다(Campbell and Parthemore, 2008; Smith and Lennon, 2008).[5] [표 3－4]와 [표 3－5]는 클린턴 행정부에 이어서 등장한 부시 행정부가 글로벌 환경문제 및 기후변화 문제와 관련한 미국의 국제적 기여를 축소한 내용을 간접적으로 잘 보여주고 있다.

4 지구온난화 문제에 관한 여론의 동향에 관한 자세한 분석에 대해서는 이 책의 제4장을 참조하기 바란다.

5 미국의 교토의정서 거부를 중국에 대한 미국의 상대적 이익(relative gains)에 대한 우려라는 견지에서 분석한 글로는 Vezirgiannidou, 2008을 참조하기 바란다.

[표 3-4] 역대 미국 행정부 당시 미국의 국제 환경문제 관련 지출

구분	미국 국제개발국(USAID) 예산 가운데 국제환경 지출이 차지하는 비율(%)	미국 연방예산 가운데 국제환경 지출이 차지하는 비율(%)
부시 대통령(제43대)	9.2	0.04
클린턴 대통령	10.0	0.04
클린턴 대통령	10.6	0.05
부시 대통령(제41대)	7.6	0.04

* 출처: Sussman 2004, p. 355의 [table 2]에서 재인용.[6]

[표 3-5] 유엔 환경 프로그램에 대한 북미 국가의 기여: 1992~2002 역대 미국 행정부의 경우

구분	유엔 환경 프로그램에 대한 총기여 비율(%)
부시 대통령(제43대)	17
클린턴 대통령	18
클린턴 대통령	25
부시 대통령(제41대)	28

* 출처: Sussman 2004, p. 356의 [table 3]에서 재인용.[7]

6 서스만이 자신의 논문에서 이 표를 작성할 때 사용한 자료는 미국 국제개발국(United States Agency for International Development[www.aid.gov])이 작성한 정보이다. 서스만은 평균 지출을 자신이 계산했으며("Note: Average Spending Calculated by the Author") 제43대 부시 대통령의 경우는 2001년의 경우만 계산되었다고 적고 있다.

7 서스만이 자신의 논문에서 이 표를 작성할 때 사용한 자료는 미국 국제개발국(United States Agency for International Development[www.aid.gov])이 작성한 정보이다. 서스만은 평균 지출을 자신이 계산했으며("Note: Average Spending Calculated by the Author") 부시(George W. Bush) 대통령의 경우는 2001~2002년의 경우만 계산되었다고 적고 있다. 또한 저자는 북미 지역 지출의 경우 캐나다와 미국의 지출을 의미하는데, 지출의 대부분은 미국이기 때문에 이를 통해서 미국의 지출을 파악하는 것이 큰 문제가 아니라고 적고 있다.

[표 3-4]와 [표 3-5]를 보면 클린턴 행정부 시기를 지나 부시 행정부 시기에 이르면 국제 환경문제와 관련한 미국의 대외적 지출이 감소했음을 알 수 있다. 미국 국제개발국이 국제환경 문제와 관련하여 사용하는 지출의 비중이나, 미국 연방정부의 예산 가운데 국제환경 문제와 관련하여 사용되는 지출의 비중이 모두 약간씩 감소하였고, 유엔 환경 프로그램에 대한 미국의 지출도 감소하였음을 알 수 있다. 이와 같이 클린턴 행정부 이후 부시 행정부에 들어서면서 국제환경 문제에 대한 미국의 공약은 전반적으로 감소하게 되었음을 알 수 있다.

그러나 2001년 부시 행정부의 출범과 함께 공화당이 지배했던 반환경적이며 보수적인 국내 정치적 분위기 속에서도 2006년 부시 제2기 행정부 중간에 실시된 의회 중간선거 이후 기후변화 문제에 대처하는 미국 국내의 분위기에 서서히 변화가 일어나기 시작했다. 우선 2006년 중간선거에서 부시 대통령의 이라크전쟁 및 전후 처리 문제에 염증을 느낀 미국의 유권자들은 양원에서 모두 공화당을 밀어내고 12년 만에 민주당이 다수당으로 재등장하게 만들었다. 새롭게 다수당으로 등장한 민주당은 부시 행정부의 이라크 정책을 비판하면서 이라크 정책에 관한 민주당 나름의 처방을 제시하는 한편, 기후변화 문제를 포함한 환경문제에 관해서도 적극적인 정책을 제시하고자 하였다. 2007년 이후 상원 환경 및 공공사업 위원회의 위원장(the Environment and Public Works Committee)이 된 캘리포니아(California)주 박서(Barbara Boxer) 의원은 기후변화에 대처하기 위한 방법의 하나로서 공화당과 타협이 가능한 법안으로 에너지 효율을 강조하기 위한 법안을 작성하고자 하였으며, 이러한 민주당 입법 노력의 결실로서 2007년에 에너지 독립 및 안보법(the Energy Independence and Security Act)이 제정되기에 이르렀다.8

한편 클린턴 행정부 당시 부통령이었으며 상원의원 시절부터 지속적으로 환경문제에 관심을 가져온 고어와 기후변화에 관한 정부 간 위원회가 2007년 노벨평화상을 공동으로 수상함으로써 전세계는 물론 미국 내에서 다시 한 번 환경문제와 지구온난화 문제의 중요성과 심각성이 강조되는 계기가 마련되었다. 이러한 상황에서 2007년 1월에 스위스의 다보스에서 개최된 다보스 세계경제포럼(World Economic Forum: WEF)에서는 지구화·핵 확산·이라크전쟁과 같은 반복적으로 제기되었던 이슈보다는 기후변화에 어떻게 대처할 것인가에 관한 대책이 회의의 분위기를 지배하게 되었다. 또한 2001년에 이어서 2007년에 다시 기후변화에 관한 정부 간 위원회가 제4차 보고서를 발표하면서 지구온난화의 주요한 원인이 인간이 배출하는 온실가스에 있다는 점을 보다 명확하게 과학적으로 규명함으로써 기후변화 문제에 대한 미국 내외의 인식이 보다 제고되는 계기가 마련되었다.

이러한 변화하는 분위기 속에서 친환경 녹색산업에 종사하는 기업들이 속속 창출되고 또한 성장하면서 1989년에 창설된 반환경 기업연합 집단인 글로벌 기후연맹(the Global Climate Coalition)에서 탈퇴하거나 이에 대항하여 2007년에 미국 기후행동 파트너십(the U.S. Climate Action Partnership: USCAP)이 창설되면서 온실가스 감축을 위해 정부에 압력을 행사하는 경향도 나타나게 되었다.[9] 또한 하나님이 주신 하나뿐인 지구를 지구온난

8 2007년 부시 행정부 당시 제정된 에너지 독립 및 안보법은 자동차 평균 연료효율 제고, 에너지 절약을 위해 설비 및 조명에 대해 강화된 기준의 적용, 태양광, 지열, 기타 재생에너지의 연구 개발 지원을 위한 재원의 확보, 탄소 제거를 위한 연방정부 차원에서의 연구 지원, 운송부 내에 기후변화 및 환경국의 설치 등을 골자로 하고 있다.

9 미국 기후행동 파트너십의 성격과 역할은 이 책의 제6장 제2절 제2항 「하원 법안에 대한 이익집단의 입장: 찬반 이익집단의 구성과 논리」에서 2009년 하원이 통과시킨 미국 청정에너지 및 안보법과 관련하여 다시 설명될 것이다.

화의 재앙으로부터 보호해야 한다는 분위기가 형성되고 2006년에는 '행동을 위한 복음주의적 소명'(An Evangelical Call tor Action)이라는 성명서를 발표하면서 복음주의 계통의 개신교 지도자를 중심으로 '복음주의적 기후 행동계획'이 추진되기도 하였다.

이와 같이 날로 강해지는 세계적인 기후변화 대처 촉구 분위기와 2006년을 전후해서 변화된 국내적 상황 앞에서 부시 대통령은 2005년 7월에 미국이 호주 · 중국 · 인도 · 일본, 그리고 한국 등 5개국과 함께 청정개발 및 기후에 관한 아시아-태평양 파트너십(Asia-Pacific Partnership on Clean Development and Climate)에 참여한다고 발표한 데 이어, 2007년 9월 27일에 유엔 대표, 주요 선진국과 개도국 대표 등을 워싱턴으로 초청하여 기후변화 관련 회의—에너지 안보 및 기후변화에 관한 주요 경제국 회의(Major Economies Meeting on Energy Security and Climate Change: MEM)—를 개최하면서 미국 역시 기후변화 대처 문제를 중요한 문제로 보고 있다고 설명했다. 그러나 여전히 부시 대통령은 어떠한 구속력 있는 국제적 조약에 의해서 미국이 강제적으로 일정 기간 내에 의무적으로 온실가스 배출량을 감축할 의사가 없음을 다시 천명했으며, 이러한 감축 노력은 미국 등 선진국뿐만 아니라 중국 · 인도를 포함하는, 개도국들도 참여하는 자발적인 방식이 되어야 한다는 자신의 소신을 강조했다.

이와 같이 2006년을 전후하여 국내적으로 변화된 상황과 여전히 지속적으로 강화되어온 국제적인 압력에도 불구하고 미국의 국가원수이며 행정부의 최고정책결정자인 부시 대통령 스스로가 국제적인 협약에 토대한 구속력 있는 온실가스 배출 감축과 또한 이를 위한 국내법 제정을 경제성장 저해 및 개도축 참여 배제를 이유로 거부함으로써, 글로벌한 차원에서의 기후변화 대처 및 포스트 교토 체제의 등장은 여전히 불투명한 상황에 이르게 되었다. 정책의 변화는 백악관의 새로운 주인이 등장하여

이러한 문제에 대해서 국제적으로 협력하고 국내적인 노력을 촉구할 때까지는 불가능한 것처럼 보였다.[10]

3. 논의의 정리: 정파적으로 변질된 환경 및 기후변화 문제

앞에서 설명했듯이 환경문제에 관한 미국의 기본적인 국내적 법률과 제도가 구비된 것은 1970년대 이후 닉슨 대통령 등 공화당 대통령이 이러한 문제에 대해서 성의를 가지고 적극적으로 대처했기 때문에 가능했다. 이들 공화당 대통령이 제정해놓은 법률을 의회 민주당과 공화당이 정파성을 뛰어넘어 양당 공조적인 차원에서 지지한 결과 미국 환경보호정책의 법과 제도가 1970년대에 정비되기에 이른 것이다. 그리고 현재 기업 및 공화당의 반대와 환경단체 및 민주당의 요구라는 대립구도 속에서도, 환경보호국을 중심으로 환경정책 및 온실가스 감축을 위한 노력이 경주될 수 있는 것은 바로 1970년대에 제정된 이와 같은 법률과 제도의 지원 때문에 가능한 것이었다. 예컨대 2009년 오바마 행정부 등장 이후 더욱 활성화된 환경보호국의 온실가스 규제 정책은, 1970년 공화당의 닉슨 대통령이 서명하고 양당의 지원을 획득했으며 환경단체와 국민의 전국적인 지지 속에서 등장한 청정대기법과 이에 대한 2007년 연방대법원의 판결 때문에 가능한 것이었다.[11] 이와 같은 배경 속에서

10 대체로 1990년대 이후 오바마 행정부 등장 이전까지의 온실가스 규제와 관련된 미국 국내법과 정책에 대해서 정리해놓은 글로는 Yacobucci, Ramseur, and Parker, 2008을 참조하기 바란다.

11 청정대기법에 대한 2007년 연방대법원의 판결 및 이 판결이 지니는 역사적 중요성과 의의, 그리고 이를 통한 환경보호국의 온실가스 규제 정책의 추동력 확보 등에 관한 자세한

1970년대는 미국 환경운동의 성취율과 영향력이 정점에 달한 시기라고도 할 수 있다.

그러나 이와 같이 양당 공조적이며 국민의 지지를 받던 환경 이슈는 1980년대 레이건 행정부가 등장하면서 현저히 위축되기 시작했다. 레이건 대통령의 작은 정부론과 친기업적 정책 등으로 인해서 환경문제는 반기업적이며 반성장적인 이슈로 인식되기 시작했고, 환경보호국의 규제 권한은 작은 정부론으로 인해 현저히 제한될 수밖에 없었다. 이와 함께 1992년 리우 유엔 환경개발회의에서 기후변화 협약이 채택된 이후 온실가스 규제를 포함한 기후변화 대처 문제가 국제적으로 본격적인 이슈로 등장하였음에도 불구하고, 1995년 이후 의회를 장악한 공화당은 기후변화 문제를 반성장적 이슈로 프레이밍하면서 기후변화의 과학성을 무시하고 기후변화의 인간행위 기원론을 적극적으로 반박하였다. 요약하자면 1980년대 레이건 행정부를 거쳐서 1990년대 중반 이후 공화당이 의회를 장악한 이후, 특히 기후변화 문제는 매우 정파적이며 반성장적인 이슈로 변질되고 말았다. [표 3-6]은 카터 대통령 이후 의회 정치 과정에서 환경문제가 서서히 정파적인 이슈로 변질되었음을 잘 보여주고 있다.

[표 3-6]에서 알 수 있듯이 카터 행정부 이후 의회 양원에서 환경정책과 관련된 의원들의 투표 행태는 찬성과 반대의 경향이 더욱 양극화되는 경향을 보여주고 있다. 특히 클린턴 행정부와 부시(George W. Bush) 행정부에 들어서면서 이러한 경향이 심화되어, 이후 환경 및 기후변화 관련 정책이 매우 정파적인 환경 속에서 논의될 수밖에 없게 되었음을 잘 시사해주고 있다.

내용에 관해서는 제7장을 참조하기 바란다.

[표 3-6] 역대 행정부별 민주당과 공화당의 녹색투표(green voting) 현황

구분	하원		상원		백분율 차이 지수 (Percentage Difference Index: PDI)	
	민주당	공화당	민주당	공화당	하원	상원
부시 대통령(제43대)	81%	16%	82%	9%	+65	+73
클린턴 대통령	73%	21%	80%	14%	+	+
부시 대통령(제41대)	65%	28%	66%	28%	+	+
레이건 대통령	64%	32%	63%	36%	+	+
카터 대통령	51%	27%	자료 없음	자료 없음	+	자료 없음

* 출처: Sussman 2004, p. 359 [table 4]에서 재인용.12

이러한 의회정치의 분위기 속에서 기대를 모았던 클린턴 행정부 역시 미국 국내 경제성장에 저해가 된다는 이유로 교토의정서 비준을 거부하였고, 부시 대통령은 2007년에 에너지 독립 및 안보법을 제정하면서 2006년 이후 다수당으로 등장한 민주당 의회와 함께 자동차의 연료효율 제고를 위해서 노력했으나, 여전히 미국의 온실가스 배출 제한에 대해서 구속력이 있는 국제적 합의에는 참가할 수 없음을 분명히 하였다. 이와 같이 미국의 적극적인 참여가 없는 상황 속에서 1997년에 채택된 교토의정서는 제한적인 효력만을 발휘할 수밖에 없었고, 기후변화 문제와 관련하여

12 서스만이 자신의 논문에서 이 도표를 작성할 당시 사용한 자료는 환경단체인 자연보존유권자연맹(League of Conservation Voters[www.lcv.org])이 작성한 정보이다. 저자에 의하면 백분율 차이 지수(PDI: Percentage Difference Index)가 '+' 표시이면 이는 민주당이 더 녹색투표적인 성향을 보였음을 의미한다.

미국은 일종의 '불량 국가'(rogue state)로 인식되기에 이르렀다(Falkner, 2005: 585). 국제적 기후변화 대처 노력과 포스트 교토 기후변화 체제의 창출과 관련하여 미국은 리더십 발휘에 주저하였고 오히려 일방주의적인 정책을 고수하는 경향을 보이기조차 하였다.

2009년 오바마 행정부의 출현은 기후변화 문제에 대한 글로벌한 노력에 추동력을 더하여 미국이 2012년 이후 새로운 레짐의 창출에 대한 선도적 리더십을 발휘할 수 있는 적절한 기회를 마련해주는 듯했다. 그러나 2007~2008년 미국발 경제위기는 기후변화 관련 미국의 영향력 행사에 제동을 거는 구조적 환경이 되었고, 지구온난화 문제의 대처에 관한 미국의 여론 역시 상당히 부정적인 방향으로 선회하게 되는 계기가 되었다. 다음 장에서는 기후변화와 관련된 미국의 정파적 환경과 아울러 오바마 행정부의 국내외 온실가스 감축 노력을 어렵게 한 환경적 요인이 된 여론과 이익집단정치의 양상에 대해서 살펴보기로 한다.

제4장
기후변화 문제와 관련된 미국 여론의 추세와 이익집단정치

지금까지 제3장에서는 1970년대 이후 오바마 행정부 등장 이전 미국 역대 행정부의 환경 및 기후변화 정책에 대해서 살펴보았다. 앞 장에서 살펴본 대로 미국의 환경정책은 1970년대를 마치면서 다양한 도전에 직면하게 되었고, 1980년대 레이건 행정부 시기를 지나 1990년대에 이르러서는 더욱 거센 역풍에 직면하게 되었다. 즉 기존의 미국의 친환경적 규제 정책은 1990년대 중반 이후 공화당과 기업 부문 그리고 보수적인 싱크탱크 등의 적극적인 정책적, 홍보상의 노력 등으로 인해서 반성장적인 조치로 인식되기 시작하였고, 이와 아울러 환경정책 전반이 매우 정파적인 논란의 대상으로 변질되고 말았다. 이러한 정파적 분위기 속에서 국제적으로는 1992년 유엔 환경개발회의를 통해서 기후변화협약이 체결되고 온실가스 감축에 대한 논의가 활기를 띠기 시작했음에도 불구하고, 클린턴과 부시 행정부는 교토의정서 비준을 지속적으로 거부하면서 기후변화와 관련해서는 일방주의적인 정책을 고수하였고, 국내적으로도 온실가스 배출을 억제하려는 적극적인 노력은 전개되지 않았다.

이 장에서는 이러한 정파적 환경과 아울러 2009년 오바마 행정부 등장 이후 온실가스 감축에 대한 적극적인 대처 노력을 어렵게 만든 환경 가운데 하나로서 지구온난화와 관련된 미국 여론의 동향과 이익집단 정치의 추세 등을 살펴보고자 한다. 이 장에서는 먼저 지구온난화 문제와 관련하여 미국 여론의 동향이 유럽 등 다른 국가들의 여론 동향과 어떠한 차별성이 있는지를 먼저 살펴보고, 이어서 다양한 각도에서 미국 국내 여론을 검토해보고자 한다. 특히 미국 국내 여론의 추세와 관련하여 2008년 경제위기 이후 미국 여론이 어떠한 변화를 보이고 있는지를 개괄적으로 살펴보고자 한다. 이러한 논의 이후 온실가스 감축 문제를 둘러싼 미국 내의 이익집단의 동향을 에너지 부문 기업 및 이익집단과 환경단체로 크게 나누어서 선거 및 로비자금 지출을 중심으로 살펴보고자 한다.[1]

1 이 장의 제2절에서 넓게는 환경정책, 좁게는 지구온난화 문제를 둘러싼 온실가스 배출 규제와 관련된 이익집단정치의 양상을 분석하기 위해서 이 책은 주로 화석연료의 사용과 상당히 밀접하게 관련되어 있는 에너지 부문 기업 및 이익집단과, 적극적인 온실가스 배출 억제 정책을 지지하는 환경단체의 대립에 초점을 맞추어, 이들의 상대적인 영향력을 선거자금 및 로비 지출을 중심으로 살펴보고자 한다. 그러나 실제로 미국 국내에서 온실가스 감축과 관련된 찬성과 반대의 진영에 가담하는 이익집단은 이와 같이 단 두 분야의 집단에 국한되거나, 혹은 단순화된 이분법적 도식으로 설명하기에는 상당히 복잡다기한 것이 사실이다. 예컨대 직접적으로 에너지 부문과 관련되어 있는 미국 석유협회(American Petroleum Institute)와 같은 단체뿐만 아니라, 에너지 부문과는 직접적으로 관련되어 있지 않은 미국 상공회의소(the United States Chamber of Commerce)나 전국 제조업자협회(the National Association of Manufacturers) 등과 같은 기업 혹은 제조업 부문의 정상(頂上)조직(peak association) 역시 기업 부문의 전반적인 이익을 대변하면서 온실가스 배출 규제 정책에 반대하는 입장을 보이고 있다. 뿐만 아니라 헤리티지 재단(Heritage Foundation)과 같은 보수적인 싱크탱크 역시 온실가스 규제에 반대하는 입장을 보이고 있어서 실제로 온실가스에 반대하는 기구나 기관은 에너지 산업 부문에 국한되지 않고 있다. 또한 온실가스 배출 규제에 찬성하는 집단은 시에라 클럽(Sierra Club)과 같이 환경 분야의 시민단체(citizen group)뿐만 아니라, 미국 자동차노조(the United Auto Workers: UAW)와 같은 노동조합이나—사안에 따라서—다우 케미칼(Dow Chemical), 제너럴 일렉트릭(General Electric)과 같은 대형 기업도 포함하고 있다. 뿐만 아니라 온실가스 배출 억제와 관련하여 의회에서 논의되는 법안의 구체적인

1. 지구온난화 문제에 대한 미국 여론의 추세와 현황

미국 역대 대통령 가운데 오바마 대통령은 다른 어떤 대통령보다 기후변화 문제 및 이와 관련된 재생에너지의 연구 및 개발 문제에 깊은 관심을 지닌 대통령이었다. 따라서 2008년 오바마 대통령의 당선은 환경론자와 온실가스 감축을 주장하는 사람들에게는 큰 기대감을 주기에

내용에 따라서 환경단체가 법안에 대해서 반대하는 경우도 있고, 이와는 반대로 보수적인 집단이 법안에 찬성하는 경우도 있다. 제6장에서 논의될 2009년에 미국 청정에너지 및 안보법이 하원에서 논의될 당시 지구의 친구들(Friends of the Earth)이나 그린피스(Greenpeace)와 같은 환경단체는 이 법안에 나타난 온실가스 감축 목표가 기대 수준에 못 미치며 그 내용이 지나치게 친기업적이라는 이유로 법안에 대한 반대의사를 밝힌 바 있다. 이와는 반대로 환경보호를 위한 공화당(Republicans for Environmental Protection)과 같은 공화당 계열 환경단체는 이 법안이 주어진 조건 하에서 가장 현실적인 대안이라는 이유로 찬성의 의사를 표명하기도 하였다. 또한 미국의 대외적인 환경정책과 관련하여 기업 부문 이익집단 내부에도 분열의 양상이 있는 것이 사실이다. 이와 같이 지구온난화 및 온실가스 배출 규제와 관련된 이익집단의 활동과 입장 표명은 매우 다양한 집단을 망라(網羅)적으로 포함하고 있다. 뿐만 아니라 이러한 다양한 집단은 의회에서 논의되는 정책과 법안에 따라서 시시각각으로 서로 다른 입장을 표명하며 상호 합종연횡(合從連衡)하는 양상을 보이고 있다. 그러나 이익집단정치와 관련하여 이 장은 온실가스 배출 규제에 직접적인 이해관계를 지닌 집단을 선별하여 이를 분석하는 것을 목적으로 하고 있으며, 다양한 이익집단 전체를 포괄적으로 다루는 것을 목적으로 하고 있지 않다. 또한 특정 법안에 대한 이익집단 영향력 행사나 의사 표명의 양상을 다루는 것이 아니라, 온실가스 감축과 관련된 이익집단의 전반적인 찬반 입장을 밝히고 이들의 상대적인 영향력을 비교하는 것을 목적으로 하고 있다. 이러한 목적에 따라서 이 장에서는 에너지 부문 기업 및 이익집단과 환경단체의 대립에 주목하여 선거 및 로비 지출을 중심으로 이들의 상대적인 영향력을 분석해보고자 한다. 그리고 2009년 하원의 기후변화 관련 법안 작성 과정에서 나타난 이익집단의 구체적인 찬반 입장 및 그 논거는 제6장 제2절의 제2항 「하원 법안에 대한 이익집단의 입장: 찬반 이익집단의 구성과 논리」에서 보다 상세하게 논의될 것이다.

충분한 것이었다. 미국이 세계 최대의 온실가스 배출국 가운데 하나이면서도 전세계적인 기후변화 대처 노력에 적극적으로 참여하지 않고 있다는 비난을 충분히 인식하고 있었던 오바마 대통령은 전임 클린턴 대통령과 부시 대통령의 교토의정서 비준 거부로 인해 미국의 국제적 이미지가 저하되었다는 사실을 반면교사(反面敎師)로 삼아서 기후변화 대처와 관련된 적극적인 국제적 협력을 공약하고 나섰다. 더 나아가 오바마 대통령은 미국의 국내적 입법 노력에 박차를 가하고, 이를 통해서 교토의정서 체제 이후의 새로운 기후변화 레짐의 창출을 위한 다자적 협력의 유도 과정에서 주도적인 역할을 수행하고자 하였다.

기후변화 대처 문제 및 이를 지원할 수 있는 국내적 입법 노력에 적극적인 공약을 표명한 새로운 대통령의 출현은 교토의정서를 대체할 새로운 국제적인 기후변화 레짐 창출에 청신호가 되었지만, 이와는 정반대로 미국 국내 여론은 2008년을 지나 2009년에 들어서면서 기후변화 대처 문제에 대해서 매우 냉담해지기 시작하였다. 이러한 여론의 변화는 여러 가지 원인에 의해서 야기된 것이라고 할 수 있지만, 무엇보다도 2008년 미국발 서브프라임 모기지(subprime mortgage) 사태가 야기한 전세계적 금융위기 이후 미국 경제가 끝을 모르는 경기침체와 실업률 증가 국면으로 접어드는 현상과 무관하지 않았다. 자기 발등에 불이 떨어진 것과 같은 절박한 경기침체 상황에 처한 미국 국민은 지구온난화 문제가 아무리 과학적인 근거가 있고 국제적 공감대가 형성된 사안일지라도, 온실가스 배출을 규제함으로써 미국 경제회복과 일자리 창출을 저해할 수도 있는 기후변화 대처 문제에 대해서 적극적인 규제의 필요성을 크게 느끼지 못하고 있었다. 아래에서는 갤럽 등 미국 여론조사 기관이 실시한 조사 결과를 바탕으로 기후변화 대처 문제에 대한 미국 여론의 부정적인 인식을 살펴보고자 한다.

1) 기후변화 문제 관련 국제적 여론과의 비교

기후변화와 관련된 지구온난화 문제에 대한 미국 국내 여론의 일반적인 추세를 분석하기에 앞서서, 먼저 미국 국내 여론을 국제 여론과 비교함으로써 미국 여론의 차별적 특성을 검토해보고자 한다. 이를 위해서 지구온난화의 인간행위 기원설에 대한 미국 국내외의 여론, 2007~2008년과 2010년 사이의 국내외 여론의 변화, 지구온난화 문제의 심각성에 국내외 여론 등이 비교될 것이다.

(1) 지구온난화의 원인에 대한 국제적 여론과 미국 여론의 비교

[표 4-1]은 지구온난화 문제의 원인에 대해서 2010년 갤럽이 111개국의 15세 이상 인구 1,000명을 대상으로 실시한 전화 인터뷰 결과를 정리해서 제시한 것이다.[2] [표 4-1]을 통해서 우리는 지구온난화로 인한 지구온도 상승의 원인이 무엇인가에 관한 미국과 세계의 다른 국가의 여론 간의 현저한 인식의 차이를 확인할 수 있다.

[표 4-1]에 나타나 있는 바와 같이 아시아 및 유럽의 선진국과는 달리 미국 국민들은 지구온난화에 따른 지구온도 상승 문제가 인간의 행동으로부터 기원한다는 사실을 받아들이는 데 상당히 유보적인 입장을 표명하고 있다. [표 4-1]에 의하면 지구온난화로 인한 온도 상승이 인간행위의 결과라는 것을 받아들이는 미국 국민의 비율은 전체 응답자 가운데 34%에 불과한 것으로 나타나 있다. 이러한 비율은 미국인 응답자 가운데 지구온난화 현상이 자연적 원인의 결과라고 응답하는 사람들의 비율인

2 2010년에 실시된 여론조사 결과를 토대로 갤럽이 제시한 표이므로, 이 표에 나타난 정보는 2007~2008년의 세계적 경제침체의 결과를 반영한 것이라고 할 수 있다.

47%보다 훨씬 적다.

[표 4-1] 지구온난화의 원인에 관한 세계 여론 (단위: %)

* 질문: "지구온도 상승은 지구온난화나 기후변화의 일부입니다. 당신은 기온 상승이 무엇의 결과라고 생각하십니까?"

구분	인간 행위의 결과이다	자연적 원인의 결과이다	둘 다이다	모르겠다/ 답변하기 싫다	지구온난화에 대해서 아는 바 없다
세계	35	14	13	2	36
아시아 선진국	76	12	7	1	4
남미	56	10	8	2	23
캐나다	54	24	18	1	4
서유럽	49	23	20	2	6
동부 및 남부 유럽	46	12	22	3	17
독립국가연합	36	22	15	4	23
미국	34	47	14	1	4
아시아 개도국	27	11	12	2	48
중동 및 북아프리카	25	13	12	1	49
사하라 사막 이남 아프리카	22	14	10	0	54

* 출처: Julie Ray and Anita Pugliese, "Worldwide, Blame for Climate Change Falls on Humans: Americans among Least Likely to Attribute to Human Causes", Gallup, April 22, 2011. http://www.gallup.com/poll/147242/Worldwide-Blame-Climate-Change-Falls-Humans.aspx#2

지구온난화 현상이 자연적 원인의 결과라고 응답한 미국 여론의 비율 47%는 [표 4-1]에 분류된 국가군 가운데 가장 높은 비율이다. 도표에는 나타나 있지 않지만 동일한 조사에서 아시아의 선진국인 한국과 일본의 경우 각각 82%와 89%로, 또한 유럽의 선진국인 독일과 프랑스의 경우는 각각 58%와 53%로 지구의 온도 상승이 인간행위에 기인한다고 응답한 비율과 비교해볼 때, 같은 질문에 대한 미국의 응답자 비율인 34%는 매우 낮은 수치라고 볼 수 있다.

한편 선진국뿐만 아니라 경제수준이 미국에 비해서 현저히 뒤쳐진 국가와 비교해보아도 지구온난화 문제를 인간행위에 기원하는 것으로 보는 미국인의 비율은 매우 낮다. 즉 남미, 동부 및 남부 유럽, 그리고 러시아를 포함한 구소련 국가에서도 지구온난화에 따른 온도 상승의 원인이 인간의 행위에 기인한다고 응답한 비율이 미국보다 훨씬 높고, 또한 자연적 원인에서 기인한다고 대답한 비율보다 훨씬 낮은 것으로 나타나 있다. 예컨대 동일한 갤럽조사의 결과에서 남미의 브라질은 67%, 남유럽의 그리스는 74%, 동유럽의 슬로베니아는 61%, 러시아는 40%의 비율로 지구 온도 상승의 원인을 인간행위에 기인하는 것으로 응답하고 있어서, 경제적 수준이 미국에 미치지 못하지만 이들 국가의 지구온난화에 대한 인식이 미국에 비해 현저히 앞서 있다는 점을 추론할 수 있다. 한편 지구온난화가 인간행위의 결과라고 응답하는 미국인의 비율은 세계 평균인 35%보다 1% 적은 것으로 전체적으로 선진국 가운데 가장 낮은 비율이라고 볼 수 있다.

⑵ 지구온난화 원인에 대한 최근 국제적 여론의 추세 및 미국 여론과의 비교

과연 2010년 세계 각 지역의 여론조사를 바탕으로 [표 4-1]에 제시된 정보는 그 이전 시기의 여론조사 결과와 차이가 있는 것인가? 즉 [표 4-1]에 나타난 세계 각지 여론의 반응은 2007~2008년 경제위기의 결과로 인해 기후변화 문제를 인간의 행위에 기인한 것이라고 보는 경향이 어느 정도 줄어든 결과로 나타난 것인지가 또한 의문의 대상이 될 수 있다. 2007~2008년 경제위기 이후 지구온난화 현상을 인간행위의 결과로 볼 경우 온실가스 배출규제 등 정부의 조치로 인해 가뜩이나 위축된 기업의 경제활동이 더욱 위축되어 실업문제의 악화 등 개인의 경제생활에 부정적 영향이 따를 것을 우려하는 여론의 동향이 [표 4-1]에 어느 정도 반영되어 나타난 것인가? 만약 그렇다면 이러한 우려의 증가가 여론에 반영되는 정도에 있어서 미국은 다른 국가와 비교해볼 때 어떠한 차이를 보이고 있는가?

이러한 문제에 대해서 답변하기 위해서는 2010년 여론조사 이전에 실시된 여론조사와의 비교가 필요할 것으로 보인다.

[표 4-2]는 미국발 금융위기가 세계적으로 확산되기 시작하였지만 그 충격이 세계경제에 본격적으로 영향을 미치기 시작하기 전인 2007~2008년과, 금융위기의 여파가 확대되면서 세계적으로 경제위기가 닥쳐오고 실업률이 고공행진을 시작한 2010년의 두 시기를 대상으로 지구온난화 현상에 대한 갤럽의 세계 각 지역 여론조사 결과를 정리한 것이다.[3] 우선 2007~2008년에 걸친 시기를 보면 미국의 경우 지구온난화 현상의 원인이 인간행위에서만 기인한다거나, 혹은 인간과 자연 양자 모두에게 있다고 응답한 비율(60%)이 캐나다(76%), 아시아 선진국(72%), 유럽(서유럽

3 갤럽의 조사 결과는 지구온난화 현상을 초래한 원인으로 인간의 행위만을 따로 선택한 응답자의 비율을 별도 정리해놓고 있지는 않다. 그 대신 갤럽 여론조사는 지구온난화를 인간의 행위의 결과로 보는 응답 비율과 인간행위 및 자연적 현상 모두의 결과라고 응답한 비율을 합친 것을 두 시기에 걸쳐서 비교하고 있다. 두 가지 선택에 대한 응답 비율이 합쳐 있는 결과이기는 하지만, 전체적으로 지구온난화가 인간의 행위에 의한 결과라고 응답하는 비율이 양 기간에 걸쳐서 어떻게 차이를 보이는가를 알아보는 데에 본문의 도표가 제공하는 정보는 큰 문제가 없다.

74%; 동유럽과 남유럽 59%)보다는 낮았지만 세계 평균(43%)보다는 월등히 높았다. 그러나 2010년에 이르러서 위와 같이 응답하는 미국 응답자의 비율은 48%로 급격히 감소하게 된다. 이러한 미국 응답자의 비율은 캐나다, 아시아 선진국, 유럽 지역뿐만 아니라 남미, 러시아를 포함하는 독립국가 연합의 응답자 비율보다도 낮은 것으로서, 오히려 전세계적으로 상승한 세계 평균(48%)과 같은 수준이 되었다.

[표 4-2] 지구온난화의 인간행위 원인론에 관한 국제적 여론 (단위: %)

구분	인간행위의 결과이다 +인간행위의 결과와 자연적 원인의 결과 둘 다이다 (2007~2008)	인간행위의 결과이다 +인간행위의 결과와 자연적 원인의 결과 둘 다이다 (2010)	차이
세계	43	48	+5
아시아 선진국	88	83	−5
남미	59	65	+6
캐나다	72	72	0
서유럽	76	69	−7
동부 및 남부 유럽	74	68	−6
독립국가연합	51	51	0
미국	60	48	−12
아시아 개도국	34	39	+5
중동 및 북아프리카	40	37	−3
사하라 사막 이남 아프리카	24	32	+8

* 출처: Julie Ray and Anita Pugliese, "Worldwide, Blame for Climate Change Falls on Humans: Americans among Least Likely to Attribute to Human Causes", Gallup, April 22, 2011. http://www.gallup.com/poll/147242/Worldwide−Blame−Climate−Change−Falls−Humans.aspx#2

전체적으로 볼 때 각각 다른 시기에 실시된 두 여론조사 기간 동안 지구온난화의 원인이 인간행위 혹은 인간행위와 자연적 현상 모두에 기인한다는 응답자의 비율이 미국뿐만 아니라 유럽과 아시아 선진국에서 줄어든 것은 사실이다. 그러나 그 감소폭에 주목해보면 미국이 12% 정도로 가장 크다는 것을 알 수 있다. 이러한 감소폭은 서유럽의 감소폭인 −7%, 아시아 선진국의 감소폭인 −5%, 동유럽 및 남유럽의 감소폭인 −6% 그리고 거의 변화가 없는 캐나다와 비교해볼 때 매우 큰 것이라고 할 수 있다.

이러한 결과를 보면 전반적으로—캐나다를 제외하고— 미국을 포함한 서유럽과 아시아 선진국의 경우 경기침체의 영향으로 경제성장과 일자리 창출을 저해할 수 있는 정부의 규제 정책을 우려한 결과 지구온난화의 문제를 인간행위에 기인하는 것으로 응답하는 국민의 비율이 전체적으로 줄어든 것으로 추정해볼 수 있다. 특히 감소폭에 있어서 미국의 응답자들이 보여준 변화의 폭은 다른 어떤 지역보다도 큰 것으로 나타나 있어서, 경기침체와 이에 따른 실업률의 증가 문제 등으로 인해 지구온난화 대처 문제에 대한 미국 국민의 태도가 매우 소극적인 것으로 돌아서게 되었다고 추론해볼 수 있다.

(3) 지구온난화 현상의 심각성에 대한 세계 및 미국 여론의 최근 변화 추세 비교

지금까지는 지구온난화 현상이 인간행위에 기인한 것인지 아니면 자연적인 현상의 결과인지와 관련하여 국제적 여론을 미국 여론과 비교해보았다. 다음에서는 세계의 다양한 지역의 여론의 비교 분석과 관련하여 마지막으로 지구온난화 현상의 '심각성'에 대한 국제적 여론을 미국 여론과 비교해보고자 한다. 세계의 다른 국가 혹은 지역과 비교해볼 때 미국 국민이 지구온난화 문제를 얼마나 심각한 위협으로 파악하는지에 대한 여론의 변화를 분석해보는 것은 지구온난화의 주요 원인에 대한 여론의 비교만큼이나 흥미로운 결과를 제시하고 있다.

지구온난화가 자연적인 현상의 결과인지 아니면 인간행위의 결과인가에 대한 여론조사 비교 결과와 마찬가지로 지구온난화의 위협을 얼마나 심각하게 받아들이는지의 문제에 대해서도 미국 여론은 차별화된 반응을 보여주고 있다. 세계의 다른 지역과 비교해보면 2007~2008년과 2010년 사이의 기간 동안 지구온난화 현상에 대한 미국 국민의 태도가 이를 심각한 위협으로 받아들이지 않는 방향으로 상당히 크게 선회하고 있음을 알 수 있다.

[표 4-3]을 보면 지구온난화 현상이 자신과 자신의 가족에 대해서 심각한 위협이 되고 있다는 점에 대해서 미국 여론은 최근 2~3년간 그렇다고 보는 비율이 10% 정도 줄어든 것으로 나타나 있다. 갤럽 여론조사에 의하면 지구온난화 현상을 심각한 위협으로 보는 미국 응답자의 비율이 2007~2008년에는 63%에 달했지만, 2010년에 와서는 53%로 나타나 무려 10%나 대폭 감소하였음을 알 수 있다. 물론 이러한 감소폭은 지구온난화 현상을 심각한 위협으로 본다는 서유럽의 응답자 비율이 10% 감소한 것과 같은 비율로서 미국만의 예외적인 현상은 아니다. 그러나 미국의 조사 결과는 동일한 기간 동안 지구온난화를 심각한 위협으로 본다는 전세계 응답자의 비율이 1% 증가하였을 뿐만 아니라, 남미나 사하라 사막 이남의 아프리카, 그리고 독립국가연합에서 심각한 위협으로 본다는 응답의 비율이 증가한 것과 비교해볼 때 주목할 만한 현상이다.

[표 4-3] 지구온난화의 심각성에 대한 국제적 여론 (단위: %)

* 질문: "당신과 당신 가정에 대해서 지구온난화는 얼마나 심각한 위협입니까?" ("매우 심각한 위협이다" 혹은 "어느 정도 심각한 위협이다"라고 대답한 비율)

구분	2007~2008년	2010년	변화폭 차이
세계	41	42	+1
아시아 선진국	79	74	−5
남미	67	73	+6
캐나다	74	71	−3
서유럽	66	56	−10
동부 및 남부 유럽	67	60	−7
독립국가연합	42	44	+2
미국	63	53	−10
아시아 개도국	31	31	0
중동 및 북아프리카	42	37	−5
사하라 사막 이남 아프리카	29	34	+5

* 출처: Anita Pugliese and Julie Ray, "Fewer Americans, Europeans View Global Warming as a Threat: Worldwide, 42% See Serious Risk, Similar to 2007~2008", Gallup, April 20, 2011. http://www.gallup.com/poll/147203/Fewer-Americans-Europeans-View-Global-Warming-Threat.aspx[4]

2) 미국 국내 여론의 연도별 추세

다음에서는 지구온난화 문제에 대한 국제적 여론과의 비교에 이어서 미국 국내 여론만의 추세를 살펴보기로 한다. 다음의 분석에서는 앞의 분석에서와 마찬가지로 지구온난화 현상의 인간원인설, 지구온난화의 과장 여부, 그리고 지구온난화 현상의 심각성 등에 대한 미국 여론의

4 이 도표에서 나라의 순서는 앞의 도표와 일치하도록 원래 도표에 나온 순서를 필자가 바꾸었다.

연도별 추세와 그 특징을 파악해보고자 한다.

(1) 지구온난화 현상의 원인에 대한 여론조사 결과

세계 각 지역의 여론과 미국 여론의 비교 분석에서와 마찬가지로 지구온난화 현상의 원인과 관련된 미국 여론을 먼저 살펴볼 필요가 있다. [그림 4-1]은 2003년 이후 2010년까지 지구온난화 현상에 대한 미국 여론의 추세를 자연적 원인과 인간행위에 기인한 원인으로 나누어서 표시해놓은 것이다. 이 그림에서 알 수 있듯이 지구온난화의 원인을 인간행위보다는 자연적 원인에 기인한 것으로 받아들이는 미국 국민의 비율은 2007년 이후 2008~2009년을 거쳐 2010년에 들어서면서 상당히 늘어난 반면, 인간행위에서 기인하는 것으로 파악하는 비율은 줄어들게 되었음을 알 수 있다.

[그림 4-1]에서 옅은 선으로 표기된 변화 추세는 지구온난화의 원인이 자연적 현상에 있다고 본다고 응답한 비율이며, 짙은 선은 그와는 반대로 인간의 행위에 있다고 응답한 비율이다. 이 옅은 선과 짙은 선을 비교해보면 대략 2007년을 분기점으로 해서 지구온난화 현상이 자연적 원인에 기인한다고 생각하는 응답자의 비율이 증가하였음을 알 수 있다. 즉 옅은 선의 변화 추이에서 알 수 있듯이, 2007년의 경우 지구온난화의 원인이 자연적 현상에 있다고 보는 응답자의 비율은 35%였는 데 반해, 2008년과 2009년을 거쳐 2010년에 이르면 동일하게 답변하는 응답자의 비율은 46%에 달해서 무려 11%나 증가하였음을 알 수 있다.

이와는 반대로 짙은 선의 변화 추세에서 알 수 있는 바와 마찬가지로 지구온난화의 원인이 인간행위에 기인한다고 대답하는 응답자의 비율은 2007년의 61%에서 점점 감소하기 시작하여 2010년에는 50%까지 떨어지게 되었다. 이러한 응답 비율의 변화 역시 2007~2008년에 시작된 경제

[그림 4-1] 지구온난화 현상의 원인에 대한 여론조사 결과

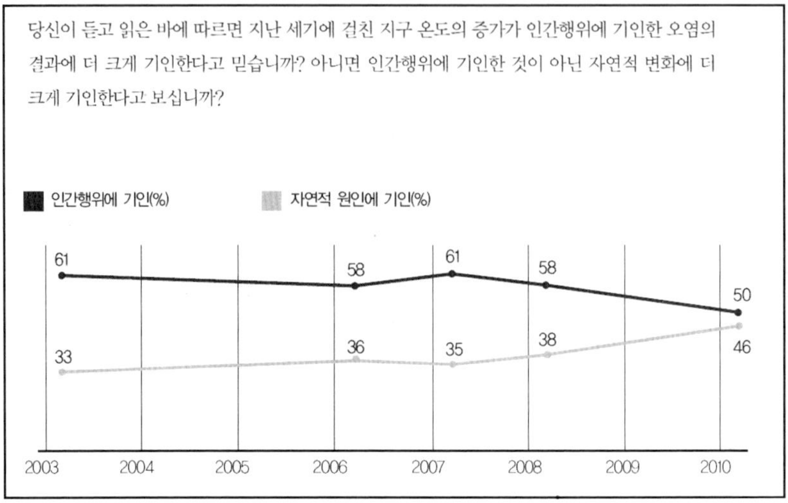

* 출처: Frank Newport, “Americans’ Global Warming Concerns Continue to Drop: Multiple Indicators Show Less Concern, More Feelings that Global Warming is Exaggerated”, Gallup, March 11, 2010. http://www.gallup.com/poll/126560/Americans−Global−Warming−Concerns−Continue−Drop.aspx

위기와 관련되어 있는 것으로 추정된다. 즉 지구온난화의 원인이 인간행위에 기인한 것이라고 응답하는 미국 국민의 비율이 2007년 이후 꾸준히 떨어지는 것은, 지구온난화의 원인을 온실가스 배출과 같은 인간행위와 관련된 것으로 볼 경우 이를 대처하기 위한 연방정부 혹은 주정부의 규제 정책이 실시될 수 있어서 경제성장에 저해가 될 수 있다는 우려와 관련되어 있다고 추정된다.

(2) 지구온난화 현상의 과장 여부에 대한 여론조사 결과

[그림 4-2]는 갤럽이 1998년 이후 2010년까지 매년 지구온난화의 심각성에 대한 미국 국민의 태도를 지구온난화의 과장 여부를 중심으로

표시해놓은 것이다.

[그림 4-2] 지구온난화 현상의 과장 여부에 대한 여론조사 결과

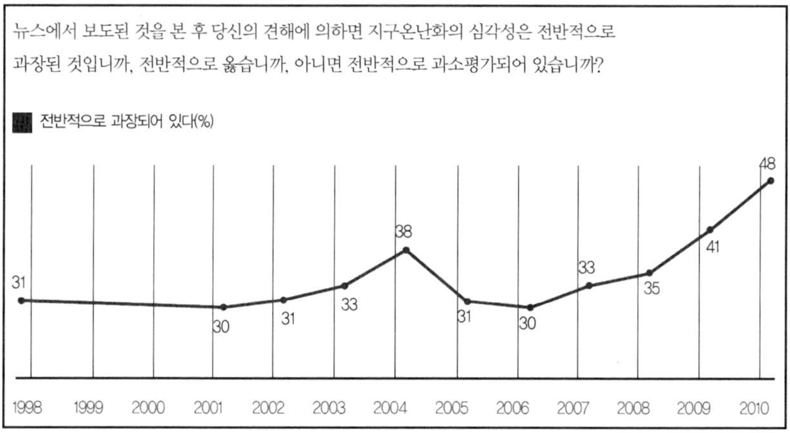

* 출처: Frank Newport, "Americans' Global Warming Concerns Continue to Drop: Multiple Indicators Show Less Concern, More Feelings that Global Warming is Exaggerated", Gallup, March 11, 2010. http://www.gallup.com/poll/126560/Americans-Global-Warming-Concerns-Continue-Drop.aspx

[그림 4-2]에 나타난 응답 비율 변화 추세와 응답 비율 수치를 통해서 알 수 있는 주목할 만한 특징은 지구온난화의 심각성이 전반적으로 과장되어 있다고 응답한 미국 국민의 비율이 1998년 이후 2008년 정도까지는 대체로 30% 전반 혹은 중반에 머물다가—하나의 예외는 2003년 3월의 38%이다— 2009년과 2010년에 각각 41%와 48%로 급격히 상승하였다는 점이다. 즉 2007년과 2008에 걸쳐 경제위기가 시작되면서 그 여파가 본격적으로 느껴지기 시작한 2009년과 2010년에 이르러서는 지구온난화 문제에 대한 미국 여론의 태도가 현저히 부정적인 방향으로 바뀌기 시작한 것이다. 경기침체가 장기화될 조짐을 보이고 실업률이 점차 늘어

나면서 미국의 경제성장 동력을 약화시키고 일자리 창출을 저해할 수 있는 온실가스 배출 규제에 대한 부정적 정서가 바로 이러한 여론의 변화에 포착되었다고 보인다. 실업률이 높아지고 미래에 대한 경제 전망이 비관적으로 변화하는 상황에서 미국 여론은 지구온난화라는 추상적이고 이해하기 어려우며 현재보다는 미래 세대와 관련된 막연한 이슈의 위협과 그 심각성에 대해서 주목할 여유가 없어진 것이다.

(3) 지구온난화 현상이 수반하는 위협의 심각성에 대한 여론조사 결과

[그림 4−3]은 갤럽이 [그림 4−2]에 나타난 것과 동일한 기간인 1998년 이후 2010년까지 매년 지구온난화 현상이 가져올 수 있는 위협의 심각성에 대한 미국 국민의 평가를 지구온난화의 과장 여부를 중심으로 표시해놓은 것이다. [그림 4−2]와 마찬가지로 지구온난화 현상의 위협을 심각하지 않게 받아들이는 미국 국민의 비율은 2008년을 거쳐 2010년에 들어서면서 상당히 줄어들게 되었음을 알 수 있다.

[그림 4−3]에서 진한 색으로 표기된 선은 지구온난화가 자신들의 생활양식에 심각한 위협이 될 것이라고 대답한 응답자 비율의 시기별 변화 추세이며, 옅은 색은 그렇게 생각하지 않는다는 응답자 비율의 시기별 변화 추세이다. 이 두 가지 추세를 비교해보면 2008년을 분기점으로 해서 현저한 변화가 나타났음을 알 수 있다. 즉 2008년을 분기점으로 하여 지구온난화 현상이 심각한 위협이라고 생각하지 않는 응답자의 비율이 58%에서 2009년의 60%를 거쳐 2010년에는 67% 정도로 급증한 반면, 이를 심각한 위협으로 받아들이는 응답자의 비율은 2008년 40%에서 2009년 38%를 거쳐 2010년에는 32%로 상당히 감소하게 되었다.

[그림 4-3] 지구온난화 현상의 위협의 심각성에 대한 여론조사 결과

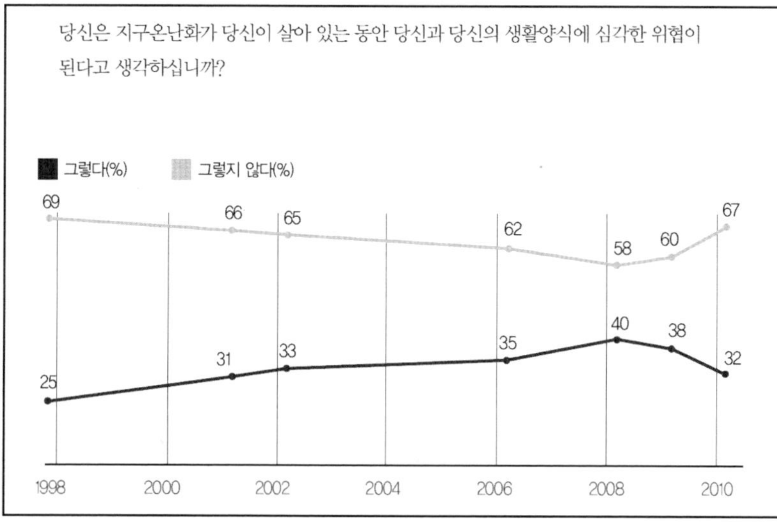

* 출처: Frank Newport, "Americans' Global Warming Concerns Continue to Drop: Multiple Indicators Show Less Concern, More Feelings that Global Warming is Exaggerated", Gallup, March 11, 2010. http://www.gallup.com/poll/126560/Americans-Global-Warming-Concerns-Continue-Drop.aspx

지구온난화 현상이 가져오는 위협의 심각성과 관련된 이러한 응답자 비율의 변화 추세가 2008년을 분기점으로 해서 큰 변화를 보이고 있다는 사실 역시 2007~2008년 미국 경제위기로 인한 경기침체 및 실업률 증가와 무관하지는 않다고 보인다. 지구온난화 현상의 과장 여부의 결과와 마찬가지로, 미국의 경제위기가 심화되기 시작하면서 지구온난화 현상의 위협이 실업률의 증가와 앞으로의 생계의 어려움보다 더 위협이 되리라고 생각하는 사람의 비율은 줄어들 수밖에 없었을 것으로 보인다.

3) 정당 지지 성향, 인구사회학적 특성, 거주 지역의 차이에 따른 조사 결과

다음에는 지구온난화 현상에 대한 응답자의 반응을 정당지지 성향과 인구사회학적 특징 등 몇 가지 기준에 따라서 분류한 집단별로 살펴보기로 한다. 이러한 집단별 분석을 통해서 지구온난화 현상의 원인 등에 대한 미국 국민의 상이한 반응을 살펴볼 수 있을 것으로 보인다.

[표 4-4] 지구온난화 현상에 대한 응답자 정당지지 성향별 조사 결과 (단위: %)

구분	민주당 지지자	무당파 유권자	공화당 지지자	민주당-공화당 차이
지구온난화에 대해서 '매우/꽤' 우려한다	72	51	31	41
지구온난화 효과는 이미 나타나기 시작했다	62	53	32	30
뉴스에서 지구온난화의 심각성은 과장되어 있다	22	43	67	45
지구온난화는 인간행위의 결과이다	71	51	36	35

* 출처: Jeffrey Jones, "In U.S., Concerns About Global Warming Stable at Lower Levels", Gallup, March 14, 2011. http://www.gallup.com/poll/146606/Concerns-Global-Warming-Stable-Lower-Levels.aspx

[표 4-4]는 갤럽이 2011년 3월 지구온난화 현상에 대한 우려, 지구온난화 현상의 효과와 과장 여부, 그리고 지구온난화 현상의 원인 등에 대해서 응답자의 정당 지지 성향별 여론조사 결과를 적어놓은 것이다. [표 4-4]에서 알 수 있듯이 지구온난화 현상 전반에 관한 응답자의 반응은 공화당 지지자와 민주당 지지자 간에 극명한 대조를 보여주고 있다. 전체적으로 민주당 지지자는 공화당 지지자에 비해서 지구온난화 현상을 매우 심각하

게 우려하고 있는 비율이 높고, 또한 이러한 지구온난화 현상이 인간행위에서 기인한다고 보는 비율이 월등히 높다.

우선 지구온난화 현상에 대한 우려의 정도를 보면 지구온난화 현상을 매우 혹은 꽤 우려한다고 대답하는 응답자의 비율에서 민주당 지지자(72%)가 공화당 지지자(31%)를 무려 41%나 앞서고 있다. 그리고 무당파 유권자들은 대략 절반(51%) 정도가 지구온난화 현상을 매우 혹은 심각하게 우려하고 있다. 한편 지구온난화 현상의 부정적 효과가 이미 나타나기 시작했다고 보는 응답자의 비율에서도 민주당 지지자(62%)가 공화당 지지자(32%)를 30% 정도로 현저히 앞서고 있다. 무당파 유권자의 경우 절반이 약간 넘는 53% 정도가 우려를 표명하고 있으며, 그 비율은 공화당과 20% 이상 차이가 있어서, 그 차이가 9%로 줄어드는 민주당의 입장에 가깝다.

세 번째로 지구온난화의 심각성이 과장되었는지의 여부에 대한 응답 비율 역시 정당 지지자 간에 극명한 차이를 보이고 있는데, 민주당 지지자들의 경우 불과 22% 정도만이 지구온난화 현상의 뉴스보도가 과장되어 있다고 보는 반면, 공화당 지지자의 경우 3분의 2가 넘는 응답자가 과장되어 있다고 보고 있어서 무려 45%의 차이를 보이고 있다. 무당파 유권자의 경우—지구온난화 현상의 효과가 이미 나타났는지의 여부에 대한 질문에 대한 응답 비율보다는 약하지만— 공화당 지지자보다는 민주당 지지자의 입장에 좀 더 가까운 비율(43%)로 지구온난화 현상에 대한 뉴스보도가 과장되어 있다고 보고 있다. 그러나 그 비율은 절반에 못 미치고 있어서 다수의 무당파 유권자들은 보도의 과정성에 대해서 유보적인 입장을 취하고 있는 것으로 추정된다.

마지막으로 지구온난화 현상이 인간행위에 기인한 것이라고 응답하는 비율을 보면 민주당 지지 응답자의 71%가 그렇다고 대답한 반면 공화당 지지자의 36%만이 그렇다고 대답하여 역시 정당 지지 성향에 따라서 큰 차이를 보이고 있다. 무당파 유권자의 경우 절반을 약간 넘는 51% 정도가 그렇다고 대답하고 있으나, 이 비율과 공화당 응답자의 비율과의 격차가 민주당 응답자의 비율과의 격차보다 더 적게 나타나고 있다.[5] 이미 제3장에 언급했고 말미에 강조했듯이 워싱턴 정가에서는 1990년대 중반 이후 온실가스와 관련한 지구온난화 및 기후변화 문제가 정파적인 문제로 부각되었는데, 이러한 정파적인 양상은 또한 2010년의 여론조사 결과에서도 그대로 재현되고 있다고 할 수 있다.

다음에는 정파적 성향 이외에 다양한 인구통계학적인 기준을 통해서 지구온난화에 대한 미국 유권자의 태도를 알아보기로 한다. 이를 위해서 필자는 미국 내 또 다른 권위 있는 여론조사 기관인 퓨 리서치센터(Pew Research Center)의 조사 결과를 중심으로 다양한 응답 집단별 여론조사 결과를 살펴보기로 한다.

[그림 4-4], [그림 4-5], [그림 4-6]은 2008년 5월에 퓨 리서치센터가 조사한 결과를 다양한 집단별로 분류해서 제시한 것이다.[6] 지구온난화

---

5 지구온난화 현상을 인간의 행위에 기인하는 것으로 보는 문제와 관련하여 응답자의 정파성에 따른 현저한 차이는 갤럽 조사뿐만 아니라 퓨 리서치 센터(Pew Research Center)의 조사에서도 그대로 드러나고 있다. 2010년 10월에 실시된 지구온난화 관련 퓨 리서치의 여론조사 결과 가운데 응답자의 정당 지지 성향별 차이를 보기 위해서는 Pew Research Center, “Wide Partisan Divide Over Global Warming: Few Tea Party Republicans See Evidence”, October 27, 2010(http://pewresearch.org/pubs/1780/poll-global-warming-scientists-energy-policies-offshore-drilling-tea-party)을 살펴보기 바란다.

6 이 연구에서 2008년 5월의 퓨 리서치센터 조사 결과를 사용하는 이유는 필자가 아는 한 2008년 5월 이후 이 책의 집필 시기까지 갤럽 혹은 이후의 퓨 리서치 센터의 조사에서 다양한 집단별로 지구온난화 관련 응답자의 태도를 차별화하여 제시한 결과 보고서가 없기 때문이다. 2008년의 조사 결과가 다소 시의성이 떨어진다는 한계는 있지만, 응답자 집단별 태도의 차이를 보여주는 데에 문제는 없을 것으로 보인다. 다양한 집단별 응답 태도를 차별화하여 분석한 본문의 그림에 나타난 정당 지지 성향별 응답자의 태도 차이는

현상에 대한 여론의 정파성 분석에 이어서 다음에서는 이러한 또 다른 응답자 집단별 자료를 통해서 지구온난화 현상에 대한 미국 여론의 특징을 살펴보기로 한다.

[그림 4-4] 지구온난화 현상을 인간행위의 결과라고 보는 응답자의 비교 분석 1

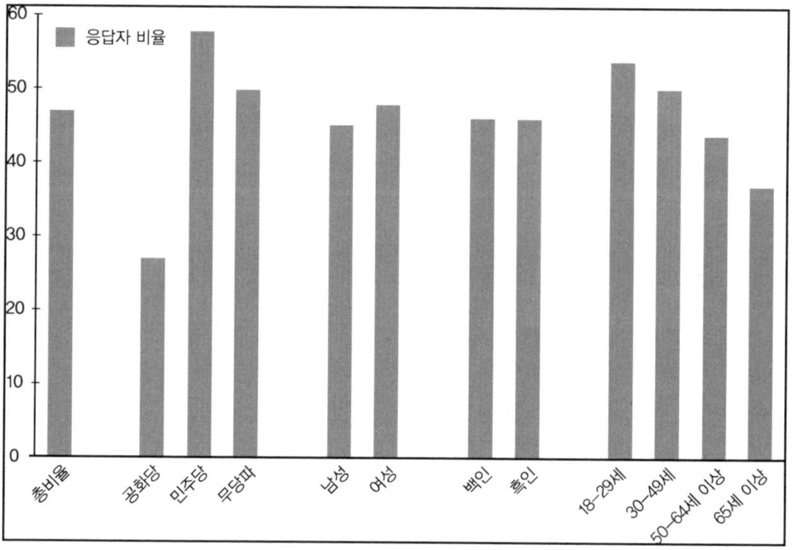

* 출처: Pew Research Center, "An Increase in GOP Doubt About Global Warming Deepens Partisan Divide", May 8, 2008. http://pewresearch.org/pubs/828/global-warming

[그림 4-4], [그림 4-5]의 내용을 분석해보면 우선 흑인과 백인의 인종별로 지구온난화 문제에 대한 태도에 있어서 큰 차이는 없다. 다른 집단별 분류와 비교해보았을 때 흑인과 백인 간에 지구온난화 현상을

이미 본문 가운데 갤럽의 분석을 중심으로 설명하였기 때문에 생략하기로 한다.

[그림 4-5] 지구온난화 현상을 인간행위의 결과라고 보는 응답자의 비교 분석 2

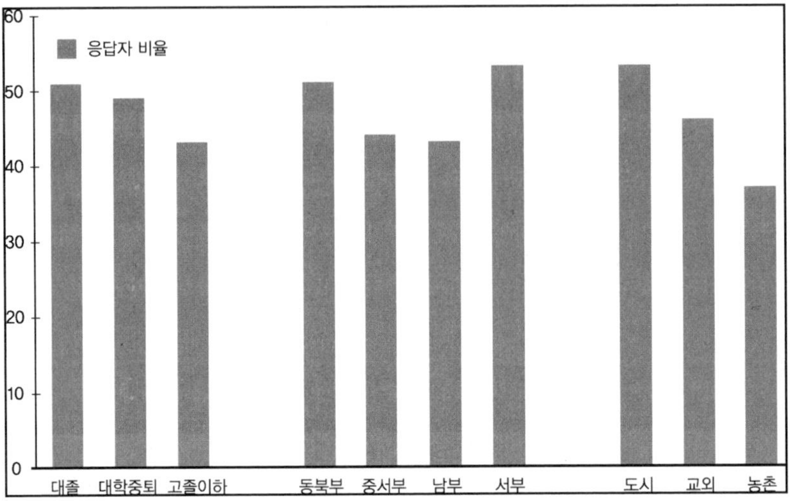

* 출처: Pew Research Center, "An Increase in GOP Doubt About Global Warming Deepens Partisan Divide", May 8, 2008. http://pewresearch.org/pubs/828/global−warming

인간행위에서 기인했다고 보는 비율에 있어서 주목할 만한 차이는 나타나지 않고 있다. 그러나 기타 집단별 분류를 보면 정당 지지 성향별 차이만큼이나 큰 차이는 아니지만 어느 정도 지구온난화 현상을 인간행위에 기인한 것으로 바라보는 시각에서 차이가 있음을 알 수 있다. 우선 성별로 보면 남성(45%)보다는 여성(48%)이 지구온난화 문제를 인간행위에 기인하는 것으로 파악하는 비율이 높음을 알 수 있다. 또한 연령별로 볼 때 젊은 세대에 속할수록 나이든 세대에 속한 응답자보다 지구온난화 문제를 인간행위에 기인하는 것으로 파악하는 경향이 강하다. 실제로 18세에서 29세에 이르는 젊은 세대의 응답자(54%)는 65세 이상의 응답자(37%)보다 17% 정도나 더 많이 지구온난화 현상이 인간행위에 기인한다고 보고 있다. 한편 사회경제적 변수 가운데 전통적으로 연령과 함께

[그림 4-6] 정당 지지 성향과 교육수준별 응답자 태도

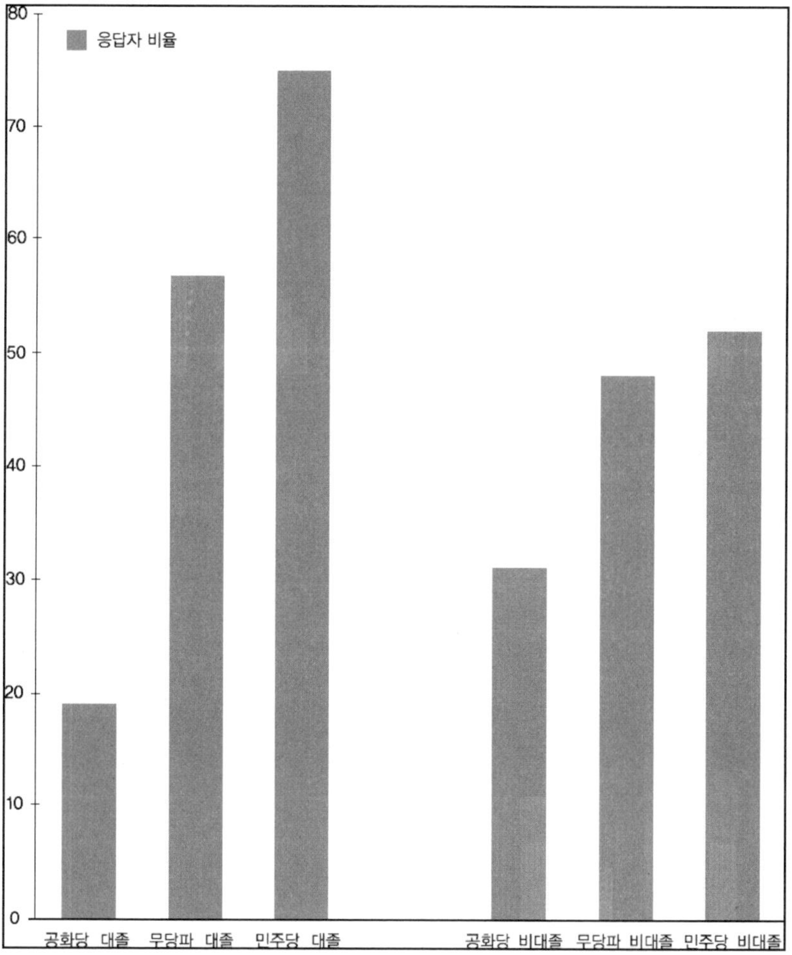

* 출처: Pew Research Center, "An Increase in GOP Doubt About Global Warming Deepens Partisan Divide", May 8, 2008. http://pewresearch.org/pubs/828/global−warming

중요한 변수로 간주되어온 교육수준의 기준에서 보면, 응답자 가운데 학력이 높은 집단일수록 지구온난화 현상이 인간행위에 기인하는 것이라

고 보는 비율이 높다. 실제로 대학 졸업 이상의 학력을 지닌 응답자는 고등학교 졸업 이하의 학력을 지닌 응답자에 비해서 지구온난화 현상이 인간행위에 기인한다고 대답하는 비율이 8% 정도 높은 것으로 나타나고 있다.

한편 응답자의 지리적 거주 지역 및 도시 주거 여부를 기준으로 보면 몇 가지 특징적인 집단별 차이가 나타나고 있다. 우선 거주 지역별로 보면 진보적인 성향이 강한 동북부 지역이나 서부 지역에 거주하는 응답자는 상대적으로 보수적인 지역이라고 할 수 있는 남부, 그리고 이보다는 진보적이지만 경제위기를 여파를 가장 강하게 겪은 중서부 지역에 거주하는 응답자보다 지구온난화 현상을 인간행위에 기인하는 것으로 파악하는 경향이 높다. 한편 주거 지역별로 보면 농촌지역보다는 도시 혹은 교외에 거주하고 있는 응답자가 지구온난화 현상을 인간행위에 기인한 것이라고 파악하는 비율이 높다.

정당 지지 성향과 교육수준을 함께 분석한 앞의 [그림 4-6]을 보면 상당히 흥미로운 결과가 나타나고 있다. [그림 4-5]를 중심으로 살펴본 바와 마찬가지로 전반적으로 교육수준이 높을수록 지구온난화 현상을 인간행위에서 기인하는 것으로 파악하는 비율이 높음을 알 수 있었다. 그런데 이를 대학교 졸업 이상의 학력을 보유한 응답자와 그렇지 않은 응답자로 나누어서 볼 경우, 민주당 지지자들과 무당파 유권자들은 모두 이러한 일반적인 유형과 일치하는 태도를 보이지만 공화당 지지자의 경우는 그 반대의 경향을 보이고 있음을 알 수 있다. 즉 대학교 졸업자의 경우와 그렇지 않은 응답자의 경우를 나누어 보면, 두 경우 모두 민주당 지지자와 무당파 유권자들은 공화당 지지자에 비해서 지구온난화 현상이 인간행위에 기인하는 것이라고 보는 비율이 높다. 동시에 대학교 졸업자 응답자 집단에서 이러한 성향이 더욱 높게 나타나고 있음을 알 수 있다.

대학교 졸업자 가운데 지구온난화 현상이 인간행위에서 기인한다고 대답하는 민주당 지지자들의 비율(75%)과 무당파 유권자의 비율(57%)은 고등학교 졸업자 이하의 학력을 지닌 응답자 집단 가운데 지구온난화 현상이 인간행위에서 기인한다고 대답하는 민주당 지지자 비율(52%)과 무당파 유권자 비율(48%)에 비해서 각각 23%와 9%씩 높은 비율을 보이고 있다. 그러나 공화당 지지자의 경우를 보면, 대학교 졸업자 응답자 가운데 공화당 지지자가 고등학교 졸업자 이하 학력수준의 공화당 지지자보다 지구온난화 현상이 인간행위에 기인하는 것으로 보는 비율이 오히려 낮은 것으로 나타나고 있다(19% 대 31%). 즉 공화당 지지자의 경우는 민주당 지지자나 무당파 유권자와 달리 학력이 높을수록 오히려 지구온난화 현상이 인간행위에 기인하는 것임을 부정하는 성향이 강하다.

2. 온실가스 감축과 관련된 이익집단정치

지금까지 앞에서는 지구온난화 문제와 관련된 미국의 여론 동향을 살펴보았다. 세계 각 지역의 여론과의 비교 및 국내 여론의 다양한 분석을 통해서 볼 때, 미국 여론은 2007~2008년 경제위기 이후 기후변화 문제에 있어서 전반적으로 상당히 부정적인 방향으로 선회했음을 알 수 있다. 이와 함께 기후변화 문제를 바라보는 시각에 있어서도 상당한 정파적 성향이 있음을 감지할 수 있다. 오바마 행정부 등장 이후 미국의 기후변화 정책에 대해 우호적이지만은 않은 환경을 이해하기 위해서는 이러한 여론의 추세와 함께 온실가스 배출 규제와 관련된 미국 이익집단정치의 동향과 추세를 살펴볼 필요가 있다.

1980년대 레이건 행정부 등장 이후 작은 정부론이 주창되면서 연방정부의 역할이 축소됨과 함께 미국 환경정책이 퇴조하기 시작했음은 이미 지적한 바와 같다. 이후 1990년대를 거치면서 환경보호국이 공화당의 공격의 대상이 되면서 환경운동 및 온실가스 감축에 대한 미국의 국내외 정책은 상당한 시련기에 접어들게 되었다는 점도 이미 언급했다. 이와 같은 정책의 시간적 흐름에서 볼 때 하나의 사회운동으로서, 즉 광범위한 국민적 지지를 토대로 여론을 주도하면서 정치권의 안팎에서 지지 세력을 동원하여 새로운 정책적 합의를 이끌어낼 수 있었던 운동으로서 환경운동은 1970년대에 그 절정에 이르렀다고 할 수 있다. 이후 1970년대를 지나서 지금까지도 연방정부의 정책과 관련하여 환경운동과 환경단체의 영향력은 상대적으로 약화된 상태로 남아 있게 되었다. 왜 이런 현상이 발생한 것일까?

이에 대해서는 이미 언급했듯이 기후변화 정책을 반성장적인 정책으로 프레이밍하는 공화당의 홍보전략, 워싱턴 정치 과정의 양극화, 미국 여론의 변화 등 다양한 요인이 언급될 수 있을 것이지만, 또 하나의 요인으로는 정부의 규제에 반대하기 위해서 기업 부문이 행사한 '돈의 정치'를 지적할 수 있다. 즉 1980년대 이후 미국의 기업 부문은 예상 밖으로 1970년대 공화당 대통령의 임기 동안에도 반기업적인 정책이 등장하는 현상을 목도하면서, 이에 대한 해결책으로 의회선거에 대한 개입 및 운동과 의원에 대한 로비에 주력하게 되었고,[7] 이를 통해서 자신들에게 불리한 정책이 입안되지 않도록 영향력을 행사해왔다. 즉 기업 부문은 환경정책을 포함한

7 1980년대 이후 기업과 보수 세력의 의회선거 및 의회 로비에 대한 기원 및 전개 과정에 대해서는 Hacker and Pierson, 2010, 제2장, 제4장, 제5장을 참조하기 바란다. 이 장에서 저자들의 논의는 선거자금과 의회 로비의 기원 일반에 관한 것이지만, 이러한 분석은 환경정책 및 기후변화 정책과 관련한 기업 부문의 재각성(再覺醒) 과정에도 적용될 수 있다.

광범위한 연방정부의 정책 영역에서 자신들의 자금력을 이용하여 자신들에게 유리한 정책을 추진하는 것에 몰두하기 시작하였으며, 이것이 워싱턴 정가가 환경 및 기후변화 정책의 본격적인 추진에 적극적으로 노력하지 않은 이유 가운데 하나가 되었다고 볼 수 있다.

다음에서 설명되듯이 환경정책 및 기후변화 정책과 관련한 기업 부문의 적극적인 선거자금 지출과 로비 활동은 워싱턴 정가에서 상당히 강력한 영향력을 발휘하게 된다. 실제로 경험적인 연구가 보여주듯이 이익집단의 선거자금 지출은 본회의 투표 과정이나 상임위원회 법안 작성 과정에 상당한 영향력을 미치고 있으며(Hall, 1990), 로비 활동은 기존 정치권에 관련이 있었던 전현직 의원이나 보좌관을 로비스트로 고용함으로써 훨씬 더 높은 접근성을 지니게 된다. 즉 이들 기업 부문이 '돈으로 보호한 이익'(moneyed interests)은 자신들의 자금 지출을 통해 만들어낸 정책을 통해서 보호되었으며, 반면에 자금력과 정치권 접근성이 부족한 환경단체 등은 정책 결정 과정에 대한 영향력 행사에 있어서 훨씬 열등한 열세의 위치에 처하게 되었다.[8] 환경 및 기후변화 정책에 있어서도 이들

8 워싱턴 정가의 정책 결정 결과가 기업 부문 등 자금력이 우세한 이익집단에 유리한 방향으로 나타나 이익대표체계가 불평등하게 만들어져 있다는 고전적인 논의에 관해서는 Schlozman, 1984를 참조하기 바란다. 그리고 이들 기업 부문 등 사적 이익집단(private interest group)과 공익을 대변하는 시민단체가 사용하는 서로 다른 영향력 행사의 전략에 관해서는 Gais and Walker, 1991을 참조하기 바란다. 가이스(Thomas L. Gais)와 워커(Jack L. Walker)에 의하면 기업 부문을 대표하는 사적 이익집단은 자신들의 자금력과 접근성을 통해서 워싱턴 정치권에 직접 영향력을 행사하는 내부 전략(inside strategy)을 주로 사용하는 반면, 공익을 대변하지만 상대적으로 가용 자원이 부족한 시민단체는 주로 여론과 대중에 호소하는 외부 전략(outside strategy)을 주로 사용한다. 환경단체의 경우 대체로 외부 전략을 통해서 1970년대 환경정책에서 개가(凱歌)를 부를 수 있었다. 그러나 1990년대 이후 Fox 뉴스 등 보수적인 미디어가 등장하면서 양극화된 환경 속에서 여론에만 호소하는 정책도 한계가 있어 보인다.

기업 부문의 특별 이익은 이와 같은 자금력과 접근력을 통해서 정치권을 지원하고 압력을 행사함으로써 특별한 영향력을 확보하게 된다. 이와 같이 워싱턴 연방정부의 정책 결정 과정에서 선거자금과 로비가 미치는 영향력을 염두에 두고 다음에서는 온실가스 감축과 관련된 기업 부문과 환경단체의 영향력을 중심으로 이익집단정치의 양상을 살펴보고자 한다.[9]

1) 선거자금과 로비 활동 지출

(1) 선거자금 지출

① 에너지 관련 기업 및 이익집단과 환경단체의 선거자금 지출: 개관 및 비교[10]

9 포크너는 미국의 국내외 환경정책이나 기후변화 정책을 결정하는 데 있어서 영향력을 행사하는 이익집단정치의 대립 양상을 설명하면서 기업 부문 내부의 분열과 함께, 전반적으로 환경단체와 기업 부문 이익집단이 서로 반대되는 입장을 취하고 있다고 지적하고 있다 (Falkner, 2005: 595). 또한 그는 이익집단정치의 중요성을 강조하면서 환경단체와 기업 부문이 서로 협력할 경우 미국은 적극적으로 협조적인 국제 환경정책을 펼쳐나가는 경향이 있다고 주장하였다(ibid., 596).

10 본문에 제시된 에너지 분야 기업 및 이익집단의 선거자금 지출과 관련된 자료는 책임정치센터(Center for Responsive Politics[OpenSecrets.org])의 웹상에서 “Energy/Natural Resources: Top Contributors to Federal Candidates, Parties, and Outside Groups”(http://www.opensecrets.org/industries/contrib.php?ind=E&cycle=2008)에 나타난 자료를 통해서 취합한 것인데, 책임정치센터는 이 분야의 기업 및 이익집단을 산업(industry)별로 분류하면서 석유업(oil and gas), 채광업(採鑛業)(mining), 전기공급 공공설비업(전기공급 회사: electric utilities), 폐기물 처리업(waste management) 등 네 가지로 분류하여 정보를 제공하고 있다. 이 가운데 폐기물 처리업은 그 산업의 성격이 온실가스 감축 문제에 대해서 우호적인지, 무관한지, 아니면 연관성이 거의 없는지 분명하지 않다. 그러나 폐기물 처리업의 선거 지출 비율이 전체 에너지 분야 기업 및 이익집단의 선거 지출 전체에서 차지하는 비율이 3.2%에 불과하기 때문에, 에너지 분야 기업 및 이익집단의 선거자금 지출 개관과 관련하여 총액을 표시할 때에는 폐기물 처리업을 제외하지 않았다. 그러나 이후의 분석에서는 제외하였다. 한편 책임정치센터가 분류한 ‘채광업’에는 탄광업(coal mining)과 대체에너지업(alternative energy production)이 모두 포함되어 있는데, 필자는 왜 이 두 가지 상이한 산업이 채광업에 함께

[표 4-5]는 지구온난화 문제를 포함한 다양한 환경문제를 둘러싸고 갈등하고 있는 에너지 관련 기업집단과 환경단체 간의 영향력의 차이를 오바마 대통령이 당선된 2008년도 연방선거에 기부금 및 로비자금 지출 등의 통계수치를 통해서 제시한 것이다. 이 [표 4-5]와 여기에 나타난 통계수치가 보여주는 극명한 사실 가운데 하나는, 적어도 선거 및 로비와 관련된 비용의 지출에서 볼 때 에너지 관련 기업 및 이익집단이 환경단체를 압도하고 있다는 점이다. 1990년대 이후 에너지 관련 기업 및 이익집단은 선거자금 기부와 로비 활동 등 정치 과정에 대한 공세적인 개입을 통해서 기후변화 및 지구온난화 문제와 관련된 법률이 제정되거나 연방정부의 규제 정책이 등장하여 자신들의 기업 활동이 위축되는 것을 적극적으로 막고자 한 것이다.

분류되어 있는지 알 수가 없었다. 따라서 본문의 분석 목적에 충실을 기하고 불확실성을 덜기 위해서 필자는 각 에너지 분야의 각 산업별 분석의 경우 온실가스 감축에 대해서 반대할 이유가 없는 대체에너지업은 제외하였고, 채광업 대신 보다 정확성을 기하기 위해서 탄광업의 선거자금 지출만을 분석에 포함시켰다. 탄광업은 널리 알려져 있다시피 전력발전의 주된 원료인 석탄을 채굴하고 전력발전 연료로 제공해주기 때문에—최근 일부 청정석탄업(clean coal)을 제외하고 보면— 온실가스 배출 규제에 적극적으로 반대해온 대표적인 산업 가운데 하나이다. 그러나 폐기물 처리업과 마찬가지로 대체에너지업 역시 전체 에너지 및 천연자원 분야 기업 및 이익집단의 선거자금 전체 지출 가운데 차지하는 비율이 2.9%에 불과하므로 이 분야의 선거자금 전체 지출을 표기할 때에는 그대로 포함시켰다. 참고로 대체에너지업 분야의 모든 기업을 통틀어 2008년에 지출한 선거자금의 총액은 2,369,281달러로서 본문의 표에서 제시된 바 기업 부문 지출 1위로 기록된 석유 회사인 코크 산업(Koch Industry) 한 개의 기업이 지출한 선거자금보다 450,000만 달러 정도 많은 금액이다. 그리고 이러한 금액은 약 80,000,000달러가 넘은 에너지 및 천연자원 관련 기업과 이익집단의 선거자금 전체 지출액에 비하면 가히 무시해도 좋을 수치라고 할 수 있다. 그만큼 에너지 및 천연자원 관련 부문의 선거자금 지출은 온실가스의 배출 규제로 심각한 타격을 입을 수 있는 석유 및 전기공급 공공설비업체 그리고 채광업체 등이 압도하고 있는 형편이다.

[표 4-5] 2008년 선거 주기 기간 동안 연방선거 후보 · 정당 등에 대한 에너지 및 천연자원 관련 기업 및 이익집단과 환경단체의 선거자금 기부: 상위 20위의 비교

순위	에너지 · 천연자원 관련 기업 및 이익집단	금액 (단위: 달러)	민주당 기부 (%)	공화당 기부 (%)	환경단체	금액 (단위: 달러)	민주당 기부 (%)	공화당 기부 (%)
1	코크 산업	1,903,573	11	89	시에라클럽	485,516	99	1
2	전국 농촌지역 전력협력협회	1,706,100	49	51	자연보호 유권자위원회	482,389	98	2
3	엑슨 모빌	1,406,013	24	75	천연자원 방어위원회	212,810	95	5
4	엑슬론	1,397,367	56	44	글로벌 그린 USA	142,198	100	0
5	서던	1,144,623	31	69	자연보존	129,860	96	4
6	쉐브런	1,096,767	25	75	오션 챔피언즈	107,017	87	13
7	발레로 에너지	917,122	19	81	환경방어자금	106,423	97	3
8	FPL 그룹	891,849	43	57	공공토지신탁	80,321	97	3
9	미국 전력	831,055	40	60	워싱턴 수림 법률센터	75,000	100	0
10	도미니안 리소스	739,034	48	52	해양보존센터	68,000	44	56
11	코노코 필립스	721,146	27	73	습지보호위원회	59,300	100	0
12	듀크 에너지	702,205	40	60	어스워크스	49,800	97	4
13	전국 채광협회	680,800	31	69	환경법률연구소	47,200	99	1
14	피버디 에너지	663,840	23	77	황무지보호협회	43,262	95	5
15	퍼스트 에너지	632,966	35	65	환경보호를 위한 공화당원	36,950	0	100
16	마라톤 오일	618,435	27	73	사라소타 보존재단	28,400	0	100
17	엔터지	609,506	58	42	환경 법률 및 정책센터	25,657	82	18
18	에너지 솔루션	588,155	36	64	대양 및 하천 연구소	25,449	100	0
19	옥시덴털 석유	581,051	26	74	지구의 친구들	25,400	95	5
20	프리포트-맥모런 코퍼 & 골드	579,123	34	66	오듀번 전국조류협회	24,950	97	3

* 출처:[11] Center for Responsive Politics(OpenSecrets.org): "Energy/Natural Resources: Top Contributors to Federal Candidates, Parties, and Outside Groups"(http://www.opensecrets.org/

industries/contrib.php?ind=E&cycle=2008); “Environment: Top Contributors to Federal Candidates, Parties, and Outside Groups”(http://www.opensecrets.org/industries/contrib.php?ind=Q11&cycle=2008). 이들 사이트에서 관련 링크를 검색함.

2008년 선거자금 지출과 관련하여 한편으로는 에너지 및 천연자원 부문의 기업이나 이익집단, 다른 한편으로는 환경단체의 선거자금 지출 규모를 살펴보면 우선 지출 규모의 면에서 에너지 분야의 기업 부문이 환경단체를 압도하고 있음을 알 수 있다. [표 4-5]에 제시된 상위 20개 기업 및 이익집단의 지출을 포함하여 에너지 및 천연자원 분야 기업 및 이익집단의 2008년 전체 선거자금 지출 총액은 무려 80,987,194달러로서 같은 해 환경단체의 선거자금 지출 총액인 5,294,240달러의 약 15배 정도가 된다. 이러한 압도적인 자금력의 우위를 바탕으로 에너지 부문 기업 및 이익집단은 각종 선거에서 엄청난 자금을 쏟아 부으면서 자신들의 기업 활동에 방해가 될 수 있는 규제 정책이 대통령에 의해서 제안되거나 의회에서 입법화되는 것을 방지하고자 하였다. 이러한 기업의 자금력 앞에서 환경단체의 선거운동은 상대적으로 위축될 수밖에 없다.

[표 4-5]에 제시된 통계수치를 에너지 및 천연자원 관련 기업 및 이익집단과 환경단체별로 나누어서 분석해보면 몇 가지 주요한 특징이 드러나고 있다. 우선 기업 및 이익집단을 살펴보면 선거자금 지출 상위 20개 기업 및 이익집단 가운데 가장 많은 비중을 차지하고 있는 분야는 역시 온실가스 배출과 깊은 관련이 있는 전력 발전시설 관련 회사와

11 이 장에서 제시된 선거자금 및 로비자금과 관련된 책임정치센터(Center for Responsive Politics[OpenSecrets.org])의 웹페이지(webpage) 상의 자료는 대부분 2012년 1월초에 수집된 것이다. 책임정치센터는 지속적으로 자신의 자료를 업데이트하기 때문에 독자가 웹페이지를 보는 시점에 따라서 수치는 조금씩 차이가 있을 수 있다. 그러나 전체 지출에 대한 이러한 차이의 비율은 지극히 미미해서 무시할 만하다.

석유 회사라고 할 수 있다. 상위 20개 기업 가운데 코크 산업이나 엑손 모빌과 같은 석유 회사가 7개, 전국 농촌지역 전력협력협회나 엑슬론과 같은 전기공급 회사가 10개를 차지하고 있어, 지구온난화와 직접적인 관련이 있는 온실가스 배출의 주역인 기업과 이익집단들이 규제 정책의 방지를 위해서 거액의 선거자금을 지원하고 있음을 알 수 있다. 상위 20개 기업이나 이익집단 가운데 대체에너지와 관련된 기업은 거의 볼 수가 없으며, 다만 폐기물 처리 기업인 에너지 솔루션이 18위에 자리 잡고 있을 뿐이다. 그리고 나머지 두 개의 이익집단과 기업은 역시 온실가스 배출의 주범으로 알려져 있는 채광업 분야에 종사하는 조직인 전국채광협회와 프리포트-맥모런 코퍼 & 골드로서, 이들이 각각 지출순위 13위와 20위를 차지하고 있다.

한편 이들 에너지 분야의 기업이나 이익집단은 다음에 설명될 환경단체와는 상당히 대조적으로 의회 선거운동 당시 공화당은 물론 민주당이나 민주당의 연방공직 후보에게도 상당한 재정적 지원을 하고 있음을 알 수 있다. 의회선거에 대한 지출이 대부분을 차지하는 선거자금 지출 내역을 정당별로 살펴보면 공화당이나 공화당 후보에게 기부하는 금액이 52,945,570달러로서 전체 지출 총액의 65%를 차지하고 있지만, 27,990,357달러 규모로서 전체 지출 총액의 35%를 차지하는 금액이 민주당과 민주당 후보에게도 기부되고 있다.[12] 물론 공화당에 대한 지출 총액이 65%로서 훨씬 더 많지만, 민주당에 대한 금액도 이의 절반 정도에 이르고 있음을 알 수 있다. 대체로 공화당에 대한 선거자금 지출이 많은 것은 공화당이

12 Center for Responsive Politics(OpenSecrets.org): "Energy/Natural Resources: Top Contributors to Federal Candidates, Parties, and Outside Groups"의 "Party Breakdown"(http://www.opensecrets.org/industries/contrib.php?ind=E&cycle=2008).

보수적인 친기업적 정당으로서 규제 정책을 폐기하고 시장을 중심으로 기업의 자유로운 활동을 보장하는 정당이기 때문일 것이다.

한편 민주당에 대한 에너지 관련 기업 및 이익집단의 선거자금 지출은 불특정한 민주당 후보에 대한 지출이라기보다는, 민주당 후보 가운데에서도 블루 독(Blue Dog) 소속 의원이나 혹은 다소 온건하고 보수적인 의원 혹은 후보들을 대상으로 한다고 추정된다.[13] 대체로 선거자금위원회(Political Action Committee: PAC)의 기부금 지출은 정책적 입장이 일치하는 도전자를 지원하거나 아니면 영향력이 있는 현직 의원을 지원하는 등 합리적인 것으로 평가되고 있기 때문에(Magee, 2002), 에너지 분야 기업 및 이익집단의 지출은 자신의 정책적 입장에 동조할 수 있는 의원이나 후보를 대상으로 선별적으로 이루어지고 있다. 따라서 민주당에 대한 지출 역시 적어도 에너지 분야 기업 부문의 입장에 동조하거나 동조할 가능성이 있는 인물에 대한 지원일 것으로 추정된다.

이러한 에너지 분야 기업 및 이익집단과 달리 환경단체는 선거 기부금의 지출 규모가 절대적으로 열세에 있을 뿐만 아니라, 특정 기관을 제외하고 보면 선거자금의 기부가 절대적으로 민주당에 집중되어 있다는 특징을 나타내고 있다. [표 4-5]를 보면 2008년도 선거자금 기부 지출 총액 상위 20위에 속한 어느 환경단체도 에너지 및 천연자원 분야 기업의 선거자금 지출 순위 20위 기업(프리포트-맥모런 코퍼 & 골드)의 지출 규모를 넘어서지 못하고 있다. 그만큼 선거정치 과정에서 환경단체의 정치자금력은 매우 취약하며, 따라서 선거 이후 의회의 입법 과정에

13 민주당 내에서 보수적인 소수파 집단을 형성하고 있는 블루 독 의원에 관해서는 이 책의 제6장에서 분석될 하원 2009년 미국 청정에너지 및 안보법과 관련하여 더욱 자세하게 설명될 것이다.

대한 영향력이 상대적으로 미미할 수밖에 없다. 한편 선거자금 지출 상위 20위에 속해 있는 환경단체를 보면 에너지 관련 기업이나 이익집단과는 달리 선거자금의 지출이 두 개의 정당에 어느 정도 분산되어 있는 것이 아니라, 단 한 개의 환경단체(해양보존센터)를 제외하고는 80% 이상의 지출이 특정 정당에 압도적으로 경도되어 있음을 알 수 있다.

이들 20개 환경단체 가운데 환경보호를 위한 공화당원(Republicans for Environmental Protection)과 사라소타 보존재단(Sarasota Conservation Foundation) 등 친공화당계 환경단체는 완벽하게 공화당이나 공화당 후보에게만 선거자금을 지출했으며, 나머지 17개의 환경단체는 몇몇 예외를 제외하고 90% 이상을 민주당과 민주당 후보에게만 선거자금을 지원하였다. 이러한 사실에서 알 수 있듯이 대부분 친민주당 성향인 환경단체는 에너지 분야의 기업이나 이익집단과는 달리 선거자금 기부금의 규모가 절대적으로 영세할 뿐만 아니라, 기부의 대상도 민주당으로만 경도되어 있다.[14]

14 이러한 민주당으로의 경도 현상은 우선 민주당과는 달리 공화당 후보 가운데 환경단체의 의견에 귀를 기울여줄 만한 온건한 인물이 없다는 데에 기인하는 것으로 보인다. 민주당 내에는 소수이지만 투표 과정에서 상당한 영향력을 발휘할 수 있는 의원들—특히 블루독 소속 의원들—이 양원에서 친시장적이고 정부의 규제를 반대하는 입장을 고수하고 있지만, 공화당 의원들 가운데에는 이러한 온건파 의원을 찾아보기 힘든 것이 사실이다. 특히 1990년대 이후 가속적으로 양극화되고 정파적으로 변해가고 있는 워싱턴 정치의 현실에서는 더욱 그러할 것으로 추정된다. 이와 아울러 환경단체의 열악한 자금력을 놓고 볼 때 이들의 가장 합리적인 선거자금의 지출 전략은 반대 세력의 설득을 위한 공화당 후보에 대한 부분적 지원보다는, 자신들의 입장을 지지해주는 민주당 의원들에 대한 지지 동원에 집중하는 전략일 것이다. 이러한 이유로 인해서 환경단체의 선거자금은 민주당과 민주당 후보에 집중되어 있는 것으로 보인다.

② 에너지 및 천연자원의 개별 산업 소속 기업 및 이익집단과 환경단체 비교

다음에는 에너지 및 천연자원 분야의 기업 및 이익단체를 석유업, 전기공급 공공설비업, 탄광업 등의 분야로 나누고, 이들 세분화된 분야와 환경단체의 지출 수준을 비교해보고자 한다.

[표 4-6] 에너지 및 천연자원의 개별 산업 소속 기업 및 이익집단과 환경단체의 선거자금 지출과 정당별 분포

소속 분야	기부액 (단위: 달러)	민주당 기부액 (단위: 달러)	공화당 기부액 (단위: 달러)	민주당 기부 비율(%)	공화당 기부 비율(%)
에너지 및 천연자원 부문 기업 및 이익집단 전체	80,987,194	27,990,357	52,945,750	35	65
석유업계 기업 및 이익집단	37,569,819	8,518,489	29,031,900	23	77
전기공급 공공설비업계 기업 및 이익집단	20,792,684	10,176,899	10,612,434	49	51
탄광업계 기업 및 이익집단	3,497,886	911,148	2,586,738	26	74
환경단체	5,294,240	5,000,781	283,759	95	5

* 출처: Center for Responsive Politics(OpenSecrets.org): "Energy/Natural Resources: Top Contributors to Federal Candidates, Parties, and Outside Groups"(http://www.opensecrets.org/industries/contrib.php?ind=E&cycle=2008)에서 관련 링크를 검색함; "Environment: Top Contributors to Federal Candidates, Parties, and Outside Groups"(http://www.opensecrets.org/industries/contrib.php?ind=Q11&cycle=2008)에서 관련 링크를 검색함.

[그림 4-7] 에너지 및 천연자원의 개별 산업 소속 기업 및 이익집단과 환경단체의 선거자금 지출과 정당별 분포 (단위: 천 달러)

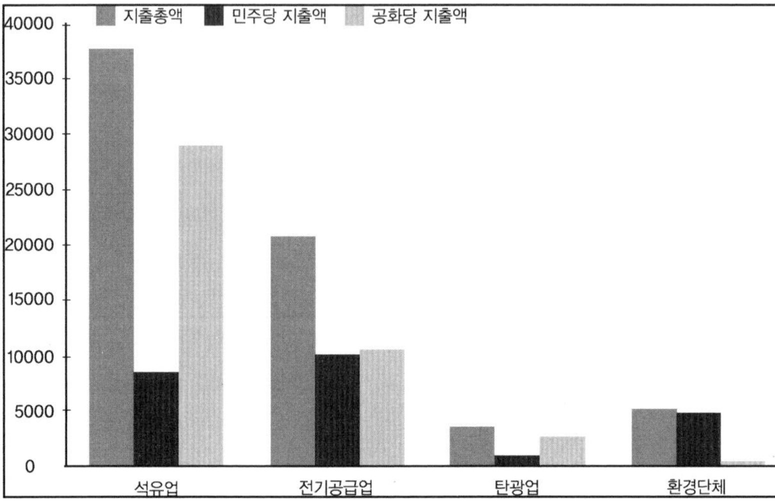

* 출처: Center for Responsive Politics(OpenSecrets.org): "Energy/Natural Resources: Top Contributors to Federal Candidates, Parties, and Outside Groups"(http://www.opensecrets.org/industries/contrib.php?ind=E&cycle=2008)에서 관련 링크를 검색함; "Environment: Top Contributors to Federal Candidates, Parties, and Outside Groups"(http://www.opensecrets.org/industries/contrib.php?ind=Q11&cycle=2008)에서 관련 링크를 검색함.

[표 4-6]과 [그림 4-8]에서 알 수 있듯이 환경단체의 2008년도 선거자금 지출 총액을 에너지 및 천연자원 관련 기업과 이익집단의 개별 산업 분야—석유업, 전기공급 공공설비업, 탄광업 등—와 비교해보면, 환경단체의 선거자금 능력이 비교적 영세한 규모의 탄광업을 제외하고 에너지 관련 기업 분야에 비해서 현저히 뒤처진다는 점을 알 수 있다. 특히 석유업과 전기공급 공공설비업은 공화당에 대한 막강한 선거자금을 지출할 뿐만 아니라 민주당에 대해서 적지 않은 규모의 선거자금을 투자하고 있음을 알 수 있으며, 따라서 온실가스 배출 규제 정책과 관련하

여 자신에게 불리한 정책이 수립되지 않도록 적극적으로 노력하고 있다고 추론해볼 수 있다. 전체적으로 환경단체의 선거자금 능력은 에너지 부문 기업 및 이익집단 전체와 비교할 경우는 말할 것도 없거니와, 개별적인 에너지 부문 산업 분야와 비교해도 대체로 상당히 열세함을 알 수 있다.

[그림 4-8] 에너지 및 천연자원의 개별 산업 소속 기업 및 이익집단과 환경단체의 선거자금 지출의 정당별 기부 비율 (단위: %)

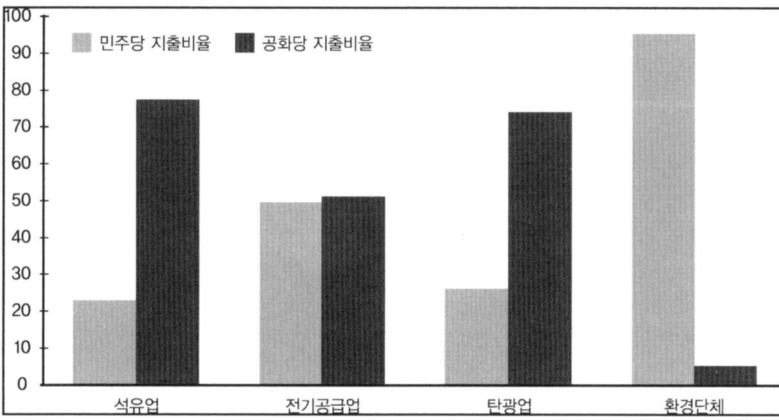

* 출처: Center for Responsive Politics(OpenSecrets.org): "Energy/Natural Resources: Top Contributors to Federal Candidates, Parties, and Outside Groups"(http://www.opensecrets.org/industries/contrib.php?ind=E&cycle=2008)에서 관련 링크를 검색함; "Environment: Top Contributors to Federal Candidates, Parties, and Outside Groups"(http://www.opensecrets.org/industries/contrib.php?ind=Q11&cycle=2008)에서 관련 링크를 검색함.

한편 선거자금 지출 총액 대비 정당별 기부금 비율을 보면 [그림 4-8]에 나타나 있는 대로 석유업의 경우 민주당에 비해서 공화당에 상당한 투자를 하는 것으로 나타나 있으며, 같은 에너지 분야에 속하지만 상대적으로 공공성이 높은 전력공공설비 분야의 경우는 민주당과 공화당에 대해서 거의 동일한 비율로 선거자금을 기부하고 있는 것으로 나타나고 있다. 그리고 환경단체의 경우는 전체 선거자금의 95%를 민주당에 기부하고 있는 것으로 나타나 있다.

(2) 로비 지출: 에너지 관련 기업 및 이익집단과 환경단체 로비 지출의 개관 및 비교

앞에서 살펴본 선거자금의 지출과 함께 온실가스 규제를 포함하는 환경정책 영역에서 환경단체를 압도하는 에너지 분야 기업이나 이익집단의 강력한 영향력은 이들이 로비 활동에 투자하는 지출 금액에서 잘 포착되고 있다. 선거자금의 지출과 마찬가지로 이들 기업과 기업 부문의 이익을 대변하는 단체의 적극적인 로비 활동은 선거가 끝나고 연방정부 수준에서 실제로 정책이 작성되고 실행되는 과정에서 주로 집중적으로 이루어진다.

일반적으로 기업이 후원하는 이익집단은 워싱턴 정가에서 다양하고 유능한 로비스트를 고용하여 행정부의 고위관리 및 상하 양원의 의원에게 접근 통로를 확보함으로써 영향력을 발휘하고자 한다. 선거자금의 기부는 광범위한 수준에서 백악관과 의회에 자신들이 원하는 대통령과 의원들을 입성시키기 위한 것이거나, 혹은 당선된 의원의 의정활동을 통해서 자신들이 원하는 정책이 수립되기를 위한 것이라면, 이들 기업 및 사적 이익집단에 의한 로비 활동은 로비스트나 홍보 전문가를 통해서 구체적인 정책의 입안 및 형성 과정에서 특정 사안에 대한 자신의 입장을 적극적으로 개진하여 자신들이 원하는 정책이 만들어지게 하거나, 적어도 자신들에게 불리한 정책이 작성될 가능성을 최소화하기 위한 구체적인 목적을 가지고 진행된다고 할 수 있다. 특히 이들 에너지 부문 기업 및 이익집단은 이미 워싱턴 정가에서 정치적 · 실무적 경험이 있는 인물들을 로비스트로 고용하여 현직 의원이나 행정부의 주무부서에 대한 접근성을 높여서

자신들이 원치 않는 규제 정책의 방지를 위해서 노력하고 있다. 이와 같은 적극적인 로비 활동을 통해서 기업 부문은 '특별이익'으로서 자신들의 배타적인 사적 이익을 조장하고자 하는 것이다. 다음에서는 에너지 분야에서 기업 및 이익집단의 로비 지출 현황을 살펴봄으로써, 이들이 환경정책과 관련해서 행사하는 영향력을 추론해보고자 한다.

우선 2008년 한해 지출된 로비자금은 그 규모 면에서 같은 해의 선거자금 지출을 압도하고 있다. 우선 2008년 에너지 부문 기업 및 이익집단의 선거자금 지출액은 이미 밝힌 바와 같이 총 80,987,194달러였지만, 같은 해 이들 기업과 이익집단이 워싱턴 정가의 로비를 위해서 지출한 금액은 선거자금 규모의 거의 다섯 배에 이르는 386,308,606달러이다. 이러한 천문학적인 숫자의 금액은 이들 에너지 분야 기업과 이익집단이 워싱턴 정가에 로비를 위해서 사용하면서 자신들에게 불리한 규제 정책이 입안되지 않도록 노력하고 있다는 증거가 되는 것이다.

선거와 로비자금의 지출 규모의 차이는 비록 기업에 비교할 바가 못 되지만 환경단체의 경우에도 동일하게 나타나고 있다. 2008년에 환경단체가 사용한 선거자금 총액은 이미 밝힌 대로 5,294,240달러에 이르지만, 이들 환경단체가 같은 해 로비를 위해서 지출한 금액은 19,180,539달러로서 거의 선거자금의 네 배 수준에 이르고 있다. 그러나 환경단체의 로비자금은 선거자금의 경우와 마찬가지로 에너지 관련 기업과 이익집단이 지출한 로비자금의 약 20분의 1 수준에 머물고 있어서 매우 열악한 형편이다.

이러한 에너지 관련 기업 및 이익집단과 환경단체 간의 로비자금 규모의 차이는 앞의 표에 제시된 대로 대립구도를 형성하고 있는 이들 두 분야 집단 간의 로비자금 지출 상위 10개 조직의 지출 규모에서 그대로 드러나고 있다. 선거자금 지출의 경우에서와 마찬가지로 석유업과 전기공급 공공설비업의 기업 및 이익집단 가운데 로비 지출 상위

[표 4-7] 에너지 및 천연자원 관련 3개 산업 부문과
환경단체의 2008년도 로비 지출 현황: 상위 10위 비교[15] (단위: 달러)

순위	석유업계 기업 및 이익집단	전기공급 공공설비업계 기업 및 이익집단	환경설비 및 서비스업계 기업 및 이익집단	환경단체
1	엑슨 모빌 (29,000,000)	PG&E (27,250,000)	MWH글로벌 (1,270,000)	환경방어자금 (2,303,500)
2	코크 산업 (17,930,000)	서던 (13,980,000)	환경서비스그룹 (598,212)	자연보존 (1,310,000)
3	쉐브런 (12,844,000)	미국 전력 (11,238,938)	전국지하수연합 (400,000)	트라우트 (1,175,000)
4	BP (10,450,000)	에디슨 전기 (7,473,371)	티에라솔루션 (390,000)	야생동물보호협회 (882,120)
5	코노코 필립스 (8459,053)	전국 농촌지역 전력협력협회 (5,465,000)	웨스턴솔루션 (324,507)	미국 환경행동 파트너십 (870,000)
6	마라톤 오일 (6,890,000)	듀크 에너지 (5,089,998)	다나허 (280,000)	시에라클럽 (730,000)
7	미국석유연합 (4,849,437)	엔터지 (4,600,000)	환경전략그룹 (202,000)	천연자원 방어위원회 (602,450)
8	로열 더취 쉘 (4,460,000)	엑슬론 (4,459,130)	콜로라도 리버지역 하수연합 (200,000)	전국야생동물연맹 (540,000)
9	윌리엄스 (3,860,000)	FPL 그룹 (3,080,000)	사막연구소 (200,000)	관심 있는 과학자연합 (500,000)
10	옥시덴탈 석유 (2,774,893)	아메런 (3,070,000)	남부해안 공기의 질 관리지구 (195,000)	공공토지신탁 (440,000)

* 출처: Center for Responsive Politics(OpenSecrets.org): "Lobbying: Energy and Natural Resources, Sector Profile, 2008"(http://www.opensecrets.org/lobby/indus.php?id=E&year=2008); "Lobbying: Environment, Industry Profile, 2008"(http://www.opensecrets.org/lobby/indusclient.php?id=q11&year=2008) 등의 사이트에서 관련 링크를 검색함.

[표 4-8] 에너지 및 천연자원 관련 3개 산업 부문과 환경단체의 2008년도 로비 지출

산업 분야	로비 지출 금액	로비를 의뢰하는 산업 내 조직의 숫자	로비스트 숫자	로비스트 가운데 전직 연방정부 관련 인물의 숫자 및 전체 로비스트 대비 비율(%)
에너지 및 천연자원업계 기업 및 이익집단 전체	386,308,606달러	1,072개	2,409명	1,294명(53.7%)
석유업계 기업 및 이익집단	134,545,402달러	198개	829명	489명(59.0%)
전력공급 공공설비업계 기업 및 이익집단	159,928,986달러	226개	941명	523명(55.6%)
환경서비스 및 설비업계 기업 및 이익집단	7,278,719달러	63개	197명	131명(66.5%)
환경단체	19,180,539달러	115개	547명	209명(38.2%)

* 출처: Center for Responsive Politics(OpenSecrets.org): "Lobbying: Energy and Natural Resources, Sector Profile, 2008" (http://www.opensecrets.org/lobby/indus.php?id=E&year=2008); "Lobbying: Environment, Industry Profile, 2008" (http://www.opensecrets.org/lobby/indusclient.php?id=q11&year=2008) 등의 사이트에서 관련 링크를 검색함.

15 본문에 제시된 에너지 분야 기업 및 이익집단의 로비 지출과 관련된 자료는 책임정치센터(Center for Responsive Politics[OpenSecrets.org])의 웹페이지 상에서 "Lobbying: Energy and Natural Resources, Sector Profile, 2008"(http://www.opensecrets.org/lobby/indus.php?id=E&year=2008)과 "Lobbying: Environment, Industry Profile, 2008"(http://www.opensecrets.org/lobby/indusclient.php?id=q11&year=2008)에 나타난 자료를 통해서 취합한 것인데, 책임정치센터는 로비 지출의 경우 기업 및 이익집단을 산업(industry)별로 분류하면서 전기 공급 공공설비업, 석유업, 기타 군소 에너지업(miscellaneous energy), 채광업, 환경서비스 및 설비업(environmental services and equipment), 폐기물 처리업, 어업 및 야생동물 분야(fisheries and wildlife) 등 일곱 가지로 분류하여 이 순서대로 정보를 제공하고 있다. 또한 책임정치센터는 선거자금 지출의 경우와 달리 채광업을 채광업 단독으로 제시하고 있다. 필자는 이 일곱 가지 에너지 분야 산업 가운데 환경 관련 규제 정책에 대한 선호가 분명한 것으로 추정되는 전기 공급 공공설비업, 석유업, 환경서비스 및 설비업 등 세 가지 산업 분야의 자료를 대상으로 로비 지출 분석을 실시하고 환경단체와 비교하고자 한다. 채광업의 경우 로비 지출이 대체에너지업과 탄광업으로 분리되어 제시되지 않아서 탄광업계의 로비 지출만을 따로 알아낼 수 없어서 제외했다.

[그림 4-9] 에너지 및 천연자원 관련 3개 산업 부문과
환경단체의 2008년 로비 지출 현황

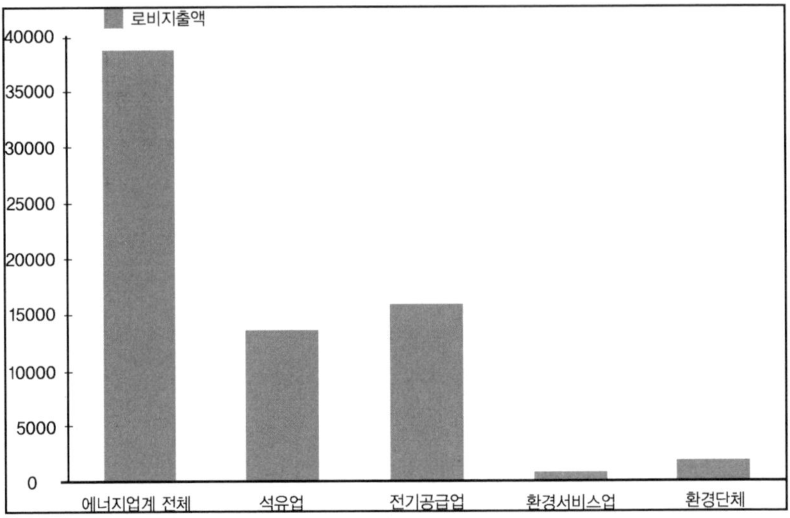

* 출처: Center for Responsive Politics(OpenSecrets.org): "Lobbying: Energy and Natural Resources, Sector Profile, 2008"(http://www.opensecrets.org/lobby/indus.php?id=E&year=2008); "Lobbying: Environment, Industry Profile, 2008" (http://www.opensecrets.org/lobby/indusclient.php?id=q11&year=2008) 등의 사이트에서 관련 링크를 검색함.

10위에 속한 어느 한 회사나 기관도 환경단체의 로비자금 지출 규모에 뒤지지 않는다. 그리고 친환경적인 환경서비스 및 설비업의 전체 로비자금의 지출은 무시할 만한 수준으로 석유업이나 전기공급 공공설비업에 비하면 미미한 수준이다.

한편 2008년 에너지 부문 소속 기업과 이익집단 전체, 그 예하의 개별 산업 소속 기업 및 이익집단, 그리고 환경단체의 로비 지출 규모와 로비 의뢰 조직의 숫자, 그리고 이들 조직이 고용한 로비스트의 숫자를 비교한 [표 4-8], [그림 4-9], [그림 4-10]을 보면 온실가스 배출 규제에 반대하는

[그림 4-10] 에너지 및 천연자원 3개 산업 부문과
환경단체의 2008년 로비스트 관련 통계

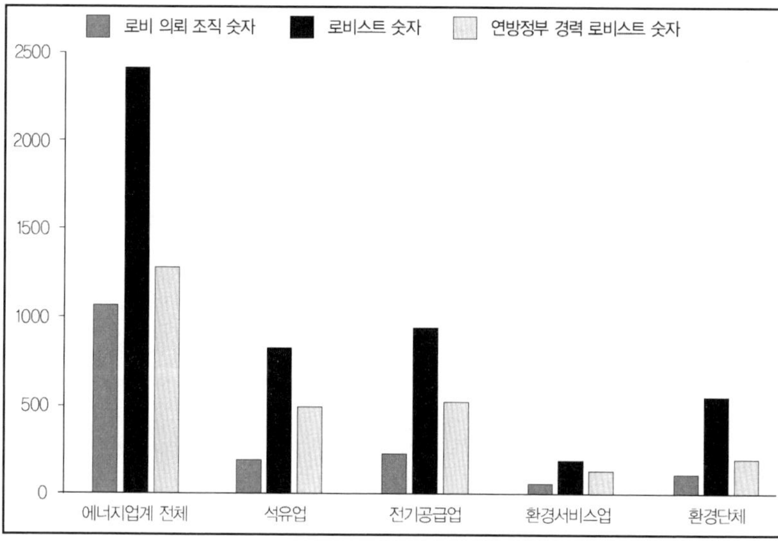

* 출처: Center for Responsive Politics(OpenSecrets.org): "Lobbying: Energy and Natural Resources, Sector Profile, 2008"(http://www.opensecrets.org/lobby/indus.php?id=E&year=2008); "Lobbying: Environment, Industry Profile, 2008"(http://www.opensecrets.org/lobby/indusclient.php?id=q11&year=2008) 등의 사이트에서 관련 링크를 검색함.

기업과 이익집단이 역시 막강한 자금력을 통해서 환경단체나 친환경업 소속 기업을 압도하고 있음을 알 수가 있다. 환경단체에 소속되어 로비스트를 고용한 조직은 불과 115개에 불과한 반면, 에너지업계의 기업 및 이익집단은 무려 1,072개의 조직이 로비스트를 고용한 것으로 나타났다. 이 가운데에서 석유업와 전기공급 공공설비업에 속한 로비 의뢰 조직이 각각 198개와 226개로 환경단체 전체의 115개를 모두 두 배 정도 앞서고 있다.

이들 두 대립되는 집단들은 단순히 로비 의뢰 조직의 숫자상의 차이뿐

만 아니라, 이들이 고용하는 로비스트의 숫자와 이러한 로비스트 가운데 연방정부와의 '인맥', 즉 인적인 유대를 지니고 있는 로비스트를 고용하고 있는지의 여부에 있어서도 현저한 차이를 보이고 있다. 즉, 석유업과 전기공급 공공설비업은 각각 829명과 941명의 로비스트를 고용한 것으로 나타나, 환경단체의 547명과 친환경적 환경서비스업계의 197명을 압도하고 있다. 그리고 이러한 로비스트 가운데 연방정부에서 일한 경험이 있는 로비스트—전직 의원, 전직 의원 및 행정부 고위직 보좌관, 백악관 보좌진 등—의 비중을 보면 석유업과 전기공급 공공설비업 등 에너지업계의 기업 및 이익집단이 환경단체보다 높은 비율을 차지한 것으로 나타나고 있다. 즉 석유와 전기공급 등에 종사하는 에너지업계는 로비 활동의 금전적인 측면뿐만 아니라 질적인 측면에서도 환경단체를 앞서가고 있음을 알 수 있다.[16] 예컨대 온실가스 배출과 관련하여 가장 일차적으로 규제의 대상이 될 수 있는 석유업과 전기공급 공공설비업은 각각 자신들이 고용한 전체 로비스트 가운데 59.0%와 55.6%를 워싱턴 정가에서 일해본 경험이 있는 인물을 로비스트로 고용한 반면, 환경단체는 전체 로비스트의 약 38.2%만을 그러한 경험이 있는 사람으로 로비스트를 고용하였다.

위와 같은 결과를 놓고 보면 선거정치에서 자신들에게 유리한 정치적 환경을 만들기 위한 선거자금의 지출뿐만 아니라, 선거 이후 구체적인 규제 정책이 입안되는 과정에서 필요한 로비의 규모나 질에 있어서도 에너지업계의 기업 및 이익집단의 활동이 환경단체의 활동을 압도하고 있음을 알 수 있다. 절대적인 로비스트의 고용 숫자가 많다는 사실뿐만

16 다만 친환경적인 환경서비스업계가 예외적으로 워싱턴 정가에 경험이 있는 로비스트를 66%가량 고용하고 있다. 이에 대해서는 별도의 설명이 필요할 것으로 보인다.

아니라, 고용하는 로비스트의 질적인 측면에서도 기업 부문은 워싱턴 정치에 대한 경험이 있는 인사를 상대적으로 많이 고용하여 환경단체보다 우위에 서 있는 셈이다. 다시 말해서 에너지 기업 부문은 정책 결정 과정에 직접적으로 영향력을 행사하고자 하는 내부 전략(internal strategy)을 사용하고 있는 것으로 평가해볼 수 있다.[17]

2) 선거자금과 로비 활동 지출의 역사적 추세

지금까지 앞에서는 선거자금과 로비 활동과 관련한 에너지 및 천연자원 기업 및 이익집단과 환경단체의 지출을 2008년 내역을 중심으로 살펴보았다. 이를 통해서 석유업이나 전기공급 공공설비업 등 기업 및 이와 관련된 이익집단의 지출 규모가 친환경적 기업이나 환경단체의 지출을 압도하고 있음을 살펴보았다. 다음의 분석에서는 서로 대립하는 이러한 두 분야의 선거자금 및 로비 활동 지출의 역사적 추세를 살펴봄으로써 이러한 경향이 일시적인 것인지, 아니면 지속적이고 구조적인 것인지를 검토해 보고자 한다.

(1) 에너지 분야 기업 및 이익집단: 선거자금과 로비 활동 지출의 역사적 추세[18]

17 이익집단이 영향력 행사를 위해서 사용하는 전략 가운데 내부 전략에 관해서는 Gais and Walker, 1991을 참조하기 바란다.

18 본문에 제시된 에너지 분야 기업 및 이익집단의 선거자금 지출의 역사적 추세와 관련된 자료는 책임정치센터(Center for Responsive Politics[OpenSecrets.org])의 웹페이지 상에서 "Energy/Natural Resources: Long-Term Trends"(http://www.opensecrets.org/industries/totals.php?cycle=2012&ind=E)에 나타난 자료를 통해서 취합한 것이다. 앞의 각주에서 이미 설명한 바와 마찬가지로 폐기물 처리업은 선거자금 지출 비율이 전체 에너지 분야 기업 및 이익집단의 선거 지출 전체의 3.2%에 불과하고, 마찬가지로 채광업에 포함되어 있는

① 선거자금 지출의 역사적 추세

[표 4-9] 에너지 부문 기업 및 이익집단의 선거자금 지출(1990~2010년)[19] (단위: 달러)

선거 주기 연도	총 기부금	개인 기부금	PAC 기부금	기타 기부금
2010	75,415.045	37,194,813	32,660,380	5,559,852
2008	80,926,837	51,036,047	29,639,798	250,992
2006	51,056,579	25,611,819	25,281,510	163,250
2004	55,116,374	33,069,086	21,964,538	82,750
2002	58,414,266	15,108,347	20,396,565	22,909,354
2000	67,608,602	19,370,139	18,737,128	29,501,344
1998	42,148,464	10,686,667	16,207,062	15,254,735
1996	47,028,280	14,914,651	14,961,788	17,151,841
1994	30,407,851	10,283,446	13,722,744	6,401,661
1992	33,225,818	12,817,094	13,043,054	7,365,670
1990	19,151,299	6,702,826	12,448,473	0

* 출처: Center for Responsive Politics, "Energy/Natural Resources: Long-Term Trends"(http;//www.opensecrets.org/industries/totals.php?cycle=2012&ind=E)에서 관련 링크를 검색함.

대체에너지업계 역시 에너지 분야 기업 및 이익집단의 선거자금 전체 지출 가운데 차지하는 비중이 2.9%에 불과하므로, 이 두 산업 분야의 선거자금 지출을 에너지 분야 전체의 선거자금 지출 총액의 추세를 표시하는 도표와 그림에 그대로 포함시켰다.

19 도표의 '기타기부금'은 소프트머니와 개인 기부금 및 PAC 기부금을 제외한 기타 형태의 기부금을 말한다.

[그림 4-11] 에너지 부문 기업 및 이익집단의 선거자금 지출(1990~2010년)
(단위: 백만 달러)

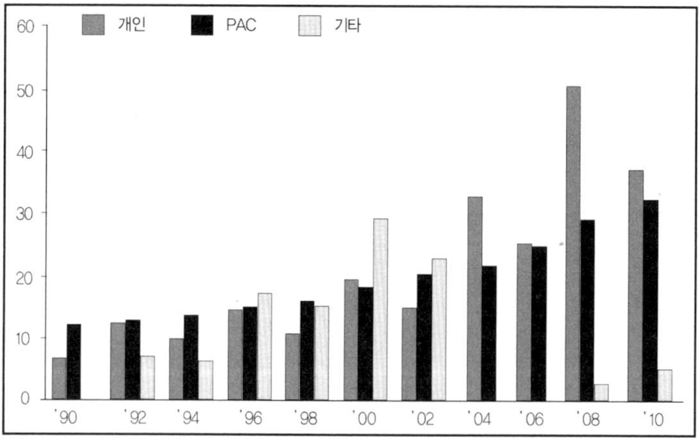

* 출처: Center for Responsive Politics, "Energy/Natural Resources: Long-Term Trends"(http://www.opensecrets.org/industries/totals.php?cycle=2012&ind=E)에서 관련 링크를 검색함.

[그림 4-12] 에너지 부문 기업 및 이익집단의 선거자금 지출: 총계(1990~2010년)
(단위: 백만 달러)

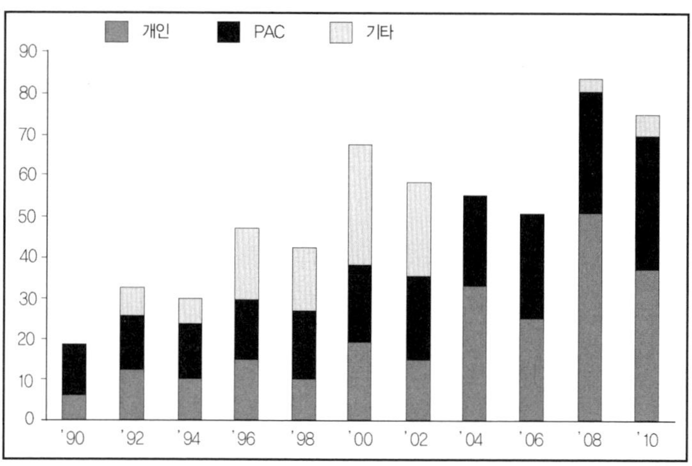

* 출처: Center for Responsive Politics, "Energy/Natural Resources: Long-Term Trends"(http://www.opensecrets.org/industries/totals.php?cycle=2012&ind=E)에서 관련 링크를 검색함.

[표 4-10] 에너지 부문 기업 및 이익집단의 선거자금 지출: 정당별 지출액 및 정당별 지출 비율(1990~2010년)

선거 주기 연도	민주당에 대한 기부 (단위: 달러)	공화당에 대한 기부 (단위: 달러)	민주당 비율(%)	공화당 비율(%)
2010	25,144,460	43,814,198	36	64
2008	27,980,900	52,894,670	35	65
2006	12,715,906	37,852,621	25	75
2004	13,547,272	41,521,471	25	75
2002	15,713,704	42,653,448	27	73
2000	16,754,765	50,273,399	25	75
1998	11,990,098	30,058,358	29	71
1996	12,900,011	33,681,918	28	72
1994	13,139,599	17,225,732	43	57
1992	12,993,557	20,023,579	39	61
1990	8,305,064	10,843,685	43	57

* 출처: Center for Responsive Politics, "Energy/Natural Resources: Long-Term Trends"(http://www.opensecrets.org/industries/totals.php?cycle=2012&ind=E)에서 관련 링크를 검색함.

[표 4-10]과 [그림 4-13]에서 알 수 있듯이 1990년 이래 2010년까지 약 20년에 이르는 기간 동안 에너지 및 천연자원 분야 기업 및 이익집단의 선거자금 지출은 꾸준히 상승하는 경향을 보이고 있음을 알 수 있다. 1990년과 비교해서 이들 조직들이 2010년에 지출한 금액은 대체로 1990년 지출액의 거의 네 배에 달하고 있다. 2002년에 양당 선거개혁법(the Bipartisan Campaign Reform Act)—일명 맥케인-파인골드법(the McCain-Feingold)—이 제정됨에 따라 정당에 기부하는 정치자금인 소위 '소프트머

니'(soft money)가 금지된 이후 이러한 소프트머니를 포함했던 기타 기부금의 비율이 거의 없어지거나 2008년 이후 최근에야 다시 조금씩 나타나는 추세를 보임에도 불구하고, 이들 기업이 기업 소속 개인을 통해서 혹은 다양한 선거자금위원회를 통해서 기부하는 금액은 지속적으로 증가해왔다. 또한 특기할 만한 사항은 이들 에너지 분야 기업 및 이익집단의 선거자금 지출이 2008년에 이르러 현저히 늘었음을 알 수 있다. 다음에 살펴보겠지만 이러한 선거자금 지출의 증가 현상은 에너지 부문 기업의 로비 지출의 추세에서도 발견되는 현상으로서, 오바마 행정부의 등장과 민주당 단점정부의 형성 과정에서 이들 기업이 지구온난화 및 기타 환경 관련 규제 정책이 강화되는 것을 우려하여 적극적인 선거자금 기부 활동을 펼친 결과인 것으로 보인다.

[그림 4-13] 에너지 부문 기업 및 이익집단의 선거자금 지출: 정당별 분류(1990~2010년) (단위: 백만 달러)

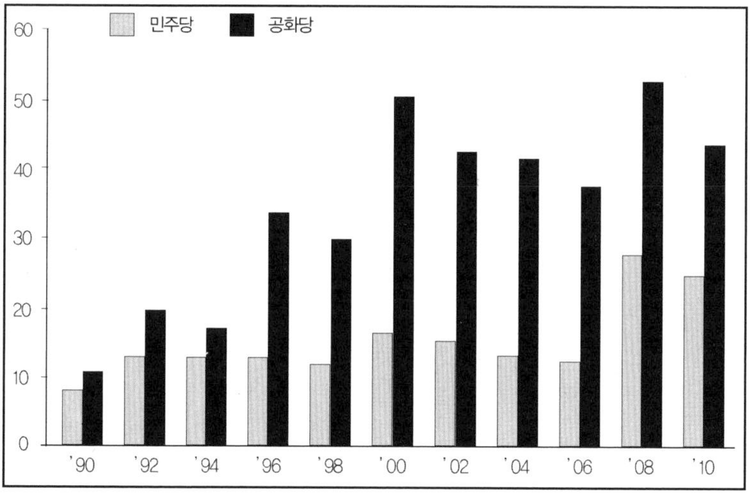

* 출처: Center for Responsive Politics, "Energy/Natural Resources: Long-Term Trends"(http://www.opensecrets.org/industries/totals.php?cycle=2012&ind=E)에서 관련 링크를 검색함.

다음에는 계속해서 에너지 분야 기업 및 이익집단의 워싱턴 정가에 대한 로비 관련 지출의 역사적 추세에 대해서 살펴보기로 한다.

② 로비 활동 지출의 역사적 추세

[표 4-11]과 [그림 4-14]는 에너지 및 천연자원 부문 기업 및 이익집단이 2001년부터 2010년까지 지출한 로비자금의 추세에 관한 것이다. 이들 표와 그림은 에너지 업계 전체의 로비 지출과 함께 에너지업계 관련 기업 및 이익집단 가운데 환경정책에 대한 선호가 분명한 전기공급 설비업, 석유업, 환경서비스업의 기업 및 이익집단의 로비 지출을 표시해 놓은 것이다.

전체 에너지업계에 소속된 기업 및 이익집단이 지출한 로비자금의 추세를 보면 지난 10년간 지속적으로 그 지출이 증가되어왔음을 알 수 있을 뿐만 아니라, 선거자금과 마찬가지로 2008년을 기준으로 그 이후 더욱 증가하였음을 알 수 있다. 지난 10년간 전체 로비 지출 자금 총액은 2.5배 정도 증가하였는데, 이 가운데 전기공급 설비업의 경우 지난 10년간 두 배 이상으로 로비자금 지출이 증가하였고, 석유업은 다섯 배가량 증가한 것으로 나타났다. 반면 친환경적인 환경서비스업의 경우 그 로비 지출의 절대적인 금액의 규모가 비교가 되지 않을 정도로 적을 뿐만 아니라, 그 증가폭 역시 두 배에 미치지 못하고 있어서 대조적이다.

한편 이들 전기공급업과 석유업의 로비 활동 지출의 증가는 2008년 이후에 보다 가파른 상승 추세를 보이는데, 이는 2006년 이후 민주당이 양원을 재탈환하면서 지구온난화 방지를 위한 온실가스 감축 관련 입법 노력을 배가하기 시작한 것과, 2008년 선거에서 민주당의 오바마 후보가

당선되면서 기후변화 입법 추진과 온실가스 방지를 위한 보다 적극적인

[표 4-11] 에너지 부문 전체와 3개 산업 소속 기업 및 이익집단의 로비 지출 추세(2001~2010년)[20] (단위: 달러)

연도	에너지업계 기업 및 이익집단 전체	전기공급 공공설비업계 기업 및 이익집단	석유업계 기업 및 이익집단	환경서비스·설비업계 기업 및 이익집단
2010	449,875,415	191,864,085	145,932,543	8,152,356
2009	421,299,105	145,576,753	175,454,820	7,361,548
2008	387,066,606	160,446,986	134,545,402	7,678,719
2007	272,688,188	112,910,266	84,555,985	6,673,774
2006	245,504,143	110,816,835	74,887,623	6,953,731
2005	214,329,081	96,789,892	65,925,185	6,395,101
2004	185,538,137	92,189,466	52,396,008	5,298,065
2003	187,834,760	91,395,615	56,383,514	5,608,000
2002	191,521,796	94,881,168	58,707,259	4,976,500
2001	178,482,253	88,147,038	54,174,572	4,610,000

* 출처: Center for Responsive Politics(OpenSecrets.org), "Lobbying: Energy and Natural Resources,

20 본문에 제시된 에너지 분야 기업 및 이익집단의 로비 지출과 관련된 자료는 책임정치센터(Center for Responsive Politics[OpenSecrets.org])의 웹페이지 상에서 "Lobbying: Energy and Natural Resources, Sector Profile, 2001~2010"(http://www.opensecrets.org/lobby/indus.php?id=E&year)에 나타난 자료를 통해서 취합한 것이다. 앞에서 분석한 에너지 분야 기업의 2008년 로비 지출과 마찬가지로 필자는 책임정치센터가 제시한 일곱 가지 에너지 분야 산업 가운데 환경 관련 규제 정책에 대한 선호가 분명한 것으로 추정되는 전기 공급 공공설비업, 석유업, 환경서비스 및 설비업 등 세 가지 산업 분야의 자료를 대상으로 로비 지출 분석을 실시하고 환경단체와 비교하고자 한다. 다만 에너지 분야의 로비 지출 전체 총액은 도표와 그림에 표기하였다.

Sector Profile, 2001~2010"(http://www.opensecrets.org/lobby/indus.php?id=E&year)에서 관련 링크를 검색함.

[그림 4-14] 에너지 부문 기업 및 이익집단 전체의 로비 지출 추세(2001~2010년)

(단위: 백만 달러)

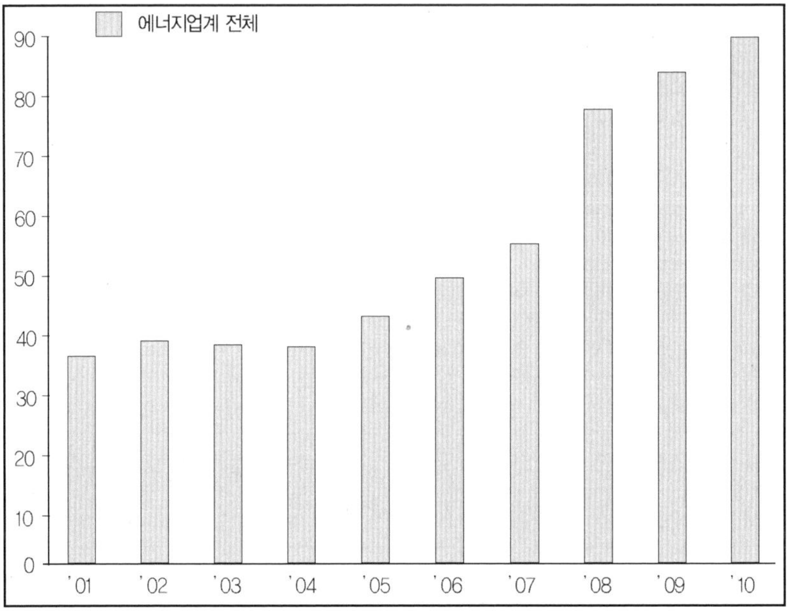

* 출처: Center for Responsive Politics(OpenSecrets.org), "Lobbying: Energy and Natural Resources, Sector Profile, 2001~2010"(http://www.opensecrets.org/lobby/indus.php?id=E&year)에서 관련 링크를 검색함.

조치가 논의된 것과 무관하지 않다고 보인다. 반면 친환경적인 환경서비스업의 로비자금 지출은 2008년을 전후해서 전기공급업이나 석유업과 비교될 만큼 괄목할 만한 신장세를 보이지 않고 있다. 선거자금 지출의 경우와 마찬가지로 오바마 행정부의 출범을 전후하여 규제 정책 반대를 위한 기업의 로비 활동은 더욱 적극적이며 공세적으로 변했다고 할 수 있다.

[그림 4-15] 에너지 부문 3개 산업의 로비 지출 추세(2001~2010년)

(단위: 백만 달러)

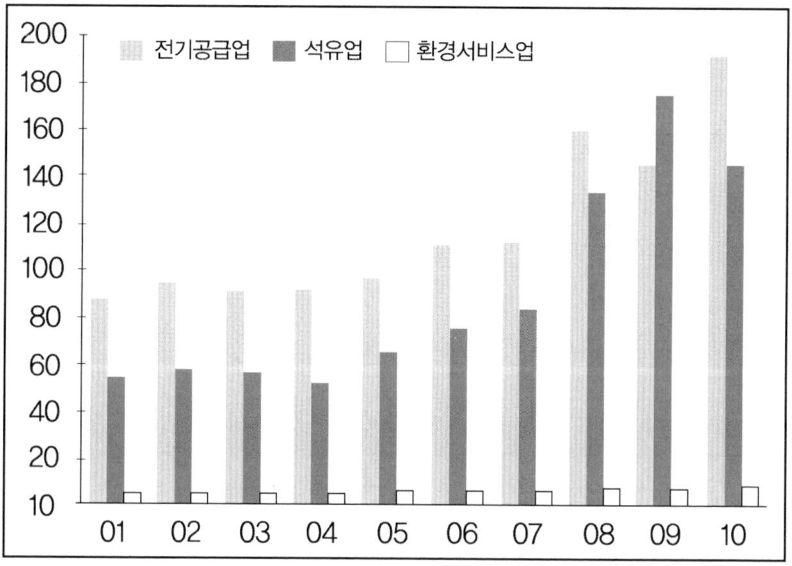

* 출처: Center for Responsive Politics(OpenSecrets.org), "Lobbying: Energy and Natural Resources, Sector Profile, 2001~2010"(http://www.opensecrets.org/lobby/indus.php?id=E&year)에서 관련 링크를 검색함.

(2) 환경단체: 선거자금과 로비 활동 지출의 역사적 추세

에너지 관련 기업 부문에 이어서 다음에서는 환경단체의 선거자금과 로비 활동 지출의 역사적 추세를 살펴보고자 한다.

① 선거자금 지출의 역사적 추세

[표 4-12], [표 4-13]과 [그림 4-16], [그림 4-17], [그림 4-18]은 환경단체가 지난 1990년 이래 2010년까지 지출한 선거자금의 역사적 추세를 연도별로 표시해서 제시한 것이다. 1990년 이래 2010년까지 환경단체는 비록 전체 선거자금 지출 총액에서는 에너지업에 비해 매우

뒤처지지만, 이와 같이 적은 액수에도 불구하고 약 다섯 배 정도 선거자금 지출의 증가를 보였다. 그리고 이러한 선거자금 지출 증가 가운데 주목할 만한 점은 2004년과 2008년 선거 당시 선거자금의 지출이 매우 컸다는 점이다. 그리고 이러한 선거자금은 에너지 분야 기업 및 이익집단과는 달리 압도적으로 온실가스 규제 정책 등 환경정책에 우호적인 민주당에 경도되어 있음은 이미 밝힌 바와 같으며, 앞의 표와 그림에서 보듯이 이는 2008년에 국한된 현상이 아니라 1990년 이후 지속되어온 현상이다.

[표 4-12] 환경단체의 선거자금 지출(1990~2010년) (단위: 달러)

선거 주기 연도	총 기부금	개인 기부금	PAC 기부금	기타 기부금
2010	5,117,837	3,182,316	1,078,314	857,207
2008	5,290,690	4,476,840	813,850	0
2006	2,860,208	2,343,449	516,759	0
2004	3,905,453	3,217,176	688,277	0
2002	2,334,183	1,330,651	790,032	213,500
2000	2,338,528	1,570,057	551,221	217,250
1998	1,289,450	888,788	400,662	0
1996	1,621,889	889,725	700,664	31,500
1994	1,859,852	547,634	1,311,051	1,167
1992	1,919,975	702,857	1,193,203	23,915
1990	1,040,503	389,160	651,343	0

* 출처: Center for Responsive Politics, "Environment: Long-Term Contribution Trends"(http://www.opensecrets.org/industries/totals.php?cycle=2012&ind=Q11)에서 관련 링크를 검색함.

[그림 4-16] 환경단체의 선거자금 지출(1990~2010년)(단위: 백만 달러)

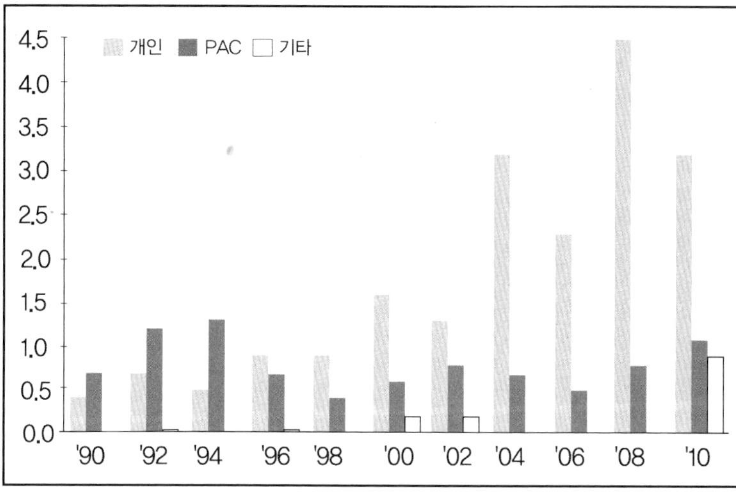

* 출처: Center for Responsive Politics, "Environment: Long-Term Contribution Trends"(http://www.opensecrets.org/industries/totals.php?cycle=2012&ind=Q11)에서 관련 링크를 검색함.

[그림 4-17] 환경단체의 선거자금 지출: 총계(1990~2010년)(단위: 백만 달러)

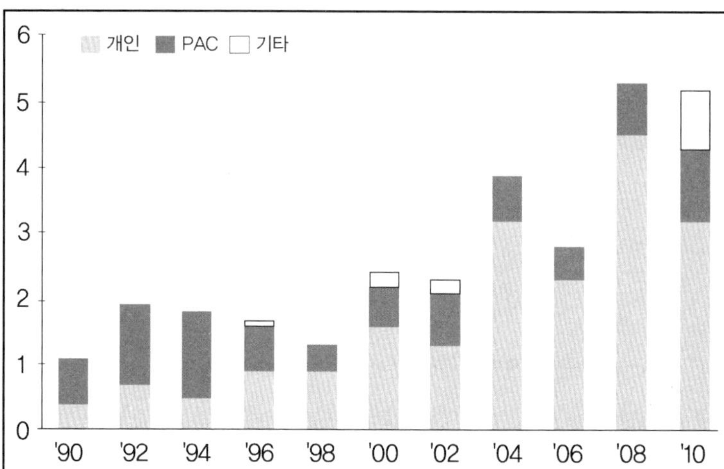

* 출처: Center for Responsive Politics, "Environment: Long-Term Contribution Trends"(http://www.opensecrets.org/industries/totals.php?cycle=2012&ind=Q11)에서 관련 링크를 검색함.

[표 4-13] 환경단체의 선거자금 지출:
정당별 지출 액수 및 정당별 비율(1990~2010년)

선거 주기 연도	민주당에 대한 기부 (단위: 달러)	공화당에 대한 기부 (단위: 달러)	민주당 비율(%)	공화당 비율(%)
2010	3,866,426	373,454	91	9
2008	4,997,231	283,759	95	5
2006	2,530,181	262,327	91	9
2004	3,592,821	300,812	92	8
2002	2,044,592	289,341	88	12
2000	2,127,036	185,693	92	8
1998	1,194,007	88,443	93	7
1996	1,435,479	149,656	91	9
1994	1,772,950	81,152	96	4
1992	1,812,317	80,008	96	4
1990	913,161	121,292	88	12

* 출처: Center for Responsive Politics, "Environment: Long-Term Contribution Trends"(http://www.opensecrets.org/industries/totals.php?cycle=2012&ind=Q11)에서 관련 링크를 검색함.

한편 에너지 분야 기업 및 이익집단과 달리 환경단체는 1990년대 중반 이후 선거자금위원회를 통한 지출보다는 이들 환경단체 소속의 개인 지출이 많아지는 경향을 보여주고 있다. 특히 2004년 이후의 경우를 보면 환경단체 소속 개인이 기부한 선거자금이 정치자금위원회를 통한 선거자금을 압도하고 있는 실정이다. 1990년대 초반만 해도 이들 환경단체는 상당히 많은 정치자금을 선거자금위원회를 통해서 지출한 것으로 나타나 있고, 이들과 달리 에너지 부문 기업과 이익집단의 경우 이미 개별 기업별 지출과 함께 선거자금위원회를 통한 지출이 꾸준히 상당한 비중을 차지한 사실과 비교해볼 때, 1990년대 중반 이후 환경단체의 이러한 선거자금 지출은 주목할 만하다.[21]

[그림 4-18] 환경단체의 선거자금 지출(1990~2010년)(단위: 백만 달러)

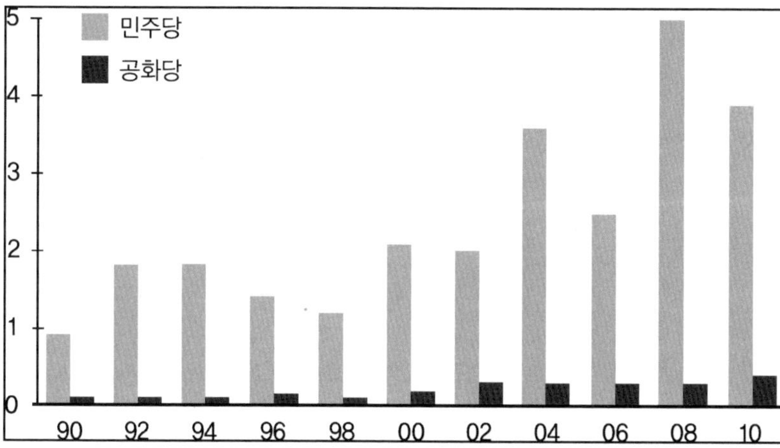

* 출처: Center for Responsive Politics, "Environment: Long-Term Contribution Trends"(http://www.opensecrets.org/industries/totals.php?cycle=2012&ind=Q11)에서 관련 링크를 검색함.

② 로비 활동 지출의 역사적 추세

선거자금의 역사적 추세에 이어서 2001년 이후 10년 동안 환경단체가 지출한 로비자금을 보면 에너지 부문 기업 및 이익집단과 비교해볼

21 이와 같이 환경단체가 1990년대 중반을 이후 개인 지출을 중심으로 선거자금을 기부하게 된 것은 다른 여러 원인과 함께 이들 환경단체가 다른 집단을 통해서 정책 연합을 형성해야 한다는 전략적 사고를 하지 못했다는 점과 관련되어 있다고 추정해볼 수 있다. 노동집단 등 기타 시민단체 등과 함께 정치자금위원회를 형성하여 이를 통한 선거자금을 지출하는 전략적 고려가 부족하였을 뿐만 아니라, 환경단체 상호 간의 정책적 조정, 선거자금 지출 전략상의 협력 등도 부족했던 것으로 보인다.

때 지출 증가의 규모가 절대적으로 작은 것은 물론이거니와, 상대적인 증가율도 에너지 부문에 미치지 못하고 있다. 전반적으로 지난 2010년 이전의 10년간의 기간을 볼 때 에너지 부문 기업 및 이익집단은 약 2.5배 정도 로비자금이 증가해온 반면, 총액에서 절대적으로 열세인 환경단체의 경우 로비자금 증가율이 두 배에 미치지 못해서 여전히 로비 활동의 취약성이 드러나고 있다. 뿐만 아니라 선거자금 대비 로비 금액이 자치하는 비중 역시 에너지 부문 기업이나 이익집단보다 환경단체가 낮은 것으로 나타나고 있다.

[표 4-14] 환경단체 전체와 대표적 개별 환경단체의 로비 지출 추세(2001~2010년)

(단위: 달러)

연도	환경단체 지출 총액	자연보존협회	미국 환경행동 파트너십	천연자원 방어위원회	시에라클럽
2010	20,636,651	2,180,000	782,500	406,600	450,000
2009	22,877,857	2,230,000	1,000,000	692,616	480,000
2008	18,069,539	1,310,000	870,000	602,450	730,000
2007	15,397,017	1,220,000	380,000	600,000	380,000
2006	11,224,277	530,000	–	580,000	99,212
2005	11,379,850	320,000	–	820,000	171,000
2004	9,599,898	60,000	–	430,000	147,000
2003	9,198,636	60,000	–	920,000	100,000
2002	8,857,078	140,000	–	788,000	232,000
2001	11,127,269	1,080,000	–	866,000	370,000

* 출처: Center for Responsive Politics(OpenSecrets.org), "Lobbying: Environment, Industry Profile, 2001~2010"(http://www.opensecrets.org/lobby/indusclient.php?id=Q11&year=2011)에서 관련 링크를 검색함.

[그림 4-19] 환경단체의 로비 지출 추세(2001~2010년) (단위: 백만 달러)

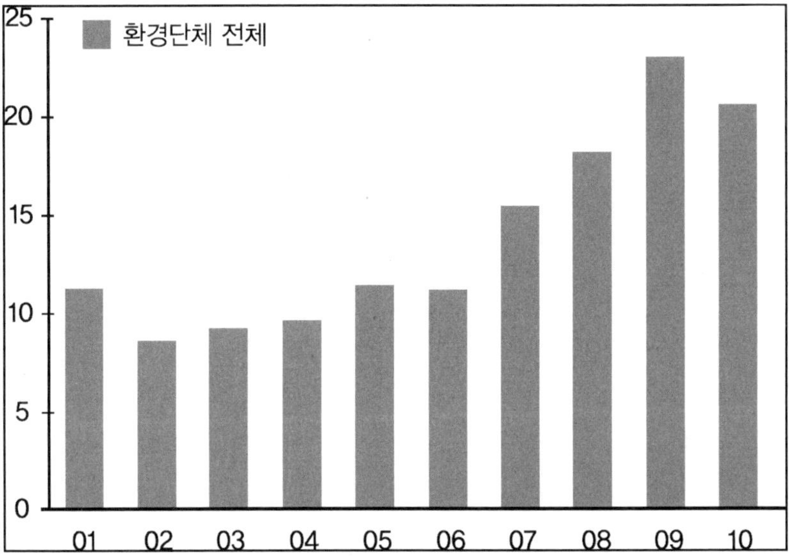

* 출처: Center for Responsive Politics(OpenSecrets.org), "Lobbying: Environment, Industry Profile, 2001~2010"(http://www.opensecrets.org/lobby/indusclient.php?id=Q11&year=2011)에서 관련 링크를 검색함.

3. 정리와 논점: 정파적인 반(反)기후변화 여론의 증가와 환경단체의 열악한 자금력

지금까지 이 장에서는 기후변화, 지구온난화 및 온실가스 규제와 관련된 여론의 태도와 다양한 반응, 그리고 이익집단의 선거 및 로비 지출 등을 살펴보았다. 이러한 분석을 위해서 이 장에서는 기후변화 문제에 대한 여론과 이익집단의 태도나 대응의 추세를 중단기적인 시점에서 살펴보기도 했다. 이러한 분석을 통해서 전반적으로 2009년 오바마 행정부의 등장을 즈음한 시기에 여론과 이익집단의 전반적인 상황이 오바마 대통령이 기후변화 정책을 적극적으로 추진하기에 유리한 것만은 아니라는 것을 추론할 수 있었다. 미국 여론은 2007~2008년 경제위기를 겪으면서 지구온난화 현상의 인간행위 기원론 등에 대해서 부정적인 방향으로 선회하였고, 이익집단의 경우 온실가스 규제에 반대하는 에너지 부문의 영향력이 환경단체의 그것을 압도하는 상황이 지속되고 있었다.

지구온난화와 관련하여 국제적 여론과 미국 여론을 비교해볼 때 상당히 흥미 있는 결과가 나타났음을 알 수 있었다. 먼저 미국 국민 가운데 지구온난화 문제를 인간의 행위의 결과로 파악하는 비율은 이웃 국가인 캐나다나 유럽, 그리고 아시아 선진국보다 현저히 적게 나타나고 있었다. 지구온난화의 인간행위 기원론을 인정하는 미국 국민의 비율은 심지어 동남부 유럽 국가 및 러시아를 포함하고 있는 독립국가연합, 그리고 라틴아메리카 등 경제적으로 미국보다 열악한 환경에 처해 있는 국가보다도 낮게 나타났다. 이와 아울러 지난 수년간 경제위기를 겪으면서 지구온난화의 문제를 인간행위의 결과로 파악하는 미국 국민의 비율도 다른 국가나 지역에 비해서 매우 큰 폭으로 감소하였음을 알 수 있다. 또한 지구온난화를 심각한 위협으로 받아들이는 데에 있어서도 미국 여론은 경제위기를 겪으면서 그렇지 않다고 보는 비율이 현저히 증가하였음을 알 수 있다. 전반적으로 미국 여론은 지구온난화 문제의 심각성에 대해서 캐나다 · 서유럽이나 아시아 선진국보다 큰 비중을 두고 있지 않으며, 이러한 미국 여론의 동향은 지난 수년간의 경제위기를 겪으면서 더욱 강화된 것으로 보인다.

한편 미국 국내 여론만을 검토해보아도 역시 상당히 주목할 만한 현상이 등장하고 있음을 알 수 있었다. 먼저 2007년을 분기점으로 지구온난화 현상이 인간의 행위에 기인하는 것으로 보는 비율이 감소하기 시작했을 뿐만 아니라, 지구온난화 문제가 과장되어 있다고 응답하는 미국 응답자의 비율이 2008년을 분기점으로 증가하고 있음을 알 수 있었다. 또한 지구온난화를 심각한 위협으로 생각하는 응답자의 비율 역시 감소하고 있음을 알 수 있었다.

이들 응답자를 집단별로 나누어서 보면 강한 정파성이 발견되는데, 민주당 지지자들은 대체로 지구온난화의 심각성, 인간행위 기원설, 지구온난화의 부정적 효과, 과장 여부 등에 대한 태도에 있어서 공화당 지지자와 상당히 차별화된 반응을 보이고 있음을 알 수 있었다. 인구사회학적인 각도에서 볼 때 여성, 젊은층, 대학교 졸업자, 동북부 및 서부지역 거주자, 도시 혹은 교외 거주자 등이 대체로 그렇지 않은 사람들보다 지구온난화 현상을 인간행위에 기인하는 것으로 보고 있으며, 이러한 특징을 지닌 미국 국민이 대체로 민주당 지지자의 특징과 일치한다는 점에 주목해 볼 때, 기후변화 문제에 대한 미국 여론의 태도가 상당히 정파적 지지성향에 따라서 나뉘어 있음을 알 수 있었다.

한편 지구온난화 및 온실가스 배출과 관련하여 직접적인 이해관계를 가지고 있는 것으로 보이는 이익집단의 활동을 보면, 환경단체가 에너지 부문의 기업 및 이익집단에 비해서 선거 개입이나 로비 활동 등에 있어서 상당히 열세의 위치에 놓여 있음을 알 수 있었다. 필자가 지금까지의 이익집단정치에 관한 논의를 정리하기 위해서 선거 및 로비 지출과 관련하여 에너지 부문 기업 및 이익집단과 환경단체의 활동을 시기별로 비교한 다음의 [표 4-15], [표 4-16]과 [그림 4-20], [그림 4-21], [그림 4-22]가 보여주는 것처럼 에너지 업계는 환경단체보다 훨씬 더 우월한 지위에서 연방정부의 정책에 대한 영향력을 행사할 수 있었음을 알 수 있다.

[표 4-15] 에너지 부문 기업 및 이익집단과 환경단체의 선거자금 지출 추세 비교(1990~2010년) (단위: 달러)

선거 주기 연도	에너지 부문 기업 및 이익집단의 선거자금 지출 총액	환경단체들의 선거자금 지출 총액
2010	75,415.045	5,117,837
2008	80,926,837	5,290,690
2006	51,056,579	2,860,208
2004	55,116,374	3,905,453
2002	58,414,266	2,334,183
2000	67,608,602	2,338,528
1998	42,148,464	1,289,450
1996	47,028,280	1,621,889
1994	30,407,851	1,859,852
1992	33,225,818	1,919,975
1990	19,151,299	1,040,503

* [표 4-15]를 작성하는 데 사용한 출처는 이미 앞에서 에너지 부문 기업 및 이익집단과 환경단체의 선거자금과 로비 활동 지출을 분석할 때 밝혔기 때문에 따로 적지 않음.

지난 1990년 이후 20년 동안 에너지 관련 기업 부문과 환경단체는 상당히 많은 선거자금을 지속적으로 지출해왔고, 2001년 이후 현재까지 로비자금 역시 꾸준히 증가해왔다. 또한 이미 본문 가운데 설명한 바와 마찬가지로 에너지 관련 기업 부문은 선거자금 지출 및 로비 활동 등에서 환경단체를 처음부터 압도해왔다. 그리고 2008년이 대체로 선거자금 증액과 로비 활동 증가의 분기점이 된 것도 주목할 만하다.

[그림 4-20] 에너지 부문 기업 및 이익집단과 환경단체의
선거자금 지출 추세 비교(1990~2010년) (단위: 백만 달러)

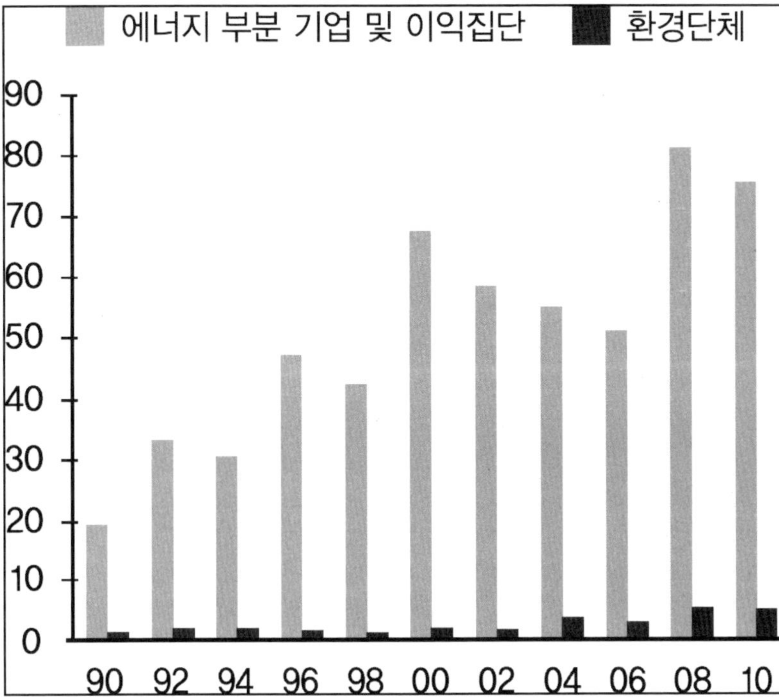

* [그림 4-20]을 작성하는 데 사용한 출처는 이미 앞에서 에너지 부문 기업 및 이익집단과 환경단체의 선거자금과 로비 활동 지출을 분석할 때 밝혔기 때문에 따로 적지 않음.

선거자금의 배분에 있어서 에너지 부문 기업 및 이익집단은 환경단체와 달리 적절한 수준에서 민주당에 대해서도 선거자금을 기부하고 있어서, 민주당에 일방적으로 경도된 환경단체보다 유리한 입장에 있다. 이에 더하여 선거자금의 기부 방식에 있어서도 선거자금위원회를 활용하는 비중이 상대적으로 커서 기업 간 연합을 통한 조정이 상당히 효과적으로 진행되고 있음을 간접적으로 추론할 수 있다. 이에 비해서 환경단체는 일방적으로 개인의 직접적인 기부에 의존하고 있으며 선거자금위원회를

통한 기부 규모는 매우 미미한 실정이다.

[그림 4-21] 에너지 부문 기업 및 이익집단과 환경단체의 선거자금 지출 추세 비교: 정당별 지출 비교(1990~2010년) (단위: 백만 달러)

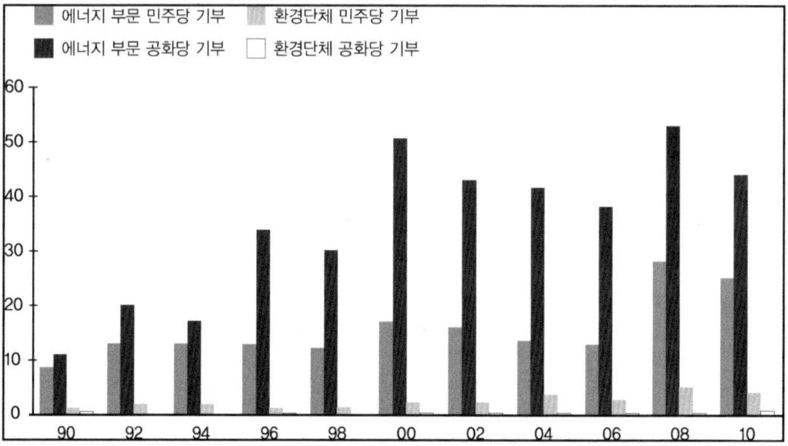

* [그림 4-21]을 작성하는 데 사용한 출처는 이미 앞에서 에너지 부문 기업 및 이익집단과 환경단체의 선거자금과 로비 활동 지출을 분석할 때 밝혔기 때문에 따로 적지 않음.

한편 선거자금 지출보다 규모 면에서 훨씬 더 많은 자금이 소요된 것으로 나타난 로비 지출에 있어서도 환경단체는 에너지 부문 기업 및 이익집단에 비해서 현저한 열세에 있음을 알 수 있다. 지난 10년간의 지출 규모뿐만 아니라 그 증가의 폭에 있어서도 환경단체의 로비 활동은 에너지 부문 기업이나 이익집단의 활동에 비해서 매우 열악한 환경에 놓여 있는 것이 사실이다.

종합적으로 살펴보면 환경단체는 선거자금 총액과 선거자금 배분 방식뿐만 아니라, 로비를 통한 정책 결정 과정에 대한 접근성의 확보와 로비의 질적인 측면에서도 절대적으로 열악한 지위에 있음을 알 수 있다. 이와 같이 수십 년간 지속된 환경운동의 열악한 조건 속에서 오바마 행정부가 출범했다는 사실은 그만큼 오바마 행정부의 지구온난화를 포함한 환경정책이 에너지 부문 기업 및 이익단체와 이들에 동조하는 공화당 의원 및 보수적 현안 집단과 싱크탱크의 반규제 정책적 저항에 부딪칠 수밖에 없음을 시사하는 것이다.

[표 4-16] 에너지 부문 기업 및 이익집단과 환경단체의 로비 지출 추세 비교(2001~2010년) (단위: 달러)

연도	에너지 부문 기업 및 이익집단 지출 총액	환경단체 지출 총액
2010	449,875,415	20,636,651
2009	421,299,105	22,877,857
2008	387,066,606	18,069,539
2007	272,688,188	15,397,017
2006	245,504,143	11,224,277
2005	214,329,081	11,379,850
2004	185,538,137	9,599,898
2003	187,834,760	9,198,636
2002	191,521,796	8,857,078
2001	178,482,253	11,127,269

* [표 4-16]을 작성하는 데 사용한 출처는 이미 앞에서 에너지 부문 기업 및 이익집단과 환경단체의 선거자금과 로비 활동 지출을 분석할 때 밝혔기 때문에 따로 적지 않음.

[그림 4-22] 에너지 부문 기업 및 이익집단과 환경단체의
로비 지출 추세 비교(2001~2010년) (단위: 백만 달러)

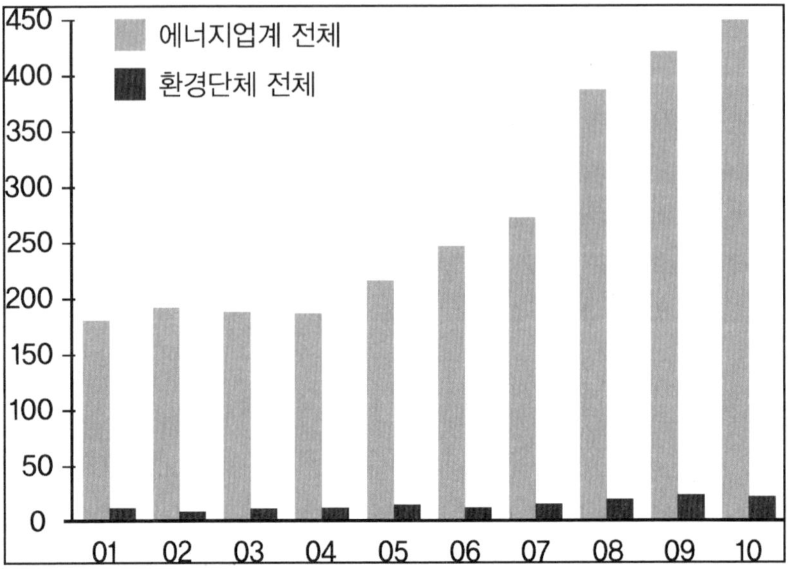

* [그림 4-22]를 작성하는 데 사용한 출처는 이미 앞에서 에너지 부문 기업 및 이익집단과 환경단체의 선거자금과 로비 활동 지출을 분석할 때 밝혔기 때문에 따로 적지 않음.

제5장

오바마 행정부의 기후변화 정책 I: 오바마 대통령의 국내외적 노력

앞의 제3장에서는 2009년 오바마 행정부 등장 이전 시기까지 미국의 전반적인 환경정책과 함께 국제적인 기후변화 대처 노력에 대한 미국의 대응을 살펴보았고, 제4장에서는 환경문제 및 기후변화 문제를 둘러싼 여론의 동향 및 이익집단정치의 추세를 다양한 통계 자료를 중심으로 검토하였다. 이러한 분석을 통해서 알 수 있듯이 2009년 오바마 행정부의 등장은 국내외적으로 기후변화 대처에 대한 기대감을 높이기도 했지만, 다른 한편으로는 경제적 위기의 심화와 지구온난화에 대한 부정적 여론의 증가 등으로 인해서 기후변화에 대한 포괄적인 국내법이 마련되기에 최고의 여건은 아니었다. 오바마 대통령은 민주당 의회와 함께 단점정부(unified government)를 구성하여 기후변화 및 에너지 독립과 관련된 자신의 선거공약을 실천해나갈 수 있는 유리한 정치적 기회구조(political opportunity structure)를 만들어내기는 했지만, 1990년대 중반 이후 공화당이 주도한 반기후변화 담론이 지속되는 가운데 경제의 악화와 여론의 무관심, 그리고 기업 부문의 전반적인 부정적 시각 등은 포괄적 기후변화 정책에 대한 장애물로 작용했다.

제3장에서 이미 설명한 대로 기후변화 문제에 대해서 무관심 혹은 무정책으로 일관했던 부시 행정부에 이어서 오바마 대통령이 2009년에 미국의 제44대 대통령으로 취임하면서, 미국이 국내외적으로 지구온난화의 주범으로 알려져 있는 온실가스 배출을 규제하기 위해서 새로운 민주당 행정부가 적극적인 조치를 취할 것이라는 기대감이 상당히 높아지게 되었다. 이 장에서 설명될 것이지만 오바마 대통령은 상원의원 시절부터 꾸준히 기후변화 문제 등에 대해서 관심을 보여왔고, 2008년 대통령 선거운동 당시에는 이전의 어떠한 대통령이나 대통령 후보보다도 더 기후변화 문제에 대한 적극적인 대처를 강력하게 공약해온 바 있었다.

그러나 오바마 행정부의 등장에도 불구하고 화석연료를 사용하는 에너지 관련 분야 기업 및 이익집단들의 엄청난 선거자금 지출과 워싱턴 정가에 대한 강력한 로비, 그리고 보수적인 공화당 의원뿐만 아니라 민주당 내의 보수적 성향 의원들—특히 화석연료에 의존하여 전력 발전시설을 운영하는 지역 출신의 의원들—의 상당한 반발로 인해서 포괄적인 기후변화 법률제정이 쉽지만은 않을 것이라는 예측이 널리 회자(膾炙)되기도 하였다. 또한 미국 경제가 본격적인 침체 국면으로 접어들면서 온실가스의 감축을 위한 정부의 규제 정책은 화석연료를 사용하는 공장 · 기업 및 시설의 폐쇄를 가져와 실업률을 증대시킬 뿐만 아니라 미국의 경제성장 동력을 감소시킬 것이라는 공화당 인사, 보수적 언론이나 싱크탱크의 주장이 더욱더 강하게 대두되었다. 더구나 기후변화 문제의 시급성 및 인간행위 원인론 등에 대한 여론의 동향 역시 2006~2008년을 전후해서 우호적이지 않은 경향을 보이기 시작하면서 오바마 행정부의 기후변화에 대한 정책적 노력이 쉽게 진행되지만은 않을 것을 예견하게 만들었다.

이러한 기후변화 문제에 대한 정파적 시각의 증대, 악화되는 경제상황, 그리고 비우호적인 여론 동향 등 어려운 환경에 봉착하여 2008년 대선 당시의 오바마 후보와 2009년 이후 오바마 대통령은 온실가스 배출의 규제 문제를 청정에너지 개발을 통한 일자리 창출 및 미국의 에너지 독립이라는 문제와 연관시켜 고려하였고, 이러한 전략의 연장선상에서 기후변화 대처와 미국 경제의 회복이라는 두 마리 토끼를 한꺼번에 잡아보겠다는 야심찬 계획을 준비하게 되었다.

그리고 기후변화 문제와 관련하여 오바마 대통령은 국내적으로 온실가스 배출 상한치 설정 및 시장교환 제도라는 해법을 적극적으로 지지함으로써 유엔 기후변화협약 체제 하에서 온실가스 감축 노력에 선도적으로 기여함으로써 미국의 국제적 리더십을 확인하고, 국내적으로 이러한 리더십을 지탱해줄 수 있는 정치적 · 법률적 환경을 만들어나가고자 하였다. 이 장에서는 이러한 오바마 행정부의 노력을 주로 오바마 대통령 개인의 행위를 중심으로 살펴보고 그 성과를 평가해보고자 한다.[1]

이를 위해서 이 장에서는 먼저 오바마 행정부 출범 이전 오바마 상원의원 혹은 오바마 대통령 후보의 기후변화 정책 구상을 먼저 살펴봄으로써, 기후변화와 관련된 온실 감축 문제에 대한 오바마 대통령의 생각이 상당히 오랜 기간 동안 숙성되어온 것임을 밝힐 것이다. 특히 그의 상한치 설정 및 교환에 대한 우호적 견해가 이 당시에 이미 나타나기 시작했음이 또한 지적될 것이다. 이러한 분석에 이어서 오바마 행정부가 출범한 이후 오바마 대통령이 취한 다양한 온실가스 감축 조치를 국내 정책과 대외 정책으로 나뉘어 설명될 것이다. 국내 정책과 관련하여 오바마 대통령의 온실가스 억제 정책이 미국의 경기침체 상황과 결부되어 미국의 에너지 독립 및 청정일자리 창출과 결부되어 제시되었음이 강조될 것이

1 그리고 다음의 제6장과 제7장에서는 각각 오바마 행정부의 기후변화 대처 노력을 민주당 의회의 입법 노력과 연방 환경보호국의 규제 노력 등을 통해서 살펴보고자 한다.

다.

한편 대외 정책과 관련하여 2009년 12월 코펜하겐 유엔 기후변화회의의 성공적 결과를 염두에 둔 오바마 대통령의 포스트 교토 기후변화 레짐의 창출을 위한 다양한 노력이 집중적으로 조명될 것이다. 이를 위해서 그가 창설하였거나 혹은 참여한 다양한 다자적 국제기구에서의 기후변화 대처에 대한 오바마 대통령의 국제적 협력의 촉구가 서술되고, 이어서 미중 관계에 있어서 그의 노력이 조명될 것이다. 이 장에서는 오바마 대통령의 국내 및 대외 정책을 설명함에 있어서 그가 항상 미국의 국내적 입법의 성과에 대한 홍보를 통해서 국제사회의 기후변화 대처 노력에 대한 동참을 촉구하였고, 동시에 국제사회의 동참을 촉구하기 위해서 국내 입법을 위해 노력하였다는 점이 부각될 것이다.

1. 2009년 행정부 출범 이전 오바마의 기후변화 구상의 전개

1) 오바마 상원의원의 기후변화에 대한 입장

2009년에 미국의 새로운 대통령이자 첫 흑인 대통령으로 당선된 오바마 대통령은 역대 어느 대통령보다도 지구온난화 문제 및 이를 해결하기 위한 청정에너지의 확보에 관심이 많았던 대통령이다. 이러한 오바마 대통령의 적극적인 관심은 2008년에 그를 당선시킨 민주당 지지자들로 하여금 과거 클린턴 대통령이 추진하지 못했던 기후변화 국내 입법과 포스트 교토 기후변화 레짐의 수립에 대한 미국의 보다 적극적인 역할과 관련하여 높은 기대감을 갖게 만들었다.

실제로 기후변화 및 청정에너지와 관련된 오바마 당선자의 관심은 단순히 환경문제가 민주당이 우위를 점한 주요 정책 어젠다 가운데 하나였기 때문은 결코 아니었다. 실제로 현실 정치에 입문하면서부터 후일의 오바마 대통령은 국내외적으로 기후변화 문제 및 에너지의 효율적 이용과 청정에너지의 개발과 관련하여 깊은 관심을 보여왔다. 그리고 이와 같이 기후변화 및 에너지와 관련된 오바마 대통령의 관심은 그가 대통령선거에 출마할 것임을 밝히면서부터 더욱 구체화되기 시작하였다.

2007년 2월 10일에 일리노의(Illinois)주 초선 의원인 오바마 의원이 주도(州都)인 스프링필드(Springfield)에서 민주당 대통령 후보 지명 경선에 출마할 것임을 선언한 이후 기후변화 문제와 관련된 오바마 의원의 입장은 여러 채널을 통해서 간접 혹은 직접적으로 전달되었다. 그 가운데 2007년 『외교』(*Foreign Affairs*)의 여름호에 실린 「미국의 리더십을 재건함」(Renewing American Leadership)이라는 글의 내용을 주목할 필요가 있는데, 외교 정책에 관한 자신의 소신을 종합적으로 정리한 이 글에서 오바마 의원은 기후변화 문제에 대해서 상당히 구체적인 내용을 언급하고 있다. 그는 이라크 문제의 해결, 미국 국방력의 활성화, 핵확산 저지, 글로벌 테러리즘의 방지 등과 함께 '동맹의 재건'이라는 소절에서 온실가스로 인한 기후변화의 문제에 대해서 많은 분량을 할애하면서 비교적 상세히 자신의 구상을 밝히고 있다(Obama, 2007－1: 12～13).

부시 행정부의 정책 기조로 비난되어온 미국의 일방주의 대신 유럽이나 NATO는 물론 중국을 포함한 신흥경제국과의 협력의 중요성을 강조하는 가운데, 오바마 의원은 "시대사적이며 또한 인간이 만들어낸 결과로서 지구에 대한 위협인 기후변화를 이겨내기 위해서 강화된 제도와 활성화된 동맹 및 파트너십이 특히 중요하다"고 언급하여 기후변화 문제가 인류가 당면한 시급한 문제임을 역설하고 있다(Obama, 2007－1: 13). 아울러 오바마 의원은 이 글의 집필 당시 세계 최대의 온실가스 배출 국가인 미국이 이러한 문제를 선도적으로 이끌어야 할 책임이 있으며, 자신이 대통령이 되면 탄소 배출량을 적극적으로 줄일 탄소 배출량 상한치 설정 및 시장교환 방식을 법률로 제정할 것이라고 언급하고 있다. 이와 함께 에너지 효율을 증대시키고 재생에너지 사용을 확대하여 외국산 석유에 대한 미국의 에너지 의존도를 낮출 것임도 밝히고 있다.

이와 같은 국내적인 입법 및 정책 조치와 아울러 오바마 의원은 중국이 조만간 미국을 추월하여 세계 최대의 온실가스 배출 국가가 될 것이라고 전망하면서, "우리는 특히 미국 · 중국 · 인도 · EU · 러시아 등 최대 온실가스 배출국에 대해서 이를 감축하도록 하는, 구속력 있고 강제적인 공약을 포함하는 글로벌 수준의 기후변화 대응이 필요하다"라고 전망하고 있다(Obama, 2007-1: 13). 그리고 멀지 않은 미래에 현실화될 저탄소 경제를 전망하면서, 새로운 에너지 시장이 형성되면 이러한 시장이 미국의 기업가와 노동자에게 새로운 지평을 열어줄 것이라고 예견하고 있었다.

이와 같이 오바마 의원은 민주당 대통령 후보 지명에 도전에 즈음하여 국내적으로 온실가스 배출 상한치 설정 및 시장교환이라는 개념을 제시했으며, 또한 외국산 석유에 대한 의존을 줄이고 에너지 독립을 실현하기 위해서 에너지 효율 제고와 청정에너지 및 재생에너지 개발에 대한 강한 관심을 표현하였다. 그리고 대외적으로는 중국이나 인도 등 신흥경제국과의 협력의 필요성을 강조하면서도, 이와 동시에 미국뿐만 아니라 이들 최대 온실가스 배출 개도국이 '구속력 있고 강제력 있는 감축'에 대해서 적극적으로 협조해야 한다고 역설하였다.

이러한 입장의 연장선상에서 오바마 의원은 2007년 12월 10일에 교토의정서의 효력이 종료된 이후 포스트 교토 기후변화 레짐의 창출을 위한 발리 당사국 회의에 대해서 다음과 같이 논평한 바도 있다.[2]

발리에서 시작된 포스트 교토 기후변화 협상은 우리 세대의 가장 커다란 도전 중의 하나를 대면하게 함으로써 미국이 세계의 다른 국가들과 다시 관여(re-engage)할 수 있게 하는 중요한 기회를 제공하였습니다. 그러나 우리는 먼저 여기 우리나라에서 미국이 기후변화 위기 문제 대처에 대해서 심각하게 생각하고 있다는 것을 보여주기 시작해야 하며, 이러한 이유로 인해서 나는 우리나라의 탄소 배출량을 2050년까지 80%를 줄일 수 있는 에너지 법안을 제안하게 된 것입니다. 대통령이 되면 나는 개인적으로 직접 최대 이산화탄소 배출국의 지도자들에게 다가가서, 발리에서 시작된 작업을 지속적으로 추진하고 차세대 기후변화 의정서의 기초를 마련할 새로운 글로벌 에너지 포럼(Global Energy Forum)을 창출하는 일에 미국과 함께 협력하자고 요청할 것입니다. (Barack Obama, "Obama Statement on Climate Change Negotiations in Bali", Online by Gerhard Peters and John T. Wooley, The American Presidency Project, 2007년 12월 10일. http://www.presidency.ucsb.edu/ws/?pid=90947)

오바마 의원은 이러한 발언을 통해서 미국이 국내적으로 기후변화에 관한 포괄적인 법률을 제정함으로써 국제적인 리더십 발휘의 토대를 마련하고, 이를 바탕으로 중국이나 인도 등 최대 온실가스 배출국의 협력을 촉구해야 한다고 주장하고 있었다. 위의 인용문에서 언급된 '글로벌 에너지 포럼'은 오바마 의원이 2008년 민주당 대통령 후보 지명 전과 대통령 본선거에서 승리한 이후 주도적으로 탄생시킨 2009년의 '에너지 및 기후변화에 관한 주요 경제국 포럼'(the Major Economies Forum on Energy and Climate Change: MEF)의 등장으로 결실을 맺게 된다.[3]

2 발리 프로세스(the Bali Process)에 관해서는 이 책의 제2장 제2절을 참조하기 바란다.
3 주요 경제국 포럼에 관해서는 이 장에서 다시 설명될 것이다.

2) 오바마 민주당 대통령 후보의 기후변화에 대한 입장

2008년 8월말에 콜로라도(Colorado)주 덴버(Denver)에서 개최된 민주당 전당대회에서 최종적으로 후보 지명을 받아 민주당의 대통령 후보가 된 오바마 의원은 대통령 선거운동 과정을 통해서 상당히 일관된 기후변화 관련 메시지를 전달하게 된다. 이러한 일관된 메시지는 기후변화가 주는 위협에 적극적으로 대처하기 위해서 세계가 온실가스 감축에 나서야 하며, 이를 위해서 미국이 우선 온실가스 배출 상한치 설정 및 시장교환 제도를 구현하는 국내적 법률을 제정해야 하며, 이와 함께 미국의 에너지 독립을 실현하기 위한 에너지의 효율성 제고와 청정에너지의 개발에 투자해야 한다는 것이었다. 그리고 국제적으로는 미국이 이러한 국내적 성과를 바탕으로 글로벌 차원의 합의를 창출해야 하며, 이러한 합의의 창출 과정에서 미국이 리더십을 발휘하면서 기타 주요 온실배출국이 동참하도록 촉구해야 한다는 것을 골자로 하고 있었다. 아래에서는 2008년 민주당 전당대회에서 채택된 강령과 대통령 선거전 당시 제안된 기후변화 관련 오바마의 구상을 중심으로 오바마 민주당 대통령 후보의 기후변화 정책 방향을 살펴보고자 한다.

(1) 2008년 민주당 전당대회 강령

2008년 8월에 콜로라도 덴버의 민주당 전당대회에서 최종적으로 채택된 민주당 강령(2008 Democratic Party Platform)은 오바마 후보의 입장을 포함하여 민주당 전체의 전반적인 정책적 입장이 담겨 있는 문서이다. 실제로 전당대회에서 채택된 민주당 강령 가운데 에너지 및 기후변화에 관련된 내용은 대통령 선거운동 과정과 이후 오바마 행정부 출범 이후 반복적으로 강조되고 언급된 바 있었다. 따라서 기후변화에 대처하기 위한 온실가스의 감축과 관련한 2008년 민주당 강령은 민주당이 선출한 오바마 대통령의 생각과 거의 같다고 보아도 무방하다.

2008년에 민주당이 전당대회에서 채택한 강령의 제2부 '미국의 리더십을 재건함'(Renewing American Leadership)의 한 항목인 '우리의 안전을 보장하고 우리의 지구를 구함'(Protecting our Security and Saving our Planet) 가운데 소항목으로 '에너지 안보 수립'(Establish Energy Security)과 함께 소개된 '기후변화에 대한 대처'(Lead to Combat Climate Change)는 기후변화 문제와 관련하여 다음과 같이 적고 있다.

> 우리는 시대사적이며 인간이 만든 지구에 대한 위협인 기후변화를 이겨내야 할 것이다. 극적인 변화가 없다면 상승하는 해수면은 세계의 해수 연안지역을 물에 잠기게 할 것이다. 점점 더워지는 온도와 감소하는 강수량은 곡물의 수확량을 줄어들게 만들어 갈등 · 기아 · 질병, 그리고 빈곤을 증가시킬 것이다. 2050년까지 기아는 전세계적으로 2억 5천만 명 이상의 사람들의 거주지를 변경시킬 것이다. 이는 세계의 가장 변화가 많은 지역 가운데 일부에서 불안정성이 증가함을 의미한다.
>
> [……] 우리는 다시는 결코 옆에서 방관하거나 글로벌한 도전에 대처하기 위한 집합적 행동을 취하는 데 방해가 되지 않을 것이다. 국내적 조치를 취하는 것은 가장 첫 단계일 뿐이다. 우리는 국내적으로 효율적이고 청정한 기술개발에 투자함과 동시에, 우리의 원조 정책과 수출 촉진 정책을 통해서 개도국들이 생물다양성을 보존하고 삼림 파괴를 억제하며, 탄소에너지 집중형 개발 단계를 뛰어넘도록 도와줄 것이다.
>
> [……] 우리는 최대 탄소배출국의 지도자들과 접촉하여 차세대 기후변화 규정의 초석을 만들 새로운 글로벌 에너지 포럼(Global Energy Forum)에 가입하도

록 요청할 것이다. 중국은 세계 최대의 온실가스 배출국으로서 미국을 대체하기에 이르렀다. 청정에너지 개발은 유럽과 아시아의 주요 국가들에 대한 우리의 관계에 있어서 중심적 초점이 되어야만 한다. 우리는 특히 미국·중국·인도·EU, 그리고 러시아와 같이 온실가스를 가장 많이 배출하는 국가들에 대해서 이를 감축할 수 있는 구속력 있고 강제력 있는 공약을 포함하는, 기후변화에 대한 글로벌한 대응을 필요로 하고 있다.

[……] 이러한 도전은 거대한 것이지만 이에 대응하여 조치를 취하는 것은 또한 미국에게 새로운 혜택을 가져올 것이다. 2050년까지 저탄소 에너지에 대한 세계적 수요는 연간 5000억 달러에 달하는 시장을 만들 수 있을 것이다. (Democratic Party, "2008 Democratic Party Platform", http://www.presidency.ucsb.edu/ws/index.php?pid=78283)

2008년 8월에 채택된 민주당 강령은 앞에서 서술된 2007년 『외교』에 나타난 오바마 의원의 기후변화에 대한 입장과 그 내용이 거의 같다. 당연한 이야기일 것이지만 민주당 강령은 기후변화에 관한 오바마 후보의 입장을 상당 부분 대변하고 있다고 보아도 무방하다. 위의 인용문에서 알 수 있듯이 민주당과 민주당이 선택한 오바마 후보는 기후변화 문제가 인류의 생존을 위협하는 중요한 문제라는 데 인식을 공유하고 있으며, 이러한 문제에 대처하기 위해서 국내적 조치를 취함과 동시에 세계의 주요 온실가스 배출국에 대한 적극적인 접촉을 통해서 글로벌한 대응을 할 것임을 선언하고 있다. 그리고 이러한 목적에 따라서 새로운 국제적 포럼을 창설하겠다고 언명하고 있는데, 이러한 다자적 포럼은 이미 앞에서 언급했듯이 2009년 초 에너지 및 기후변화에 관한 주요 경제국 포럼의 등장으로 이어진다.

(2) 2008년 선거운동 기간 중의 '오바마 구상'

2008년 여름의 전당대회를 거쳐서 민주당 대통령 후보로 확정된 오바마 상원의원은 후보가 되기 이전에 기후변화 문제와 관련하여 가지고 있었던 생각을 더욱 구체적으로 다듬어서 선거운동 기간 중 적극적으로 이를 홍보하기 시작하였다. 2008년 9월 이후 선거운동 기간 중 오바마 후보는 『외교』를 통해서 제시한 외교정책 노선과 민주당 강령을 통해서 밝힌 정책 구상의 연장선상에서, 기후변화 문제의 위협과 외국 석유에 대한 미국의 에너지 의존을 미국이 직면한 두 개의 커다란 도전으로 파악하고 이에 대해서 대처해나가겠다고 반복적으로 강조하였다. 기후변화 문제의 대처와 관련된 그의 공약 내용은 선거운동 당시 오바마 후보가 작성한 「미국을 세계의 에너지 리더로 만들려는 버락 오바마의 구상」(Barack Obama's Plan to Make America A Global Energy Leader)에 잘 나타나 있는데, 이 선거홍보물에서 오바마 민주당 후보는 '지구온난화는 실제적이며, 현재 발생하고 있고, 인간행위로 인한 결과물'이라고 언명한 후 지구온난화 현상으로 인한 생태계의 변화가 가져오는 부작용을 북극의 빙하 유실 등 다양한 예를 들면서 상세히 언급하고 있다.

계속해서 오바마 후보는 미국이 외국 석유에 대한 의존도를 줄이고 기후변화에 대처해야 하는 '윤리 · 환경 · 경제 · 안보의 긴요한 이유'(a moral, environmental, economic, and security imperative)가 있다고 보고, 이에 대처하기 위해서 경제 전체에 걸쳐서 온실가스 배출 상한치 설정 및 시장교환 제도를 도입하여 온실가스 배출을 줄여나갈 것, 향후 10년간 1,500억 달러를 투자하여 기후 친화적인 에너지를 공급하고 기존의 제조업 기반을 보호하며 수백만 개의 일자리를 창출할 것, 미국 경제의 에너지 집중도(energy intensity)[4]를 2030년까지 50% 줄임으로써 에너지 효율을 높여나갈 것, 외국 석유에 대한 의존도를 줄여서 2030년까지 1,000만톤, 즉 35%의 국내 석유 소비를 줄일 것, 새로운 국제적 지구온난화 파트너십(new international global partnership)을 만들어서 기후변화에 대처하는 세계적인 노력에 있어서 미국이 지도력을 발휘할 것임을 제시하고 있다.[5]

앞에서 제시된 목표로 알 수 있듯이 2008년 대통령 선거운동 당시부터 오바마 후보는 온실가스 배출 상한치 설정 및 시장교환이라는 시장 중심적 메커니즘을 통해서 온실가스의 배출을 규제하는 방식에 적극적인 관심을 보였으며, 이러한 메커니즘을 통해서 구체적으로 2050년까지 1990년 배출량 수준의 80% 이하까지 온실가스를 줄일 것이라고 언급하고 있었다. 이러한 계획을 추진하기 위해서 '오바마의 구상'은 주요 정책적 과제로서 청정에너지 경제로의 이전과 청정일자리 창출, 에너지 효율성 제고, 에너지 안보의 확보와 에너지 독립의 추구 등과 함께 네 번째로 기후변화에 대처하는 미국의 국제적 지도력 확보를 강조하고 있다.

이러한 네 번째 과제와 관련하여 '오바마의 구상'은 우선 다음과 같은 점을 강조하고 있다.

> 미국은 역사적으로 전세계 총량으로 약 5분의 1의 온실가스를 배출하는 최대 온실가스 배출국이었다. 그러나 온실가스 배출은 현재 빠르게 성장하는 개도국 가운데에서 가장 크게 증가하고 있다. 바로 금년[2008년]에 중국이 세계 최대의 온실가스 배출국으로 미국을 추월한 것으로 보인다. 불행하게도 부시

---

4 에너지 집중도는 특정 국가의 에너지 효율을 측정하는 방법의 하나로서 GDP 1개 단위당 사용된 에너지의 단위로 계산된다. 에너지 집중도가 높을수록 GDP에 대한 에너지 투자비용이 높은 셈이 되며, 그만큼 에너지 효율은 낮은 셈이 된다.

5 Barack Obama, "Barack Obama's Plan to Make America A Global Energy Leader"(http://obama.3cdn.net/4465b108758abf7a42_a3jmvyfa5.pdf).

(George W. Bush) 행정부는 국내적으로 의미 있는 정책을 채택하는 데 실패했을 뿐만 아니라, 개도국에 대해서 적극적으로 관여하는 데에도 실패하였다.

[……] 기후변화에 대처하는 문제에 있어서 지도 국가가 되기 위해서는 미국은 국내적 체제를 정비할 필요가 있다. 그리고 온실가스 오염을 감소시키려는 국제적 협약에 대해서 다시 관여하고 이를 다시 강화해야 한다. 또한 이러한 점증하는 위기가 요구하는 시급성에 맞추어 작업을 진행하는 것이 무엇보다도 중요하다.
(Barack Obama, "Barack Obama's Plan to Make America A Global Energy Leader", p. 10. http://obama.3cdn.net/4465b108758abf7a42_a3jmvyfa5.pdf)

앞의 인용문에서 알 수 있듯이 오바마 후보는 부시 행정부의 기후변화 정책이 국내외적으로 실패했음을 비판한 후, 자신이 대통령이 되면 중국·인도·브라질 등 신흥개도국과의 적극적인 대화를 통해서 온실가스 배출 감축을 위한 노력을 경주할 것과 이를 위해서 국내적인 규제 정책과 법제도의 정비가 시급함을 역설하였다. 이와 관련하여 오바마 후보는 자신의 구상에서 기후변화 대처를 위한 국제적인 노력의 대상에 대해서도 언급하기를 잊지 않았다. 예컨대 오바마 후보는 "유엔 기후변화협약에 다시 관여하여 기후변화에 적극적으로 대처하고 미국의 지도력을 회복한다"고 선언함과 동시에, 추가적으로 다음과 같은 조치를 취할 것임을 제시하고 있다.

최대 온실가스 배출국과 함께 새로운 국제적 포럼을 창출하여 여기에 중국과 인도 등을 가입하게 한다. 이러한 기구는 200개 이상의 국가가 모이는 현재의 유엔 기후변화협약 체제보다 좀 더 효율적으로 온실가스 배출 문제를 규제할 수 있을 것이다. 글로벌 에너지 포럼(Global Energy Forum)이라고 지칭될 이

기구는 중국과 인도로 하여금 책임 있는 강대국으로서 자신에게 할당된 응분의 역할을 수행하게 하여 글로벌한 차원에서 온실가스 감축을 보다 효과적으로 진행시킬 수 있을 것이다. 이러한 기구는 현행 G8 국가에 더하여 브라질 · 중국 · 인도 · 멕시코 · 남아프리카공화국이 참여하는 형태가 될 것이다. (Barack Obama, "Barack Obama's Plan to Make America A Global Energy Leader", pp. 10~12. http://obama.3cdn.net/4465b108758abf7a42_a3jmvyfa5.pdf)

앞의 인용문에 제시된 오바마 후보의 '글로벌 에너지 포럼'은 현재 포스트 교토 체제를 논의하고 있는 유엔 기후변화협약 체제가 그 회원국의 규모로 인해서 효과적인 논의를 진행하지 못하고 있다는 반성에서 제안된 것이며, 선진국과 개도국 및 신흥경제국을 망라하여 주요 온실가스 배출국을 포괄하는 새로운 제도적 구상으로 제시된 것이었다. 이 글로벌 에너지 포럼의 구상은 2007년의 오바마의 『외교』 기고문인 '미국의 리더십을 재건함'이나 2008년 민주당 강령의 제2부 '미국의 리더십을 재건함'에 모두 언급되었으며, 이것이 후일 에너지 및 기후변화에 관한 주요 경제국 포럼으로 구현되었다는 점은 이미 앞에서 언급한 바와 같다.

이어서 오바마 구상은 기후변화에 관한 미국 등 선진국의 의무를 실행하고 개도국의 기후변화 대처 노력을 지원하기 위해서 미국 행정부의 "에너지부(the Department of Energy) 내에 기술 이전 프로그램을 만들어 이를 통해서 미국의 친기후적 기술 등을 전수할 것"이며, 이를 지원하는 국내적 메커니즘의 하나로서 "미국 내 온실가스 배출 기업이 이러한 개도국에서 저탄소 지원 사업에 투자할 경우 온실가스 배출량에 이를 반영하여 미국 에너지의 청정화와 동시에 개도국의 온실가스 감축에 동시에 기여"하게 할 것이라는 구상을 제시하기도 하였다. 또한 오바마 구상은 개도국에 대한 원조 프로그램을 활용하여 이러한 프로그램 내에 개도국의 기후변화 적응을 지원하는 내용을 포함시키고자 하였고, 산림 파괴 방지 조치 및 생물다양성 보호에 관한 내용도 언급하고 있었다.[6]

이와 같이 국내적으로 온실가스 배출 상한치 설정 및 시장교환 제도의 도입 및 에너지 안보의 확립과 국제적으로 미국의 선도적 노력과 새로운 다자기구의 창설 및 이를 통한 중국 · 인도 등에 대한 협력 요청, 그리고 개도국에 대한 다양한 형태의 기후변화 관련 지원 등의 공약은 후일 오바마 후보가 대통령으로 당선된 이후 적어도 2009년 말에 코펜하겐 합의가 도출되는 시기까지 꾸준히 추구된 정책이라고 할 수 있다.[7]

2. 오바마 대통령의 기후변화 정책[8]

6 Barack Obama, "Barack Obama's Plan to Make America A Global Energy Leader"(http://obama.3cdn.net/4465b108758abf7a42_a3jmvyfa5.pdf).

7 이러한 국내외적 정책은 대체로 2010년에 들어서면서 미국 상원에서 온실가스 배출 상한치 설정 및 시장교환 제도를 구현하는 법률의 제정이 사실상 좌절되고, 중국과 인도 등 거대 온실가스 배출 개도국의 협력을 얻어 포괄적인 포스트 교토 기후변화 레짐을 창출하려는 미국의 노력이 2009년 말에 좌초된 것을 감안하더라도, 적어도 제1기 오바마 행정부의 전반기에는 꾸준히 추진해온 정책이라고 할 수 있다.

8 이 장과 제6장 및 제7장에서 오바마 행정부의 기후변화 문제 대처를 위한 온실가스 배출 억제 노력은 오바마 대통령 개인의 활동, 민주당 의회의 입법 노력, 환경보호국의 규제조치 등을 포함해서 대체로 오바마 행정부의 임기 전반인 2010년 중간선거를 전후한 시기까지로 국한될 것이다. 그러나 글의 전개상 필요한 경우 2010년 선거 이후의 내용도 포함될 것이다. 오바마 행정부의 기후변화 대처 노력과 관련하여 이 책이 대체로 2010년까지의 국내외 정책에 주목하는 이유는 전세계적으로 적용될 수 있는 온실가스의 강제적 감축을 위한 미국의 국제적 노력이 2009년 말 코펜하겐 회의의 포스트 교토 레짐 창출의 실패로 좌절되었고, 2010년 이후 미국의 노력은 이와 같은 강제적인 레짐의 창출보다는 개별 국가의 사정을 고려하여 자발적인 감축을 수용하는 방향으로 선회하게 되었기 때문이다. 이와 함께 이러한 오바마 행정부의 기후변화 관련 대외정책의 좌절은 다시 국내 정치적으로도 투사되어 나타나 국제적 합의의 실패로 목격한 미국 의회 내 공화당과 일부 보수적 성향의 민주당 의원의 반대로 인해 상원에서 국내법의 제정이 2010년 7월에 최종적으로 실패함으로써,

1) 국내 정책

(1) 오바마 대통령의 국내 정책 개관

미국의 기후변화 대처 노력 및 이와 관련된 에너지 정책에 있어서 국내외 정책의 구별은 형식적으로 가능하지만, 국내 · 국제 양대 영역에 있어서 시행되는 각각의 정책이나 조치는 모두 다른 영역에 대해서 불가피하게 영향을 미치고 있다. 예컨대 이미 제1장에서 언급했듯이 기후변화와 관련된 국제적 합의에 대한 미국의 실질적인 참여는 본질적으로—교토의정서 비준 거부에서 보듯이— 의회의 승인이 없이는 불가능한 것이며, 또한 기후변화와 관련된 포괄적인 국내법의 제정은 중국이나 인도 등 최대 탄소 배출 개도국의 동시적인 구속적 감축 공약을 필요조건 가운데 하나로 요구하고 있다.[9] 이러한 상호 연관적 정책적 함의와 영향력을 염두에 두고서, 다음에는 국내적인 수준에서 오바마 대통령의 구체적

오바마 행정부 임기 4년 내에 포괄적인 기후변화 관련 법안의 제정은 불가능하게 되었기 때문이다. 다시 말해서 온실가스의 배출의 보편적이고 강제적 감축 노력은 국제적으로는 2009년 말 코펜하겐 회의의 사실상의 실패로 종결되었고, 국내적으로는 상원에서 공전하던 포괄적인 기후변화 법안이 2010년 7월에 이르러 마침내 좌초하는 것과 함께 사실상 종결되었다. 이러한 이유로 인해서 이 책은 대체로 2010년까지 오바마 행정부의 기후변화 대처 노력에 초점을 맞추고자 한다. 그러나 환경보호국의 조치 등에 대해서는 필요한 경우 2010년 이후의 규제조치가 포함될 것이다.

9 2009년 오바마 행정부가 출범한 후 꾸준히 추진해온 자동차 연료효율 제고 노력도 결국 온실가스의 배출을 줄이고 이러한 성과를 바탕으로 기후변화에 대처하는 미국의 선도적 리더십을 국제적으로 홍보하는 효과를 가져옴으로써, 기후변화 문제 대처와 관련한 국내외 정책의 연계에 관한 하나의 예가 될 수 있다. 한편 중국과 미국 간에 미중 전략 및 경제대화(the U.S.–China Strategic and Economic Dialogue)를 통해서 체결된 에너지 부문의 다양한 합의와 발표된 각서는 국내적으로 미국 국내 청정에너지 및 재생에너지 개발에 대한 투자를 촉진하고 이와 관련된 일자리의 창출에 기여할 수 있다는 점에서 국내외 정책의 연계에 관한 사례라고 할 수 있다.

인 행동과 조치를 살펴보기에 앞서서 오바마 행정부의 출범 이후 기후변화와 관련된 국내 정책을 간단히 개관해보고자 한다.

기후변화 대처와 관련된 오바마 행정부의 국내 정책의 핵심은 환경 안보와 에너지 안보가 연계되어 있다는 전제 하에서 출발하고 있다. 이러한 연계의 전제를 바탕으로 환경 및 에너지 정책을 추구하여 청정일자리를 창출하고, 이를 통해서 미국의 침체된 경제의 회복을 지원하겠다는 것이 기후변화와 관련된 오바마 행정부 정책의 핵심라고 할 수 있다. '환경 안보와 관련된 기후변화의 문제'를 '에너지의 효율적 이용 및 청정에너지 및 재생에너지에 대한 개발 및 투자'로 연결시키고, 이러한 연결 과정에서 미국의 경제침체를 극복하기 위해서 '청정일자리를 창출함'으로써, 세 마리의 토끼를 한꺼번에 잡아보겠다는 오바마 대통령의 구상 속에서 국내적인 온실가스 감축 노력이 전개되어온 것이라고 볼 수 있다.

이러한 기후변화 대처, 에너지 안보 확립, 청정일자리 창출을 통한 경기침체 회복이라는 상호 연계된 삼각구도 속에서, 오바마 대통령이 의회를 통해서 제정하고자 했던 온실가스 배출 상한치 설정 및 시장교환제도를 구현하는 법률도 실제로는 기후변화 대처 그 자체보다는 에너지 안보 및 청정일자리 창출과 관련된 법률로 포장되어 국민에게 전달되었다. 즉 취임 이후 지금까지 오바마 대통령의 온실가스 배출 억제 정책은 기후변화와 관련해서 뿐만 아니라, 에너지 효율 증대를 통한 미국의 에너지 독립 추진 및 청정 및 재생에너지에 대한 투자와 청정일자리의 창출과 관련되어 제시되어온 것이 일반적이었다.

따라서 오바마 후보가 대통령으로 당선된 후 공식적으로 새로운 행정부가 출범하기 전에 발표된 '오바마－바이든 구상'(The Obama－Biden Plan) 가운데 기후변화와 관련되어 발표된 내용 역시 온실가스 감축을 미국의 에너지 독립과 이를 위한 청정에너지 개발 및 경기침체 극복을 위한 청정일자리의 창출과 관련하여 제시하고 있었다. 오바마-바이든 구상 가운데 다음의 내용을 보면 이러한 연관관계가 잘 나타나고 있다.

> 우리나라가 직면하고 있는 에너지 도전은 심각하며 너무 오랜 기간 동안 방치되어왔다. 외국산 석유에 대한 우리의 의존은 국가안보를 약화시키고 환경을 손상시킬 뿐만 아니라, 경제를 어렵게 하고 미국 전역에 걸쳐서 근로자 가정의 예산을 부족하게 만들고 있다. 버락 오바마와 조 바이든은 대체 및 재생에너지에 투자하며, 외국산 석유에 대한 의존을 종식시키고, 지구 기후 위기에 대처하고 수백만 개의 새로운 일자리를 창출하기 위한 포괄적인 계획을 가지고 있다.
>
> [……] 오바마-바이든의 '미국의 새로운 에너지'(New Energy for America) 계획은 향후 10년간 1,500억 달러를 투자하여 청정에너지 미래를 건설하도록 사적인(private) 노력을 촉구함으로써 5백만 개의 일자리를 창출하고, 10년 안으로 현재 중동과 베네수엘라에서 수입하는 석유보다 더 많은 양의 석유를 절약하며, 2015년까지 미국에서 생산될 수 있는 1백만 대의 플러그인 하이브리드 차량을 생산하고, 2012년까지 재생에너지로부터 10%, 2025년까지는 재생에너지로부터 25%의 전력이 생산될 수 있도록 하며, 2050년까지 80%에 달하는 온실가스 배출을 감축할 수 있도록 경제 전반에 걸쳐서 온실가스 배출 상한치 설정 및 시장교환 제도를 실행할 것이다.
>
> (Barack Obama and Joseph Biden, 2008, "The Obama-Biden Plan", http://change.gov/agenda/energy_and_environment_agenda/)

얼핏 위의 인용문에 적힌 내용만을 보면 온실가스의 감축을 위한 미국의 향후 노력은 그 자체가 국제적인 온실가스 감축 노력에 동참한다는 취지의 목표라기보다는, 미국의 에너지 독립과 이를 위한 에너지 사용의 효율성 제고, 그리고 청정에너지에 대한 투자 및 청정일자리의 창출에 부수적(附隨的)으로 나타나는 효과로 제시되어 있는 것처럼 보인다. 이와 같이 오바마 행정부가 온실가스 배출 억제 자체를 자신이 추구할 정책의 전면에 내걸기보다는, 이를 미국의 에너지 독립 및 청정일자리의 창출과 연계시키고 있다. 이러한 연계 전략은 환경과 에너지 문제의 밀접한 연관관계라는 관점에서 볼 때 그 자체로서도 의미 있는 정책적 발상이며 또한 합리적이다. 그러나 온실가스 감축을 위한 이러한 연계 전략이 더욱 부각되어야 할 이유는 이러한 방식이 2007년 이후 경기침체와 구직난 속에서 신음하는 미국 국민의 정서에 더욱 호소력을 발휘할 수 있는 접근 방식이며, 공화당과 기업 그리고 보수적인 싱크탱크 등의 비판적인 예봉(銳鋒)을 조금이라도 피해갈 수 있는 방법이기 때문이기도 하다.

2009년 오바마 행정부의 출범 이후 이러한 연계의 방식으로의 오바마 행정부의 기후변화 대처 노력은 보다 구체적이고 꾸준하게 추진된다.[10] 2008년 대통령 선거운동 당시부터 외국산 석유에 대한 의존을 줄이고 에너지의 효율적 사용 방안에 대한 연구와 개발을 통해서 미국의 에너지

10 아래에 제시된 내용은 오바마 행정부 취임 직후 백악관 홈페이지에 적힌 '에너지 및 환경'의 내용에서 발췌한 것이다(Energy and Environment. http://www.whitehouse.gov/issues/energy-and-environment)(검색일: 2009년 4월 20일; 검색일을 특별히 적은 이유는 바로 다음에 이 각주에서 제시된다). 흥미로운 것은 2010년 7월에 상원에서 온실가스 배출 상한치 설정 및 시장교환 제도를 포함하는 포괄적인 기후변화 관련 법안이 최종적으로 좌초되면서, 이 홈페이지에서 '탄소 배출량 억제'에 관한 부분이 삭제되었다는 점이다. 그만큼 상한치 설정 및 교환 방식에 의한 온실가스 감축 노력은 국내적으로 큰 저항에 부딪힌 것이 사실이다. 상한치 설정 및 교환 방식에 의한 온실가스 감축을 위한 민주당 의회의 법률 제정 노력과 최종적 실패에 관해서는 이 책의 제6장을 참조하기 바란다.

독립을 실현할 것을 주창해온 오바마 대통령은 이러한 정책의 실현을 위해서 다양한 각도로 노력하게 된다. 그리고 이러한 노력은 무엇보다도 미국을 청정에너지 사용과 청정기술로 무장된 저탄소 경제로 이끌어간다는 구상과 연결되었다.

비록 새로운 청정인프라의 구축은 석유나 석탄 등 화석연료에 익숙한 미국 산업구조의 변화를 가져와야 하기 때문에 초기 투자자금이 많이 드는 것은 사실이지만, 오바마 행정부는 미래의 신성장 경제동력의 창출을 위해서 미국 경제의 체질을 개선시키고 저탄소 사회로의 이행을 촉진해야 한다고 믿고 있었다. 그리고 이러한 청정에너지 사용과 청정기술의 개발 과정에서 청정일자리가 창출되어 미국의 경제회복에도 도움을 줄 수 있을 것이라고 판단하였다. 이와 같이 온실가스 감축을 위한 오바마 행정부의 노력은 미국의 에너지 독립 및 청정경제로의 이행과 맞물려 진행되었고, 이 과정에서 일자리를 창출함으로써 실업난 해소에도 도움을 주고자 하였다.

앞에 살펴본 대로 미국의 에너지 독립의 확립, 청정에너지 일자리 창출, 그리고 전반적인 온실가스 감축이라는 삼각구도의 목표 하에서 오바마 대통령은 온실가스 감축을 통해서 기후변화 문제에 대처하기 위해서 민주당이 양원 다수당이었던 의회 및 환경보호국을 비롯한 행정기관 등을 통해서 자신의 정책적 제안을 구체화하고 이를 실행하고자 했다.

(1) 백악관 에너지 및 기후변화 정책국 신설

'백악관 에너지 및 기후변화 정책국'(the White House Office of Energy and Climate Change Policy)은 오바마 대통령이 환경 · 에너지 · 기후변화 · 운송 등 온실가스 배출 전반에 관련되어 있는 정책적 사항을 총괄하기 위해서 백악관 내에 신설한 조직이다. 오바마 대통령은 2008년 12월 15일에 에너지 및 기후변화 정책국을 신설하면서 클린턴 행정부 당시 8년간 환경보호국장을 역임한 환경 분야의 전문가 브라우너(Carol Browner)를 에너지 및 기후 담당 대통령 보좌관 및 에너지 및 기후변화 정책국장으로 임명하였다. 이러한 조치를 통해서 오바마 대통령은 환경보호국 · 에너지부 · 운송부, 그리고 대통령 직속 자문기구인 환경평가위원회(Council on Environmental Quality) 간의 정책 조정과 백악관과 민주당 의회 지도부 간의 의견 교환 및 조율을 담당하게 하였다.

'기후변화 정책 차르'(Climate Czar) 혹은 '에너지 차르'(Energy Czar)로 불리기도 했던 브라우너 에너지 및 기후변화 정책국장은 2009년에 대통령의 임기가 시작되면서 개시된 자동차 온실가스 배출 규제 및 연료효율 제고 조치, 미국 경제회복 및 재투자법(the American Recovery and Reinvestment Act: ARRA) 내에 재생에너지 관련 재원 확보, 자동차 업계에 대한 구제금융, 그리고 이후 기후변화 관련 법안의 하원 통과 등의 추진에 적극적으로 관여하였다. 전체적으로 보면 브라우너 국장은 오바마 행정부와 의회, 자동차 등 유관 기업 부문, 기타 환경단체 및 노동계를 망라하여 온실가스 감축 및 이와 관련이 있는 분야의 중요한 정부기관이나 이익집단, 시민단체 등과 접촉하면서 오바마 행정부의 기후변화 및 에너지 정책이 성공할 수 있도록 홍보하고 조율하는 역할을 담당하였다. 아울러 그녀는 행정부 내에서 이러한 정책이 환경보호국 · 운송부 · 에너지부 · 내무부 등 유관 분야에서 잘 조정되어 만들어질 수 있도록 중재하고 대통령의 최종적인 결정에 대해서 직접적으로 자문하는 역할을 수행하였다. 특히 2009년 초반에 하원에서 기후변화 관련 법안이 논의되는 과정에서 브라우너 국장은 온실가스 배출 상한치 설정 및 시장교환 방식을 적극적으로 옹호하여 이러한 내용을 포함하는 법안이 하원을 통과할 수 있도록

하원 민주당 지도부와 적극적으로 접촉하고 협력하였다.[11]

(2) 자동차 연료효율 제고 및 온실가스 감축에 관한 초기의 단기적 조치 시행

미국의 에너지 독립이라는 기치(旗幟) 하에 지구온난화 문제와 관련하여 이산화탄소 등 온실가스 배출을 규제하는 정책은 2009년 1월 26일에 오바마 대통령이 서명하고 발표한 각서와 대통령 성명에서 시작되었다. 오바마 대통령은 먼저 운송부 장관(Secretary of Transportation)과 전국고속도로 교통안전국(the National Highway Traffic Safety Administration: NHTSA)에 보낸 대통령 각서에서 2020년까지 자동차의 연료효율, 즉 갤런당 연비(燃費)를 35mpg(miles per gallon)까지 낮춘다고 규정한 2007년의 에너지 독립 및 안보법(the Energy Independence and Security Act)[12]에 의거하여 2011년형 자동차에 대한 새로운 연료효율 기준을 2009년 3월 30일까지 발표하도록 지시하였다.[13] 이러한 대통령의 명령에 의해서 당시 승용차에 대해서

---

11 티파티 운동 등 보수적인 반오바마 저항운동이 극도에 달했던 2010년 중간선거에서 민주당이 패배한 이후, 2011년 2월에 다수당이 된 공화당의 주도하에 하원은 투표 절차를 통해서 오바마 행정부의 온실가스 규제 정책을 견제하기 위한 목적으로 백악관 내 에너지 및 기후변화 정책국을 없애기로 결정하였다. 그리고 2011년 4월 중반에 행정부와 공화당 하원 간의 정부 폐쇄(government shutdown)의 위기까지 치닫는 예산법 갈등이 해결되는 과정에서 이 부서에 대한 예산이 사라짐으로써 이 조직은 수명을 다하게 되었다. 그 이전인 2011년 3월에 이미 브라우너는 국장직을 사임하였고, 자이컬(Heather Zichal) 부국장이 에너지 및 기후변화 관련 정책을 담당하게 되었다. 그러나 그의 역할은 에너지 및 기후변화 정책국이 폐지되었기 때문에 백악관 내 국내경제위원회(Domestic Economic Council)에서 수행되었다.

12 2007년 12월 19일 당시 부시 대통령이 서명한 에너지 독립 및 안보법은 에너지 절약과 대기오염 방지를 위해서 석유의 연료효율 기준을 한 단계 높여놓은 것이 조치이며, 2020년까지 자동차의 갤런당 사용 마일리지, 즉 자동차 연비를 35mpg까지 상향 조정한 법이었다.

13 Barack Obama, "Memorandum for the Secretary of Transportation and the Administrator of

27.5mpg로 되어 있었던 연료효율 기준이 30.3mpg로 높아지게 되었고 소형 트럭에 대해서 24mpg이었던 연료효율 기준이 24.1mpg으로 다소 높아지게 되었다.[14]

이와 함께 오바마 대통령은 같은 날 환경보호국장에 대한 각서를 통해서, 부시 행정부 당시인 2008년 3월 6일에 신형 자동차 오염물질 배출 기준의 채택과 실행에 대해서 주정부가 재량권을 행사할 수 있도록 허락해달라는 캘리포니아 주정부의 요청을 당시 환경보호국이 거부한 것에 대해서 다시 심사할 것을 지시하기도 하였다.[15] 즉 오바마 대통령은 환경보호국이 기존 법률이나 규정에 따라서 주정부가 임의로 자동차의 오염물질 배출 기준을 설정하는 것을 금지하거나 허용할 수 있기는 하지만,[16] 부시 행정부 당시 캘리포니아 주정부가 대기오염을 방지하기 위해 보다 엄격한 오염물질 배출 기준을 설정하는 재량권을 허락해달라고 요청한 것을 거부한 것은 문제가 있다고 보고 이를 다시 심의하도록 지시한 것이다.

the National Highway Traffic Safety", Jan. 26, 2009 (http://www.whitehouse.gov/the-press-office/energy-independence-and-security-act-2007).

14 비록 2011년형 신차에 대해서 취해지는 자동차 연료효율의 증가 수치는 그다지 크지 않지만, 이러한 대통령의 각서 발표 이후 운송부는 새로운 기준을 적용할 경우 연간 8억 7,700백만 갤런의 석유가 절약되고 탄소배출량도 830만 톤 정도 줄어들 수 있을 것이라고 발표하였다(Kriz, 2009).

15 Barack Obama, "Memorandum for the Administrator of the Environmental Protection Agency", Jan. 26, 2009(http://www.whitehouse.gov/the-press-office/california-request-waiver-under-clean-air-act).

16 1970년인 닉슨 행정부 당시 서명된 청정대기법은 환경보호국이 신형 자동차의 오염물질 배출 기준을 설정할 수 있도록 권한을 부여하고 있다. 이러한 청정대기법의 규정은 오바마 행정부 등장 이후 환경보호국이 차량에서 배출되는 온실가스를 적극적으로 규제하는 법적 근거로 작용하였다. 자세한 내용은 이 책의 제7장에서 환경보호국의 규제조치와 관련하여 다시 설명될 것이다.

운송부, 전국고속도로 교통안전국과 환경보호국에 대한 2009년 1월 26일에 오바마 대통령의 이러한 지시는 기존의 청정대기법 및 미국 에너지 독립 및 안보법에 근거하여 차량에서 배출되는 오염물질과 온실가스를 규제하기 위한 조치로 보인다. 즉 이러한 대통령 각서의 전달은 자동차의 연료효율을 적극적으로 높이고 캘리포니아 주 등 보다 엄격한 배출 기준을 마련한 주들이 요구한 온실가스 억제 정책을 적극적으로 지원함으로써, 미국의 에너지 효율성을 높이고 이를 통해서 궁극적으로 외국산 석유에 대한 수입 의존도를 줄임과 동시에 온실가스 배출을 억제하겠다는 오바마 대통령의 의지를 담고 있는 것으로 보인다. 이러한 오바마 대통령의 의지는 이러한 두 개의 대통령 각서와 함께 발표된 그의 성명서에도 잘 나타나 있다.

> 오늘 저는 새로운 에너지를 개발하고 새로운 연료효율 기준을 설정하며, 온실가스 배출 문제를 대처해나가면서, 에너지 독립을 향한 우리의 여정(旅程)에서 첫발을 내딛고 있다는 점을 선언합니다.
>
> [……] 우리는 연료효율이 높은 미래의 차량이 바로 여기 미국에서 생산되도록 해야 합니다. 우리의 차량과 트럭의 연료효율을 높이는 것은 외국 석유에 대한 의존이라는 순환구조를 분쇄하기 위해서 취해야 할 가장 중요한 조치 가운데 하나입니다. [……] 우리는 2011년형 차량에 대한 새로운 기준을 실행함으로써 이러한 과업을 시작하여 석유 사용을 줄이게 될 것이며, 우리의 가정은 보다 깨끗하고 효율적인 차량과 트럭을 만날 수 있게 될 것입니다. [……] 연방정부는 온실가스를 감축하기 위해서 주정부와 대립하지 않고 주정부와 함께 일해 나가야 합니다. [……] 우리는 세계에 대해서 미국이 선도해갈 준비가 되어 있다는 점을 명확히 할 것입니다. 기후와 공동안전을 보호하기 위해서 우리는 진정한 글로벌 동맹을 촉구해야 합니다. 저는 미국이 행동할

것이므로 세계도 그렇게 움직여주어야 한다는 점을 명확히 했습니다. [⋯⋯] 이것이, 우리가 지금 우리의 몫을 기꺼이 수행하고 있는 것처럼, 중국이나 인도와 같은 나라들이 자신의 몫을 하도록 하는 방법입니다.

(Barack Obama, "Remarks by the President on Jobs, Energy Independence, and Climate Change", Jan. 26, 2009. http://www.whitehouse.gov/blog_post/Fromperiltoprogress)

이와 같은 성명을 통해서 오바마 대통령은 지속적으로 차량의 연료효율을 증대시키고 자신의 행정부가 주정부와 함께 온실가스를 감축하고 에너지 효율을 높여나가는 노력을 할 것임을 분명히 하였다. 지속적인 연료효율의 제고와 연방정부와 주정부 간의 이러한 공동의 노력을 통해서 미국의 에너지 대외의존도를 점차 줄여나가 에너지 안보를 확립하겠다는 것이 오바마 대통령의 정책이 지향하는 방향이었다. 그리고 오바마 대통령은 이러한 에너지 안보 추구 및 연료효율의 증대와 관련되어 있는 온실가스 감축과 관련하여, 이러한 국내적 노력을 통해서 대외적으로도 미국이 기후변화 문제에 대해서 선도적 역할을 할 것임을 공약하고 있다. 또한 이러한 국내적 노력을 통해서 선도적 역할을 수행한 후, 세계 최대의 온실가스 배출 개도국인 중국이나 인도에 대해서도 적극적인 온실가스 배출 감축과 이를 통한 기후변화 대처 노력에 동참하도록 촉구하고 있다. 그리고 이러한 '선모범－후촉구'의 패턴은 이후 지속적으로 오바마의 성명서 등에 등장하는 주제가 되고 있다.

(3) 미국 경제회복 및 재투자법

앞에서 살펴본 대로 부시 행정부 당시 제정된 에너지 독립 및 안보법에 근거해서 연료효율을 제고하는 조치를 취하고, 한편으로는 부시 행정부 당시 환경보호국의 정책을 비판적으로 재검토하면서 시작된 오바마 행정부의 온실가스 감축 노력은 부분적으로 2009년 2월의 경기부양법에도 반영되어 나타났다. 오바마 대통령과 의회 다수당인 민주당의 주도로 2009년 2월에 통과된 7,870억 달러 규모의 미국 경제회복 및 재투자법은 원래 2007~2008년에 시작된 미국의 경기침체를 탈피하기 위해서 정부가 대규모 재정 지출을 통해서 경기를 부양하려는 법률이었다. 이 법안 내에 오바마 행정부는 직접 혹은 간접적으로 기후변화와 관련되어 온실가스를 감축시키고 청정에너지의 연구 및 개발에 투자할 수 있는 조항들을 포함시킨 것이다.

이 법은 기본적으로 경기부양을 목적으로 세금 혜택, 의료보험 혜택, 교육 인프라에 대한 투자, 국내 인프라 투자, 실업자 지원, 수로 및 공공토지에 대한 관리 투자, 정부 건물 보수, 통신 및 커뮤니케이션 관련 투자 등을 중심 내용으로 하고 있는데, 이와 같은 경기부양 방안 가운데에는 이미 언급한 청정에너지 및 기술 개발을 위한 지원 내용이 포함되어 있었다. 에너지 효율과 재생에너지 연구 및 개발에 대한 투자에 약 272억 달러의 자금이 투입되고 있으며, 이와는 별도로 미국 에너지부에 대한 20억 달러의 자금 지원을 비롯하여 과학 연구에 대해서도 76억 달러의 자금이 투자되어 있다. 특히 에너지 효율과 재생에너지 연구 및 개발에 대한 투자는 탄소 포집 및 저탄소 석탄에 관한 연구, 에너지 효율 제고에 관한 연구, 주정부의 에너지 효율 제고 및 재생에너지 개발 지원, 태양열, 풍력, 생물연료, 지열 등에 대한 연구 지원, 노동부가 운영하는 녹색 노동자(green-collar workers) 훈련 지원금, 전기차 기술 개발 등을 포함하고 있어서 청정에너지와 기술 개발에 대한 오바마 행정부의 공약을 잘 보여주고 있다.

(4) 자동차 연료효율 제고 및 온실가스 감축을 위한 전국적 중장기 조치

2009년 임기 시작과 함께 운송부 및 환경보호국 등에 대해서 자동차의 연료효율 증대를 지시하고 각 주정부가 온실가스의 배출을 줄이려는 노력에 대해서 연방정부가 신축적으로 대응할 것임을 선언한 이후, 오바마 대통령은 장기적인 견지에서 차량에서 배출되는 온실가스를 줄이고 연료효율을 높이기 위한 본격적인 조치를 취하게 된다. 이러한 조치는 대통령 자신을 포함하여 환경보호국 · 운송부 그리고 자동차 제조업계 및 노조 등 다양한 이해 당사자 간의 합의를 통해서 도출될 결과였다.

오바마 대통령은 2009년 5월 19일에 일차적으로 소형승용차와 경량트럭 등 경량자동차(light−duty vehicle)에 대한 온실가스 감축 및 자동차 연료효율 기준을 새로이 설정할 전국 프로그램의 실시 계획을 발표하였다. 앞에서 간단히 살펴본 바와 같이 단편적으로 2009년 1월 16일에 2011년형 신형 자동차의 연료효율을 높이는 조치를 취한 이후, 오바마 대통령은 5월 19일에 본격적으로 2012년에서 2016년까지 생산되는 신형 차량에 대해서 2016년까지 35.5mpg라는 보다 높은 연료효율 기준이 적용될 수 있도록 하는 전국적 단일 프로그램이 정부와 자동차 제조업계의 합의를 통해서 향후에 실행될 것임을 발표하였다.[17] 오바마 대통령은 최초로 실시될 이러한 전국적 온실가스 배출 및 자동차 연료효율 기준의 시행과 관련하여 다음과 같이 강조한 바 있다.

17 Barack Obama, "Remarks by the President on National Fuel Efficiency Standards", May 19, 2009(http://www.whitehouse.gov/the_press_office/Remarks−by−the−President−on−national−fuel−efficiency−standards).

지금 현재 우리나라의 연료효율 규칙은 부적절하고 불확실하며 변화가 심합니다. 첫째, 운송부에 의해서 규제되는 연료효율에 대한 기준이 있습니다. 여기에 더하여 환경보호국이 연방대법원의 판결에 의해서 차량으로부터 배출되는 온실가스에 대해서 상한 기준을 설정하여 또 하나의 표준을 마련하게 될 것입니다. 캘리포니아주 또한 청정에너지법에 의거해서 캘리포니아에서 판매되는 차량이 보다 엄격한 배출 기준을 지키도록 허용해달라고 요청하고 있습니다. 그리고 13개의 주와 컬럼비아 특별자치주가—만약 허용된다면— 캘리포니아와 같은 온실가스 감축을 채택할 것을 합의하였습니다.

[……] 자동차 회사들은 운송부 · 환경보호국, 그리고 또한 캘리포니아주 및 기타 13개 주가 관리하는 서로 다른 중첩적 규정에 직면하게 될지도 모릅니다. 지금 제안하는 전국적 정책은 두 개의 기구[운송부 · 환경보호국: 필자]의 지도 아래에 14개 주와 10개의 회사, 그리고 노동자와 환경단체를 모두 협력하게 하여 이러한 모든 상황을 변화시킬 것입니다. 목표는 안전을 손상시키지 않고서 2012년에서 2016년까지 매년 5%씩 연료효율을 제고하는 것입니다.[18] (Barack Obama, "Remarks by the President on National Fuel Efficiency Standards", May 19, 2009. http://www.whitehouse.gov/the_press_office/Remarks－by－the－President－on－national－fuel－efficiency－standards)

18 이러한 오바마 대통령의 발표가 있은 지 약 1년 후인 2010년 5월 7일에 환경보호국과 전국고속도로 교통안전국은 합동으로 2012~2016년 신차년도 기준 경량자동차의 온실가스 배출 및 자동차 연료효율에 관한 전국 프로그램 제1단계 기준을 발표하여 소형승용차 · 경량트럭 · 중형승용차에 적용되도록 하였다. 이러한 조치는 이듬해인 2011년 1월 2일부터 효력을 발휘하게 되었다. 오바마 행정부는 이러한 조치가 시행될 경우 900만 톤의 온실가스 배출량이 감소될 것이며, 18억 배럴의 석유가 절약될 것으로 전망되고 있었다. 또한 오바마 대통령이 말한 대로 2012~2016년간 매년 5%의 수준으로 연료효율이 높아질 경우 달성되는 2020년의 자동차 연료효율 35.5mpg는 부시 대통령 당시인 2007년 제정된 미국 에너지 독립 및 안보법이 목표로 한 2020년의 35mpg보다 높은 수치이다. The White House, "President Obama Announces National Fuel Efficiency Policy", May 19, 2009(http://www.whitehouse.gov/the－press－office/president－obama－announces－national－fuel－efficiency－policy).

2009년 5월, 경량자동차에 대한 이러한 대통령 전국프로그램 실시 발표가 있은 약 1년 뒤인 2010년 5월 21일에 오바마 대통령은 다시 중량자동차(heavy-duty vehicle)에 대한 온실가스 배출 및 연료효율 기준 설정에 관한 전국적인 정책적 조치가 필요하다는 점을 선언하였다.[19] 그리고 같은 날 성명에서 2017년 이후 생산될 신형 경량자동차에 대해서도 제2단계 전국적 조치가 시작될 것임을 시사하였다.[20]

중량자동차에 대한 이러한 대통령의 이러한 구상은 경량자동차에 대한 제1단계 전국적 규제 조치와 마찬가지로 운송부와 환경보호국에 대해 대통령이 각서를 전달하는 형식으로 발표되었고,[21] 미국의 에너지 독립, 연료효율을 제고를 통한 에너지 절약과 청정에너지 이용으로의 이전, 온실가스 배출의 감소를 통한 지구온난화 방지, 청정일자리 창출 등 다양한 목적을 동시에 달성하기 위한 다목적 조치였다. 2010년 4월의 멕시코만 유정(油井) 폭발사건의 와중에서 석유의 추가적 연안 시추에 대한 부정적 여론이 조성되는 시기에 발표된 이러한 성명을 통해서 오바마 대통령은 다음과 같은 사항들을 강조하기도 하였다.

---

19 Barack Obama, "Remarks by the President at Singing Presidential Memorandum on Fuel Efficiency Standards", May 21, 2010(http://www.whitehouse.gov/the-press-office/remarks-president-signing-presidential-memorandum-fuel-efficiency-standards).

20 경량자동차에 대한 전국 프로그램 제2단계 조치는 실제로 2010년 9월 30일에 환경보호국과 전국고속도로 교통안전국이 공동으로 발표한 계획공지(Notice of Intent)를 통해서 가시화되기 시작한다. 보다 자세한 내용에 관해서는 이 책의 제7장을 참조하기 바람.

21 The White House, "President Obama Directs Administration to Create First-Ever National Efficiency and Emissions Standards for Medium- and Heavy-Duty Trucks", May 21, 2010(http://www.whitehouse.gov/the-press-office/president-obama-directs-administration-create-first-ever-national-efficiency-and-em).

[……] 우리는 외국산 석유에 대한 의존이 우리의 안보와 경제를 위태롭게 한다는 것도 알고 있습니다. 우리는 기후변화가 우리의 생활양식에 위협을 제기한다는 것도 알고 있습니다. 사실 우리는 이미 그 심대하고 희생이 큰 충격을 목격하고 있습니다. 수입 석유에 대한 의존도를 줄이려고 국내 생산을 늘리는 과정에서 나타난 멕시코만의 참사는 우리의 장기적인 안보가 대체연료원과 새로운 운송기술의 개발이라는 점을 강조해주고 있습니다. 그러나 우리는 또한 우리의 경제적 미래가 미래 산업에 관한 우리의 리더십에 달려 있다는 것도 알고 있습니다. 전세계의 국가들은 새로운 에너지 생산 및 에너지 절약 방법에 투자함으로써 세계 시장에서 우위를 점하려 하고 있습니다. 중국에서 독일에 이르기까지 이러한 나라들은 청정에너지 경제에서 우위를 가지는 나라가 글로벌 경제를 이끌어갈 수 있다는 것을 알고 있습니다. 그리고 저는 미국이 그러한 나라가 되기를 원합니다.

(Barack Obama, "Remarks by the President at Singing Presidential Memorandum on Fuel Efficiency Standards", May 21, 2010. http://www.whitehouse.gov/the-press-office/remarks-president-signing-presidential-memorandum-fuel-efficiency-standards)

이와 같이 오바마 대통령은 자동차 연료효율 제고와 온실가스 감축이 미국의 에너지 독립과 기후변화에 대한 적절한 조치임을 강조하고 있다. 더 나아가 그는 멕시코만 사태에서 알 수 있듯이 에너지 독립을 위해서 국내 석유의 생산만으로는 부족하며 궁극적으로 대체에너지를 생산할 수 있어야 하는데, 이러한 에너지 효율 제고와 온실가스 감소를 위한 규제는 이러한 대체에너지 및 재생에너지의 개발과 투자를 유도하게 될 것이라고 보고 있다.[22]

22 오바마 대통령의 중량자동차의 자동차 연료효율 제고 및 온실가스 배출에 대한 전국적

이와 같은 일련의 조치의 연장선상에서 자동차 연료효율 제고 및 온실가스 배출과 관련하여 오바마 행정부가 가장 최근에 취한 조치는 2010년 5월 21일에 중량자동차에 대한 연료효율 제고 및 온실가스 배출 규제와 함께 시사된 2011년의 제2단계 경량자동차 연료효율 제고 및 온실가스 배출 규제에 관한 전국 프로그램 실시에 관한 선언이었다. 오바마 대통령은 2011년 7월 29일에 2017년에서 2025년까지 제2단 경량자동차 연료효율에 관한 전국 프로그램의 실시에 관한 계획을 발표하면서, 2025년에는 경량자동차의 자동차 연비를 54.5mpg까지 끌어올림으로써 약 2조 달러에 이르는 에너지 비용일 절약되도록 하겠다고 공약하였다.[23]

규제조치 실시 발표는 이후 2011년 8월 9일에 환경보호국과 전국고속도로 교통안전국이 신차년도 2014~2018년형의 중량자동차의 온실가스 배출 및 자동차 연료효율 기준에 관한 전국 프로그램을 발표함으로써 결실을 맺게 된다. 이에 관해서는 제7장을 참조하기 바란다.

23 Barack Obama, "Remarks by the President on Fuel Efficiency Standards", July 29, 2011 (http://www.whitehouse.gov/the-press-office/2011/07/29/remarks-president-fuel-efficiency-standards). 이러한 조치는 이미 기존에 발표된 제1단계 전국적 규제조치와 마찬가지로 연방정부와 자동차업계의 합의에 의한 것이며, 미국의 에너지 안보를 확립하고 에너지 비용을 절감하여 온실가스를 동시에 줄여나갈 수 있는 구상이었다. 오바마 대통령의 2011년 7월 29일 연설에는 포드 · GM · 크라이슬러 · BMW · 혼다 · 현대자동차 · 기아자동차 · 마즈다 · 미쓰비시 · 닛산 · 토요다 · 볼보 · 재규어 등 미국 내 자동차 매출액의 90%를 차지하는 자동차 회사의 대표와 미국 자동차노조, 그리고 캘리포니아주의 대표가 자리를 함께 했다. 이러한 제2단계 경량자동차에 대한 전국적인 연료효율 및 온실가스 감축 정책이 실시될 경우 2025년에는 연간 차량 1대당 연료비가 약 8,000달러, 매일 220만 배럴의 석유가 절약될 것으로 전망되었다. The White House, "President Obama Announces Historic 54.5mpg Fuel Efficiency Standard", July 29, 2011(http://www.whitehouse.gov/the-press-office/2011/07/29/president-obama-announces-historic-545-mpg-fuel-efficiency-standard). 이러한 대통령의 명령에 의거하여 같은 날 환경보호국과 전국 고속도로 교통안전국은 2017~2025 신차년도에 생산된 승용차와 경량급 트럭 등에 대한 온실가스 배출 및 자동차 연료효율에 관한 '추가적 계획공지'(Supplemental NOI: Supplemental Notice of Intent)를 발표하였다. 이 공지는 경량자동차에 대한 전국 프로그램 제1단계 안에 근거해서 작성된 것이었다. 이후 2011년 11월 16일 환경보호국과 전국고속도로 교통안전국은 후속 조치로서

경량자동차 연료효율 및 온실가스 배출 기준에 관한 제1단계 전국 프로그램의 실시 및 중량자동차에 대한 제1단계 전국 프로그램 실시에 관한 구상 발표에 이어서 발표된 이러한 성명은 에너지 사용의 효율성을 제고하여 미국의 에너지 독립의 달성을 지원하고, 온실가스 배출이 적은 차량의 개발을 촉진하여 저탄소 경제로의 이전을 촉진하고자 하는 오바마 대통령의 포괄적인 전략이 장기적인 견지에서 순차적으로 이루어지고 있음을 의미하는 것이었다.

2) 대외 정책

2009년 취임 이후 오바마 대통령은 우선적으로 운송부 및 환경보호국을 통해서 국내적으로 자동차 연료효율 제고와 온실가스 감축을 위한 전국적 프로그램을 마련하고자 하였다. 이와 함께 오바마 대통령은 의회를 통한 포괄적인 기후변화 관련 법률의 제정을 실현함으로써 온실가스 감축과 에너지 사용의 효율 증대, 청정일자리 창출 등을 동시에 추구하고자 하였다. 이러한 오바마 대통령의 국내적 노력은 그 자체로서 온실가스 감축을 위한 노력의 일환이지만, 또한 2009년 12월에 코펜하겐에서 개최될 유엔 기후변화협약 당사국 총회에서 미국의 국내적 성과를 홍보하고, 이를 통해서 중국과 인도 등 최대 탄소 배출 개도국을 압박하여 이들로 하여금 2012년 교토의정서 종결 이후 새로운 기후변화 레짐의 창출에 공헌하게 하기 위한 것이기도 했다. 간단히 정리하면 오바마 행정부 출범 이후 지구온난화 방지를 위한 오바마 대통령의 국제적인 기후변화

신차년도 2015~2017년간에 생산될 경량자동차에 대한 온실가스 감축과 자동차 연료효율 기준 관련 전국 프로그램의 연장에 대한 공동제안(joint proposal)을 발표하여 의견 수렴에 들어가게 되었다. 보다 자세한 내용에 관해서는 이 책의 제7장을 참조하기 바란다.

대처 노력은 단기적으로는 2009년 코펜하겐 회의의 성공에 집중되어 있었다.

기후변화 대처와 관련한 코펜하겐 회의의 성공의 잣대는 중국 및 인도 등 주요 온실가스 배출국을 포함한 개도국과 선진국이 공동으로 참여하여 온실가스 감축을 강제할 수 있는 구속력 있는 새로운 기후변화 레짐의 창출에 다름 아니었다. 그러나 제2장에서 이미 간단하게 검토한 대로 오바마 대통령의 이러한 노력은 절반의 성공으로 그치게 되었는데, 이는 결국 코펜하겐 회의를 통해서 개도국과 선진국이 모두 참여하는 구속력 있는 온실가스 감축 공약을 확보하지 못했다는 결과에 잘 나타나 있다. 사실상 2009년 코펜하겐 합의는 개별 국가의 자율성을 최대한 존중하는 차원에서 국가별로 자신들이 성취할 수 있는 온실가스 감축량을 자발적으로 보고하는 형식을 취했으며, 감축량의 검증 방식 등도 불완전하고 취약했다.

이러한 배경을 토대로 다음에는 주로 2009년 12월에 이르기까지 오바마 대통령의 국제적인 기후변화 대처 노력을 살펴보고자 한다. 제1장에서 소개했듯이 오바마 대통령은 2009년 9월 23일에 유엔총회 연설에서 핵 없는 세계, 평화의 추구, 글로벌 경제의 회복과 함께 기후변화에 대처하는 문제를 '미래를 위해 가장 중요한 4개의 기둥' 가운데 하나로 설정한 바 있다. 소위 오바마 독트린이라고 할 수 있는 '미국의 우선적 리더십 발휘와 이와 병행하는 다자적 협력 촉구'를 강조하면서, 오바마 대통령은 기후변화에 대처하는 문제에 있어서도 미국이 먼저 리더십을 발휘하되, 중국을 포함한 개도국 역시 기후변화 문제에 적극적으로 대처해줄 것을 꾸준히 주문하는 선모범-후촉구 정책을 구사해왔다. 이와 같이 기후변화 문제에 대한 중국이나 인도 등 최대 온실가스 배출 개도국의 기여를 촉구함으로써 오바마 대통령은 민주당 주도로 진행되고 있었던 국내 기후변화 관련 입법에 대한 공화당과 보수파의 불만을 잠재우면서, 동시에 국제적 정당성을 가지고 효과적으로 작동할 수 있는 새로운 기후변화 레짐을 창출하고자 하였다. 그리고 이러한 노력은 2009년 12월의 코펜하겐 유엔 기후변화협약 당사국 회의까지 미국이 포함된 다자적 관계에서 꾸준히 경주되었다. 이러한 사항을 염두에 두면서 다음에는 미국이 관여한 다양한 국제적 다자기구를 통한 기후변화 대처 노력과, 중국에 대한 협력 촉구라는 양자관계를 중심으로 미국의 대외 정책을 살펴보고자 한다.

(1) G8 정상회의

널리 알려져 있듯이 원래 G8 정상회의(G8 Summit)는 1973년 오일쇼크 이후 1975년 G6로 출발한 주요 경제국 정상회의에서 비롯되었다. 이후 1976년에 캐나다를 포함시켜 G7 정상회의로 확대된 후 1997년에 러시아가 참여하여 G8 정상회의로 변모되었다. G8 정상회의는 그 기원에서 알 수 있듯이 세계 주요 선진국 간에 경제 및 금융정책을 조율하고 이를 통해서 국제경제의 안정화와 자유무역을 촉진하는 기구로서 출발하였다. 그러나 이후 핵 비확산, 군축, 테러리즘 대처 등 비경제 안보 영역으로 G8은 그 논의의 어젠다를 확장시켜왔다.

이러한 어젠다의 확장에도 불구하고 G8 정상회의는 지구온난화 및 기후변화 문제에 대한 논의를 극히 최근까지 본격적으로 개진할 수 없었는데, 이는 무엇보다도 교토의정서 비준을 거부한 미국의 완고한 입장 때문이었다. 예컨대 2005년 7월 6일부터 8일 사이에 영국 스코틀랜드 옥터라아더(Auchterarder)에서 개최된 제31차 G8 정상회의에서 영국의 블레어(Tony Blair) 총리가 아프리카의 경제발전과 함께 지구온난화 문제를 주요 어젠다로 제기했음에도 불구하고, 인위적인 온실가스 배출 방식을 거부하는 미국 부시 대통령의 강경한 태도로 인해서 기후변화와 관련된 특별한 성과를 만들어낼 수 없었다. 이후에도 이러한 미국의 일관된 입장으로 G8 정상회의를 통한 지구온난화 대처 논의는 큰 진전을 이루지 못하였다.[24]

그러나 2008년 미국발 서브 프라임 모기지 사태로 인한 국제 금융위기의 시작과 2009년 오바마 민주당 행정부의 등장은 G8 정상회의가 기후변화 문제에 대해서 적극적으로 가능하게 만드는 배경이 되었다. 우선 국제 금융위기의 도래는 이러한 위기를 극복하기 위한 새로운 국제적 포럼이 필요하다는 점을 다시 한 번 상기시키는 계기가 되었다. 2007년과 2008년을 지나면서 기존 선진국 중심의 무역 및 금융질서만으로는 더 이상 글로벌 경제위기를 극복할 수 없다는 현실 인식이 대두되면서, 기존의 G8 정상회의 체제를 대치하는 새로운 체제가 필요하다는 공감대가 확산되기 시작하였다. 실제로 1997년에 러시아가 새로운 G8 정상회의

24 미국의 참여가 없는 국제적 온실감축 노력이 실효를 거둘 수 없다는 것은 유럽 국가들의 입장뿐만 아니라 미국 내부에서 미국의 적극적인 기여를 촉구해 온 사람들의 주장이기도 하다. 퓨 글로벌 기후변화센터(Pew Center on Global Climate Change)의 책임자인 클로선(Eileen B. Clausssen)은 미국외교위원회(Council on Foreign Relations)의 CFR.ogr의 부국장이자 총괄 편집자인 핸선(Stephanie Hanson)과의 인터뷰에서 "미국은 결정적으로 중요합니다. 미국 없이 새로운 글로벌한 합의는 가능하지도 않고 미래에 존재하지도 않을 것입니다. 작동이 안 되는 것이지요. 우리는 문제에 대한 매우 커다란 기여자이며 또한 큰 경제국이기도 하지요. 미국의 전적인 참여가 없이는 다른 나라들이 어떠한 합의에도 동의하지 않을 것이라고 생각합니다"라는 의견을 밝혀 기후변화에 관한 국제적 합의가 가능하기 위해서는 미국의 기여가 필수적임을 강조하였다. Council on Foreign Relations, "The Future of U. S. Climate Policy", Aug. 12, 2009(http://www.cfr.org/climate-change/future-us-climate-policy/p20026). 한편 미국의 패권 쇠퇴와 관련하여 코펜하겐 회의 실패를 설명하면서 좌파 성향의 환경학자 로버츠 역시 미국이 구체적인 행위를 취하지 않는 이상 빈곤국과 소규모 국가들은 자신들의 온실가스 감축이 무의미한 것으로 파악하고 있다고 적고 있다(Roberts, 2011: 777).

의 회원국이 되고 일본이 정상회의의 원년 회원국이었음에도 불구하고, G8 체제는 지리적으로 서방 선진국, 그리고 군사적으로는 미국의 동맹국을 중심으로 이루어져 있었다. 이러한 지역적 · 기능적 편중성을 극복하기 위해서 2003년에 프랑스에서 개최된 제29차 G8 정상회담에서 2000년부터 꾸준히 초청된 남아프리카에 이어서 중국 · 인도 · 브라질 · 멕시코가 추가적으로 초청 국가가 됨으로써 비공식적이지만 G8+5 체제가 등장하기 시작하였다.

G8+5로 대변되는 선진국과 신흥경제국의 대화 채널의 등장은 G8 정상회의가 기후변화 문제를 본격적으로 논의하는 데 기여하게 되었다. 이는 근본적으로 중국 · 인도 · 브라질 등 신흥경제국 역시 G8 국가 못지않게 온실가스 배출을 증가시켜오고 있어서, 이들 신흥경제국 혹은 이들을 포함한 개도국의 협력이 없이는 기후변화 문제에 대처하는 것이 불가능하다는 인식에서 기인한 것이다. 즉 2003년 이래 사실상 G8+5 체제가 G8 체제와 함께 가동되어왔다는 사실, 국제 경제 · 금융 · 환율 등의 조율 문제와 마찬가지로 기후변화에 대처하는 문제 역시 이들 신흥경제국 및 개도국의 협력이 필요하다는 인식, 그리고 2008년의 경제 위기 극복을 위한 새로운 포럼의 필요성 주장 등이 등장하는 상황 속에서, G8 정상회의는 이제 본격적으로 개도국의 협력을 호소하고 이들에 대한 지원을 약속하면서 기후변화 문제를 본격적으로 다룰 수 있게 되었다.

실제로 글로벌한 차원에서 기후변화 문제에 대처하기 위해서는 G8 국가는 물론 G8+5 국가의 협력이 절대적으로 필요하다는 점은 다음의 [표 5-1], [표 5-2]와 [그림 5-1], [그림 5-2], [그림 5-3], [그림 5-4]에서도 명확하게 감지할 수 있다. 이들 표와 그림에서 알 수 있듯이 G8 회원국들의 이산화탄소 배출량은 전세계 이산화탄소 배출량의 약 40%를 차지할 정도로 매우 높다. 여기에 초청 국가인 5개국을 더하여 G8+5

국가의 온실가스 배출량을 보면 이보다 훨씬 많은 전세계 배출량의 70%를 차지하고 있음을 알 수 있다.

[표 5-1] 2008년도 G8 국가의 에너지 소비용 이산화탄소 배출량

이산화탄소 배출량 순위	나라	총배출량 (단위: 백만 미터톤)	일인당 배출량 (단위: 미터톤)
1	미국	5,833(19.3%)	19.16
2	러시아	1671(5.5%)	11.88
3	일본	1215(4.0%)	9.55
4	독일	823(2.7%)	9.99
5	캐나다	598(2.0%)	18.19
6	영국	563(1.9%)	9.11
7	이탈리아	450(1.5%)	7.73
8	프랑스	429(1.4%)	6.84
계	세계	30,400(100%)	4.54

[그림 5-1] 2008년도 G8 국가의 에너지 소비용 이산화탄소 배출량

(단위: 백만 미터톤)

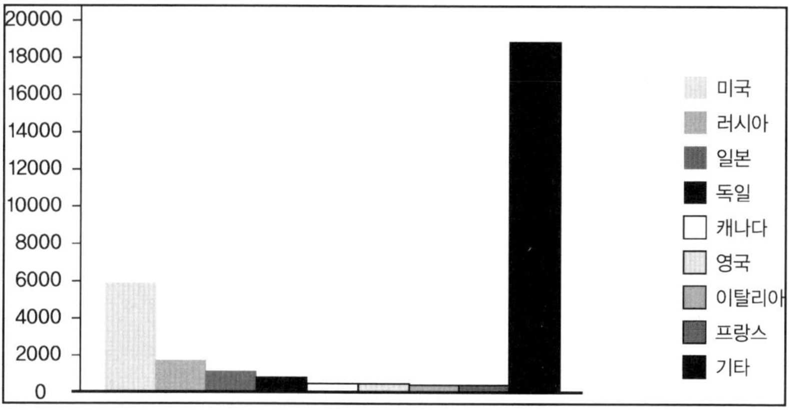

[그림 5-2] 2008년도 G8 국가의 에너지 소비용 이산화탄소 배출량 비율

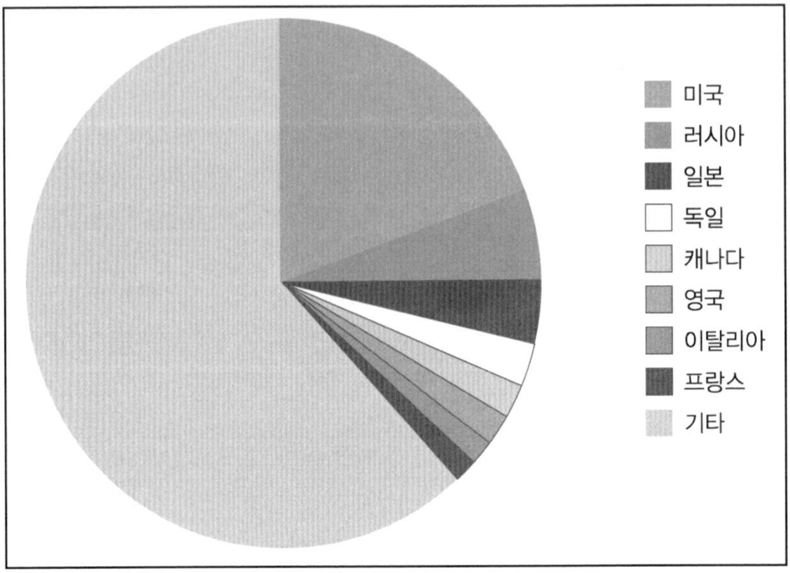

[표 5-2] 2008년도 G8+5 국가의 에너지 소비용 이산화탄소 배출량

이산화탄소 배출량 순위	나라	총배출량 (단위: 백만 미터톤)	일인당 배출량 (단위: 미터톤)
1	중국	6,800(22.4%)	5.16
2	미국	5,833(19.3%)	19.16
3	러시아	1,671(5.5%)	11.88
4	인도	1,463(5.0%)	1.28
5	일본	1,215(4.0%)	9.55
6	독일	823(2.7%)	9.99
7	캐나다	598(2.0%)	18.19
8	영국	563(1.9%)	9.11
9	남아프리카공화국	483(1.6%)	9.91
10	멕시코	452(1.5%)	4.11
11	이탈리아	450(1.5%)	7.73
12	프랑스	429(1.4%)	6.84
13	브라질	427(1.4%)	2.14
계	세계	30,400(100%)	4.54

[그림 5-3] 2008년도 G8+5 국가의 에너지 소비용 이산화탄소 배출량

(단위: 백만 미터톤)

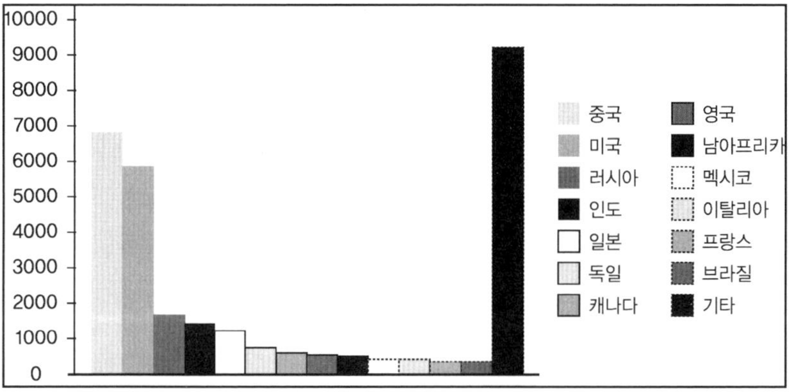

[그림 5-4] 2008년도 G8+5 국가의 에너지 소비용 이산화탄소 배출량 비율

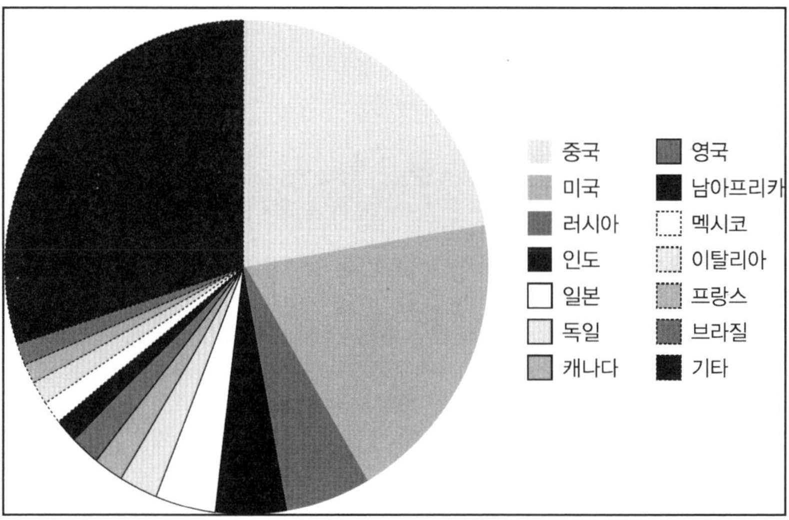

* [표 5−1], [표 5−2]와 [그림 5−1], [그림 5−2], [그림 5−3], [그림 5−4] 출처: US Energy Information Administration, "International Energy Statistics"(http://www.eia.gov/cfapps/ipdbproject/iedindex3.cfm?tid=90&pid=44&aid=8&cid=regions,&syid=1992&eyid=2004&unit=MMTCD).

[표 5−1], [표 5−2]와 [그림 5−1], [그림 5−2], [그림 5−3], [그림 5−4]에서 알 수 있듯이 전통적인 선진국인 G8 회원국과 선진국 및 신흥경제국의 연합체인 G8+5 구성국은 각각 전세계 에너지 소비용 이산화탄소 배출량의 약 40%와 70%를 차지하고 있다. G8 정상회의 초청 국가인 중국·인도·브라질·멕시코·남아프리카공화국만을 따로 모아서 계산해보아도 이들 국가는 전체 이산화탄소 배출량의 약 30%를 차지하고 있다. 따라서 이 두 종류의 정상회의와 이곳에서의 합의가 글로벌한 차원에서 온실가스 감축을 통한 지구온난화 대처에 매우 긴요할 뿐만 아니라, 오바마 대통령 취임 후 첫 유엔 기후변화협약 당사국 총회인 2009년 12월 코펜하겐 회의의 성공을 위해 필요조건이 될 수밖에 없었다.

글로벌 경제위기와 함께 오바마 행정부의 출현은 G8 정상회의가 기후변화 문제에 보다 적극적인 태도를 가지고 임하게 되는 중요한 계기를 마련해주었다. 이미 말했듯이 오바마 행정부 출범 이전 미국의 클린턴 대통령이나 부시 대통령은 미국 국내의 경제성장을 둔화시킨다는 것과, 의회의 반대를 이유로 교토의정서에 대한 비준을 지속적으로 거부해왔다. 이로 인해 기후변화 문제에 적극적으로 대처하려는 유럽 국가들의 노력이 번번이 좌절되어왔으며, 미국은 이들 유럽 국가들의 비난의 대상이 되어왔다. 그러나 신임 오바마 대통령은 상원의원과 대통령 후보 시절부터 인류의 생존을 위협하는 지구온난화 및 기후변화 현상에 대해서 적극적으로 대처하겠다고 공약한 바가 있으며, 또한 이러한 영역에서 미국의 선도적 리더십 발휘를 천명함과 동시에 다자주의적 노력, 특히 선진국의 모범과 개도국의 동참이 필요하다고 일관되게 주장해왔었다. 이러한 입장을 대내외적으로 적극적으로 표출한 오바마 행정부의 등장은 G8 정상회의가 G8+5 체제, 그리고 더 나아가 G20 체제를 구축하면서 내부적으로 기후변화에 대한 논의를 본격화할 수 있는 계기를 만들어주었다.

이러한 배경 하에서 이탈리아 라킬라(L'Aquila)에서 2009년 7월 8일에서 10일까지 개최된 제35차 G8 정상회담은 국제 금융위기 및 핵 비확산 문제 등 기존에 G8 정상회담이 다루는 전통적인 경제 · 안보 이슈 이외에, 기후변화에 대처해야 한다는 문제를 본격적으로 제기하기 시작하였다. 기존의 핵심 G8 국가에 더하여 G8+5를 구성하였던 중국 · 인도 · 멕시코 · 브라질 · 남아프리카공화국이 참석하였을 뿐만 아니라, 의장국인 이탈리아의 초청으로 알제리 · 앙골라 · 호주 · 덴마크 · 이집트 · 인도네시아 · 리비아 · 네덜란드 · 나이지리아 · 세네갈 · 한국 · 스페인 · 터키 등 13개 국가가 추가적으로 초대된 이탈리아의 포괄적 G8 정상회의는 G8 정상회의를 대체하거나 혹은 G8 정상회의와 병행하는 사실상의 G20 정상회의와 거의 차이가 없었다.[25]

이와 같이 많은 국가가 초대된 G8 정상회의에서 경제 및 안보 영역 이외에서 G8의 정상들이 기후변화 문제를 본격적으로 논의하고 상당한 수준 의견의 일치를 보임으로써, 2009년 12월 코펜하겐 회의에서의 건설

---

25 아르헨티나 · 호주 · 브라질 · 캐나다 · 중국 · 프랑스 · 독일 · 인도 · 인도네시아 · 이탈리아 · 일본 · 멕시코 · 러시아 · 사우디아라비아 · 남아프리카 · 한국 · 터키 · 영국 · 미국, 그리고 이에 더하여 EU로 구성되는 G20 소속 국가들 가운데 2009년 제35차 G8 정상회의의 회원국 혹은 초청국의 지위로 참여하지 않은 국가는 아르헨티나와 사우디아라비아에 불과하다. 이와 같이 G8 정상회의는 실질적으로 개도국과 신흥경제국을 포함하여 G20 정상회의와 밀접한 관계를 가지고 운영되는 기구로 변모하기에 이르렀다. 참고로 G20 정상회의는 국제 금융위기 극복을 위한 2008년 11월의 워싱턴 회의가 시작이었고, 이후 2011년 프랑스 G20 정상회의에 이르기까지 모두 여섯 차례 개최되었다.

적인 합의를 위한 미국의 노력에 상당한 추동력을 제공하였다. 또한 G8 정상회의에 초대된 국가들이 신흥경제국 혹은 개도국을 포함하고 있어서 이들의 도움이 없이는 온실가스 배출 감축에 대한 국제적 노력이 탄력을 받을 수 없다는 점을 감안할 때, 코펜하겐 회의 이전에 열린 이탈리아 G8 정상회의는 상당히 의미 있는 회의였다고 판단된다.

무엇보다도 G8 정상회의는 회의 첫날인 7월 8일에 'G8 정상선언: 책임 있는 리더십과 지속가능한 미래'(G−8 Leaders Declaration: Responsible Leadership and a Sustainable Future)라는 선언서를 채택하여 국제 금융질서의 확립, 핵 비확산 등 다양한 어젠다에 대한 합의를 도출하였다. 그리고 이 선언 가운데 '기후변화 및 환경'에 관한 부분은 "우리는 모든 국가를 포함하여 공동의, 그러나 차별화된 책임과 개별적 능력의 원칙에 입각하여, 유엔 기후변화협약 협상과 코펜하겐에서의 글로벌하고 광범위하며 야심찬 2012년 이후의 합의에 대한 성공적인 결말에 대한 강한 공약을 확인한다"라고 언명하여 2009년 코펜하겐 유엔 기후변화협약 당사국 회의에 대한 합의 노력을 강조하고 있다. 또한 이 선언문은 G8 정상회의 역사상 최초로 "산업화 이전 수준 이상으로 지구의 평균 온도가 섭씨 2도 이상 상승해서는 안 된다는 과학계의 광범위한 견해를 인정한다"라는 내용을 포함하고 있어서, G8이 지구온난화 문제의 심각성에 대한 과학계의 의견을 받아들였음을 명백히 하고 있었다. 이어서 선언문은 "2050년까지 적어도 50%의 지구 온실가스 감축을 달성한다는 목표를 모든 국가와 함께 공유할 의사가 있음을 거듭 언명(reiterate)"하고 있다. 이어서 이러한 목표를 달성하기 위해서 이 선언은 다시금 "선진국이 2050년까지 1990년 혹은 그 이상 최근 연도 대비 80%의 온실가스를 줄이는 목표를 지지한다"라고 언급하였다. 이와 같은 G8 정상회의 선언은 2009년 12월의 코펜하겐 회의를 염두에 두고 이에 대한 성공을 위해서 선진국이 최대한 기여함과

동시에, 차별화된 책임과 개별적 능력에 의거한 기타 국가의 동참을 호소하고 있다.[26]

오바마 대통령은 이러한 G8 정상회의의 성과를 정리하는 7월 10일의 기자회견 석상에서 경제성장과 국내외 금융구조 개혁, 핵무기 제한을 위한 국제적 협조, 국제적 식량안보에 대한 노력과 함께 기후변화에 대한 국제적 협력이 중요함을 다시 한 번 역설하였다. 다음에 설명될 에너지 및 기후변화에 관한 주요 경제국 포럼에서와 마찬가지로 오바마 대통령은 주요국 정상들에게 미국의 선도적인 국내적 노력을 강조하면서, 2009년 말의 코펜하겐 유엔 기후변화협약 회의에서 의미 있는 국제적 성과가 나타날 수 있도록 노력해줄 것을 촉구하고 있다.

특히 국내적 성과와 관련하여 오바마 대통령은 하원에서 미국 청정에너지 및 에너지 안보법이 통과된 것을 선전하면서 미국이 선도적으로 1990년 대비 80%의 온실가스 감축을 시도할 것임을 언명하였다. 또한 2009년 초의 경기부양법을 통해서 청정에너지와 관련된 과감한 투자가 있었음과 새로운 전국적 연료효율 기준을 수립하여 온실가스 배출을 줄여나가고 있음을 홍보하였다. 이와 함께 오바마 대통령은 G8 정상회담이 최초로 2050년까지 온실가스 배출량의 80%를 줄여나가기로 합의한 것을 강조하면서, G8 정상회담과 거의 동시에 개최된 에너지 및 기후변화에 관한 주요 경제국 포럼도 선진국과 개도국을 망라하여 온실가스를 감축하기 위한 역사적 노력을 경주할 것에 합의했음을 강조하고 있다.[27]

---

26 "Climate Change and Environment" in "G-8 Leaders Declaration: Responsible leadership and a sustainable future", p. 19-22, July 8, 2009 (http://www.g8italia2009.it/static/G8_Allegato/G8_Declaration_08_07_09_final%2c0.pdf).

27 The White House, "Press Conference by the President", July 10, 2009(http://www.whitehouse.gov/the-press-office/press-conference-president-laquila-italy-7-10-09).

결론적으로 볼 때 G8 정상회담에 임하는 오바마 대통령의 전략은 먼저 미국 하원에서 기후변화 관련 법안의 통과와 다양한 국내 온실가스 규제에 관한 조치 등 자신이 성취한 조치를 언급함으로써 기후변화에 대처하는 미국의 선도적 노력을 홍보하는 것이었다. 이러한 홍보와 함께 정상회담을 통해서 기후변화의 심각성과 이를 적극적으로 대처해야 함을 강조하고, 궁극적으로 12월의 코펜하겐 회의의 성공과 이를 통한 지속적인 온실가스 감축에 대한 세계적 공약의 추동력을 마련하는 것이었다.

(2) 에너지 및 기후변화에 관한 주요 경제국 포럼

2009년에 새로운 민주당 행정부 출범 이후 오바마 대통령이 추구한 다자적 노력의 대표적인 사례로는 에너지 및 기후변화에 관한 주요 경제국 포럼의 출범이라고 할 수 있다. G8, G8+5, G20 정상회의 등이 근본적으로 경제 · 무역 · 금융 · 안보 문제 등의 어젠다를 논의하면서 환경과 기후변화 문제 등을 새롭게 다루기 시작했다면, 오바마 대통령이 주도하여 창설한 이 주요 경제국 포럼은 명칭 그대로 에너지 및 기후변화라는 하나의 글로벌 어젠다에 집중하기 위해서 만들어진 것이었다.[28]

---

28 백악관 공보처는 오바마 대통령의 주요 경제국 포럼 출범 선언과 관련하여 이 포럼이 주요 선진국과 개도국 간의 솔직한 대화를 촉진하고 코펜하겐에서의 성공적인 결과를 달성하는 데 필요한 정치적 리더십을 만들어내는 데 도움을 줄 것이라고 발표했으며, 실제로 이것이 이 포럼이 추구하는 목적이었다. 공보처는 이를 위해서 오바마 대통령이 16개 주요 경제국 지도자와 유엔 사무총장에게 2009년 4월 27일에서 28일에 걸쳐 미국 워싱턴시의 국무부에서 개최되는 준비 회의에 참석할 대표를 지명해달라고 요청했음을 밝혔다. The White House, "President Obama Announces Launch of the Major Economies Forum on Energy and Climate", March 28, 2009(http://www.whitehouse.gov/the-press-office/president-obama-announces-launch-major-economies-forum-energy-and-climate).

2009년 4월 27~28일에 미국 워싱턴에서 제1차 정상 대표자 회의(the First Leaders' Representatives Meeting)를 개최한 이래로 이 포럼은 2009년 7월에 이탈리아의 라킬라에서 개최된 제1차 정상회의(the First Leaders Meeting)를 포함하여 2011년 9월까지 제11차 정상 대표자 회의를 개최한 바 있다.

이 포럼은 미국 · 호주 · EU · 인도네시아 · 멕시코 · 브라질 · 프랑스 · 이탈리아 · 러시아 · 캐나다 · 독일 · 일본 · 남아프리카공화국 · 인도 · 중국 · 한국 · 영국 등 개도국 및 BRICs 국가를 포함하여 17개 국가로 구성되어 있어서, 약 190개 국가로 구성되어 있는 유엔 기후변화협약 체제보다 규모 면에서는 훨씬 작다. 그러나 전세계 온실가스 배출량의 70% 이상을 차지하는 국가들이 모여 있는 이 포럼은 기후변화협약 체제를 대체하지는 않지만, 그보다 훨씬 더 효과적으로 기후변화 문제를 논의할 수 있는 기구로 인식되었다. 실제로 [표 5-3]과 [그림 5-5], [그림 5-6]을 보면 EU를 제외한 주요 경제국 포럼 16개국의 에너지 소비용 이산화탄소 배출량이 전세계 이산화탄소 배출량의 75%를 차지하고 있음을 알 수 있다. 따라서 이 포럼에서의 선진국과 개도국 간의 합의가 장기적으로 지구온난화와 기후변화 문제의 대처는 물론 단기적으로 2009년 12월의 코펜하겐 회의에서 새로운 포괄적 기후변화 레짐의 창출을 위한 미국의 노력에 매우 긴요한 것이었다.

이미 제3장에서 간단히 설명하였듯이 전임 부시 대통령은 점증하는 국제사회의 비난과 압력 속에서 미국도 기후변화 문제를 중요시한다는 점을 세계에 인지시키기 위해서 2007년 9월 27일에 선진국, 개도국 그리고 유엔의 대표를 워싱턴(Washington, D.C.)으로 초청하여 에너지 안보 및 기후변화에 관한 주요 경제국 회의를 개최한 바 있지만, 미국이 강제력 있는 온실가스 배출 합의에는 참여할 수 없으며, 중국과 인도 등 개도국도

[표 5-3] 2008년도 에너지 및 기후변화에 관한 주요 경제국 포럼 회원국의 에너지 소비용 이산화탄소 배출량(EU 제외)

이산화탄소 배출량 순위	나라	총배출량 (단위: 백만 미터톤)	일인당 배출량 (단위: 미터톤)
1	중국	6,800(22.4%)	5.16
2	미국	5,833(19.3%)	19.16
3	러시아	1,671(5.5%)	11.88
4	인도	1,463(5.0%)	1.28
5	일본	1,215(4.0%)	9.55
6	독일	823(2.7%)	9.99
7	캐나다	598(2.0%)	18.19
8	영국	563(1.9%)	9.11
9	한국	522(1.7%)	10.79
10	남아프리카공화국	483(1.6%)	9.91
11	멕시코	452(1.5%)	4.11
12	이탈리아	450(1.5%)	7.73
13	프랑스	429(1.4%)	6.84
14	브라질	427(1.4%)	2.14
15	호주	425(1.4%)	20.24
16	인도네시아	405(1.3%)	1.71
계	세계	30,400(100%)	4.54

[그림 5-5] 2008년도 에너지 및 기후변화에 관한 주요 경제국 포럼 회원국의 에너지 소비용 이산화탄소 배출량(EU 제외) (단위: 백만 미터톤)

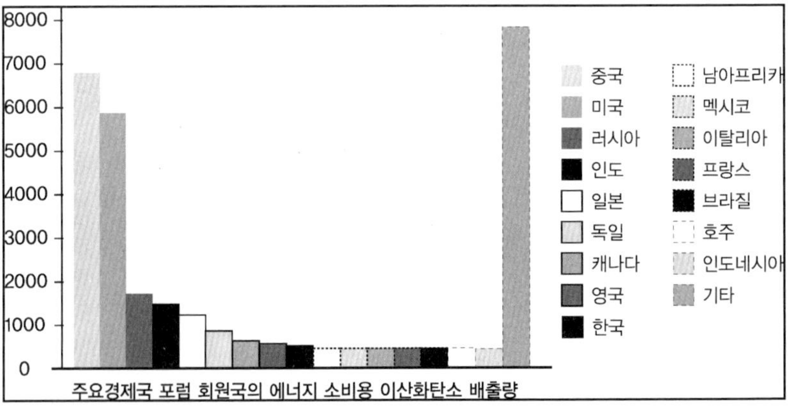

[그림 5-6] 2008년도 에너지 및 기후변화에 관한 주요 경제국 포럼 회원국의 에너지 소비용 이산화탄소 배출량 비율

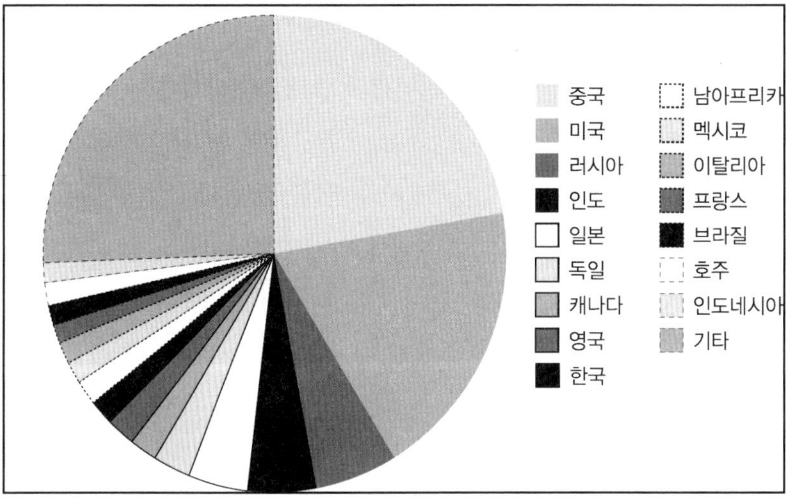

* [표 5-3]과 [그림 5-5], [그림 5-6]의 출처: US Energy Information Administration, International Energy Statistics(http://www.eia.gov/cfapps/ipdbproject/iedindex3.cfm?tid=90&pid=44&aid=8&cid=regions,&syid=1992&eyid=2004&unit=MMTCD).

온실가스의 구속적 감축에 자발적으로 참여하는 조치가 있어야 한다고 언급해서 국제사회의 기대를 저버린 바 있다. 그러나 2009년에 등장한 오바마 행정부는 2008년도 민주당 강령과 '미국을 세계의 에너지 리더로 만들려는 버락 오바마의 구상' 등 두 문건에서 동일하게 '지구 에너지 포럼'이라는 주요 온실가스 배출국 중심의 기구를 만들어서 기후변화 문제를 위해 보다 효율적으로 대처하겠다는 포부를 밝힌 바 있었다. 에너지 및 기후변화에 관한 주요 경제국 포럼은 이를 실현하는 다자기구였다.

이 포럼은 "주요 선진국과 개도국 간에 솔직한 대화를 촉진하고, 2009년 12월의 코펜하겐 유엔 기후변화협약 회의에서 성공적 결과를 만들어내기

위해 필요한 정치적 리더십을 창출하며, 온실가스 배출량을 감소시키면서 청정에너지의 공급을 증가시키는 창의적인 구상과 합작 사업을 진전시키기 위해서" 만들어진 국제기구였다.[29] 다시 말해서 오바마 행정부는 2009년 말에 코펜하겐 유엔 기후변화협약 당사국 회의의 성패를 결정할 관건은 개도국과 선진국의 합의라고 보고, 이를 위해서 중국 · 인도 · 브라질 등 주요 온실가스 배출 개도국의 협력을 얻어내기 위해서 이러한 포럼을 출범시킨 것이다. 그리고 후보 시절 자신의 에너지 구상에 따라서 기존의 G8 국가와 중국 · 인도뿐만 아니라 브라질 · 인도네시아 · 남아프리카공화국 등 신흥 시장경제와 한국 등 중강국(中强國)을 포함시켜 실질적이고 효율적인 온실가스 감축 논의를 전개하고 또한 이러한 논의의 정당성을 증진시키고자 하였다.

이러한 취지에서 출범한 주요 경제국 포럼은 코펜하겐 회의 다섯 달 전인 2009년 7월 이탈리아 라킬라 정상회의에서 '에너지 및 기후에 관한 주요 경제국 포럼 정상 선언'(the Declaration of the Leaders of the Major Economies Forum on Energy and Climate)을 채택하여 다음과 같이 합의한 바 있다.

> 기후변화는 우리 시대의 가장 커다란 도전 가운데 하나이다. 선진국과 개도국 등 세계 주요 경제국의 지도자로서 우리는, 기후변화가 특별한 글로벌 대응을 요구하는 명확한 위험이며, 이러한 대응은 개도국의 경제 및 사회적 발전의 우선순위를 반영해야 하고, 저탄소 경제로의 이전은 계속적인 경제성장과 지속가능한 발전을 촉진하는 기회이며, 가능한 한 최저가로 변환적 청정에너

29 Major Economies Forum on Energy and Climate Change, "Description/Purpose"(http://www.majoreconomiesforum.org/about/descriptionpurpose.html).

지 기술을 배치해야 한다는 요구가 시급한 것이며, 대응은 완화와 적응에 대한 균형 잡힌 주의를 수반해야 한다고 확신하면서 이러한 도전에 적극적으로 대처하고자 한다.

[……] 우리는 유엔 기후변화협약의 목적 · 조항 · 원칙을 재확인한다. 2008년 7월에 일본 도쿄에서 채택된 주요 경제국 선언(the Major Economies Declaration)[30]을 상기하면서, 그리고 2007년 인도네시아 발리에서 내려진 결정[31]을 충분히 고려하면서, 우리는 협약의 실현을 진전시키기 위해서 서로 그리고 기타 당사국과 함께 코펜하겐에서 합의에 도달하기 위해서 노력을 아끼지 않을 것을 결의한다.

("The Declaration of the Leaders of the Major Economies Forum on Energy and Climate", July 9, 2009. http://www.whitehouse.gov/the_press_office/Declaration-of-the-Leaders-the-Major-Economies-Forum-on-Energy-and-Climate)

에너지 및 기후변화에 관한 주요 경제국 포럼은 이와 같은 선언을

30 2008년 7월에 일본 도쿄의 주요 경제국 선언은 사실은 그 해 7월 9일에 일본 홋카이도의 토야코(Toyako)의 G8 정상회의에서 발표된 에너지 안보 및 기후변화에 관한 주요 경제국 지도자 선언(Declaration of Leaders Meeting of Major Economies on Energy Security and Climate Change(http://www.canadainternational.gc.ca/g8/summit-sommet/2008/declaration_090708.aspx?lang=eng&view=d)이다. 필자가 이용한 선언문 텍스트는 백악관 공보처(the Office of Press Secretary of the White House)가 제공한 것인데, 공보처는 개최 지명을 잘못 표기한 것으로 보인다(필자가 조사한 바에 의하면 2008년 7월에 일본에서는 토야코의 G8 정상회의와 관련된 선언 이외에 도쿄에서 발표된 주요 경제국의 선언은 없는 것으로 보였다). 이 선언에는 호주 · 브라질 · 캐나다 · 인도 · EU · 프랑스 · 독일 · 인도네시아 · 이탈리아 · 일본 · 한국 · 멕시코 · 러시아 · 남아프리카 · 영국 · 미국 등이 참여하였고, 기후변화에 대해서 각국이 공동의, 그러나 차별화된 책임의 원칙에 협력하며 2009년 말의 코펜하겐 회의를 위해서 협력한다는 등의 내용을 담고 있었다.

31 인도네시아 발리의 결정에 대해서는 이 책의 제2장 제2절을 참조하기 바란다.

통해서 기후변화가 실제적인 위험임을 확인하고 있다. 그리고 이러한 문제에 대처하기 위해서 개도국에 대한 배려와 기후변화에 대처하기 위한 세계 공동의 노력이 필요하며, 특히 코펜하겐에서 교토의정서 체제를 대체할 새로운 합의에 도달할 수 있도록 노력한다는 사실을 확인하고 있다. 이어서 이 선언은 포럼의 목적이 결코 유엔 기후변화협약 체제를 대처하는 것이 아니라는 점을 강조함으로써, 이러한 포럼을 중심으로 소수의 국가들이 독단적으로 새로운 레짐을 만들어내는 것이 아닌가에 대한 의구심을 불식시키려고 하고 있다. 또한 이 선언은 기후변화의 부정적 효과에 대처해나가는 적응 능력이 중요하고, 저탄소 청정기술의 개발을 위한 글로벌 파트너십을 만들 것을 공약하며, 완화와 적응을 위해서 재원을 마련하고 특히 개도국을 지원하기 위해서 자원을 동원해야 하며, 기후변화에 대항하기 위해서 지속적으로 협력할 것과, 특히 코펜하겐에서의 합의를 위해서 노력할 것 등을 언명하고 있다.[32]

특히 이 선언이 언급한 내용 가운데 저탄소 및 기후 친화적인 기술을 위한 '글로벌 파트너십'(the Global Partnership)이 출범하게 됨에 따라서, 이들 포럼 회원국들은 이산화탄소 배출량을 줄이는 기술을 개발하는 '기술 행동계획'(Technology Action Plans)을 만들어나가기로 했는데, 이러한 기술 행동계획은 2009년 12월에 코펜하겐 회의에서 미국의 백악관 공보처장(the White House Press Secretary)에 의해서 '실무요약문'(executive summary)이라는 이름으로 발표되었다.[33] 이 기술 행동계획에 의해서 개별 국가들은

---

32 The White House, "The Declaration of the Leaders of the Major Economies Forum on Energy and Climate", July 9, 2009(http://www.whitehouse.gov/the_press_office/Declaration-of-the-Leaders-the-Major-Economies-Forum-on-Energy-and-Climate).

33 실무 요약문의 정식 명칭은 'Major Economies Forum on Energy and Climate Change, "Technology Action Plan: "Executive Summary of MEF Action Plans"'이었다(http://www.majoreconomies

공동 혹은 단독으로 자신들에게 할당된 저탄소 기술을 개발하고 이러한 기술을 확산하는 방법 등을 강구하게 되었다.[34]

앞의 선언서 내용에서도 알 수 있듯이 에너지 및 기후변화에 관한 주요 경제국 포럼은 개도국과 선진국 간의 협력을 촉진하고, 개도국에 대한 다양한 형태의 지원을 약속하며, 에너지 및 기후변화 대처와 관련하여 개별 국가들이 경쟁력을 보유한 분야에서 기술개발과 이를 통한 다양한 형태로 국제사회에 공헌할 수 있도록 만들어진 기구였다. 그리고 이러한 개도국과 선진국의 협력을 통해서 2009년 말의 코펜하겐 회의의 성공을 염두에 두고 있음은 다시 강조할 필요가 없다.

그러나 이와 같이 기후변화에 대처하는 원칙과 기술 문제 등에 대한 선진국과 개도국의 합의에도 불구하고 여전히 중국이나 인도 등 최대 온실가스 배출 개도국은 구체적이고 구속력 있는 온실가스 감축에 대한 공약을 제시하지 않았으며, 이러한 이들 국가의 태도는 결국 12월의 코펜하겐 회의까지 지속된다.[35] 중국과 인도 등 최대 온실가스 배출국에

forum.org/images/stories/documents/MEF%20Exec%20Summar%2014Dec2009.pdf).

34 이러한 기술 행동계획에 따라서 캐나다는 선진형 차량, 브라질과 이탈리아는 바이오 에너지, 호주와 영국은 탄소 포집, 사용 및 저장, 미국은 건물과 산업 분야에서의 에너지 효율, 인도와 일본은 고효율 및 저탄소 석탄, 프랑스는 해양 에너지, 이탈리아와 한국은 스마트 그리드, 독일과 스페인은 태양열, 덴마크 · 독일 · 스페인은 풍력 등의 기술개발에 노력하게 되었다. 또한 각국은 이러한 기술이 온실가스 배출을 완화시키는 능력, 이러한 기술개발에 대한 장애물과 이를 극복하는 방식, 그리고 개별 국가의 환경과 우선순위에 따라서 최선의 실행 정책 등을 고안하도록 요청되었다. The Major Economies Forum, "Global Partnership" (http://www.majoreconomiesforum.org/images/stories/documents/mef%20global%20partnership%20factsheet_april2010.pdf).

35 중국과 인도는 경제성장이라는 국가적 우선순위와 '차별화된 책임'의 원칙 아래에 현재까지도 구속력 있는 감축 공약은 일관되게 거부하고 있다. 특히 최대 온실가스 배출국인 중국은 코펜하겐 회의가 개최된 2009년이 중반을 지나가는 시점에 이르기까지도 구체적인 어떠한 형태의 감축 공약을 제시하는 데 지극히 미온적이었다. 그러나 이미 밝혔듯이 중국은

속하는 국가들이 주요 경제국 포럼 등 다양한 다자적 국제협의체나, 미국과의 양자적 관계에서 지속적으로 구체적인 감축 공약을 내어놓지 않는 것은 오바마 대통령에게는 매우 실망스러운 것이었으며, 2009년 12월에 있을 코펜하겐 회의에 대해서도 어두운 그림자를 드리우는 것이었다.

이와 같은 중국 등 주요 개도국의 구체적인 감축 공약이 없음에도 불구하고 오바마 대통령은 주요 경제국 포럼 정상선언 이후 기자회견을 통해서 이러한 정상선언이 지니는 의의와 의미를 평가하면서, 2009년 말에 있을 코펜하겐 기후변화회의에 대한 선진국과 개도국의 적극적인 협력을 촉구하였다. 이러한 협력을 촉구하는 과정에서 오바마 대통령은 미국 국내에서 오바마 행정부의 자동차 연료효율 제고 노력과 하원의 온실가스 감축 입법의 성공적 통과를 국제무대에 선전하면서 미국의 선도적 노력을 과시함과 동시에, 중국과 인도를 포함한 국제사회의 책임 있는 참여를 촉구하는 것을 잊지 않았다. 이와 관련하여 오바마 대통령은 다음과 같이 의견을 피력한 바 있다.

코펜하겐 회의를 얼마 남겨두지 않은 시점인 2009년 11월 26일에 GDP 단위를 기준으로 2020년까지 2005년 대비 40~45%의 온실가스를 줄여나가겠다는 감축 '강도'를 통한 자발적인 감축 의사를 명백히 표명했고, 실제로 중국은 코펜하겐 회의 이후 이러한 감축안을 유엔 기후변화협약 관계기관에 제출하였다. 중국의 자발적인 감축 공약에 대한 중국 최고 지도층의 감축 의사가 코펜하겐 회의를 앞두고 감지된 것은, 이보다 앞서 중국 국가주석인 후진타오가 2009년 9월 22일에 유엔 총회석상에서 행한 연설에서였다. 이 연설에서 후진타오 주석은 차별화된 책임의 원칙을 강조하면서 개도국에 대한 선진국의 기술 지원 등이 있어야 하며, 현재 중국이 국내적으로 강제적인 감축 목표를 향해 노력하고 있음을 밝힌 후, "우리는 2020년까지 상당한 정도로(by a notable margin) 2005년 대비 [……] 이산화탄소를 감축하려고 노력할 것"이라고 밝힌 바 있다. Hu Jintao, "Chinese President Hu Jintao's UN General Assembly Speech", Sep. 22, 2009(http://www.nytimes.com/2009/09/23/world/asia/23hu.text.html).

기후변화가 우리 시대의 가장 중요한(defining) 도전 중의 하나임을 강조해야 할 필요는 없다고 생각합니다. [……] 지구상의 모든 국가는 위기에 처해 있습니다. 그리고 어떤 한 국가만이 기후변화에 대해서 책임이 있는 것이 아니듯이, 어느 한 국가만이 홀로 이 문제를 대처해나갈 수 없습니다. 이것이 내가 지난 4월에 세계 탄소오염의 4분의 3 이상을 책임지고 있는 주요 경제국 포럼을 소집한 이유입니다. 그리고 이것이 우리가 오늘 여기 다시 모인 이유입니다. [……] 이들 국가에서 배출되는 예상량의 증가와 함께, 이들 국가의 적극적인 참여가 해법에 대한 필수요소입니다. [……] 우리는 미국을 포함해서 선진국이 모범을 보여야 할 역사적 책임 있다는 점에 역시 동의합니다. [……] 대통령으로서 나의 최상위 정책 우선순위 가운데 하나는 청정에너지로의 경제로 미국 경제가 전환되도록 추진하는 것이며, 지난 6개월 동안 미국은 이러한 목표에 대한 조치를 취했습니다. 우리는 청정에너지 기술개발에 수십억 달러를 투자하는 역사적인 조치를 취했습니다. 우리는 태양열 구상과 풍력 프로젝트, 그리고 생물연료 프로젝트와 관련하여 미국 전역에서 수천 개의 새로운 일자리를 창출했으며, 경제적으로 지속가능한 성장과 견실한 경제성장 사이에는 모순이 없다는 점을 보여주었습니다. 우리는 또한 처음으로 다음 5년 간 판매될 차량의 운행 기간 동안에 걸쳐 18억 배럴의 절약을 가져올 연료효율 기준 제고를 위한 전국적인 정책을 만들었습니다. 그리고 우리는 방금 하원에서 2050년까지 탄소오염을 80% 이상 줄일 수 있는 최초의 기후변화 법안을 통과시켰습니다.

(Barack Obama, "Remarks by the President on Major Economies Forum Declaration," July 9. 2009. http://www.whitehouse.gov/the-press-office/remarks-president-obama-major-economies-forum-declaration)

앞의 인용문에서도 알 수 있듯이 오바마 대통령은 국내적인 성과의 홍보를 통해서 에너지 및 기후변화 문제에 있어서 미국이 선진국으로서의 차별화된 책임을 망각하지 않고 있다는 점을 반복적으로 확인하고 있다. 그러나 구체적으로 그리고 명시적으로 온실가스 감축을 공약하지 않고 있는 중국과 인도 등을 겨냥하여 주요 경제국의 적극적인 참여를 촉구하고 있다. 이와 같이 국내적인 성과에 대한 홍보를 통해서 현재 선진국이며 또한 전통적 패권국가였던 미국은 나름대로 자신의 책임을 나름대로 적절히 수행하고 있으며, 이러한 논리를 바탕으로 국제사회, 특히 최대 온실가스 배출국인 중국이나 인도 등의 협력을 촉구하는 것이 오바마 대통령이 국제무대에서 반복적으로 실행한 전술이라고 할 수 있다. 그리고 이러한 홍보와 촉구를 통해서 2009년 말에 코펜하겐에서의 궁극적인 성공을 최종적인 목표로 삼았다고 볼 수 있다. 그러나 여전히 중국과 인도는 미국이 원하는 방식에 따라서 '함께 춤을 추기'를 원하지 않았으며, 구속력 있는 온실가스 감축 공약을 제시하기를 끝내 거부하였다고 볼 수 있다.

(3) 중국과의 협력 추구36

새로운 행정부 출범 이후 국제적 기후변화 대처를 위한 국내적 체제정비와 코펜하겐에서의 성공을 위해서 노력해온 오바마 대통령은 G8 정상회담, G8+5 정상회담, 환경 및 기후변화에 관한 주요 경제국 포럼 그리고 유엔 기후변화협약 당사국 총회 등 다자회의를 통해서 지구온난화 문제의 시급한 해결을 촉구함과 동시에, 기후변화 해결과 관련된 주요 당사국과의 양자적 관계에서도 이러한 문제에 대한 언급을 잊지 않았다. 이러한

---

36 미중 기후변화 협력 혹은 갈등과 관련된 이 글의 논의 가운데 일부는 필자가 개조식(個條式)으로 작성한 JPI 정책포럼, No. 2010-16, "오바마 행정부 등장 이후 미중 관계의 전개 양상 및 전망"(2010년 6월) 가운데 "3. 오바마 행정부의 대중 정책의 전개"와 "4. 오바마 행정부 하에서 미중 관계의 영역별 쟁점"의 "다. 기후변화문제"를 다시 정리하고 보완한 것이다.

양자적 관계에서 미국이 가장 주목하고 또한 정성을 기울인 대상은 다름 아닌 바로 중국이었다.[37] 중국은 받아들이기를 꺼려하는 'G2', 혹은 양국의 세계 경제 및 금융상의 지위를 강조하는 '차이메리카'(Chimerica)라는 개념의 등장에서도 알 수 있듯이(Bergstein, 2008; Ferguson and Schularick, 2007), 2008년 글로벌 금융위기 이후 세계의 중요한 경제 · 무역 · 금융 · 안보 등의 문제 가운데에는 미국과 중국 간의 긴밀한 협력이 없이는 해결될 수 없는 문제들이 많았다.

이러한 중국의 중요성을 염두에 두고 오바마 대통령은 2009년 4월 1일에 글로벌 금융위기 극복을 위해서 영국 런던에서 개최된 G20 정상회의의 막간에 중국의 후진타오 주석과 가진 미중 정상회담에서 "세계 주요 경제국으로서 양국은 [……] 국제 금융체제의 원만한 작동과 세계경제의 안정적 성장을 촉진하기 위해서 협력할 필요가 있음을 인정"하며, "이러한 목적을 달성하기 위해서 양국은 글로벌 경제 및 금융 이슈, 기후변화 및 에너지, 그리고 기타 중요한 이슈에 대해서 양국이 설치하기로 합의한 경제 및 전략대화를 통해서 의견을 교환하며 조정과 협력을 강화할 것"이라고 밝힌 바 있다.[38] 한편 힐러리 클린턴(Hillary Clinton)

37 미국과 중국 간의 기후변화 문제 대처 및 포스트 교토 체제의 성격에 관한 입장 차이에 대해서는 신범식, 2011과 원동욱, 2011을 참조하기 바란다. 특히 기후변화 문제에 대한 중국의 시기별 대응 양식과 논리에 대해서는 원동욱, 2011, Heggelund, 2007을 참조하기 바란다. 원동욱, 2011의 논의와 관련하여 중국의 국내적 기후변화 대응이 유엔 기후변화협약 체제의 전개와 맞물려 있다는 주장에 대해서는 Yu, 2006을 참조하기 바란다. 한편 기후변화의 중국 국내적 충격과 위험의 양상 및 이에 중국의 인식과 대응에 대해서는 Lewis, 2009와 Lewis and Gallagher, 2011을 참조하기 바란다. 또한 중국의 국내 기후변화 정책의 작성과 정책 내용 및 미래 정책의 전망에 대해서는 Hegglund, 2007, Heggelund, Andersen, and Buan, 2010을 참조하기 바란다.

38 The White House, "Statement on Bilateral Meeting with President Hu of China", April 1, 2009(http://www.whitehouse.gov/the_press_office/Statement-On-Bilateral-Meeting-With-

미국 국무부 장관과 가이스너(Timothy Geithner) 재무부 장관은 2009년 7월 27~28일간에 워싱턴에서 개최된 미중 선략 및 경세회담(the U.S.-China Strategic and Economic Dialogue)에 앞서서 『월스트리트 저널』(The Wall Street Journal)에 발표한 공동기고문에서 "미국과 중국이 단독으로 해결할 수 있는 글로벌한 문제는 거의 없다. 그리고 미국과 중국이 함께 하지 않고는 해결될 수 있는 문제도 별로 없다. 글로벌 경제의 힘, 글로벌 환경의 견실성, 취약 국가의 안정, 핵 비확산의 도전에 대한 해결 등이 대부분 미국과 중국의 협력에 의존하고 있다"라고 밝힘으로써 미국과 중국의 협력이 글로벌한 문제를 해결하는 데 있어서 결정적임을 강조한 바 있다(Clinton and Geithner, 2009).[39]

왜 기후변화에 대처하는 문제에 있어서 미국은 중국과의 협력이 절실했던 것인가라는 너무나 평범한 질문에 대한 대답은 즉각적인 답변이 나오리만치 또한 너무나 명백한 것이었다. 이는 바로 중국의 국제적 지위가 미국과 경합할 정도로 성장하였고, 특히 에너지 및 기후변화 문제와 관련하여서는 [그림 5-7]과 [그림 5-8]에서 나타나듯이 2007년 이후 중국이 세계 최대의 이산화탄소 배출국이 되었기 때문이다. 또한 중국이 인도와 함께 개도국의 수장(首長)과 같은 지위를 점하고 있어서 중국의 협력이 없이는 기타 개도국에 대한 설득이 용이하지 않기 때문이기도 했다. 바로 이와 같이 점증하는 중국의 국제적 위상과 온실가스 최대

President-Hu-Of-China).

39 이와 같이 중국을 중요시하는 오바마 행정부의 입장은 이미 대통령 취임 이전인 상원의원 시절부터 확인될 수 있었다. 대통령 출마 의사를 밝힌 후 기고한 글에서 오바마 의원은 중국이 21세기의 공동의 문제를 다루는 책임 있는 강대국이 되어야 하며, 미국은 자신의 경쟁력을 강화하면서도 중국과의 협력을 확대해나가야 한다고 지적한 바 있었다(Obama, 2007-1).

배출국으로서의 지위로 인해 오바마 대통령은 기후변화 문제의 대처에 있어서도 중국의 협력이 절실한 형편이었다.

[그림 5-7]에서도 알 수 있는 바와 같이 세계 최대의 온실가스 배출국인 중국은 2008년도 기준 에너지 소비용 이산화탄소 배출에서 있어서 68억 톤의 배출량을 기록하여 전세계 이산화탄소 배출량의 22.4%를 차지하고 있다. [그림 5-7]에서 보듯이 중국은, 58억 3,300만 톤의 이산화탄소 배출량을 기록하여 세계 배출 총량의 19.3%를 차지한 미국으로부터 이미 2007년 이후 세계 최대 이산화탄소 배출국의 지위를 빼앗고 있었다.

[그림 5-7] 미국과 중국의 에너지 소비용 이산화탄소 배출량 증가 추세

(단위: 백만 미터톤)

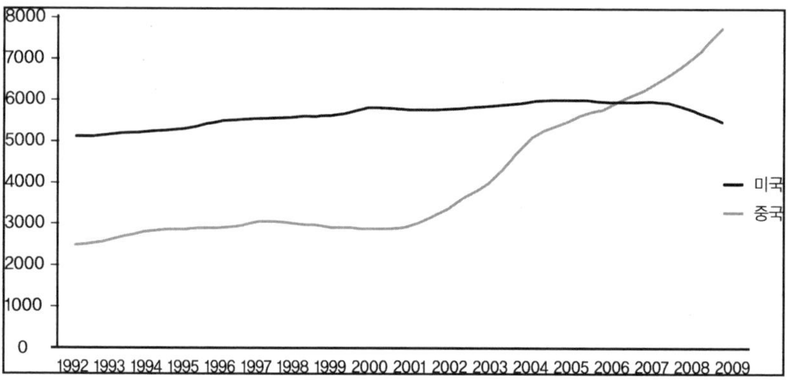

[그림 5-7]과 [그림 5-8]이 보여주듯이, 미국의 이산화탄소 배출량은 2007년 경기침체가 시작된 이후 약간 줄어든 것을 제외하고 보면 1990년대 초반 이후 장기간에 걸쳐서 대체로 비슷한 수준을 유지한 반면, 중국의 이산화탄소 배출량은 1990년대 이후 전반적으로 아주 완만하게 증가하다가 2000년대에 들어와서 가파르게 상승하기 시작했음을 알 수 있다. 인구 1인당 이산화탄소 배출량은 중국이 여전히 미국에 현저히 뒤지지만,

이 역시 2000년대 이후 완만한 상승 곡선을 그리고 있다. 이와 같이 세계 최대의 이산화탄소 배출국으로 성장한 중국을 제외하고 기후변화 문제에 대처한다는 것은 그 자체로서 어불성설(語不成說)이었으며, 2009년 코펜하겐 유엔 기후변화협약 당사국 회의의 성패는 다른 무엇보다도 중국의 협조 여부에 달려 있다고 해도 과언이 아니었다.

[그림 5-8] 미국과 중국의 1인당 에너지 소비용 이산화탄소 배출량 증가 추세

(단위: 미터톤)

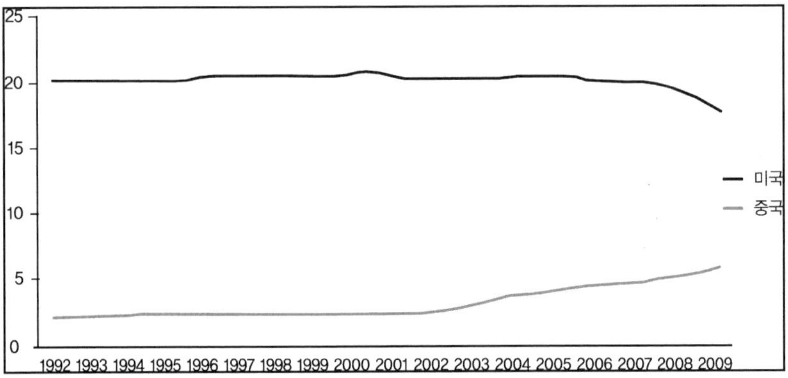

* 출처: US Energy Information Administration, "International Energy Statistics"(http://www.eia.gov/cfapps/ipdbproject/iedindex3.cfm?tid=90&pid=44&aid=8&cid=regions,&syid=1992&eyid=2004&unit=MMTCD).

따라서 오바마 대통령은 취임 이후 중국을 '책임 있는 이해당사자'(responsible stakeholder)로 파악한 부시 행정부 정책의 연장선상에서40

40 중국을 '책임 있는 이해 당사자'로 지칭한 것은 부시 행정부 당시 국무부 부장관이었던 졸릭(Robert B. Zoellick)이 2005년 9월 21일 전국 미중관계위원회(National Committee on U.S.－China Relations) 강연에서 "중국은 어디로 갈 것인가: 참여에서 책임으로"(Whither China: From Membership to Responsibility?)라는 제목의 연설에서 사용한 것이 처음이었다. 이러한 연설은 부시 행정부 당시 대중 관여 정책이라는 정책 방향을 제시한 것으로 평가된다.

기존의 미중 경제대화(Strategic Economic Dialogue: SED)를 미중 전략 및 경제대화(Strategic and Economic Dialogue: S&ED)로 격상하는 등 한 단계 업그레이드 된 대중 정책을 펼치기 시작하였다.[41] 그리고 이와 같이 격상된 미중 경제 및 전략대화를 통해서 미국은 중국의 협조를 구하여 세계 금융과 무역의 안정화, 핵 비확산 등의 문제뿐만 아니라 기후변화 문제에도 효과적으로 대처하고자 하였다.

기후변화 문제와 관련하여 특히 2009년 7월의 격상된 첫 번째 미중 대화는 특히 주목을 요하는데, 이는 G8 정상회의 그리고 에너지 및 기후변화에 관한 주요 경제국 포럼의 목적이 그랬듯이, 미중 대화 역시 2009년 말에 코펜하겐에서 개최된 유엔 기후변화협약 당사국 총회의 성공과, 이를 통한 새로운 합의의 창출을 대화의 주요한 목적 가운데 하나로 하고 있었기 때문이다. 그리고 이러한 새로운 합의의 달성, 즉 2012년 이후 온실가스 배출을 억제할 포괄적이고 새로운 국제적 기후변화 레짐의 창출은 최대 온실가스 배출국인 미국과 중국의 상호 협력이 없이는 불가능한 것이었다. 이와 같이 미중 전략 및 경제대화를 통해서 에너지 및 기후변화와 관련하여 중국의 구체적인 협력을 얻어내고 궁극적으로 코펜하겐 회의의 성공을 가져와야 한다는 오바마 대통령의 생각은 2009년 미중 전략 및 경제대화가 시작되던 날에 행한 자신의 연설에서 잘 나타나고 있다.

오바마 행정부는 임기 초기인 적어도 2009년에는—이러한 용어를 그대로 차용하지는 않았지만— 부시 행정부의 대중 정책 방향을 크게 변화시키지는 않았다.

41 이러한 미중 고위 대화의 격상은 2009년 4월에 영국 런던에서 개최된 G20 정상회의 가운데 열린 미중 정상회담에서 오바마 대통령과 후진타오 중국 주석 간에 합의된 내용이었다. The White House, "Statement on Bilateral Meeting with President Hu of China", April 1, 2009(http://www.whitehouse.gov/the_press_office/Statement-On-Bilateral-Meeting-With-President-Hu-Of-China).

[……] 우리는 청정하고, 안전하며, 번영을 약속하는 에너지의 미래에 대한 상호이익을 진전시켜나가기 위해서 협력해갈 수 있습니다. 미국과 중국은 전세계 양대 에너지 소비국입니다. 우리는 또한 전세계 양대 최대 온실가스 배출국이기도 합니다. [……] 우리 양국 가운데 어느 국가도 외국산 석유에 대한 의존 증대로부터 이익을 얻을 수는 없습니다. 또한 우리가 협력하지 않는 한 기후변화의 황폐한 결과로부터 국민을 지켜낼 수 없습니다.

[……] 우리 양국은 에너지 경제를 변환시키기 위한 조치를 취하고 있습니다. 우리는 함께 저탄소 경제회복으로 나아가는 계획을 만들어낼 수 있습니다. 우리는 청정하고 효율적인 에너지 사용을 촉진하기 위한 연구와 개발에 대한 공동 노력을 확대할 수 있습니다. 그리고 우리는 코펜하겐 기후변화 회의와 그 이후의 과제에 대한 글로벌한 대응을 함께 만들어낼 수 있습니다.
(Barack Obama, "Remarks by the President at the U.S.－China Strategic and Economic Dialogue", July 27, 2009. http://www.whitehouse.gov/the_press_office/Remarks－by－the－President－on－national－fuel－efficiency－standards)

이와 같이 에너지 및 기후변화 영역에 있어서 양국 간 긴밀한 협력을 강조하고 이를 통해서 2012년 이후의 포괄적인 새로운 기후변화 레짐의 순조로운 창출을 역설한 오바마 대통령의 의지는 2009년 7월의 미중 전략 및 경제대화의 종결과 함께 채택된 '미합중국과 중화 인민공화국 정부 간 기후변화, 에너지 및 환경에 있어서 협력 증진을 위한 양해각서'42의 채택에 잘 구현되어 나타났다. 이 양해각서는 "기후변화, 청정하고

42 이 양해각서의 영어 표기 명칭은 "Memorandum of Understanding to Enhance Cooperation on Climate Change, Energy and the Environment between the Government of the United States of America and the Government of the People's Republic of China"이다.

효율적인 에너지, 그리고 환경보호가 미국과 중국이 직면한 가장 커다란 도전 가운데 하나라는 점, 미국과 중국 간의 협력이 에너지 안보를 증진하고 기후변화에 대처하며 오염 통제와 다른 방법을 통한 환경 및 천연자원 보호에 매우 중요하다는 점, 그리고 기후변화, 청정하고 효율적인 에너지, 그리고 환경보호에 대한 협력이 다자간 협력에 기여함과 동시에 양국관계의 지주(支柱)로 작용하여 양국 간 신뢰와 존경을 만들어가며, 그리고 향후 양국 간 건설적인 관여의 초석을 놓을 수 있다는 점을 인정"하면서 에너지 보호 및 에너지 효율, 재생에너지, 석탄의 청정한 이용과 탄소의 포집 및 저장, 전기차를 비롯한 지속가능한 운송, 전력망의 현대화, 청정에너지 기술의 공동 연구개발, 청정 대기, 청정수, 천연자원 보호, 기후변화 대처 및 저탄소 경제성장 촉진 등 10개의 영역에서 협력해나가기로 합의하였다. 이를 위해서 양국은 부시 행정부 시절인 2008년 6월에 양국 간 합의에 의해서 만들어진 '에너지 및 환경에 관한 10개년 협력틀'(the Ten Year Framework on Energy and Environment Cooperation)[43]의 지속적인 중요성을 강조하고 이 합의 내에서 계속적으로 협력할 것임과, 새로이 '기후변화 정책대화 및 협력'(the Climate Change Policy Dialogue and Cooperation)이라는 새로운 협의 채널을 신설하여 이를 통해서 기후변화 문제에 양국이 공동으로 대처하기로 합의하였다.[44] 특히 기후변화 정책

43 에너지 및 환경에 관한 10개년 협력 틀은 2008년 부시 행정부 당시 폴슨(Henry Paulson) 재무부 장관의 주도로 만들어진 것으로, 오바마 행정부 등장 이후 전략 및 경제대화로의 격상 이전의 미중 경제대화(the U.S.－China Economic Dialogue)에서 만들어진 것이 기원이다. 에너지 및 환경에 관한 10개년 협력 틀은 이후 현재까지 미국과 중국 간 에너지 협력의 기초가 되고 있다. 당시 합의의 내용에 관해서는 다음을 참조하기 바란다. The Treasury Department, "U.S.－China Joint Fact Sheet: Ten Year Energy and Environment Cooperation", Dec. 4, 2008(http://www.treasury.gov/press－center/press－releases/pages/hp1311.aspx).

44 The State Department, "U.S.－China Memorandum of Understanding to Enhance Cooperation

대화 및 협력과 관련하여 양국은 "형평성, 공동의, 그러나 차별화된 책임, 그리고 개별적인 능력의 원칙에 맞추어 미국과 중국은 각자가 기후변화 대응에 있어서 매우 중요한 역할을 지니고 있으며, 양국이 유엔 기후변화협약의 전적이며, 효과적이고 지속적인 이행을 더욱 촉진하기 위해서 함께 노력할 것임"을 언급하고 있다.

한편 메모에 대한 국무부의 '현황 설명'(fact sheet) 역시 다른 간추린 내용들과 함께 "이 양해각서는 온실가스를 줄이고 12월 코펜하겐 유엔 기후변화 회의에 앞서 국제적인 기후변화 협상을 증진하기 위해서 미국과 중국이 노력하고 있는 것과 관련하여 양국 간 지속적인 대화를 수립하게 된다"라고 추가적으로 설명하고 있어, 양국 간의 대화가 에너지 및 기후변화에 대한 양국 간 협력을 넘어서서 2009년 12월에 개최될 코펜하겐 회의에서 미국과 중국 간의 협력과 합의를 통한 새로운 기후변화 레짐 창출을 궁극적인 목표 가운데 하나로 하고 있음을 강하게 시사하고 있다.[45]

---

on Climate Change, Energy and the Environment: Press Statement", July 28, 2009(http://www.state.gov/r/pa/prs/ps/2009/july/126592.htm); The State Department, "Memorandum of Understanding to Enhance Cooperation on Climate Change, Energy and the Environment between the Government of the United States of America and the Government of the People's Republic of China", July 28, 2009(2009http://www.state.gov/r/pa/prs/ps/2009/july/126592.htm).

45 The State Department, "Memorandum of Understanding on Enhancing Cooperation on Climate Change, Energy and the Environment at the U.S.-China Strategic and Economic Dialogue: Fact Sheet", July 28, 2009(http://www.state.gov/r/pa/prs/ps/2009/july/126597.htm). 한편 제1차 미중 전략 및 경제대화의 폐막 당시 2009년 7월 28일에 행한 연설에서 클린턴 국무부 장관 역시 "이 양해각서가 기후변화에 관한 성공적인 국제적 합의에 도달하려는 우리의 공약을 확인했으며, 지속가능한 저탄소 경제로의 이전을 가속화하려는 우리의 협력을 확대시킬 것"이라고 언급하여, 미국과 중국 간의 협력이 기후변화 문제와 관련된 국제적 합의에 도달하는 데 매우 긴요하다는 점을 상기시켰다. The State Department, "Closing Remarks for U.S.-China Strategic and Economic Dialogue"(http://www.state.gov/secretary/

오바마 대통령은 임기 시작 직후부터 시작된 이러한 다양한 대중국 구애(求愛) 노력 이후, 2009년 11월에 아시아 첫 순방 길에서 중국에 대한 더욱 적극적인 협력 요청 노력에 나서게 된다. 2009년 임기 첫해에 아시아 순방과 중국 방문에 나선 오바마 대통령은 중국에 대한 미국의 접근 방식은 이념보다는 이익을 중심으로 전개될 것이라고 선언하였다. 오바마 대통령은 21세기의 도전을 함께 대처하기 위해서 미국과 중국은 상호 공동의 관심 영역에서 실용적인 협력을 추구하고, 중국이 국제사회에서 보다 큰 역할을 수행하면서 책임감을 발휘해줄 것을 요청하기도 하였다. 이와 아울러 오바마 대통령은 미국이 중국에 대해 봉쇄정책을 추구하지 않을 것임을 선언하고 강하고 번영하는 중국이 국제사회에 힘을 불어넣는 원천이 될 수 있을 것이라고 언명하기도 하였다.[46] 이러한 전향적이고 적극적인 언급과 성명은 오바마 행정부의 중국에 대한 미국의 태도는 부시 행정부와는 차별되는 것임을 분명히 하고, 향후 중국과 적극적으로 협력하여 지역 및 국제 문제를 풀어가겠다는 의사를 표명한 것으로 보인다.

---

rm/2009a/july/126599.htm). 이러한 2009년 7월의 양해각서는 이후 2009년 11월에 중국 베이징에서 개최된 미중 정상회담 과정 가운데 양국 간 기후변화 및 에너지 분야의 실무 협력에 관한 다양한 합의로 이어졌다. The White House, "U.S.−China Joint Statement, Beijing, China" (http://www.whitehouse.gov/the−press−office/us−china−joint−statement). 그리고 2009년 12월의 코펜하겐 유엔 기후변화협약 당사국 총회가 소기의 성과를 달성하지 못하고 종식된 이후에도, 미국과 중국은 미중 전략 및 경제대화의 전략 트랙을 통해서 에너지 및 기후변화 부문에서 지속적으로 협력을 계속해나가고 있다. 2010년 미중 전략 및 경제회담에서 양국 간 에너지 및 기후변화 관련 합의사항을 파악하기 위해서는 The State Department, "U.S.−China Strategic and Economic Dialogue 2010, Outcomes of the Strategic Track", May 25, 2010(http://www.state.gov/r/pa/prs/ps/2010/05/142180.htm)을 참조하기 바란다.

46 Barack Obama, "Remarks by President Obama at Suntory Hall", Nov. 14, 2009(http://www.whitehouse.gov/the−press−office/remarks−president−barack−obama−suntory−hall).

그러나 2009년 12월의 코펜하겐 회의를 앞둔 상황에서 열린 중국 베이징에서의 정상회담의 결과는 매우 실망스러운 것이었다. 이미 앞에서 지적했듯이 '책임 있는 이해 당사국'으로서 중국이 기후변화를 포함한 국제사회의 다양한 영역에서 응분의 역할을 해줄 것이라는 미국의 기대와 요구는 사실은 미국만의 일방적인 기대였다고 보인다. 중국 역시 미국과 협력관계를 유지하고 있는 의사가 있는 것은 분명했지만, 이것이 결코 미국이 바라는 중국으로 중국이 한 걸음 더 나아가겠다는 것을 암시하는 것은 결코 아니었다(Shambaugh, 2009).

2009년을 '중국이 발톱을 보인 해'라고 평가한 샴보(David Shambaugh)의 평가에서도 알 수 있듯이(Shambaugh, 2010), 기후변화 문제와 관련하여 오바마 대통령이 요청한 중국의 협력은 결코 쉽게 얻을 수 있는 것이 아니었다. 오바마 대통령은 2009년 6월에 하원에서 통과된 미국 청정에너지 및 안보법을 바탕으로 미국의 선도적 역할을 강조하면서 중국의 협력을 얻어내어 2009년 12월의 코펜하겐 회의에서 2012년 이후 포스트 교토의정서 체제를 수립하고, 이를 통해서 다시 미국 상원에서 온실가스 감축을 포함하는 포괄적인 기후변화 관련 법안을 최종적으로 통과시킨다는 복안을 가지고 있었으나, 중국은 '공동의, 그러나 차별화된 책임'이라는 입장을 견지하면서 중국의 경제발전에 장애가 되는 어떠한 구속력 있는 온실가스 감축 노력에도 협조하지 않을 것임을 분명히 했다. 이러한 입장은 중국이 에너지 및 기후변화에 관한 주요 경제국 포럼 등 다양한 다자기구에서, 기후변화가 시대사적인 도전이며 인류에 대한 위협이라는 점에는 동감하면서도 구체적이고 구속력 있는 감축 공약은 일관되게 거부해온 것과 크게 차이가 없는 것이었다. 이러한 중국의 단호한 입장은 양국이 정상회담 이후 발표한 2009년 11월 17일의 공동성명서(joint statement)에도 잘 나타나 있다.

오바마 대통령의 중국 방문 이후 그와 후진타오 중국 국가주석이 함께 발표한 공동성명서는 미중 관계, 양자 간 전략적 신뢰의 구축과 심화, 경제협력과 글로벌 회복, 지역적 그리고 글로벌한 도전 등과 함께 '기후변화, 에너지 그리고 환경'이라는 항목을 넣어서 미국과 중국 간에 기후변화 및 에너지와 관련하여 합의한 내용을 적어 넣고 있다.[47] 그러나 이 부분에서 중국이 특정한 시기까지 일정량의 온실가스를 감축하겠다고 공약한 내용은 전혀 없다. 그 대신 중국은 지속적으로 국가의 개별적 특수사항을 고려해야 한다거나 개별 국가의 기후변화 대처 능력을 강조하면서 줄기차게 국가 주권을 강조하는 입장을 고수하였다. 다음의 인용문은 이러한 점을 잘 뒷받침해주고 있다.

> 양국은 기후변화에 대해서 건설적이며 생산적인 대화를 가졌습니다. 양국은 기후변화가 우리 시대의 가장 커다란 도전 가운데 하나인 점을 강조했습니다. 양국은 활력 있는 대응이 필요하며, 이러한 도전에 대응하는 데 국제적 협력이 필수적이라고 주장하고 있습니다. 양국은 개도국의 경제적 · 사회적 발전의 우선순위를 존중하는 방식으로 기후변화를 대처해야 한다고 확신하며, 저탄소 경제로의 이전이 모든 국가의 지속적인 경제성장과 지속가능한 발전을 촉진하는 기회임을 마찬가지로 확신하고 있습니다.
>
> [……] 다가오는 코펜하겐 회의와 관련하여 양국은 발리 행동계획에 맞추어 전적이고, 효과적이며, 지속가능한 유엔 기후변화협정의 이행을 적극적으로 촉진하는 것이 중요하다는 데 합의했습니다. 미국과 중국은 국가적 상황에 맞추어 중요한 완화행동을 취하기로 결의했으며, 양국이 기후변화에 대처하는

47 The White House, "U.S.－China Joint Statement, Beijing, China", Nov. 17, 2009(http://www.whitehouse.gov/the－press－office/us－china－joint－statement).

세계의 능력을 강화시킬 지속가능한 결과를 촉진하는 데 행할 중요한 역할 인정하고 있습니다. [……] 이러한 맥락에서 양국은 최종적이고 법적인 합의를 위해서 노력하면서도 코펜하겐에서의 합의된 결과는 공동의, 그러나 차별화된 책임과 개별적인 능력이라는 원칙에 따라서 개도국의 감축 목표치를 포함하고 국가적으로 적절한 개발도상국의 완화행동을 포함해야 한다고 믿습니다. 그 결과는 또한 개도국에 대한 재정적 지원을 증가시키고 기술 발전 · 확산 · 이전을 촉진하며, 최빈국과 기후변화에 대한 최대 취약국의 필요에 주목해야 하며, 삼림을 보호하고 촉진하는 조치를 촉진하고, 완화조치의 실현 및 재정 · 기술 · 능력 조장지원의 제공과 관련하여 최대한 투명해야 합니다. 양국은 앞으로 수 주 동안 코펜하겐의 성공적인 결과를 위해서 다른 나라들과 협력해나갈 것에 공약하고 있습니다.

(The White House, "U.S.－China Joint Statement, Beijing, China", Nov. 17, 2009. http://www.whitehouse.gov/the－press－office/us－china－joint－statement)

기후변화 및 에너지 분야에서 미국과 중국 간의 공동성명서는 이러한 내용과 함께 기존의 미중 에너지 및 환경협력 10개년 틀 내에서 양국이 지속적으로 노력할 것과 이를 위해서 다양한 실무적 노력에서 성과가 있었음을 서술하고 있다. 그러나 거듭 말하지만 중국은 속 시원하게 온실가스 감축에 관한 어떠한 구체적이고 구속력 있는 공약은 내놓지 않은 채 코펜하겐 회의 성공적인 결과를 위해서 노력한다고만 합의하고 있었다. 그리고 이러한 성공적인 결과란—그 내용이 무엇이든지 간에—위의 인용문에 적었듯이 개도국의 사회적 · 경제적 발전의 우선순위를 존중하는 것이어야 했다. 그리고 공동성명서를 보면 코펜하겐의 합의를 비롯하여 기후변화와 관련된 향후의 포괄적 합의는 '공동의, 그러나 차별화된 책임과 개별적인 능력'에 따라서 감축 및 완화 노력을 추진해야 하며, 동시에 선진국은 감축 목표치를 제시하고 개도국은 '국가적으로 적절한' 완화조치를 취하는 것을 목표로 하고 있었다. 즉 선진국은 응분의 비용을 지불하는 등 할 도리를 다 하되, 개도국은 그 국가의 전략적인 성장 목표와 국가적 사정을 고려해서 '적절히' 완화조치를 취하면 충분한 것이었다. 이러한 성명서의 내용은 중국의 주장이 강하게 담긴 내용이었다고 볼 수 있다.

요컨대 중국은 중국 공산당의 존립과 정당성의 근저에 있는 경제성장을 저해할 수 있는 국제적 의무를 부과하는 구속력 있는 온실가스 감축에는 동의할 수 없는 입장에 처해 있었고, 자신의 이익에 반하는 한 미국 등 선진국이 주도하는 온실가스 감축 노력에 동참할 의사가 없었다. 더구나 미국이 의회를 통해서 모범이 될 만한 단일한 온실가스 규제 법률을 만들어내지 못했으며 여전히 상원에서 그 통과가 불투명한 상황에서, 중국은 미국의 공약을 완전히 신뢰하면서 자신의 감축 공약을 공개적으로 내놓을 수도 없었을 것으로 보인다(Lieberthal, 2009: 15). 중국은 표면적으로 코펜하겐에서의 성공적인 결과를 위해서 노력할 것을 선언해왔지만, 그러한 '성공적인 결과'에 대한 중국의 정의는 결코 미국이 생각하는 그것과 동일한 것은 아니었다.

이와 같은 중국의 반응은 오바마 대통령에게는 매우 당혹스러운 것일 수밖에 없었다. 실제로 하원에서 미국 청정에너지 및 안보법에 관한 논의가 진행될 당시 그 반대 논리 가운데 하나가 중국이나 인도 등 최대 온실가스 배출 국가가 온실가스 감축에 대한 구속력 있는 결정을 내리지 않고 있는데 왜 미국이 먼저 자신의 경제성장을 저해할 수 있는 법률을 통과시켜야 하는가라는 공화당 의원과 보수파 인사들의 반론이었다.[48] 그리고 이러한 반론과 함께 중국 등 온실가스에 대한 규제가 없는

48 이러한 중국의 입장은 미국 국내에서 기후변화 관련 국내 입법을 반대하는 공화당 의원이나

국가에서 수입되는 상품에 대해서는 일종의 징벌적 관세인 국경세를 물려야 한다는 주장이 제기되기도 하였다(Lieberthal, 2009). 이와 같이 중국의 협력이 없는 상태에서는 12월의 코펜하겐 회의의 성과도 불투명하게 되었고, 이러한 악조건은 다시 미국 하원에서 통과된 법안에 대한 상원의 추가적인 논의를 어렵게 할 수 있는 것이었다.

(4) 코펜하겐 회의: 절반의 성공

결국 이미 제2장에서 설명했듯이 2009년 12월의 코펜하겐 유엔 기후변화협약 회의는 절반의 성공으로 마치고 만다. 코펜하겐 결과를 성공이라고 평가할 수 있는 근거는 선진국이나 개도국을 막론하고 감축량 혹은 감축계획 보고서 등을 제출하게 하여, 비록 구속력은 없지만 국가별 감축 목표를 설정하게 한 성과 때문이었다.[49] 또한 개도국의 기후변화 완화행동에 대한 재정적 지원이 확정되었고, 또한 최소한의 수준에서 감축 검증의 투명성도 확보되었다. 오바마 대통령이 회의 마지막 날인 12월 18일 오전 당사국 전체회의에서 최종적인 합의를 촉구하며 행한

보수적인 인사들이 도저히 받아들일 수 없는 내용이었다. 중국이나 인도 등 온실가스 최대 배출국이 여전히 비부속서 I 국가군의 지위에 머물러 어떠한 구체적인 감축 공약도 제시하지 않은 채 자신들이 정의하는바 '적절한' 완화조치를 취하고, 그럼에도 미국을 포함한 선진국은 교토의정서와 마찬가지로 구속력 있는 감축 공약에 합의해야 한다는 중국의 입장이 확인된 상태에서, 미국 상원이나 여론이—특히 악화되는 경제상황 속에서— 자발적으로 온실가스 배출 상한치 설정 및 시장교환을 특징으로 하는 온실가스 감축 관련 국내법을 제정하기는 매우 어려운 상황이었다. 역으로 이러한 국내적 분위기와 중국의 민족주의적 입장은 얼마 후 다가올 코펜하겐 회의의 결과가 기대 이하일 것임을 예견해주는 것이었다.

49 실제로 코펜하겐 회의 종결 2개월이 지나지 않은 시점에서 전체 지구 인구의 76%를 차지하고 전체 온실가스 배출량의 81%를 차지하는 106개 국가가 코펜하겐 합의에 서명하였고, 72개 국가가 자발적인 감축 목표치를 국가별로 제시하였다. 그리고 이러한 국가의 숫자는 조금씩 늘어나고 있다(Houser, 2010: 5).

연설에서 제시한 세 가지 목표, 즉 완화(mitigation), 투명성(transparency), 재정지원(financing)이라는 목표가 어느 정도 달성되었다는 의미에서 코펜하겐 회의는 긍정적으로 평가될 수도 있다.[50]

그러나 여전히 코펜하겐 회의는 1997년의 교토의정서와 비교해볼 때 선진국을 포함하여 개도국에 대해서 구속력 있는 감축 의무를 부과하지 못했다는 점에서 실패라고 평가할 수도 있다. 이미 각종 다자적 포럼과 양자회담에서 중국과 인도의 구속력 있는 자발적 감축 의사 확보에 어려움을 겪으면서 코펜하겐의 미흡한 결과는 예견된 것이었다. 중국의 경우 회의 이전인 11월 26일에 이르러서야 마침내 2020년까지 2005년 기준으로 자발적으로 GDP 단위당 40~45%의 온실가스를 줄여나간다는 감축 강도를 제시하였고, 미국 역시 2020년까지 2005년 대비 17%의 온실가스 감축량을 제안했지만 코펜하겐 회의는 자발적 감축에 대한 합의 이상을 벗어나지는 못하고 말았다.[51] 중국과 인도 등의 대규모 온실가스 배출 개도국은 자신의 경제성장에 지장을 받으면서까지 의무적으로 수행해야 할 국제적 온실가스 감축을 공약할 수 없었다. 따라서

50 오바마 대통령이 제시한 세 가지 목표에 관해서는 다음의 연설문을 참조하기 바란다. Barack Obama, "Remarks by the President at the Morning Plenary Session of the United Nations Climate Change Conference", Dec. 18, 2009(http://www.whitehouse.gov/the-press-office/remarks-president-morning-plenary-session-united-nations-climate-change-conference). 이 오전 연설에서 오바마 대통령은 "허비할 시간이 없습니다", "우리는 할 수 있습니다, 그리고 이 회의실에 있는 모든 사람은 역사적 노력, 우리의 아이들과 후손들의 삶을 보다 더 낫게 만들어야 하는 역사적 노력의 일부입니다"라는 등의 언급을 통해서 어떠한 형태로든 개도국과 선진국의 상호 신뢰를 조성하고 중국과 인도 등 거대 온실가스 배출 개도국의 협력을 통해서 최소한의 합의를 얻어내기 위해서 절박하게 노력하고 있었다.

51 중국 대표단을 이끌고 2009년 코펜하겐 회의에 참석한 원자바오 총리는 회의 이전인 2009년 11월 30일 중국과 EU의 정상회담 이후 중국의 국내적인 온실가스 감축 노력을 홍보하면서 11월 26일에 발표된 중국의 자발적 감축 공약은 '과학적이며 실용적'인 것이라고 평가하였다(Xiaokun and Chunzhe, 2009).

코펜하겐에서 달성될 수 있었던 최고의 합의 수준은 교토의정서와는 달리 개별 국가가 자발적으로 감축량을 설정하고 이를 보고하는 형식으로 나타날 수밖에 없었다.

그럼에도 불구하고 오바마 대통령은 최종적인 코펜하겐 합의가 완화·투명성·재정지원이라는 목표를 달성해서 성과를 거두었다고 자평하고 있으나,[52] 오전 당사국 전체회의에서 발언했던 적극적인 감축량 주문에 대한 성과가 달성되었는지는 사실상 의문이다. 실제로 오전 전체회의 석상의 연설에서 오바마 대통령은 "모든 주요 경제국이 자국의 온실가스 배출을 줄일 수 있는 결정적인 국가적 행동을 제시해야 하고 기후변화에 있어서 고비를 넘기기 시작해야 합니다. 거의 모든 주요 경제국이 정당하고 목표, 중요한 목표, 야심찬 목표를 제시하였습니다. [……] 나는 미국이 2020년까지 17% 정도의 배출량을 감축하고, 최종적인 법률제정에 의해서 2050년까지 80%의 배출량을 줄일 것이라는 우리의 공약을 수행할 것이라고 확신합니다"라고 언명하여, 비록 가능성은 적지만 선진국뿐만 아니라 중국이나 인도 등 주요 탄소배출 개도국 역시 일정한 감축 공약을 해주기를 기대하였다.[53] 그러나 실제로 나타난 결과는 이들 국가가 구속력 있는 감축 공약을 제시하지 못했다는 것인데, 그럼에도 불구하고 오바마 대통령은 회의 종료 이후 최종 기자회견에서 개도국 역시 자발적인 감축 계획을 제시하기로 합의했다는 점을 들어 완화조치가 어느 정도

---

52 Barack Obama, "Remarks by the President during press availability in Copenhagen", Dec. 18, 2009(http://www.whitehouse.gov/the−press−office/remarks−president−during−press−availability−copenhagen).

53 Barack Obama, "Remarks by the President at the Morning Plenary Session of the United Nations Climate Change Conference", Dec. 18, 2009(http://www.whitehouse.gov/the−press−office/remarks−president−morning−plenary−session−united−nations−climate−change−conference).

성공한 것으로 평가하고 있다. 그러나 이는 오바마 대통령 스스로가 기자회견에서 인정했듯이 법적인 구속력이 없는 것이며, 모든 국가가 다만 현재 정체된 상황에 머무르지 않고 앞으로 나아가고 있다는 것을 보여준 사례라고 판단된다.[54]

실제로 오바마 대통령은 최종 기자회견에서 코펜하겐 회의의 성과를 정리하면서 개도국과 선진국 간에 근본적인 '교착상태'(fundamental deadlock)가 있었음을 인정하고, 이러한 교착 상태 속에서 최대 온실배출 개도국의 구속력 있는 온실가스 감축 공약에의 참여를 강력하게 요청하는 선진국이나, '차별화된 책임'과 지속적 경제성장의 필요성이라는 이유를 들어 이를 거부하는 중국이나 인도의 입장이 모두 타당한 일면이 있다고 말해서 합의 도출 과정에서 상당한 진통이 있었음을 시사하였다.[55] 결국 코펜하겐 회의에서 도출된 개별 국가 중심의 자발적인 감축 노력, 이것이 어쩌면 포스트 교토 체제가 지향할 수 있는 최대공약수일 수밖에 없다는 것이 코펜하겐 회의가 보여준 차후의 국제 기후변화 레짐 창출과 관련된 실상일지도 모른다.

결국 인도와 중국의 구속적인 감축량 공약을 받아내는 데에는 실패한 오바마 대통령은 최종 기자회견에서 "온실가스 상한치 설정과 시장교환

54 Barack Obama, "Remarks by the President during press availability in Copenhagen", Dec. 18, 2009(http://www.whitehouse.gov/the-press-office/remarks-president-during-press-availability-copenhagen).

55 기자회견 석상에서도 오바마 대통령이 간접적으로 밝혔고 상당히 많은 회의의 뒷이야기가 알려주듯이, 오바마 대통령은 중국의 원자바오 총리, 인도의 싱(Manmohan Singh) 수상, 브라질의 룰라(Luiz Inácio Lula da Silva) 대통령, 남아프리카의 주마(Jacob Juma) 대통령 등 최종적인 합의에 관심이 없거나 혹은 반대하기까지조차 하는 이들 지도자들을 대상으로 품위를 손상해가면서 마지막까지 설득 노력을 보여 가까스로 최소한의 합의에 도달하고 파국을 막을 수 있었다.

에 관련하여 대통령께서는 다른 국가의 지도자들에게 내년[2010년: 필자]에 이를 입법의 우선순위로 할 것이라는 것은 확신시켜(assure) 주었습니까"라는 쿠퍼(Helen Cooper) 기자의 질문에는 결국 대답하지 않았다. 의도적으로 대답을 하지 않거나 못했는지, 아니면 다른 질문에 대한 답변에 열중하다가 이 질문에 답변하지 못했는지는 알 길이 없다. 그러나 다른 어떠한 책임 있는 미국의 정치지도자도 코펜하겐에서 중국과 인도의 구속적인 감축 공약을 듣지 못하고 구속력 있는 미래 레짐에 대한 합의에 도달하지 못한 상황에서, 미국 국내 기후변환 관련 법안이 2010년에 의회에서 반대 없이 순항할 것이라고 장담하기는 어려웠을 것으로 보인다. 사실상 코펜하겐에서의 절반의 성공은 국내 입법의 실패를 의미하는 것이었다. 그리고 이러한 실패는 2010년 7월에 상원에서 최종적인 입법 좌초로 입증되었다. 그리고 2010년 11월의 의회 중간선거 패배 이후 2012년까지 포괄적인 기후변화에 관한 입법 노력을 기대하기는 어려워지게 되었다.

3. 정리 및 논점: 국내적 성과 및 홍보와 국제적 참여 촉구, 그리고 절반의 성공

지금까지 살펴보았듯이 오바마 대통령은 상원의원 시절과 대통령 후보 기간을 거치는 동안 기후변화와 관련하여 자신의 정책을 점점 더 구체화시켜왔다. 그리고 2009년 취임 이후 오바마 대통령의 기후변화 관련 온실가스 배출 억제 정책은 미국의 에너지 독립 및 이와 관련한 자동차 연료효율 제고, 미국의 장기적 경기침체 속에서 실업을 해소할 수 있는 청정에너지 경제로의 이전 및 청정일자리 창출 등과 밀접하게 연관되어 미국 국민과 정치권에 전달되었다.

오바마 대통령의 국내 정책은 이와 같이 에너지 독립과 연료 사용 효율성 제고, 청정에너지 경제로의 이전 및 청정일자리 창출, 그리고 온실가스 배출 규제라는 삼각 축을 중심으로 전개되었고, 그는 이러한 국내 정책을 통해서 나타난 성과를 G8 정상회의, 에너지 및 기후변화 관련 주요 경제국 포럼, 유엔 기후변화협약 당사국 회의, 그리고 중국과의 양자회담 등에서 지속적으로 홍보하였다. 이러한 홍보 노력을 통해서 오바마 대통령은 기후변화 대처에 대한 미국의 리더십을 보여주고 중국을 포함한 기타 개도국의 노력과 동참을 촉구하였던 것이다. 그리고 2009년에 경주되었던 국제무대에서의 국내적 노력의 홍보와 개도국의 동참 촉구는 궁극적으로 2009년 코펜하겐 회의에서의 성공을 염두에 두고 추진되었다.

이러한 노력의 결과로 국내적으로는 미국 하원에서 미국 청정에너지 및 안보법이라는 기후변화 관련 법안이 통과되어 상한치 설정 및 교환이라는 오바마 대통령의 시장 친화적 온실가스 감축 방식이 본격적으로 논의되기 시작하였다. 그리고 오바마 대통령은 국제적으로도 G8 정상회의를 통한 기후변화 논의의 활성화 및 주요 경제국 포럼과 글로벌 파트너십의 창설 등을 통해서 기후변화 문제에 대한 글로벌한 대응을 촉구하고 미국의 선도적 노력을 강조하였다. 그러나 미국이 참여한 다자기구나 양자대화에서 중국이나 인도 등 최대 온실가스 배출국은 구속력 있는 온실가스 감축 공약을 제시하지 않고 원론적인 수준에서 기후변화 대처의 시대사적인 중요성을 강조하고, 기술적인 수준에서 개도국에 대한 지원이 필요하다고 언급할 뿐이었다. 이들 국가들은 '공동의, 그러나 차별화된 책임과 개별적인 능력'이라는 원칙을 지속적으로 강조하면서, 2009년

12월 코펜하겐 회의를 통해서 2012년 교토의정서 체제 이후 온실가스 감축을 구속적으로 규제할 포괄적인 기후변화 레짐을 창출하려는 오바마 대통령의 노력을 어렵게 만들었다. 적어도 구속력 있는 온실가스 감축을 위한 제도의 창출은 따라서 2012년 이전에 합의를 만들어내기가 매우 어려운 상황에 처하게 되었다. 어쩌면 코펜하겐 회의의 절반의 성공은 구속력 있는 온실가스의 배출 억제를 위한 포괄적인 법제도의 창출이 사실상 매우 어렵다는 것을 입증해준 사례가 될지도 모른다.

이러한 코펜하겐 회의에서의 절반의 성공은 다음 장에서 설명된 미국 의회에서 기후변화와 관련된 포괄적 법안이 최종적으로 상원에서 좌절되는 데 일정 부분 기여했다고 생각된다. 하원만을 통과한 법안으로는 온실가스 감축에 대한 미국의 완전한 공약이 확립되었다고 말할 수 없는 현실 속에서, 코펜하겐 회의에서 중국과 인도 등에 대한 미국의 설득력은 상대적으로 약해질 수밖에 없었다. 그 결과 코펜하겐에서의 좌절은 결국 2009년 하원을 통과한 법안이 결국 이듬해 7월에 상원에서 마침내 좌초되게 만든 간접적 요인 가운데 하나가 되었다. 중국과 인도 등의 구속력 있는 감축 공약이 없는 상황에서 오바마 대통령의 온실가스 감축과 관련된 법률제정 노력은, 의료보험 개혁으로 정당 양극화가 심화된 상황에서 공화당의 더욱 강한 반대에 직면할 수밖에 없었던 것으로 보인다. 다음 장에서는 이러한 사항을 염두에 두고 민주당이 주도한 미국 의회가 제111대 의회에서 기후변화 관련 법률을 제정하기 위해서 노력한 과정을 살펴보고, 그 실패의 원인을 분석해보고자 한다.

제6장
오바마 행정부의 기후변화 정책 II: 민주당 의회의 입법 노력

지금까지 제5장에서는 오바마 대통령 개인의 노력을 중심으로 그가 기후변화 대처 문제와 관련하여 국내외적으로 기울인 노력을 개괄적으로 살펴보았다. 이와 같은 국내외적 노력과 함께 오바마 대통령은 2009년 임기 시작과 함께 민주당이 장악한 의회를 통해서, 그리고 자신의 직접적인 명령 하에서 움직이는 연방 환경보호국을 통해서 기후변화 문제에 대처하고자 하였다. 기후변화와 관련된 미국의 국제적 리더십을 뒷받침하기 위한 미국의 국내적 노력을 결정적으로 입증할 수 있는 것은 바로 의회를 통해서 온실가스 배출 규제를 명문화하는 법률을 제정하는 일이었다.[1]

1 교토의정서를 대체할 새로운 기후변화 레짐의 창출을 위해서 우선 미국이 먼저 기후변화와 관련된 포괄적인 국내법을 제정하는 것이 중요하다는 점과 관련하여, 퓨 기후변화센터 소장인 클로선이 코펜하겐 회의를 몇 달 앞두고 외교위원회의 핸선과 실행한 인터뷰에서 밝힌 다음의 의견은 경청할 만하다. "미국의 기후변화 법률은 최우선의 정책순위가 될 것입니다. 글로벌한 모든 것은 다른 모든 사안들이 구비되기에 앞서서 이러한 법률 제정 조치에 의존하고 있으며, 이는 상당한 시간을 요구할 것입니다. 그러나 적어도 이러한 국내적 입법이 만들어질 때까지는 다른 사안들이 구비될지는 불확실합니다. 내 의견으로는

오바마 대통령은 2009년에 민주당이 양원의 다수당 지위를 점하고 있는 의회를 통해서 포괄적인 기후변화 법률을 제정함으로써 2009년 말에 코펜하겐에서 개최될 유엔 기후변화협약 당사국 총회에서 미국의 선도적인 온실가스 배출 감축 노력을 홍보하고, 이를 바탕으로 중국과 인도 등 온실가스 최대 배출국 가운데 하나이면서도 온실가스의 강제적 감축 책임이 면제된 개도국에 대해서 감축 의무를 부과하는 포괄적인 새로운 국제적 레짐을 창출하고자 하였다. 이를 위해서 오바마 대통령은 양원의 민주당 지도자들을 대상으로 기후변화 관련 입법 전략을 수립하고 이를 추진해줄 것을 촉구하는 한편, 국제적으로는 에너지 및 기후변화에 관한 주요 경제국 포럼을 결성하여 세계적 기후변화 대처 문제를 미국이 주도하고자 하였다.

한편 오바마 대통령은 환경보호국과 이를 중심으로 운송부 및 에너지부 등 유관 행정기관의 협조를 통해서 2007년 연방대법원의 판결[2]을 근거로 자동차에서 배출되는 온실가스를 줄여나감으로써, 수입 석유에 대한 의존도를 줄여 에너지 안보를 확립하는 한편, 청정에너지 경제로의 전환을 도모함과 동시에 기후변화에도 대처하는 일석이조(一石二鳥)의 효과를 거두고자 하였다. 이러한 오바마 대통령의 조치는 환경보호국의 규제 정책을 중심으로 집행되었는데, 환경보호국은 유관 기관과의 협력 하에서 대통령의 지침에 의거해서 자동차에서 배출되는 온실가스를 규제하고 자동차의 평균 연료효율을 높이는 규칙을 발표하는 한편, 더 나아가

가장 중요한 것은 국내 정책을 만들어두는 것입니다. Council on Foreign Relations, "The Future of U.S. Climate Policy", Aug. 12, 2009(http://www.cfr.org/climate-change/future-us-climate-policy/p20026).

2 2007년 연방대법원 판결에 관해서는 이 책의 다음 장인 제7장 제1절에 상세한 내용이 제시되어 있다.

전력 발전시설, 정유시설, 그리고 대규모 공장 등 주로 화석연료에 의존하는 설비로부터 배출되는 온실가스도 적극적으로 규제하기에 이른다.

그러나 오바마 대통령은 온실가스 감축의 문제는 환경보호국 등 국민의 대표 기관인 의회의 통제를 받지 않는 행정부 소속 기구의 규제 정책에 의해서 추진되는 것보다는, 정책 정당성을 확보할 수 있고 국민적 신임을 얻을 수 있으며 그 변경과 수정이 국민의 대표에 의해서만 가능한 의회제정 법률에 의거해야 한다고 믿고 있었다. 따라서 기후변화 문제와 관련된 오바마 행정부의 노력은 무엇보다도 포괄적인 기후변화 관련 법률의 제정에 그 초점이 모아졌다. 또한 오바마 대통령은 미국 경제가 매우 침체되어 있고 실업률이 높은 상황에서 그가 핵심적 원칙으로 추진해온 온실가스 배출 상한치 설정 및 시장교환 제도가 불러올 수 있는 기업과 국민의 저항을 의식하여, 이러한 포괄적 법률의 제정을 청정에너지 산업의 육성 및 미국의 에너지 독립 등과 연계하여 추진하고자 하였다. 그러나 본문에서 다시 설명되듯이 이러한 노력은 워싱턴의 극단적 정파적 환경, 공화당의 반대와 민주당 내 보수적 의원들의 반발, 장기화되는 경기침체 등으로 인해서 결국 상원의 최종적인 법안 실패로 궁극적으로 좌절되고 만다.

이러한 사항을 염두에 두고서 다음에서 하원과 상원의 순서로 민주당이 주도한 입법 노력을 검토하고 그 실패의 원인을 분석해보고자 한다. 이 장에서는 먼저 온실가스 상한치 설정 및 시장교환 제도에 대한 오바마 대통령의 공약을 간단히 살펴보고 기후변화 관련 입법 과정을 개관할 것이다. 이어서 최초로 상한치 설정 및 교환을 명문화한 하원의 미국 청정에너지 및 안보법의 내용과 이에 대한 표결 결과에 대한 경험적 분석이 시도될 것이다. 이러한 경험적 분석의 근본적인 이유는 기후변화 대처라는 국제적 공공재 제공을 위한 오바마 행정부의 노력에 대한 미국 국내적 저항의 핵심적 근거를 살펴보기 위함이다. 즉 이 법안에 반대한 미국 의회 내 보수적 의원들의 투표 결과를 다양한 투표 요인과 관련하여 분석함으로써 저항의 논거를 살펴보게 될 것이다. 이어서 하원 법안의 제정 과정에서 어떠한 단체와 이익집단이 이 법안에 찬성과 반대를 표명했으며, 그 이유는 무엇인지에 대한 논의가 전개될 것이다. 이러한 논의와 함께 하원 법안은 상당수의 기업과 대부분의 환경단체가 지지한 몇 안 되는 법안 가운데 하나였다는 점이 지적될 것이다. 이러한 이익집단에 관한 논의 이후 상원에서 좌절된 두 가지 종류의 대표적 법안을 살펴보고, 마지막으로 기후변화 대처와 관련된 포괄적인 법안이 최종적으로 좌절된 원인에 대한 분석이 시도될 것이다.

1. 대통령의 상한치 설정 및 교환에 대한 공약과 기후변화 관련 입법 과정 개관

1) 상한치 설정 및 교환에 대한 오바마 대통령의 공약

제6장에서 설명하였듯이 오바마 대통령은 상원의원과 민주당 대통령 후보 시절부터 온실가스 배출 상한치 설정 및 시장교환이라는 시장 메커니즘을 위해서 온실가스 배출을 방지하여 지구온난화 및 기후변화 문제에 대처하겠다고 공약해온 바 있다. 이러한 상한치 설정 및 교환 방식에 입각하여 2008년 대통령 선거운동 기간 동안 '미국을 세계의 에너지 리더로 만들려는 버락 오바마의 구상'을 발표함으로써 시장교환 방식에 입각한 온실가스 배출 규제를 법률로 제정할 것이라고 언급한 바도 있다.

이와 같이 에너지 독립 및 에너지 사용의 효율성 증대, 청정에너지 경제로의 이전 및 청정일자리 창출과 연계된 오바마 대통령의 온실가스 감축 구상의 핵심은 적어도 2010년 상원에서 민주당의 입법 노력이 좌절될 때까지는 바로 시장교환 제도에 입각한 온실가스 배출의 단계적 감축을 구현하는 법률제정에 있었다. 다만 미국의 악화된 경제상황과 공화당 및 보수파 그리고 기업 부문의 반발을 고려하여 이러한 온실가스 감축 관련 법률을 미국의 에너지 독립과 연결시키고, 또한 청정에너지 일자리의 창출과 연계시키려고 노력하였다. 그리고 오바마 대통령과 의회 민주당 지도부는 이러한 온실가스 감축 정책이 가져올 기업과 가계에 대한 충격을 완화하기 위해서 다양한 소비자 보호 조치 및 기업에 대한 인센티브 조치가 법률에 포함되도록 다각도로 노력하였다.

이와 관련하여 오바마 대통령은 2009년 3월 24일 취임 이후 두 번째로 행한 정례 기자회견(primetime press conference)에서 청정에너지 경제로의 이전에 있어서 가장 좋은 최선의 방법은 바로 온실가스 배출 상한치 설정 및 시장교환 제도라고 밝히고 있다. 소비자에게 전가될 전기요금에 대한 부담을 줄이고, 지역적 차이를 고려해야 하지만, 이러한 조치가 잘 갖추어지기만 하면 이러한 상한치 설정 및 교환 방식이 대기로 배출되는 온실가스에 대해서 비용을 부과함으로써 청정경제로의 이전을 촉진하는 새로운 경제성장 동력이 될 수 있을 것이라고 강조하였다.[3]

이러한 기자회견 이후 시장 메커니즘을 통한 온실가스 감축 논의가 2009년 5월부터 하원에서 본격적으로 진행되기 직전에 아이오와(Iowa)주 뉴턴(Newton)시의 트리니티 풍력탑 제조공장(Trinity Structural Towers Manu-

3 Barack Obama, "News Conference by the President", March 24, 2009(http://www.whitehouse.gov/the-press-office/news-conference-president-3-24-2009).

facturing Plant)에서 풍력에너지 등 재생에너지와 관련하여 행한 오바마 대통령의 연설은 당시 그가 상한치 설정 및 교환 방식에 대해서 상당히 강하게 공약하고 있음을 잘 보여주고 있다. 또한 이 연설은 오바마 대통령의 이러한 온실가스 배출 억제 방식이 미국의 에너지 독립 및 청정에너지 경제로의 이전과 일자리 창출에 어떻게 기여할 것인지를 미국 국민을 대상으로 얼마나 친절하고 자세하게 설명하려고 노력했는지를 잘 보여주고 있다.

그리고 이것은 단지 시작일 뿐입니다. 내가 이끄는 행정부는 청정에너지를 미국에서 수익을 보장해주는 에너지로 만들기 위해서 인센티브를 창출함과 더불어, 에너지 독립을 추진하고 최악의 기후변화 결과를 방지하기 위해서 포괄적인 법률제정을 추진하고 있습니다. [……] 이제 미합중국 연방대법원의 명령에 따라서 지난주 환경보호국은 이산화탄소 등 자동차에서 배출되는 오염물이 우리의 건강과 복지에 해롭다고 결정을 내렸습니다. 그래서 우리가 탄소오염을 어떤 방식으로든 규제해야 한다는 데에는 질문의 여지가 없습니다. 단 한가지의 질문은 어떻게 할 것인가 하는 점입니다.

[……] 규제의 가장 좋은 방법은 이러한 종류의 배출에 대해서 시장에 근거한 배출량 상한치를 설정하는 법률제정을 통한 것입니다. 그리고 오늘 우리 행정부의 주요한 인물들이 바로 이와 같이 시장에 근거한 접근 방식을 취하는 법안에 대해서 의회에서 증언하고 있습니다. 이처럼 우리가 이러한 정책을 실행할 수 있는 도구가 되는 것이 제 희망입니다.

[……] 시장 중심적인 상한치 설정은 이렇게 작동합니다. 차량과 트럭, 석탄 사용 발전공장, 에너지 집중적 산업 등 모든 요소에서 나오는 배출량을 모두 합쳐서 우리 경제가 만들어내도록 허용되어 있는 이산화탄소와 온실가스에

대해서 상한치(cap), 즉 최고치(ceiling)를 설정합니다.

[……] 그리고 전체적인 상한치를 설정함으로써 이산화탄소 오염은 하나의 상품과 같이 됩니다. 이 제도는 제한된 자원에 대해서 가치를 부여하는 셈이 됩니다. 그리고 이러한 가치는 오염권(ability to pollute)이 됩니다. 그리고 그러한 가치를 결정하기 위해서 다른 상품과 마찬가지로 우리는 회사들이 일정한 양의 탄소오염을 생산할 권리를 사고팔 수 있는 시장을 창출하게 됩니다. 이러한 방식으로 모든 회사는 스스로 더 청정해지거나 더 효율적으로 되기 위해서 돈을 투자하거나, 혹은 허용 가능한 오염배출량에 대해서 돈을 지출하는 것이 합당한지 아닌지를 결정하게 됩니다. 시간이 흐름에 따라서 온실가스 배출량에 대한 상한치가 줄어들면서 이 상품은 점점 비싸지게 됩니다. 그리고 그 가격은 올라갑니다. 그리고 시간이 지나면서 회사와 소비자는 현상을 유지하는 가격이 점점 비싸짐에 따라서 청정에너지와 에너지 효율을 위해서 투자할 인센티브를 더 가지게 됩니다.

[……] 이런 식으로 풍력이 보다 경제적인 것으로 되고, 태양열이 보다 경제적인 것으로 됩니다. 청정에너지가 모두 더욱 경제적인 것이 됩니다. 이러한 시장에 근거한 상한치 제도에 따라서 탄소의 배출을 줄여나가면, 우리는 체계적으로 에너지 위기의 모든 양상을 대처할 수 있습니다. 우리는 외국산 석유에 대한 의존도를 낮추고 화석연료 사용을 줄이며 미국 내에서, 바로 여기서 새로운 산업을 촉진할 수 있습니다. 우리가 올바른 인센티브를 창조하게 되어 모든 사람이 에너지 독립을 위해서 같은 방향으로 나가게 됩니다.
(Barack Obama, "Remarks by the President on Clean Energy", April 22, 2009. http://www.whitehouse.gov/the_press_office/Remarks－by－the－President－in－Newton－IA)

앞의 인용문에서 알 수 있는 바와 같이 오바마 대통령은 상한치 설정 및 교환이라는 온실가스 배출 억제 메커니즘을 구체적으로 설명해가면서까지, 지구온난화와 기후변화에 대처하고 에너지 독립을 달성하며 청정에너지 경제로 나아가려는 자신의 의지를 미국 국민에서 설명하고자 하고 있다. 이와 같이 오바마 대통령은 온실가스 배출권에 대한 시장거래에 관한 법안을 추진하여, 온실가스 배출 기업이나 시설에 대한 직접적인 조세보다는 시장의 교환 메커니즘을 통해서 지구온난화에 대처하고자 하였다.

한편 오바마 대통령은 이와 같은 여론에 대한 홍보뿐만 아니라 기후변화 관련 입법의 추진을 위해서 의회에 대해서도 일정한 수준에서 영향력을 행사하기 위해서 노력하였다. 특히 하원에서 미국 청정에너지 및 안보법이 논의되는 과정에서 주관 상임위원회인 하원 에너지 및 통상위원회와 동 위원회의 에너지 및 환경 소위원회에서 공화당의 입법 지연과 민주당 일부 의원의 동요로 인해서 법안 작성이 교착상태에 이르자, 이를 타개하기 위해서 에너지 및 통상위원회 소속 민주당 의원들을 백악관으로 초청하여 조속한 시일 내에 합의를 통해서 법안이 달성될 수 있도록 노력해달라고 촉구하기도 하였다(Samuelson, 2009; Sheppard, 2009).

2) 기후변화 입법 과정의 개관

다음에서 논의될 미국의 기후변화 관련 법안은 모두 민주당이 다수당을 차지하고 있던 제111대 의회(2009~2010년)에서 민주당 의원들이 중심이 되어 발의하고 논의를 촉구한 법안들이다. 서브프라임 모기지 부실 사태로 촉발된 경제위기와 이라크전쟁 전후 처리 문제의 부진 등으로 인해서 압승을 거둔 오바마 후보의 당선과 함께 양원에서 모두 의석을 늘리면서 의회 다수당의 지위를 유지한 민주당은, 오바마 대통령의 상한치 설정 및 교환의 구상을 중심으로 하는 법안의 의회 통과에 주력하였다. 양원이

다수당을 차지하고 있었으며 오바마 대통령의 대중적인 인기가 상당히 높았던 2009년 의회 제1회기가 기후변화 관련 법안의 통과에 가장 좋은 여건이 되었다.

민주당 지도부가 대통령의 의지를 구현하고자 만들어낸 법안은 하원의 2009년의 미국 청정에너지 및 안보법과 상원의 2009년의 청정에너지 일자리 및 미국 동력법(the Clean Energy Jobs and American Power Act), 그리고 상원의 2010년의 미국 동력법(the American Power Act) 등이다. 하원의 법안은 2009년 5월 15일에 하원에 소개되어 하원 에너지 및 통상위원회(the House Energy and Commerce Committee)를 주 소관 상임위원회로 하여 법안 작성이 진행되었다. 하원 에너지 및 통상위원회 위원장인 왁스만(Henry Waxman) 의원과 동 위원회의 에너지 및 환경 소위원회(the Energy and Environment Subcommittee) 위원장인 마키(Edward Markey) 의원을 중심으로 추진되어 6월 26일 하원을 근소한 표차로 통과한 이 법안은 경제 전체에 걸쳐서 상한치 설정 및 교환을 중심으로 온실가스 배출을 억제하려는 정책을 담고 있었다.

한편 상원의 법안 가운데 전자의 법안은 하원에서 법안이 통과된 이후 민주당의 케리(John Kerry) 의원이 주발의자가 되어 제출된 법안이다. 2009년 9월 30일에 상원의 환경 및 공공사업위원회에서 논의되기 시작한 후 2010년 2월에 본회의에 보고되었다. 후자의 법안은 전자의 법안에 대한 논의가 지지부진해지자 역시 민주당의 케리 의원과 친민주당계 무소속 의원인 리버만(Joseph Lieberman) 의원이 주도가 되어 2010년 5월에 언론에 소개한 법안이다.[4] 케리 의원과 리버만 의원의 미국 동력법은

4 이 장에서 설명되겠지만 상원 법안들은 본회의 표결 절차까지 심의가 진행되기 전에 모두 좌초되고 말았다. 케리 의원과 리버만 의원의 법안은 언론에 발표된 후 상임위원회에서

청정에너지 일자리 및 미국 동력법을 대체하면서 선보인 새로운 법안으로, 보다 친기업적인 내용으로 수정되어 제시되었다. 그러나 이 법안 역시 개선되지 않는 미국 경제상황 속에서 2010년 중간선거를 앞두고 악화된 여론 앞에 역시 더 이상 진전을 보지 못하다가 2010년 7월에 최종적으로 좌절되고 만다. 이들 상원 법안은 하원 법안에 비해서 상당히 친기업적인 방식으로 제시되었고, 상한치 설정 및 교환에 의한 충격을 완화하기 위한 다양한 조치가 있었던 법률이었지만, 정치적 분위기의 악화로 인해서 동력을 잃고 말았다.

2. 민주당의 포괄적 기후변화 관련 입법화 노력의 전개 과정과 궁극적 실패

1) 2009년 하원의 미국 청정에너지 및 안보법의 표결 분석

오바마 대통령이 직접 참석한 2009년 12월의 코펜하겐 유엔 기후변화협약 당사국 총회에서 미국은 2020년까지 2005년도 기준 17% 정도의 탄소 배출량을 줄이기로 공약한 바 있는데, 이러한 감축량은 자동차 · 전력발전시설 및 국내 산업시설 등에서 배출되는 온실가스 배출량을 국내법의 제정을 통해서 규제하지 않는 이상 실현이 거의 불가능한 것이다. 그러나 당시 오바마 행정부의 온실가스 배출 규제를 위한 국내법의 제정은 상당한 난관에 봉착해 있는 것이 사실이었다. 오바마 대통령은 제111대 의회 양원의 다수당인 민주당의 협력을 통해서 2009년 12월의 코펜하겐

심의 과정도 변변히 거치지 못하고 좌절되었다.

유엔 기후변화협약 회의 이전까지 탄소 배출 관련 국내법의 제정을 완수하고, 이를 기반으로 국제사회에서 EU의 협력을 통해서 중국과 인도 등에 압력을 가함으로써 새로운 기후변화 레짐을 창출하고자 노력해 왔다. 그러나 국내의 정당 간 양극화 현상이 가속화되는 가운데 2009년 6월에 하원을 통과한 미국 청정에너지 및 안보법이 공화당 의원과 상당수 중서부 출신 민주당 의원의 반대 속에서 상원에서 장기적으로 표류하게 됨으로써 코펜하겐 회의와 이후 2010년의 멕시코 칸쿤 회의 등에서 미국의 국제적 리더십은 상당히 실추되었다.

이러한 배경 하에서 이 절은 제111대 하원(2009~2010년) 당시인 2009년 6월 26일에 219명이 찬성하고 212명이 반대한 가운데 근소한 표차로 통과한 청정에너지 및 안보법의 표결 결과를 분석하고자 한다. 이러한 분석을 위해서 투표에 참여하여 찬반의 의사를 표명한 하원의원의 이념 성향이나 지역구 특징을 다양한 각도에서 분석하고 이들이 이 법안에 찬성 혹은 반대표를 던진 이유를 다양한 각도에서 분석해보고자 한다.

(1) 법안 내용[5]

2009년 5월 15일에 하원 에너지 및 통상위원회를 주 소관 상임위원회로 하여 기타 외교위원회(the Foreign Affairs Committee)와 세입위원회(the Ways and Means Committee) 등 8개 유관 상임위원회에 회부되어 5월 19일에

---

5 아래 내용은 "Bill Summary and Status: 111th Congress(2009~2010), H. R. 2454, CRS Summary"(http://thomas.loc.gov/cgi-bin/bdquery/z?d111:HR02454:@@@D&summ2=m&), "American Clean Energy and Security Act"(http://en.wikipedia.org/wiki/American_Clean_Energy_and_Security_Act), "Waxman-Markey Climate Bil""(http://www.sourcewatch.org/index.php/Waxman-Markey_Climate_Bill) 등을 참조했다. 법안의 텍스트 전문은 Library of Congress: Thomas의 웹페이지를 통해서 볼 수 있다(http://thomas.loc.gov/cgi-bin/query/z?c111:H.R.2454:).

관련 상임위원회 심의를 모두 마친 후 같은 달 27일 에너지 및 통상위원회를 33대 25로 통과한 미국 청정에너지 및 안보법(H. R. 2454)은 다음 달인 6월 26일에 최종 표결, 통과되었다. 이 법안은 주발의자인 에너지 및 통상위원회 위원장인 왁스만 민주당 의원과 동조 발의자인 민주당의 마키 동 위원회의 에너지 및 환경 소위원회 위원장의 이름을 따서 왁스만-마키 법안으로도 불린다.

이 법안은 크게 '청정에너지'(Clean Energy), '에너지 효율'(Energy Efficiency), '지구온난화 오염 감소'(Reducing Global Warming Pollution), '청정에너지 경제로의 이행'(Transitioning to a Clean Energy Economy)을 제목으로 하는 등 4개 장(Titles)으로 구성되어 있다. 이 법안은 무엇보다도 경제 전역에 걸쳐서 온실가스 감축을 위해서 탄소 배출량 상한치 설정 및 시장교환 방식을 최초로 명문화하여 통과시킨 법으로 그 의미가 있다. 즉 이 법안은 이산화탄소 등 온실가스 배출 규제 대상 업종에 속한 기업 혹은 회사를 대상으로 2005년도를 기준 연도로 하여 2012년까지는 2005년 배출량의 3%, 2020년까지는 20%, 2030년까지는 42%, 2050년까지는 83%까지 줄이도록 의무화하고 있다. 이와 같이 일정 기간 내 탄소 배출량의 의무적 감축 규정으로 인해 연방정부의 규제 강화에 반대하는 대부분의 공화당 의원들이 반대하였고, 또한 민주당 내에서는 화석연료 의존도가 높은 주의 의원들과 경제적 보수주의 성향의 의원들이 상당수 반대하였다.

또한 이 법안은 '재생전기 기준'(renewable electricity standard: RES)을 마련하여 전기공급 설비업체(electric utilities)에 대해서 일정 기간 내에 재생에너지(renewable energy)에서 생산되는 전력을 일정 수준까지 사용할 것을 강제하고 있어서 화석연료의 사용을 점차적으로 줄여나가도록 하고 있다. 이에 따라서 전기공급 설비업체는 2012년까지는 공급 전력의

6%를 재생에너지를 통해서 발전(發電)시켜야 하고, 점차적으로 2020년까지 이를 20%까지 끌어올려야 한다. 이러한 강제 규정을 통해서 이 법안은 풍력 · 태양광 · 지열 · 바이오매스 등 생물 관련 에너지, 해양 및 유체(流體) 등 재생에너지의 사용을 권장하고 있다.

한편 전기공급용 전력발전을 위해서 석탄을 사용하는 발전소(coal-fired power plant)에 대해서 이 법안은 탄소 포집 및 처리(carbon capture and sequestration: CCS) 기술을 구비할 것을 명령하고 있다. 이와 관련하여 이 법안은 2020년 이후 새로 만들어지는 석탄 사용 전력발전 시설의 경우, 전력발전 개시 시기에는 무조건 이러한 시설이 구비되도록 하되, 2009년 이전에 만들어진 시설에 대해서는 이러한 조치를 두지 않기로 하고 있다.[6]

한편 이 법안은 이와 같은 강제 규정과 동시에 청정에너지 개발과 에너지 효율제고에 대한 적극적인 투자를 약속하고 있다. 이를 위해서 이 법안은 2025년까지 재생에너지 분야에 900억 달러, 탄소 포집 및 처리에 600억 달러, 전기 및 기타 선진기술 차량 개발 등에 200억 달러, 기초 연구 및 개발에 200억 달러 등을 투자할 것이라고 규정하고 있다. 이와 같은 투자 공약과 아울러 이 법안은 건물 · 설비 등에 대해서 신규 에너지 효율 기준을 규정하고 있다.

---

6 이 법안은 이 두 시기 사이의 경우를 두 가지로 나누어서 규정하고 있다. 먼저 2015년과 2020년 사이에 허가된 석탄 사용 전력발전 시설의 경우는 발전 시작 당시 탄소 포집 및 처리 기술을 구비하지 않았을 경우 연방정부의 재정지원을 받을 수 없게 했고, 발전을 시작한 후에도 이러한 기술을 구비하지 않을 경우는 연방정부의 재정지원 없이 자기 재원으로 2025년까지 이러한 설비의 부착을 강제하고 있다. 한편 2009년과 2015년 사이에 허가된 석탄 사용 전력발전 시설의 경우는 발전을 시작한 지 5년 이내에 이러한 기술을 구비하지 않으면 연방정부의 재정지원을 받을 수 없게 만들었고, 이러한 기한을 지키지 못할 경우 연방정부의 재정지원 없이 자기 재원으로 이러한 기술을 구비하도록 강제하였다.

이 법안이 의회를 통과해서 실제로 미국 사회에서 실시될 경우 석유나 석탄 등 화석연료를 사용하는 기업이나, 에너지 생산에 있어서 화석연료에 의존하는 비율이 높은 발전시설(power plants), 정유시설(refineries) 및 전기공급 설비업체 및 이와 관련된 석탄 채광업계 및 석유업계 등에는 상당한 불이익이 있을 것으로 예견되었다. 이러한 시설이나 이를 운영하는 기업이 많이 포진되어 있는 지역의 경우 할당된 탄소 배출량은 주어진 기간 내에 고갈될 가능성이 크며, 이 경우 탄소 배출권 시장에서 추가적인 탄소 배출량을 상당한 비용을 지불하고 구입해야 한다는 부담이 생기게 된다. 이러한 역(逆)인센티브(disincentive)를 통해서 장기적인 견지에서 석유나 석탄 등 화석연료의 사용을 점차로 억제한다는 것이 이 법안의 주요 논리였다.

그러나 이 법안에 반대하는 논리에 따르면 추가적인 탄소 배출권의 구입에 따른 부담은 결국 고스란히 지역 납세자에게 준조세의 형태로 이전되거나 혹은 전기료의 상승 등을 유발할 가능성이 높아서 문제로 지적되었다. 또한 정유회사의 경우 추가 할당량에 대한 비용 부담으로 인해 유가 상승 요인이 생겨 또한 소비자에게 부담이 전가될 가능성이 높았다. 뿐만 아니라 또 다른 비판은 각종 기업과 회사의 에너지 효율 평가 및 재생에너지 사용 의무화, 그리고 이러한 탄소 배출량의 감시·감독을 위한 연방정부의 역할 확대가 우려된다는 것이었다. 이와 같이 연방정부의 규제가 확대될 경우 기업의 생산활동은 위축되고 경제성장이 둔화될 것이라는 반론도 공화당, 화석연료 관련 에너지 회사, 보수적인 싱크탱크를 중심으로 강하게 제기되었다.[7]

7 한편 그린피스나 지구의 친구들 등 환경단체는 이 법안의 규정이 자신들이 목표로 한 엄격한 온실가스 규제에 미치지 못한다는 이유로 반대의사를 표명하기도 했다. 이에 관해서는

(2) 법안 표결 분석

2009년의 미국 청정에너지 및 안보법은 동년 6월 26일에 전체 434명의 하원의원(민주당 의원 256명, 공화당 의원 178명)이 참석한 가운데 3명(민주당 의원 1명, 공화당 의원 2명)의 기권표를 제외하고 219대 212표로 통과되었다.[8] 이 법안은 미국 최초로 상한치 설정 및 교환제도를 통해서 온실가스 감축을 목표로 하는 기후변화 관련 법안이 양원의 어느 일원(一院)을 통과한 사례로 기록되는데, 유럽 선진국과 달리 기후변화에 대한 미국 국민의 미온적인 정서를 대변하듯이 찬반투표의 투표 격차 역시 불과 7표로 매우 근소한 것이었다. 이 법안에 찬성한 219명의 의원 가운데 민주당 소속 의원은 211명이었고 나머지 8명은 공화당 의원이었으며, 동 법안에 반대한 212명의 의원 가운데 공화당 의원은 168명이었으며, 민주당 의원도 44명에 달했다. 따라서 미국 청정에너지 및 안보법은 상당수의 민주당 의원이 반대한 표결로 기록된다.

전체적으로 볼 때 8명의 공화당 의원의 지지가 없었거나 보수적 성향 민주당 의원들의 추가적인 이탈이 몇 표라도 더 있었더라면 이 법안의 통과 여부는 불투명했을 것이다. 오바마 대통령 개인과 펠로시 하원의장, 그리고 왁스만 하원 에너지 및 통상위원회 위원장 등이 이 법안의 통과를 위해서 전략을 다했음에도 불구하고 44명에 달하는 민주당 소속 의원들이 반대표를 던진 것은 이 법안의 통과 과정이 순탄치만은 않았음을 의미하는 것이다.

이러한 표결 상황을 염두에 두고 다음에서는 먼저 미국 청정에너지

이 장 제2절의 제2항에서 보다 자세히 설명될 것이다.

8 투표에 참여한 의원 가운데 민주당 의원은 255명, 공화당 의원은 176명이었다.

및 안보법에 투표한 전체 의원을 중심으로 전반적인 표결 결과를 분석해보고자 한다. 이어서 이 법안에 반대 의사를 표명한 민주당 의원 44명의 성향을 다양한 각도에서 분석해보고, 이를 통해서 이들이 동 법안에 대해서 반대한 이유를 탐사해보고자 한다. 이와 같이 법안에 투표한 전체 하원의원과 동시에 법안에 반대한 민주당 하원의원들의 투표 행태를 분석하는 것은 민주당 반대 의원의 투표에 영향을 미친 요인을 분석함으로써 정당 이외에 어떠한 요소가 이 법안에 대한 반대 요인으로 작동하였는지를 파악하기 위함이다. 이러한 목적에 따라서 다음에서는 먼저 전체적인 표결 결과를 간략하게 설명하고, 이어서 이들 44명의 민주당 의원의 성향 및 지역구의 특성 등을 분석해보고자 한다.[9]

---

9 표결 결과의 분석에 앞서서 이러한 통계 분석을 위해서 사용된 데이터에 대해서 간단히 설명할 필요가 있을 것으로 보인다. 투표에 참여한 전체 431명의 찬반투표 및 정당 소속에 관한 데이터는 'Final Vote Results for Roll Call 477'(http://clerk.house.gov/evs/2009/roll477.xml)에서 취합되었다. 이 사이트에 적힌 표결 결과는 법안에 찬성 혹은 반대한 의원의 이름 및 정당 소속이 표기되어 있고, 찬반 의원의 총 숫자 및 정당 분류 그리고 투표에 불참한 의원의 숫자가 기록되어 있어서 표결 분석에 유용하게 사용되었다. 한편 이 투표에 참여한 의원들의 '경제이념 지수'(economic scores)는 2010년 2월 10일자 『내셔널 저널』(*National Journal*)에 기록된 '하원 이념순위'(House Ratings)를 사용하였다. 이 연구에서 사용한 『내셔널 저널』의 하원 투표를 바탕으로 한 경제이념 지수는 그 숫자가 높을수록 더욱 진보적인 것을 나타내는 것으로서, 『내셔널 저널』은 미국 청정에너지 및 안보법을 포함해서 2009년 하원이 표결한 50개의 경제 관련 투표 결과를 바탕으로 이러한 경제이념 지수를 작성하였다. 『내셔널 저널』은 매년 이와 같이 양원의 투표 결과를 바탕으로 개별 의원들의 다양한 이념 지수를 제시하고 있다. 동 저널은 경제 분야를 포함하여 사회 문제, 외교 정책 등과 관련한 법안에 대한 분석을 통해서 각각 이러한 분야에서 이념 지수를 제시할 뿐만 아니라, 경제 문제, 사회 문제, 외교 정책을 망라한 통합 지수(composite score)도 제시하고 있다. 지수 산출에 관한 자세한 내용을 보기 위해서는 『내셔널 저널』(*National Journal*) 2010년 2월 10일자 42쪽과 50쪽을 참조하기 바란다. 이어서 미국의 주별 전력발전용 에너지원 중 석탄 의존도에 관한 데이터는 미국 에너지 정보국(the U.S. Energy Information Administration)의 웹사이트(http://www.eia.doe.gov/)에 공개되어 있는 주별 '전력발전 자료'(electricity profile)의 [표 4] 'Electric Power Net Summer Capacity by Primary Energy Source and Industry Sector,

① 전체 표결 분석: 개관

[표 6-1] 법안에 대한 찬반투표 의원의 경제 이념지수 및 지역구 특징(평균)

찬반 구분	경제 이념 지수	오바마 득표율	전력 생산 석탄 의존도	제조업 비율	히스패닉 비율	백인 비율	흑인 비율	대졸 이상 학력자 비율
찬성 의원	71.9	63.8%	22.8%	9.7%	19.1%	57.8%	17.0%	29.3%
반대 의원	25.7	43.1%	32.4%	11.5%	12.0%	72.8%	9.2%	25.9%
민주당 찬성 의원	72.0	63.8%	23.2%	9.5%	19.6%	57.1%	17.3%	29.2%
민주당 반대 의원	50.1	46.9%	36.3%	11.9%	10.9%	71.5%	11.9%	21.5%
공화당 찬성 의원	39.0	54.5%	15.7%	9.7%	14.1%	69.9%	7.8%	32.2%
공화당 반대 의원	19.3	42.1%	31.4%	11.4%	12.3%	73.1%	8.5%	27.0%

* 출처: 'Final Vote Results for Roll Call 477'(http://clerk.house.gov/evs/2009/roll477.xml); *National Journal*, "House Ratings" and "2009 Vote Ratings", 2010, Feb. 27; the U.S. Energy Information Administration(http://www.eia.doe.gov/), [table 4] 'Electric Power Net Summer Capacity by Primary Energy Source and Industry Sector, 1998 and 2002 Through 2008.' in 'electricity profile'; *The*

1998 and 2002 Through 2008' 상에 있는 '총전력 산업'(Total Electric Industry) 가운데 석탄(coal)의 비율을 이용하였다. 그 외에 의원의 지역구별 오바마 득표율은 2010년판 『미국정치연감』(*The Almanac of American Politics 2010*)에 제시된 2008년 대선 당시 각 하원 선거구별 오바마 득표율을 사용하였다. 마지막으로 의원의 각 지역구별 경제 · 사회 · 인구 구성상의 정보는 미국 통계청(the U.S. Bureau of Census)의 사이트(http://factfinder.census.gov/)에 제시되어 있는 '미국사회조사 2009년 1년 측정치'(2009 American Community Survey 1−Year Estimates)의 경제 · 사회 · 인구 분야 통계치('Selected Economic Characteristics: 2009', 'Selected Social Characteristics in the United States: 2009', 'ACS Demographic and Housing Estimates: 2009')를 선별적으로 참조하였다.

Almanac of American Politics 2010; the U.S. Bureau of Census(http://factfinder.census.gov/), 'Selected Economic Characteristics: 2009', 'Selected Social Characteristics in the United States: 2009', 'ACS Demographic and Housing Estimates: 2009' in '2009 American Community Survey 1−Year Estimates.'

[표 6−1]에 제시되어 있는 통계수치를 중심으로 미국 청정에너지 및 안보법에 대한 표결 결과를 개괄적으로 정리하면 다음과 같다.

i) 경제이념

[그림 6−1] 전체 의원 경제 이념 성향과 찬반 의원 수

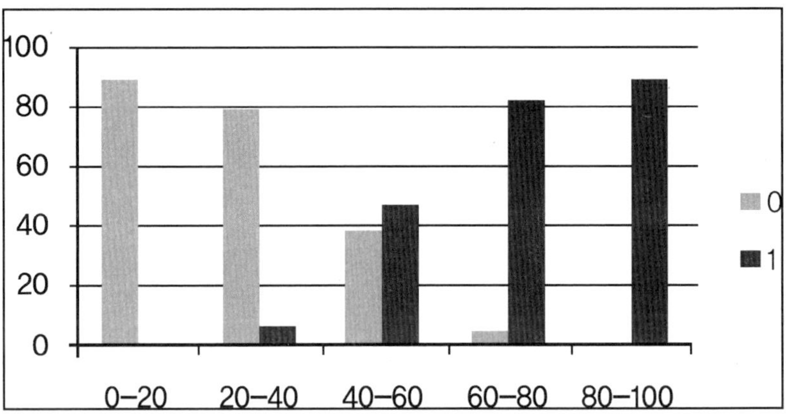

* 출처: 'Final Vote Results for Roll Call 477'(http://clerk.house.gov/evs/2009/roll477.xml)과 *National Journal*, "House Ratings" and "2009 Vote Ratings", 2010, Feb. 27을 토대로 이 그림을 필자가 작성함.

* 가로축은 의원의 경제이념 지수이며 세로축은 해당 의원 수를 나타냄; 0은 법안에 대한 반대, 1은 찬성을 나타냄.

우선 하원의원의 경제이념 성향을 중심으로 살펴보면 미국 청정에너지 및 안보법에 찬성한 의원은 반대한 의원에 비해서 월등히 진보적임을

알 수 있다. 이는 전체 의원의 수준에서뿐만 아니라 민주당 및 공화당 내에서 찬반 의원의 성향을 비교해보았을 때에도 그러하다. 전체 의원 수준에서 볼 때 이 법안에 찬성한 의원은 반대한 의원보다 46점 정도의 차이로 더욱 진보적이며, 민주당 내부만 볼 때 찬성한 의원은 반대한 의원보다 20점 이상 진보적인 것으로 나타났다. 따라서 경제적 이념의 각도에서 볼 때 진보적 성향의 의원이 보수적 성향의 의원보다 이 법안에 대해서 찬성하는 비율이 높았음을 알 수 있다. 이는 미국 청정에너지 및 안보법이 통과될 경우 탄소 배출권 할당량 분배를 둘러싼 준조세 형식의 새로운 비용이 발생할 수 있으며, 환경보호국의 권한 확대 등 연방정부의 역할이 팽창되는 것과 관련되어 있는 것으로 보인다.

ii) 오바마 득표율

[그림 6-2] 전체 의원 선거구에서의 2008년 대선 오바마 득표율과 찬반 의원 수

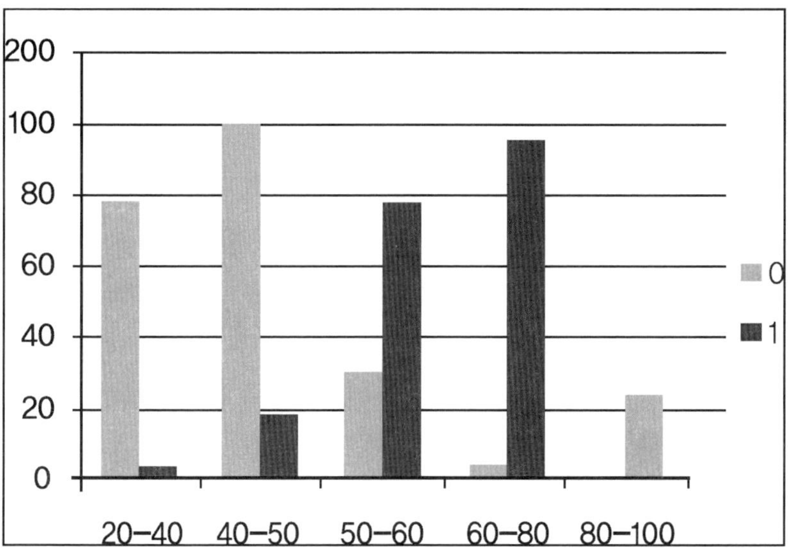

* 출처: 'Final Vote Results for Roll Call 477'(http://clerk.house.gov/evs/2009/roll477.xml)과 *The Almanac of American Politics 2010*에 제시된 정보를 토대로 이 그림을 필자가 작성함.
* 가로축은 의원 선거구별 2008년 오바마 득표율이며 세로축은 해당 의원 수(선거구 수)를 나타냄; 0은 법안에 대한 반대, 1은 찬성을 나타냄.

2008년 대선 당시 민주당 오바마 후보의 하원 선거구별 득표율과 관련하여 각 의원들의 찬반 성향을 살펴보면 경제이념 지수와 마찬가지로 확연히 구별되는 특징이 발견된다. 무엇보다도 두드러지는 특징은 미국 청정에너지 및 안보법에 찬성한 의원과 반대한 의원의 선거구에서 발견되는 오바마 득표율의 격차로서, [표 6-1]에 의하면 이는 20%를 넘어서고 있으며, 민주당 내에서도 법안 찬반 의원 간에는 17% 정도에 이르고 있다. 공화당 의원 중에서도 법안에 찬성한 의원의 선거구의 오바마 득표율(54.5%)은 반대한 공화당 의원 선거구의 오바마 득표율(42.1%)을 평균 12% 이상 상회하고 있을 뿐만 아니라, 이들 공화당 찬성의원 선거구의 오바마 득표율은 민주당 반대 의원 선거구의 오바마 특표율(46.9%)보다도 8%가량 높게 나타나고 있다.

이러한 사실에서 추론할 수 있는 것은 개별 하원 선거구 지역구민에 대한 오바마 대통령의 인기도의 높고 낮음이 미국 청정에너지 및 안보법에 대한 개별 의원의 투표에 상당한 영향을 미쳤다는 것이다. 2008년 대선 선거운동 당시 역대 어느 대통령보다도 강력하게 기후변화와 지구온난화에 대한 대처를 강조한 오바마 대통령의 지원과 낸시 펠로시 하원의장과 왁스만 에너지 및 통상위원회 위원장의 입법 노력에 대한 지역구민의 평가와 선호의 정도가 결국 이 법안에 대한 의원의 투표 결정에 중요한 변수가 되었을 것으로 보인다.

iii) 전략생산 탄소 의존 비율

[그림 6-3] 전체 의원 선거구에서의 전력생산 석탄 의존도와 찬반 의원 수

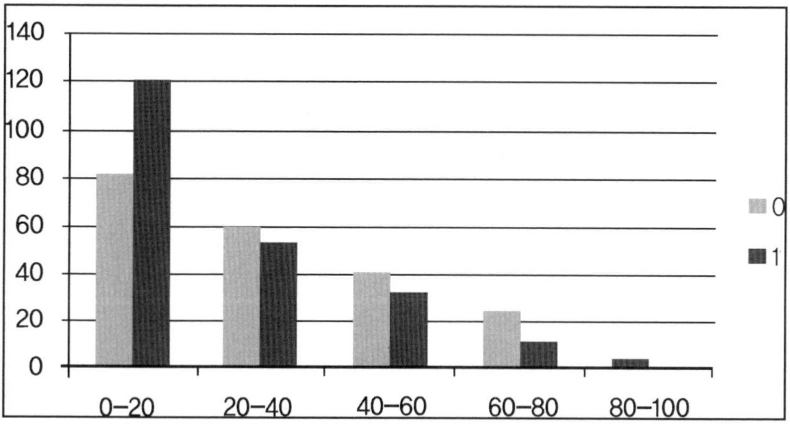

* 출처: 'Final Vote Results for Roll Call 477'(http://clerk.house.gov/evs/2009/roll477.xml)과 the U.S. Energy Information Administration(http://www.eia.doe.gov/), [table 4] 'Electric Power Net Summer Capacity by Primary Energy Source and Industry Sector, 1998 and 2002 Through 2008' in 'electricity profile'에 제시된 정보를 토대로 이 그림을 필자가 작성함.

* 가로축은 의원 선거구별 전력 생산 석탄 의존도이며 세로축은 해당 의원 수(선거구 수)를 나타냄; 0은 법안에 대한 반대, 1은 찬성을 나타냄.

한편 탄소 배출량과 관련이 있는 변수로서 필자가 채택한 전력 생산용 에너지원 가운데 해당 의원 선거구가 속한 주별 석탄 의존도를 통해서 볼 때, 석탄 의존도가 높은 선거구가 의존도가 상대적으로 낮은 선거구에 비해서 법안에 반대하는 비율이 높음을 알 수 있다. 전체적으로 미국 청정에너지 및 안보법에 대한 찬반의원 소속 선거구 간의 전력 생산용 석탄 의존도의 차이는 대체로 10% 정도에 이르는 것으로 나타나며, 이러한 격차는 민주당과 공화당 내에서 더 크게 벌어지고 있다. 미국 청정에너지 및 안보법이 통과될 경우 탄소 배출 할당량을 초과하는

지역에서는 탄소 배출권 시장에서 추가적으로 배출권을 구입해야 하며, 이 경우 그 지역에 준조세 형식의 비용이 발생할 것이기 때문에 해당 지역에서 전력 생산용 에너지원으로 석탄을 많이 사용하면 할수록 이 법안에 대한 반대의 가능성이 높았다고 보인다. 만약 탄소 배출권 구입을 위한 비용을 줄이기 위해서 탄소 배출량을 일정 기간 내에 규정된 분량까지 줄이고자 할 경우, 그 지역에서는 전력 발전시설, 생산설비 공장 등의 활동이 제한을 받을 수밖에 없고 재생에너지를 이용하는 방식으로 생산시설 등을 모두 전환해야 하기 때문에 추가적인 경제손실이 발생할 수밖에 없다. 이러한 이유로 인해서 전력 생산의 석탄 의존도가 높은 지역에서 당선된 의원은 그렇지 않은 의원에 비해서 미국 청정에너지 및 안보법에 반대하는 비율이 높았다고 보인다.

iv) 기타 지역구 특성과 관련된 변수

[그림 6-4] 전체 의원 선거구에서의 제조업 종사자 비율과 찬반 의원 수

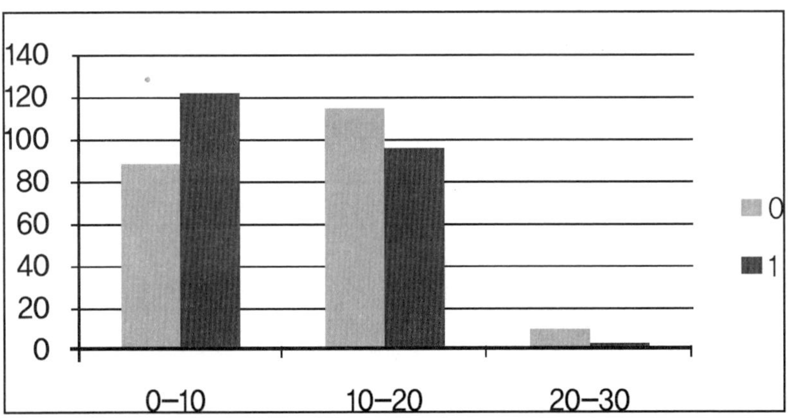

* 출처: 'Final Vote Results for Roll Call 477'(http://clerk.house.gov/evs/2009/roll477.xml); *The Almanac of American Politics 2010*; the U.S. Bureau of Census(http://factfinder.census.gov/),

'Selected Economic Characteristics: 2009', 'Selected Social Characteristics in the United States: 2009', 'ACS Demographic and Housing Estimates: 2009' in '2009 American Community Survey 1-Year Estimates'에 제시된 정보를 토대로 위 그림을 필자가 작성함.

* 가로축은 의원 선거구별 제조업 종사자 비율이며 세로축은 해당 의원 수(선거구 수)를 나타 냄; 0은 법안에 대한 반대, 1은 찬성을 나타냄.

[그림 6-5] 전체 의원 선거구에서의
대학 졸업 이상 학력 보유자 비율과 찬반 의원 수

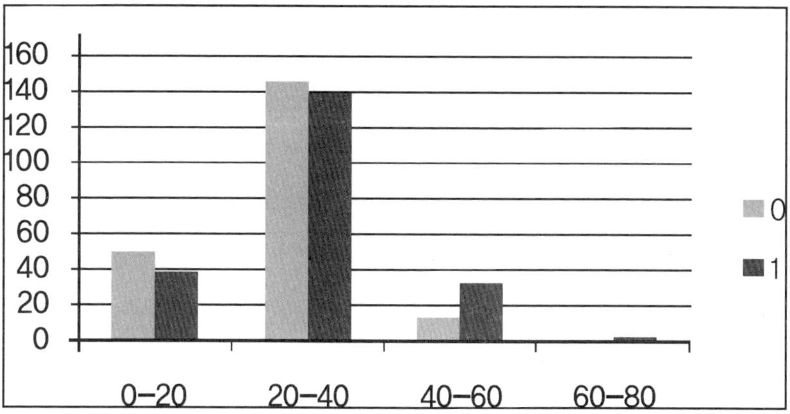

* 출처: 'Final Vote Results for Roll Call 477'(http://clerk.house.gov/evs/2009/roll477.xml); *The Almanac of American Politics 2010*; the U.S. Bureau of Census(http://factfinder.census.gov/), 'Selected Economic Characteristics: 2009', 'Selected Social Characteristics in the United States: 2009', 'ACS Demographic and Housing Estimates: 2009' in '2009 American Community Survey 1-Year Estimates'에 제공된 자료를 토대로 필자가 이 그림을 작성함.

* 가로축은 의원 선거구별 대학 졸업 이상 학력 보유자 비율이며 세로축은 해당 의원 수(선거구 수)를 나타냄; 0은 법안에 대한 반대, 1은 찬성을 나타냄.

기타 지역구별 제조업 종사자 비율, 히스패닉, 흑인, 백인 인구 비율, 대졸 이상 학력자 비율의 경우를 보아도 일정한 패턴이 발견된다. 비록 앞에서 언급한 의원의 경제 이념지수나, 2008년도 대선 당시 의원 선거구별 오바마 득표율, 선거구 소속 주별 전력 생산용 에너지원 석탄 의존도처럼 확연히 구별되는 선명한 결과를 보여주지는 않지만, 제조업 종사자의 비중이 높을수록, 전반적으로 소수 인종의 비율이 높고 백인의 비율이 낮을수록, 그리고 대졸자 이상의 고등학력 보유자의 비중이 높을수록 미국 청정에너지 및 안보법에 찬성할 가능성이 더 큰 것으로 나타났다.[10]

v) 지역별 분포

한편 [표 6-2]는 미국의 각 지역별로 미국 청정에너지 및 안보법에 찬성한 의원의 비율을 적어놓은 것이다. [표 6-2]에 잘 나타나 있듯이 대체로 가장 진보적인 미국 북동부 지역 출신 의원들의 찬성 비율이 압도적으로 높은 것을 알 수 있다. 특히 북동부 지역의 뉴잉글랜드 하위 지역의 경우 투표에 참가한 22명의 의원 전원이 찬성하여 가장 높은 찬성률을 나타냈다. 반면 가장 보수적인 지역인 남부의 경우 전체 152명의 이 지역 출신 의원들 가운데 50명의 의원만이 찬성하여 불과 32.9%의 찬성률을 보이고 있다. 특히 남부 지역 가운데에서도 동남 중부 하위 지역과 서남 중부 하위 지역 등 남부 내륙의 경우 각각 23.1%와 21.3%의 찬성률만을 보여 이 법안에 대한 반대가 매우 심했음을 짐작하게 했다.

10 인구통계학적 변수는 전반적으로 그 선거구의 진보적 성향 혹은 보수적 성향을 나타내주는 변수로 판단되는데, 이들 변수가 직접적으로 미국 청정에너지 및 안보법에 영향을 미쳤을 것이라는 논리는 근거가 약하다. 그러나 제조업 종사자 인구 비율의 경우 석탄 의존도와 마찬가지로 화석연료의 사용과 어느 정도 관련되어 있다면 청정에너지 및 안보법에 대한 의원의 찬반 성향을 설명해주는 논리적인 근거는 있을 것으로 보인다. 그러나 다른 산업 종사자 비율에 대한 통계자료를 확보한 후에 좀 더 심도 있는 분석이 있어야 할 것으로 보인다. 대학 졸업 이상 고등교육 학력자의 경우 일반적으로 그보다 낮은 학력 보유자보다 기후변화의 심각성 및 지구온난화에 대처해야 할 필요성에 대한 인지도가 높을 것으로 보여, 법안에 대한 찬반투표에 어느 정도 영향을 주었으리라는 논리적인 추론이 가능하다.

[표 6-2] 미국 지역별 찬반 투표 성향

지역	하위 지역	찬성 의원/투표한 지역 전체 의원(찬성 의원 비율)	
북동부 지역	뉴잉글랜드 지역	22명/22명(100%)	66명/83명(80.0%)
	중부 대서양 지역	44명/61명(72.1%)	
중서부 지역	동북 중부 지역	34명/69명(49.3%)	47명/110명(42.7%)
	서북 중부 지역	13명/31명(41.9%)	
남부 지역	남부 대서양 지역	34명/79명(43.0%)	50명/152명(32.9%)
	동남 중부 지역	6명/26명(23.1%)	
	서남 중부 지역	10명/47명(21.3%)	
서부 지역	로키산맥 지역	12명/27명(44.4%)	56명/96명(58.3%)
	태평양 지역	44명/69명(63.8%)	

* 출처: 'Final Vote Results for Roll Call 477'(http://clerk.house.gov/evs/2009/roll477.xml); *The Almanac of American Politics 2010*에 제공된 자료를 토대로 필자가 이 표를 작성함.

* 이 표에서 지역은 'region'의 번역어이며 그 하위 개념인 'division'은 하위 지역으로 번역하였다. 이 표에서 알 수 있듯이 각 지역은 두 개 이상의 하위 지역으로 구성되어 있다.

* 각 지역 및 하위 지역은 미국 인구통계국의 분류 기준에 따른 것이다.

② 민주당 소속 반대 투표 의원 44명 분석

2009년에 미국 청정에너지 및 안보법의 표결 과정에서 가장 관심의 대상이 되는 집단은 민주당 소속 의원이면서도 이 법안에 대해서 반대표를 던진 44명의 의원들이다. 이들은 이 법안에 찬성한 민주당의 다른 의원들과 같은 정당에 속하면서도 오바마 대통령이나 펠로시 의장 등 민주당 하원 지도부가 전력을 투구해 통과시키고자 노력한 기후변화 관련 법안에 대해서 반대한다는 자신들의 입장을 분명히 밝히고자 노력하였다. 과연 이들이 미국 청정에너지 및 안보법에 대해서 반대 의견을 표시한 이유는 무엇일까? 이에 대한 답변을 찾기 위해서 필자는 간접적이지만 이들 44명 민주당 의원들의 경제이념 성향, 이들이 당선된 지역구에서 2008년 대선 당시 오바마 대통령의 득표율, 이들이 당선된 주의 전력 생산에 있어서 석탄에 대한 의존 비율, 그리고 이들이 당선된 지역구의 경제·사회·인구학적 특성 등을 먼저 파악해보고자 한다. 또한 이와 관련하여 과연 이들 44명의 반대 의사 표명 민주당 의원들이 민주당 내의 경제적 보수주의자들의 집단인 블루 독과는 의원 구성 면에서 어떠한 관련이 있는지를 살펴보고자 한다. 이어서 마지막으로 미국 청정에너지 및 안보법에 반대 표를 던진 이들 44명 의원들의 출신 지역별 분포도 함께 살펴볼 것이다.

[표 6-3] 청정에너지 및 안보법에 반대한 민주당 의원 44명: 주, 선거구, 의원 이름, 경제 이념지수, 소속 선거구의 2008년 대선 당시 오바마 득표율, 소속 주 전력 생산의 석탄 의존도, 지역구 특성 등

주	지역구	이름	경제 이념 지수	오바마 득표율	전력 생산 석탄 의존도	제조업 비율	히스패닉 비율	백인 비율	흑인 비율	대졸이상 학력자 비율
AL	2	Bright, Bobby	41	36%	36.9%	12.9%	2.4%	63.6%	31.0%	19.8%
AL	5	Griffith, Parker	42	38%	36.9%	17.5%	5.9%	86.8%	5.9%	26.9%
AL	7	Davis, Artur	59	72%	36.9%	12.4%	2.5%	33.6%	62.0%	17.3%
AR	1	Berry, Robert	52	38%	25.3%	15.5%	2.5%	78.7%	16.8%	13.8%
AR	4	Ross, Mike	48	39%	25.3%	17.4%	4.8%	68.6%	23.9%	14.9%
AZ	1	Kirkpatrick, Ann	43	44%	22.5%	6.7%	19.0%	57.2%	1.3%	17.5%
AZ	5	Mitchell, Harry	42	47%	22.5%	7.8%	18.9%	68.5%	3.7%	42.4%
CA	13	Stark, Pete	64	74%	0.6%	15.1%	24.7%	28.3%	7.2%	37.0%

CA	20	Costa, Jim	55	60%	0.6%	7.2%	69.9%	16.7%	6.6%	7.2%
CO	3	Salazar, John	60	47%	39.6%	4.0%	23.1%	72.1%	0.7%	26.5%
GA	8	Marshall, Jim	43	43%	36.4%	11.5%	4.1%	60.1%	33.0%	19.2%
GA	12	Barrow, John	52	54%	36.4%	11.8%	3.9%	50.0%	43.2%	16.7%
ID	1	Minnick, Walter	41	36%	0.5%	9.6%	9.3%	85.7%	0.7%	23.1%
IL	12	Costello, Jerry	57	54%	36.2%	9.5%	2.3%	78.2%	16.6%	20.7%
IL	14	Foster, Bill	48	55%	36.2%	15.8%	22.7%	67.4%	5.2%	30.7%
IN	1	Visclosky, Peter	58	62%	72.8%	15.6%	12.5%	66.1%	18.6%	19.1%
IN	2	Donnelly, Joe	47	54%	72.8%	21.4%	8.0%	80.8%	8.8%	19.8%
IN	8	Ellsworth, Brad	45	47%	72.8%	16.3%	1.4%	92.2%	4.1%	18.1%
LA	3	Melancon, Charles	47	37%	13.3%	11.9%	3.3%	66.5%	25.9%	13.8%
MS	1	Childers, Travis	43	38%	16%	16.8%	3.1%	68.2%	26.4%	18.3%
MS	4	Taylor, Gene	41	32%	16%	11.9%	2.8%	70.0%	23.9%	18.0%
NC	7	McIntyre, Mike	44	47%	47.2%	11.0%	6.0%	63.8%	19.9%	21.6%
NC	8	Kissell, Larry	50	53%	47.2%	11.9%	9.9%	56.1%	27.9%	19.8%
ND	0	Pomeroy, Earl	57	45%	75.1%	7.3%	2.0%	89.1%	1.1%	25.8%
NY	24	Arcuri, Michael	52	51%	7.5%	11.6%	3.2%	90.4%	3.4%	21.7%
NY	29	Massa, Eric	45	48%	7.5%	14.8%	1.9%	90.1%	3.6%	29.4%
OH	6	Wilson, Charles	61	48%	65.1%	11.5%	1.1%	94.3%	2.5%	16.5%
OH	10	Kucinich, Dennis	51	59%	65.1%	13.1%	6.5%	82.6%	7.8%	24.9%
OK	2	Boren, Dan	42	34%	26.2%	13.1%	4.2%	68.2%	3.8%	14.9%
OR	4	DeFazio, Peter	60	54%	4.4%	10.1%	6.0%	86.9%	0.7%	23.2%

PA	3	Dahlkemper, Kathleen	53	49%	41%	18.0%	1.9%	92.5%	3.5%	20.9%
PA	4	Altmire, Jason	47	44%	41%	11.8%	1.0%	92.9%	3.4%	32.4%
PA	10	Carney, Christopher	46	45%	41%	13.2%	2.4%	93.3%	2.5%	21.2%
PA	17	Holden, Tim	48	48%	41%	13.7%	5.3%	84.4%	7.0%	21.3%
SD	0	Herseth Sandlin, Stephanie	44	45%	16%	9.2%	2.5%	85.1%	1.0%	25.1%
TN	4	Davis, Lincoln	48	34%	42.3%	17.2%	2.8%	90.7%	3.9%	14.6%
TN	8	Tanner, John	48	43%	42.3%	15.3%	3.2%	72.1%	22.6%	15.3%
TX	17	Edwards, Thomas	49	32%	19.2%	10.2%	20.2%	66.7%	9.6%	21.7%
TX	23	Rodriguez, Ciro	62	51%	19.2%	5.5%	65.4%	28.6%	2.8%	23.5%
TX	27	Ortiz, Solomon	58	53%	19.2%	6.5%	72.9%	23.1%	2.2%	17.5%
UT	2	Matheson, Jim	44	39%	68.3%	7.5%	7.8%	84.7%	1.2%	33.0%
VA	2	Nye, Glenn	44	51%	24.6%	6.4%	6.0%	64.1%	21.6%	28.6%
WV	1	Mollohan, Alan	61	42%	89.9%	9.8%	1.0%	94.7%	2.2%	18.8%
WV	3	Rahall, Nick	62	42%	89.9%	7.3%	0.9%	93.6%	4.1%	13.0%
전체 평균			**50.1**	**46.9%**	**36.3%**	**11.9%**	**10.9%**	**71.5%**	**11.9%**	**21.5%**

* 출처: 'Final Vote Results for Roll Call 477'(http://clerk.house.gov/evs/2009/roll477.xml); *National Journal*, "House Ratings" and "2009 Vote Ratings", 2010, Feb. 27; the U.S. Energy Information Administration(http://www.eia.doe.gov/), [table 4] 'Electric Power Net Summer Capacity by Primary Energy Source and Industry Sector, 1998 and 2002 Through 2008' in 'electricity profile'; *The Almanac of American Politics 2010*; the U.S. Bureau of Census(http://factfinder.census.gov/), 'Selected Economic Characteristics: 2009', 'Selected Social Characteristics in the United States: 2009', 'ACS Demographic and Housing Estimates: 2009' in '2009 American Community Survey 1-Year Estimates.'

* 음영 처리가 된 지역구의 의원은 민주당 내 블루독 연합에 속하는 의원임.

i) 경제이념

[그림 6-6] 민주당 의원 경제이념 성향과 찬반 의원 수

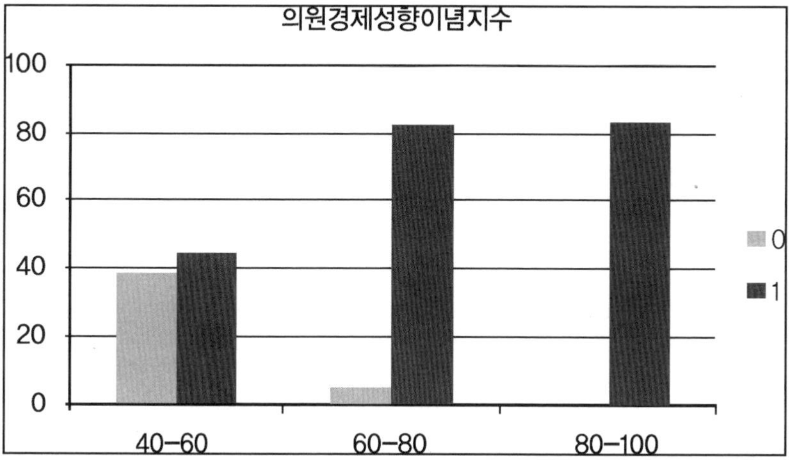

* 출처: 'Final Vote Results for Roll Call 477'(http://clerk.house.gov/evs/2009/roll477.xml)과 *National Journal*, "House Ratings" and "2009 Vote Ratings", 2010, Feb. 27을 토대로 이 그림을 필자가 작성함.

* 가로축은 민주당 의원의 경제이념 지수이며 세로축은 해당 의원 수를 나타냄; 0은 법안에 대한 반대, 1은 찬성을 나타냄.

경제이념 성향의 면에서 미국 청정에너지 및 안보법에 반대한 민주당 소속 의원 44명의 특징을 보면, 이들이 민주당 주류와는 달리 상당히 보수적인 성향의 의원 집단임을 알 수 있다. 뒤에서 다시 설명될 것이지만 이들 44명의 의원 가운데 65.9%에 해당하는 29명의 의원이 경제적·재정적 보수주의를 표방해온 민주당 내 블루독 연합 소속인 점도 이를 잘 입증하고 있다.

[표 6-3]에 제시된 대로 미국 청정에너지 및 안보법에 반대한 이들

44명의 의원들의 평균 경제이념 지수인 50.1점은 법안에 찬성한 양당 전체 219명의 의원들이나 민주당 소속 212명 의원들의 평균 경제이념 지수인 71.9점이나 72.0점에 훨씬 못 미치고 있다. 법안에 반대한 44명의 민주당 의원과 전체 찬성 의원 및 민주당 내 찬성 의원 간의 경제이념 지수의 격차는 오히려 이들 반대 의원과 공화당 찬성 의원의 경제이념 지수인 39.0점과의 격차보다 약 10점 이상 큰 편이다. 그만큼 이들은 민주당 주류와 비교해볼 때 경제적, 재정적 측면에서 오히려 보수적 성향의 의원 집단에 가깝다고 할 수 있다.

이들 44명의 민주당 내 반대투표 의원들의 경제이념 지수를 살펴보면 지수가 70점을 넘는 의원은 한 명도 없으며, 60점을 넘는 의원은 단지 7명으로서, 이 인원수는 44명 반대자 가운데 15.9%에 불과하다. 이러한 숫자와 분포는 미국 청정에너지 및 안보법에 찬성한 민주당 의원들의 그것과는 현격한 차이를 보이는 것인데, 민주당 내 211명의 찬성자 가운데 70점 이상의 경제이념 지수를 보이는 의원은 이들 211명의 61.6%에 달하는 130명에 이르며, 60점 이상의 지수를 보이는 의원은 211명의 79.1%에 달하는 167명에 이른다. 이상의 결과를 종합해보면 미국 청정에너지 및 안보법에 반대한 의원 44명은 경제적으로 매우 보수적인 성향의 의원들로서 민주당 내에서 블루독과 정서적으로 매우 가까운 비주류 집단이라고 할 수 있다. 이들 44명은 이 법안이 통과될 경우 연방정부의 규제 강화로 나타날 준조세 형식의 새로운 비용 부담에 대해서 우려를 표명하면서 미국 청정에너지 및 안보법에 반대했다고 생각된다.

ii) 오바마 득표율

[그림 6-7] 민주당 의원 선거구에서의 2008년 대선 오바마 득표율과 찬반 의원 수

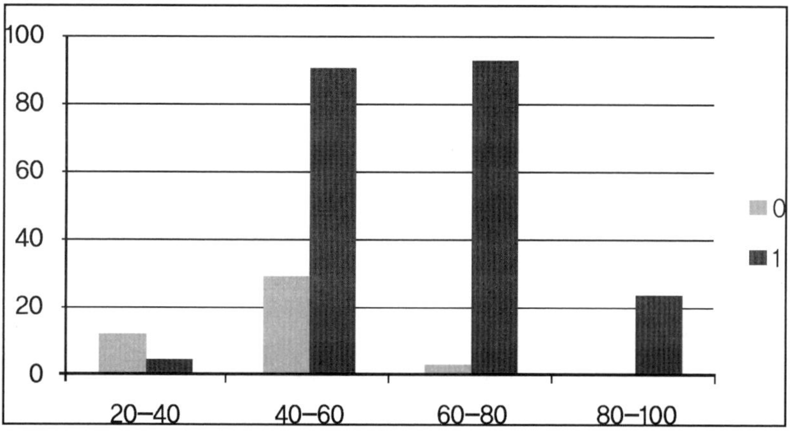

* 출처: 'Final Vote Results for Roll Call 477'(http://clerk.house.gov/evs/2009/roll477.xml)과 *The Almanac of American Politics 2010*에 제시된 정보를 토대로 이 그림을 필자가 작성함.
* 가로축은 민주당 의원 선거구별 2008년 오바마 득표율이며 세로축은 해당 민주당 의원 수(선거구 수)를 나타냄; 0은 법안에 대한 반대, 1은 찬성을 나타냄.

2008년 대통령선거 당시 오바마 민주당 후보가 각 하원의원 선거구에서 획득한 득표율의 각도에서 미국 청정에너지 및 안보법에 반대한 민주당 의원 44명을 분석해보면 상당히 흥미로운 결과가 나타난다. 우선 이들 44명 민주당 의원들의 선거구에서 오바마 민주당 후보가 2008년 대선 당시 획득한 득표율은 [표 6-3]에 나타나 있듯이 평균 46.9%인데, 이 득표율은 이 법안에 찬성한 민주당 · 공화당 양당 소속 219명 의원의 선거구와 민주당 찬성 의원 212명의 선거구에서 오바마 민주당 후보가 획득한 평균 득표율인 63.8%(두 종류의 선거구에서 오바마 후보의 득표율의 평균이 같음)보다 거의 17% 정도 떨어지는 득표율이다. 이들 44명 반대

투표한 민주당 의원의 선거구에서 오바마 후보의 득표율은 이 법안에 찬성한 공화당 의원의 선거구에서 오바마 후보의 평균 득표율인 54.5%보다도 작은 수치이다. 이러한 결과에서 추론할 수 있는 것은 오바마 대통령에 대한 각 하원 선거구 지역구민의 지지도 혹은 각 선거구에서 오바마 대통령의 인기도가 미국 청정에너지 및 안보법에 대한 의원들—민주당 의원을 포함하여—의 찬반 여부에 영향을 미쳤다는 점이다. 다시 말하자면 반대투표 민주당 의원 44명의 경우 그 반대의 중요한 이유 가운데에는 오바마 대통령이 주도하는 기후변화 대처 법률의 제정에 대한 지역구민의 일반적인 반오바마 정서가 중요한 역할을 했을 것으로 보인다.

이러한 결과와 관련하여 이들 반대투표자 민주당 의원 44명 선거구의—2008년도 오바마 득표율로 대변되는— 오바마 지지도를 다른 각도에서 살펴보면 다음과 같은 결과가 또한 도출된다. 이들 44명의 선거구를 총괄적으로 분석해보면 2008년 대선 당시 오바마 후보의 득표율이 60% 이상이었던 지역구는 44개 선거구의 9.1%에 해당하는 단 4곳뿐이며, 50% 이상이 선거구도 15곳에 불과해 44개 선거구 가운데 34.1%에 그치고 있다. 이러한 수치는 민주당 전체 찬성의원 211명의 지역구 가운데 오바마 후보가 2008년 대선 당시 획득한 득표율과 비교해보면 매우 대조적이다. 민주당 내 찬성의원 211명 의원의 선거구 가운데 오바마 후보의 득표율이 60% 이상이었던 곳은 127곳으로 60.2%를 차지하고 있으며, 득표율이 50% 이상이었던 곳은 192개 선거구에 이르러 무려 91.0%에 달하는 것으로 나타나 있다. 이와 같은 비교를 통해서 다시 확인되는 것은 미국 청정에너지 및 안보법에 대한 민주당 내 반대투표 의원 44명의 반대 이유 가운데 중요한 하나는 지역구에서의 오바마 대통령의 인기도가 상대적으로 낮아서 이러한 지역구 유권자의 정서를 반영하지 않을 수 없었을 것이라는 점이다.

iii) 전력생산 탄소 의존 비율

[그림 6-8] 민주당 의원 선거구에서의 전력생산 석탄 의존도와 찬반 의원 수

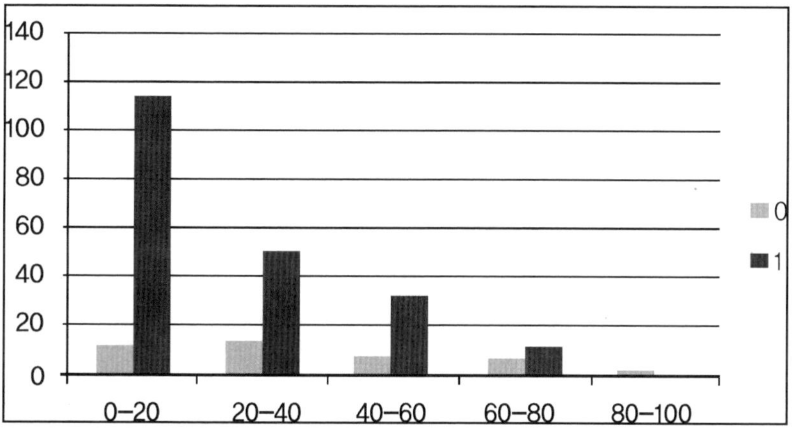

* 출처: 'Final Vote Results for Roll Call 477'(http://clerk.house.gov/evs/2009/roll477.xml)과 the U.S. Energy Information Administration(http://www.eia.doe.gov/), [table 4] 'Electric Power Net Summer Capacity by Primary Energy Source and Industry Sector, 1998 and 2002 Through 2008' in 'electricity profile'에 제시된 정보를 토대로 이 그림을 필자가 작성함.

* 가로축은 민주당 의원 선거구별 전력생산 석탄 의존도이며 세로축은 해당 민주당 의원 수(선거구 수)를 나타냄; 0은 법안에 대한 반대를, 1은 찬성을 의미함.

미국 청정에너지 및 안보법의 주요한 핵심 사항 가운데 하나는 탄소 배출량의 규제를 통한 지구온난화 방지이며, 이를 위해서 인위적인 탄소 배출 감축량을 설정하고 탄소 배출이 있는 공장이나 회사별로 이러한 감축량을 일정 기간 내에 달성하도록 규정하고 있다. 이를 위해서 동 법안은 법안이 허용하는 탄소 배출 할당량을 해당 회사·공장별로 배분하고 일정 기간에 이러한 할당량을 초과하는 탄소 배출량을 보인 기관에 대해서는 탄소 배출권 시장에서 비용을 지불하고 새로운 할당량을 구매하

도록 하고 있다. 이러한 소위 탄소 배출 할당량 상한치 설정 및 시장교환 제도는 탄소 배출량이 많은 지역 혹은 탄소배출 연료에 의존하여 전력을 생산하는 회사가 있는 지역 출신 의원들의 반발을 불러일으키게 되었다. 회사나 기관별로 배정된 탄소 배출 할당량 이상으로 탄소가 배출될 경우 탄소 배출권 시장에서 새로이 할당량을 구입해야 한다는 것은 일종의 벌금에 해당하며 새로운 형태의 에너지 세금과 유사한 성격을 띠는 것이었다. 따라서 탄소 배출이 많은 지역의 의원들은 비록 민주당 소속이라고 할지라도 이 법안에 반대할 만한 충분한 동기가 있는 것이다.

이 글에서는 각 지역이 탄소 배출 규제에 취약한 정도를 그 지역 전력생산의 석탄 의존도를 통해서 측정하였다. 전력생산에 있어서 석탄 의존도가 높은 지역일수록 그 지역에서 당선된 의원은 미국 청정에너지 및 안보법에 반대할 것이며, 그렇지 않은 경우는 반대의 가능성이 낮을 것이기 때문이다. 실제로 [표 6-3]에 나타나 있듯이 주별 전력생산 석탄 의존도를 보면 반대투표자 민주당 의원 44명이 소속된 주의 평균 석탄 의존도는 36.3%에 이르러 법안에 찬성한 민주당 의원이 속한 주의 평균 석탄 의존도 23.2%보다 13%가량 높다. 또한 민주당 반대투표 의원 44명 가운데 전략생산 석탄 의존도 20%를 기준으로 그 이상인 주('석탄주') 출신의 의원 수는 전체의 70.5%에 해당하는 31명으로서, 민주당 찬성의원 211명 가운데 석탄주 출신 의원인 96명(45.5%)보다 훨씬 높다. 이러한 통계수치에서도 알 수 있듯이 미국 청정에너지 및 안보법에 반대한 44명의 민주당 의원들은 이 법안이 의회를 통과할 경우 나타날 수 있는 탄소 배출권 구입 등 여러 가지 경제적 불이익을 고려하면서 이 법안에 대한 강한 거부감을 지녔을 것으로 보인다.

iv) 블루독과의 관련

한편 민주당 내 경제적 · 재정적 보수주의파 의원 모임인 블루독 연합과 미국 청정에너지 및 안보법에 반대한 44명의 의원 간의 관계를 살펴보면, 이 법안에 반대투표를 한 의원의 상당수가 사실상 하원 내 블루독 연합에도 몸담고 있는 의원임을 알 수 있다. 익히 알려져 있는 것처럼 블루독 연합은 민주당 내에서도 오바마의 경제정책 노선과는 달리 작은 정부론을 신봉하며 연방정부의 재정 지출 확대나 조세의 증가에 반대하는, 경제적으로 보수적인 성향의 의원들로 알려져 있다. 따라서 미국 청정에너지 및 안보법이 제정될 경우 나타날 수 있는 경제적 부담—예컨대 탄소 배출량 규제로 인해서 배출량을 초과하는 지역의 경우 이에 상응하는 비용을 준조세의 형식으로 지불해야 한다는 인식—으로 인해 이들 블루독 의원들 가운데 상당수는 이 법에 대해서 상당히 부정적인 반응을 보였던 것이 사실이다.

실제로 미국 청정에너지 및 안보법에 반대한 민주당 의원 44명 가운데 65.9%에 해당하는 29명의 의원이 바로 블루독 연합 소속 의원들이었으며 (앞의 [표 6-3]에서 음영으로 처리된 의원들) 나머지 15명만이 블루독 연합에 소속이 아니어서, 사실상 반대를 주도한 것은 블루독 의원들이었다고 해도 크게 틀린 말은 아니라고 할 수 있다. 그리고 이들 29명의 반대투표자 민주당 의원은 전체 52명의 블루독 연합 가운데에서 과반수인 55.8%를 차지하고 있어서 주목할 만하다.

v) 지역별 분포

미국 청정에너지 및 안보법에 반대한 민주당 소속 의원 44명의 지역적 분포를 [표 6-4]와 [표 6-5]에 제시된 대로 4개 지역과 9개 하위 지역으로 분류하여 살펴보면 다음과 같은 결과가 발견된다. 반대투표자 민주당

[표 6-4] 미국 청정에너지 및 안보법에 반대한 민주당 44명의 지역 분포, 인원, 비율

지역	하위 지역	반대한 민주당 의원/투표한 지역 전체 민주당 의원 (반대 투표 민주당 의원 비율) (지역 전체 반대 의원 비율)	
북동부 지역	뉴잉글랜드 지역	0명/22명(0%) (0%)	6명/68명(8.8%)(20.5%)
	중부대서양 지역	6명/46명(13.0%)(27.9%)	
중서부 지역	동북 중부 지역	7명/40명(17.5%)(50.7%)	9명/55명(16.4%)(57.3%)
	서북 중부 지역	2명/15명(13.3%)(58.1%)	
남부 지역	남부대서양 지역	7명/40명(17.5%)(57.0%)	21명/70명(30.0%)(67.1%)
	동남 중부 지역	7명/13명(53.8%)(76.9%)	
	서남 중부 지역	7명/17명(41.2%)(78.7%)	
서부 지역	로키산맥 지역	5명/17명(29.4%)(55.6%)	8명/62명(11.8%)(41.7%)
	태평양 지역	3명/45명(6.7%)(36.2%)	

* 출처: 'Final Vote Results for Roll Call 477'(http://clerk.house.gov/evs/2009/roll477.xml); *The Almanac of American Politics 2010*에 제공된 자료를 토대로 필자가 이 표를 작성함.

[표 6-5] 미국 청정에너지 및 안보법에 반대한 민주당 의원의 비율과 전체 반대 의원 비율과의 차이: 지역별 분석

지역	하위 지역	지역 전체 반대 의원 비율—반대투표자 민주당 의원 비율	
북동부 지역	뉴잉글랜드 지역	0%	11.7%
	중부대서양 지역	14.9%	
중서부 지역	동북 중부 지역	33.7%	40.9%
	서북 중부 지역	44.8%	
남부 지역	남부대서양 지역	39.5%	37.1%
	동남 중부 지역	18.6%	
	서남 중부 지역	37.5%	
서부 지역	로키산맥 지역	26.2%	29.9%
	태평양 지역	29.5%	

* 출처: 'Final Vote Results for Roll Call 477'(http://clerk.house.gov/evs/2009/roll477.xml); *The Almanac of American Politics 2010*에 제공된 자료를 토대로 필자가 이 표를 작성함.

의원 총수와 (투표에 참여한) 지역 전체 민주당 의원 대비 반대투표자 민주당 의원 비율로 볼 때 미국에서 유권자 성향이 가장 보수적이라고 알려진 남부 지역이 역시 가장 높은 수치를 보여주고 있다. 남부 지역의 경우 이 지역 출신으로 투표에 참가한 민주당 의원 70명 가운데 30.0%에 달하는 21명이 미국 청정에너지 및 안보법에 대해서 반대투표를 행사한 것으로 나타났다([표 6-4]). 이러한 21명이라는 인원은 민주당 내 전체 반대투표자 의원 숫자인 44명의 47.7%에 달하는 것으로서 반대투표를 행사한 의원의 거의 절반이 이들 지역 출신임을 알려주고 있는 것이다. 남부 지역 중에서도—북동부 지역에 잇닿아 있어서 일부 진보적 성향을 보이는 주를 포함하고 있는— 하위 지역인 남부대서양 지역을 제외하고 동남 중부 하위 지역과 서남 중부 하위 지역만을 보면 투표에 참여한 지역 전체 민주당 의원 대비 반대투표자 민주당 의원의 비율이 각각 53.8%와 41.2%로 나와서([표 6-4]), 이 지역 의원들이 다른 어느 지역이나 하위 지역보다도 이 법안에 대해서 높은 반대의 비율을 보이고 있음을 알 수 있다.

이어서 역시 동일한 민주당 내 반대투표자 의원 숫자와 투표에 참여한 지역 전체 민주당 의원 대비 반대투표자 민주당 의원 비율 면에서 볼 때 남부 지역 다음으로는 중서부 지역, 서부 지역, 북동부 지역의 순서로 높은 수치가 나타나고 있다. 이들 세 지역은 각각 반대투표자 의원 숫자와 투표에 참여한 지역 전체 민주당 의원 대비 반대투표자 민주당 의원 비율 면에서 9명, 8명, 6명 및 16.4%, 11.8%, 8.8%의 분포를 보여주고 있다([표 6-4]). 특히 유권자 성향이 가장 진보적인 것으로 알려진 북동부 지역에서는 이 지역 출신 68명의 민주당 의원 가운데 단 6명이 반대투표를 행사했으며, 그 비율은 민주당 전체 반대 의원 44명 대비 13.6%로 가장 적게 나타나고 있어서 남부 지역의 그것과는 무려 15% 정도의 차이를 보이고 있다. 특히 북동부 지역의 하위 지역인 뉴잉글랜드 지방의 경우 이 지역에 속하는 주 출신 의원들 전원이 이 법안에 찬성함으로써 이들 지역이 기후변화 문제와 관련하여 미국 내에서 가장 전향적인 하위 지역임을 입증해주기도 했다.

한편 미국 청정에너지 및 안보법에 반대한 민주당 의원의 비율과 전체 반대 의원 비율과의 차이를 지역별로 분석해보면 양당 소속 의원을 망라하여 이 법안에 대한 지역 전체 의원의 일반적인 정서를 민주당의 반대 의원이 얼마나 잘 대변하고 있는지를 알 수 있다. 임의로 20% 미만의 격차를 보이는 지역을 살펴보면 북동부 지역의 뉴잉글랜드 하위 지역과 중부대서양 하위 지역, 그리고 남부 지역의 동남 중부 하위 지역이 그에 속한다고 할 수 있다([표 6-5]의 음영 처리된 부분). 이들 세 개의 하위 지역은 다른 지역에 비해서 지역 유권자나 혹은 지역 출신 의원의 이념 성향이 상대적으로 분명한 지역에 해당한다. 전반적으로 북동부 지역의 경우 매우 진보적인 성향이 강하며, 남부 지역 가운데 동남 중부 하위 지역은 매우 보수적인 지역으로 통하는데, 이들 지역에서 미국 청정에너지 및 안보법에 반대한 민주당 의원의 비율과 전체 반대 의원 비율과의 격차가 가장 작은 것으로 나타나고 있어서 반대 의사를 표명한 의원들이 지역정서를 강하게 대변하고 있다는 점을 알 수 있다.

2) 하원 법안에 대한 이익집단의 입장: 찬반 이익집단의 구성과 논리

앞에서 제시된 의원들의 투표 성향을 보면 지역구의 특성 및 이해관계에 따라서 하원 법안에 대한 투표 결정이 상당히 영향을 받았음을 알 수 있다. 이러한 의원들의 투표 행태와 마찬가지로, 하원 기후변화 법안에 대한 이익집단의 찬반 구성과 입장 역시 이들 이익집단의 성격과 이들이 대변하는 이익에 따라서 차이를 보이고 있었다. 다음에서는 앞에서 투표의 결정 요인이 분석된 하원 미국 청정에너지 및 안보법에 대해서 찬성과 반대를 한 이익집단의 구성을 알아보고, 이들의 찬반의 논리를 분석해보고자 한다.

무엇보다도 먼저 언급해야 할 것은 2009년 미국 청정에너지 및 안보법에 대한 이익집단의 입장이 매우 복잡다기하다는 점이다. 그리고 이 법안에 대해서 입장을 표명한 모든 이익집단을 망라적으로 조사하여 정리하는 것은 사실상 불가능하다. 다양한 직종에서 혹은 다양한 분야에 활동하는 기업이나 이익집단 혹은 환경단체가 이 법안에 대해서 상당한 시간에 걸쳐서 지속적으로 입장을 개진해왔기 때문에 또한 이러한 입장을 모두 파악할 수는 없기 때문이다.

필자는 다양한 분야의 기업 · 이익집단 · 환경단체 등의 입장을 정리하는 과정에서 발생할 수 있는 주관적 편견을 가능한 한 최소화하기 위해서 맵라이트(MapLight)라는 비영리 · 비당파적 연구기관이 자신의 사이트에서 제공한 자료를 선택하였다.[11] 맵라이트는 2009년에 하원을 통과한 2009년 미국 청정에너지 및 안보법과 관련하여 이 법안과 관련된 기업 및 단체들이 의원별로 기부한 선거자금의 내역을 공개하고 있는데, 이와 관련하여 맵라이트는 이 법안에 대해서 공개적으로 찬성과 반대의 입장을

11 맵라이트는 기업이나 이익집단에서 선거기간에 후보에게 기부하는 정치자금이 미국 정치에 미치는 영향력을 조사하는 기관인데, 이 기관은 각 법안마다 이 법안과 관련이 있는 기업 · 이익집단 · 시민단체 등의 조직이 상원과 하원의원들에게 기부한 정치자금의 금액 등을 조사해서 보고하고 있다. 본문에 제시되는 표는 맵라이트가 제공한 정보를 중심으로 작성되었으며 사실 관계 확인 과정에서 극히 일부분이 수정 · 첨삭되었다.

표명한 기업 · 이익집단 · 환경단체 등의 목록("60 Organizations Supported and 26 Opposed; See Which Ones")과 이들이 입장을 추적할 수 있도록 링크도 제공하고 있다("Need proof?: View Citations of Support and Opposition").[12]

또한 하원의 기후변화 관련 법안과 관련된 맵라이트의 사이트에는 법안의 논의와 관련하여 의회에 대한 공개서한(open letters)이나 언론보도문(media release) 등의 형식으로 공식적인 입장을 개진한 기업이나 직능단체, 그리고 환경단체가 포괄적으로 정리되어 있고, 법안에 대한 찬반의 입장에 따라서 이들 단체를 분류한 목록이 나타나 있다. 또한 이들 단체의 입장을 독자가 객관적으로 확인할 수 있도록 이들이 단독으로, 혹은 자신이 회원으로 있는 상위의 기관 혹은 이익집단 혹은 환경단체의 명의로, 혹은 이러한 단체와 연서명의 형식으로 발표한 공개서한 등의 자료에 관련된 사이트도 링크시켜놓았다. 필자는 이러한 자료를 통해서 필자의 주관적인 선택 오류를 최소화하고자 하였다.

(1) 하원 법안에 대한 찬반 표명 단체의 성격

우선 하원의 2009년 미국 청정에너지 및 안보법에 대해서 그 입장이 분명히 확인되는 것으로 나타난 집단을 찬반으로 분류하여 정리하면 [표 6-6]과 같다.

[표 6-6]에서 알 수 있듯이 하원의 미국 청정에너지 및 안보법에 찬성한 단체는 주로 첫째, 미국 기후환경 파트너십이나 블루그린연맹과 같은, 기업 및 환경단체가 함께 소속된 연합단체, 둘째, 이에 소속된

---

12 맵라이트의 웹사이트는 http://maplight.org/about이며 다양한 단체들의 선거자금 기부 내역은 http://maplight.org/us-congress/bill/111-hr-2454/371786/contributions-by-vote에 제시되어 있다.

[표 6-6] 하원 법안에 대해 찬성의 의사를 표명한 단체

찬성		
1	AES 코퍼레이션	친환경 전력발전회사 (미국 기후행동 파트너십 소속: 이하 '파트너십 소속'으로 표기)
2	Alcoa	알루미늄 제조업체(파트너십 소속)
3	기후보호연맹	환경단체
4	알스트롬 그룹	철도제조회사(재생에너지 분야 관여) (기후보호연맹과 공개서한 연서명: 이하 '기후보호와 연서명'으로 표기)
5	미국 하천	환경단체(기후보호와 연서명)
6	어플라이드 마테리얼	친환경기술 및 설비 회사
7	아스펜 스노매스	친환경 휴양시설 (어플라이드 마테리알과 공개서한 연서명: 이하 '어플라이드와 연서명'으로 표기
8	오스틴 에너지	친환경 전기 및 가스공급 공공설비 회사 (텍사스주 오스틴 지역 소재, 지역사회 공동 소유; 어플라이드와 연서명)
9	아비스타 코퍼레이션	전기공급 공공설비 회사 보유 (워싱턴주 오레건시 소재; 어플라이드와 연서명)
10	보스턴 과학 코퍼레이션	의료장비 회사(파트너십 소속)
11	크라이슬러	자동차 회사(파트너십 소속)
12	청정수 행동	환경단체 (청정수질 보전을 통한 국민보건 보호; 기후보호와 연서명)
13	클리프바 앤드 컴퍼니	친환경식품회사(어플라이드와 연서명)
14	기후해법	환경단체 (미국 북서부 중심의 지구온난화 대처 시민단체; 리더십과 시민의 연합 추구; 기후보호와 연서명)
15	미국 커뮤니케이션 근로자 노조	텔레커뮤니케이션 노동조합 (블루그린연맹 소속: 이하 '블루그린 소속')
16	디어 앤드 컴퍼니	친환경 장비회사(파트너십 소속)

17	다우케미컬 회사	화학 분야 회사(파트너십 소속)
18	듀크 에너지	친환경 전기 및 가스공급 공공설비 회사 (사우스 캐롤라이나와 노스 캐롤라이나주 중심의 회사로 재생에너지에 관심; 어플라이드와 연서명)
19	듀퐁	화학 분야 회사(파트너십 소속)
20	eBay	유통업체(어플라이드와 연서명)
21	환경미국	환경단체(어플라이드와 연서명)
22	환경방어자금	환경단체(기후보호와 연서명)
23	엑셀론	전기 및 가스공급 공공설비 회사 (어플라이드와 연서명)
24	포드	자동차 회사(파트너십 소속)
25	제너럴 일렉트릭	전력발전 포함 다국적 종합상사(파트너십 소속)
26	GM	자동차 회사(파트너십 소속)
27	휴렉 패커드	컴퓨터 회사(어플라이드와 연서명)
28	존슨 앤 존슨	생활용품 회사(파트너십 소속)
29	클라이너 퍼킨스	벤처캐피탈(어플라이드와 연서명)
30	노동자 북미국제노조	노조(블루그린과 연서명)
31	환경보존 유권자연맹	환경단체
32	레비 스트로스 앤 컴퍼티	의류 회사(어플라이드와 연서명)
33	전국오듀본협회	환경단체(기후보호와 연서명)
34	내셔널 그리드	전기 및 가스공급 공공설비 회사 (미국 동북부 지역에서 활동; 어플라이드와 연서명)
35	천연자원 방어위원회	환경단체(블루그린 소속)
36	자연보존	글로벌 환경보호단체(파트너십 소속)
37	넥스트라 에너지	재생에너지 전력발전 회사(어플라이드와 연서명)
38	나이키	신발 회사(어플라이드와 연서명)
39	NRG 에너지	친환경 전력발전 회사(어플라이드와 연서명)
40	원 스카이	캐나다에 본부를 둔 국제환경단체

41	옥스팜 아메리카	국제구호개발단체(기후보호와 연서명)
42	펩시코	청량음료 회사(파트너십 소속)
43	퓨환경그룹	환경단체(기후보호와 연서명)
44	PG&E	친환경 전기 및 가스공급 공공설비 회사 (어플라이드와 연서명)
45	PNM 리소시즈	전력 및 가스공급 공공설비 지주회사 (뉴멕시코주 중심; 파트너십 소속)
46	공공서비스 엔터프라이즈 그룹	공공서비스 업체(어플라이드와 연서명)
47	리오핀토	친환경 채광업체(파트너십 소속)
48	서비스 근로자 국제노조	노동조합(블루그린 소속)
49	세븐쓰 제너레이션	친환경 여성 및 유아용품 업체 (어플라이드와 연서명)
50	쉘	석유 회사(파트너십 소속)
51	지멘스 코퍼레이션	에너지 분야 포함한 종합적 국제상사 (파트너십 소속)
52	시에라클럽	환경단체(기후보호와 연서명)
53	스타벅	커피 제조 및 판매업 회사(어플라이드와 연서명)
54	시맨텍 코퍼레이션	컴퓨터 바이러스 방지 업체(어플라이드와 연서명)
55	우려하는 과학자 연맹	학자와 시민단체 중심의 환경단체 (기후보호와 연서명)
56	미국 철강, 제지 및 수림, 고무, 제조, 에너지 분야 연합 산업 및 서비스 고용자 국제 노조	제조업 및 서비스 업계 국제 노조(블루그린 소속)
57	미국 공공설비 근로자 노조	공공설비 분야 근로자 노조(블루그린 소속)
58	VoteVets.org	미국 퇴역군인 단체
59	세계자원연구소	글로벌 환경 싱크탱크(파트너십 소속)

환경단체와 기업, 셋째, 전기 및 가스공급 공공설비 회사, 넷째, 친환경 전력발전 회사 및 재생에너지 회사 등 저탄소 사회로의 진입에 대해서 적극적으로 준비하고 있는 기업, 그리고 마지막으로 기타 개별적인 환경

단체 등이라고 할 수 있다. 앞에 나타난 SES 코퍼레이션과 넥스트라 에너지 등은 재생에너지 분야에 종사하는 회사이며, 오스틴 에너지와 듀크 에너지 등은 친환경적 전기공급 공공설비 회사에 속한다. 이외에 미국의 대표적인 환경단체인 시에라클럽과 환경방어자금, 그리고 미국 하천, 청정수 행동, 기후해법, 환경미국, 학자와 시민으로 구성된 환경단체인 우려하는 과학자 연맹은 모두 환경단체에 해당된다. 이외에도 예외적으로 친환경 채광업 분야에 속한 리오틴토라는 채광기업과 스타벅 등 커피 유통업체 등도 하원 기후변화법안에 대해서 찬성 의사를 표명하였다.

[표 6-6]에 제시된 단체들 가운데 상당수가 미국 기후행동 파트너십과 블루그린연맹이라는 연합적 환경단체에 소속되어 있어서 이들 두 단체에 대한 간단한 소개가 필요할 것으로 보인다. 미국 기후행동 파트너십은 2007년 1월에 미국 정부로 하여금 온실가스 배출을 억제하도록 촉구하기 위해서 만들어졌으며, 기업 부문과 주요 환경단체 간의 협력체 혹은 연합체적인 성격을 띤 포괄적인 단체라고 할 수 있다. 이 단체에는 2012년 5월 현재 AES 코퍼레이션, Alcoa, 알스트롬, 다우 케미컬, 크라이슬러, 제네럴 일렉트릭, 듀크 에너지, 자연보존, 천연자원 방어위원회, 환경방어자금, 세계자원연구소 등 다양한 기업과 환경단체들이 소속되어 있다. 이 단체는 단체의 목적과 관련하여 "대통령, 의회 그리고 기타 모든 당사자와 더불어 환경적으로 효과적이며, 경제적으로 지속가능하고, 또한 공정한 기후변화 프로그램을 [……] 가능한 빠른 시기에 제정하기 위해서 노력할 것을 서약한다"라고 명시적으로 선언하고 있으며,[13] 실제로 하원의 2009년 미국 청정에너지 및 안보법의 작성 과정에 적극적으로

13 http://www.us-cap.org/about-us/

참여하고 기여한 것으로 보인다.

블루그린연맹(Blue Green Alliance)은 그 이름이 시사하는 것과 마찬가지로 블루컬러 노동자들이 가입해 있는 노조와, 녹색성장을 지향하는 환경단체를 주요 구성원으로 하여 만들어진 조직으로서, 미국의 경제가 청정경제로 이행하는 것을 촉구하고 지원하기 위해서 노력하는 이익집단이라고 할 수 있다. 2006년 미국철강노조(the United Steel Workers)와 시에라클럽에 의해서 시작된 블루그린연맹은 이후 꾸준히 가입 단체를 증가시켜 상당수의 회원을 보유한 조직으로 성장하였는데, 시에라클럽, 미국 커뮤니케이션 근로자 노조, 천연자원 방어위원회, 서비스 근로자 국제노조, 전국 야생생물연맹 등이 가입되어 있다. 이와 같이 꾸준히 가입 단체를 확대해온 노조-환경단체 연합체 성격의 블루그린연맹은 재생에너지, 에너지 효율 증대, 선진 차량기술, 전력 그리드 등 청정경제와 관련된 부문에서 보다 많은 일자리가 창출되는 것을 적극적으로 지지하고 있다.[14]

한편 [표 6-7]은 미국 청정에너지 및 안보법에 반대의 의사를 표명한 단체를 제시한 것이다.

[표 6-7]에서 알 수 있는 바와 마찬가지로 하원의 미국 청정에너지 및 안보법에 반대한 단체는 미국 보수연맹, 전국 납세자연맹, 존버치 협회, 에탄 앨런 연구소, 알라바마 정책연구소와 같은 미국의 보수적인

14 참고로 본문의 도표에 제시된 단체 가운데 기후보호연맹(Alliance for Climate Protection)은 2006년 클린턴 행정부 당시 부통령이자 2006년 노벨평화상 수상자인 고어에 의해서 창립된 환경단체이다. 기후보호연맹은 비정파적이고 비영리성 공공단체로서 기후변화로 인한 지구온난화 등의 위기의 시급성을 알리고 이에 대한 신속한 대응을 촉구하기 위해서 만들어졌다. 이 단체는 'Repower America', 'the Climate Project', 'Repower at Home', 'the WE Campaign', 'the Reality Coalition' 등 기후변화에 대처하기 위한 다양한 활동을 펼치고 있으며, 유관기관인 기후변화 행동자금(the Climate Protection Action Fund)과 공동보조를 취하고 있다.

[표 6-7] 하원 법안에 대해서 반대의 의사를 표명한 단체

반대		
1	노동자자유연맹	보수적 노조(알라바마 정책연구소와 연서명; 이하 '알라바마와 연서명')
2	미국 보수연맹	보수적 시민단체(알라바마와 연서명)
3	미국 농업국연맹	미국 농민이익집단
4	미국 석유협회	석유 및 천연가스 분야 기업의 전국적 직능단체
5	미국 주주협회	주주의 이익집단(알라바마와 연서명)
6	세제개혁을 위한 미국인	보수적 세제 개혁단체(알라바마와 연서명)
7	건물 소유 및 관리인 연합	주택건설 및 관리자 직능단체
8	대학 공화당 전국위원회	보수적 공화당 지지 학생단체(알라바마와 연서명)
9	에탄 앨런 연구소	버먼트주 소재 자유시장경제 지향 싱크탱크(알라바마와 연서명)
10	지구의 친구들	국제 환경단체(그린피스와 연서명)
11	그린피스	국제 환경단체
12	국제하천	국제하천보호 환경단체(그린피스와 연서명)
13	존버치 협회	보수적 시민단체
14	메레이 에너지 회사	석탄 회사
15	전국 주택건설업자협회	주택건설회사 직능단체
16	전국 부동산 업자협회	부동산 업자 직능단체
17	전국 옥수수 재배자연합	옥수수 재배 직능단체
18	전국 독립기업협회	중소기업 직능단체

19	전국 채광협회	채광업 직능단체
20	전국 다주택 협의회	주택건설업 직능단체
21	전국 돈육 생산자협의회	돼지고기 생산자 직능단체
22	전국 납세자연맹	보수적 납세자 시민단체(알라바마와 연서명)
23	공적시민	시민권익 옹호단체(그린피스와 연서명)
24	열대림 행동네트워크	열대림 보호국제환경단체(그린피스와 연서명)
25	부동산 라운드테이블	부동산 업자 직능단체
26	미국상공회의소	기업의 직능단체

시민단체 및 싱크탱크와 미국 상공회의소, 미국 주주협회, 미국 독립기업협회 등 기업 부문의 직능단체, 미국 석유협회와 같은 화석연료 관련 기업의 연합조직, 건물 소유자 및 관리인 연합이나 전국 주택건설업자협회, 그리고 전국 다주택 협의회와 같은 주택건설업자 및 주택 소유자 직능단체, 머레이 에너지 회사, 전국 채광협회와 같은 석탄 관련 업체 및 단체 등이 포함된다. 마지막으로 특기할 만한 사항은 그린피스와 같은 세계적인 네트워크를 가진 국제 환경단체 및 이 조직과 공동보조를 취한 지구의 친구들, 국제하천, 열대림 행동 네트워크 등 환경단체 역시 하원의 기후변화 법안에 반대했다는 사실이다. 다음에 다시 자세히 설명되겠지만 보수적인 성격의 시민단체나 싱크탱크, 화석연료 관련 기업이나 단체, 기업 부문의 전국적 직능단체, 마지막으로 주택 관련 직능단체는 이 법안이 통과될 경우 나타날 수 있는 다양한 불이익으로 인해서 반대했으며, 환경단체의 경우 하원 법안이 자신들의 기대와 요구에 미치지 못했기 때문에 반대했다.

보수적인 시민단체는 2009년의 하원 기후변화 관련 법률이 이들 단체가 표방하는 작은 정부론에 위반되며 연방성부의 규제 권한 강화를 귀결할 것이라는 우려에서 이에 반대했고, 석유업계나 채광업계는 이 법안이 통과될 경우 탄소 배출 상한치 설정 및 교환제도로 인해서 자신들이 자신들의 상품인 석유 · 천연가스 · 석탄 등 화석연료의 판매가 급격히 감소할 것이라는 현실적인 우려로 인해서 반대했다. 한편 주택업계의 경우 하원 기후변화 법안에 규정된 내용 속에 건물 사용의 에너지 효율 강화를 위한 규제 사항이 많아서 이를 실행할 경우 드는 추가적인 비용으로 인해 반대했다. 마지막으로 미국 농업국연맹이나 기타 농업 및 축산업 조직은 전반적으로 이러한 법안이 통과될 경우 대기 및 수질오염에 대한 연방정부의 규제가 강화될 것을 우려해서 반대한 것으로 보인다.

그러나 이에 비해서 그린피스 등의 환경단체는 하원의 기후변화 관련 법안이 지나치게 친기업적이며 오바마 대통령의 2008년 선거 캠페인 공약에 훨씬 못 미친다는 이유 등으로 인해서 반대하였다. 시에라 클럽 등 미국 기후행동 파트너십 소속 환경단체들이 이 법안에 찬성한 것과는 대조적으로, 그린피스 등 보다 강력한 온실가스의 배출 규제를 주장해온 환경단체는 하원 법안의 미비한 점을 지적하면서 이에 반대했다. 이러한 반대에 대한 자세한 설명은 뒤에서 다시 제시될 것이다.[15]

15 하원 법안에 반대한 보수적 시민단체 및 기업 등의 연서명을 주도한 알라바마 정책연구소(Alabama Policy Institute)는 자유경쟁시장, 작은 정부, 가족의 가치를 중요시하는 연구 및 교육 싱크탱크로서 1989년에 만들어졌다. 알라바마(Alabama)주 버밍햄(Birmingham)에 본부를 두고 있으며, 정치 · 경제 · 교육 등 각 분야의 현안에 대해서 연구하고 자신의 입장을 밝히고 있다. 보수적인 성격의 단체로서 독립 선언과 헌법 등 미국 건국의 기본 문서에 대한 근본주의적 해석을 중심으로 개인의 자유와 작은 정부론을 주요한 가치로 여기고 있다. 한편 환경단체의 연서명을 주도한 그린피스는 익히 알려져 있는 것처럼 '직접적인 행동'을 표방하는 매우 적극적인 국제적 환경단체이다. 이 단체는 원래 평화운동

(2) 에너지 부분 기업 및 단체와 환경단체의 찬반 양상

[표 6-8]은 하원의 2009년 미국 청정에너지 및 안보법에 대해서 찬반의 의사를 표명한 에너지 관련 기업 및 단체와 환경단체를 맵라이트가 조사한 전체 단체 가운데에서 모두 골라낸 후 필자가 다시 정리한 것이다. 우선 에너지 부문의 기업과 이익집단을 보면, 전기나 가스공급 공공설비 회사 가운데 이 법안에 대해서 반대 의사를 표명한 집단은 없다. 맵라이트의 표본이 비록 전체 전기공급 공공설비 회사를 완전히 대표하는 것은 아니라고 할지라도, 이러한 결과가 말해주는 것은 공공설비 회사의 경우 이 법안에 대한 반대가 크지 않았다는 점이라고 할 수 있다.

이러한 현상은 비록 이 법안이 법률로 제정되어 전기 및 가스공급 공공설비 회사가 배출하는 온실가스가 연방정부의 직접적인 규제의 대상이 된다고 해도, 이러한 충격을 완화할 만한 조치가 이 법안 내에 상당히 갖추어져 있기 때문이라고 할 수 있다. 실제로 전기공급 공공설비 회사의 경우, 하원 법안 내에 단기적으로 이들 공공설비 회사에 대한 부담을 줄이기 위해서 무상의 온실가스 배출 할당량이 책정되어 있고, 또한 일정 수준 소비자의 부담을 덜어줄 보호조치가 마련되어 있어서 전력이나 가스 공급에 대한 부담을 어떠한 방식으로든 줄일 수 있었다. 그리고 궁극적으로 이 법안이 통과되지 않더라도 전기 및 가스공급 공공설비 회사의 경우 장기적으로는 청정에너지 경제로의 이전이라는 추세에 발맞추어 온실가스 배출을 줄여야 하는 입장에 처해 있었다.

및 반핵운동을 목적으로 1971년에 "The Don't Make a Wave Committee"라는 이름으로 만들어진 후, 이후 그린피스로 개명하고 국제적인 환경단체로 성장하였다.

[표 6-8] 법안에 찬성과 반대: 에너지 부문 기업 및 이익집단과 환경단체

에너지 관련 부문 기업 및 이익집단		환경단체	
찬성	반대	찬성	반대
AES 코퍼레이션(파트너십 소속)	미국 석유협회	기후보호연맹	지구의 친구들
친환경 전력발전회사	석유 및 천연가스 분야 전국 직능단체		
오스틴 에너지	머레이 에너지회사	미국하천	그린피스
친환경 전기 및 가스공급 공공설비 회사	석탄회사		
아비스타 코퍼레이션	전국 채광협회	청정수 행동	국제하천
친환경 전력발전 회사	채광업 직능단체		
듀크 에너지		기후해법	열대림 행동네트워크
친환경 전기 및 가스공급 공공설비회사			
엑셀론		환경미국	
전기 및 가스공급 공공설비회사			
제네럴 일렉트릭(파트너십 소속)		환경방어자금	
전력발전을 포함한 다국적 종합상사			
내셔널 그리드		환경보존 유권자연맹	
전기 및 가스공급 공공설비회사			
넥스트라 에너지		전국 오듀본협회	
재생에너지 전력발전회사			
NRG에너지		천연자원 방어위원회	
친환경 전력발전회사			
PG&E		자연보존	
친환경 전기 및 가스공급 공공설비 회사			
PNM 리소시즈(파트터십소속)		원 스카이	
전기 및 가스공급 공공설비 지주회사			
리오핀토(파트너십소속)		퓨 환경그룹	
친환경 채광회사			
쉘(파트너십소속)		시에라클럽	
석유 회사			
		우려하는 과학자 연맹	

연방 환경보호국의 규제가 지속적으로 강화되는 것은 물론, 시민의 보건과 관련하여 온실가스 배출을 줄여야 할 법률적 · 윤리적 의무 역시 현실적으로 이들 회사를 압박하는 것이 사실이었다. 이와 함께 이들 공공설비 회사가 재생에너지를 사용하여 전력이나 가스를 발전해야 한다는 규정이 있기는 하지만, 재생에너지 사용에 대한 정부의 인센티브도 어느 정도 보장되어 있어서 이들에 대한 충격은 상당히 완화된 편이다.

한편 친환경 전력발전 회사나 재생에너지 관련 회사 등도 이와 같은 하원 법안의 통과에 찬성하고 있었다. 이들은 당연히 이들 직종의 성격상 이 법안에 찬성할 충분한 인센티브가 있었다. 이와 아울러 그린피스 등을 제외한 대부분의 환경단체 역시 이 법안에 대해서 찬성하고 있었다. 이들 시에라 클럽이나 이들을 회원으로 둔 미국 기후행동 파트너십, 그리고 고어 전 부통령이 이끄는 기후보호연맹 등 현실적으로 2009년의 하원 법안 이상으로 엄격하게 온실가스의 배출을 규제하는 법안은 기업의 반대로 인해서 통과되기가 어려울 것으로 보았고, 따라서 그린피스나 지구의 친구들과 같이 보다 엄격하고 보다 강력한 조치를 요구하는 환경단체와는 대립각을 세울 수밖에 없었다.

한편 이 하원 법안에 반대한 기업은 주로 미국 석유협회와 같이 석유나 천연가스 등 화석연료와 관련된 기업의 전국적 직능단체, 그리고 채광 및 석탄 관련 기업 및 직능단체라고 할 수 있다. 이들 단체는 이미 설명한 바와 마찬가지로 이 법안이 최종적으로 통과되어 법률로 제정될 경우 석유와 석탄의 사용이 현저히 줄어들 것을 우려하여 이 법안에 반대하였다. 특히 전기 및 가스공급과 관련된 공공설비 회사가 점차적으로 석탄과 석유의 사용을 줄여나갈 경우, 석유와 석탄의 판매량이 줄어들어 이들 기업에 막대한 손해가 초래될 것이라는 우려가 이들이 이 법안에 반대한 주요한 요인이었다. 뿐만 아니라 온실가스 배출 상한치 설정 및 교환제도가 도입될 경우 온실가스 배출권을 추가적으로 구입해야 하는 시역에서 석유 가격이 상승할 가능성이 크기 때문에 궁극적으로 석유 판매량이 줄어들 것을 우려한 것도 반대의 중요한 원인 가운데 하나였다.[16]

16 석탄 생산에 종사하는 전국 채광협회의 경우 하원 법안에 대한 반대 의견을 표출하면서, 이 법안이 법률로서 성사될 경우 7만 개의 고임금 채광 일자리가 사라질 것이며, 전기요금이 113% 증가할 것이고, 따라서 미국의 가처분 가계소득이 연간 1,800달러씩 줄어들 것이며, 결국 미국의 일자리는 온실가스 배출에 대한 규제가 없는 국가로 이전될 것이라고 주장하였다. 따라서 그 결과 최종적으로는 2030년까지 전기발전용 석탄 사용이 현재 수준의 75%까지 줄어들게 될 것이라는 것이 이들의 예상이었다. 이러한 주장을 펼친 이후 전국 채광협회는 온실가스를 줄이는 문제가 중요하지만, 탄소포집 및 저장 등의 기술이 충분히 개발되고, 충분한 보상제도(offsets)가 만들어지며, 또한 미국의 제조업과 채광업의 국제적·경쟁력이 충분히 보장된 이후에 이러한 제도가 실시되어야 한다고 주장하고 있다. "NMA Urges House to Reject Waxman－Markey Climate Proposal", May 20, 2009(http://www.nma.org/newsroom/press_release_detail.asp?idVar＝189). 한편 미국의 석유 및 천연가스 등 주요 화석연료 관련 회사의 전국적 직능단체인 미국석유협회(American Petroleum Institute)는 채광산업의 반대 논리의 연장선상에서 하원의 기후변화 관련 법안에 대한 반대 의견을 개진하고 있다. 미국석유협회는 우선 이 법안이 양원을 통과하여 법률이 되면, 석유 등 화석연료의 가격을 상승시킬 것이고, 또한 미국에 대량으로 매장되어 있는 천연가스에 대한 발굴을 저해할 것이며, 상당히 많은 미국의 일자리와 생산동력이 미국을 빠져나가게 될 것이라고 주장하고 있다. 미국석유협회는 이 법안에 담겨 있는 무상의 온실가스 배출권 할당량의 배분이 매우 편파적이어서, 석유 및 천연가스 등의 소비자 가격이 급격히 상승할 우려가 있다고 지적하고 있다. 미국석유협회에 따르면 전기 공급 공공설비 회사는 이 법안이 규제 대상으로 포함하는 전체 온실가스 배출량의 약 40%를 차지하고 있지만, 에너지 가격 상승으로부터 전력 소비자를 보호하기 위해서 이 비율보다 높은, 전체 배출권의 약 44%에 달하는 무상 온실가스 배출권을 할당받고 있다. 그러나 정유업체는 자신의 온실가스 배출량에 더하여 석유를 사용한 제품의 사용에서 발생하는 온실가스 배출량까지를 포함한 온실가스 배출에 대해서 책임을 져야 함에도 불구하고(법안이 포함하는 전체 온실가스 배출량의 44%), 이 법안은 전체 무상 온실가스 배출권의 2%만을 부여하고 있어서 문제라고 지적하고 있다. 따라서 미국석유협회는 이 법안이 제정되어 규제 정책이 실시되면 석유·프로판가스·디젤·제트연료 등의 소비자 가격만 높아질 것이라고 우려하면서, 이 경우 향후 10년간 갤런당 석유 값이 77센트 증가할 수 있다고 내다보고 있는 의회예산처의 주장과 2035년까지 석유 가격이 74% 정도 증가할 수 있다고 전망하는 헤리티지 재단의

앞의 찬성/반대를 제시한 [표 6-8]에서 나타난 흥미로운 사실은 이미 본문에 간헐적으로 언급한 대로 환경단체 가운데에서도 찬성과 반대가 갈린다는 점이다. 미국 기후행동 파트너십과 블루그린연맹 소속의 대부분의 환경단체와 기후보호연맹 등 대부분의 환경단체가 하원 법안에 찬성하는 입장을 보이고 있지만, 그린피스나 지구의 친구들과 같이 그렇지 않은 단체도 있다. 그렇다면 환경단체 내에서도 이와 같이 분열 양상이 나타난 이유는 무엇인가?

(3) 환경단체의 분열과 찬반의 입장

앞에서 제시된 [표 6-8]에서도 알 수 있듯이 환경단체들 가운데에도 시에라클럽 등 미국 기후행동 파트너십이나 블루그린연맹에 속한 단체는 하원의 법안에 찬성의 입장을 표명한 반면에, 그린피스나 지구의 친구들과 같은 환경단체는 이 법안에 대해서 공개적으로 반대 입장을 취하였다. 이와 같이 환경단체들 내부의 분열과 의견 대립은, 현실적으로 통과 가능한 법안을 만들기 위해서는 기업이나 공공설비 회사 등에 대해서 법안에 찬성할 충분한 인센티브를 부여할 수밖에 없다는 현실론적이며 실용적인 입장과, 과학이 요청하는 실질적인 온실가스 감축을 위해서는 보다 엄격한 온실가스 배출 감축이 필요하고 이를 위해서는 보다 강화된 형태의 규제가 필요하다는 원론적인 입장의 충돌에 기인한다고 할 수 있다. 다음에서는 이에 대해서 보다 자세히 살펴보고자 한다.

하원 에너지 및 통상위원회에서 2009년 미국 청정에너지 및 안보법의

보고를 소개하고 있다. "Dear Member of Congress Letter", June 23, 2009(http://www.api.org/News-and-Media/News/NewsItems/2009/Jun-2009/API-opposes-Waxman-Markey-climate-change-legislation.aspx).

내용이 공개된 후 그린피스 USA의 실무 책임자인 래드포드(Phil Radford)는 이 법안이 기업 부문의 강력한 로비에 의해서 지구온난화 방지를 위한 충분한 온실가스 감축을 보장하지 못하고 있다고 비난한 바 있었다. 그는 이 법안이 지구온난화의 방지를 위해서 온실가스 감축을 위한 집중적인 노력이 필요하다는 '과학'의 요청을 무시하고 '정치적 내부 갈등'과 '산업의 압력'에 희생양이 되었다고 비판했다.[17]

이어서 이 법안이 최종적으로 하원 에너지 및 통상위원회를 통과한 이후 그린피스는 지구의 친구들 등과 연대하여 언론보도문을 발표하여 이러한 법안의 문제점을 지적하면서 자신들이 이에 반대하는 이유를 개진하고 있다. 이들이 발표한 공동 언론보도문의 내용은 다음과 같다.

> [에너지 및 통상위원회에서의] 일주일간의 토론이 이 법안에서 소비자, 공동체, 그리고 기후에 대한 보호를 적절히 강화하는 데 실패한 반면, 이 기간 동안 누가 이 법안에서 가장 큰 이익을 보는지에 대한 의문은 불식되었다. 가장 큰 수혜자는 대형기업(Big Business)이다. 왁스만 의원의 커다란 노력에도 불구하고, 우리나라가 경제를 재건하고 진정한 청정에너지를 통해서 환경을 정화하려고 하는 와중에도, 정책 결정 과정은 더러운 화석연료에 대한 중독을 지속하려는 석유와 석탄 로비스트에 의해서 유도되었다(co-opted). 그 결과 나타난 법안은 과학에 대한 정치의 승리, 공익에 대한 산업 영향력의 승리이다. ("Broad Coalition Criticizes Climate Bill", http://www.greenpeace.org/usa/en/media-center/news-releases/broad-coalition-criticizes-cli/)

17 "Climate Change Legislation Fails to Impose Necessary Reductions: Greenpeace calls for renewed leadership from president and Congress"(http://www.greenpeace.org/usa/en/media-center/news-releases/climate-change-legislation-fai/).

이러한 언론보도문의 내용에서 알 수 있듯이 그린피스나 지구의 친구들과 같은 환경단체는 무엇보다도 2009년 미국 청정에너지 및 안보법에 규정된 내용이 '과학'의 요구에 부응하는 충분한 온실가스 배출량 감축이라는 목표에 현저히 미치지 못하고 있고, 석유와 석탄 등 온실가스 감축 규제로부터 직접적인 피해를 입는 기업 부문의 로비스트에 의해서 '정치'적 논리인 타협의 희생양이 되어서 오바마 대통령의 원래의 공약에 현저히 미치지 못하고 있다는 것을 비난하고 있다. 이들이 이 법안을 비판하는 내용은 크게 두 가지로 요약될 수 있다. 하나는 이미 언급한 대로 온실가스 배출량 감축이 과학이 요청하는 수준에 이르지 못한다는 점이며, 둘째는 기업 부문에 대한 양보가 너무 많아서 실제로 온실가스 감축 효과가 크지 못할 것이라는 주장이다.

우선 그린피스 등의 환경단체는 이 법안이 온실가스 감축을 공약하고 있지만, 2020년까지 1990년 수준의 4% 감축에 머물러 있어서, 과학이 요청하는바 2020년까지 1990년 대비 25~40%의 감축에 현저히 못 미치고 있다고 비판하고 있다. 이러한 미온적인 감축 노력을 통해서 지구온난화가 방지될 수 없으며, 기후변화와 관련된 미국 행정부의 국내외적 리더십이 확립될 수 없다고 이들은 주장하고 있었다. 이와 아울러 이들 반대 의사를 표명한 환경단체는 이 법안이 석유 및 석탄, 그리고 공공설비 회사 등에 대해서 지나치게 많은 혜택을 부여하고 있다고 비난하고 있다.[18] 또한 이들은 석탄 사용 전력발전소에 대한 탄소포집 및 저장

18 한 예로 이들에게 일정한 적응 기간 동안 온실가스 감축으로 인한 손실을 완화한다는 명목으로 부여될 무상의 온실가스 배출권 할당량은 오히려 기업이 온실가스 배출을 위해 노력하지 않을 인센티브를 제공할 수도 있다는 것이 그린피스 등의 주장이다. 그리고 이와 같은 다양한 '보충'(offsets) 조항은 실제적으로 이들 기업이 온실가스를 줄이지 않고도 온실가스를 줄인 것으로 인정받을 수 있게 하여 감축의 효과를 없애는 결과를 초래하게

등의 기술에 대한 지원금 역시 부당하다고 주장하고 있다. 결론적으로 하원 법안에 규정된 온실가스 감축량이 기대치에 미치지 못하며, 실제적인 감축 노력을 기울이지 않고도 감축으로 인정받을 수 있는 효과를 가져오는 조치가 있다는 점, 그리고 미국 유권자의 세금을 통해서 기업 부문에 대한 부당한 인센티브를 부여하고 있다는 점 등이 이 법안의 문제점으로 지적되어 그린피스 등의 반대 의견을 불러왔다.

이러한 그린피스나 지구의 친구들과 같이 보다 엄격한 규제와 과학이 요구하는 감축량 달성을 촉구하는 환경단체와는 달리, 미국 기후행동 파트너십처럼 기업과 환경단체의 연합적 성격을 지닌 포괄적 환경단체는 현실적이고 실용적인 노선을 추구하여 하원의 기후변화 법안에 찬성하는 입장을 보였다. 이는 미국 기후변화 파트너십이 시에라클럽이나 자연보존과 같은 환경단체뿐만 아니라, 듀크 에너지, 엑셀론 등 공공설비 회사나 제너럴 일렉트릭과 같은 전력발전을 포함하는 종합상사 등과의 연합체적인 성격을 띠고 있어서 이들 환경단체가 기업의 입장을 수용해야 하기 때문이라고도 볼 수 있다. 즉 기후변화 대처를 위한 미국 국내법 제정은 국내외적으로 필요한데, 기업 부문이 받아들일 수 있는 다양한 인센티브나 보조적 장치가 없이 이러한 법률이 통과된다는 것은 현실적으로 어렵다는 것이 이들 실용주의적 환경단체로 하여금 이 법안에 찬성하게 만든 실제적 이유라고 보인다. 즉 온실가스를 감축하고 청정에너지 경제로의 이전을 통해서 일자리 창출을 도모하는 것이 하원 법안의 중요한 목적 가운데 하나라면, 이를 위해서는 이와 관련된 공공설비 회사나 전력발전 회사, 그리고 청정에너지 관련 부문 기업에 대한 적극적인 지원이 필요한 것이고, 이와 동시에 이들 기업 부문이 온실가스를 줄여나

된다는 것이었다.

가는 과정에서 부딪칠 수 있는 충격이 최소화될 수 있는 조치가 필요하다는 것이 이들의 논리였다. 이에 따라서 이들은 온실가스 배출 상한치 설정 및 교환이 포함된다면 기업 부문에 대해서 어느 정도 양보를 하더라도 법률제정이 시급하다고 보고 하원 법안에 찬성하였다.

이러한 입장을 반영하여 미국 기후행동 파트너십은 이 법안이 하원의 소관 상임위원회인 에너지 및 통상위원회를 통과한 이후 3월 21일에 다음과 같은 내용을 담은 성명을 발표한 바 있다.

> 이 중요한 투표[에너지 및 통상위원회를 통과시키기로 한 투표: 필자]는 기후변화에 대처함에 있어서 우리가 당면한 시급성과 우리의 경제를 안전하게 지키면서도 환경을 보호하면서 이러한 문제에 대처할 수 있는 우리의 능력을 보여주고 있다. 미국 기후변화 파트너십은 우리의 '입법작업 청사진'(Blueprint for Legislative Action)[19]의 제안을 대체로 반영하는 법안을 작성하는 과정에서 보여준 상임위원회 소속 의원들의 노력을 치하한다.

---

19 본문의 성명서에 언급된 미국 기후행동 파트너십의 입법 작업 청사진은 2009년 1월에 발표된 것으로서 그 골격은 다음과 같다. ① 2050년까지 2005년 대비 80% 정도까지 온실가스 배출량을 감축한다. 경제에 대한 비용이 통제가능한(manageable) 수준에서 공격적으로 온실가스를 감축해야 하며, 이 수준은 대통령 당선자[오바마 대통령: 필자]가 밝힌 수준과 유사하다. ② 프로그램 실행에 드는 비용을 보충하기 위해서 적극적으로 보충제도(offsets)를 실행하여 온실가스 감축 의무를 준수하게 하고 보충제도는 검증 가능하고 추가적이며, 항구적 · 강제적이어야 한다. ③ 온실가스 감축 과정에서 소비자와 기업을 보호하기 위해서 온실가스 배출 할당량 제도를 활용해야 한다. 상당한 양이 프로그램 실시 초기에는 무상으로 공급되어 청정경제로의 이행을 원활하게 하고, 재원을 통해서 온실가스 배출 감축을 위한 기술개발에 사용해야 한다. ④ 온실가스 감축을 위한 기술개발과 설치에 대한 인센티브가 있어야 한다. 온실가스 배출량 상한치 설정 및 교환뿐만 아니라 석탄 · 운송 · 에너지 효율 등에 대한 지원을 통해서 모든 경제 영역에 걸쳐서 감축이 보다 순조롭게 일어나도록 해야 한다. "A Blue Print for Legislative Action: A Consensus Recommendation for U.S. Climate Protection Legislation", Jan. 2009(http://www.pewclimate.org/docUploads/USCAP-legislative-blueprint.pdf).

광범위하고 다양한 연맹단체의 회원으로서 우리는 이와 같은 복잡한 이슈에 대한 합의에 도달하는 데 많은 도전이 있었을 것임을 이해하고 있다. 그러나 동시에 우리는 또한 기후변화에 대처하기 위해서 행동을 취하는 것이 혁신과 경제적 투자를 조장하고 미국의 경쟁력을 강화할 수 있는 중요한 기회를 제공한다는 것도 알고 있다. 마찬가지로 중요한 것은 마냥 기다리는 것은 이러한 도전을 더 어렵게 만들 뿐이라는 것도 알고 있다. 합의를 발견하여 행동을 취해야 할 시간은 지금이다.

현재의 법안이 미국 기후변화 행동 파트너십의 모든 제안을 반영하고 있지는 않지만 [……] 이 법안은 의회에서 앞으로 진일보할 수 있는 좋은 토대이다. 이러한 과정이 진행됨에 따라서 우리는 이 법안이 보다 효과적이고 경제적으로 지속가능할 수 있도록 만들 수 있는 더 많은 기회를 추구하도록 노력할 것이다. ("USCAP Statement on Passage of The American Clean Energy and Security Act", http://www.us-cap.org/pdf/USCAP_Statement-on-PASSAGE-of-ACESA_5-21-09-FINAL.pdf)

이러한 성명서의 내용에서도 알 수 있듯이 미국 기후행동 파트너십은 지구온난화를 방지하기 위한 노력이 시급함과 동시에, 이를 대처하기 위한 미국 정부의 노력이 지속가능한 경제적 성장을 보장해야 한다고 언급하고 있다. 다시 말해서 이 단체는 온실가스 배출량을 줄이되, 미국의 기업이 국제적 경쟁력을 높임과 동시에 일자리를 창출하여 미국의 청정에너지 경제로 진입하는 것을 지원해 줄 수 있는 법안이 마련되어야 한다고 보고 있고, 하원 법안은 이러한 요구를 어느 정도 실현한다고 보는 것이다.

비록 보다 원론적인 수준에서 과학이 요구하는 온실가스 감축량에 부응하도록 보다 강력한 감축 규제가 담겨야 하며, 이를 위해서 화석연료 관련 기업에 대해서 보다 더 많은 감축을 촉구함과 동시에 인센티브나 보완제도를 두어서는 안 된다는 주장을 펼치는 환경단체도 있었지만, 하원 법안은 상한치 설정 및 교환 제도를 유지함과 동시에 충격 완충장치를 구비하여 대부분의 환경단체는 물론 상당히 광범위한 기업과 공공설비회사의 지지를 받는 데 성공하였다. 이와 같이 상당수의 에너지 관련 기업과 환경단체 간의 타협에 의해서 지지를 받은 법안이 하원을 통과하였지만, 2010년에 이르러 결국 상원 필리버스터의 장벽을 넘지 못하고 포괄적 기후변화 입법은 좌절되기에 이른다.

3) 상원에서 좌절된 법안

하원의 표결 분석에서 설명한 대로 제111대 하원의 민주당 지도부는, 2009년 12월의 코펜하겐 유엔 기후변화협약 당사국 총회를 앞두고 온실가스 배출 규제에 대한 미국의 국제적 공약을 보여줌과 동시에, 국내적으로 온실가스 배출을 억제하면서도 동시에 어려운 경제상황 속에서 청정에너지 일자리를 창출하기 위한 오바마 대통령의 정책을 적극적으로 지원하기 위해서 2009년 6월 26일에 하원에서 미국 청정에너지 및 안보법을 통과시킬 수 있었다. 오바마 대통령의 공약과 지원, 펠로시 하원의장, 그리고 왁스만 위원장이나 마키 소위원장 등 하원 민주당 지도부의 노력, 민주당 단점정부라는 유리한 정치상황이 주는 기대감, 그리고 국제적인 압력과 기업-환경단체 연합단체의 지지 등이 종합적으로 작용하면서 미국 청정에너지 및 안보법이 하원을 통과될 수 있었다. 특히 하원 법안은 다수의 환경단체와 특정 기업 부분이 서로 합의할 수 있었던 법안으로서, 비록 결함이 없지는 않았지만 통과와 함께 기업과 환경단체 양측으로부터 적절한 법안으로 평가되기도 하였다. 이러한 하원 법안의 통과로 인해서 오바마 행정부는 온실가스 배출에 대해서 상한치 설정 및 교환이라는 원칙에 입각한 규제 법률을 만들어낼 수 있는 초석을 닦을 수 있었다.

그러나 219명의 찬성과 212명의 반대라는 최종 투표 결과가 잘 알려주듯이 하원에서 이 법안은 공화당 및 일부 민주당 의원의 반대로 인해서 그 통과가 지극히 어려운 것이었다. 온실가스의 감축을 위한 규제조치를 일자리 감소로 가는 지름길로 몰아붙이려는 공화당 의원들의 맹렬한 공세와 일부 중도파 민주당 의원들의 가세로 인해서 하원 법안은 불과 7명의 표차로 간신히 통과할 수 있었다. 이러한 어려운 상황을 염두에 둘 때, 법안 논의의 진행을 방해하는 반대 의원의 필리버스터를 막기 위해서 60명의 지지가 필요한 상원에서 과연 하원과 같은 법안이 통과할 수 있을지는 미지수였다.[20] 하원과 달리 상원은 전통적으로 의원 개개인의 의견 표출 권한 및 소수당의 반대 의견 개진을 보장하는 다양한 규칙들이 존재하고 있어서, 상식적으로 통과가 가능한 법안도 지연되거나 좌절되는 경우가 많은데(Oleszek, 1989; Sinclair, 2007), 의료보험의 전국화 문제로 인해서 정파적 갈등이 깊어가는 상황 속에서 논쟁적인 기후변화 법안이 상원을 통과할 수 있을지는 미지수였다. 실제로 이와 같은 어려운 상황 속에서 추진된 기후변화 관련 법안의 상원 통과 노력은 결국 본회의 표결도 해보지 못한 채 사장되었고, 이로 인해 오바마 대통령 임기 전반기에 기후변화 입법 노력은 결국 좌절되고 말았다. 뒤에서는 이와 같이 실패한 상원 법안의 내용과 그 입법 추세를 간단히 살펴보고자 한다.

(1) 청정에너지 일자리 및 미국 동력법

2009년 6월에 하원에서 미국 청정에너지 및 안보법이 통과된 이후

20 상원에 고유한 절차로서 필리버스터 제도의 역사적 유래와 1990년대 이후 정당 양극화 과정 속에서 필리버스터의 증가 경향을 파악하기 위해서는 Koger, 2010을 참조하기 바란다.

상원의 입법 노력은 하계 휴회 기간이 지난 후에 재개되었다. 2009년 9월 30일에 '청정에너지 일자리 및 미국 동력법'(the Clean Energy Jobs and American Power Act)이라고 명명된 법안 S.1733이 상원에 소개되어 주관 상임위원회인 환경 및 공공사업위원회로 회부되었다.[21] 이 법안의 주요 발의자는 환경 및 기후변화 문제에 상당한 관심을 가지고 있었고 2004년 대통령선거 당시 민주당 대통령 후보였던 매사추세츠주의 케리 의원이었고, 공동 발의자는 역시 민주당 상원이었던 매사추세츠주의 커크(Paul Grattan Kirk, Jr.) 의원, 메릴랜드주의 카아딘(Benjamin L. Cardin) 의원, 그리고 이 법안의 주관 상임위원회인 환경 및 공공사업위원회 위원장인 캘리포니아주의 박서 의원이었다.

이 법안은 2009년 9월 30일에 상임위원회에 회부된 이후 청문회 과정을 거치고 법안조문 작성을 마친 뒤 11월 5일에 대체수정안(substitute amendment)과 함께 함께 본회의로 보고하기로 결정된 후, 2010년 2월 2일에 최종적으로 본회의에 보고되어 논의와 표결을 기다리게 되었다. 그러나 뒤에 다시 설명되겠지만 이 법안은 본회의에서 본격적인 논의를 거쳐보기도 전에 공화당의 반대로 인해서 사실상 사장되는 운명에 처하게 되었다.[22] 우선 다음에서는 상원에서 논의된 청정에너지 일자리 및 미국 동력법의 내용을 먼저 간단히 개관해보고자 한다.[23]

---

21 환경 및 공공사업위원회 이외에도 에너지 및 천연자원위원회 · 재정위원회 · 농업위원회 · 통상위원회 · 외무위원회 등 5개의 상임위원회가 이 법안의 작성에 관여하였다.

22 청정일자리 및 미국 동력법에 관한 논의가 제대로 진척되지 않자 케리 의원이 무소속의 리버만 의원과 함께 다시 '미국 동력법'이라는 새로운 법안을 제시하게 된다. 청정에너지 일자리 및 미국 동력법보다 진일보한 법안으로, 공화당의 지원을 조금이라도 더 얻어보고 기업 부문의 반발을 일부 무마시켜보려던 미국 동력법 역시 공화당의 피리버스터를 극복하기 위한 60명 의원 지지 확보에 실패하여 결국 사장되고 만다. 이러한 사항은 본문에서 보다 상세히 논의될 것이다.

우선 최초로 상원에 제기된 법안인 청정에너지 일자리 및 미국 동력법은 두 개의 영역(Division: A와 B)으로 나누어져 구성되어 있다. 첫 번째 A영역인 '오염 감소, 이전, 적응에 관한 권한 부여'는 전체 세 개의 장(Title)으로 구성되어 있는데, 제1장 '온실가스 감축 프로그램'은 그 아래 A로부터 H까지 각각 청정운송, 탄소포집 및 처리, 핵 및 선진기술, 물 효율, 기타 에너지 효율 및 재생에너지, 대중 운송차량에서 나오는 배출량 감축, 청정에너지와 천연가스 등의 8개 소장(Subtitles)으로 구성되어 있으며, 제2장 '연구'는 에너지 연구와, 식용수 적응, 기술, 교육 및 연구 등의 두 개의 소장으로 구성되어 있다. 마지막으로 제3장 '이전과 적응'은 녹색 일자리 및 근로자 안전, 국제기후변화 프로그램, 그리고 기후변화에 대한 적응 등 세 개의 소장으로 구성되어 있다. 그리고 두 번째 B영역인 '오염 감소 및 투자'는 제1장 '지구온난화 오염 감소'와 제2장 '프로그램 할당'으로 구성되어 있으며, 이 가운데 제1장의 A, B, C, D 네 개의 소장은 각각 지구온난화 오염 감소, 할당량 처리, 추가적인 온실가스 기준, 탄소시장 안정성 확보 등으로 구성되어 있다.

이 법안에 나타난 내용은 대체로 하원에서 통과된 미국 청정에너지 및 안보법과 내용상 크게 다르지 않다. 이 법안의 논의가 진전을 보이지 못하자 케리 의원과 리버만 의원이 친기업적으로 보다 완화된 법안을 만들어낸 것과 달리, 2009년 9월 30일에 환경 및 공공사업위원회에 회부된

---

23 이 법안에 관한 논의는 미국 의회도서관 법률 현황 관련 웹사이트인 'The Library of Congress: Thomas'(http://thomas.loc.gov/home/thomas.php)의 'Bill Summary and Status: 111th Congress (2009~2010), S. 1733'의 'CRS Summary, Cosponsors'(http://thomas.loc.gov/cgi-bin/bdquery/z?d111:S1733:) 등에 나타난 내용과 'Clean Energy Jobs and American Power Act: Summary of Provisions'(http://www.eenews.net/public/25/12592/features/documents/2009/09/30/document_gw_02.pdf)를 토대로 작성되었다.

청정에너지 일자리 및 미국 동력법은 사실상 하원의 내용을 그대로 답습하고 있다고 볼 수 있다.[24] 다만 하원 법안에 나타난 표현, 즉 이산화탄소를 포함한 온실가스 배출량의 '상한치 설정 및 교환'이라는 표현이 주는 강제적인 어감을 약화시키기 위해서 '오염 감소 및 투자'(Pollution Reduction and Investment) 시스템이라는 용어를 사용하고 있고, 법안 명칭에 보다 명시적으로 이 법안이 청정에너지 일자리 창출에 기여할 것이라는 것을 표현한 정도의 차이가 있다고 보인다.

하원 법안과 마찬가지로 상원 법안 S.1733 역시 외국에서 수입되는 석유에 대한 의존도를 줄이고 미국에 맞는 청정 및 재생에너지를 미국 내에서 생산하여 에너지 안보를 확보함과 동시에, 환경오염을 줄여서 청정한 물과 공기를 공급함으로써 국민보건 향상에 기여하고, 이를 통해서 일자리를 창출하자는 취지를 내걸고 제안되었다. 이 법안은 우선 미국의 에너지 미래에 대한 안보를 확보하기 위해서 재생에너지 개발에 박차를 가하고, 기존의 에너지 역시 청정에너지화하며, 에너지 이용의 효율성을 제고하고자 하는 내용을 담고 있다. 이를 위해서 석탄의 경우 탄소 배출 포집 및 저장기술의 개발을 위해 향후 10년간 100억 달러 정도를 지출하고, 이러한 새로운 기술을 사용하는 석탄 사용 전력발전 회사에 대해서는 재정적인 지원이 있을 것임을 언급하고 있다.

또한 이 법안은 미국의 에너지 리더십 및 경쟁력 확보를 위해서 청정에너지에 대한 개발 및 연구 투자를 통해서 일자리를 창출하고, 청정에너지

24 이 두 법안이 매우 유사하다는 사실은 연방 환경보호국장인 잭슨의 증언에 의해서도 알 수 있다. 잭슨은 상원 법안이 심의 중이던 당시 상원 환경 및 공공사업위원회에서 개최한 청문회에서 두 법안이 너무나 유사하기 때문에 비용, 에너지 사용 등에 있어서 동일한 영향력이 있을 것이라고 증언한 바 있다(Weiss 2009). 한편 두 법안의 차이점에 대한 상세한 논의에 대해서는 Yocobucci, Ramseur, and Parker, 2009를 참조하기 바란다.

및 재생에너지로의 이전을 위한 재교육 및 이전 적응 프로그램을 마련하도록 규정하고 있다. 이와 아울러 농촌 및 농업 지역에서 생물에너지 및 재생에너지의 개발에 중점적인 지원이 있을 것임을 밝히고 있다. 한편 이러한 청정에너지 경제로의 이행 과정에서 불이익을 받는 산업에 대한 지원을 약속하여, 이러한 법안에 대한 반발을 무마하려는 규정도 두고 있다. 즉 에너지 집약적인 기업 혹은 대외 무역 노출도가 많은 기업에 대해서는 지원이 있을 것임을 언급하고 있다. 이와 아울러 탄소 배출을 규제하지 않는 지역에서 생산되는 수입품에 대해서는 소위 '국경 조치'(border measures) 등을 통해서 국내 시장경쟁력을 떨어뜨린다는 규정도 포함되어 있고,[25] 소비자 보호를 위해서 저소득 가구에 대한 에너지 비용 환급도 포함되어 있다. 또한 이 법률의 적용 대상에 소규모 기업과 농업은 포함되지 않는다고 적시하고 있으며, 정부는 탄소시장의 안정성을 위해서 적절한 조치를 취할 것임을 명기하고 있다. 마지막으로 이 법안은 지구온난화의 주범인 온실가스의 감축을 위해서 '오염 감소 및 투자' 체계를 통해서 탄소 배출량을 2005년 대비 2020년까지 20% 정도 줄이고, 2050년까지는 83% 정도 줄인다는 계획을 밝히고 있다.[26] 또한 이러한 인위적인 감축에 대한 여론의 반발을 무마하기 위해서 이 법안의

25 이러한 조치는 온실가스 감축에 대한 구체적인 공약을 거부해온 중국 등지에서 미국으로 수출되는 제품에 대해서 불이익을 주겠다는 의지를 담고 있는 것으로서, 이 법안이 통과될 경우 온실가스 배출 규제를 받는 미국 국내 제품의 경쟁력을 보호하기 위해서 마련된 것이다. 이 조치는 포괄적인 기후변화 관련 법안에 대해서 반대해온 의원이나 기업 혹은 이익집단의 불만을 무마하기 위해서 법률 내에서 포함된 것으로 보인다. 그러나 이러한 '국경세'(border tax)는 미국과 이러한 조치에 해당되는 국가 간의 무역 분쟁을 유발할 수 있어서 문제로 지적되어왔다. 이러한 조치에 대한 반대 의견을 알아보기 위해서는 Lieberthal, 2009: 14를 참조하기 바란다.

26 이러한 상원 법안의 감축량은 하원의 법안인 미국 청정에너지 및 안보법에서 제시된 감축량과 동일한 것이다.

규제 대상은 대규모 시설에 국한될 것이라는 점도 강조되고 있다.[27]

전반적으로 상원에 제출된 이 법안은 하원과 매우 유사한 형태의 법안으로서 일정한 시기까지 단계별로 전반적인 온실가스 감축량을 규정하고 있으며, 청정에너지 일자리 창출, 청정에너지 산업으로의 이전과 관련된 여러 가지 완충장치, 청정에너지를 활용하는 기업에 대한 다양한 인센티브의 제공, 그리고 대규모 온실가스 배출 시설 등에 대한 규제 등을 담고 있다. 이 법안은 다음에 소개될 미국 동력법의 기반이 되었지만 결국 햇빛을 보지 못하고 상원에서 사장되고 만다.

(2) 미국 동력법

박서 의원이 상임위원장으로 있는 상원의 환경 및 공공사업위원회가 2010년 2월 2일자로 청정에너지 일자리 및 미국 동력법을 본회의에 상정한 이후, 상원 민주당 내에서 다양한 형태로 본회의를 통과할 수 있는 법안을 만들기 위해서 의원들의 노력이 있었다. 이러한 노력은 청정에너지 일자리 및 미국 동력법을 토대로 이 법안의 미비한 점을 보완하고, 상원 내 일부 공화당 의원의 지지를 확보하기 위한 노력과 병행하여 진행되었다. 그리고 이러한 노력을 주도한 인물은 상원 외교위원회(the Foreign Relations Committee) 위원장인 케리 의원과 친민주당 무소속 의원이었던 리버만 의원이었다. 케리 의원은 자신이 추진하는 법안을 기존 법안보다 친기업적인 것으로 수정하여 보수적인 공화당원들의 지지를 얻어낼 수 있도록 미국 연안의 석유 및 천연가스 시추 확대를

27 이 법안의 평가에 의하면 규제 대상은 미국 탄소오염의 4분의 3을 차지하는 7,500개의 시설에 국한된다. 이는 전체 기업의 2%에 불과하다. Environment and Energy Publishing, "Clean Energy Jobs and American Power Act: Summary of Provisions"(http://www.eenews.net/public/25/12592/features/documents/2009/09/30/document_gw_02.pdf).

허용하는 내용을 담기도 하고, 지구온난화에 관심이 있었던 사우스 캐롤라이나(South Carolina)주의 공화당 중진 상원의원 그레이엄(Lindsey Graham) 의원을 포섭하려고 노력하기도 했지만 결국 이 법안 역시 좌절되고 만다.

이와 같이 종국에는 좌절을 맛보게 된 케리 의원과 리버만 의원의 미국 동력법(the American Power Act)은 기존의 상원 법안과는 좀 더 친기업적인 내용을 담고 있어서 오히려 환경단체와 친환경론자들의 비판을 받기도 한 법안이었다.[28] 2009년에 최초로 상원 환경 및 공공사업위원회가 온실가스 감축 관련 법안을 논의하기 시작한 지 대강 7개월 만인 2010년 5월 12일 언론에 공포된 미국 동력법은 우선 국내 청정에너지 개발, 지구온난화 오염 감소, 소비자 보호, 일자리 보호와 성장, 국제적 기후변화 활동, 지구온난화의 충격으로부터 지역 보호, 예산상의 효과 등 총 7개의 장으로 구성되어 있는 법안이었다. 제1장은 핵에너지, 연해 석유 및 천연가스, 석탄, 재생에너지 및 에너지 효율, 청정운송 등의 내용을 포함하는 소장으로 구성되어 있으며, 제2장은 지구온난화 오염 감소, 탄소 배출권의 처리, 신속한 완화 정책 실시, 온실가스의 규제 예측 가능성 확보, 온실가스 시장 규제, 기타 등으로, 제3장은 저탄소 전력에 대한 투자와 소비자 보호를 위한 에너지 효율, 저탄소 난방에 대한 투자와 소비자 보호를 위한 에너지 효율, 소비자 부담 경감조치, 소비자 옹호 등으로, 제4장은 미국의 제조업 일자리 보호와 탄소 유출 방지, 청정에너지 기술 및 일자리 등의 소장으로 구성되어 있었다.[29]

---

28 이 법안의 발표를 즈음하여 그린피스나 지구의 친구들과 같은 환경단체들은 미국 동력법이 미국 연안의 석유 및 천연가스 시추를 확대하고 있으며 화석연료 사용 시설이나 기업에 대해서 너무 관대하다는 이유 등을 들어서 이 법안에 대해 반대하는 입장을 표명한 바 있다(Walsh, 2010).

케리 의원과 리버만 의원이 제출한 법안은 하원 법안과 상원의 환경 및 공공사업위원회가 제출한 법안과 마찬가지로 일자리 창출, 에너지 독립, 경제성장 그리고 2020년까지 이산화탄소 등 온실가스 배출량을 17% 줄이고 2050년까지는 80% 이상 줄인다는 단계별 온실가스 감축 등을 주요 내용으로 하고 있다.[30] 이 법안 추진의 핵심 인물인 케리 의원에 의하면 미국 동력법은 소비자 보호, 미국산 에너지 사용, 청정에너지 분야의 경쟁력 제고, 산업 분야별로 차별화된 온실가스 배출 감소 방식, 안정된 탄소 거래시장의 확보 등을 5개의 주요한 원칙으로 하여 작성되었다.

우선 이 법안은 이 법안의 시행으로 인해서 얻게 되는 연방정부의 수입 가운데 정부의 적자를 줄이는 데 사용되지 않은 수입의 3분의 2를 다양한 방식으로 소비자들에게 귀속되게 하고, 나머지는 미국 기업의 청정에너지 경제로의 원만한 이행과 배출 감축 및 에너지 안보의 촉진을 위한 프로젝트 및 기술개발에 투자할 것이라고 밝히고 있다. 또한 이 법안은 발전시설, 중공업 분야, 운송 분야 등 서로 다른 산업 분야에 차별적인 온실가스 배출 감축 방식을 적용하여 청정에너지 경제로 이전하는 과정에서 산업별 특성을 고려하여 일종의 맞춤형 규제를 시도하고 있다. 매년 25,000톤 이상의 온실가스를 배출하는 7,500개의 공장이나 발전시설에 대해서는 일정한 온실가스 감축 기준이 적용될 것이지만,

---

29 본문의 법안 항목은 케리 의원이 자신의 법안 설명과 함께 직접 제공한 "The American Power Act: Section－by－Section"(http://kerry.senate.gov/imo/media/doc/APASectionbySection.pdf)을 토대로 한 것이다.

30 본문에 제시된 법안의 내용은 케리 의원이 직접 제공한 "Summary of the American Power Act"(http://kerry.senate.gov/imo/media/doc/APAShortSummary1.pdf)를 토대로 한 것이다. 법안의 텍스트 전문은 Library of Congress: Thomas의 웹페이지를 통해서 볼 수 있다(http://thomas.loc.gov/cgi－bin/bdquery/z?d111:S1733:).

2016년까지 제조업 부문은 이러한 온실가스 배출 감축 규제에서 제외될 것이며, 중공업 분야 탄소 배출 업체는 2016년까지 적응 기간이 필요하다는 점에서 무료로 일정한 탄소 배출 할당량이 부여될 것이라고 규정하고 있다. 한편 운송 부문의 경우 그대로 온실가스 배출 기준이 적용될 것이라고 규정하고 있다. 이와 같이 미국 동력법은 미국의 경제성장 동력을 저해한다는 기업 부문의 반발을 최소화하기 위해서 이들 기업 부문에 대해서 일정 기간 온실가스 배출에 대한 규제를 유예해주기로 하고, 무료의 온실가스 할당량을 제공해주는 등의 조치를 포함하고 있다.

한편 미국 동력법이 시행되어 규제 정책이 실시될 경우 기업의 편의를 위한 예측가능성의 확보를 위해서 연방정부가 시행하는 단일한 종류의 규제만이 실시될 것을 규정하여 개별 주가 온실가스 감축을 위해서 독자적인 프로그램을 운영할 수 없도록 하였다. 이와 관련하여 이 법안은 이미 이러한 독자적 정책을 운영하고 있는 주는 자신들이 운영하는 온실가스 배출 상한치 설정 및 교환 프로그램의 종식으로 인한 손실을 보상받게 될 것이라고 적고 있다. 또한 이산화탄소를 포함한 온실가스 배출권 시장의 유동성으로 인한 기업의 불편을 덜기 위한 조치로서 미국 동력법은 시장에서의 온실가스 배출권 가격의 등락(騰落)에 대한 한계(price collar)를 톤당 12달러에서 25달러로 설정하여 탄소 가격이 물가 인플레 대비 일정한 범위 내에서만 상승하도록 하는 등 예측가능한 시스템을 구축하고 있다. 이러한 조치는 온실가스 배출권의 가격이 지나치게 폭등하는 것을 방지하기 위한 조치로 풀이된다.

서로 다른 산업 분야에 대한 차별화된 온실가스 배출 규제 접근 방식, 제조업 분야 등에 대한 규제 유예기간 설정 등의 유연한 조치, 온실가스 배출권 시장에 대한 안정성 추구, 그리고 이외에도 미국 연안에서 석유시추를 허용하는 등[31] 기업과 공화당 의원의 반발을 줄이기 위해서 친기업적 내용을 포함했던 미국 동력법은 다수의 분석가들에 의해서 다름대로 공화당 의원이나 기업 부문이 수용할 수 있는 법안으로 평가되기도 하였다.[32] 심지어 환경방어자금 등 일부 환경단체들도 비록 이 법안이 완전하지는 않지만 저탄소경제로 이전하는 과정에서 발생할 수 있는 기업의 반발을 최대한 무마하겠다는 정부의 의지를 보여주고 있다는 점에서 현실적으로 가장 수용 가능한 법안이라는 점에 동의하고 있었다.[33]

그러나 당시의 정파적 갈등의 환경 속에서 현실적으로 최선이었던 미국 동력법 역시 종국에는 좌절되고 만다. 케리 의원과 리버만 의원이 제출한 법안이 더 이상 공화당의 지지를 얻지 못하고 필리버스터 방지에 필요한 60명 의원의 지지를 확보하기가 지극히 어렵다는 결론에 도달한 상원 다수당인 민주당 원내대표 리드(Harry Reid) 의원은 2010년 7월 22일에

31 2009년 오바마 행정부의 출범 이전인 2008년 부시 대통령은 대서양과 태평양 연안에서 25년간 지속되었던 석유시추 금지 해제를 명령하였고, 오바마 대통령 역시 환경론자들의 반발에도 불구하고 기존 정부 대여지 내에서 연안 석유개발 임대 기간을 연장할 수 있도록 한 바 있다. 케리 의원과 리버만 의원이 추진한 법안은 입안 단계 초기부터 미국 연안의 석유와 천연가스 개발을 허용하여 기업 부문과 친기업적 공화당 상원의원들의 반발을 줄이고자 하였다(Hobson, 2009d).

32 AP(Associated Press)의 기자 댈리(Matthew Daly)는 2010년 5월 12일 케리 의원과 리버만 의원이 개최한 기자회견 석상에는 듀크 에너지의 CEO인 로저스(Jim Rogers)와 에디슨 전기협회(Edison Electric Institute)의 소장 쿤(Tom Kuhn) 등 전력 발전시설 대표가 참석하여 케리-리버만 법안이 전력 발전시설 업계 등 기업계의 지지를 받고 있다고 적고 있다. 뿐만 아니라 댈리 기자는 또한 이 법안이 시에라 클럽, 천연자원 방어위원회, 환경방어자금 등 22개 친환경단체의 지지를 받았다고 설명하고 있다(Daly, 2010). 한편 5월 12일의 기자회견 석상에서 로저스는 "이 법안은 현재의 일자리뿐만 아니라 내일과 미래의 일자리를 창출하고 있다. [……] 이 법안은 저탄소 세계로의 이전을 제대로 시행하고 있다"라고 말하여 이 법안에 대한 지지의사를 표명한 바 있다.

33 케리-리버만 법안이 발표되는 기자회견 석상에 참석한 환경방어자금의 대표인 크룹(Fred Krupp)은 비록 완전하지는 않지만 이 법안이야말로 에너지 부문 기업이 정부의 확고한 공약에 근거해서 청정에너지 경제로 전환할 수 있는 환경을 만들어주는 법안이라고 강조하기도 하였다(Walsh, 2010).

마침내 이 법안의 통과가 어렵다는 점을 공식적으로 표명하기에 이르렀고, 이로서 사실상 오바마 임기 4년 내에 포괄적인 기후변화 관련 법률의 제정을 기대하는 것은 불가능하게 되었다.[34] 이와 같이 결국 실패로 귀결된 민주당 의회의 포괄적인 기후변화 관련 법률제정의 추진은 지구온난화 방지를 위한 온실가스 배출 감축을 공약하면서 백악관에 입성한 오바마 대통령의 개인적 위신을 실추시켰을 뿐만 아니라, 국제적으로 온실가스 감축에 대한 미국의 공약을 약화시키는 결과를 초래하였다.

3. 정리와 논점: 포괄적 기후변화 관련 법안의 실패 이유

이 책에서 반복적으로 강조되고 있지만 오바마 대통령의 구상은 기후변화 문제에 있어서 미국의 선도적 리더십을 보여주고 이를 통해서 중국이나 인도 등 최대 온실가스 배출 개도국을 압박하여 2009년 말의 코펜하겐 유엔 기후변화협약 회의를 통해서 2012년 이후 포스트 교토 체제를 이끌어갈 포괄적인 새로운 국제적 기후변화 레짐의 창출을 도모하는 것이었다. 이를 위해서 그는 먼저 온실가스 배출 상한치 설정 및 시장교환제도를 구현하는 포괄적인 국내법을 제정하여 미국의 국제적 리더십을 보여주고자 했다.

그는 경기침체에 시달리고 있는 미국의 상황을 고려하여 온실가스 배출 규제에 관련된 법안을 미국의 에너지 독립 및 청정일자리 창출을

34 2010년 7월 22일에 리드 원내대표는 "결정을 내려야만 했습니다. 이것이 내 결정입니다. 우리는 표가 모자란다는 것을 알고 있습니다"라고 언급하면서 상원 내에서 포괄적인 기후변화 관련 법안 제정의 실패를 인정하였다(Lehmann, 2010).

동시에 실현하는 내용으로 만들어서 미국 정계와 국민들에게 전달하고 홍보하였다. 이러한 노력의 결과로 2009년 6월에 하원에서 미국 청정에너지 및 안보법이 통과되었으나, 상원에서는 하원과 달리 2009년 말까지도 가시적인 성과가 나타나지 못했다. 이와 같이 국내법 제정이 완전하지 못한 상황 속에서도 오바마 대통령은 미완의 국내적 성과를 토대로 코펜하겐에서의 만족스러운 합의를 도출하기 위해서 다방면으로 노력했다.

그러나 2009년 12월 코펜하겐 회의에 참석한 중국 등 최대 온실가스 배출 개도국들은 하원에서만 통과된 미완의 성과를 가지고 코펜하겐 회의에서 참석한 미국의 노력을 적극적으로 평가해주는 데 인색하였다. 이들은 미국 국내법의 제정이 불투명한 상황에서 오바마 대통령의 감축 참여에 동의하기를 꺼려했으며 '차별화된 책임'과 '개별 국가의 능력'을 강조하는 데 주력하였다. 기후변화 대처를 위해서 경제성장을 희생할 수 없다는 것이 이들의 입장이었고, 미국은 이러한 입장을 역전시킬 만한 구체적인 국내적 성과물을 만들어내거나 추가적으로 이들을 압박할 수 있는 수단을 강구해낼 수 있는 형편이 되지 못했다.

한편 미국 의회는 2009년 코펜하겐 회의가 중국 등 최대 온실가스 배출국에 대해서 구속력 있는 감축을 강제할 수 있는 합의 도달에 실패한 상황에서 미국 국내법의 제정은 무리수라고 보고, 2010년에 이르러 최종적으로 상원에서 국내법 제정을 좌초시켰다. 적어도 구속력 있는 온실가스 감축 공약 확보를 통한 국제적 기후변화 대처 문제에 있어서, 미국의 패권 회복 노력은 국제적 상황과 상호 맞물려서 반응하는 이러한 강한 국내적 저항 앞에서 좌절되었다. 그리고 앞에서 설명한 기후변화 법률제정의 실패에서 알 수 있듯이, 미국 패권 회복 노력에 대한 국내적 저항의 핵심은 바로 미국 의회의 입법 거부라고 할 수 있다. 법률제정이 없이는 온실가스에 대한 포괄적이고, 적절하며 정당한 규제가 어렵고, 법률제정은 오로지 의회를 통해서만 이루어진다고 할 때, 기후변화에 대한 미국의 국제적 패권 유지 노력은 바로 의회를 중심으로 한 국내적 저항에 의해서 좌절되기에 이른 것이다.

민주당이 양원의 다수당이었던 제111대 의회에서 상한치 설정 및 교환을 구현하는 기후변화 입법이 실패하게 된 데에는 구조적 · 상황적 · 의회정치적 요인 등 크게 세 가지 요인이 작용한 것으로 보인다. 구조적 요인은 대체로 중장기적인 요인으로서 미국의 경기침체와 미국 워싱턴 정가의 정파적 환경을 지적할 수 있을 것으로 보인다. 그리고 상황적 요인은 보다 단기적인 성격의 요인으로서 2009년에 강력하게 추진된 의료보험 개혁으로 인한 정치적 자본의 소실과, 2009년 봄의 멕시코만 유정 폭발사고, 그리고 코펜하겐 회의에서 구속력 있는 감축량에 대한 국제적 합의 달성 실패 등이 지적될 수 있다. 그리고 마지막으로 의회정치적 요인은 '선거적 연계'(electoral connection)라는 지역구 중심적 의원의 행태와, 양원제와 관련하여 미국 상원에 존재하는 필리버스터 제도라고 할 수 있다. 이러한 세 가지 차원의 요인을 다음에서 간단히 살펴보고자 한다.[35]

우선 구조적 변수를 보면 무엇보다도 2007~2008년 이후 악화된 경제상황이 기후변화 관련 국내법 제정에 가장 큰 장애물 가운데 하나가 되었다고 볼 수 있다. 이미 제4장에서 설명했듯이 미국의 여론은 유럽의 여론에 비해서 지구온난화 문제의 심각성에 대체로 둔감한 편이었는데, 이에

---

35 2009년과 2010년에 걸쳐서 민주당이 다수당이었던 의회에서 논의된 온실가스 감축 관련 법안이 상한치 설정 및 교환에만 초점을 둔 것이 아니라, 기타 건물의 에너지 효율 기준 설정이나 전력 발전의 재생에너지 사용 비율 강제 규정 및 여타의 강제 규정을 두어 효과를 잃어버려서 문제가 되었다는 지적 등에 대해서는 Gayer, 2012를 참조하기 바란다.

더하여 2007년과 2008년을 대략적인 분기점으로 하여 기후변화 문제를 인간행위에 기인한 것으로 파악하는 미국 국내 여론이나 지구온난화의 위협 정도에 대한 여론은 상당히 약화되기 시작하였다. 경기침체가 장기화되는 조짐을 보이고 실업률이 늘어나는 상황에서 기후변화 문제의 대처와 이를 위한 온실가스 감축의 필요성에 대한 미국 여론의 분위기는 상당히 냉담한 것이었다. 특히 공화당과 보수파가 온실가스 감축 및 규제를 일자리 상실과 연결시키면서 이러한 여론의 흐름은 더욱 강화되는 분위기였다. 게다가 기후변화 문제가 지니고 있는 복잡한 이슈의 성격과, 이 이슈가 미래 세대의 어젠다라는 미국 국민의 판단에 따라서 기후변화 관련 입법의 동력은 상당히 둔화될 수밖에 없었다. 온실가스 감축을 미국의 에너지 독립 및 청정일자리 창출과 연관시키려는 오바마 대통령과 민주당의 노력도 규제 방식이 상한치 설정 및 교환이라는 요소를 포함하는 한 공화당의 반대를 뚫고 법률을 제정하기에는 역부족이었다.

이러한 경제상황과 함께 기후변화 관련 법률제정에 장애물로 등장한 또 다른 요소는 바로 1990년대 이후 강화된 미국 정치의 정치적 · 이념적 양극화 상황이었다. 이러한 양극화 현상은 1980년대 레이건 대통령의 등장과 함께 서서히 진행되어오다가, 특히 2001년 부시 행정부 등장 이후 극단적으로 치닫게 되었다. 특히 대통령선거를 포함한 의회선거 등의 각급 선거의 예비선거(primary election)에서 극단적 이념을 지닌 공화당과 민주당 유권자들의 영향력이 커지면서, 워싱턴에 입성하는 정치인들 역시 매우 극단적인 인물들로 채워지기에 이르렀다. 이들 극단적 이념을 지닌 공화당과 민주당의 의원들은 온건 성향의 의원들이 들어설 자리를 없애면서 의회 내에서 정당 간 타협의 여지를 거의 없애버리고 정파적 갈등을 더욱 심화시켰다. 특히 사회적 보수주의자(social conservative)들과 시장지상주의자(libertarian)들에 의해서 포획된 공화당은 부시 대통령의 임기 기간 중 정당 간 대립과 양극화를 견인한 세력들인데, 이들은 헌법에 대한 근본주의적 해석과 함께 헌법적 가치의 문제를 전면에 포진시키면서 민주당과 진보주의자를 비미국적(un-American)이며 이질적(alien)인 존재로 몰아붙였다. 2010년 중간선거에서의 승리를 눈앞에 두고 공화당의 목표는 "오바마 대통령을 단임대통령(one-term president)으로 만드는 것"이라고 발표한 매코넬(Mitch McConnell) 공화당 원내대표의 논평에서도 알 수 있듯이(Herszenhorn, 2009), 이들 보수적인 공화당 의원들은 오바마 대통령의 정책을 사회주의적이며 미국적 가치를 위반하는 것으로 몰아세우면서 기후변화의 논리와 과학성 자체를 강하게 거부하였다.[36] 이와 함께 정치적 견해를 전달하는 언론매체의 양극화 현상이 이러한 정치적 양극화 현상을 더욱 가열시키면서 의회 내에서는 양당 간 타협의 여지가 극도로 줄어들고 불신만이 팽배하게 되었다. 이와 같은 정파적 환경 속에서 이미 앞에서 설명한 대로 기후변화 관련 민주당 법안은 상원의 경우 공화당 의원 단 한 명의 지지도 확보하지 못한 채 사장되고 말았다. 실제로 케리 의원과 리버만 의원이 제시한 법안의 경우 기업 부문의 반발이 상당히 적고 또한 환경단체의 불만도 최소화된 법안이었음을 고려해볼 때, 이러한 현실적으로 가능한 최선의 대안이 실패한 이유는 다른 원인과 함께 워싱턴 정가의 이념적 · 정치적 양극화에서 기인하는 것이다.

---

36 참고로 2012년 전반기 미국의 대통령선거를 위한 공화당 예비선거 경선 과정에서 공화당 내 보수파 유권자의 지지를 받고 있었던 샌터럼(Rich Santorum) 후보는 오바마 대통령이 지구온난화의 방지를 위해서 사람들이 자동차를 몰지 않게 만들기 위해서 의도적으로 석유 가격 상승을 방기하고 있다고 비난할 정도로 오바마 대통령의 기후변화 정책에 대해서 반대하는 입장과 강한 불신을 내비친 바 있다(Nakamura, 2012). 이러한 샌터럼 후보의 입장은 보수적인 공화당 유권자의 기후변화에 대한 태도의 극단적 일단을 보여준 것이라고 판단된다.

경제상황과 정치적 양극화 등 구조적 요인과 아울러 기후변화 관련 법률제정을 좌절시킨 환경적 변수는 오바마 행정부가 총력을 기울여 추진한 의료보험 개혁의 여파와 전혀 예기치 못한 멕시코만 BP 해저 유정 폭발사건, 그리고 2009년 12월의 코펜하겐 회의의 부진한 성과라고 할 수 있다. 이러한 세 요인은 경제 악화나 정치적 양극화처럼 중장기적으로 지속되어온 요인이 아니라, 특정한 정책을 추진한 후폭풍 혹은 의도되지 않은 결과(unintended consequence)이거나(의료보험 개혁), 전혀 예상할 수 없었던 재해적 성격(BP 멕시코만 유정 폭발), 그리고 개도국과 미국 간의 상호관계에서 파생된 것(코펜하겐 회의의 부진한 성과)이었다고 할 수 있다.

먼저 오바마 대통령이 임기 시작과 함께 전력을 투구해서 추진한 의료보험 개혁은 비록 입법에는 성공했지만 오바마 대통령의 정치적 자본(political capital)을 지나치게 많이 소비해버렸다는 결과를 초래하였다. 이와 아울러 의료보험 개혁을 둘러싼 양당 간 갈등은 가뜩이나 정파적인 워싱턴 정가의 분위기를 더욱 악화시킨 것으로 평가된다. 2009년 11월에 하원을 통과한 의료보험 법안이 우여곡절 끝에 12월 24일에 상원을 통과하고, 다시 상원을 통과한 법안이 2010년 3월 21일에 최종적으로 하원을 통과함으로써 건강보험법이 성립되는 과정에서 극단적으로 증폭된 공화당과 민주당의 갈등구도 속에서, 오바마 대통령이 지지하고 민주당 지도부가 추진하는 기후변화 관련 법안이 상원을 통과하리라는 것을 기대하기는 어려웠다.[37]

---

37 오바마 대통령은 임기 초반 공화당의 반대를 무마하고 미온적인 여론을 설득하면서 민주당 소속 의원 가운데 회의적인 의견을 지닌 의원들을 압박하면서 의료보험 개혁을 성사시키는 데 너무나 많은 시간과 에너지를 소비하여 기후변화 관련 법안에 동시에 같은 정도의 열의를 지니고 노력을 기울일 수 없었다. 즉 의료법안 개혁은 본인이 일일이 의원을 설득하고

한편 2010년 4월 20일에 멕시코만에서 폭발한 BP 해저 석유 탐사 유정은 이후 3개월간 지속되면서 상원의 기후변화 관련 입법 논의 좌절의 한 원인이 되었다. 당시 상원에서는 케리 의원과 리버만 의원의 주도 아래 법안 작성이 진행 중이었고, 공화당과 기업 부문의 반대를 무마시키기 위한 정책적 인센티브의 하나로 미국 연안의 석유시추 허용 확대라는 내용을 담고 있었다. 이를 통해서 그레이엄 의원 등 법률제정에 동조적인 공화당 의원을 설득하여 양당 공조적인 법안을 만들어내고 이를 통해서 상원 필리버스터를 극복하는 데 필요한 60명 의원의 지지를 확보해내려는 노력이 진행 중이었다. 그러나 BP 멕시코만 유정이 폭발하면서 결국 연안의 추가적인 석유탐사 허용이라는 인센티브는 오히려 역(逆)인센티브로 작용하고 말았다. 이 사건 이후 그레이엄 의원은 이를 빌미로 케리–리버만 의원의 법안에 대한 지지를 철회함으로써, 결국 미국 동력법에 대해서 지지의사를 표명하는 공화당 의원은 단 한 명도 없는 매우 암울한 상황에 도달하게 되었다.[38] 멕시코만 해저 유정 폭발과 같은 돌발적인

만나는 과정이 있었지만, 기후변화 관련 법률의 제정 과정에서는 이러한 노력이 상대적으로 적었고, 대체로 민주당 의회지도부의 노력에 의존하는 편이었다. 오바마 행정부의 부인에도 불구하고 이러한 상대적으로 부진한 오바마 대통령의 노력에 대해서 하원 에너지 및 통상위원회 소속 일부 민주당 의원은 2009년 5월 5일에 백악관 회동을 앞두고 비판적인 입장을 개진하기도 하였고, 그린피스의 책임자인 래드포드(Phil Radford)는 "왁스만이 오바마의 리더십을 얻지 못한 상태에서 협상에 임하는 것 같다"라고 불만을 토로하기도 하였다(Samuelson, 2009). 이러한 상황 속에서 오바마 대통령은 공화당과 티파티 운동의 저항을 극복하면서 의료보험 개혁에는 성공했으나, 그 후 더욱 악화된 정파적 환경 속에서 상원에서 지속된 기후변화 관련 법안 논의는 공화당의 철저한 무시와 냉담함 속에서 결국 좌초하게 되었다. 의료보험 개혁이 입법 어젠다가 되지 않았다면 기후변화 법률이 제정되었을 것인지는 여전히 의문이다. 그러나 분명한 것은 의료보험이라는 입법 어젠다가 없는 상황이었다면 기후변화 입법에 대한 대통령의 지원이나 투자가 더 많았을 것이며, 그만큼 법안의 통과 가능성도 높았을 것으로 보인다.

38 2010년 5월 12일에 공화당의 그레이엄 상원의원은 "멕시코만의 역사적인 석유 유출 사건이

변수로 인해서 상원 민주당이 제공할 수 있는 인센티브가 오히려 장애물이 되면서 더 이상의 논의는 어려워지는 상황에 봉착하게 되었다.

또 다른 상황적 변수로 지적할 수 있는 것은 제2장과 제5장 등에서 설명된 바 있는 코펜하겐 유엔 기후변화협약 회의의 지지부진한 결과였다. 2009년 임기 초반부터 G8 정상회의, 에너지 및 기후변화에 관한 주요 경제국 포럼 등 다양한 국제적 다자기구뿐만 아니라, 중국과의 적극적인 양자적 관여 정책을 통해서 2009년 12월에 코펜하겐 회의에서 구속력 있는 감축 공약을 토대로 한 새로운 국제적 합의를 창출하려던 오바마 대통령의 노력이 실패하면서 미국의 국내 분위기 역시 기후변화 문제에 대해서 냉담하게 변화하게 되었다. 중국이나 인도 등이 구속력 있는 감축을 지속적으로 거부하는데 미국이 먼저 온실가스를 규제하는 국내법을 제정하는 것에 대한 공화당의 반감이 더욱 거세게 나타나는 상황에서, 코펜하겐 회의 이후 이를 상원에서 추진할 추동력이 상당히 떨어지게 되었다. 온실가스 배출 규제에 관한 미완의 미국 국내 체제 정비가 중국이나 인도 등의 감축 공약 확보를 어렵게 한 요인 가운데 하나였다면, 이들 국가의 구속력 있는 공약 거부로 인한 코펜하겐 회의의 부진한 성과는 또한 미국 국내법 제정이 최종적으로 좌초하게 된 데 기여한 요인 가운데 하나가 되었다고 할 수 있다.

마지막으로 의회정치적인 변수 역시 기후변화 관련 법률의 작성에 커다란 장애물이 되었다. 우선 2010년 중간선거를 앞둔 상황에서 하원 내의 공화당 의원은 물론 보수적 성향의 민주당 의원이나 석탄을 전력발전

야기한 문제는, 이민정치의 복잡성과 함께, 에너지 및 기후 분야에서 변환적인 입법(transformational legislation)이 이 시점에 양당의 지지를 얻는 것을 지극히 어렵게 하고 있다"라는 성명서를 발표하면서 미국 동력법에 대한 지지를 유보한다는 입장을 밝힌 바 있다(Graham, 2010).

에 사용하는 지역의 민주당 의원들이 이 법안에 강하게 반대하는 경향을 보였다.[39] 이와 아울러 상원의 필리버스터 제도는 소수당과 개별 의원의 영향력을 존중하는 제도로서 하원과 달리 다수당에 의한 입법 추진을 상대적으로 더욱 어렵게 만드는 절차였다.

이미 본문에서 밝혔듯이 먼저 전반적으로 석탄 의존도가 높은 지역구와 2008년 선거에서 오바마 후보의 득표율이 낮았던 지역구 출신 의원은 이 법안에 반대하는 경향을 보였다. 이는 이 법안이 통과될 경우 다양한 형태로 석탄 의존도가 높은 지역에 차별적인 불이익이 부과될 가능성이 높고, 또한 반오바마 정서로 인해서 이러한 지역의 의원들은 이 법안에 찬성할 수 없었기 때문이었다. 높은 실업률과 경기침체에 허덕이는 미국의 경제상황을 고려할 때, 이와 같은 추가적인 준조세 형태의 부담을 석탄 의존도가 높은 지역구민이 용납하지 않으리라는 것은 자명하며, 반오바마 지역 유권자의 정서를 반영하지 않을 수 없는 이 지역 출신 의원들은 이 법안에 대해서 적극적으로 반대 의견을 표명하였다. 이는 환경문제 전반을 국가적 필요성에 따라서 판단하는 것이 아니라 지역구의 이익의 관점에서 평가하는 미국 의회선거의 특징을 반영하는 것이었다 (Rosenbaum, 2011: 89).[40]

마지막으로 의회정치적인 측면의 다른 요인은 바로 양원제와 관련된 상원의 필리버스터 제도였다. 원래 필리버스터 제도는 소수당 혹은 개별 의원의 이익을 보호하고 하원에 비해서 상원의 논의에 보다 심도를 기하자는 취지에서 출발한 것이었으나, 미국 의회의 이념적 · 정치적

39 이와 같은 성향은 비록 표결까지는 진행되지 않아서 분석할 방법이 없지만 법안의 제정에 반대한 민주당 상원의원 가운데에도 상당수 존재할 것으로 추정되었다.

40 미국 의원의 표결 등 의정활동을 지역구의 이해관계에 근거해서 설명한 대표적 저작으로는 Mayhew, 1975와 Fiorina, 1989를 참조하기 바람.

양극화 현상과 함께 정파적인 목적에 따라서 빈번히 사용되었다. 다수당의 의사가 대체로 일사분란하게 관철되는 하원과 달리 상원의 경우 개별 의원이나 소수당의 협력이 없이는 법안의 진행이 상당히 어려운 것이 사실이다. '전원 동의제도'(unanimous consent) 등 다양한 소수 의견의 보호 절차가 있어서 상원의 입법 과정은 일반적으로 매우 느린데, 이에 더하여 1990년대 중반 이래 필리버스터 제도가 더욱 빈번하게 입법 지연을 위해서 정파적으로 사용됨으로써 정당 간 의견 대립이 심할 경우 법률의 제정이 매우 어려워진 것도 사실이다(Mann and Ornstein, 2006; Sinclair, 2007). 이러한 상황에서 리버먼 무소속 상원의원과 함께 기후변화 법안의 추진을 지원했던 그레이엄 의원이 이 법안에 대한 지지를 철회하자, 정치적 · 정파적 환경 속에서 공화당 의원의 지지가 전혀 없는 상태로 케리 의원과 리버만 의원이 주동이 된 미국동력법이 상원에서 필리버스터를 막아내는 데 필요한 60명 의원의 지지를 확보해 통과하기는 매우 어려운 것이었다.[41]

결국 2009년 12월 코펜하겐 회의의 좌절 이후 1년이 되지 못한 시점에서 오바마 대통령은 새로운 국내적 정치적 시련을 겪으면서 상한치 설정 및 교환을 포함하는 포괄적 기후변화 법률제정에 대한 기대를 접게

41 이러한 원인 이외에도 오바마 대통령이 주창했고 실제로 양원에서 제출된 포괄적 기후변화 관련 법안이 수용하고 있는 청정에너지 관련 법안이 정말로 높은 실업률에 허덕이고 있는 미국 국민들에게 피부에 닿는 효과를 느끼게 할 만큼 새로운 일자리를 창출할 수 있는지에 대한 회의감 역시 법안 실패의 요인으로 작용했을 수 있다. 재생에너지 등 친환경 일자리(green jobs)가 지구온난화를 방지하는 동시에 기존 제조업 분야의 저탄소경제 이전을 원활하게 함과 동시에 새로운 일자리를 창출하는 두 가지 과업을 동시에 수행할 것이라는 주장은 경제 전반이 침체된 상황에서 실현되기 어려운 것이었다. 실제로 풍력이나 태양열 등을 이용한 청정에너지 업계가 생산한 전력에 대한 수요가 크지 않았을 뿐만 아니라, 이 분야의 고용은 크게 늘지 않았다. 또한 이들 새로운 에너지를 사용하는 벤처업계에 대한 여신 대출은 상당히 지지부진한 것이 사실이었다(Tankersley, 2010).

된다. 오바마 대통령은 공화당이 양원에서 의석을 증가시키고 하원 다수당의 지위를 차지한 중간선거 이튿날인 2010년 11월 2일에 기자회견석상에서, 2010년 상원에서의 포괄적인 기후변화 관련 입법 노력의 실패에 이어서 중간선거에서의 공화당의 승리로 인해 온실가스 배출 상한치 설정 및 시장교환 계획이 사실상 의회에서 좌절되었으므로 환경보호국을 통한 온실가스 배출 규제조치도 재고(再考)할 것인가에 대한 질문에 대해서 "환경보호국은 온실가스가 환경보호국의 소관 사항에 속하는 오염원이라는 법원의 명령에 따라서 움직이고 있습니다. [……] 온실가스 배출 상한치 설정 및 시장교환 제도는 이 문제를 해결하는 한 가지 방법일 뿐입니다. 유일한 방법은 아니지요. 수단이지 목적은 아닙니다. 이러한 문제를 다룰 수 있는 다른 방식을 찾을 것입니다"라고 대답하여 상한치 설정 및 시장교환 방식은 일단 보류하더라도 환경보호국을 통한 온실가스 배출 규제를 지속할 방침임을 시사한 바 있다.[42] 다시 말해서 상한치 설정 및 교환 방식을 담고 있는 포괄적 입법이 어려워지자 오바마 행정부는 이산화탄소 등 온실가스의 배출을 제한하기 위해서 환경보호국을 더욱 적극적으로 활용할 것임을 암시한 것이다(Harder, 2010, 52).[43] 이와

42 Barack Obama, "Press Conference by the President", Nov. 3, 2010(http://www.whitehouse.gov/the-press-office/2010/11/03/press-conference-president).

43 현재 오바마 대통령의 2012년 선거운동 홈페이지 상에 있는 '대통령의 에너지 및 환경에 대한 기록'(The President's Record on Energy and the Environment)(http://www.barackobama.com/record/environment?source=issues-nav)에는 상한치 설정 및 교환이나 기후변화, 지구온난화와 같은 용어에 대한 언급이 눈에 띄지 않는다. 이러한 변화에 주목하면서 부르킹스 연구소(Brookings Institution)의 게이어(Ted Gayer)는 2008년 오바마 후보의 기후변화 대처 및 온실가스 감축에 대한 노력과 현재의 상대적 침묵 간의 대조되는 양상을 강조하고 있다(Gayer, 2012). 이러한 전략의 변화가 경제위기 상황에서 인기가 없는 온실가스 감축 논의를 배제해서 승리 가능성을 높이려는 전략에서 나온 것인지, 상한치 설정 및 교환 제도에 대한 잠정적 폐기를 의미하는지, 당분간 온실가스 감축과 관련된 입법 논의가

같은 환경보호국의 활용과 관련하여 다음 장에서는 2009년 취임 이후 환경보호국을 통한 오바마 대통령의 온실가스 규제 노력을 살펴보고자 한다.

없을 것인지 아니면 이들 모두를 예고하는 것인지는 확실치 않다.

제7장

오바마 행정부의 기후변화 정책 III: 환경보호국의 온실가스 규제 정책

제6장에서는 국제적 기후변화 대처 문제에 있어서 미국 패권 유지 노력에 대한 국내적 저항의 핵심으로 의회를 통한 법률제정의 실패 과정을 살펴보았다. 그러나 이러한 법률제정의 실패가 기후변화에 관한 오바마 대통령의 국내적 노력이 전적으로 좌절되었음을 의미하는 것은 아니었다. 포괄적인 기후변화 관련 법률제정을 통해서 경제 전역에 걸친 온실가스 배출 상한치 설정 및 시장교환을 제도화하려는 노력은 실패했지만, 오바마 대통령은 다른 방식을 통해서 지속적으로 온실가스 배출을 억제하고자 노력했다.

실제로 오바마 대통령은 기후변화 관련 입법 추진과 함께 2009년 임기 초기부터 부시 행정부 당시 취해진 온실가스 규제 관련 정책—혹은 정책의 부재—을 검토하여 이를 적극적으로 개정·보완하도록 행정부 내 유관기관 등에 지시하는 등 대통령이 지닌 행정부 수반으로서의 기능을 통해서 온실가스 배출에 대한 규제 정책을 실시하고자 하였다.[1]

1 이러한 오바마 대통령의 노력에 관해서는 이 책의 제5장에서 상세히 논의된 바 있다.

특히 온실가스 배출에 대한 규제와 관련해서 오바마 대통령은 환경보호국을 적극적으로 활용하고자 하였다. 이를 위해서 환경정책 분야에서 다년간 경험을 쌓은 인물을 신임 환경보호국장에 임명하여 적극적으로 지원하는 한편, 차량에서 배출되는 온실가스뿐만 아니라 전력 발전시설 및 공장에서 뿜어 나오는 다양한 종류의 온실가스를 배출하는 정책을 실시하도록 촉구하였다.

그러나 원래 오바마 행정부는 기후변화 문제와 관련하여 환경보호국을 통한 온실가스 배출 규제 정책의 실시보다는 의회를 통한 포괄적인 기후변화 법률의 제정을 더욱 선호하고 있었다. 이러한 입장은 오바마 대통령의 정책노선이었을 뿐만 아니라 실제로 신임 환경보호국장인 잭슨(Lisa Jackson)의 의견이기도 했다.[2] 환경보호국이 발표하는 규칙 등 규제 정책은 의회에서 제정되는 법률보다 정책 정당성이 떨어지고, 규제의 포괄성도 상대적으로 협소하며, 사안별로 규제 규칙을 발부해야 하기 때문에 자칫 일관성에 손상이 올 수도 있어서 문제로 지적되곤 하였다.[3] 한편 2009년에 민주당 단점정부가 들어서면서 온실가스 배출에 대한 규제 움직임이 커지자 이에 반대하는 공화당 의원들 역시 의회가 제정하는 법률이 아니라 환경보호국이 주관하는 규제 정책을 통한 온실가스의 감축에 적극적으로 반대하였다. 온실가스 규제에 반대하는 의원들은 환경보호국에 의한 온실가스의 규제는 의회의 입법 권한에 대한 중대한

---

2 Environmental Protection Agency(이하 각주 및 참고문헌에서 'EPA'로 사용함), "EPA Finds Greenhouse Gases Pose Threat to Public Health, Welfare/Proposed Finding Comes in Response to 2007 Supreme Court Ruling", EPA News Release, April 17, 2009(http://yosemite.epa.gov/opa/admpress.nsf/0/0ef7df675805295d8525759b00566924).

3 환경보호국이 온실가스의 규제에 적극적으로 나설 것을 수십 년간 촉구해온 환경단체 역시 소송의 가능성이 큰 규제 정책보다는 온실가스 규제를 포함하여 재생에너지의 연구 및 개발 투자 등을 포괄적으로 다루는 기후변화 관련 법률의 제정을 더욱 선호하고 있었다.

도전이라고 경고하기도 하였다.[4] 따라서 2009년 오바마 행정부의 출범과 함께 추진된 환경보호국의 적극적인 온실가스 규제조치의 제정과 실행은 그 자체만으로는 새로운 행정부가 추구하는 기후변화 정책의 핵심은 아니었다.

그러나 2009년 6월에 하원을 통과한 온실가스 감축 관련 법안이 2010년에 이르러 상원에서 전혀 진전의 기미가 없어지자 환경보호국의 역할에 대한 오바마 행정부의 관점은 상당히 변화할 수밖에 없었다. 다시 말해서 2007년 연방대법원의 판결과 명령에 따라서[5] 온실가스의 유해성 여부를 판결하고 이러한 판단에 입각하여 온실가스 배출을 규제한다는 환경보호국의 역할은 2010년 상원에서 공화당의 반대로 인해서 포괄적인 기후변화 법안의 통과 여부가 불가능해지면서 더욱 부각되기 시작하였다. 이러한 역할의 부각이 반드시 환경보호국의 권한이나 기능이 강화되는 것을 의미하는 것은 아니었다. 그러나 새로운 포괄적인 법률의 제정이 어려운 상황에서 오바마 행정부가 대내외적으로 미국의 적극적인 온실가스 감축 노력을 보여줄 수 있었던 몇 안 되는 영역이 바로 환경보호국의 규제 정책 영역이었던 것이다.

4 미국의 대표적인 환경단체인 시에라 클럽의 기후변화 담당 수석변호사인 북바인더(David Bookbinder)는 "우리는 탄소 배출 문제를 다루기 위한 가장 좋은 수단으로서 맞춤형 법률의 제정을 매우 강하게 지지하고 있으며, 기후변화를 환경보호국의 규칙(rule)을 통해서 처리하려는 것은 먼 차선책(a distant second best)이다"라고 밝힌 바 있다. 한편 와이오밍(Wyoming)주의 버라아소(John Barrasso) 상원의원은 잭슨 환경보호국장 후보의 인사청문회 당시 잭슨 국장이 환경보호국의 규제 권한을 통해서 의회의 권한을 무시해서는 안 된다는 점을 경고했으며, 만약 환경보호국이 청정대기법에 의거하여 탄소 배출을 규제하려고 한다면 이는 "엄청난 재앙을 불러올 수 있는"(a disaster waiting to happen) 조치가 될 것이라고 밝힌 바 있다(Broder, 2009).

5 2007년 청정대기법과 관련된 연방대법원의 판결과 관련된 사항은 본문 가운데 곧 상세히 소개될 것이다.

이러한 배경을 토대로 이 장에서는 오바마 행정부 이후 환경보호국이 취해온 다양한 온실가스 규제조치를 살펴보기로 한다. 이를 위해서 먼저 1970년의 청정대기법에 의거하여 2007년 연방대법원이 온실가스 배출 규제와 관련하여 내린 판결의 내용을 검토하고, 이어서 이러한 법원의 판결이 어떠한 방식으로 환경보호국의 활성화 혹은 역할의 확대에 기여하게 되었는지를 살펴보게 될 것이다. 이어서 환경보호국의 온실가스 규제조치를 크게 차량 및 전력발전 시설 등으로 분류하여 살펴보게 될 것이다. 이러한 규제조치의 분석은 환경보호국이 주로 '규칙'(rules)의 형태로 발표한 다양한 정책을 검토하는 작업이 될 것이며, 통시적으로 진행될 것이다. 마지막으로 2010년 중간선거에서 공화당이 승리하여 하원을 탈환한 이후 환경보호국이 보수 세력의 공세에 의해서 여러 가지 어려운 상황에 처해 있음을 밝힘으로써 논의가 정리될 것이다.

1. 2007년 연방대법원의 청정대기법 판결과 2009년 환경보호국의 규제 권한 강화

1) 청정대기법에 대한 2007년 연방대법원의 판결

이미 제5장과 제6장 등에서 간단히 언급한 바 있듯이 오바마 대통령은 2009년 임기 시작과 함께 온실가스 배출 감축과 자동차 연료효율 증가를 위해서 환경보호국을 적극적으로 활용하기 시작하였다. 이를 위해서 오바마 대통령이 차량의 온실가스 배출 및 연료효율 기준에 관한 전국 프로그램의 실시를 지시하고, 환경보호국 등에 대해서 이의 실행을 촉구하는 각서를 전달하였다는 점은 이미 지적한 바 있다. 이와 같이 오바마 대통령은 의회의 기후변화 입법 노력이 개시됨과 동시에 환경보호국도 역시 적극적으로 온실가스 배출 규제에 나설 것을 촉구하였고 이를 적극적으로 후원하였다. 이와 아울러 다양한 다자적 국제무대에서 환경보호국을 통한 자동차 연료효율의 증대 노력과 온실가스 감축 노력을 적극적으로 홍보하기도 하였다.

한편 오바마 대통령은 2010년 7월에 상원에서 최종적으로 기후변화 입법 노력이 좌절된 이후에도 환경보호국을 통해서 적극적인 온실가스 규제 정책을 지속적으로 추진하였다. 하나의 예로서 오바마 대통령은 민주당이 중간선거에서 패배한 직후인 2010년 11월 3일의 기자회견에서도 상한치 설정 및 교환 방식이 온실가스를 규제할 수 있는 유일한 방식은 아니라는 점을 강조하면서, 환경보호국을 통한 적극적인 온실가스 규제 노력을 지속할 것임을 강조한 바 있다.[6] 제6장에서 설명한 대로 2010년 7월에 이르러 하원을 통과한 법안이 공화당 필리버스터의 장벽을 넘어서 상원에서 통과할 가능성이 사라지게 된 상황, 지속적인 경제불황 속에서 온실가스 감축은 일자리 상실로 연결될 수 있다는 대중의 인식, 2010년 중간선거를 통해서 하원 다수당 지위를 탈환하고 상원에서 의석을 늘린 공화당의 강력한 반대 등으로 인해서 상한치 설정 및 교환을 핵심으로 하는 온실가스 감축 노력은—그것이 재생에너지의 개발 및 활용이라는 명분을 취하든, 아니면 청정에너지 분야의 일자리 창출을 위한 것이든, 아니면 더 나아가 미국의 에너지 안보를 위한 정책이든지 간에— 매우 험난한 장애물에 봉착하게 되었다. 이러한 상황에서 오바마 행정부가 온실가스 배출을 적극적으로 억제하기 위해서 취할 수 있는 조치는 청정대기법과

6 Barack Obama, "Press Conference by the President", Nov. 3, 2010(http://www.whitehouse.gov/the-press-office/2010/11/03/press-conference-president).

연방대법원의 판결에 의거하여 환경보호국이 적극적으로 규제에 나서게 하는 것이었다.

그렇다면 오바마 행정부 임기 초기부터 활성화되고 2010년 말 이후 더욱 그 중요성이 강조된 환경보호국은 무엇에 근거하여 어떠한 방식으로 온실가스 배출에 대한 규제 권한을 행사할 수 있었던 것일까? 오바마 대통령의 지원 속에서 2009년 이후 환경보호국이 적극적인 온실가스 관련 규제 정책을 추진할 수 있었던 것은 무엇보다도 2007년 4월에 온실가스가 공중보건과 복지에 위험한 것인지와, 그렇다면 이를 어떻게 규제해야 할 것인지에 대해 환경보호국이 답변하라는 연방대법원의 판결과 명령에 따른 것이었다.

우선 연방대법원의 2007년의 판결은 환경보호국의 미온적인 온실가스 규제 정책에 대한 친환경세력의 불만에서 촉발된 것이었다. 즉 2006년 당시 미국 내 주정부와 환경단체는 부시 행정부 당시 보수화된 환경보호국이 온실가스 배출을 규제하기 위한 적극적인 정책을 취하지 않기 때문에 이를 시정하기 위해서 사법적 소송 절차를 밟은 것인데, 이러한 소송과 관련하여 내려진 연방대법원의 판결은 환경보호국이 온실가스 배출과 관련된 적극적 규제 권한이 있으며, 이러한 규제 권한을 사용해야 한다고 판시함으로써 후일 오바마 행정부 등장 이후 환경보호국이 적극적인 규제 정책에 임할 수 있는 법률적 토대를 마련해주었다.

2006년과 2007년에 사법적 심사 당시 문제가 된 내용은 닉슨 행정부 당시인 1970년에 발효된 청정대기법과 관련된 것이다. 당시 매사추세츠(Massachusetts)주로 대표되는 원고 측은 환경단체와 기후과학계가 지구온난화의 주범으로 지목한 온실가스 배출 규제에 대해서 보수적인 태도를 보인 환경보호국을 상대로 소송을 제기하였던 것이다.[7] 2007년에 연방대법원은 매사추세츠주 대(對)연방 환경보호국(Massachusetts vs. Environmental

Protection Agency) 간의 소송사건에 대해서 대법원 판사 찬성 5명과 반대 4명의 결정으로 환경보호국이 이산화탄소와 기타 온실가스를 대기오염원(air pollutant)으로 규제할 수 있다고 판결하였는데, 당시 대법원이 이러한 판결을 내릴 때 근거가 되었던 법률이 바로 1970년에 닉슨에 의해서 서명된 청정대기법이었던 것이다. 무엇보다도 청정대기법은 제202조(Section 202)의 (a)(1)항에서 "[환경보호국: 필자] 국장(the Administrator)은 규제조치(regulations)를 통해서 이 조항의 내용과 부합하는 방식으로 자신의 판단에 의거하여 공중보건과 복지를 위험하게 할 수 있는 대기오염을 야기하거나 혹은 이에 기여할 것으로 보이는 [……] 어떠한 종류의 [……] 새로 생산된 차량으로부터 발생하는 대기오염 물질의 방출에 대해서도 적용할 수 있는 기준을 규정하고 때때로 개정할 수 있다"라고 규정하고 있다. 이러한 조문에 대한 해석에 근거하여 2007년 연방대법원 판결의 다수 의견은 대기오염과 관련하여 문제가 되었던 '온실가스'가 1970년 청정대기법이 규정하는 '대기오염원'의 포괄적인 정의에 부합한다고 판결하여 환경보호국이 이를 규제할 수 있는 권한이 있음을 확인하고

7 당시 온실가스 규제를 위한 연방정부의 적극적인 개입을 촉구한 원고 측은 매사추세츠주를 비롯하여 캘리포니아 · 코네티컷 · 일리노이 · 메인 · 뉴저지 · 뉴멕시코 · 뉴욕 · 오레건 · 로드아일랜드 · 버몬트 · 워싱턴 주 등 주정부와 뉴욕 · 볼티모어 · 워싱턴 특별자치구 등 시정부, 미국령 사모아, 그리고 생물 다양성센터, 식품안전센터, 자연보존 법률재단, 환경의 옹호자, 환경방어, 지구의 친구들, 그린피스, 국제 기술평가센터, 전국 환경 트러스트, 천연자원 방어위원회, 시에라 클럽, 우려하는 과학자 연맹, 미국 공익 연구집단 등 대체로 환경보호 관련 단체였다. 이러한 원고 측을 대표하여 상원에서 원고의 입장을 대변한 인물은 매사추세츠 검찰청의 제임스 밀키(James Milkey)였다. 한편 피고 측은 주요 당사자인 연방 환경보호국을 비롯하여, 자동차 제조업자연맹, 전국 자동차 거래상협회, 엔진 제조업자협회, 트럭 제조업자협회, 이산화탄소 소송집단, 공공설비 대기 규제집단 등 주로 온실가스를 배출하는 단체 및 이와 관련된 이익집단, 그리고 미시간 · 알라스카 · 캔자스 · 네브래스카 · 노스다코타 · 오하이오 · 사우스다코타 · 텍사스 · 유타 주 등 대체로 전력발전 시설이 석탄이나 석유 등 화석연료에 의존하는 주의 주정부 등이었다.

있다. 이어서 연방대법원은 실제로 새로 생산되는 차량에서 배출되는 온실가스의 배출이 국민보건에 위해(危害)한 것인지를 환경보호국이 결정해서 공시할 것을 명령하였다.

결국 이러한 판결은 청정대기법에 대한 적극적인 해석을 통해서 이산화탄소를 포함한 온실가스가 대기오염원이 된다는 점과, 따라서 환경보호국이 적극적으로 온실가스를 규제할 권한을 가지며 이러한 규제 권한을 실질적으로 행사해야 한다는 점을 명시적으로 확인한 사례가 된다. 실제로 이러한 2007년 판결에 앞서서 부시 행정부 당시인 2003년 환경보호국은 후일 2007년 연방대법원 재판과 관련한 원고 측의 한 단체인 국제 기술평가센터와 기타 친환경집단이 청정대기법에 근거하여 온실가스를 규제하라고 청원한 것에 대해서 거부 의사를 밝힌 바 있었다.[8] 당시 환경보호국은 의회가 청정대기법을 통해서 자신들에게 이산화탄소를 포함한 기타 온실가스를 기후변화와 관련된 목적으로 규제하라는 권한을 부여한 바가 없다는 점과, 환경보호국 또한 자동차에 대한 온실가스 배출의 기준을 마련하는 것이 현재 적절치 못하다고 판단한다는 점을 들어서 이러한 청원의 수리(受理)를 거부한 바 있다.[9] 따라서 2007년의 연방대법원

8 2003년 환경보호국에 의한 청원 수리(受理) 거부와 그 후 2007년 연방대법원 판결에 이르기까지 온실가스 규제를 주장하는 환경단체와 연방 환경보호국 간의 시비, 논쟁, 그리고 소송은 그 기원이 1999년까지 소급된다. 1999년 10월 20일 국제 기술평가센터와 기타 18개의 친환경단체는 환경보호국에 대해서 육상에서 운행하는 차량으로부터 배출되는 온실가스를 청정대기법에 근거하여 규제해야 한다고 청원한 바 있다. 이러한 기나긴 싸움이 비로소 2007년에 이르러 연방대법원의 판결에 의해서 해소되기에 이른 것이다.

9 당시 환경보호국 산하 대기 및 방사선 담당 국장보(Assistant Administrator for the Office of Air and Radiation)인 홈스테드(Jeff Holmstead)는 기후변화에 관한 규제 권한을 의회가 부여하기 전에는 환경보호국이 어떠한 적극적인 규제조치도 취할 수 없음을 밝히면서 "우리는 이미 국내외에서 기후변화에 대처하기 위한 다수의 행동을 취하고 있다. 기후변화를 목적으로 운송 부문을 규제하는 것은 경제적 · 실용적, 그리고 사회적 충격이 클 것이다.

판결은 2003년 환경보호국의 이러한 청원 거부가 온당하지 않은 것임을 명시적으로 밝힌 셈이다.

정리하자면 2007년 연방대법원의 판결을 통해서 향후 연방 환경보호국은 청정대기법에 근거해서 대기 중으로 유출되는 온실가스를 대기오염원으로 파악하여 이에 대한 규제조치를 취할 권한을 확보하게 된 것이다. 2007년 당시 연방대법원은 온실가스를 국민보건과 관련해서 대기오염원으로 볼 수 있는가의 문제에 주목하여 판결한 것이지, 온실가스를 지구온난화의 원인으로 파악하여 기후변화에 대처하기 위해서 판결을 내린 것은 아니었다. 그러나 2007년의 연방대법원 판결로 얻게 된 규제 권한을 통해서 환경보호국은 지구온난화의 주범인 온실가스 배출을 규제할 수 있게 됨으로써, 의회가 포괄적인 기후변화 관련 법률을 만들어내지 못할 경우 2007년 청정대기법에 근거하여 온실가스 배출에 관한 다양한 허용 기준을 제시할 수 있는 권한을 지니게 되었다. 그리고 실제로 포괄적인 기후변화 관련 국내법 제정이 좌초되면서 환경보호국이 온실가스 배출 규제의 핵심기관으로 등장하였고, 2010년에 공화당의 하원 장악 이후 규제에 반대하는 공화당 의원들과 보수 세력의 집중적인 비판과 공격의 대상이 되었다.

미국은 이 문제를 다루기 위해서 현실적이고 효과적인 장기적 접근 방식을 진척시키고 있다"고 언급한 바 있다. 이러한 장기적 접근 방식은 대체로 환경보호국 등 연방정부에 의한 적극적인 규제조치보다는 기업과 정부 간의 자발적인 온실가스 배출 감축을 위한 공동연구와 협력 등을 포함하고 있다. EPA, "EPA Denies Petition to Regulate Greenhouse Gas Emissions from Motor Vehicles", News Release, Aug. 28, 2003(http://yosemite.epa.gov/opa/admpress.nsf/fb36d84bf0a1390c8525701c005e4918/694c8f3b7c16ff6085256d900065fdad!OpenDocument).

2) 2009년 이후 환경보호국의 활성화

2007년의 연방대법원 판결에 의해서 이산화탄소 등 온실가스가 청정대기법이 규제 대상으로 지정한 대기오염 물질에 포괄적으로 포함된다는 사실이 인정된 후, 연방대법원으로부터 제2기 부시 행정부 임기 말에 환경보호국에 명령으로 전달된 과제는 과연 새로 생산되는 차량으로부터 배출되는 이러한 온실가스가 '공중보건을 위해할 만한 대기오염의 원인'이 되는 것인지를 확인하는 것이었다. 이러한 연방대법원의 명령에 따라서 부시 행정부 당시 환경보호국은 2007년 12월 5일에 여섯 가지의 주요 온실가스[10]의 대기 집중현상이 공중보건에 '위험'한 것이고, 새로 생산된 차량으로부터의 배출된 온실가스가 이러한 문제에 '기여'하고 있음을 확인하는 내용의 초안을 백악관의 예산관리국(the Office of Management and Budget)으로 전달했으나,[11] 당시 부시 행정부는 이러한 제안을 고려하지 않았다. 이미 임기 말에 접어들고 있었던 부시 행정부는 신자유주의적 시장 정책과 친기업적인 노선을 지속적으로 견지하기를 원했으며, 미국의 경제성장에 심각한 위협이 될 수 있는 온실가스의 감축을 위한 국내적 규제에 관심이 없었다. 여섯 가지 주요 온실가스의 대기 중 집중이 공중보건에 위협이 되며, 또한 새로 생산되는 차량으로부터의 온실가스 배출이 공중보건에 위해하다는 내용을 공식적으로 발표하게 되는 것은 2008년 대통령선거에서 지구온난화 문제를 심각하게 받아들이고 이러한 문제를 해결하기 위한 온실가스 감축에 적극적 성의를 표명한 오바마 민주당 후보가 당선된 이후의 일이 될 수밖에 없었다.[12]

---

10 이러한 여섯 가지 온실가스는 이산화탄소(CO_2), 메탄(CH_4), 아산화질소(N_2O), 염화불화탄소(CFC), 수불화탄소(HFC), 육불화황(SF_6)으로 구성된다.

11 EPA, "EPA's Endangerment Finding: Legal Background"(http://epa.gov/climatechange/endangerment/downloads/EndangermentFinding_LegalBasis.pdf).

1970년 닉슨 행정부 당시 창설된 이후 레이건 행정부의 집권 기간 이후 제 역할을 수행하지 못했던 환경보호국은 오바마 대통령의 등장과 함께 적극적으로 온실가스 규제 정책에 나서게 된다. 이와 같이 환경보호국이 규제 활동에 나설 수 있었던 배경에는 물론 온실가스 감축을 위한 기후변화 정책을 국내외적으로 적극적으로 추진하기로 공약한 오바마 행정부의 지원이 있었음은 물론이다. 이와 아울러 2008년 선거에서 여전히 의회를 민주당이 장악함으로써 민주당 단점정부가 성립된 것 역시 예산이나 인력, 그리고 정치적 지원 등의 측면에서 환경보호국이 적극적으로 활동할 수 있는 여건이 되었다. 마지막으로—그러나 무엇보다도 우선적으로— 앞에서 설명한 대로 2007년의 연방대법원의 판결이 환경보호국의 적극적인 규제 정책 입안 및 실행을 위한 법적인 필요조건이 되었음은 물론이다.

2009년에 민주당 행정부가 출범하자 오바마 대통령은 여성인 리사 잭슨을 연방 환경보호국장으로 임명했다. 신임 잭슨 국장은 프린스턴대학교(Princeton University)에서 화공학 석사학위를 한 후 환경보호국에서 16년간 근무한 경력이 있으며, 이후 국장 임명 이전 최종적으로 뉴저지

12 본문에서 더 자세히 서술되겠지만 연방대법원의 명령에 따라서 온실가스가 공중보건에 위해한 것이며, 차량으로부터 배출되는 온실가스가 이러한 상황을 악화시킨다는 사실을 공식적으로 결정하여 발표한 것은 오바마 대통령이 임명한 잭슨이 환경보호국장을 역임한 후 1년이 안 된 2009년 12월 7일이었다. 이러한 공식적인 발표에는 미치지 못했지만 부시 임기 말년인 2008년 7월 11일에 환경보호국은 청정대기법에 따라서 온실가스를 규제하는 사안과 관련하여 규칙 작성 사전 공지안(Advance Notice of Proposed Rulemaking)을 발표한 바 있다. 이 사전 공지안은 2007년 12월 5일에 '위험성' 및 '기여성' 관련 조사 내용을 정리한 후, 기후과학과 기후의 영향에 관한 주요한 과학적 평가보고서의 발견 사항을 포함한 '기술적 지원문서'(technical support document)를 첨부하여 작성되었다. 오바마 행정부 등장 이후인 2009년 12월 7일에 환경보호국의 최종 조사 결과 발표에 관한 자세한 내용은 본문에 다시 설명될 것이다.

(New Jersey)주 주지사 비서실장을 역임하기 전까지는 뉴저지주의 환경보호위원장(Commissioner of the New Jersey Department of Environmental Protection)으로 일하는 등 환경 관련 분야에서 행정적인 전문성을 쌓은 친민주계 성향의 인물이었다. 오바마 대통령은 최초의 흑인 여성 국장으로 잭슨을 임명한 후 가장 먼저 부시 행정부 당시 지구온난화의 주범으로 지목된 온실가스 배출 규제가 제대로 이루어지지 않은 점을 염두에 두고, 이러한 전임 행정부의 정책을 검토할 것을 지시하였다. 온실가스 배출 규제를 포함한 전임 행정부의 환경정책 전반에 대한 재검토 작업은 결국 2007년 연방대법원의 판결에 근거하여 새로운 오바마 행정부 하의 환경보호국이 온실가스를 규제하기 위한 조치를 만드는 과정에서 필요한 사전적 작업이었다. 이는 또한 오바마 행정부가 의회를 통해서 입법을 추진하고자 하고 있었던 포괄적인 기후변화 관련 법률제정과 병행하여 취해진 조치라고도 볼 수 있다.

이와 같이 기후변화 문제에 대해 전향적인 자세를 가진 오바마 행정부 하에서 환경보호국장이라는 중책을 맞게 된 잭슨은 먼저 부시 행정부 하에서 연방 환경보호국이 제 기능을 수행하지 못하였기 때문에 국민의 신뢰를 잃어버리게 되었다고 말하면서 『내셔널 저널』의 홉슨(Margaret Kriz Hobson) 기자와의 인터뷰에서 다음과 같이 소신을 밝힌 바가 있다.

> [……] [부시행정부 하에서: 필자] 너무나 자주 우리 기관[환경보호국: 필자]은 과학과 법률을 무시하거나, 혹은 궁극에는 오류로 판명될 것이 뻔했던 왜곡된 법해석을 통해 제멋대로 행동해온 것처럼 보였습니다. [……] 그래서 이러한 사례에 있어서 나는 근무 첫날부터 전진해나가기를 원하고, 이러한 새로운 전체 어젠다에 대해서 적극적으로 대처하려고 노력하려고 하는 만큼, 이러한 결정들을 고쳐나가고 다시 검토할 의사가 없이는 우리가 정말 잘 과업을

수행하고 있다는 미국인들의 확신을 만들어낼 수 없을 것이라고 생각합니다.

[……] 이러한 일을 할 수 있을까요? 나는 전적으로 그럴 생각입니다. 더 중요한 것은 우리의 부서 직원들이 모두 그러기를 원한다는 것입니다. 무엇보다도 지난 8년 동안 우리 부서 직원들은 이러한 문제들에 있어서 가장 앞장서서 일하지 않는다는 것이 결코 즐길 만한 일이 아니라는 것을 깨닫게 되었지요. 미국인들이 [환경보호국에 대한] 신뢰를 상당히 잃어버렸다는 것은 유쾌한 일은 아닙니다. 우리는 그러한 신뢰를 다시 되찾고 싶습니다.
("The About−Face", *National Journal*, Sep. 26, 2009, p. 22)

경제성장의 발목을 잡는다는 이유로 미국인의 보건 및 지구온난화와 관련이 있는 이산화탄소 등 온실가스 배출의 규제에 미온적이었던 부시 행정부의 정책을 위와 같이 간접적으로 비판한 후, 잭슨은 "우리가 미래에도 강력한 환경운동을 지속적으로 이끌어가려면 환경보호국을 창설했던 당시의 광범위한 연대를 만들어나가는 것이 필요하다"라고 역설하기도 하였다. 또한 그녀는 새로운 포괄적 기후변화 관련 법률을 제정하지 않은 상태에서 청정대기법에 근거해서 온실가스를 규제하는 것이 사실상 상당히 어렵지 않겠는가라는 홉슨 기자의 질문에 대해서 다음과 같이 대답한 바도 있다.

이 문제의 해결에는 두 가지 방식이 있습니다. 이산화탄소와 온실가스로 인한 오염 문제를 다루기 위해서 특별히 만들어진 새로운 법률이 필요하다는 생각은 항상 있어왔습니다. 이러한 믿음은 [……] 시장(market) 지향적인 것이 좋다는 생각에 근거해 있습니다. 저도 동의합니다. 이러한 법률은 탄소의 가격에 대한 인센티브—명확한 신호—를 제공할 것이며, 따라서 시장은 반응할 것입니다. 이것에 대해서 나도 전적으로 동의합니다. 그리고 법률제정이 이를 위한 가장 좋은 방식이라고 생각합니다. 그러나 동시에 규제조치 역시 같은 역할을 한다고 생각합니다. 모든 규제 프로그램은 또한 비용을 부과하고 있습니다. 따라서 기업은 이를 보고서 "좋다, 그럼 우리는 이러한 규제를 따라야 하겠군. 어떻게 가장 적절하게 할 수 있을까?"라고 말하겠지요. 나는 이런 것들이 청정대기법 하에서 온실가스와 관련하여 나타날 수 있는 매우 좋은, 잘 생각된 내용이라고 봅니다. 이는 또한 내가 희망하는 궁극적인 기후 관련 법률의 내용과 전적으로 일치하는 것이라고 생각합니다.

("The Re−evaluator", *National Journal*, Sep. 26, 2009, p. 28)

이러한 잭슨 국장의 답변은 결국 온실가스 배출의 규제를 위해서 법률이 만들어지면 최선이지만, 법률이 제정되지 않은 상태에서는 자신이 이끄는 환경보호국의 규제조치가 필요하다는 것과, 이러한 규제조치 역시 인센티브와 비용 등 규제에 대한 순응과 불응에 대해서 시장과 유사한 메커니즘을 만들었으므로 새로 제정될 법률의 시장 지향성과 크게 다르지 않다는 것을 강조하는 것으로 요약될 수 있다.

2. 환경보호국의 온실가스 배출 규제조치

온실가스 배출이 지구온난화에 미치는 부정적 효과를 강조하면서 기후변화에 대한 대처와 미국의 에너지 독립을 누구보다도 강하게 주창해 왔던 오바마 행정부의 출범과 함께 환경보호국은 2007년 청정대기법과 관련된 연방대법원의 판결에 힘입어 온실가스 배출에 대한 순차적이면서도 적극적인 조치를 취해나가기 시작했다. 이미 언급한 대로 2009년 초반 이러한 환경보호국의 조치는 향후 제정될 것으로 기대되었던 포괄적인 기후변화 관련 법률을 보조하면서 국민보건의 관점에서 온실가스 배출을 규제하기 위한 것이었다. 최초 연방대법원이 판결한 대로 국민보건을 목적으로 대기오염원의 하나로서 온실가스에 대해 취해진 환경보호국의 규제는 그 결과의 측면에서 결국 지구온난화 방지에 대한 규제조치와 같은 효과를 지니게 되었다.

온실가스 배출과 관련하여 환경보호국이 취한 조치는 상당히 복잡다기하며 기술적인 내용이 많아서 이를 일목요연하게 정리해내는 것은 쉽지는 않은 작업이다. 그러나 적어도 기후변화와 관련되어 지구온난화의 요인으로 주목받고 있는 온실가스와 관련된 문제는 크게 차량 등과 같은 '이동오염원'(mobile source)에서 배출되는 온실가스에 대한 규제와 소위 '고정오염원'(stationary source)이라고 불리는 전력 발전시설(power plants)이나 정유시설(refineries) 등에 대한 두 가지 규제로 압축될 수 있다.[13] 그리고 이러한 양대 오염원에 대한 규제는 모두 직접 혹은 간접적으로 2007년 청정대기법에 대한 연방대법원의 판결에 근거해서 시행되고 있다.

다음에는 온실가스 배출에 대한 규제와 관련하여 먼저 이동오염원에 대한 환경보호국의 조치를 살펴본 후, 이어서 고정오염원에 대한 환경보호국의 조치를 검토해보고자 한다. 온실가스에 대한 규제조치는 원래

13 영어로 'source'라고 표현되는 개념은 통상 대기오염을 발생시킬 수 있는 원천 시설이나 기구 · 도구를 의미한다. 차량과 같이 이동하면서 '대기오염원' 혹은 '오염물질'(air pollutants)을 발생시키는 오염원(source)을 '이동오염원'(mobile source)이라고 부르며, 공장 · 발전시설 등과 같이 고정된 장소에서 대기오염원 혹은 오염물질을 발생시키는 오염원을 '고정오염원'(stationary source)이라고 부른다. 이와 같은 이동오염원 혹은 고정오염원에서 발생되는 물질로서 대기를 오염시키는 이산화탄소 등은 대기오염물질 혹은 대기오염원(air pollutants)으로 지칭되므로, 동일한 '오염원'이라는 단어도 의미가 다를 수 있으며, 그 영어 표현에 차이가 있다는 점에 대해서 주의가 필요하다. 이러한 혼동이 있을 경우 '오염원'(pollutants)은 대체로 '오염물질'로 표기될 것이다.

연방대법원이 명령을 통해서 검토를 요청한 차량 배출 온실가스에 대한 규제에서 시작하여 전력 발전시설 등 고정오염원에서 발생되는 온실가스에 대한 규제로 확산된 것이다.

1) 차량에서 배출되는 온실가스에 대한 규제조치

청정대기법에 의거한 2007년 연방대법원의 판결에 따라서 환경보호국이 취한 조치는 일차적으로 차량에서 배출되는 온실가스를 규제하는 문제였다. 2007년 판결 당시 연방대법원은 다른 오염물질이 아니라 '새로 생산될 차량'에서 배출되는 온실가스가 인체에 유해한 것인지를 판단하라고 환경보호국에 명령한 바가 있었기 때문에, 환경보호국이 취해야 할 조치는 우선 새로 생산될 차량에서 배출되는 온실가스가 인체에 유해한 것인지를 판단하는 것이었다. 그리고 환경보호국의 조사 결과에 따라서 차량에서 배출되는 온실가스가 공중보건에 유해하다는 결론이 나오면, 환경보호국은 연방대법원의 판결에 따라서 차량에서 배출되는 온실가스를 규제할 수 있는 권한을 부여받게 되는 것이었다.

이와 같은 연방대법원의 명령에 따라서 환경보호국이 과학적인 근거와 이전 부시 행정부 당시 환경보호국이 취한 조치를 검토하면서 차량 배출 온실가스의 유해성을 조사하기 시작하려는 즈음, 오바마 대통령은 두 개의 대통령 각서(Presidential Memorandum)에 서명함으로써 환경보호국의 온실가스 배출 규제에 대해서 힘을 실어주고자 하였다. 오바마 대통령은 임기를 시작한 지 얼마 지나지 않은 2009년 1월 26일에 운송부에 대한 각서를 통해서 2011년 신차년도부터 생산되는 차량에 대한 자동차 연료효율 기준을 높이도록 명령했고, 또 다른 각서를 통해서 환경보호국이 차량에서 배출되는 온실가스를 적극적으로 규제하는 기준을 마련하라고 지시했다[14]

이와 같이 대통령의 적극적인 지원과 명령, 그리고 2007년 연방대법원의 판결에 의거해서 환경보호국이 자동차에서 배출되는 온실가스를 규제하기 위해서 취한 조치는 다음과 같이 정리될 수 있다.

[표 7-1] 오바마 행정부 출범 이후 환경보호국의 차량 관련 온실가스 배출 규제조치

날짜	환경보호국 조치	내용
2009년 4월 17일	온실가스의 유해성에 관한 예비조사 결과 발표	2007년 연방대법원의 판결의 결과로 나온 법원 명령에 따라 청정대기법 제202조 (a)항의 규정에 준하여 온실가스의 유해성에 관한 예비 조사 결과(Proposed Findings)를 발표함; 최근의 과학적 발견과 부시 행정부 당시인 2008년 7월에 발표된 예비적 규칙작성 사전 공지안(Advance Notice of Proposed Rulemaking)에 대한 대중의 의견을 수렴해서 개정된 기술지원문서(Technical Support Document)를 발표함
2009년 6월 23일	60일간 조사 결과에 대한 다양한 의견 수렴	예비조사 결과 발표 이후 60일간 여론을 수렴하는 과정에서 380,000건의 의견을 접수함; 이는 서면의견과 버지니아주 알링턴시와 워싱턴주 시애틀시의 공청회에서 청취된 구두 의견을 포함함; 이러한 60일의 의견 수렴 기간 이후 환경보호국은 수렴된 의견을 종합적으로 검토하여 최종 조사 결과(Final Findings), 최종 기술지원문서, 11권으로 구성된 의견 답변, 그리고 기타 지원 자료를 준비하기 시작함
2009년 12월 7일	온실가스의 '위험성'과 '기여성' 관련 최종 조사 결과 발표	최종 조사 결과 보고를 통해서 청정대기법 202조 (a)항에 의거하여 대기 중 온실가스가 현재와 미래 세대의 공중보건과 환경에 위험하다는 점을 발견해 냄('위험성 발견'[endangerment finding]); 새로 생산되는 차량과 엔진에서 배출되는 온실가스가 대기 중에 집적되어 공중보건과 복지를 위협하는 대기오염에 기여한다고 발견해냄('기여성 발견'[cause or contribute finding])

14 이에 관해서는 제5장 제2절 제1항을 참조하기 바란다.

2010년 5월 7일	경량자동차 등에 대한 온실가스 배출 및 자동차 연료효율 기준 발표	환경보호국과 전국고속도로 교통안전국은 신차년도 2012~2016년의 경량자동차의 온실가스 배출 및 자동차 연료효율에 관한 전국 프로그램 제1단계 기준을 발표함; 이러한 계획은 승용차, 경량급 트럭 등에 적용됨; 2011년 1월 2일부터 효력을 발휘함;[15] 2009년 5월 19일 오바마 대통령의 공식발표에 따른 조치임
2010년 9월 30일	경량자동차 온실가스 배출 및 자동차 연료효율 기준 전국프로그램 제2단계에 관한 추가적 계획공지 발표	환경보호국과 전국고속도로 교통안전국은 2017~2025 신차년도에 생산될 경량자동차 대상 온실가스 배출 및 자동차 연료효율 기준 전국 프로그램 제2단계 계획공지(Notice of Intent)를 발표함; 경량자동차에 대한 전국 프로그램 제1단계안에 근거함; 2010년 5월 21일 오바마 대통령의 공식발표에 따른 조치임
2010년 11월 30일	경량자동차 온실가스 배출 및 자동차 연료효율 기준 전국 프로그램 제2단계에 관한 추가적 계획공지 발표	환경보호국과 전국고속도로 교통안전국은 2017~2025 신차년도에 생산된 승용차와 경량급 트럭 등에 대한 온실가스 배출 및 자동차 연료효율 기준에 관한 추가적 계획공지(Supplemental Notice of Intent)를 발표함
2011년 7월 29일	경량자동차 온실가스 배출 및 자동차 연료효율 기준 전국 프로그램 제2단계에 관한 제2차 추가적 계획공지 발표	환경보호국과 전국고속도로 교통안전국은 2017~2025 신차년도에 생산될 경량자동차 대상 온실가스 배출 및 자동차 연료효율 기준 전국 프로그램 제2단계 관련 제2차 추가적 계획공지를 발표함
2011년 8월 9일	중량자동차에 대한 온실가스 배출 및 자동차 연료효율 기준 발표	환경보호국과 전국고속도로 교통안전국은 신차년도 2014~2018년의 중량자동차의 온실가스 배출 및 자동차 연료효율에 관한 전국 프로그램 기준을 발표함; 이러한 계획은 중량급 픽업트럭과 밴, 버스, 쓰레기 수거 트럭 등을 포함한 사업용 차량 등에 적용됨; 2010년 5월 21일 오바마 대통령의 공식발표에 따른 조치임
2011년 11월 16일	경량자동차에 대한 전국 프로그램의 연장 관련 공동제안 발표	환경보호국과 전국고속도로 교통안전국은 신차년도 2017~2025년간에 생산될 경량자동차에 대한 온실가스 배출 및 자동차 연료효율 기준의 관련 전국 프로그램의 연장에 대한 공동제안(joint proposal)을 발표

* 출처: "Endangerment and Cause or Contribute Findings for Greenhouse Gases under Section 202(a) of the Clean Air Act", http://epa.gov/climatechange/endangerment.html; "EPA's Endangerment Finding: Legal Background", http://epa.gov/climatechange/endangerment/downloads/EndangermentFinding_LegalBasis.pdf; "EPA's Endangerment Finding: Climate Change Facts", http://epa.gov/climatechange/endangerment/downloads/EndangermentFinding_ClimateChangeFacts.pdf; "EPA Finds Greenhouse Gases Pose Threat to Public Health, Welfare/Proposed Finding Comes in Response to 2007 Supreme Court Ruling", http://yosemite.epa.gov/opa/admpress.nsf/0/0ef7df675805295d8525759b00566924; "Regulations and Standards", http://www.epa.gov/otaq/climate/regulations.htm 안에 있는 다양한 일정별 · 대상별 링크.

[표 7-1]에서 제시된 내용의 주요 핵심사항은 2007년 연방대법원의 명령에 따른 온실가스 유해성 여부에 대한 연방대법원의 최종 조사 결과 발표, 그리고 이러한 최종 조사 결과에 따른 경량자동차 및 중량자동차에 대한 온실가스 배출 및 자동차 연료효율 기준에 대한 전국 프로그램의 실시와 그 연장에 관한 것들이다. 즉 환경보호국은 2007년 연방대법원의 판결에 의거하여 2009년 오바마 행정부 출범 이후 2011년 말까지 차량에서 배출되는 온실가스의 배출 기준 마련 및 자동차 연료효율 기준 마련을 통해서, 국민보건과 복지를 해칠 뿐만 아니라 지구온난화에 기여하는 온실가스를 규제하고, 이러한 온실가스의 배출을 억제하기 위해서 점차적이지만 상당히 강도 높은 자동차 연비효율 기준을 제시하고 이를 전국적으로 추진하고자 하였던 것이다.

15 이러한 최종적인 규칙이 제정되기 이전인 2010년 4월 1일에 환경보호국은 '온실가스 배출 감축과 승용차 및 트럭의 연료효율 제고를 위한 환경보호국과 전국고속도로 교통안전국의 최종안'의 발표를 통해서 최종 규칙의 대강의 내용을 공지하고 같은 해 5월 7일에 최종적으로 규칙을 확정하여 발표하였다. EPA, "EPA and NHTSA Finalize Historic National Program to Reduce Greenhouse Gases and Improve Fuel Economy for Cars and Trucks" (http://www.epa.gov/otaq/climate/regulations/420f10014.pdf).

(1) 온실가스의 위험성과 기여성에 관한 조사 결과 발표

[표 7-1]에도 서술되어 있는 것처럼 오바마 민주당 행정부 하에서 환경보호국이 최초로 취한 조치는 먼저 연방대법원의 명령에 따라서 차량에서 배출되는 온실가스의 유해성에 대한 예비 조사 결과를 발표하는 것이었다. 환경보호국은 이러한 목적에 따라서 2009년 4월 17일에 예비조사 결과를 발표하게 되는데, 이러한 발표를 통해서 이산화탄소(CO_2), 메탄(CH_4), 아산화질소(N_2O), 염화불화탄소(CFC), 수불화탄소(HFC), 육불화황(SF_6) 등 여섯 가지의 온실가스가 공중보건을 위협하는 대기오염에 기여하고 있다고 밝히게 된다. 이러한 발견과 관련하여 4월 17일 당일 잭슨 환경보호국장은 다음과 같이 언급한 바 있다.

> 이러한 발견은 온실가스 오염이 현재와 미래 세대에 대해서 심각한 문제임을 확인하고 있습니다. 다행히도 이러한 발견은 저탄소 경제와, 청정에너지 및 기후변화 입법에 대한 의회의 강력한 리더십에 대한 오바마 대통령의 요구와 일치하는 것입니다. [……] 이러한 대기오염 문제는 해법이 있습니다. 수백만 개의 청정일자리를 창출하고 외국 석유에 대한 의존도를 줄이는 해법이 있습니다.
>
> (EPA, “EPA Finds Greenhouse Gases Pose Threat to Public Health, Welfare/ Proposed Findings Comes in Response to 2007 Supreme Court Ruing”, News Release, April 17. 2009. http://yosemite.epa.gov/opa/admpress.nsf/0/0ef7df675805295d8525759b00566924)

잭슨 국장의 앞의 언급에서도 알 수 있듯이 환경보호국은 이러한 예비조사 결과 발표를 통해서 오바마 행정부의 저탄소 경제성장과 의회를 통한 기후변화 관련 입법을 지원하고자 하였다고 볼 수 있다. 온실가스의

유해성에 대한 발견은 또한 반드시 연방정부의 규제에만 국한될 문제가 아니라, 청정일자리 창출을 통한 경제침체 극복과 다른 한편으로는 미국의 에너지 독립에도 기여하는 바가 클 것이라는 확신을 잭슨 국장의 언급 내용이 잘 표현해주고 있다고 할 수 있다.

온실가스의 유해성을 인정하는 이러한 예비조사 결과 발표 이후 약 60일간의 의견 수렴 기간을 거친 후 마침내 2009년 12월 7일에 환경보호국은 오바마 행정부 이후 조사 기간 동안 자신들이 밝혀낸 사실들과 다양한 의견을 수렴한 결과물을 토대로 온실가스의 '위험성'과 온실가스의 대기오염 '기여성'에 대한 최종 조사 결과를 발표하기에 이른다. 이러한 최종 조사 결과는 연방대법원의 판결과 명령에 의거해서 온실가스가 공중보건과 복지를 위험하게 하는지의 여부와, 차량으로부터 배출되는 이러한 온실가스가 공중보건과 복지를 위협하는 대기오염에 기여하는지의 여부를 판정하는 것으로서 환경보호국은 이러한 위험성과 기여성에 대해서 모두 긍정적인 답변을 내놓았다. 즉 환경보호국은 여섯 종류의 온실가스의 대기 집중현상이 공중보건과 복지에 위험이 되고 있으며, 차량에서 배출되는 온실가스가 공중보건과 복지를 위협하는 대기오염에 기여하고 있다는 최종 조사 결과를 발표하기에 이른 것이다.[16]

(2) 자동차 온실가스 배출 및 연료효율 기준에 관한 전국 프로그램 실시

이와 같이 오바마 행정부 출범 이후 환경보호국은 2007년의 연방대법원

16 EPA, "Endangerment and Cause or Contribute Findings for Greenhouse Gases under Section 202(a) of the Clean Air Act", Dec. 7, 2009(http://epa.gov/climatechange/endangerment.html), "EPA's Endangerment Finding: Legal Background"(http://epa.gov/climatechange/endangerment/downloads/EndangermentFinding_LegalBasis.pdf).

판결과 법원명령에 의거하여 차량에서 배출되는 오염물질이 인체에 유해하다고 판단하였고, 이를 근거로 차량에서 배출되는 온실가스를 규제하기 시작하였다. 이와 관련하여 오바마 대통령의 지시에 따라서 환경보호국은 다른 유관기관과의 협조 하에 자동차 연료효율 향상에 관한 전국 프로그램을 마련하여 실행하기에 이르렀다.

우선 환경보호국은 오바마 대통령의 규제 지침이 있은 후 통상 1년 이상의 기간을 거치면서 정책의 영향력 평가, 손익분석 평가 등을 실시하고, 동시에 다양한 의견을 수렴하면서 온실가스 배출 및 자동차 연료효율 기준에 관한 규칙을 최종적으로 발표해왔다. 그리고 이러한 환경보호국의 규칙 제정은 전국 프로그램의 형식을 갖추고 시행되는 최초의 규칙이라는 데에 의의가 있었다. 이러한 전국적인 프로그램의 행사를 통해서 개별 주의 차원에 국한되는 것이 아니라, 지리적 의미에서 전국을 포괄하는 차량 배출 온실가스에 대한 규제와 자동차 연료효율에 대한 기준을 마련하기에 이른 것이다.

[표 7-1]에도 나타나 있듯이 환경보호국은 전국고속도로 교통안전국과 협조 하에 정책을 사전적으로 공지하기도 하고, 이러한 공지 내용에 미흡한 점이 있으면 추가적인 공지사항을 대중에게 홍보하면서 다양한 의견을 수렴하고자 하였다. 이를 위해서 적절한 기간을 의견 수렴을 위한 기간으로 설정하고, 이러한 기간 동안 대중과 전문가의 의견을 취합하기 위해서 노력하였으며, 이러한 노력의 일환으로 다양한 형태의 공청회나 워크숍 등을 개최하기도 하였다. 이와 같이 충분한 시간을 가지고 다양한 목소리를 수렴한 이후 최종적으로 규칙을 제정하여 발표하였다. 그리고 이러한 전국 프로그램의 규칙은 단계별로 진행되고 있으며, 현재 경량자동차의 경우 전국 프로그램 제1단계에 관한 규칙 제정이 완료 공포되었고, 제2단계에 관한 제안사항이 공지되어 있는 상황이며,

중량자동차의 경우 전국 프로그램 제1단계 규칙이 제정 · 발표되었다.

2007년 연방대법원의 판결과 명령, 그리고 이에 따른 환경보호국의 위험성과 기여성 발견으로 환경보호국이 차량에서 배출되기 시작한 온실가스에 대한 규제를 실시할 길이 열리게 되면서, 오바마 대통령은 온실가스의 배출 규제를 미국의 에너지 독립 달성을 위한 연료효율의 제고와 함께 묶어서 전국 프로그램이라는 명목으로 국민들에게 제시하게 되었다. 온실가스의 감축과 에너지의 효율적 이용을 한 패키지로 조화시키려는 노력에 대해서 리사 국장이 이끄는 환경보호국은 적극적으로 호응하면서 지금까지 공화당과 보수층의 반대에도 불구하고 꾸준히 이를 입안하고 추진해오고 있는 상황이다. 다음에서 차량 이외에 공장이나 전력 발전시설에 대한 오바마 행정부의 온실가스 배출 규제 노력을 환경보호국의 다양한 규칙 제정과 정책 집행을 통해서 살펴보도록 한다.

2) 공장이나 전력 발전시설 등 고정오염원에 대한 규제조치

앞에서 지적한 대로 환경보호국은 연방대법원의 명령과 오바마 대통령의 지원과 지시 하에 차량이라는 이동오염원에서 배출되는 온실가스를 규제해나가기 시작했을 뿐만 아니라, 더 나아가 각종 공장 및 발전시설이나 정유설비 등 고정오염원에서 배출되는 온실가스에 대해서까지 규제의 범위를 확대하기에 이른다. 연방대법원의 2007년 판결에 따라서 2009년 12월 27일에 환경보호국이 발표한 온실가스의 위험성 및 기여성 발견은 이후 이동오염원뿐만 아니라 고정오염원에서 배출되는 온실가스에 대한 규제도 가능하게 만들었다. 그리고 이러한 고정오염원으로의 환경보호국의 규제 확대는 연방대법원의 명령에 대한 적극적인 해석에 근거하여 실행된 것이었다. 다음에는 이러한 적극적인 해석 과정과 고정오염원에 대한 온실가스 배출 규제에 대해서 살펴보고자 한다.

[표 7-2] 오바마 행정부 출범 이후 환경보호국의 고정오염원 관련 온실가스 배출 규제조치

날짜	환경보호국 조치	내용
2009년 2월 17일	존슨 각서에 대한 재고 청원 수용	환경보호국은 2008년 12월 18일에 '연방정부의 중대 악화방지(重大惡化) 허가권 프로그램에 의해 규제되는 오염물질의 결정 규정에 관한 환경보호국의 해석'(EPA's Interpretation of Regulations that Determine Pollutants Covered by Federal Prevention of Significant Deterioration[PSD] Permit Program)에 관한 각서(일명 존슨 각서)에 대한 재고 청원을 수용함
2009년 4월 17일	온실가스의 유해성에 관한 예비조사 결과 발표	환경보호국은 2007년에 연방대법원의 판결의 결과로 나온 법원명령에 따라 청정대기법 제202조 (a)항의 규정에 준하여 온실가스의 유해성에 관한 예비조사 결과(Proposed Findings)를 발표함; 최근의 과학적 발견과 부시 행정부 당시인 2008년 7월에 발표된 예비적 규칙 작성 사전 공지안(Advance Notice of Proposed Rulemaking)에 대한 대중의 의견을 수렴해서 개정된 기술지원문서(Technical Support Document)를 발표함
2009년 6월 23일	60일간 조사 결과에 대한 다양한 의견 수렴	환경보호국은 조사 결과 발표 이후 60일간 여론을 수렴하는 과정에서 380,000건의 의견을 접수함; 이는 서면 의견과 버지니아주 알링턴시와 워싱턴주 시애틀시의 공청회에서 청취된 구두 의견을 포함; 이러한 60일의 의견 수렴 기간 이후 환경보호국은 수렴된 의견을 종합적으로 검토하여 최종 조사 결과(Final Findings), 최종 기술지원문서, 11권으로 구성된 의견 답변, 그리고 기타 지원 자료를 준비하기 시작함
2009년 10월 30일	온실가스 배출 데이터 보고 프로그램 채택 발표	환경보호국은 대규모 오염원으로부터 발생하는 온실가스 관련 데이터와 기타 관련 정보에 대한 보고를 요청하는 강제적 온실가스 보고 규칙(the Mandatory Reporting of Greenhouse Gases Rule)을 발표함; 이러한 규칙의 목적은 미래의 정책 결정을 위해서 정확하고 적절한 온실가스 관련 정보를 취합하기 위한 것임

2009년 12월 7일	온실가스의 '위험성'과 '기여성' 관련 최종 조사 결과 발표	환경보호국은 최종 조사 결과 보고를 통해서 청정대기법 202조 (a)항에 의거하여 대기 중 온실가스가 현재와 미래 세대의 공중보건과 환경을 위협한다는 점을 발견해냄('위험성 발견'[endangerment finding]); 새로 생산되는 차량과 엔진에서 배출되는 온실가스가 대기 중에 집적되어 공중보건과 복지를 위협하는 대기오염에 기여한다고 발견해냄('기여성 발견'[cause or contribute finding])
2010년 3월 29일	존슨 각서의 해석 지속 결정 각서 발표	환경보호국은 중대 악화방지 허가권 프로그램과 관련하여 존슨 각서의 해석을 지속해나갈 것이라는 각서를 발표함; 고정오염원에서 배출되는 온실가스에 대한 규제가 가능하게 됨
2010년 5월 13일	맞춤형 온실가스 배출 규제 규칙 발표	환경보호국은 고정오염원에서 배출되는 온실가스 규제와 관련하여 맞춤형 규제 규칙(Tailoring Rule)을 발표함; 이러한 맞춤형 규칙에 따라서 온실가스 배출 허가는 대규모 시설만을 대상으로 하게 됨(소규모 시설은 온실가스 배출 규제와 관련하여 면제의 대상이 됨)
2010년 11월 10일	중대 악화방지 허가권 및 제V장 운영허가권 프로그램 관련 지침을 주정부에 제공	환경보호국은 온실가스에 대한 중대 악화방지 허가권 및 (청정대기법의) 제V장 운영 허가권(Title V Operating Permit) 프로그램 운영과 관련된 지침을 주정부 및 기타 지방정부에 제공함
2010년 12월 23일	전력 발전시설 및 정유시설의 온실가스 배출 감축에 대한 일정 발표	환경보호국은 주요 온실가스 배출 원인이 되는 화석연료를 사용하는 전력 발전시설과 정유시설에 대해서 청정대기법에 규정된 신규 오염원 허용 기준치(New Source Performance Standards)를 설정하는 규제안을 만들겠다고 발표함
2011년 1월 2일	청정대기법의 중대 악화방지 허가권 및 운영허가권 프로그램이 온실가스의 경우에도 적용되기 시작	대규모 산업시설에서 배출되는 온실가스에 대해서 청정대기법이 규정하는 중대 악화방지 및 청정대기법 제V장 운영허가권이 적용됨; 산업시설에서 배출되는 온실가스에 대해서 이러한 허가권이 최초로 적용되기 시작함
2012년 1월 11일	환경보호국은 최초로 온실가스 배출 관련 데이터 공개	2009년 10월 30일에 발표된 온실가스 관련 데이터 보고 규칙에 준하여 2010년도 온실가스 배출 데이터를 공개함

* 출처: "Addressing Greenhouse Gas Emissions", http://www.epa.gov/airquality/ghgsettlement.html

and related links; "Greenhouse Gas Reporting Program" http://www.epa.gov/climatechange/emissions/ghgrulemaking.html; "Fact Sheet: Mandatory Reporting of Greenhouse Gases (40 CFR part 98)", http://www.epa.gov/climatechange/emissions/downloads09/FactSheet.pdf; "Reconsideration of Interpretation of Regulations that Determine Pollutants Covered by Clean Air Act Permitting Programs", http://epa.gov/nsr/documents/psd_memo_recon_032910.pdf; "Reconsideration of Inter-pretation of Regulations that Determine Pollutants Covered by Clean Air Act Permitting Programs: Fact Sheet", http://epa.gov/nsr/documents/psd_memo_recon_fs_032910.pdf; "Final Rule: Preven-tion of Significant Deterioration and Title V Greenhouse Gas Tailoring Rule: Fact Sheet", http://www.epa.gov/NSR/documents/20100413fs.pdf; "Clean Air Act Permitting for Greenhouse Gases: Guidance and Technical Information FACT SHEET", http://www.epa.gov/nsr/ghgdocs/ghgpermittingtoolsfs.pdf; "Settlement Agreements to Address Greenhouse Gas Emissions From Electric Generating Units and Refineries", http://www.epa.gov/airquality/pdfs/settlementfactsheet.pdf; "Background on Establishing New Source Performance Standard (NSPS) Under the Clean Air Act", http://www.epa.gov/airquality/pdfs/111background.pdf; "EPA to Issue Greenhouse Gas New Source Performance Standards for Electric Generation and Petroleum Refinery Sectors January 3, 2011", Morgan Lewis. http://www.morganlewis.com/pubs/Environmental_LF_GreenhouseGasNewSourcePerformanceStandards_03jan11.pdf

(1) 고정오염원 배출 온실가스 규제로의 확대 과정

[표 7-2]에 제시된 내용들은 차량 등과 같은 이동오염원이 아니라 각종 제조업이나 석유화학업 분야의 공장, 전력 발전시설이나 정유시설 등 고정오염원에서 발생하는 온실가스를 규제하기 위해서 오바마 행정부가 등장한 이후 최근까지 연방 환경보호국이 취한 조치들을 정리해놓은 것이다. 오바마 행정부 등장 이후 차량에 대한 온실가스 배출 및 자동차 연료효율 기준의 설정 못지않게 중요한 것은 이들 고정오염원에서 배출되는 온실가스에 대한 규제였다. 그리고 2009년 말에 환경보호국이 발표한 온실가스의 위험성과 기여성 발견은 차량뿐만 아니라 각종 공장과 시설 등에서 배출되는 온실가스에 대한 규제도 가능하게 만들었다.

[표 7-2]에 제시된 환경보호국의 조치를 설명하기 이전에 검토해야

할 부분은 2007년 연방대법원의 판결이 어떠한 경로를 통해서 고정오염원에서 배출되는 온실가스까지 규제할 수 있게 되었는가 하는 점이다. 다시 말해서 청정대기법에 근거하여 환경조사국으로 하여금 새로 생산되는 차량에서 나오는 온실가스의 유해성 여부를 조사할 것을 명령한 연방대법원의 2007년 판결이, 어떠한 경로를 통해서 고정오염원에서 배출되는 온실가스의 규제로 확대되어 적용될 수 있는 것으로 해석되었는가라는 질문에 대한 답변이 먼저 제시되어야 할 것 같다. 이러한 규제의 확산에는 규제 권한에 대한 환경보호국 자체의 적극적인 해석이 있어서 가능했던 것으로 보인다. 다음에는 이러한 환경보호국의 규제 권한 확대 해석 과정을 간단히 살펴보고자 한다.

오바마 행정부가 출범하기 전 부시 행정부의 집권 종료 직전인 2008년 12월 18일에 환경보호국은 공장이나 전력 발전시설 등 고정오염원과 관련하여 '연방정부의 중대 악화방지 허가권 프로그램[17]에 의해 규제되는

17 '중대 악화방지 허가권 프로그램'은 1970년에 제정된 대기청정법이 1977년에 개정될 당시에 만들어진 것으로서, '주요한'(major) 고정오염원의 신규 설립 및 기존 고정오염원의 '주요한' 변경 등에 적용되는 허가권을 지칭한다. 중대 악화방지 허가권은 1970년에 제정된 청정대기법의 '전국 대기오염 허용 기준치'(the National Ambient Air Quality Standards: NAAQS: 공중보건을 해치지 않는 범위 내에서 허용되는 오염물질의 최대치를 규정한 것)를 넘어서지 않는 모든 오염물질에 대해서 적용될 뿐만 아니라, 전국 대기오염 허용 기준치의 규정을 받지 않는 오염물질에 대해서도 적용된다. 요컨대 중대 악화방지 허가권은 고정오염원에서 발생하는 대기오염 물질의 양을 규제하는 법률문서로, 주요한 시설이 새로 만들어지거나 기존 시설에 주요한 변경이 있을 경우에 필요하며, 그 허가권은 대체로 환경보호국이 부여하거나 혹은 환경보호국이 지정한 기관이 부여한다. 그리고 이 허가권은 어떠한 시설이 신축 혹은 수정될 수 있고, 어떠한 오염물질이 얼마만큼 배출될 것이며, 또한 어떻게 이러한 대기오염 물질을 발생시키는 설비가 작동되어야 할 것인지 등의 다양한 규제 내용을 담고 있다. 근본적으로 중대 악화방지 허가권 프로그램의 목적은 다양한 설비나 시설이 청정대기법의 대기오염 허용 기준치를 위반하는 것을 방지하여 환경을 보호하고, 국립공원, 전국 야생보호구역, 기타 특별한 천연지역, 레크리에이션 지역, 경관 지역, 역사적 가치가 있는 지역 등의 대기의 질과 가시성을 보호하며, 경제성장을 허용함과 동시에

오염물질의 결정 규정에 관한 환경보호국의 해석'(EPA's Interpretation of Regulations that Determine Pollutants Covered by Federal Prevention of Significant Deterioration[PSD] Permit Program)에 관한 각서를 발표한 바 있었다.[18] 온실가

청정대기에 대한 부정적 영향을 제한하고, 대기오염을 최소화하기 위해서, 새로운 혹은 개보수(改補修)된 주요 오염시설에 대해서 최대 가용 통제기술(Best Available Control Technology: BACT)을 요구하는 동시에, 대중에게 환경보호국의 중대 악화방지 허가 결정과 관련된 사전적 제안사항을 알리고 이러한 결정에 대한 대중의 논평을 듣기 위한 것이다. 한편 중대 악화방지 허가권 프로그램은 그 허가권 발부 과정에서 최대 가용 통제기술, 대기의 질에 대한 영향 분석, 추가적 영향 분석, 허가권 부여 과정에 대중의 참여 등을 필요사항으로 요구하고 있다. 먼저 최대 가용 통제기술은 주요한 고정오염원에서 달성 가능한 최대 통제수준에 근거한 오염물질 배출 제한을 의미한다. 이는 사례별로 결정되며 사용 에너지, 환경, 그리고 경제적 비용 정도를 고려해서 결정된다. 최대 가용 통제기술은 생산 과정이나 방법에 대한 추가적인 통제장비 요구나 수정 요구사항을 포함할 수 있다. 대기의 질에 대한 영향 분석은 고정오염원 등 새로운 주요 시설에 의한 오염물질의 증가가 전국 대기오염 허용 기준치나 중대 악화 방지의 규정을 위반하지 않도록 하기 위해서 요구된 것이다. 기존 대기의 질에 대한 분석, 그리고 공장 등의 건설로 인해서 발생할 오염물질의 양 등에 대한 예측 등을 포함한다. 추가적인 영향 분석은 오염원에서 나오는 오염물질로 인해서 대기 · 대지, 그리고 수질의 오염이 그 지역의 토양 · 식물 · 가시성에 대해서 끼칠 수 있는 영향을 분석한다. 마지막으로 이 프로그램은 허가권 부여 과정에서 대중의 참여가 있어야 함을 규정하여 대중의 의견 제출을 가능하게 하고 이러한 의견 수렴을 위한 공청회의 개최를 요구할 수 있도록 하고 있다. EPA, "Air Permits"(http://www.epa.gov/region9/air/permit/psd-public-part.html).

18 2007년 4월 2일 청정대기법에 근거한 연방대법원의 판결과 이에 따른 법원명령에 의해서 환경보호국이 차량에서 배출되는 온실가스의 위험성 여부를 판단해야 하는 과제를 안게 된 이후인 2007년 8월 30일에 환경보호국은 데저레트 전기 협동조합(Deseret Power Electric Cooperative)이 유타(Utah)주의 보난자(Bonanza)에 위치한 보난자 전력발전소(Bonaza Power Plant) 옆에 폐탄 화력발전단위(waste-coal-fired electric generating unit)를 신규로 건설하는 것을 허용하는 중대 악화방지 허가권을 발부하였다. 그러나 이 허가권은 이러한 시설에서 배출되는 이산화탄소에 대해서 최대 가용 통제기술에 관한 요구사항 규정을 포함하지 않고 있었다. 당시 환경보호국은 2007년 연방대법원의 판결은 인정했으나, 이러한 결정만으로 최대 악화방지 허가권이 이산화탄소의 배출량을 제한해야 한다고 판단하지는 않았다. 이러한 환경보호국의 조치에 대해서 환경단체인 시에라 클럽이 이의를 제기하자, 2008년 11월 13일에 환경소원위원회(the Environmental Appeals Board: EAB)는 환경보호국에 대해서 "청정대기법에서 정의된바 '규제의 대상이 된다'의 관점에서 이산화탄소 배출에 대해서

스를 포함하여 고정오염원에서 발생하는 어떠한 대기오염 물질이 연방보호국의 규제의 대상이 되는지의 여부는 그러한 오염물질이 청정대기법의 오염물질 배출 허가권의 규제사항에 해당되는지를 결정하는 데 매우 중요한 사안이었다. 당시 중대 악화방지 허가권 프로그램에 관한 환경보호국의 해석 각서는 두 가지의 경우에 오염물질이 "규제의 대상이 된다"(subject to regulation)라고 발표했는데, 이 두 가지 경우 가운데 하나는 그러한 오염물질이 청정대기법의 조문에 따라서 규제의 대상이 되는 경우이고, 다른 하나는 청정대기법에 의거하여 환경보호국이 그러한 오염물질의 배출 통제를 위해서 채택한 규제조치에 의해서 실제로 규제의 대상이 되는 경우이다. 2008년 12월 당시 환경보호국장인 존슨(Stephen L. Johnson)이 미국의 각 지역 환경보호국장에게 보내는 메모 형식으로 되어 있는 각서의 원문 가운데 이 두 가지 경우와 관련된 내용을 소개하면 다음과 같다.

이 각서의 날짜에 준하여 환경보호국은 '규제 대상이 되는 신규 오염원 검토(New Source Review: NSR)[19] 오염물질(pollutant)'의 정의(definition)를, 환경보호국

최대 가용 통제기술 제한을 부과할 것인지의 여부를 다시 심사"하도록 하는 등 데저레트 전기 협동조합에 대한 허가권을 유예(remand)하는 조치를 취하였다. 따라서 이러한 환경소원 위원회의 조치에 따라서 환경보호국은 청정대기법이 정의한 바 "규제의 대상이 된다"라는 규정에 대한 해석각서를 발표하게 되었다. EPA, "Reconsideration of Interpretation of Regulations that Determine Pollutants Covered by Clean Air Act Permitting Programs: Fact Sheet"(http://epa.gov/nsr/documents/psd_memo_recon_fs_032910.pdf).

19 '신규 오염원 검토'는 1977년에 청정대기법의 개정 과정에서 만들어진 허가권 프로그램의 하나로서 새로운 공장이나 시설의 건축 혹은 개보수로 인해서 대기의 질이 악화되는 것을 방지하기 위해 마련된 사전 건축허가 프로그램이다. 이러한 신규 오염원 검토 프로그램 가운데 하나가 중대 악화 방지 허가권 프로그램이다. EPA, "New Source Review"(http://www.epa.gov/nsr/); "Basic Information"(http://www.epa.gov/nsr/info.html).

의 규제가 이에 대해 단지 감독과 보고만을 요구하는 오염물질은 배제하고, 각 오염물질이 청정대기법의 조문에 구속되거나, 그러한 오염물질의 배출에 대한 실제적 통제를 요구하는, 청정대기법에 의거한 환경보호국의 규제조치에 구속될 경우는 포함하는 것으로 해석한다.

(EPA, "EPA's Interpretation of Regulations that Determine Pollutants Covered by Federal Prevention of Significant Deterioration[PSD] Permit Program", Dec. 18, 2008. http://epa.gov/nsr/documents/psd_interpretive_memo_12.18.08.pdf)

즉 존슨 각서(Johnson Memo)는 청정대기법과 관련하여 이산화탄소 등 온실가스를 포함한 오염물질은, 이에 대한 규제가 법조문에 명시되어 있거나, 아니면 이러한 물질이 실제적 통제의 대상이 되고 있는 경우 환경보호국의 규제의 대상이 된다고 보았다. 오염물질에 대한 규제가 법조문에 규정되어 있을 경우는 별 문제가 없기 때문에, 문제의 핵심은 과연 이러한 이산화탄소를 포함하는 온실가스에 대해서 '실제적 통제'가 이루어지고 있는가 하는 문제로 귀결되었다. 이러한 문제에 대한 해답은 2009년 오바마 행정부가 출범하고 새로이 잭슨이 환경보호국장으로 취임하면서 새롭게 모색되었다.

2008년 말에 존슨 각서가 작성된 이후 2009년에 오바마 행정부가 등장하면서 2009년 2월 17일에 환경보호국은 이러한 각서를 다시 고려해야 한다는 시에라클럽 등의 청원을 받아들이게 되었다.[20] 또한 환경보호국은 이동오염원의 하나인 차량에 의한 온실가스 배출에 대한 규제조치가 효력을 발휘할 경우 이러한 규제조치 하에서 2012년형 경량급 신형

20 2008년 대통령선거에서 민주당의 오바마 후보가 승리한 이후인 같은 해 12월 31일에 시에라 클럽과 기타 14개 환경, 재생에너지, 시민단체 등은 존슨각서를 재고해달라고 환경보호국에 청원을 제출하였다.

자동차가 판매되는 가장 빠른 시기가 2011년 1월 2일이기 때문에, 이와 같은 시기에 준하여 고정오염원에 대한 규제가 실시되는 것이 타당하다고 최종적으로 판단하였다. 이에 대해서 좀 더 자세히 설명하자면 다음과 같다.

오바마 행정부의 임기 2년째인 2010년 3월 29일에 잭슨 환경보호국장은 2008년 12월 18일의 전임 환경보호국장의 중대 악화방지 해석 각서가 '규제 대상'(subject to regulation)과 관련하여 제시한 해석을 지속할 것이라는 오바마 행정부 환경보호국의 결정을 알리는 각서에 서명하기에 이르렀다. 즉 잭슨 국장은 고정오염원에서 배출되는 온실가스에 관해서 청정대기법의 법조문 규정이나, 혹은 이에 대한 환경보호국의 유권해석에 의거하여 규제해나간다는 입장을 밝힌 것이다. 다시 말해서 공장이나 전력발전시설, 그리고 정유시설 등에서 나오는 온실가스 역시 환경보호국이 규제할 수 있는 길이 열리게 된 것이다. 환경보호국은 동시에 온실가스 배출 규제에 대해서 '실제적 통제 해석'(actual control interpretation)—환경보호국이 어떠한 특정 분야에서 대기오염 물질이 규제의 대상이 된다고 보고 이에 대한 규제가 적용되기 시작하면, 전체 분야에서 여기에 대한 실제적인 통제가 시작된 것이라고 보는 해석—을 채택하게 되었다. 따라서 경량자동차에서 발생하는 온실가스에 대한 규제가 시작되면, 이는 결국 또한 고정오염원, 즉 온실가스를 발생시키는 모든 오염시설에 대한 실제적인 규제가 시작되는 것이 가능해지는 것이다.[21]

---

21 EPA, "Reconsideration of Interpretation of Regulations that Determine Pollutants Covered by Clean Air Act Permitting Programs"(http://epa.gov/nsr/documents/psd_memo_recon_032910.pdf) ; "Reconsideration of Interpretation of Regulations that Determine Pollutants Covered by Clean Air Act Permitting Programs: Fact Sheet"(http://epa.gov/nsr/documents/psd_memo_recon_fs_032910.pdf).

이와 같이 경량자동차에서 배출되는 온실가스에 대한 규제가 실시될 것을 예상하여 이 각서는 경량자동차와 관련된 온실가스 배출 규제 관련 규정이 효력을 발휘하는 2011년 1월 2일부터 고정오염원에 대한 청정대기법의 허가권 규정에도 적용되도록 할 것이라고 적고 있다. 즉 차량에서 발생되는 온실가스에 대한 규제가 실시됨과 동시에 이것이 청정대기법에서 규정하는 오염원이 되었으므로 환경보호국은 고정오염원도 같은 날부터 규제한다는 것이다. 이러한 취지에 따라서 2010년 4월 1일에 최종 결정되고 5월 7일에 발표된 환경보호국의 규칙은 2011년 1월 2일부터 2012년형 경량자동차에 대해 온실가스 배출 기준이 적용될 것이라고 발표하였다.[22] 따라서 공장, 정유시설, 전력 발전시설과 같은 대규모 고정오염원에서 발생하는 온실가스 배출 역시 2011년 1월 2일부터 최초로 중대 악화방지 프로그램의 해당사항이 되었고, 2011년 7월 1일부터 운영허가권 프로그램(the Operating Permit Program)의 규제 대상이 되기에 이르렀다.[23]

22 EPA, "EPA and NHTSA Finalize Historic National Program to Reduce Greenhouse Gases and Improve Fuel Economy for Cars and Trucks"(http://www.epa.gov/otaq/climate/regulations/420f10014.pdf).

23 "Reconsideration of Interpretation of Regulations that Determine Pollutants Covered by Clean Air Act Permitting Programs: Fact Sheet"(http://epa.gov/nsr/documents/psd_memo_recon_fs_032910.pdf). 참고로 청정대기법에 규정된 운영허가권은 이 법이 1990년에 개정될 당시 만들어진 것으로서 이 법의 제V장에 규정되어 있다고 해서 '제V장 운영허가권'(Title V operating permit)으로도 불린다. 운영허가권은 이러한 허가권을 부여하는 기관으로 하여금 허가권 발급 대상 시설이 '작동하기 시작한 후' 대기오염을 방지하기 위해서 모든 대규모 오염원과 일부 소규모 오염원이 지켜야 할 내용을 담고 있고 강제력이 있는 문서이다. 주로 운영허가권은 주정부나 지방정부에 의해서 발급되며 일부는 환경보호국에 의해서 발급되기도 한다.

(2) 고정오염원에 대한 다양한 규제 내용

2007년의 연방대법원의 판결과 2010년 3월의 온실가스 배출 규제와 관련된 존슨 각서에 대한 입장 발표 이후, 환경보호국은 보다 적극적으로 온실가스 배출 규제에 나서게 된다. 그리고 이러한 적극적인 환경보호국의 규제는 2009년 코펜하겐 기후변화 회의 이후 2010년에 이르러 상원에서 포괄적인 기후변화 관련 국내법의 제정이 어려워지면서 더욱 강화된 측면도 있다고 판단된다.

환경보호국의 고정오염원 배출 온실가스에 대한 규제는 중대 악화방지 허가권 프로그램과 운영허가권 등 신규 혹은 수정 시설에 대한 허가권과 관련된 규제와, 다른 한편으로는 구체적으로 산업 부문 가운데 가장 많은 온실가스를 배출하는 전력 발전시설과 정유시설에 대한 적극적인 규제로 크게 나누어서 설명될 수 있다. 환경보호국의 중대 악화방지 허가권이나 운영허가권 운영은 온실가스가 규제의 대상으로 변화하면서 점점 더 세분화되고 구체화되면서 새로운 규칙을 만들어나가는 단계에 있으며, 화석연료를 사용하는 전력 발전시설과 정유시설에 대한 규제는 2012년 이후에 최종 규칙이 발표될 전망이다. 그러나 이러한 허가권 문제와 전력 발전시설 등의 온실가스 배출 규제는 2010년 중간선거 이후 하원을 장악한 공화당의 반발 등으로 인해서 상당한 도전에 직면해 있는 것이 사실이다. 이러한 사항을 염두에 두고 다음에서는 고정오염원의 온실가스 배출과 관련된 환경보호국의 조치를 살펴보기로 한다.

① 온실가스 배출 데이터 보고 프로그램 실시

고정오염원에서 배출되는 온실가스에 대한 규제를 위해서 환경보호국이 최초로 취한 조치는 우선 온실가스 배출에 관한 데이터를 수집하는 것이었다. 이를 통해서 산업 분야(industrial category)별로 배출되는 온실가스에 대한 정보를 취합하고 이를 분석하며, 동시에 온실가스를 배출하는 기업이나 공장 · 시설 등이 자신들의 온실가스 배출 현황을 알게 해줄 필요가 있었다. 이러한 목적으로 환경보호국은 고정오염원에서 배출되는 온실가스 배출 규제를 위해서 2009년 10월 30일에 대규모 오염원과 시설로부터 배출되는 온실가스에 대한 강제적인 보고 의무 규칙을 최종적으로 발표하기에 이르렀다. 환경보호국은 2009년 3월 10일에 이러한 보고 의무와 관련된 규칙에 관한 제안을 공지한 후 다방면의 의견 청취와 자체 조사에 이어 이러한 규칙을 발표하기에 이르렀던 것이다.

이러한 온실가스 보고 의무 규칙은 '강제적 온실가스 보고 규칙'이라고 불리며, 환경보호국은 온실가스 배출에 관한 정확한 데이터를 수집하여 미래의 환경정책 결정에 사용하고자 하였다. 이러한 규칙에 따라서 연간 25,000톤 이상의 이산화탄소나 이에 준하는 온실가스를 배출하는 시설이나 공장은 이에 관한 정보를 환경보호국에 제출할 의무를 지게 된다. 이러한 보고 의무 규칙에 의해서 전체 온실가스 배출량의 85~90%를 차지하는 약 13,000,000개의 시설이 온실가스 보고의 대상이 되었다. 이러한 환경보호국의 보고 규칙은 고정오염원에서 배출되는 온실가스에 대한 최초의 규제조치로서 향후 환경보호국이 고정오염원에 대한 온실가스 규제를 강화시켜나가는 데 필요한 정보를 취합하고, 이러한 정보를 대중이 접근할 수 있게 함과 동시에, 각종 시설 및 공장 등의 운영자들이 이러한 정보를 검토할 수 있게 하여 향후 온실가스를 줄여나가는 것을 지원하기 위해서 고안된 것이었다.[24]

---

24 EPA, "Greenhose gas Reporting Program"(http://www.epa.gov/climatechange/emissions/ghgrulemaking.html); EPA, "Fact Sheet: Mandatory Reporting of Greenhouse Gases"(http://www.epa.gov/climatechange/emissions/downloads09/FactSheet.pdf). 현재 2010년의 온실가스 배출 관련 데이터가 2012년 1월 11일에 최초로 대중에 공개되었고, 이러한 정보는 매년 갱신되어

② 맞춤형 온실가스 규제 규칙 발표

이러한 온실가스 관련 정보의 취합과 공개라는 최초의 규제조치를 실시한 후 환경보호국은 본격적인 고정오염원 배출 온실가스를 규제하기 위해서 노력하기 시작했다. 환경보호국이 2007년 연방대법원의 판결에 대한 적극적인 해석을 통해서 이동오염원뿐만 아니라 고정오염원에서 배출되는 온실가스에 대한 규제 권한을 확보한 후 이의 시행을 준비하게 되었다는 점은 이미 설명한 바와 같다. 그러나 이러한 규제의 시행 과정에서 한 가지 해결해야 할 문제가 나타났는데, 이는 청정대기법의 대기오염물질 규정과 관련하여 어느 정도의 온실가스 배출량을 규제할 것인가 하는 것이었다. 청정대기법은 원래 청정한 대기의 유지와 국민보건 및 자연보호를 목적으로 한 법률이기 때문에, 대기오염물질 일반에 대한 기준치를 설정하였을 뿐이지 온실가스에 대한 배출 기준치는 처음부터 존재하지 않았다. 청정대기법은 다양한 개정 과정을 거치면서 기준 오염물질(criteria pollutants)의 경우 연간 100톤, 비기준 오염물의 경우 연간 200톤으로 오염물질 배출 허용치를 규정하고는 있으나 온실가스에 대한 언급은 없었다. 그러나 환경보호국의 입장에서 온실가스의 배출을 규제하고자 할 경우 규제를 위한 배출량 허용치의 기준을 마련할 필요가 있었다. 즉 어느 정도의 온실가스 배출이 있는 설비나 시설을 대상으로 중대 악화방지 프로그램의 허가권이나 운영허가권을 얻도록 강제할 것인가 하는 문제가 바로 이것이었다.

이러한 허가권의 대상이 되는 온실가스 배출량의 문제에 대해서 2010년 5월 13일에 환경보호국은 '맞춤형 규칙'(Tailoring Rule)을 발표하여 신설

반복적으로 공개될 예정이다.

혹은 기존 산업시설에 대한 온실가스 배출 허용 기준치를 마련하였다. 이와 함께 이러한 규제의 적용 시기에 시차를 두어 대규모 산업시설과 주정부에 대해서 온실가스의 허가권 요구사항을 실현할 능력을 개발할 시간을 주기로 하였다. 구체적으로 환경보호국은 2011년 1월부터는 청정 대기법에 따라서 기왕에 비온실가스로 규정된 오염물질과 관련하여 중대 악화방지 허가권 등을 이미 받은 대규모 산업시설의 경우, 새로 지어지는 시설이 연간 75,000톤 이상의 이산화탄소를 배출하거나 기존의 이산화탄소 배출량이 이 수준 이상으로 증가하는 경우에는, 이러한 허가권에 추가적으로 온실가스와 관련된 규제사항을 포함시켜야 한다고 규정하였다. 그리고 2011년 7월부터는 앞에 언급된 시설에 더하여 연간 100,000톤을 초과하는 양의 이산화탄소를 배출하는 모든 신규 시설과, 연간 적어도 75,000톤의 이산화탄소를 증가시키는 시설 등에 대해서는 온실가스 감축과 관련하여 중대 악화방지 허가권을 얻어야 한다고 규정하였다.

한편 운영허가권의 경우 2011년 7월부터 이산화탄소 기준 연간 100,000톤의 온실가스를 배출하는 모든 고정오염원의 경우 허가권을 받아야 하며, 연간 50,000톤 이하의 온실가스를 배출하는 고정오염원의 경우 2016년 이전까지는 운영허가권을 얻지 않아도 된다고 규정하였다.[25] 이와 같이 환경보호국의 맞춤형 규칙은 2016년 이후에도 연간 50,000톤 미만의 온실가스를 배출하는 시설에 대해서는 운영허가권이 필요하지 않다고 규정함으로써 대규모 공장, 산업시설 등에 대해서만 온실가스 규제가 행사될 것이며, 그렇지 않은 시설에 대해서는 규제가 없다고

25 EPA, "Final Rule: Prevention of Significant Deterioration and Title V Greenhouse Gas Tailoring Rule: Fact Sheet"(http://www.epa.gov/NSR/documents/20100413fs.pdf).

규정함으로써 중소기업의 반발을 무마하고 온실가스 배출이 상당량에 이르는 기업만을 대상으로 하겠다고 규정하고 있다. 따라서 온실가스 배출 시설의 형편에 따라서 규제를 탄력적으로 운영한다고 하여 이 규칙의 명칭 역시 '맞춤형 규칙'으로 불리게 되었다.

③ 주정부에 대한 중대 악화방지 허가권 및 제V장 운영허가권 프로그램 지침 전달

이러한 맞춤형 규칙을 발표한 이후 환경보호국은 2010년 11월 20일에 온실가스와 관련된 이러한 허가권 프로그램을 운영할 지침과 자료를 주정부에 전달하였다. 이러한 자료와 지침은 중대 악화방지 허가권과 청정대기법 제V장 운영허가권 프로그램의 실행과 관련된 지침과, 기타 주정부와 오염원에 대해서 온실가스 배출을 통제하는 조치를 확인하는 데 필요한 기술적 자료를 포함하고 있었다. 이러한 지침은 2010년 5월에 맞춤형 규제 명령이 발표되어 온실가스 배출량에 대한 기준이 만들어진 이후, 환경보호국이 지침과 기술적인 자료를 만들어야 할 단계가 되었다고 판단하고 제공한 것이었다.

환경보호국은 기존에 대기오염 물질과 관련된 중대 악화방지 프로그램 허가권이나 운영허가권을 부여하는 현장의 규제 기관—대체로 주정부—은 이제 새로이 규제의 대상이 된 온실가스를 많이 배출하는 전력 발전회사 혹은 정유시설 등 대규모 산업시설에서 배출되는 전통적 오염물질에 대해서 이전부터 허가권을 발부해온 기관이었던 사실에 입각하여, 이들 기관들이 온실가스의 배출과 관련해서도 고정오염원에 대해서 허가권을 부여할 가장 적합한 단체라고 판단하였다. 이에 따라서 환경보호국은 2011년 1월까지 주로 주정부로 구성되는 허가권 부여 기관이 온실가스 허가권 역시 보유하도록 하였다. 또한 새로 발표된 규칙은 이전에 발표된 맞춤형 규칙에서 규정된 대로 대규모 온실가스 배출 시설들이 주정부로부터 이러한 허가권을 얻어서 가동될 것이며, 이들 주정부에 대해서 필요한 지침, 기술적 정보, 그리고 지원이 제공되도록 하고, 허가권 발급이 주정부에 의해서 차질 없이 진행되도록 환경보호국이 이들 주정부와 긴밀히 협조하여 필요한 조치를 밟을 것이라는 내용 등을 포함하고 있었다. 주정부에 전달된 이러한 규칙과 다양한 정보 및 지침은 관리의 새로운 대상이 된 온실가스에 대해서 현장에서 규제하게 될 주정부가 이러한 규제 과정에 잘 적응하여 실행에 혼선이 빚어지지 않도록 연방 환경보호국이 지원하기 위해서 제정되고 제공된 것이었다.[26]

④ 전력 발전시설 및 정유시설에 대한 온실가스 배출 규제

지금까지 앞에서 설명된 내용은 고정오염원에서 발생하는 온실가스 배출 규제와 관련하여 대규모 시설에서 배출되는 온실가스에 대해서 어떠한 방식으로 청정대기법에서 규정된바 기존의 고정오염원에 대한 중대 악화방지 허가권 프로그램이나 운영허가권을 실행해나갈 것인가와 관련되어 있는 것이었다. 위에 설명된 내용은 2007년 연방대법원의 판결과 법원 명령에 따라서 온실가스가 국민보건에 영향을 미친다는 환경보호국의 결정이 내려진 이후, 온실가스가 환경보호국의 규제의 대상이 됨에 따라서 이를 기존의 대기오염 물질에 준하여 이에 대한 허가권 문제를 어떻게 처리할 것인지에 관한 것이었다.

환경보호국에 의한 이와 같은 규제조치는 포괄적인 의미에서 일정 수준 이상의 온실가스를 배출하는 고정오염원에 대한 일반적인 규제에

26 EPA, "Clean Air Act Permitting for Greenhouse Gases: Guidance and Technical Information: FACT SHEET"(http://www.epa.gov/nsr/ghgdocs/ghgpermittingtoolsfs.pdf).

관한 것이었다. 그러나 2010년 12월 23일에 환경보호국은 이러한 일반적이며 포괄적인 규제를 넘어서서 화석연료를 사용하는 '전력 발전단위'(EGU: electricity generating units)[27]와 정유공장에서 발생하는 온실가스의 감축을 위한 규제안을 만들어나가겠다고 발표하였다. 즉 환경보호국은 고정오염원 가운데 미국 내에서 온실가스 배출량을 가장 많이 차지하는 전력 발전시설과 정유시설에 대해서 1970년에 청정대기법이 규정한 신규 오염원 허용기준치(New Source Performance Standards: NSPS)를 제정할 것이라고 발표하였다.[28] 이는 수십 년간 화석연료를 사용하여 지구온난화에 기여해온 온실가스를 배출하는 이들 시설과 설비에 대해서 환경보호국이 적절한 조치를 취하지 않은 데 불만을 품은 수 개의 주정부와 환경단체들이 환경보호국에 소송을 제기한 데 대해서 일종의 합의의 결과로 나타난 것이다.[29] 실제로 이들 두 종류의 시설에서 배출되는 온실가스는

27 '전력 발전시설'(power plant)과 '전력 발전단위'(EGU) 간의 개념적 차이는 명확하지 않다. 통상 전력 발전시설은 전력을 만들어내기 위한 발전소를 지칭하며, 풍력 · 조력 · 화력 등 다양한 형태로 존재한다. 이 책에서 온실가스의 규제가 되는 발전시설은 주로 화석연료를 사용하는 전력 발전시설을 말한다. 한편 온실가스 규제 대상으로 2010년 12월 23일에 환경보호국이 발표한 전력 발전단위는 추정컨대 천연가스 · 석유 · 석탄 등을 사용하는 전력 발전시설 등을 구체적인 연료와 결부시켜 지칭할 때 사용되는 것으로 보인다. 따라서 적어도 화석연료를 사용하여 전력을 발전시킨다는 의미 내에서 전력 발전시설과 전력 발전단위는 매우 유사한 의미를 지니고 있으며 실제로는 혼용되어 사용되는 경향이 있다.

28 청정대기법은 법률 제111조(Section 111)에 고정오염원으로부터 배출되는 대기오염 물질의 배출에 대한 통제 메커니즘을 규정하고 있는데, 이 가운데 제111조의 (b)항은 신규 혹은 변경된 고정오염원(오염시설: sources)에 대해 신규 오염원 허용 기준치를 설정하도록 하고 있다.

29 이 소송은 환경보호국이 2006년에 수도 · 전기 · 가스 등 공공 설비업계와 2008년에 정유시설에 대해서 신규 오염원 허용 기준치에 대한 개정안을 내면서 온실가스에 대한 규제조치가 없었던 것에 대해서 불만을 가지고 뉴욕 · 캘리포니아 · 코네티컷 · 델라웨어 · 메인 · 뉴멕시코 · 오레건 · 로드아일랜드 · 버몬트 · 워싱턴 · 매사추세츠 주 등과, 워싱턴 특별자치구, 뉴욕시, 그리고 천연자원 방어위원회, 시에라 클럽, 환경방어자금 등 환경단체 등이 워싱턴 특별자치

미국 전역에서 배출되는 온실가스의 약 40%를 차지하며, [그림 7]에서 보듯이 미국 산업시설에서 배출되는 온실가스의 약 70%를 차지하고 있다.

[그림 7] 산업 부문별 온실가스 배출량 비율(2009년)

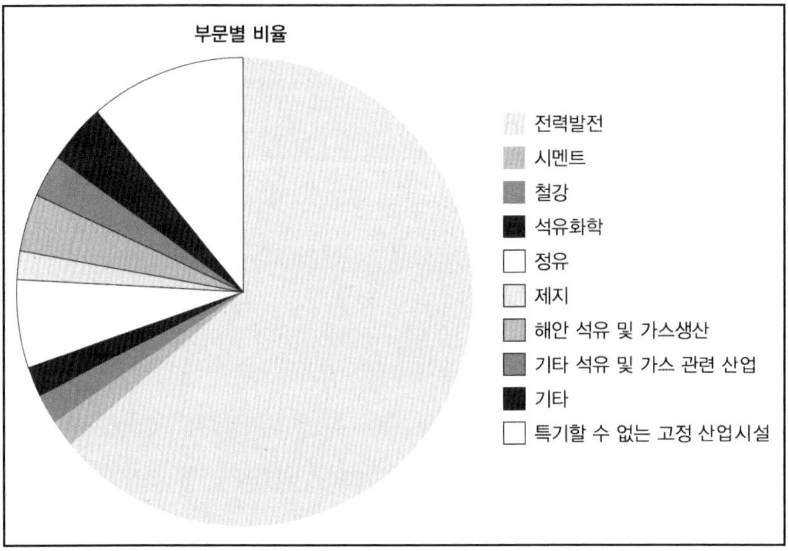

* 2009년 전력 발전시설과 정유시설에서 배출되는 온실가스 배출량의 비율은 각각 전체 산업 대비 63%와 6% 정도이다.
* 출처: "GHG Emissions from the Industrial Sector", http://www.epa.gov/airquality/pdfs/ghgbackgroundslides.pdf

구의 미국 항소법원(the U.S. Appeals Court)에 대해서 소송을 제기한 것을 의미한다. 뉴욕시 대 환경보호국, 그리고 미국 석유협회 대 환경보호국 등 두 건의 소송에서 이들 단체는 환경보호국이 온실가스에 대한 규제를 신규 오염원 허용 기준치 설정에 포함시킬 것을 요구하였다. 이러한 소송이 보수적인 부시 행정부 당시에는 해결되지 않고 있다가 오바마 행정부 출범 이후 비로소 환경보호국에 의해서 다루어지기 시작한 것이다.

환경보호국은 먼저 천연가스·석유, 그리고 석탄 등 화석연료에 의해서 전력을 생산하는 발전시설에 대한 신규 오염원 허용 기준을 제정하는 규칙을 만들겠다고 이들 소송단체와 합의(agreement)에 도달하였는데, 이 합의에 의거하여 환경보호국은 이들 전력 발전시설에 대한 규칙 제안을 2011년 7월 26일까지 만들 것과 최종 규칙을 2012년 5월 26일까지 제정하여 발표하겠다고 밝혔다.

이와 아울러 정유시설에 대해서 환경보호국은 뉴욕·캘리포니아·코네티컷·델라웨어·메인·뉴멕시코·오레건·버몬트·워싱턴·매사추세츠 등 여러 주, 워싱턴 특별자치주, 뉴욕시 등 시정부, 그리고 천연자원 방어위원회, 시에라클럽, 환경 완전성 프로젝트(Environmental Integrity Project) 등과 별개의 합의에 도달하여 정유 과정에서 발생하는 온실가스와 기타 유해물질 및 기준 오염물질 등으로 인한 환경오염에 대처하고, 동시에 청정대기법에 따라서 환경보호국이 정유 부문의 온실가스 배출을 규제—각종 허가권 등—하기로 하였다. 이러한 정유시설 관련 신규 오염원 허용 기준 문제와 아울러 환경보호국은 현재 정유시설에 대한 대기 유해물질 기준에 대한 위험 및 기술 검토를 실시하기로 하였다. 또한 합의의 일부로서 환경보호국은 2008년 8월 25일에 부시 행정부 당시 정유시설 신규 오염원 허용 기준에 대한 재고 청원과 관련된 문제를 심사하여, 이러한 문제에 관해서 2011년 12월까지 제안 내용을 발표하고, 최종안은 2012년 11월 10일까지 발표하기로 하였다. 따라서 전력 발전시설과 정유시설에 대한 최종적인 규제안은 모두 2012년 중에 환경보호국에 의해서 발표될 전망이다.[30]

30 Morgan Lewis, "EPA to Issue Greenhouse Gas New Source Performance Standards for Electric Generation and Petroleum Refinery Sectors January 3, 2011"(http://www.morganlewis.com/

3. 정리와 논점: 환경보호국의 강화된 위상과 공화당의 공세

지금까지 이 장에서는 2009년 오바마 행정부 등장 이후 연방 환경보호국의 활성화 과정 및 이와 관련된 온실가스 규제조치를 살펴보았다. 2009년이 시작되면서 과거 부시 행정부 당시 보수적이며 친기업적인 성격에서 벗어나기 시작한 환경보호국은 오바마 대통령의 후원 하에 적극적인 규제조치를 실시하면서 온실가스 규제의 교두보 역할을 하게 된다. 1970년에 제정된 환경보호법의 대기오염물질 규제에 관한 2007년의 연방대법원의 판결에 따라서 온실가스의 유해성을 밝힌 2009년의 12월의 위험성과 기여성 발견 이후, 환경보호국은 온실가스 규제를 위해 이동오염원인 차량과 고정오염원인 공장, 전력 발전시설 등에 대한 각종 규칙을 발표하기 시작하였다.

환경보호국은 먼저 이동오염원인 자동차에 대한 온실가스 배출 및 연료효율 기준 전국 프로그램을 마련하여, 자동차 연료효율을 제고하여

pubs/Environmental_LF_GreenhouseGasNewSourcePerformanceStandards_03jan11.pdf); EPA, "Background on Establishing New Source Performance Standard (NSPS) Under the Clean Air Act"(http://www.epa.gov/airquality/pdfs/111background.pdf); EPA, "Settlement Agreements to Address Greenhouse Gas Emissions From Electric Generating Units and Refineries"(http://www.epa.gov/airquality/pdfs/settlementfactsheet.pdf). 실제로 이러한 환경보호국 규제안이 2012년 3월 27일에 발표되었다. EPA, "EPA Proposes First Carbon Pollution Standard for Future Power Plants/Achievable Standard is in Line with Investments Already being Made and will Inform the Building of New Plants Moving Forward", News Releases, March 27, 2012(http://yosemite.epa.gov/opa/admpress.nsf/79c090e81f0578738525781f0043619b/9b4e8033d7e641d9852579ce005ae957!OpenDocument).

미국의 에너지 독립을 구현함과 동시에 온실가스를 줄이려는 오바마 대통령의 이상을 구현하고자 하였다. 최초로 실시된 이러한 전국 프로그램은 경량자동차와 중량자동차에 단계적으로 적용되면서 자동차의 석유 사용 효율을 높이고 온실가스 배출을 줄여나가는 데 기여하고 있다. 이와 함께 환경보호국은 2007년의 연방대법원 판결과 각종 온실가스 관련 소송에 대한 기왕의 쟁점을 해소하는 과정에서 자신의 해석권 및 규제권을 강화시키면서 공장과 시설에서 배출되는 온실가스에 대해서도 적극적으로 관여하기 시작하였다. 즉 청정대기법에 규정된 신규 및 개보수 시설에 대한 허가권에 이산화탄소 등 온실가스를 포함시키는 한편, 구체적으로 전력 발전시설 및 정유시설에서 배출되는 온실가스에 대한 규제를 위해서 배출 상한치를 설정하여 발표하고 현재 이의 강제를 위해서 노력하고 있다. 그리고 이러한 고정오염원에서 배출되는 것에 대한 환경보호국의 규제 노력은 2010년에 들어서면서 상원에서 기후변화와 관련된 포괄적인 입법 노력이 좌절되면서 더욱 적극적으로 바뀐 측면도 있다고 보인다.

포괄적인 기후변화 관련 법률의 제정을 통해서 글로벌한 기후변화 대처 노력에서 미국의 리더십을 확인하여 향후 레짐 창출 과정에서 주도적 지위를 회복하며, 이와 동시에 중국과 인도 등 최대 온실가스 배출 개도국의 기여와 참여를 촉구하고자 했던 오바마 대통령의 노력은 2009년 12월 코펜하겐 유엔 기후변화협약 당사국 총회의 미진한 결과와 2010년 7월 상원에서 국내법 제정의 최종적인 실패로 귀결되었다. 오바마 대통령은 비록 포괄적인 기후변화 관련 법률 제정에 있어서 온실가스 배출 규제를 더욱 선호하고 있었지만, 이와 같이 국내법 제정이 좌절된 이후에는 현실적으로 의회의 동의가 필요 없는 환경보호국의 규칙 제정을 통한 온실가스 감축에 의존할 수밖에 없는 상황에 처하게 되었다. 그리고 이러한 대통령의 의지에 부합하면서 잭슨 환경보호국장은 초지일관 적극적으로 온실가스 배출 규제에 노력해오고 있다. 2010년 중간선거에 민주당이 공화당에 패배하면서 하원 다수당의 자리를 양보한 이후인 2010년 12월 23일에 환경보호국이 화석연료를 사용하는 전력 발전시설과 정유시설에 대해서 신규 오염원 허용 기준치를 적용하는 규제안을 만들겠다고 발표한 것도 이러한 대통령과 환경보호국의 의지를 잘 보여주는 것이라고 할 수 있다. 비록 상한치 설정 및 교환이라는 포괄적인 온실가스 배출 규제를 위한 법제정은 어려워졌지만 청정대기법에 대한 2007년의 연방대법원의 판결에 의지해서 여전히 환경보호국은 온실가스 배출에 적극적인 상황이다.

그러나 2010년 중간선거 패배 이후 환경보호국은 하원을 장악한 공화당에 의해서 예산이 삭감되는 등 어려움에 처해 있는 것도 현실이다. 그러나 실제로는 2010년 중간선거에서 공화당이 승리하기 이전부터 환경보호국이 규제 권한을 활용하여 자동차나 고정시설물로부터 배출되는 온실가스를 규제하는 것에 대해서 반대하는 조치들이 공화당 의원에 의해서 다수 제기되어왔다. 2009년 12월 7일에 환경보호국이 2007년의 연방대법원 판결에 의거해서 자동차에서 배출되는 온실가스가 공중보건 및 복지에 위험하다는 위험성과 기여성 발견을 발표한 이후인 12월 14일에 알라스카(Alaska)주 공화당 상원의원이며 상원 에너지 및 천연자원위원회의 선임의원인 머코우스키(Lisa Murkowski)는 이러한 발표를 거부하는 결의안을 제출하겠다고 위협한 바 있다(Hobson, 2009d: 36). 실제로 그녀는 2010년 6월에 환경보호국의 온실가스 규제 권한을 박탈하자는 결의안을 제출했지만, 찬성 53명, 반대 47명으로 좌절된 바 있다. 또한 웨스트버지니아(West Virginia)주의 록펠러(Jay Rockerfeller) 민주당 상원의원은 온실가스 배출 규제를 2년간 연기하자는 수정안을 제안한 바도 있었다(Harder, 2010:

52). 이와 같이 중간선거 이전부터 공화당 의원들과 보수적인 민주당 의원들의 반대와 공세에 시달려온 환경보호국은 2011년 이후 더욱더 공화당과 각종 사법적 소송의 대상이 되고 있어서 그 귀추가 주목된다. 또한 2012년 대통령선거를 앞두고 여러 공화당 후보들이 앞 다투어 환경보호국의 폐지를 공약하는 듯한 포퓰리즘적인 경향을 보이고 있어서 2012년 대통령선거와 의회선거의 결과가 환경보호국의 입지에 상당한 영향을 미칠 것으로 전망된다.

제8장
결론

이 책은 2009년에 출범한 오바마 행정부가 기후변화 대처라는 국제적 공공재를 공급하는 과정에서 직면한 국내적 저항의 주요 내용을 서술하고 설명하는 것을 목적으로 저술되었다. 이러한 목적을 위해서 이 책은 2007~2008년의 경제위기 상황을 배경으로 전개된 지구온난화 문제에 대한 미국의 여론을 살펴보았고, 계속해서 기업 부문이 압도하는 이익집단정치의 전개 과정을 선거 및 로비 활동의 지출을 중심으로 살펴보았다. 이어서 경제위기 이후 더욱 부정적으로 선회한 지구온난화에 대한 여론과, 기업 부문이 압도하는 이익집단정치의 진행이라는 불리한 상황에서 출범한 오바마 행정부의 기후변화 대처 노력을 대통령, 의회, 그리고 환경보호국의 활동을 중심으로 살펴보았다. 그리고 지속적인 온실가스 감축을 위해 2009년에 개최된 코펜하겐 회의의 사실상의 실패와, 이에 연이은 기후변화 관련 국내법 제정의 좌절로 오바마 행정부의 기후변화 정책이 현재 상당한 어려움에 봉착해 있으며, 따라서 기후변화 대처에 대한 미국의 국제적 리더십도 실추했음을 살펴보았다.

2009년 경제위기 상황 속에서 출범한 오바마 행정부는 전임 부시 행정부의 일방주의의 유산을 청산하고 다자적인 국제적 협력을 통해서 글로벌한 도전에 대응하고자 하였다. 특히 기후변화 영역에 있어서 미국은 선모범－후촉구의 정책을 추구하면서 미국이 선도적인 그린 리더십(green leadership)을 보여주고, 이를 통해서 중국이나 인도 등에 대해서 보다 적극적으로 온실가스 감축에 동참하도록 촉구하고자 하였다. 국제금융위기나 핵문제에 대한 대처 문제가 그렇듯이 기후변화에 대한 대처 역시 어느 한 국가나 수 개의 국가만이 노력해서 해결되는 문제가 아니라는 인식 아래, 오바마 대통령이 이끄는 미국은 다자적인 대화와 협상을 통해서 이러한 글로벌한 현안 문제를 해결하고자 하였다. 이와 함께 기후변화 문제에 있어서 미국은 중국이나 인도 등 개도국이 주장하는 '공동의, 그러나 차별화된 책임'이라는 형평성의 원칙에는 공감하면서도, 적어도 교토의정서 체제 종료 이후 새로 만들어질 기후변화 레짐은 '모든 주요 경제국에 적용 가능한' 의무적 온실가스 감축을 요구하는 것이 되어야 한다고 반복적으로 강조하였다.

부시 대통령 당시의 일방주의 노선을 벗어나 오바마 행정부에 이르러 미국이 다자주의적 방식을 통해서 기후변화 문제에 적극적으로 대처하게 된 데에는 몇 가지 이유가 있다고 보인다. 우선 2007~2008년에 시작된 미국발 금융위기를 겪으면서 사실상 냉전 종식 이후 누려왔던 유일한 패권국가의 위상이 심각하게 흔들린 미국은 중국의 부상 및 나머지 국가의 부상을 경험하면서 이들과의 협력을 통해서 글로벌한 문제에 대처할 수밖에 없는 상황에 처하게 되었다. 그리고 기후변화 문제 역시 예외일 수는 없었다.

그러나 이러한 경제위기 이후의 상황 변화와 함께 기후변화 문제에 대한 미국의 적극적인 입장 전환은 상원의원과 대통령 후보 시절부터 이 문제에 깊은 관심을 갖고 취임 이후 지구온난화 대처를 위한 온실가스 감축에 지속적으로 노력해온 오바마 대통령 개인의 생각과 신념이 있기 때문에 가능했다. 전통적 패권국가로서의 미국의 국제적 위상이 전례 없는 도전에 직면한다고 해도, 오바마 대통령이나 그가 이끄는 행정부가 지구온난화의 심각성을 깊이 인식하고 이에 대해서 적극적으로 대처하고자 하는 생각이 없었다면, 높은 실업률로 허덕이는 국내 경제상황에서 미국이 굳이 주요 경제국 포럼 등 다자기구를 만들어가면서까지 이러한 문제의 해결에 적극적으로 관여하지는 않았을 것이다.

그러나 오바마 대통령이 기후변화 문제에 대한 적극적인 대처를 공약하면서 이의 해결을 위한 국내외적 노력을 진행하게 됨에 따라서 미국은 상당한 딜레마 상황에 봉착하게 되었다. 즉 클린턴 행정부나 그 다음의 부시 행정부가 의회의 반대나 국내 경제적 사정을 이유로 교토의정서를 거부한 논리가 적용될 수 없는 상황이 도래하게 된 것이다. 오히려 국제적 기후변화 대처에 대해서 공약하고 이를 위한 선모범-후촉구 방식의 다자주의적 접근을 채택한 이상, 오바마 대통령은 이러한 국제적 공공재 공급을 위해서 우선적으로 국내적으로 이를 위한 법률 등을 정비해야 하는 상황에 처하게 되었다.[1] 다자적 포럼에서 중국이나 인도 등에 대한

1 오바마 행정부 등장 이전 시기를 중심으로 미국이 왜 국제적인 기후변화 대처 노력에 미온적이었는지를 설명하면서 드플레지(Joanna Depledge)는 기후변화 문제에 대한 미국의 대외 정책이 매우 예외적인 것이라고 지적하고 있다. 즉 제2차 세계대전 이후 미국은 주로 미국의 국내 모델을 대외적으로 수출하면서 자신들에게 유리한 방향으로 국제적 레짐을 만들어왔지만, 기후변화의 경우는 오히려 당시 미국이 오히려 다른 나라에서 실행되는 정책을 채택해야 하는 입장에 있었다고 설명하고 있다. 드플레지는 "[미국의 국제적: 필자] 리더십은 따라서 먼저 '미국 자체가 변화할 것'[원문은 이탤릭체임: *the US itself to change*: 필자]을 요구하고 있고, 그리고 잠재적으로 미국이 다른 나라에서 실행되는 정책과 관행을 채택할 것을 요구하고 있다. 그러나 이러한 자기비판은 초강대국의 일반적인 특징이 아니다" 라고 적고 있다(Depledge, 2005: 14). 오바마 대통령이 국제적인 기후변화 대처 노력에 적극적으로 대처하겠다고 공약하고 난 후 등장한 가장 우선적인 과제는 드플레지의 글이 시사하듯이

'후촉구'를 위해 국내적인 '선모범'의 사례를 만들어내는 것이 매우 시급했던 오바마 대통령은 기후변화와 관련된 온실가스 상한치 설정 및 시장교환 제도를 특징으로 하는 경제 전반에 걸친 포괄적 기후변화 관련 법률을 제정하려고 했던 것이다. 그러나 이 책의 제6장에서 지적된 다양한 이유들로 인해서 국내법 제정은 궁극적으로 실패로 귀결되었고, 따라서 미국의 국제적 리더십은 상당히 실추되고 말았다. 이와 같이 국내적인 저항이 상당히 심한 상황에서 오바마 대통령의 국제적인 그린 리더십은 한계에 봉착할 수밖에 없었다.

이와 같은 개괄적 논의를 바탕으로 다음에는 이 책을 전체적으로 마무리 짓기 위해서 이 책의 결론과 함의, 그리고 대외-국내 정책의 연계에 관한 시사점을 간단히 적고, 이어서 미국 기후변화 정책의 미래와 관련하여 현실적으로 가능한 국내외적인 대안을 모색해보고자 한다.[2] 미래의 대안과 관련하여 미국 국내적으로는 상한치 설정 및 교환을 특징으로 하는 온실가스 감축의 방식이 좌절되어, 당분간 이러한 방식을 통한 온실가스 감축은 어려울 전망이다. 따라서 새로운 방식이 모색되어야 할 것으로 보이며, 필자는 이에 적합한 대안을 기존 논의를 토대로 제시할 것이다. 한편 글로벌한 차원에서도 코펜하겐 회의 이후 더반 회의에 이르기까지 여전히 온실가스 감축과 관련한 EU · 미국, 그리고 중국 및 인도 등의 이견이 지속되어 있어 유엔 기후변화협약 체제의

기후변화 대처에 능동적인 유럽 선진국처럼 미국의 국내법 등이나 각종 규제 조항을 기후변화 문제를 적극적으로 다룰 수 있도록 변경시키는 것이었다.

2 이러한 대안의 모색은 미국과 다른 국가에서 논의된 내용을 정리하면서 필자의 생각을 첨부하는 방식으로 진행될 것이다. 이러한 대안은 기후변화 문제를 파악하는 시각에 따라서 다양한 의견이 개진되고 있고, 논자의 정치적 이념과 논자가 바라보는 미래상 등에 따라서 찬반의 입장이 분분하다. 필자는 이러한 다양한 의견 가운데 필자가 이 책을 집필하면서 현실적으로 가장 가능성 있는 대안이라고 판단되는 의견들을 정리하여 제시할 것이다.

실효성에 대한 의문이 제기되고 있고, 이를 보완할 수 있는 새로운 제도적 틀에 대한 논의가 진행되고 있는 실정이다. 이러한 논의를 바탕으로 필자는 기존의 논의를 정리하는 차원에서 새로운 제도적 틀에 대한 필자의 생각을 개진해보고자 한다.

1. 결론과 함의

앞에 적은 이 책의 전체적 취지와 개요를 염두에 두고 볼 때, 새로운 국제적 기후변화 레짐의 창출을 위해서 노력해온 오바마 행정부의 기후변화 정책과 국내적 저항에 관한 이 연구를 종결하면서 도출해낼 수 있는 중요한 결론과 함의는 다음과 같이 정리될 수 있다.

① 적어도 기후변화 대처 문제와 관련하여 미국 국내 정치와 대외 정책은 상당히 밀접한 관련을 지니면서 작동하였다. 이런 의미에서 오바마 행정부가 추진한 기후변화 정책은 명실상부하게 국내외 연계적인(intermestic) 이슈였다고 할 수 있다. 오바마 대통령은 양자 혹은 다자적 국제기구나 회의에서 온실가스 감축에 관한 미국의 국내적 노력을 일관되게 지속적 · 적극적으로 홍보하였고, 이를 통해서 중국이나 인도 등 개도국이지만 최대 온실가스 배출국에 속하는 국가에 대해서 지구온난화 방지를 위한 온실가스 감축에 적극적으로 임해줄 것을 촉구하였다. 이러한 선모범－후촉구의 방식을 통해서 국내적 성과를 토대로 대외적인 압박 정책을 구사하는 한편, 또한 오바마 대통령은 대외적인 성과를 통해서 온실가스

배출 규제와 관련하여 상원에 계류 중인 국내법 제정의 완수를 지원하려고 하였다. 즉 하원에서 통과된 미국 청정에너지 및 안보법과 환경보호국을 통한 온실가스 규제조치의 성과를 바탕으로 오바마 대통령은 중국과 인도 등의 동참을 촉구하면서 2009년 12월의 코펜하겐 회의에서 포스트 교토 레짐의 성공적인 창출을 시도하였고, 이와 동시에 코펜하겐 회의의 성공을 바탕으로 상원을 압박하여 최종적인 국내법 제정을 완결하려고 하였다. 이와 같이 오바마 행정부는 국내 정치와 대외 정책을 동시에 조망하면서 국내외 기후변화 문제에 대처하고자 하였다.

② 이러한 국내외 연계적인 기후변화 문제에 대한 정책적 입장을 표명함에 있어서 오바마 대통령은 국제적인 협상과 국내 정치적 설득 과정에서 상호 관련되어 있으나 그 강조점이 서로 다른 방식을 취했다. 우선 오바마 대통령은 양자 혹은 다자적 국제기구 혹은 정상회담에서 지구온난화 방지를 위한 온실가스 감축을 촉구할 경우, 이를 '인류 공동에 대한 재앙과 도전에 대한 대처'로 프레이밍하여 전달하였다. 기후변화는 인류 공동의 재앙이므로 인류가 공동의 노력을 통해서 이를 극복해야 하며, 그렇지 못할 경우 엄청난 수준의 미래 재앙이 닥쳐올 수 있기 때문에 신속한 대응이 필요하다는 것이었다. 따라서 '공동의, 그러나 차별화된 책임'이라는 기후변화 대처의 합의된 국제적 원칙에도 불구하고, 그리고 개도국의 지속적인 사회 · 경제적 발전의 필요성에 대한 동감 표명에도 불구하고, 오바마 대통령은 2012년 이후 포스트 교토 체제의 새로운 레짐을 창출하기 위해서는 미국과 EU 등 개도국의 선도적 노력과 함께 중국과 인도 등 최대 온실가스 배출 개도국의 구속력 있는 의무적

감축량 목표 선언 등 적극적인 감축 공약이 함께 수반되어야 한다고 주장하였다. 이와 같이 대외 정책의 차원에서는 인류에 대한 파국적 재앙을 막기 위해서 전세계적인 온실가스 감축 노력이 그 자체로서 중요하다는 점을 지속적으로 강조하였다.

그러나 이와는 대조적으로 국내 정책에 있어서 지구온난화 문제의 대처와 관련된 오바마 대통령의 입장 표현 방식은 온실가스 감축 그 자체에 방점을 두는 방식을 우회하여 전달되었다. 온실가스 감축을 위한 국내법 제정과 환경보호국의 규제조치가 2007~2008년 이후 경기침체와 실업률에 신음하는 미국 경제에 매우 부정적인 영향력을 가져올 수 있다는 국민적 정서를 고려하여, 오바마 대통령은 온실가스 감축을 위한 자신과 의회 내 민주당 지도부의 노력을 미국의 에너지 독립과 저탄소 청정경제로의 이행과 연계시켜서 전달하였다. 즉 오바마 대통령은 에너지 독립을 위한 에너지 사용 효율성의 제고와 청정경제로의 이행 과정에서 파생하는 청정일자리 창출 등과의 연계를 통해서 온실가스 감축 노력을 국민에게 제시하고자 하였다. 이러한 전달 방식으로 인해 국내 정책적인 수준에서 온실가스 감축 그 자체보다는 에너지 효율제고와 청정일자리 창출이 더욱 부각되고 온실가스 감축은 이에 수반되는 부산물로 홍보되었다.

③ 지구온난화라는 인류 공동의 위협에 직면해서, 온실가스의 배출 억제를 강제하는 새로운 레짐의 창출이라는 국제적 공공재 공급을 위한 오바마 행정부의 노력에 대한 국내적 저항의 핵심적 행위자는 공화당을 중심으로 한 의회 내 보수 세력이라고 할 수 있다. 지구온난화 대처를 위한 새로운 국제적 레짐의 창출은 무엇보다도 미국

국내의 기후변화 관련 법률제정을 핵심적인 필수요건으로 하고 있으며, 이러한 요건이 충족되기 위해서는 미국 의회 내에서 온실가스 감축에 대한 광범위한 합의가 도출되어야 한다. 그러나 이러한 합의는 공화당 의원 및 블루 독을 중심으로 한 일부 보수적인 민주당 의원의 가세로 인해 달성될 수 없었고, 이들의 저항으로 인해 국내법 제정은 무산되었다. 이들은 악화되는 국내 경제상황과 정치적 양극화의 심화 과정 속에서 중국 등의 구속력 있는 의무적 감축 공약을 이끌어내지 못한 코펜하겐 회의를 목도하면서, 지역구 주민의 표심을 의식하여 기후변화 대처를 위한 국내법 제정에 반대하였고, 이들의 이러한 저항은 궁극적으로 성공했다.

④ 기후변화 대처와 관련한 국내적 저항과 연관해서 볼 때 미국 패권의 쇠퇴는 제2차 세계대전 종전 이후 1960년대와 1970년대 유럽이나 일본의 부상, 혹은 최근 중국의 부상으로 인한 상대적 쇠퇴만으로 정의될 수는 없다. 기후변화 문제와 관련된 글로벌한 도전에 대한 미국 리더십의 한계는 미국 국내의 정치 및 경제제도의 부실화 문제와 함께 고려되어야 한다. 2007~2008년 미국발 세계 금융위기 이후 미국의 패권 쇠퇴론의 특징은 중국의 부상과 동시에 국내의 정치 · 경제 · 사회적 쇠퇴가 중첩되어 나타났다는 것이며, 따라서 '나머지 국가의 등장'만큼 미국 국내의 심각한 제도적 기능 저하 현상도 중요하게 분석되어야 한다. 즉 '남에 비해 뒤처지는 것'(falling behind)만큼, 혹은 이보다 더 중요한 것은 '내부적인 문제로 문제해결에 실패하는 것'(falling short)이나 '내부적으로 붕괴되는 것'(falling apart)이었다(Fallows, 2010).

기후변화 문제와 관련한 미국의 국내외적 대처가 기대대로 진행되지 못하였고, 이 영역에서 미국이 선도적 리더십 확보에 궁극적으로 실패한 것은 미국 경제의 불황, 혁신정신의 쇠퇴, 고질적인 이념적·정파적 갈등, 기업 부문의 무차별적인 정치자금 지출과 로비, 상원 필리버스터 제도 등 적시에 정책 대안을 만들어내지 못하게 한 국내적 요인의 작용이 컸다. 또한 기후변화의 과학성을 부정하는 싱크탱크와 이에 편승한 보수적 정치인들의 저항 역시 미국이 국제적 리더십을 행사하는 데 방해가 될 수밖에 없었다. 사안에 따라서 정당 간 이견이 있을 수도 있으나 오바마 대통령이 하는 모든 정책에 대해서 반대만을 시도하는 공화당의 전략 앞에서, 그리고 의료보험 통과 이후 양극화된 분위기 속에서 기후변화 관련 국내법의 제정은 요원(遼遠)한 것이었다. 국내적 경제 불황과 함께 국내 정치제도의 동맥경화 현상 앞에서 미국이 효과적인 국제적인 리더십을 발휘하는 것은 매우 어려운 일일 수밖에 없었다. 이와 같이 기후변화와 관련한 미국 패권의 회복 노력은 중국 등의 기후 주권의 주장과 함께 국내적인 요인으로 좌절되었다.

2. 대외-국내 정책의 연계에 대한 함의

앞에서 언급된 결론 및 함의를 염두에 두고 보다 구체적으로 이 저술이 국제정치와 국내 정책의 연계에 대해서 주는 함의를 간단히 언급할 필요가 있을 것 같다. 다음에서 전개될 주장은 물론 이 책의 저술 내용, 즉 오바마 행정부 초기에 추진된 미국의 기후변화 정책에 국한되어 적용되는 것이기는 하지만, 그럼에도 불구하고 이러한 상황의 일반화 정도에 따라서 특정 국가의 대외-국내 정치의 연계에 대해서 시사점을 제공해줄 수 있을 것으로 보인다.

① 국내적 윈셋의 크기가 작을 경우 특정 국가의 선제적인 국제적 공약은 국제적 협상 과정에서 그 국가의 운신의 폭을 상당히 제한할 수 있다. 즉 선제적인 국제적 공약을 천명한 특정 국가가 국내 협상 과정에서 좁은 윈셋을 경험할 경우, 이 좁은 윈셋은 그 국가의 협상력을 제고하기보다는 그 국가의 협상력을 저하시킬 수 있다. 이 책의 제1장인 서론에서 언급된 바와 마찬가지로 퍼트남이 주장한 양면 게임의 논리, 즉 국내 정치에서 국제적 협정을 수용할 수 있는 윈셋이 작으면 작을수록 그 국가의 협상력이 증가한다는 주장은 이러한 경우에는 받아들이기 힘들다.

2009년 이후 오바마 대통령이 전임 부시 대통령의 일방주의를 비판하면서 주창한 협력적이고 선도적인 리더십과, 이와 관련하여 추진된 새로운 기후변화 레짐의 창출을 위한 미국의 적극적인 국제적 공약은, 선모범-후촉구의 호소력에도 불구하고 실제로는 미국의 국제적 행동반경을 상당히 좁히는 결과를 가져왔다. 즉 국내적 합의가 없는 상황에서 이러한 공약은 공화당과 보수 세력이 기후변화 관련 국내법 제정에 상당히 강하게 반발하는 계기를 제공하였다. 비록 국제적인 비난의 대상이 되기는 했지만, 기후변화 문제의 대처에 미온적이었으며 2001년 마침내 교토의정서 비준 거부를 선언한 부시 행정부 당시에는 양면 게임의 논리가 적용되어 미국의 일방주의가 주창될 수 있었고, 또한 교토의정서 채택 이후 포스트 교토 체제의 수립을 위한 협상 과정에서 미국의 주장이 반영될 수 있는 계기를 마련할 수 있었다. 그러나 오바마 대통령이 구속력 있는 감축을 내용으로 하는 새로운 레짐의 창출에 선도적 리더십을 발휘하겠다고 공언한 이후, 이러한 미국의 국제적 공약은 오히려 미국 국내의 정파적 · 이념적 갈등을 더욱 증폭시키는 결과를 초래하였고, 선도적 리더십을 통해 패권 회복을 시도하려던 오바마 행정부는 딜레마 상황에 봉착하게 되었다. 따라서 국내적 합의가 없는 상태에서 선도적인 국제적인 공약은 특정 국가의 협상력과 운신의 폭을 제한하고 국내적 갈등을 증폭시킬 수도 있다는 점에 주목할 필요가 있다.

② 미국은 기후변화 문제와 관련된 다자적 협상 과정에서 협상 파트너 국가들의 이질성으로 인해서 효과적인 전략을 구사하기 어려웠다. 즉 국내 협상 과정에 임하는 정치행위자의 이질성뿐만 아니라, 특정 국가가 대외적으로 다루어야 할 협상 파트너의 이질성은 그 국가에 대해서 전략적인 손실을 초래할 수 있다. 따라서 다자적 협상 과정에서는 이러한 이질적인 협상국에 대한 차별화된 전략이 필요하고, 가능하다면 이러한 차별화된 전략에 따라서 협상의 결과 역시 기능별로 혹은 협상 국가 간 합의별로 분기될 수 있도록 유도하는 것도 필요하다.

퍼트남은 자신이 주창한 양면 게임의 논리 가운데 국내 협상 과정에 임하는 행위자의 구성이 이질적인가 혹은 동질적인가 등의 문제가 특정 국가의 협상력에 영향을 줄 수 있다고 보고 있다. 이와 관련하여 퍼트남은 다양한 가설을 제시하면서 국내 협상 과정의 행위자가 이질적일 경우 상대 국가에서 협력의 파트너를 찾을 수도 있고, 또한 동질적일 경우보다 다양한 협상 결과가 나타날 수도 있다고 보고 있다. 그러나 퍼트남은 국내 협상 과정에 참여하는 정치적 행위자의 이질성, 이들 선호의 강도, 그리고 정파적 분열 양상에는 주목하고 있지만, 반면에 대외적 협상 과정에 특정 국가가 직면할 수 있는 협상 대상 국가의 이질성에 대해서는 크게 주목하지 않고 있다. 그러나 오바마 행정부 등장 이후 미국이 직면한 포스트 교토 체제의 수립을 위한 협상 과정은 코펜하겐 회의와 같은 포괄적인 다자적 협상, 그리고 중국과의 양자적 협상, 그리고 기타 G8 혹은 G20 등과 같은 특정 국가군별 다자적 협상 등 다양한 방식으로 전개되었다. 그리고 이러한 대소규모의 다양한 다자적 협상 과정 속에서도, 미국은 한편으로는 EU나 일본과 같은 선진국이 주도하는 국가군이나 국가, 다른 한편으로는 중국이나 인도와 같은 신흥경제국이자 최대 온실가스 배출국을 상대해야 했다.

이와 같이 온실가스 배출과 관련하여 다양한 이해관계를 지닌 국가, 그리고 다양한 정치적 이념과 제도를 구비한 국가에 대처해야 했던 미국은 국내 협상 당사자 간의 이질성뿐만 아니라 국제적 협상 대상의 이질성으로 인해서 여러 가지 전략적인 어려움을 경험해야 했다. 이러한 어려움은 결국 특정한 정책을 일관되게 사용할 수 없게 함으로써 미국이 전략적인 이익을 취할 수 있는 여지를 상당히 제한하는 결과를 가져왔다. 예컨대 만약 미국이 상대해야 했던 협상 파트너가 기후변화 문제를 매우 적극적으로 대처하고자 했던 EU 등의 선진국으로 국한되고 매우 동질적이었다면, 미국은 자신의 적극적인 공약과 선도적인 노력에도 불구하고 공화당의 반대 등으로 인해 국내적으로 협소해진 윈셋을 거론하면서 협상 파트너에게 자신에게 좀 더 양보해줄 것을 요청하고, 이를 통해서 국내 행위자를 설득할 수도 있었을 것이다. 그러나 EU와 같이 선도적이며 적극적인 역할을 수행하는 국가와는 달리, 선진국의 역사적 책임과 차별화된 온실가스 감축 의무를 일관되게 주장하는 중국이나 인도와 같은 신흥경제국을 동시에 상대하면서 포스트 교토 체제라는 새로운 기후변화 레짐의 창출을 공약한 오바마 대통령의 미국은, 이들 국가에 대해서 의무적인 온실가스 감축을 촉구하기 전에 자신이 선제적으로 모범적인 조치를 취해야 할 상황에 놓이게 되었다. 따라서 EU만을 상대했더라면 보다 유리한 양보를 얻어낼 수도 있었을 상황에서, 인도나 중국을 상대하면서 양보보다는 선도적 조치를 취해야 하는 상황에 놓이게 되었고, 미국은 국내외적 협상 과정에서 상당한 어려움에 처하게 되었다.

③ 국제적 협상을 위한 국내법의 정비 등의 노력은 법률제정의 타이밍 조정과 입법 일정의 여유를 요구한다. 특히 국제적인 공약을 뒷받침하기 위해서 반드시 필요한 국내법 체계의 정비의 경우 더욱 그러하다고 판단된다. 적절하지 못한 타이밍 설정과 입법 어젠다의 포화(飽和) 상황은 특정 국가의 국제적 공약을 지원할 국내적 법제도 정비에 유리한 조건이 되지 못한다.

오바마 행정부 하에서 추진된 기후변화 관련 국내법 제정 노력과 궁극적인 실패 과정을 보면 입법 추진의 타이밍이 매우 중요하다는 점을 알 수 있다. 오바마 행정부 초반 2년처럼 공화당과 민주당이 사실상 거의 모든 현안에서 대립해온 극단적인 정파적인 환경 하에서, 의회 중간선거를 앞둔 시기인 2010년 전반기에 추진된 상원의 기후변화 관련 법률제정 노력이 성공을 거두기를 기대하기는 매우 어려웠다. 사실상 2010년 전반기에 케리 의원이 추진한 상원 법률은 상당 부분 기업 부문의 반대론을 수용하여 다수의 환경단체와 상당수의 기업이 지지할 수 있는 법안으로 평가되었다. 그러나 중간선거가 임박한 시점에서 공화당은 대통령의 입법 성과만을 높여줄 법안에 찬성할 리가 없었다. 또한 이 법안이 미국의 경제성장을 어렵게 하는 법안으로 공화당에 의해서 프레임이 맞춰진 상황에서, 특히 전력 생산을 위해 석탄에 대한 의존도가 높거나 혹은 오바마 대통령의 인기도가 낮은 지역구에서 어려운 선거전을 치르는 민주당 현직 의원들은 지역구의 여론을 감안하여 이러한 법안에 찬성하기 어려웠고, 따라서 법안 지지도는 대통령 소속당 내에서도 누수현상을 경험할 수밖에 없었다.

이러한 타이밍의 문제와 아울러 입법 어젠다의 포화 현상 역시 간접적으로 국내 기후변화 관련 법안의 제정을 어렵게 하는 요인이 되었다. 특히 양당 간 극심한 분열과 대립을 초래한 미국 의료보험 개혁으로 인해 오바마 대통령 최초 임기 1년이 거의 다 소진된 상황에서, 기후변화 대처나 이민개혁 입법 등 오바마 대통령이 선거운동 기간 중에 내건 정책 공약이 반대와 저항을 이겨내면서 저돌적으로 추진되기는 쉽지 않았다. 실제로 포괄적인 이민법 개혁은 오바마 대통령 임기 전반에 논의조차 되지 못했다. 이와는 달리 기후변화 문제의 경우 오바마 대통령의 선도적인 공약이 있었고, 민주당 정당지도부의 적극적인 노력이 있었으며, 대다수 환경단체의 지지가 있었지만, 2009년 전체를 통해서 신행정부의 최대의 과제였던 의료보험 개혁 통과를 위해서 정치적 자본이 상당히 소진된 오바마 대통령과 민주당 지도부가 더 이상 적극적으로 상원 입법 과정에 개입하여 법률제정을 밀어붙이기는 어려웠다. 특히 선거를 불과 반년 정도 앞둔 상황에서는 더욱 그러했다고 보인다.

④ 성공적인 국제적 협상 결과의 도출과 이러한 협상 결과를 국내적

법제도 등을 통해서 안정적으로 지원하기 위해서는 협상의 대상이 되는 이슈의 성격을 부단히 탈정치화(de-politicize)해야 한다. 따라서 이러한 협상과 입법을 추진하는 정치행위자는 이러한 제도적 조치를 대외적으로는 글로벌 사회에 대해서, 대내적으로 전체 국민에게 골고루 혜택을 줄 수 있는 실용적인 것으로 프레이밍하여 전달해야 한다. 특히 이러한 이슈가 정당정치의 대립 가운데 정파적인 이슈로 이미 프레임되어 있을 경우에는 더욱 이러한 노력이 필요하다.

실제로 기후변화 문제에 대처하기 위한 포스트 교토 체제의 수립을 위한 노력과 이를 위한 국내법의 제정 과정에서 오바마 대통령은 협상 국가들과 미국 여론에 대해서 각각 지구온난화 문제가 결코 정파적인 이슈가 아니며, 이러한 이슈에 대한 대처 방안의 모색은 모든 사회구성원의 복지에 필요한 조치라고 설득하였다. 오바마 대통령은 2009년 신행정부 출범 이후 코펜하겐 회의에 이르는 시기까지 기후변화 문제에 대처하기 위한 국제사회의 노력을 지구온난화라는 인류 공동의 위협으로부터 인류를 지키려는 노력으로 규정하였다. 이러한 논리의 연장선상에서 오바마 대통령은 중국이나 인도 등이 주장하는 '공동의, 그러나 차별화된 책임'을 원칙적으로 수용하면서도, 중국이나 인도 등 최대 온실가스 배출 국가 역시 새로운 기후변화 레짐의 창출에 적극적으로 동참해줄 것을 촉구하였다. 이와 동시에 오바마 대통령은 기후변화 관련 국내법 제정 과정에서 이러한 법률이 자칫 특정 지역이나 기업에 대해서 배타적인 경제적 손실을 초래하거나 기후변화론자들의 주장에만 경도된 법률로 인식되는 것을 막기 위해서, 이를 청정일자리의 창출과 관련된 정책으로 부단히 프레이밍하였다.

오바마 대통령의 이러한 국내외적인 노력은 기후변화 문제에 대처하는 자신의 노력이 자칫 개도국에 의해서 미국을 포함한 선진국만의 이익을 추구하는 것으로 인식되거나, 혹은 국내에서 정파적으로 해석되는 것을 방지하기 위한 것이었다. 비록 최종적으로 코펜하겐 회의가 구속력 있는 온실가스 감축을 포함한 새로운 기후변화 거버넌스를 만들어내는 데에는 실패하였고, 기후변화 대처를 위한 미국의 국내법 제정이 좌절되기는 했지만, 기후변화 문제에 대처하기 위한 향후의 국제적 협상 과정이나 전략 역시 특정한 국가나 혹은 특정한 국내 사회세력을 위한 조치로 인식되어서는 성공 가능성이 희박하다. 따라서 이러한 새로운 거버넌스를 위해서 노력하는 정치인들은 기후변화 이슈를 탈정치화하고 이에 대한 정책이 보편적인 혜택을 가져오는 조치임을 부단히 홍보하는 것이 필요하다.

앞에서 적은 바와 같이 이 책이 주는 논점과 함의를 정리한 후 다음의 과제는 그럼 앞으로 미국은 어떻게 해야 할 것인가 하는 문제이다. 온실가스 상한치 설정 및 시장교환 제도를 특징으로 하는 기후변화 관련 국내법이 좌절된 이후 미국의 국내적 대안은 무엇인가? 그리고 미국과 중국을 포함한 개도국이 수용할 수 있는 새로운 기후변화 레짐의 현실적 대안은 무엇인가? 이 글은 이러한 문제에 대한 필자의 의견을 개진하는 것으로 글을 마무리하고자 한다.

3. 기후변화 대처에 관한 대안

미국은 2009년 12월 코펜하겐 회의에서 2012년 온실가스에 대한 구속력 있는 추가적인 감축 공약을 확보하기 위한 개도국과의 합의 도달에 실패하였다. 따라서 2012년 이후에 교토의정서 체제를 대체할 보편적인 새로운 기후변화 레짐의 창출은 일단 좌절되었다. 또한 2010년 7월에 미국 상원에서 지지 의원 확보에 실패하여 기후변화 대처와 관련된 포괄적인 국내법의 제정 역시 좌절되고 말았다. 오바마 대통령이 임기 시작 이후 항상 동시에 주목하면서 자신의 입장을 개진해왔던 두 종류의 보편적인 법적 틀의 창출은 마침내 모두 실패로 귀결되었다. 이와 함께 기후변화 문제에 대한 국제적 리더십을 확보하려던 미국의 시도 역시 실패하고 말았다. 이 좌절 과정에서 온실가스 배출의 상한치를 설정하고 배출권 시장제도를 통해서 온실가스 배출을 줄여간다는 국제적·국내적 구상은 당분간 비현실적인 것이 되고 말았다. 그렇다면 온실가스의 감축을 위한 미국 국내와 국제적인 대안은 무엇인가? 다음에서는 이러한 문제에 대해서 논의함으로써 이 책을 마무리하고자 한다.

1) 미래의 대안에 대한 공통분모

지구온난화를 야기하는 온실가스의 감축과 관련하여 이상적이지만 가장 바람직한 방식은 시장 메커니즘을 통해서 지속적으로 온실가스 상한치 설정 및 교환을 추진해나가는 것일 것이다. 그러나 실업률이나 경기침체 등 미국 국내 사정으로 보아도 그렇고, 중국이나 인도 등의 거대 개도국의 경제발전에 대한 열망을 보아도 경제성장을 막는 것으로 인식되는 상한치 설정 및 시장교환 방식에 의한 온실가스의 구속력 있는 감축은 모두 적어도 단기적으로 실패할 가능성이 높다. 경제적 불황이 단기간에 성장 국면으로 전환되기 어렵고, 개도국의 경제적 성장 열망이 존재하는 한 일정 기간 내에 감축해야 하는 온실가스 배출량을 구속력 있는 합의에 따라 미리 정해놓고 이를 단계적으로 강제하는 감축 방식은 현실적이지 않다.

우선 국내 정치적으로 보면 상한치 설정 및 교환을 특징으로 하는 기후변화 관련 법안은 결국 2010년에 모두 실패했다. 오바마 행정부는 온실가스 감축과 관련된 법률제정을 에너지의 효율적 이용 및 청정일자리 창출과 관련하여 국민과 정가에 제시했으나, 경기침체와 높은 실업률에 허덕이는 국민정서는 이를 수락하지 않았고, 보수파는 지구온난화 자체의 인간행위 기원설은 물론 그 과학성 자체를 신뢰하지 않았다. 에너지 및 천연자원 관련 기업이 상당수 케리 의원과 리버만 의원이 제시한 미국동력법에 찬성 의견을 보였음에도 불구하고 이 법안에 반대하는 공화당 의원의 저항을 극복할 수 없었다. 경제성장을 저해한다는 논리 앞에서 일자리 창출에 진력하여 재선을 달성해야 할 의원들의 적극적인 지지가 없었던 것은 어쩌면 당연한 현상인지도 모른다. 그만큼 상한치 설정 및 교환 방식은 미국 국내의 열악한 경제 상황, 낮은 수준의 국민적 공감대, 그리고 이슈의 미래적 성격으로 인해 현실적이지 못하다.

두 번째로 과연 상한치 설정 및 교환이 실질적으로 온실가스를 현저히 줄여나가는 방향으로 작동할 것인가에 관해서도 의문의 여지가 있다. 상한치 설정 및 교환 방식이 도입되면 배출 할당량을 초과하는 부분은 탄소시장에서 할당량을 구입해야 하므로 일단 화석연료를 적게 사용할 인센티브가 생길 것으로 보인다. 그러나 법안 통과 과정에서 법률이 희석되어 그 할당량 구입에 드는 비용이 크지 않게 될 경우—현실적으로 그렇게 될 가능성이 커 보인다— 기업은 이러한 저비용 상황에 적응하는 방식을 채택하지 청정에너지나 대체에너지 개발을 위한 연구와 시설에 투자하지는 않을 것이다. 이는 결국 기업으로 하여금 새로운 시설 도입과 연구 및 개발 등을 통해서 청정에너지 경제로 이전하도록 유도하는 정책의 실효성이 떨어질 수도 있음을 의미하는 것이다(Leonhardt, 2010).

마지막으로 미국이 상한치 설정 및 교환제도를 도입해도 이것이 중국이나 인도로 하여금 배출을 줄이게 한다는 보장이 없다. 또한 중국이나 인도 등 개도국의 구속력 있는 감축 공약이 없는 상황에서 미국이 스스로 구속력 있는 감축 공약을 표방하는 상한치 설정 및 교환의 방식을 도입하는 것은 설득력이 떨어진다. 오히려 중국이나 인도 등은 일정 기간 내에 온실가스 배출량을 줄여나가는 방식의 구속력 있는 감축량 공약에는 강하게 저항하면서도 미래 청정에너지 시장을 내다보면서 청정에너지 기술개발에 앞장서고 있다. 중국은 미중 전략 및 경제대화에 임하면서 이러한 미중 간 에너지 협력 분야에 집중하고 있는 실정이다. 미국만이 상한치 설정 및 교환에 집착하여 이미 앞서 있는 유럽이나 중국과 인도 등에 비해서 상대적으로 손실을 보아야 할 이유가 별로 없으며, 또한 청정에너지 분야에서 경쟁력을 잃어버리고 있을 수만은 없다.

이러한 상황에서 온실가스 배출 상한치 설정 및 시장교환 방식은 설득력이 부족하고 정치적으로도 현실적이지 않다. 미래의 어느 순간에 지구온난화와 관련되어 있는 재앙으로 인해 미국이 감당할 수 없는 피해를 겪는 경우가 생긴다면 강제적인 상한치 설정 및 교환이 도입될 수 있는 모멘트가 마련될 수는 있겠으나, 미래의 그때까지 온실가스는 지속적으로 배출될 것이기 때문에 상한치 설정 및 교환에만 집착하여 지구온난화 문제를 방기하고 있을 수도 없는 형편이다. 이러한 상황을 반영하듯 2012년 현재 오바마 대통령은 상한치 설정 및 교환을 더 이상 대통령선거의 주요한 이슈로 내걸지 않고 있다. 대신 오바마 대통령은 청정에너지 개발 및 청정일자리 창출 그리고 미국의 에너지 독립 및 이를 위한 에너지의 효율적 사용을 강조하고 지속적으로 강조하고 있다. 이는 상한치 설정 및 교환이라는 인위적인 온실가스 감축 정책이 현실적이지 않음을 방증하는 것이라고 할 수 있다.

한편 국제적인 측면에서도 법적 구속력을 갖는 온실가스의 기간별 감축은 포스트 교토 체제의 수립 과정을 보면 역시 현실적이지 않다. 우선 구속력 있는 온실가스 감축에 대한 선진국과 개도국 간의 합의 도달이 요원하다. 우선 중국이나 인도 등 선진국은 교토의정서 체제와 마찬가지로 '공동의, 그러나 차별화된 책임'이라는 원칙 아래 선진국이 지속적으로 온실가스 감축에 공약해줄 것을 요청하고, 자신들에 대해서 재정 지원과 기술 이전을 약속해줄 것을 바라고 있다. 동시에 미국이 교토의정서 체제와 같은 구속력 있는 국제적 협약에 참가하여 유럽 선진국과 마찬가지로 감축에 적극적인 모습을 보여주기를 원하고 있다. 그러면서도 중국과 인도 등은 '차별화된 책임'과 '개별적인 능력'을 강조하면서 자신들의 구속력 있는 의무적 감축 공약 제시에는 매우 인색하다.

이러한 개도국의 지속적인 감축 공약 요구에 대해서 EU와 미국은 비슷하면서도 서로 약간 차이가 있는 입장을 보이고 있다. 우선 EU는 지속적으로 전세계적인 수준에서 법적 구속력을 갖는 강제적 규제 틀을 바탕으로 개별 국가가 온실가스를 감축해나가야 한다는 점에 대해서 반론이 없고 오히려 이를 적극적으로 지지하는 편이다. 그러나 EU는 이와 동시에 중국이나 인도 등 거대 온실가스 배출 개도국 역시 구속적인 감축 공약을 보여야 한다는 입장을 견지하고 있다. 이와 마찬가지로 미국 역시 중국이나 인도 등의 구속력 있는 감축 공약이 없는 상태에서 미국이 구속력 있는 국제적 협약에 의해서 감축 의무를 지는 것에 반대하고 있다. 미국이 코펜하겐 회의 이전까지 지속적으로 '모든 주요 경제국'이 참여하는 새로운 레짐을 주장한 것은 이와 같은 맥락에서 비롯된 것이다 (Olmstead and Stavins, 2009). 이와 같이 거대 온실가스 배출 개도국의 구속적인 감축 공약 동참을 주장하고 있다는 면에서 미국은 유럽 선진국과 입장을 같이하고 있다. 전반적으로 미국은 교토의정서 체제를 대체하는 보편적인 새로운 레짐의 창출을 희망하고 있고 국제 협약을 통해서 구속력 있는 감축에 참여하더라도, 배출권 시장 등의 활성화를 통해서 그 충격이 경제성장에 부정적인 효과를 미치지 않도록 완화되는 방향을 선호하고 있는 형편이다.[3]

이와 같이 주요 온실가스 배출 선진국과 개도국 간의 입장 차이가 좀처럼 좁혀지지 않는 상황에서 새로운 레짐 창출을 위해서 노력한 2009년의 코펜하겐 회의와 2010년의 칸쿤 회의는 포스트 교토 체제의 창출에 실패한 채 '브로큰하겐'(Brokenhagen) '캔트 쿤'(Can't cun) 등으로 불리면서 조롱의 대상이 되기도 하였다. 2011년에 더반 강령이 '행동 촉진을 위한 더반 강령 임시 실무반'(the Ad Hoc Working Group on the Durban Platform for Enhanced Action)을 만들고 "모든 당사국에 적용 가능한 법률적 도구 혹은 결과로서 의정서를 개발하는 과정을 시작한다"라고 선언하고 있지만[4] 이러한 강령이 과연 구속력 있는 감축 목표를 설정하는 협상에 들어가는 것임을 선언하는 것인지에 대해서는 여전히 이론이 제기되고 있다(Levi, 2011).[5] 선진국과 개도국의 동상이몽이 지속되는 한 법적 틀의 형태를 지닌 구속력 있는 감축론의 호소력은 줄어들 수밖에

3 2009년 코펜하겐 회의의 실패와 2010년 중간선거 패배 이후 2012년 대통령선거에 임하고 있는 오바마 행정부는 2009년 행정부 시작 당시와는 상당히 입장이 바뀌어 법적인 구속력 있는 강한 조약의 체결에는 이전에 비해 다소 덜 적극적인 태도로 임하고 있다. 그러나 2011년 11월의 더반 회의에서 미국은 포스트 교토 체제를 다루는 더반 강령(the Durban Platform)에 인도가 주장하는 '법적인 결과'보다 더 강한 표현으로서, 조약과 같은 구속력을 지니는 개념으로 해석되는 '법적인 도구'(legal instrument)라는 용어의 삽입에 동의하였다 (Eilperin, 2011).

4 "Establishment of an Ad Hoc Working Group on the Durban Platform for Enhanced Action" (http://unfccc.int/resource/docs/2011/cop17/eng/l10.pdf).

5 2011년 더반 회의 당시 EU와 중국 및 인도 간의 갈등, 그리고 미국의 고립된 입장에 대한 비교적 자세한 보도와 관련하여서는 Eilperin, 2011을 참조하기 바란다.

없을 것으로 보인다.

두 번째로 국제적인 수준에서 구속력 있는 국제적 협약을 토대로 한 온실가스 감축이 실제 강제될 경우 그 실행을 보장할 수 없다는 문제가 있다. 법적인 강제력을 발휘하는 조약을 통해서 온실가스를 감축하고자 할 경우 클린턴 행정부와 부시 행정부 당시 미국은 교토의정서를 거부한 바 있고, 실제로 강제 가능한 협약이 다시 만들어질 경우 얼마나 많은 국가들이 이에 참여할지도 의문이다. 그리고 실제로 조약에 서명하고 국내적인 비준을 거친 이후에도 감축에 대한 투명성이 담보되지 않거나, 자국의 주권을 주장하여 자체적인 검증을 요구할 경우 실제적인 감축의 성과도 의문시될 수 있다. 그리고 이러한 법적 조약의 강제성과 이에 따른 의무가 국내 경제성장에 부정적인 효과를 가져온다고 판단할 경우 탈퇴하는 국가도 생길 수 있다.[6] 또한 개도국과 선진국 간의 합의를 통해서 새로운 협약이 만들어진다고 해도, 강제가 가능한 수준의 협약은 최소한의 감축 의무만을 내걸게 될 가능성이 커서 협약의 실질적인 내용은 매우 부실해질 것이고, 이 경우 조약의 실효성이 문제시되어 조약은 유명무실해질 수 있다(Victor, 2006: 99).[7] 이와 같이 구속력 있는 감축 공약을 표방하는 보편주의적 법규범은 감축 이행의 불확실성, 탈퇴

6 하나의 예로서 실제로 온실가스 감축에 미온적인 노력을 보였던 캐나다가 보수당 정부가 들어선 이후인 2011년 11월에 경제적인 이유를 들어서 교토의정서를 탈퇴하였다.

7 빅터(David Victor)와 같은 학자는 강제적인 조약이 만들어질 경우 이러한 조약의 내용은 이에 대한 최소한의 공약을 보이는 국가의 요구에 맞추어져 부실해질 수 있고, 이 경우 공약이 강한 국가도 국제적인 노력에 크게 성의를 보이지 않을 가능성이 높다고 지적하고 있다. 그는 이러한 경향을 관련 학자(Arild Underdal: 필자 주)의 이름을 빌려 '운더달의 법칙'(Underdal's law)라고 부르고 있다(Victor, 2006, 94). 그가 참고한 운더달의 저서는 Arild Underdal, 1980, *The Politics of International Fisheries Managements: The Case of the Northeast Atlantic* (New York, NY: Columbia University Press)이다.

국가의 존재 가능성, 조약 내용의 부실화 가능성 등을 포함하고 있어서 문제가 있다고 보인다.

2) 국내적 차원의 대안과 글로벌 차원의 대안

(1) 기후변화에 대한 국내적 차원의 대안

상한치 설정 및 교환 방식이 공화당과 기업의 반발로 인해 좌절된 상황에서 미국이 향후 취할 수 있는 전략은 환경보호국의 활용, 청정기술의 개발, 정부와 민간의 협력 강화 정도로 요약될 수 있다.

우선 단기적으로 기후변화에 대처하기 위한 미국의 노력은 청정대기법에 대한 2007년의 연방대법원 판결에 의지하여 지속적으로 자동차의 연료효율을 제고함과 동시에 온실가스를 감축하는 한편, 전력 발전시설이나 정유시설 등 고정오염원에서 배출되는 온실가스를 규제해나가는 것이다. 이미 제7장에서 밝혔듯이 온실가스 규제에 대한 가장 적절한 대응 방식은 국민을 대표하는 기관인 의회에서 제정한 법률을 통하는 것이지만, 이것이 현실적으로 어려운 상황에서는 대통령의 명령 하에서 움직이는 환경보호국을 활용하여 지속적으로 온실가스를 감축해가는 것이다. 그러나 이러한 방안은 정권이 교체되어 보수적인 공화당이 백악관을 장악하는 경우 실현이 불가능하고, 또한 환경보호국에 대한 예산권을 쥐고 있는 의회가 이 기관의 규제 권한에 대해서 불만을 가지고 견제하려고 할 경우 그 실행이 매우 어려워질 수 있다는 단점이 있다.

둘째, 기업 부문 및 공화당 의원, 그리고 보수적 민주당 의원의 반발에 의해서 상한치 설정 및 교환 방식이 좌초된 상황에서 가장 현실적이면서 중장기적으로 필요한 대안으로 제기되고 있는 것은 바로 청정에너지 관련 기술개발에 대한 투자이다. 실제로 오바마 대통령은 취임 이후 온실가스 배출 및 에너지 효율의 제고와 함께 청정에너지 중심의 저탄소경제로의 이행을 표방한 바 있다. 이와 관련하여 오바마 대통령은 태양력·풍력·조력·생물에너지 등 대체에너지 개발과 석유와 석탄 등 화석연료의 에너지 효율을 높일 수 있는 청정기술개발에 강한 애착을 보여왔다. 그러나 문제는 이러한 기술이 개발되어 광범위하게 실용화되기까지 상당한 시간이 걸리므로 손익에 민감한 현장의 기업들이 단기적 손실을 감내해가면서까지 이러한 기술에 대해서 집중적인 투자를 할 인센티브가 없다는 점이다. 그러나 독일 등 유럽 선진국은 물론 중국이나 인도 등 거대 온실가스 배출 개도국들이 현재 에너지 사용의 효율을 높이고 풍력·태양력 등 대체에너지 개발을 위한 기술개발에 나서고 있으며, 미래의 청정에너지 시장에서의 경쟁을 위해 준비하고 있다는 점을 염두에 두고 볼 때, 미국 역시 이러한 방향으로 기술개발을 통해서 온실가스 배출에 주력할 필요가 있다.

실제로 공화당 및 기업이 반대하는 인위적인 온실가스 배출 억제보다는 온실가스를 줄여나갈 수 있는 청정기술개발에 대한 투자를 늘리자는 탈(脫)규제-선(先)혁신의 주장은 민주당뿐만 아니라 공화당도 수용할 수 있는 제안이기 때문에 현실적으로 가장 설득력 있는 대안으로 받아들여지고 있다. 실제로 미국의 중립적인 싱크탱크인 브레이크스루 연구소(the Breakthrough Institute)는 보수적 성향의 미국기업연구소(the American Enterprise Institute)와 진보 성향의 브루킹스 연구소(the Brookings Institution)가 공동으로 『탈정당파적 동력』(*Post-Partisan Power*)이라는 보고서를 발표하고 정부와 민간이 공동으로 참여하는 청정기술개발과 혁신을 통해서 청정에너지의 비용을 줄여나감으로써 에너지 효율을 높여 온실가스를 줄여나가자는 방안을 제시한 바 있다(Hayward, Muro, Nordhaus, and Shellenberger, 2010). 이 보고서는 현재 연간 40억 달러에 불과한 연방정부의 기술혁신 투자를 250억 달러로 증가시키고, 민관 합동의 공동 허브를 구성하여 점진적인 청정기술 혁신을 통해서 에너지 문제를 해결하고 미국의 번영을 추구하자고 제안하고 있다(Jenkins, 2010). 이 보고서는 실제로 미국의 공사연계적 민관합동 기술개발의 전통을 강조하면서, 이를 통해서 경제성장을 이루었던 경험을 되살려 새로운 청정에너지 기술의 개발을 통해서 신성장 경제동력을 만들어갈 것을 제안하고 있고, 특히 청정에너지 기술의 현실적 이용이 가장 필요하고 이를 실제로 사용할 수 있는 국방부에 대한 지원을 통해서 이러한 정책을 실현해가자고 촉구하고 있다.

이와 같은 기술개발과 민관 협력을 통한 기후변화 문제에 대한 대처는 전미연구협의회(the National Research Council)의 지구 및 생명연구 분과(Division on Earth and Life Studies) 산하의 대기과학 및 기후국(Board on Atmospheric Sciences and Climate) 소속 미국의 기후선택 위원회(Committee on America's Climate Choices)에 의해서도 제안된 바 있다. 이 위원회는 2011년에 『미국의 기후선택』(*America's Climate Choices*)이라는 보고서를 통해서 연방정부가 주축이 되어 기후변화에 대처하기 위한 연구개발에 투자할 것을 촉구하고 있고, 정부와 민간 부분이 협력하여 과학적 연구를 수행해야 한다고 주장하고 있다(Committee on America's Choices, 2011). 즉 이 보고서 역시 무엇보다도 과학 및 기술개발에 연방정부가 적극적으로 나서는 한편, 민간 부문을 참여시켜 공사연계적인 방식으로 기후변화 문제에 대처해나갈 것을 주장하고 있다.

(2) 기후변화에 대한 글로벌 차원의 대안

앞에서 지적한 바와 같이 국제법적인 조약의 형식을 통해서 일정 기간까지 단계별로 온실가스를 감축하도록 하는 방식은 개도국과 선진국 간의 감축 공약에 대한 집합행동의 문제와 불확실한 실행 가능성, 그리고 합의 내용의 부실화 가능성 등으로 인해서 현실적이지 않다. 그렇다면 모든 국가에 대해서 예외 없이 하나의 조약을 통해서 일정 기간까지 온실가스를 감축하도록 강제하는 보편주의적 방식(univeralism)을 벗어나 좀 더 유연한 방식, 즉 개별 국가의 사정을 고려하는 자발주의적 방식(voluntarism)을 동원할 필요가 있다고 보인다. 그리고 실제로 이러한 자발주의적 방식은 포스트 교토 체제를 논의하는 과정에서 이미 코펜하겐 회의를 거쳐서 칸쿤 회의에 이르기까지 시도되고 있다.

2009년의 코펜하겐 합의의 결과를 보면 상당한 정도 개별 국가 중심의 자발적인 감축 공약 방식을 채택하고 있다. 이 책의 제2장 제2절 제5항에서 지적한 대로 코펜하겐 합의는 교토의정서와 달리 기후변화협약 부속서 I 국가의 경우 개별 국가가 '스스로' 기준 연도를 설정하고 이에 따라 2020년까지의 감축량을 제시하게 하고 있다. 즉 모든 국가에 대해서 일정한 정도의 차이는 있지만 일정한 의무 규정이니 강제적 준수 규정을 두는 보편주의를 벗어나서 개별 국가가 자발적으로 감축량을 설정하게 한 것이다(코펜하겐 합의; Parker, Blodgett, and Yacobucci, 2011). 또한 코펜하겐 합의는 비부속서 I 국가의 경우 기준 연도나 감축 목표치의 명기 없이 완화행동을 취하도록 하고 있다. 뿐만 아니라 측정 · 보고 · 검증의 방식 역시 비부속서 I 국가가 국내적으로 수행하도록 하고 있다. 그리고 이러한 방식은 칸쿤 협정에서도 큰 변화 없이 적용되고 있다. 이러한 자발적인 방식을 통해서만 혼돈과 반목에 휘말렸던 코펜하겐 회의에서 최소한의 합의를 이룰 수 있었다는 점을 상기해볼 때, 법 규정을 모든 회원국에게 적용하는 것보다는 보편주의적 방식보다는 개별 국가의 자발적인 감축량 보고와 보다 유연한 검증 · 보고 · 감시 체계가 필요할 것이다. 그리고 필요한 경우 보편주의적인 의무 규정은 최소화하여 국제적 합의에 대한 동참 의식을 유지하면서 동시에 자발주의적인 방식을 혼용하는 방법도 가능할 것으로 보인다. 선진국의 지속적인 감축을 바라는 개도국의 반발이 클 것으로 예상되지만 중국이나 인도 등의 구속력 있는 감축 공약이 앞으로도 없을 경우 EU나 미국이 이러한 요구에 응할 리가 없기 때문에, 이러한 방식은 필요한 최소한의 강제력을 두고 보편주의적 요소를 완화하고 자발주의적 요소를 상당히 도입하는 방식이 실질적인 대안이 될 수 있을 것으로 보인다.[8] 그리고 이러한 자발주의의 도입은 뒤에서 설명될 미래 기후변화 레짐의 다층적 성격과 관련해서도 더 의미가 부각될 것으로 판단된다.

두 번째로는 미래의 기후변화 레짐의 성격과 관련해서 과연 유엔 기후변화협약 체제와 같은 총회 중심의 최대 포괄주의적이며 다자주의적 접근이 바람직한 것인지, 아니면 소수의 실질적인 이해 당사자가 모여서 논의를 진행하는 소규모 다자주의적 방식(mililateralism)이 바람직한 것인지를 살펴볼 필요가 있다. 1992년에 유엔 기후변화협약 체제 등장 이후 포스트 교토 체제를 논의하는 2011년의 더반 회의까지 유엔이 중심이 되어 보편주

8 이러한 자발주의의 도입을 반대하고 유엔 기후변화체제 하에서 교토의정서와 같은 방식으로 지속적인 감축을 원하는 측의 주장은 주로 개도국의 주장과 EU 등의 주장이다. 이들의 주장에 의하면 실제로 이러한 구속력 있는 조약의 형식이 아니고서는 실질적인 온실가스 감축이 어렵다. 그러나 EU뿐만 아니라 미국 역시 중국이나 인도의 감축 공약이 없는 상황에서 자신들만이 감축 공약을 지속적으로 내놓아야 하는 국제 조약에 대해서는 강한 거부감을 보이고 있어서 이러한 방식은 현실적이지 못할 것으로 보인다. 따라서 '법률적 도구'와 '법률적 결과'를 언급한 더반 강령에 대해서도 미국 및 EU와 인도 및 중국의 해석은 서로 다르다. 미국과 EU는 더반 강령에 포함된 이러한 개념을 중국과 인도 등이 모두 국제적 조약에 구속되어 온실가스 감축에 대한 공약이 있음을 확인하는 것으로 받아들이고 있고, '법률적 결과'를 주장한 인도와 최대 온실가스 배출국이 된 중국은 여전히 더반 강령이 '공동의, 그러나 차별화된 책임'을 방기하는 것은 아니라고 보고 있다. 이와 같이 서로 다른 해석으로 인해서 더반 강령이 2015년에 새로운 조약을 만들어 2020년에 구속력 있는 감축 정책이 효력을 발휘하게 할 것이라는 낙관론을 비판하는 의견에 대해서는 Levi, 2011을 참조하기 바란다.

의적 원칙에 따라서 모든 회원의 의견을 수렴하는 방식으로 온실가스 감축에 관한 논의가 진행되었다. 그러나 이러한 방식은 상당히 많은 문제가 있음을 노정시켰는데, 우선 첫 번째 문제는 190개 국가가 넘는 회원국의 의견 조정이 이와 같은 대규모 다자기구에서 쉽지 않다는 점이다. [표 8-1]에 제시된 바와 마찬가지로 유엔 기후변화협약 회원국은 기후변화가 인류에 대한 공동의 위협임을 인정한다는 공감대 외에는, 각론적으로 상당히 서로 다른 입장과 이해관계를 가지고 회의에 임하고 있다.

[표 8-1]에서 알 수 있는 바와 마찬가지로 동일한 유엔 기후변화협약의 회원국 사이에도 상이한 국가 집단별로 상당한 입장의 차이가 나타나고 있다. 이 책에서 반복적으로 논의되었듯이 중국 · 인도 및 G77 그룹과 미국과 유럽 선진국의 입장에는 거대 온실가스 개도국의 감축 공약 문제와 선진국의 지속적인 감축 공약 문제를 두고 갈등이 심한 것이 사실이다. 그리고 매우 강력하고 지속적인 구속력 있는 국제조약을 선호하는 EU와, 온실가스의 구속적인 감축에 대한 공약에는 동의하지만 시장 메커니즘을 통해 좀 더 완화된 형태의 감축을 선호하는 미국 간에도 입장의 차이가 있는 것이 사실이다. 그리고 개도국 중에서도 군소 도서국가 연합과 같은 경우는 지구온난화로 인한 해수면 상승의 직접적인 피해를 입는 국가로서 어떠한 형태로든 구속력 있는 합의가 이루어져서 자신들에 대한 기술적 · 재정적 지원이 조속히 시행되기를 바라고 있다. 이들의 이러한 절박한 태도는 같은 개도국이지만 최근 빠른 경제성장을 바탕으로 자신의 입장이 관철되지 않은 한 새로운 레짐의 창출에 미온적인 인도나 중국의 입장과도 차이가 있다. 이와 관련하여 최저 개발국 등 개도국은 2011년 더반 기후변화 회의 당시, 기술 및 재정 지원의 시급성으로 인해서 EU의 입장을 지지하면서 중국 및 인도가 구속적인 의무 감축

공약을 내놓을 것을 요구하기도 하였다.

[표 8-1] 유엔 기후변화협약 내의 다양한 국가군 집단

국가군 명칭	구성국	이해관계
EU	EU의 27개 회원국	엄격한 온실가스 배출량 감축 목표 및 기한의 확정을 원함
엄브렐라 그룹 (Umbrella Group)	러시아·아이슬랜드·우크라이나·일본·미국·캐나다·호주·노르웨이·뉴질랜드	광범위한 시장 메커니즘을 이용하여 온실가스 배출량 감축에 따른 부정적인 경제적 충격을 최소화하고자 함
석유수출국 기구 (Organization of Petroleum Exporting Countries: OPEC)	OPEC 회원국	온실가스 감축 규제가 자신들 주요 수출품인 석유와 천연가스 시장에 부정적인 영향을 미칠 것에 대해서 우려함
군소 도서국가 연합 (Alliance of Small Island States: AOSIS)	해양 수위의 증가를 비롯해서 기후변화의 충격에 특별히 취약한 43개의 저지대 혹은 도서 개도국	엄격한 온실가스 배출량 감축 목표 및 기한의 확정을 절박한 생존의 문제와 관련지어서 촉구하고 있음
G77 and China	개도국	사회경제적 발전과 기후변화에 대처하기 위한 재원의 확보에 우선순위를 둠
최저 개발국 (Least-developed countries)	유엔에 의해서 최저 개발국으로 지정된 49개의 국가	기후변화의 충격에 따른 취약성을 극복하기 위해 재원를 확보하고자 노력함
환경 건전성 그룹 (Environmental Integrity Group)	멕시코 · 한국 · 스위스	기후변화 레짐의 환경적 건전성을 촉진하고자 함
아프리카 그룹 (Africa Group)	유엔 내 53개의 아프리카 지역 국가	기후변화의 충격에 따른 취약성을 극복하기 위한 재원를 획득하고자 하며 기후변화 대처 능력의 확보를 위해서 노력함
CACAM (Central Asia, Caucasus, Albania, and Moldova)	중앙아시아 · 코카서스 · 알바니아 · 몰도바	유엔 기후변화 협상이 시작되었을 때 존재하지 않았던 국가들이 포함되어 있어서 유엔 기후변화협약 상 자신들의 지위를 명확히 하는 데 관심이 있음

* 출처: Betsill 2011, 116의 [table 6−2] “State Negotiating Blocs”; Betsill은 United Nations Framework Convention on Climate Change: Party Groupings(http://unfccc.int/parties_and_observers/parties/negotiating_groups/items/2714.php)의 정보 등을 통해서 이 표를 작성하였다고 밝히고 있음.

이와 같이 다양한 입장이 상충하는 가운데 190개 국가가 넘는 회원국을 지닌 유엔 기후변화협약 체제 내에서 실효성 있는 합의를 도출하는 것이 과연 가능한가 하는 데 대해서 많은 의문이 제기되고 있는 것이 사실이다(Victor, 2006; Victor, 2011; Keohane and Victor, 2011). 유엔 기후변화협약 체제는 개별 국가의 힘, 이해관계, 능력을 고려해서 협력을 유도해야 함에도 불구하고, 모든 국가를 주권 평등의 원칙에 따라서 동일하게 다룸으로써 합의 도출에 실패했다는 빅터(David Victor)의 주장이나, 단일한 보편적인 레짐으로 온실가스 규제의 합의에 도달하기는 매우 어렵다는 커헤인과 빅터(Robert O. Keohane and David Victor)의 주장은 경청할 만하다. 빅터가 ‘운더달의 법칙’을 원용하면서 이야기했듯이, 온실가스 감축에 대한 공약 수준이 가장 낮은 국가로 인해 공약 수준이 높은 국가가 공공재 공급에 기여할 인센티브가 떨어져서 양질의 공공재가 공급되지 못할 수도 있다(Victor, 2006). 이와 같은 주장에서도 알 수 있듯이, 매우 비인격화되어 있고 원자화되어 있는 개별 국가의 총합으로 이루어진 유엔 기후변화협약 체제 내에서는 소수의 극단적인 국가의 노력으로 인해서 합의 도달에 실패하거나 도달된 합의의 내용이 매우 희석될 가능성도 있다. 따라서 유엔 기후변화협약 체제와 같은 대규모 다자회의는 그대로 존치시키더라도, 이를 보완하거나 이보다 더 효과적으로 기후변화 문제를 논의할 수 있는 다른 대안을 모색해볼 필요가 있다는 버스비(Joshua W. Busby)(Busby, 2010)나 커헤인과 빅터의 주장, 실험적인 거버넌스 모색을 통해서 ‘아래로부터의’ 노력을 통해서 지역적 필요에 맞출 수 있는 레짐이 필요하다는 호프만(Matthew J. Hoffmann)(Hoffman, 2011)의 주장 등은 경청해볼 필요가 있다. 따라서 유엔 기후변화협약 체제를 핵심으로 하되 보다 실효성 있는 소규모의 다자회의의 필요성에도 주목할 필요가 있다. [표 8-2]는 현재 작동 중인 기후변화 관련 소규모 다자회의를 소개해놓은 것이다.

[표 8-2]에 인용된 소규모 다자기구(혹은 G2의 경우 양자 관계)는 실제로 현재 기후변화 문제를 다루면서 작동하고 있는 조직들이다. 이러한 조직들은 나름대로 기후변화 문제에 대처하기 위해서 주어진 여건 내에서 노력하고 있지만, 버스비가 도표에서 지적하고 있듯이 나름대로 한계가 있는 것도 사실이다. 그리고 이러한 조직의 기능과 역할에 대한 평가도 학자마다 의견이 엇갈리고 있다. 유엔 기후변화협약 체제 등 보편주의적 원칙에 입각해서 회원국 전체의 의견이 반영되어야 한다고 주장하는 사람은 지구온난화 문제가 인류 전체에 대한 위협이므로 당연히 대부분의 국가가 가입하고 있는 유엔 기후변화협약을 중심으로 논의가 이루어져야 한다는 입장을 취하고 있다. 또한 실제로 기후변화에 가장 취약한 국가 그룹은 군소 도서국가 연합이나 최저 개발국인데, 이들 국가가 하나도 포함되어 있지 않은 G20을 중심으로 기후변화 대책을 논의하는 것은 그 자체로서 문제가 있다고 주장하는 학자도 있다(Houser, 2010). 또한 기후변화 대책과 관련하여 최초의 국가 간 레짐이라고 할 수 있는 교토의정서 체제를 방기한 채 소규모의 다자적 포럼을 중심으로 논의한다는 것은 그 자체로서 정당성 결여의 문제가 있을 수 있다는 주장도 타당하다. 미국과 중국만의 G2, 혹은 이들을 포함하는 G20만을 중심으로 기후변화 문제를 논의하여 나타나는 결과는 결코 정당할 수 없다는 것이고, 오히려 강대국이 자신들에게 불리한 정책이 펼쳐지지 않도록 장막 뒤에서 거래를 통해서 담판을 짓는 것을 가능하게 할 수도 있다. 그리고 미중 간에

[표 8-2] 대안적인 소규모 다자적 조정 기구

기구	장점	단점
주요경제국포럼 (Major Economies Forum: MEF)	유엔 기후변화협약 체제보다 소규모; 지구 온실가스 배출량의 4분의 3을 차지하는 17개 상위 주요 배출 국가를 포함	미국에 의해서 창설되었고 정통성이 부족함
G20	유엔 기후변화협약 체제보다 소규모이며 주요 온실가스 배출 국가의 대부분을 차지함	글로벌 경제위기 속에서 다루어야 할 어젠다가 이미 포화상태임
청정개발 및 기후에 관한 아시아-태평양 파트너십 (Asia-Pacific Partnership on Clean Development and Climate: APP)	유엔 기후변화협약 체제보다 소규모이며 미국·중국·인도를 포함	미국에 의해서 창설되었고 정통성이 부족함; 지나치게 소규모이며 활동이 거의 없음
국제에너지기구 (International Energy Agency)	유엔 기후변화협약 체제보다 소규모이며 세계 최대 온실가스 배출국을 다수 포함	이 기구에 참여하기 위한 조건으로 국제협력개발기구(OECD) 회원 선출 자격을 요구하고 있어서 중국이 경제수준과 민주화로 인해, 그리고 인도가 경제수준으로 인해 배제되어 있다는 점이 문제점
G2	세계 최대 온실가스 배출국인 미국과 중국을 중심으로 함	미국과 중국 이외에 세계의 주요 온실가스 배출국을 포함하지 않고 있음; 미국과 중국 간의 갈등 존재; 중국은 중국 이외의 개도국과 연대하여 행동을 취하고 싶어함

* 출처: Busby, 2010, 5~6.

대립이 심한 상황에서 소규모주의(mililateralism)를 추구하는 것은 오히려 역효과가 날 수도 있다는 주장이 국제정치학자에 의해서 제기되기도 하는 상황이다(Walt, 2009).

그러나 현재 190개국이 넘는 회원국을 지닌 유엔 기후변화협약 체제를 통한 효과적인 온실가스 규제가 1997년에 교토의정서 채택 이후 15년 가까이 추가적인 레짐의 수립에 대한 합의에 도달하지 못했다는 점을 상기할 때, 오로지 이 협약에만 의존하여 온실가스 감축의 문제를 논의할 수 없는 것도 현실이다. 따라서 하나의 조약만으로 기후변화 문제를 대처하려는 노력보다는 커헤인과 빅터가 주장하듯이 '레짐 콤플렉스'(regime complex)나, 벳실(Michele M. Betsill)(Betseill, 2011)이 언급한 다층 거버넌스(multilevel governance), 혹은 비어만(Frank Biermann) 등(Biermann et. al. 2009)이 언급한 '시너지적 분화'(synergistic fragmentation)를 통한 온실가스 감축의 미시적이고 중층적인 접근 방식을 검토해볼 필요가 있다. 즉 기존의 유엔 기후변화협약 체제를 하나의 허브로 하되, 보다 실효성 있는 논의를 위해서 다양한 기존의 다자적 포럼을 유지하고, 이를 통해서 다층적으로 혹은 상호 보완의 효과가 나타나도록 기후변화 레짐 콤플렉스를 운영해나가는 것이 최근 학계의 동향이다.[9] 실제로 관세나 핵문제 등 기존의

9 커헤인과 빅터는 "제도들의 느슨한 연계체제로서 명확한 위계질서나 핵심이 없지만 그 부분들이 서로 상호보완적으로 연계되어 있는 것"이라고 레짐 콤플렉스를 정의하고 있다(Keohane and Victor, 2011: 9). 이 두 학자에 의하면 기후변화와 관련된 이러한 레짐 콤플렉스는 유엔 기후변화협약과 교토의정서 등 유엔을 통한 법적 레짐, 기후변화에 관한 정부 간 위원회(IPCC) 등 전문가 평가집단, 주요 경제국 회의, 아시아-태평양 파트너십, G20 등 소위 소규모 다자회의체(저자들은 이를 '클럽'[clubs]이라고 부르고 있다), 미중 대화, 미국-인도 대화 등 양자 대화채널, 캘리포니아의 온실가스 감축 구상 같은 국가 하위의 규제 등 다양한 요소로 구성되어 있다(ibid., p. 10의 Figure 1을 참조하기 바란다). 또한 이들은

국제사회의 문제와 달리 기후변화 문제는 온실가스 감축, 기술 지원, 재원의 마련 등 관련되어 있는 이슈의 내용이 매우 광범위하며 복잡하고, 또한 이러한 문제를 다루는 과정에 개입되는 행위자도 정부, 국제기구, 기업 및 환경단체, 국제 시민단체, 전문가 집단 등으로 매우 다양하고 다기하며, 무엇보다도 이들의 이해관계가 서로 다르기 때문에 하나의 독점적 조직을 통해서 해결될 수 있는 성질의 문제가 아니다(Keohane and Victor, 2011: 12~14). 따라서 이러한 레짐 콤플렉스와 시너지적 분화 등을 통해서 유엔 기후변화협약 체제에서는 대강의 원칙을 만들어내고, 보다 구체적이고 실행 가능한 대안에 대한 논의는 소규모 다자기구를 통해서 논의될 수도 있을 것이다. 또한 기존의 소규모 다자기구에 최저 개발국이나 군소 도서국가 연합 등 기후변화로 인해서 직접적인 피해를 입는 집단의 의견을 적극적으로 반영할 수 있을 것으로도 보인다.

실제로 빅터 등이 주장하듯이 비록 정당성이 결여되고 특정 국가의 이해관계가 보다 강하게 제기될 가능성이 있기는 하지만, 실질적인 주요 온실가스 배출국이 참여하는 소규모의 회의에서는 보다 실질적이고 진솔한 대화가 가능할 수 있다. 주요 온실가스 배출국 간에 협상과 타협을 통해서 어느 정도 실현 가능한 골격을 만들어내고, 이러한 내용을 기후변화에 가장 취약한 최저 개발국이나 군소 도서국가 연합이 검토하게 하여 유엔 기후변화협약 총회에게 최종적으로 인준하는 방식 등이 보다 심도 있게 논의될 필요가 있을 것으로 보인다. 이러한 다층 거버넌스나 레짐 콤플렉스를 통한 기후변화 대처 방식은 소규모 집단에서의 합의나

유엔 기후변화협약이나 교토의정서 체제처럼 하나의 조직이 중심이 되어 보편주의적 방식으로 법적인 의무를 부과하는 '독점적 제도'(institutional monopolies)보다는 레짐 콤플렉스가 이슈에 따른 유연성과 시간의 변화에 따른 적응성이라는 면에서 훨씬 더 우수한 체제라고 보고 있다.

혁신을 보다 넓고 높은 수준에서 확산시킬 수 있을 뿐만 아니라, 유연성과 적응성의 면에서도 보다 현실적인 대안이 될 수 있을 것으로 평가되고 있다.

마지막으로 청정에너지와 관련된 기술의 교환과 확산, 그리고 개도국에 대한 기술 지원과 재정 지원 등을 통해서 청정에너지의 사용 가능성을 높이거나 에너지 효율을 증가시킴으로써 온실가스 배출을 줄여나가는 방안을 적극적으로 검토해야 한다. 이러한 방식은 상한치 설정 및 교환을 골자로 하는 미국 국내법 제정이 좌절된 이후 서서히 공화당과 민주당이 모두 합의할 수 있는 현실적인 대안의 하나로서 적극적으로 검토되고 있으며, 실제로 미국과 중국 간의 에너지 협력 분야에서도 중점적으로 논의되고 있는 사안이다. 보편주의적 법률적 테두리 내에서 구속력 있는 온실가스 감축에 대한 공약이 쉽지 않은 상황에서, 청정기술의 개발을 통한 에너지 효율의 제고와 청정에너지 혹은 대체에너지를 개발해나가는 작업은 양대 최대 탄소 배출국인 미국과 중국의 이해관계에 부합할 뿐만 아니라, 기타 개도국의 완화 및 적응 능력 제고에도 도움이 될 수 있을 것으로 보인다. 이와 함께 개도국에 대한 선진국의 합작 투자 등을 통해서 이들에 대한 기술 지원을 하되, 이를 이들 국가가 일정 수준으로 온실가스를 감축시킬 경우에 한해 지원하는 방식을 채택하고, 이를 지원국의 온실가스 감축에 대한 기여와 연계시키는 방안도 생각해볼 수 있을 것이다.

참고문헌

1. 1차 자료

1) 기후변화 관련 국제적 합의 텍스트

제70차 유엔총회 결의안 43/53. 1988. http://www.un.org/documents/ga/res/43/a43r053.htm

유엔 기후변화협약(The United Nations Framework Convention on Climate Change). 1992. http://unfccc.int/resource/docs/convkp/conveng.pdf

교토의정서(The Kyoto Protocol to the United Nations Framework Convention on Climate Change). 1997. http://unfccc.int/resource/docs/convkp/kpeng.pdf

기후변화에 관한 정부 간 위원회 업무의 총괄원칙(Principles Governing IPCC Work). 1998. http://www.ipcc.ch/pdf/ipcc-principles/ipcc-principles.pdf

몬트리올 당사국 총회 결정(원제: 유엔 기후변화협약 제11차 당사국 총회 결정: 협약의 실행 촉진을 통해 기후변화 대처 문제를 다루기 위한 장기적 협력행동에 관한 대화[Decision-/CP. 11: Dialogue on long-term cooperative action to address climate change by enhancing implementation of the Convention]). 2005. http://unfccc.int/resource/docs/2005/cop11/eng/05a01.pdf

몬트리올 교토의정서 당사국 결정(원제: 교토의정서 제3조 9항에 따른 협약의 부속서 I 당사국에 대한 향후 기간의 공약에 대한 고려[Consideration of commitments for subsequent periods for Parties included in Annex I to the Convention under Article 3, paragraph 9, of the Kyoto Protocol]). 2005. http://cdm.unfccc.int/Reference/COPMOP/08a01.pdf

발리 행동계획(원제: 유엔 기후변화협약 제13차 당사국 총회 결정 1: 발리 행동계획 [Decision 1/CP. 13: Bali Action Plan]). 2007. http://unfccc.int/resource/docs/2007/cop13/eng/06a01.pdf

G8 라킬라 정상회담 선언(G8 정상선언: 책임 있는 리더십과 지속가능한 미래[G−8 Leaders Declaration: Responsible Leadership and a Sustainable Future]). 2009. http://www.g8italia2009.it/static/G8_Allegato/G8_Declaration_08_07_09_final%2c0.pdf

에너지 및 기후에 관한 주요 경제국 포럼 정상 선언(The Declaration of the Leaders of the Major Economies Forum on Energy and Climate). 2009. http://www.whitehouse.gov/the_press_office/Declaration−of−the−Leaders−the−Major−Economies−Forum−on−Energy−and−Climate

코펜하겐 합의(The Copenhagen Accord). 2009. http://unfccc.int/resource/docs/2009/cop15/eng/l07.pdf

칸쿤 협정(The Cancun Agreements: Outcome of the work of the Ad Hoc Working Group on Long−term Cooperative Action under the Convention). 2010. http://unfccc.int/resource/docs/2010/cop16/eng/07a01.pdf#page=2

더반 강령(The Durban Platform[Establishment of an Ad Hoc Working Group on the Durban Platform for Enhanced Action]). 2011. http://unfccc.int/resource/docs/2011/cop17/eng/l10.pdf

2) 온실가스 배출 감축 관련 국내법 제정 과정 분석에 관련된 자료

Barone, Michael and Richard E. Cohen, 2009. *The Almanac of American Politics 2010.* Washington, D.C., National Journal Group.

Environment and Energy Publishing. 2009. "Clean Energy Jobs and American Power Act: Summary of Provisions." Sep. 30. http://www.eenews.net/public/25/12592/features/documents/2009/09/30/document_gw_02.pdf

Kerry, John. 2010. "The American Power Act: Section−by−Section." May 12. http://kerry.senate.gov/imo/media/doc/APASectionbySection.pdf

Kerry, John. 2010. "Summary of the American Power Act." May 12. http://kerry.senate.gov/imo/media/doc/APAShortSummary1.pdf

Library of Congress: Thomas. "American Clean Energy and Security Act of 2009." http://thomas.loc.gov/cgi−bin/query/z?c111:H.R.2454:

Library of Congress: Thomas. "Bill Summary and Status: 111th Congress(2009−2010), H.R. 2454, CRS Summary." http://thomas.loc.gov/cgi−bin/bdquery/z?d111:HR02454:@@@D&summ2=m&

Library of Congress: Thomas. "Clean Energy Jobs and American Power Act." http://thomas.loc.gov/cgi−bin/bdquery/z?d111:S1733:

National Journal. "House Ratings" and "2009 Vote Ratings." *National Journal*. 2010.

The U.S. Bureau of Census. "Selected Economic Characteristics: 2009", "Selected Social Characteristics in the United States: 2009", "ACS Demographic and Housing Estimates: 2009" in "2009 American Community Survey 1−Year Estimates." http://factfinder.census.gov/

U.S. Congress. Congressional Record: 111th Congress (2009~2010). "American Clean Energy and Security Act of 2009"(House of Representatives—June 26, 2009): Page H7621. http://thomas.loc.gov/cgi−bin/query/F?r111:1:./temp/~r111VfAJiD:e1724304:

U.S. Congress. "Final Vote Results for Roll Call 477." http://clerk.house.gov/evs/2009/roll477.xml

The U.S. Energy Information Administration. "Electric Power Net Summer Capacity by Primary Energy Source and Industry Sector. 1998 and 2002 Through 2008." http://www.eia.doe.gov/state/state−energy−profiles−data

"Waxman−Markey Climate Bill." http://www.sourcewatch.org/index.php/Waxman−Markey_Climate_Bill

White, Deborah. About.com Guide. "Meet the Blue Dog Democrats, Fiscally Conservative House Members United on Fiscal Accountability, Pro−Business Issues." http://usliberals.about.com/od/liberalleadership/a/BlueDogs_2.htm

3) 연설문, 정당 강령, 백악관, 행정부 부처 발표 자료

Bush. George W. 2001. "President Bush Discusses Global Climate Change." Office of the Press Secretary of the White House. June 11. http://georgewbush-whitehouse.archives.gov/news/releases/2001/06/20010611-2.html

Clinton, Hillary Rodham. 2009. "Closing Remarks for U.S.-China Strategic and Economic Dialogue." July 28. Secretary of State. Bureau of Public Affairs. http://www.state.gov/secretary/rm/2009a/july/126599.htm

Democratic Party. 2008. "2008 Democratic Party Platform." Aug. http://www.presidency.ucsb.edu/ws/index.php?pid=78283

EPA. "Regulations and Standards." http://www.epa.gov/otaq/climate/regulations.htm

EPA. "Addressing Greenhouse Gas Emissions." http://www.epa.gov/airquality/ghgsettlement.html

EPA. "Greenhouse Gas Reporting Program." http://www.epa.gov/climatechange/emissions/ghgrulemaking.html

EPA. "Fact Sheet: Mandatory Reporting of Greenhouse Gases(40 CFR part 98)." http://www.epa.gov/climatechange/emissions/downloads09/FactSheet.pdf

EPA. 2003. "EPA Denies Petition to Regulate Greenhouse Gas Emissions from Motor Vehicles." News Release. Aug. 28. http://yosemite.epa.gov/opa/admpress.nsf/fb36d84bf0a1390c8525701c005e4918/694c8f3b7c16ff6085256d900065fdad!OpenDocument

EPA. 2008. "EPA's Interpretation of Regulations that Determine Pollutants Covered by Federal Prevention of Significant Deterioration(PSD) Permit Program." Dec. 18. http://epa.gov/nsr/documents/psd_interpretive_memo_12.18.08.pdf

EPA. 2008. "Reconsideration of Interpretation of Regulations that Determine Pollutants Covered by Clean Air Act Permitting Programs." Dec. 18. http://epa.gov/nsr/documents/psd_memo_recon_032910.pdf

EPA. 2009. "EPA Finds Greenhouse Gases Pose Threat to Public Health, Welfare/Proposed Finding Comes in Response to 2007 Supreme Court Ruling." EPA News Release. April 17. http://yosemite.epa.gov/opa/admpress.nsf/0/0ef7df675805295d8525759b00566924

EPA. 2009. "Endangerment and Cause or Contribute Findings for Greenhouse Gases under Section 202(a) of the Clean Air Act." Dec. 7. http://epa.gov/climatechange/endangerment.html

EPA. 2009. "EPA's Endangerment Finding: Legal Background." http://epa.gov/climatechange/endangerment/downloads/EndangermentFinding_LegalBasis.pdf

EPA. 2009. "EPA's Endangerment Finding: Climate Change Facts." http://epa.gov/climatechange/endangerment/downloads/EndangermentFinding_ClimateChangeFacts.pdf

EPA. 2010. "Final Rule: Prevention of Significant Deterioration and Title V Greenhouse Gas Tailoring Rule: Fact Sheet." April. 13. http://www.epa.gov/NSR/documents/20100413fs.pdf

EPA. 2010. "Reconsideration of Interpretation of Regulations that Determine Pollutants Covered by Clean Air Act Permitting Programs: Fact Sheet." http://epa.gov/nsr/documents/psd_memo_recon_fs_032910.pdf

EPA. 2010. "Clean Air Act Permitting for Greenhouse Gases: Guidance and Technical Information FACT SHEET." http://www.epa.gov/nsr/ghgdocs/ghgpermittingtoolsfs.pdf

EPA. 2010. "Settlement Agreements to Address Greenhouse Gas Emissions From Electric Generating Units and Refineries." http://www.epa.gov/airquality/pdfs/settlementfactsheet.pdf

EPA. 2010. "Background on Establishing New Source Performance Standard (NSPS) Under the Clean Air Act." http://www.epa.gov/airquality/pdfs/111background.pdf

Graham, Lindsay. 2010. "Graham on the American Power Act."

http://lgraham.senate.gov/public/index.cfm?FuseAction=PressRoom.PressReleases&ContentRecord_id=8d9f9450-802a-23ad-4ab8-6dc8a0ec7e72

Lewis, Morgan. 2011. "EPA to Issue Greenhouse Gas New Source Performance Standards forElectric Generation and Petroleum Refinery Sectors." January 3. http://www.morganlewis.com/pubs/Environmental_LF_GreenhouseGasNewSourcePerformanceStandards_03jan11.pdf

Obama, Barack, 2007-2. "Obama Statement on Climate Change Negotiations in Bali", Online by Gerhard Peters and John T. Wooley, The American Presidency Project, December 10, 2007.
http://www.presidency.ucsb.edu/ws/?pid=90947

Obama, Barack. 2008. "Barack Obama's Plan to Make America A Global Energy Leader." http://obama.3cdn.net/4465b108758abf7a42_a3jmvyfa5.pdf)

Obama, Barack, 2009. "Memorandum for the Secretary of Transportation and the Administrator of the National Highway Traffic Safety." The White House. Jan. 26.
http://www.whitehouse.gov/the-press-office/energy-independence-and-security-act-2007

Obama, Barack. 2009. "Memorandum for the Administrator of the Environmental Protection Agency." The White House. Jan. 26.
http://www.whitehouse.gov/the-press-office/california-request-waiver-under-clean-air-act

Obama, Barack. 2009. "Remarks by the President on Jobs, Energy Independence, and Climate Change." Office of the Press Secretary of the White House. Jan. 26. http://www.whitehouse.gov/blog_post/Fromperiltoprogress

Obama, Barack. 2009. "News Conference by the President." Office of the Press Secretary of the White House. March. 24.
http://www.whitehouse.gov/the-press-office/news-conference-president-3-24-2009

Obama, Barack. 2009. "Remarks by the President on Clean Energy." Office of the Press

Secretary of the White House. April 22.
http://www.whitehouse.gov/the_press_office/Remarks-by-the-President-in-Newton-IA

Obama, Barack. 2009. "Remarks by the President on National Fuel Efficiency Standards." Office of the Press Secretary of the White House. May 19.
http://www.whitehouse.gov/the_press_office/Remarks-by-the-President-on-national-fuel-efficiency-standards

Obama, Barack. 2009. "Remarks by the President on the Importance of Passing a Historic Energy Bill." Office of the Press Secretary of the White House. June 25. 2009.
http://www.whitehouse.gov/the-press-office/remarks-president-importance-passing-a-historic-energy-bill

Obama, Barack. 2009. "Remarks by the President on Major Economies Forum Declaration." Office of the Press Secretary of the White House. July 9.
http://www.whitehouse.gov/the-press-office/remarks-president-obama-major-economies-forum-declaration

Obama, Barack. 2009. "Remarks by the President at the U.S.-China Strategic and Economic Dialogue." Office of the Press Secretary of the White House. July. 27.
http://www.whitehouse.gov/the_press_office/Remarks-by-the-President-on-national-fuel-efficiency-standards

Obama, Barack. 2009. "Remarks by the President to the United Nations General Assembly." Office of the Press Secretary of the White House. September 23.
http://www.whitehouse.gov/the-press-office/2010/09/23/remarks-president-united-nations-general-assembly

Obama, Barack. 2009. "Remarks by President Obama at Suntory Hall." Office of the Press Secretary of the White House. Nov. 14.
http://www.whitehouse.gov/the-press-office/remarks-president-barack-obama-suntory-hall

Obama, Barack. 2009. "Remarks by the President at the Morning Plenary Session of the United Nations Climate Change Conference." Office of the Press Secretary

of the White House. December 18.
http://www.whitehouse.gov/the-press-office/remarks-president-morning-plenary-session-united-nations-climate-change-conference

Obama, Barack. 2009. "Remarks by the President during press availability in Copenhagen." Office of the Press Secretary of the White House, Dec. 18.
http://www.whitehouse.gov/the-press-office/remarks-president-during-press-availability-copenhagen

Obama, Barack. 2010. "Remarks by the President on Energy in Lanham, Maryland." Office of the Press Secretary of the White House. Feb. 16.
http://www.whitehouse.gov/the-press-office/remarks-president-energy-lanham-maryland

Obama, Barack. 2010. "Remarks by the President on Energy Security at the Andrew Air Force Base." Office of the Press Secretary of the White House. March 31.
http://www.whitehouse.gov/the-press-office/remarks-president-energy-security-andrews-air-force-base-3312010

Obama, Barack. 2010. "Remarks by the President at Singing Presidential Memorandum on Fuel Efficiency Standards." Office of the Press Secretary of the White House. May 21.
http://www.whitehouse.gov/the-press-office/remarks-president-signing-presidential-memorandum-fuel-efficiency-standards

Obama, Barack. 2010. "Press Conference by the President." Office of the Press Secretary of the White House. Nov. 3.
http://www.whitehouse.gov/the-press-office/2010/11/03/press-conference-president

Obama, Barack. 2011. "Remarks by the President on Fuel Efficiency Standards." Office of the Press Secretary of the White House. July 29.
http://www.whitehouse.gov/the-press-office/2011/07/29/remarks-president-fuel-efficiency-standards

Obama, Barack and Joseph Biden, 2008~2009. "The Obama-Biden Plan."

http://change.gov/agenda/energy_and_environment_agenda/

The State Department. 2009. "U.S.－China Memorandum of Understanding to Enhance Cooperation on Climate Change, Energy and the Environment: Press Statement." Bureau of Public Affairs. Office of the Spokesman. July 28. http://www.state.gov/r/pa/prs/ps/2009/july/126592.htm

The State Department. 2009. "Memorandum of Understanding to Enhance Cooperation on Climate Change, Energy and the Environment between the Government of the United States of America and the Government of the People's Republic of China." July 28. http://www.state.gov/r/pa/prs/ps/2009/july/126592.htm

The State Department. 2009. "Memorandum of Understanding on Enhancing Cooperation on Climate Change, Energy and the Environment at the U.S.－China Strategic and Economic Dialogue", "Fact Sheet." July 28. Bureau of Public Affairs. Office of the Spokesman. http://www.state.gov/r/pa/prs/ps/2009/july/126597.htm

The State Department. 2009. "Closing Remarks for U.S.－China Strategic and Economic Dialogue." July 28. http://www.state.gov/secretary/rm/2009a/july/126599.htm

The State Department. 2010. "U.S.－China Strategic and Economic Dialogue 2010, Outcomes of the Strategic Track." May 25. http://www.state.gov/r/pa/prs/ps/2010/05/142180.htm

The Treasury Department. 2008. "U.S.－China Joint Fact Sheet: Ten Year Energy and Environment Cooperation." Dec. 4. http://www.treasury.gov/press－center/press－releases/pages/hp1311.aspx

The White House. 2001. "Press Briefing by Ari Fleisher." March 28. http://georgewbush－whitehouse.archives.gov/news/briefings/20010328.html

The White House. 2009. "Energy and Environment." http://www.whitehouse.gov/issues/energy－and－environment

The White House. 2009. "President Obama Announces Launch of the Major Economies

Forum on Energy and Climate." Office of the Press Secretary of the White House. March 28.
http://www.whitehouse.gov/the-press-office/president-obama-announces-launch-major-economies-forum-energy-and-climate

The White House. 2009. "Statement on Bilateral Meeting with President Hu of China." Office of the Press Secretary of the White House. April 1.
http://www.whitehouse.gov/the_press_office/Statement-On-Bilateral-Meeting-With-President-Hu-Of-China

The White House. 2009. "President Obama Announces National Fuel Efficiency Policy." Office of the Press Secretary of the White House. May 19.
http://www.whitehouse.gov/the-press-office/president-obama-announces-national-fuel-efficiency-policy

The White House. 2009. "The Declaration of the Leaders the Major Economies Forum on Energy and Climate." Office of the Press Secretary of the White House. July 9.
http://www.whitehouse.gov/the_press_office/Declaration-of-the-Leaders-the-Major-Economies-Forum-on-Energy-and-Climate

The White House. 2009. "Press Conference by the President." Office of the Press Secretary of the White House. July 10.
http://www.whitehouse.gov/the-press-office/press-conference-president-laquila-italy-7-10-09

The White House. 2009. "Declaration by APEC Leaders: Sustaining Growth, Connecting Region." APEC. Office of the Press Secretary of the White House. Nov. 15.
http://www.whitehouse.gov/the-press-office/declaration-apec-leaders

The White House. 2009. "U.S.-China Joint Statement, Beijing, China." Office of the Press Secretary of the White House. Nov. 17.
http://www.whitehouse.gov/the-press-office/us-china-joint-statement

The White House. 2010. "President Obama Directs Administration to Create First-Ever National Efficiency and Emissions Standards for Medium- and Heavy-Duty

Trucks." Office of the Press Secretary of the White House. May 21. http://www.whitehouse.gov/the-press-office/president-obama-directs-administration-create-first-ever-national-efficiency-and-em

The White House. 2011. "President Obama Announces Historic 54.5mpg Fuel Efficiency Standard." Office of the Press Secretary of the White House. July 29. http://www.whitehouse.gov/the-press-office/2011/07/29/president-obama-announces-historic-545-mpg-fuel-efficiency-standard

Zoellick, Robert B. 2005. "Whither China: From Membership to Responsibility?" Remarks to National Committee on U.S.-China Relations. September 21.

4) 여론조사 자료 및 이익집단정치 관련 자료

Jones, Jeffrey. 2011. "In U.S., Concerns About Global Warming Stable at Lower Levels." Gallup. March 14. http://www.gallup.com/poll/146606/Concerns-Global-Warming-Stable-Lower-Levels.aspx

Newport, Frank. 2010. "Americans' Global Warming Concerns Continue to Drop: Multiple Indicators Show Less Concern, More Feelings that Global Warming is Exaggerated." Gallup. March 11. http://www.gallup.com/poll/126560/Americans-Global-Warming-Concerns-Continue-Drop.aspx

Pew Research Center. 2008. "An Increase in GOP Doubt About Global Warming Deepens Partisan Divide." May 8. http://pewresearch.org/pubs/828/global-warming

Pew Research Center. 2009a. "Religious Groups' Views on Global Warming." April 16. http://pewforum.org/Science-and-Bioethics/Religious-Groups-Views-on-Global-Warming.aspx

Pew Research Center. 2009b. "25-Nation Pew Global Attitudes Survey." July 23. Washington, D.C.

http://www.pewglobal.org/files/pdf/264.pdf

Pew Research Center. 2010. “Wide Partisan Divide Over Global Warming: Few Tea Party Republicans See Evidence.” October 27. http://pewresearch.org/pubs/1780/poll-global-warming-scientists-energy-policies-offshore-drilling-tea-party

Pugliese, Anita and Julie Ray. 2011. “Fewer Americans, Europeans View Global Warming as a Threat: Worldwide, 42% see serious risk, similar to 2007-2008.” Gallup. April 20. http://www.gallup.com/poll/147203/Fewer-Americans-Europeans-View-Global-Warming-Threat.aspx

Ray, Julie and Anita Pugliese. 2011. “Worldwide, Blame for Climate Change Falls on Humans Americans among Least Likely to Attribute to Human Causes.” Gallup. April 22. http://www.gallup.com/poll/147242/Worldwide-Blame-Climate-Change-Falls-Humans.aspx#2

5) 신문, 잡지, 기타 정기간행물, 인터넷 게재 논문 및 평론, 강연

국회도서관. 2010. 『기후변화협약』. 한눈에 보기 시리즈 14(7월). 서울: 국회도서관.

Andrews, Edmund L. 2001. “Bush Angers Europe by Eroding Pact on Warming.” *The New York Times*. April 1. http://www.nytimes.com/2001/04/01/world/01GERM.html

Broder, John M.. 2009. “E.P.A. Expected to Regulate Carbon Dioxide.” *The New York Times*. Feb. 19. http://www.nytimes.com/2009/02/19/science/earth/19epa.html?pagewanted=all

Clinton, Hillary and Timothy Geithner. 2009. “A New Strategic and Economic Dialogue with China: Few Global Problems Can be Solved by Either Country Alone.” *The Wall Street Journal*. July 27. http://online.wsj.com/article/SB10001424052970204886304574308753825396372.html

Council on Foreign Relations. 2009. "The Future of U.S. Climate Policy." Aug. 12. http://www.cfr.org/climate-change/future-us-climate-policy/p20026

Daly, Matthew. 2010. "Bills Aimed to Stem Global Warming, Create Jobs." May 13. http://news.yahoo.com/s/ap/20100512/ap_on_bi_ge-/us_climate_bill/print

Davenport, Coral. 2012. "Deja Vu All Over Again." *National Journal*. Jan. 7.

Eilperin, Juliet. 2011. "U.N. Climate Talks in South Africa Teeter on Edge of Collapse." *The Washington Post*. Dec. 11. http://www.washingtonpost.com/national/health-science/un-climate-talks-in-south-africa-teeter-on-edge-of-collapse/2011/12/10/gIQAwJXWlO_print.html

Harder, Amy. 2010. "Cutting the Power." *National Journal*. Nov. 13.

Harder, Amy. 2011. "A Stalled Movement." *National Journal*. April 16.

Harvey, Fiona. 2011. "Sir David King: World Should Abandon Kyoto Protocol on Climate Change." *The Guardian*. July 15. http://www.guardian.co.uk/environment/2011/jul/15/david-king-abandon-kyoto-protocol/print

Herszenhorn, David M.. 2009. "Hold On to Your Seat: McConnell Wants Obama Out." Oct. 26. http://thecaucus.blogs.nytimes.com/2010/10/26/hold-on-to-your-seat-mcconnell-wants-obama-out/

Hobson, Margaret Kriz. 2009a. "The About-Face." *National Journal*. Sep. 26.

Hobson, Margaret Kriz. 2009b. "The Re-evaluator." 2009b. *National Journal*. Sep. 26.

Hobson, Margaret Kriz. 2009c. "Global Warming's Dominance." *National Journal*. October 10.

Hobson, Margaret Kriz. 2009d. "A Change of Weather." *National Journal*. Dec. 19.

Kagan, Robert. 2008. "Still No. 1." *The Washington Post*. Oct. 30. http://www.washingtonpost.com/wp-dyn/content/article/2008/10/29/AR2008102903202.html

Kagan, Robert. 2012a. “Not Fade Away: The Myth of American Decline.” *The New Republic*. Jan. 11.
http://www.tnr.com/article/politics/magazine/99521/america-world-power-declinism/

Kriz, Margaret. 2009. “Appetite Controls.” *National Journal*. April 18.

Lehmann, Evan. 2010. “Senate Abandons Climate Effort, Dealing Blow to President.” *The New York Times*. July 23.
http://www.nytimes.com/cwire/2010/07/23/23climatewire-senate-abandons-climate-effort-dealing-blow-88864.html?pagewanted=all

Leonhardt, David. 2010. “A Climate Proposal Beyond Cap and Trade.” *The New York Times*. October 12.
http://www.nytimes.com/2010/10/13/business/economy/13leonhardt.html?_r=1&hpw

Lewis, Morgan. 2011. “EPA to Issue Greenhouse Gas New Source Performance Standards for Electric Generation and Petroleum Refinery Sectors January 3, 2011”, Jan. 3.
http://www.morganlewis.com/pubs/Environmental_LF_GreenhouseGasNewSourcePerformanceStandards_03jan11.pdf

Meller, Paul. 2001. “European Union Voices Concern for Climate Pact.” *The New York Times*. April 1.
http://www.nytimes.com/2001/04/01/world/bush-angers-europe-by-eroding-pact-on-warming.html

Nakamura, David. 2012. “Obama: Opponents are ‘rooting for bad news’ on gas prices.” *The Washington Post*. Feb. 23.
http://www.washingtonpost.com/politics/taking-heat-on-gas-prices-obama-to-defend-energy-policy-but-offer-no-quick-fixes/2012/02/22/gIQAkuxCVR_story.html

Nordhaus, William D.. 1999. “Global Public Goods and the Problem of Global Warming.” Annual Lecture. The Institute d’Economie Industrielle. Toulouse, France. June 14.

Nye, Joseph S.. 2007. “America and Global Public Goods.” *Daily Times*(Pakistan). Sep. 13.
http://www.dailytimes.com.pk/default.asp?page=2007%5C09%5C13%5Cstory_13-9-2007_pg3_3

Samuelson, Darren. 2009. “Obama, House Democrats to Discuss Climate and Energy Bill.” *The New York Times*. May 4.
http://www.nytimes.com/cwire/2009/05/04/04climatewire-obama-house-democrats-to-discuss-climate-and-12208.html?pagewanted=print

Shambaugh, David. 2010. “The Year China Showed its Claws.” *Financial Times*. Feb. 16. http://www.ft.com/cms/s/0/7503a600-1b30-11df-953f-00144feab49a.html

Sheppard, Kate. 2009. “Obama to Meet with Swing Dems on Climate and Energy Bill.” May 5.
http://grist.org/politics/2009-05-04-obama-to-meet-with-swing-dems/

Tankersley, Jim. 2010. “Jobs First. Green Second.” *National Journal*. Sep. 25.

Walsh, Bryan. 2010. “Senate Climate Bill: Last Chance for Cap and Trade.” *Time*. May 13. http://www.time.com/time/printout/0,8816,1989130,00.html

Weiss, Daniel J.. 2009. “Reasons to Pass the Clean Energy Jobs Act—Part One.” November 3. http://www.americanprogressaction.org/issues/2009/11/reasons_ceja.html;

Wong, Edward and Keith Bradsher. 2009. “China Joins U.S. in Pledge of Hard Targets on Emissions.” *The New York Times*. Nov. 26.
http://www.nytimes.com/2009/11/27/science/earth/27climate.html

Xiaokun, Li and Zhao Chunzhe. 2009. “Wen: China’s Emission Reduction Commitment Practical.” *Chinadaily*. Nov. 30.
http://www.chinadaily.com.cn/china/2009-11/30/content_9079844.htm

2. 2차 자료: 저서, 편집서, 저널 논문, 편집서 논문

1) 한글 문헌

강혜자. 2009. 「기후변화레짐 수용의 국가간 차이 비교연구: 독일과 일본의 기후변화 정책을 중심으로」. 2009 한국정책학회 추계학술회의 발표논문.

김용건 · 김이진 · 박시원. 2009. 『온실가스 감축의무 협상동향 및 대응방향 연구 I』. 한국환경정책. 평가연구원. 서울: 경제 · 인문사회연구소.

손병권. 「오바마 행정부 등장 이후 미중관계의 전개 양상 및 전망」. 『JPI 정책포럼』, No. 2010-16. 제주시: 제주평화연구원.

신범식. 2011. 「기후변화의 국제정치와 미-중관계」. 『국제정치논총』 15(1): 127~157.

오경택. 2010. 「오바마 정부의 기후변화 정책 평가 및 전망」. JPI 정책포럼 No. 2010-14(5월).

윤순진. 2002. 「국제 기후변화 정책의 정치경제학적 이해: 기후시장의 형성과 자연의 자본화 전략」. 『한국정책학회보』 11(1): 1~26.

원동욱. 2011. 「기후변화와 중국의 대응: 포스트 교토체제를 둘러싼 국제담판을 중심으로」. 한국국제정치학회 발표논문. 4월 22일. 서울 프레스센터 19층 기자회견장.

정성춘 외 6인. 2009. 『기후변화협상의 국제적 동향과 시사점』. 서울: 대외경제정책연구원.

2) 영문 문헌

Arrighi, Giovanni and Beverly Silver. 2011. "Global Capitalism and the Persistence of the North-South Divide." *Science and Society* 65(4): 469~476.

Axelrod, Regina S., Stacy D. VanDeveer, and David Leonard Downie. eds. 2011. *The Global Environment: Institutions, Law, and Policy*. Washington, D.C.: CQ Press.

Bader, Jeffery A. 2012. *Obama and China's Rise: An Insider's Account of America's Asia Strategy*. Washington, D.C.: Brookings Institution Press.

Bättig, Michèle B. and Thomas Bernauer. 2009. "National Institutions and Global Public Goods: Are Democracies More Cooperative in Climate Policy?" *International Organization* 63(Spring): 281~308.

Barrett, Scott. 1999. "Montreal Versus Kyoto." *Global Public Goods: International*

Cooperation in the 21st Century. Inge Kaul, Isabelle Grunberg, and Marc Stern. eds. Oxford: Oxford University Press.

Bergstein, C. Fred. 2008. "A Partnership of Equals: How Washington Should Respond to China's Economic Challenge." *Foreign Affairs* 87(4): 57~69.

Betsill, Michele M. 2011. "International Climate Change Policy: Toward Multilevel Governance of Global Warming." *The Global Environment: Institutions, Law, and Policy*. Washington, D.C.: CQ Press.

Biermann, Frank, Philipp Pattberg, Harro van Asselt, and Fariborz Zelli. 2009. "The Fragmentation of *Global Governance* Architecture: A Framework for Analysis." *Global Environmental Politics* 9(4): 14~40.

Biermann, Frank, Philipp Pattberg, and Fariborz Zelli. eds. 2010. *Global Climate Governance Beyond 2012*. Cambridge: Cambridge Unversity Press.

Bomberg, Elizabeth and Betsy Super. 2009. "Profile: The 2008 US Presidential Election: Obama and the Environment." *Environmental Politics* 18(3): 424~443.

Brzezinsky, Zbigniew. 2004. *The Choice: Global Domination or Global Leadership*. New York: Basic Books.

Brzezinsky, Zbigniew. 2012. *Strategic Vision: America and the Crisis of Global Power*. New York: Basic Books.

Bryner, Gary. 2008. "Failure and Opportunity: Environmental Groups in US Climate Change Policy." *Environmental Politics* 17(2): 319~336.

Busby, Joshua W. 2010. "After Copenhagen: Climate Governance and the Road Ahead." Council on Foreign Relations Working Paper(Aug.).

Campbell, Kurt M. and Christine Parthemore. 2008. "National Security and Climate Change in Perspective." *Climate Cataclysm: The Foreign Policy and National Security Implications of Climate Change*. Kurt M. Campbell. ed. Washington, D.C.: Brookings Institution Press.

Christoff, Peter. 2008. "The Bali Road Map: Climate Change, COP 13 and Beyond." *Environmental Politics* 17(3) (June): 466~472.

Christoff, Peter. 2010. "Commentary: Cold Climate in Copenhagen: China and the United

States at COP 15." *Environmental Politics* 19(4) (July): 637~656.

Clark, Ian. 2011. *Hegemony in International Society*. Cambridge: Cambridge University Press.

Committee on America's Climate Choices of National Research Council of the National Academies. 2011. *America's Climate Choices*. Washington, D.C.: The National Academies Press.

Depledge, Joanna. 2005. "Against the Grain: The United States and the Global Climate Change Regime." *Global Change, Peace & Security* 17(1) (Feb): 11~27.

DeSombre, Elizabeth R.. 2000. *Domestic Sources of International Environmental Policy: Industry, Environmentalists, and US Power*. Cambridge, MA: MIT Press.

DeSombre, Elizabeth R.. 2011. "The United States and Global Environmental Politics: Domestic Sources of U.S. Unilateralism." Regina S. Axelrod, Stacy D. VanDeveer, and David Leonard Downie. eds. *The Global Environment: Institutions, Law, and Policy*. Washington, D.C.: CQ Press.

Dessler, Andrew E. and Edward A. Parson. 2006. *The Science and Politics of Global Climate Change: A Guide to the Debate*. Cambridge: Cambridge University Press.

Downie, David Leonard. 2011. "Global Environmental Policy: Governance through Regimes." *The Global Environment: Institutions, Law, and Policy*. Washington, D.C.: CQ Press.

Falkner, Robert. 2001. "Business Conflict and US International Environmental Policy: Ozone, Climate, and Biodiversity." Paul G. Harris. ed. *The Environment, International Relations, and US Foreign Policy*. Washington, D.C.: Georgetown University Press.

Falkner, Robert. 2005. "American Hegemony and the Global Environment." *International Studies Review* 7: 585~599.

Fallows, James. 2010. "How America Can Rise Again." *The Atlantic*. Jan/Feb.

Ferguson, Niall and Moritz Schularick. 2007. "Chimerica and the Global Asset Market Boom." *International Finance* 10(3): 215~239.

Finnemore, Martha. 2009. "Legitimacy, Hypocracy, and the Social Structure of Unipolarity: Why Being a Unipole Isn't All It's Cracked Up to Be." *World Politics* 61(1):

58~85.

Fiorina. Morris P.. 1989. *Congress: Keystone of the Washington Establishment*. New Haven: Yale University Press.

Fuerth, Leon. 2008. "Security Implications of Climate Scenario 2: Severe Climate Change over the Next Thirty Years." *Climate Cataclysm: The Foreign Policy and National Security Implications of Climate Change*. Kurt M. Campbell. ed. Washington, D.C.: Brookings Institution Press.

Gais, Thomas L. and Jack L. Walker, Jr.. 1991. "Pathways to Influence in American Politics." *Mobilizing Interest Groups in American Politics: Patrons, Professions, and Social Movements*. Ann Arbor: The University of Michigan Press.

Gayer, Ted. 2012. "Linking Climate Policy to Fiscal and Environmental Reform." March 2. Campaign 2012 Papers. No. 4. Brookings Institute.

Grundig, Frank. 2009. "Political Strategy and Climate Policy: A Rational Choice Perspective." *Environmental Politic*s 18(5) (Sep.): 747~764.

Hacker, Jacob S. and Paul Pierson. 2010. *Winner-Take-All Politics: How Washington Made the Rich Richer and Turned Its Back on the Middle Class*. New York: Simon and Schuster.

Hall, Richard L.. 1990. "Buying Time: Moneyed Interests and the Mobilizatioin of Bias in Congressional Committees." *American Political Science Review* 84: 797~820.

Harris, Paul G.. 2007. "Collective Action on Climate Change: The Logic of Regime Change." *Natural Resources Journal* 47: 195~224.

Harrison, Kathryn. 2007. "The Road Not Taken: Climate Change Policy in Canada and the United States." *Global Environmental Politics* 7(4) (Nov.): 92~117.

Harrison, Kathryn. 2010a. "The United States as Outlier: Economic and Institutional Challenges to US Climate Policy." Harrison, Kathryn and Lisa McIntosh Sundstrom. eds. *Global Commons, Domestic Decisions: The Comparative Politics of Climate Change*. Cambridge, Massachusetts: The MIT Press.

Harrison, Kathryn. 2010b. "The Struggle of Ideas and Self-Interest in Canadian Climate Policy." Harrison, Kathryn and Lisa McIntosh Sundstrom. eds. *Global Commons,*

Domestic Decisions: The Comparative Politics of Climate Change. Cambridge, Massachusetts: The MIT Press.

Harrison, Kathryn and Lisa McIntosh Sundstrom. 2007. "Introduction: The Comparative Politics of Climate Change." *Global Environmental Politics* 7(4) (Nov.): 1～18.

Harrison, Kathryn and Lisa McIntosh Sundstrom. eds. 2010. *Global Commons, Domestic Decisions: The Comparative Politics of Climate Change.* Cambridge, Massachusetts: The MIT Press.

Hasson, Reviva, Åsa Löfgren, and Martine Visser. 2009. "Climate Change in a Public Goods Game: Investment Decision in Mitigation Versus Adaptation." Working Papers in Economics. No. 416. School of Business, Economics and Law. University of Gothenburg. Nov.

Hayward, Steven, Mark Muro, Ted Nordhaus, and Michael Shellenberger. 2010. *Post－Partisan Power: How a Limited and Direct Approach to Energy Innovation Can Deliver Clean, Cheap Energy, Economic Productivity and National Prosperity.* Oct. http://thebreakthrough.org/blog/Post－Partisan%20Power.pdf

Heggelund, Gørild. 2007. "China's Climate Change Policy: Domestic and International Developments." *Asian Perspective* 31(2): 155～191

Heggelund, Gørild., Steinar Andersen, and Inga Fritzen Buan. 2010. "Chinese Climate Policy: Domestic Priorities, Foreign Policy, and Emerging Implementation." Harrison, Kathryn and Lisa McIntosh Sundstrom. eds. *Global Commons, Domestic Decisions: The Comparative Politics of Climate Change.* Cambridge, Massachusetts: The MIT Press.

Hisschemoeller, Matthijs and Joyeeta Gupta. 1999. "Problem－Solving through International Environmental Agreements: The Regime Effectiveness." *International Political Science Review* 20(2): 151～174.

Hoffman, Matthew J.. 2011. *Climate Governance at the Crossroads: Experimenting with a Global Response after Kyoto*. Oxford: Oxford University Press.

Hormats, Robert. 1991. "The Roots of American Power." *Foreign Affairs*. 70(3) (Summer): 132～149.

Houser, Trevor. 2010. "A Role for the G−20 in Addressing Climate Change?" Working Paper 10−15 (Oct.). Peterson Institute for International Economics.

Indyk, Martin S., Kenneth G. Lieberthal, and Michael E. O'hanlan. 2012. *Bending History: Barack Obama's Foreign Policy*. Washington, D.C.: Brookings Institution Press.

Ikenberry, G. John. 2011. *Liberal Leviathan: The Origins, Crisis, and Transformation of the American World Order*. Princeton: Princeton University Press.

Jenkins, Jesse. 2010. ""Post−Partisan Power"—Summary of Recommendations." October 13. http://thebreakthrough.org/blog/2010/10/postpartisan_summary.shtml

Kagan, Robert. 2012b. *The World We Made*. New York: Alfred A. Knopf.

Keohane Robert O. and David Victor. 2011. "The Regime Complex for Climate Change." *Perspectives on Politics*. 9(1) (March): 7∼23.

Koger, Gregory. 2010. *Filibustering: A Political History of Obstruction in the House and Senate*. Chicago and London: the University of Chicago Press.

Kondoh, Kazumi. 2009. "The Challenge of Climate Change and Energy Policies for Building a Sustainable Society in Japan. *Organizational Environment* (March): 52∼74.

Kreutzer, David, Karen A. Campbell, William Beach, Ben Lieberman, and Licolas D. Loris. 2009. "The Economic Consequences of Waxman−Markey: An Analysis of the American Clean Energy and Security Act of 2009." A Report of the Heritage Center for Data Analysis. August.

Levi, Michael. 2011. "A Misplaced Climate Celebration In Durban." Dec. 11. http://blogs.cfr.org/levi/2011/12/11/a−misplaced−climate−celebration−in−durban

Lewis, Joanna I. 2009. "Climate Change and Security: Examining China's Challenges in a Warming World." *International Affairs* 85(6): 1195∼1213.

Lewis, Joanna I. and Kelly Sims Gallagher. 2011. "Energy and Environment in China: Achievements and Enduring Challenges. *The Global Environment: Institutions, Law, and Policy*. Washington, D.C.: CQ Press.

Lieberthal, Kenneth G. 2009. "U.S.−China Clean Energy Cooperation: The Road Ahead."

John L. Thornton China Center at Brookings.

Lisowski, Michael. 2002. "Playing the Two−Level Game: US President Bush's Decision to Repudiate the Kyoto Protocol." *Environmental Politics* 11(4): 101∼119.

McCormick, John. 2011. "The Role of Environmental NGOs in International Regimes." *The Global Environment: Institutions, Law, and Policy*. Washington, D.C.: CQ Press.

Magee, Christopher. 2002. "Do Political Action Committees Give Money to Candidates for Electoral or Influence Motives?" *Public Choice* 112(3) (Sep.): 373∼399.

Mann, Thomas and Norman Ornstein. 2006. *The Broken Branch: How Congress Is Failing America and How to Get It Back on Track*. Cambridge: Oxford University Press.

McCright, Aaron M. and Riley E. Dunlap. 2003. "Defeating Kyoto: The Conservative Movement's Impact on U.S. Climate Change Policy." *Social Problems* 50(3): 348∼373.

Manning, Bayless. 1977. "The Congress, the Executive and Intermestic Affairs: Three Proposals." *Foreign Affairs* 55: 306∼324.

Mayhew, David. 1975. *Congress: The Electoral Connection*. New Haven: Yale University Press.

Moravscik, Andrew. 1993. "Introduction: Integrating International and Domestic Theories of International Bargaining." Peter B. Evans, Harold K. Jacobson, Robert Putnam. eds. *Double−Edged Diplomacy: International Bargaining and Domestic Politics*. Berkeley: University of California Press.

Najam, Adil. 2011. "The View from the South: Developing Countries in Global Environemental Politics. *The Global Environment: Institutions, Law, and Policy*. Washington, D.C.: CQ Press.

Narlikar, Amrita. ed. 2010. *Deadlock in Multilateral Negotiations: Causes and Solutions*. Cambridge: Cambridge University Press.

Newell, Peter, and Matthew Paterson. 2010. *Climate Capitalism: Global Warming and the Transformation of the Global Economy*. Cambridge: Cambridge University Press.

Nye, Joseph S.. 2002. "The American National Interest and Global Public Goods." *International Affairs* 78(2): 233～244.

Obama, Barack. 2007－1. "Renewing American Leadership." *Foreign Affairs*. 86(4) (July/August): 2～16.

Ochs, Alexander. 2007. "The Failure of American and European Climate Policy: International Norms, Domestic Politics, and Unachievable Commitments." *Global Environmental Politics* 7(4) (Nov.): 149～151.

Oleszek, Walter J.. 1989. *Congressional Procedures and the Policy Process*. Washington, D.C.: Congressional Quarterly Press.

Olmstead, Sheila M. and Robert N. Stavins. 2009. "Three Pillars of Post－2012 International Climate Policy." Harvard Project on International Climate Agreement. Viewpoints. Oct. 23.

Olson, Mancur, Jr. 1965. *The Logic of Collective Action*. Cambridge: Harvard University Press.

Orr, Shannon K.. 2011. "Reimagining Global Climate Change: Alternatives to the UN Treaty Process. *Global Environmental Politics* 11(4): 134～138.

Packer, George. 2011. "The Broken Contract: Inequality and American Decline." *Foreign Affairs*. 90(6) (Nov/Dec.): 20～31.

Parker, Larry, John Blodgett, and Brent D. Yacobucci. 2011. "U.S. Global Climate Change Policy: Evolving Views on Cost, Competitiveness, and Comprehensiveness." February 24. 7－5700. RL30024.

Paarlberg, Robert. 1997. "Earth in Abeyance: Explaining Weak Leadership in US International Environmental Policy." Robert J. Lieber. ed. *Eagle Adrift: American Foreign Policy at the End of the Century*. New York: Longman.

Paterson, Matthew. 2009. "Post－Hegemonic Climate Politics." *The British Journal of Politics and International Relations* 11(1) (Feb.): 140～158.

Podesta, John and Peter Ogden. 2008. "Security Implications of Climate Scenario 1: Expected Climate Change over the Next Thirty Years." *Climate Cataclysm: The*

Foreign Policy and National Security Implications of Climate Change. Kurt M. Campbell. ed. Washington, D.C.: Brookings Institution Press.

Putnam, Robert. D.. 1988. "Diplomacy and Domestic Politics: The Logic of Two-Level Games." *International Organization* 42(3) (Summer): 427~460.

Ripley, Randall B. and James M. Lindsay. 1993. "Foreign and Defense Policy in Congress: An Overview and Preview." Randall B. Ripley and James M. Lindsay. eds. *Congress Resurgent: Foreign and Defense Policy on Capitol Hill.* Ann Arbor: The University of Michigan Press.

Roberts, J. Timmons. 2011. "Multipolarity and the New World Dis(order): US Hegemonic Decline and the Fragmentation of the Global Climate Regime. *Global Environmental Change* 21(3): 776~784.

Rosenbaum. Walter. 2011. *Environmental Politics and Policy*. Washington, D.C.: CQ Press.

Schlozman, Kay Lehman. 1984. "What Accent the Heavenly Chorus? Political Equality and the American Pressure System." *Journal of Politics* 46: 1006~1032.

Shambaugh, David. 2009. "The China Awaiting President Obama." Brookings Northeast Asia Commentary. No. 33. Nov. Center for Northeast Asian Policy Studies. Brookings Institution.

Sinclair, Barbara. 2007. *Unorthodox Lawmaking: New Legislative Processes in the U.S.* Congress. Washington, D.C.: CQ Press.

Smith, Julianne and Alexander T. J. Lennon. 2008. "Setting the Negotiating Table: The Race to Replace Kyoto by 2012." *Climate Cataclysm: The Foreign Policy and National Security Implications of Climate Change.* Kurt M. Campbell. ed. Washington, D.C.: Brookings Institution Press.

Stavins. Robert. 2009. "What Hath Copenhagen Wrought? A Preliminary Assessment of the Copenhagen Accord." *An Economic Review of Environment*. Dec. 20.

Sussman, Glen. 2004. "The USA and Global Environmental Policy: Domestic Constraints on Effective Leadership." *International Political Science Review* 25(4): 349~369.

Tiberghien, Yves and Miranda Alice Schreurs. 2007. "High Noon in Japan: Embedded

Symbolism and Post−2001 Kyoto Protocol Politics." *Global Environmental Politics* 7(4) (Nov.): 70∼91.

Tierney, John T. 1993. "Interest Group Involvement in Congressional Foreign and Defense Policy." Randall B. Ripley and James M. Lindsay. eds. *Congress Resurgent: Foreign and Defense Policy on Capitol Hill.* Ann Arbor: The University of Michigan Press.

Vezirgiannidou, Sevasti−Eleni. 2008. "The Kyoto Agreement and the Pursuit of Relative Gains." *Environmental Politics* 17(1) (Feb.) 40∼57.

Victor, David G.. 2001. *Collapse of the Kyoto Protocol and the Struggle to Slow Global Warming.* Princeton: Princeton University Press.

Victor, David G.. 2006. "Toward Effective International Cooperation on Climate Change: Numbers, Interests and Institutions." *Global Environment Politics* 6(3) (August): 90∼103.

Victor, David G.. 2011. *Global Warming Gridlock: Creating More Effective Strategies for Protecting the Planet.* Cambridge: Cambridge University Press.

Victor, David G., M. Granger Morgan, Jay Apt. John Steinbruner, and Katherine Ricke. 2009. "The Geoengineering Option: A Last Resort Against Global Warming?" *Foreign Affairs* 88(2): 64∼76.

Walt, Stephen M.. 2009. "On Minilateralism." *Foreign Policy.* June 23. http://walt.foreignpolicy.com/posts/2009/06/23/on_minilateralism

Weidner, Helmut and Lutz Mez. 2008. "German Climate Change Policy: A Success Story With Some Flaws." *The Journal of Environment and Development* 17: 356∼378.

Wildavsky, Aaron. 1966. "The Two Presidencies." *Trans−Action* 4(Dec.): 7∼14.

Wijen, Frank and Shahzad Ansari. 2007. "Overcoming Inaction through Collective Institutional Entrepreneurship: Insights from Regime Theory." *Organizational Studies* 28(07): 1079∼1100.

Yacobucci, Brent D., Jonathan L. Ramseur, and Larry Parker. 2008. "Climate Change: Federal Laws and Policies Related to Greenhouse Gas Reductions." Congressional Research Service. 7−5700. RL31931. Jan. 28.

Yacobucci, Brent D., Jonathan L. Ramseur, and Larry Parker. 2009. "Climate Change:

Comparison of the Cap−and−Trade Provisions in H. R. 2454 and S. 1733." Congressional Research Service. 7−5700. R40896. Nov. 5.

Yu, Hongyuan. 2006. "Global Governance Against Global Warming and China's Response." *Chinese Public Affairs Quarterly* 2(4): 296~313.

Zakaria, Fareed. 2008. "The Future of American Power: How America Can Survive the Rise of the Rest." *Foreign Affairs*. 87(3) (May/June): 18~43.

찾아보기

ㄴ

ㄷ

ㄹ

ㅁ

ㅈ

ㅊ

ㅋ